Kunst-Reiseführer in der Reihe DuMont Dokumente

Zur schnellen Orientierung – die wichtigsten Städte und Orte von Ostengland auf einen Blick:

(Auszug aus dem ausführlichen Ortsregister S. 580 ff.)

In der vorderen Umschlagklappe: Karte von Ostengland

In der hinteren Umschlagklappe: Stadtplan von Norwich

Peter Sager

Ostengland

Suffolk, Norfolk und Essex

DuMont Buchverlag Köln

Umschlagvorderseite Cavendish, Suffolk: Dorfanger mit Pfarrkirche und ehemaligen Armenhäusern (Foto: Peter Sager)

Umschlaginnenklappe George Stubbs: Hambletonian, Rubbing Down (Ausschnitt) 1800 (The National Trust, Mount Stewart)

Umschlagrückseite Der Bauer und Maler Stanley Steadman, Felsham, Suffolk (Foto: Peter Sager)

Frontispiz Thomas Gainsborough: Thomas William Coke, 1. Earl of Leicester, um 1782 (Viscount Coke and the Trustees of the Holkham Estate)

Die vom Autor stammenden Fotos wurden mit T-Max 400 und Kodachrome 64 aufgenommen.

CIP-Titelaufnahme der Deutschen Bibliothek

Sager, Peter:
Ostengland : Suffolk, Norfolk, Essex / Peter Sager. – Köln :
DuMont, 1990
(DuMont-Dokumente : DuMont-Kunst-Reiseführer)
ISBN 3-7701-1713-1

Satz und Druck: Rasch, Bramsche
Buchbinderische Verarbeitung: Bramscher Buchbinder Betriebe

Printed in Germany ISBN 3-7701-1713-1

Inhalt

Praktische Reisehinweise

Für Elle und Laura

Vorbemerkung

Nach *Südengland, Schottland* und *Wales* ist dies der vierte Band, mit dem Verlag und Autor das gemeinsame Projekt fortsetzen, eine Kunst- und Kulturgeschichte aller Regionen Großbritanniens vorzulegen.

Gewisse geografische Freiheiten bei der Gliederung der einzelnen Teile bleiben nicht aus. So konzentriert sich der vorliegende Band auf Essex, Suffolk und Norfolk, die drei Kern- und Küstengrafschaften East Anglias. Cambridgeshire habe ich, nicht ohne Bedauern, hier ausgeklammert, um das Buch nicht noch umfangreicher zu machen und um Überschneidungen mit dem demnächst folgenden Kunst-Reiseführer *Oxford und Cambridge* zu vermeiden. Verlag und Autor teilen die Hoffnung, nach und nach auch die restlichen, nord- und mittelenglischen Grafschaften vorzustellen.

Im übrigen habe ich versucht, der Maxime Daniel Defoes zu folgen, der im Vorwort zum zweiten Teil seiner *Tour through the Whole Island of Great Britain* (1724–26) schrieb: »We keep close to the first design of giving, as near as possible, such an account of things, as may entertain the reader, and give him a view of our country, such as may tempt him to travel over it himself...«

Ich danke den vielen Hausherren in East Anglia, die mir ihre Familiensitze so bereitwillig zugänglich gemacht haben, besonders H. und G. Heygate in Suffolk, deren gastliches Haus mir oft zur Verfügung stand. Für großzügige Unterstützung danke ich Robert Koenig von der Britischen Zentrale für Fremdenverkehr in Frankfurt, der British Tourist Authority in London sowie der Reederei Scandinavian Seaways und ihren Kapitänen Kullack und Schiller, mit denen die Überfahrt auf der „MS Hamburg« stets ein Vergnügen war, das kein Kanaltunnel ersetzen kann. Dr. Karl Steinorth (Kodak) hat auch dieses Buch wieder dankenswert gefördert. Mein herzlicher Dank gilt, nicht zuletzt, dem DuMont Verlag und seinen Mitarbeitern.

Ich widme das Buch meiner Frau Else Maria und unserer Tochter Laura Mareike, die mein Vergnügen an East Anglia mit so viel Enthusiasmus geteilt und gesteigert haben.

Was Lücken angeht, so mache ich mir gerne die Aufforderung des *Good Food Guide* an seine Leser zu eigen: »More reports, please.«

Hamburg, im Sommer 1990 — Peter Sager

EAST ANGLIA

Here is everything to delight the eye, and
to make the people proud of their country
(William Cobbett: *Rural Rides,* 1830)

»Go East Young Man« hieß die Titelgeschichte, mit der das *Sunday Times Magazine* Ende 1986 versuchte, seine Leser aus der Sonntagsruhe zu bringen. Da der Goldgräber-Slogan »Go East« nur die Halbinsel zwischen Themse-Mündung und Wash meinte, hielt sich die Erwartung in Grenzen. Doch war dies keine Sightseeing-Empfehlung, sondern eine wirtschaftliche Trendgeschichte: »Business in East Anglia is booming.« Boom im Korn- und Rübenland? Waren die Getreidepreise dramatisch gestiegen, die EG-Quoten endlich gefallen? Hatte man unter den sanften Hügeln von Suffolk etwa Erdöl gefunden? Natürlich war alles viel unspektakulärer. Es war ein Boom, der mit der Entdeckung einer Landschaft und ihrer Lebensqualität mindestens ebensoviel zu tun hatte wie mit Geschäften und Bilanzen.

Auch diese Revolution auf dem Lande, wenn es denn eine ist, hat sich langsam vollzogen. Nun sind ihre Auswirkungen mit einem Mal überall zu sehen: kleine Elektronikfirmen entlang der M11 von Epping Forest bis zum *Science Park* in Cambridge, neue Firmen auch entlang der ausgebauten A45, der Verbindung von den Midlands über Ipswich nach Felixstowe, dem expandierenden Containerhafen der Ostküste. Neue Straßen, neue Häuser, dörfliche Delikatessenläden, Gourmetrestaurants, Mode im Chelsea-Chic: überall Zeichen der *enterprise culture,* des Aufschwungs der achtziger Jahre. Seit auch die Eisenbahnlinie London-Norwich elektrifiziert ist (1987), zieht eine neue Generation von Pendlern nach *New East Anglia:* Computerspezialisten, Börsianer, Firmenjuristen, Journalisten, Versicherungsangestellte, Unternehmer aller Art. Es scheint, als wiederhole sich nun auf dem Land nordöstlich von London, was die City mit so unerhörter Vitalität und Brutalität demonstriert: die wirtschaftliche Erfolgsstory der Ära Thatcher. Droht die Yuppisierung East Anglias?

Der euphorische Slogan »Go East« kann sich auf nüchterne Statistiken berufen.[1] Von allen Regionen Großbritanniens verzeichnet East Anglia das höchste Bevölkerungswachstum (seit 1961 um fast eine halbe Million), eine der höchsten Hausbau- und Hauspreisraten und das höchste Bruttosozialprodukt pro Haushalt (nächst den Grafschaften südöstlich von London). East Anglia hat die niedrigste Arbeitslosenquote, die geringste Kriminalitätsrate in England und Wales, die niedrigste Sterblichkeitsrate (die höchste hat Schottland), die niedrigste Rate an Herzinfarkten (Nordirland hat die höchste), die geringste Zahl an Aidsfällen und, puritanisches Erbe, die niedrigsten Pro-Kopf-Ausgaben für Alkohol und Tabak.

1 *Regional Trends 24,* hg. vom Central Statistical Office, 1989.

Eine Region der Rekorde. Nicht umsonst wurde *New East Anglia* als eine Gegend gepriesen, »wo wirtschaftliche Möglichkeiten Hand in Hand gehen mit unzerstörter Landschaft, hervorragender Architektur, angenehmem Lebensrhythmus und ländlicher Ruhe«. Scheinbar mühelos verband sich das traditionelle Image der bäuerlichen Grafschaften mit den Technologien und Bedürfnissen einer Gesellschaft im Umbruch.

Ostengland, der im Deutschen geläufigere Begriff, ist nicht dasselbe wie East Anglia. Doch auch unter East Anglia versteht fast jeder etwas anderes.[1] Es ist eine eher historisch als geografisch eindeutig faßbare Größe. Nach dem Rückzug der Römer aus Britannien gründeten Einwanderer aus Ostangeln, dem heutigen Dänemark, im 6. Jahrhundert das Königreich East Anglia. Bevor King Egbert im Jahre 829 ganz England zu einem Königreich vereinigte, bestand East Anglia nur aus dem heutigen Suffolk und Norfolk, dem Land der *Southfolk* und der *Northfolk,* der Leute im Süden und im Norden. Dieses Kerngebiet East Anglias reichte südlich nicht über den Grenzfluß Stour hinaus und im Westen nur bis zum River Cam – also ohne Essex, das Land der Ostsachsen, und nur mit einem Randstück des heutigen Cambridgeshire. Seitdem besteht das eigentliche East Anglia für Puristen nur aus Suffolk und Norfolk. Selbst der Süden Lincolnshires, landschaftlich Teil der grenzübergreifenden Fens, gehört nicht mehr zu East Anglia. Eine unüberhörbare Sprachgrenze trennt King's Lynn in Norfolk vom nahen Sutton Bridge, dessen harter Lincolnshire-Akzent mehr mit dem Dialekt der Midlands zu tun hat als mit dem East Anglias (dem Essex wiederum sprachlich zugehört).

East Anglia ist ein geologisch junges Land. Es ruht auf jurassischen Kalkfelsen, die in den Klippen von Hunstanton im Nordwesten Norfolks an die Oberfläche kommen. Lehm- und Sandablagerungen der verschiedenen Eiszeiten haben dieses flache Kalkbecken bedeckt, das lange Zeit unter Wasser lag. Das Wasser prägt East Anglia bis heute: die Marschen der Küste, die Gezeitenmündungen der Flüsse, deren Schlickarme tief ins Land reichen, die Torfseen der Broads, die einstigen Sümpfe der Fens. Doch auch die Reste der großen Wälder von Essex und die aufgeforsteten Sände der Brecklands gehören zur Vielfalt dieser Landschaft, deren Schönheit nie auftrumpft, die sich zurückhält im Understatement des Unspektakulären.

Die schottischen Highlands, der Lake District der Romantiker, die dramatischen Felsküsten und Küstenburgen von Wales, das alles mußte im 18. Jahrhundert die Reisenden auf der Suche nach dem Pittoresken mehr locken als die flachen Hügel von East Anglia. Erst Constable und Gainsborough, die Dioskuren aus Suffolk, erst John Sell Cotman und die Aquarellisten der Schule von Norwich öffneten ihren Zeitgenossen im frühen 19. Jahrhun-

1 Suffolk und Norfolk gelten als Kerngrafschaften East Anglias, dazu in neuerer Zeit Essex. Darüber hinaus erweitern die verschiedenen Ämter und Organisationen ihre ostenglischen Zuständigkeitsbereiche um unterschiedliche Counties: *BBC East Anglia* rechnet Cambridgeshire, Hertfordshire und Northamptonshire hinzu; die *Eastern Arts Association* Bedfordshire, Cambridgeshire und Hertfordshire; die *Countryside Commission* Bedfordshire und Lincolnshire (ohne Essex!); die *Anglian Water Authority* Cambridgeshire, Lincolnshire und Teile von Buckinghamshire und Northamptonshire. Indes faßt schon 1086 das *Domesday Book* Wilhelms des Eroberers Essex, Suffolk und Norfolk in einem Band zusammen, im zweiten Band die restlichen Grafschaften Englands.

dert die Augen für die Schönheit ihrer Heimat. Sie malten den Alltag East Anglias, Pastorale und *poverty,* die Felder und Hütten der Landarbeiter, die Boote der Fischer, ein Land der Wolken und des Lichts. Es ist, als hätten die Bilder keine Rahmen, so grenzenlos sind diese Landschaften mit ihrem hohen Himmel und den weiten Horizonten. »Nothing can exceed the beauty of the country«, schrieb Constable im Juli 1831. Und heute, in glücklichen Stunden, gehen wir durch diese Landschaft wie durch Bilder, die sich auch nach vielen Jahren kaum verändert haben.

Kartografisch gesehen ist East Anglia ein breiter Buckel in der Nordsee, eine große Sackgassenlandschaft, kein Durchreiseland auf dem Weg in einen anderen Teil des Königreichs. Bevor die Fens entwässert und die dichten Wälder von Essex gerodet wurden, war East Anglia weitgehend isoliert vom übrigen England. Es lag (und liegt) abseits der zentralen Nord-Süd-Routen. Johanna Schopenhauer, die unternehmungslustige Mutter des Philosophen, die Schriftstellerin Ida Gräfin Hahn-Hahn, der preußische Architekt Karl Friedrich Schinkel, Fürst Pückler, Theodor Fontane – sie alle ließen auf ihren ausgedehnten britischen Reisen East Anglia aus: Warum Umwege machen, wenn das Reisen ohnehin schon beschwerlich genug war? Zwar lobte Daniel Defoe 1724 die Verbindung zwischen London und Ipswich als »easy passage«, doch brauchte die Kutsche für diese Strecke einen ganzen Tag. Noch Mitte des 19. Jahrhunderts, bevor die Eisenbahn 1859 Lowestoft erreichte, fuhr man mit der Postkutsche mehr als zwölf Stunden von London nach Yarmouth.

Die jahrhundertelange Abgeschiedenheit East Anglias hat auch den Charakter seiner Bewohner geprägt. »Sie sind unabhängig, eigensinnig wie der Teufel, streitsüchtig sogar, aber wen sie mögen, den behandeln sie mit einer kaum zu überbietenden Wärme und Freundlichkeit«, schreibt der Romancier Hammond Innes, der seit Jahren in Suffolk lebt. »The East Anglian is, of course, a solid man. Lots of beef and beer, tempered with east wind, have gone to the making of him.« So charakterisiert J. B. Priestley den Archetyp des ostenglischen Bauern und Seemanns. Aus ihren Reihen rekrutierte Cromwell seine *Ironsides,* zähe, zuverlässige Kämpfer, trink- und bibelfest, nicht alle so puritanisch wie ihr Ruf, doch manche auch fanatisch wie William Dowsings Bilderstürmer. East Anglia war das Rückgrat der Parlamentstruppen im Bürgerkrieg und ist heute, *God save the Queen* in Sandringham, ein Pilgerziel der Royalisten.

Von Ostenglands Küste stammen einige der besten britischen Admiräle, allen voran Lord Nelson. Es war immer eine offene, ungeschützte Küste, offen für verheerende Fluten, für die Überfälle der Wikinger, für skandinavische[1], angelsächsische, normannische Einwanderer, offen für neue Ideen und Waren vom Kontinent. Eine kosmopolitische Küste mit stockkonservativem Hinterland, das ist East Anglia, europäisch extrovertiert und insular verschlossen zugleich, tiefblaues Toryland mit nonkonformistischer Vergangenheit. Die letzte große Revolte gegen die römischen Besatzungstruppen in England, der letzte Wider-

1 Von 1016 bis 1066, unter König Knut und seinen Nachfolgern, war England Teil eines skandinavischen Reichs, das sich von Norwegen bis Schottland erstreckte. Davon zeugen in East Anglia viele Ortsnamen mit der skandinavischen Endung *-thorpe, -toft* oder *-by,* z. B. nördlich von Great Yarmouth: Filby, Hemsby, Mautby, Ormesby, Thrigby u. a.

stand gegen die normannischen Invasoren, der letzte englische Bauernaufstand: Das alles fand in East Anglia statt, und aus East Anglia kamen auch die Protagonisten, Queen Boudicca, Hereward the Wake und William Kett.

Politisch radikale Köpfe, religiöse Dissenter, mancherlei Freigeister kamen aus East Anglia, aber sie blieben nicht dort. Der bekannteste Jakobiner der ostenglischen Provinz, Thomas Paine aus Norfolk, Autor der *Menschenrechte,* wurde zum Mitinitiator der amerikanischen Unabhängigkeit. Ein Mann aus Suffolk wiederum, Bartholomew Gosnold von Otley Hall, organisierte die Fahrt der »Goodspeed« und zweier anderer Schiffe, die 1607 in Virginia Englands erste erfolgreiche Kolonie in Amerika gründeten, dreizehn Jahre vor den Pilgervätern auf der »Mayflower« (deren Kapitän aus Harwich kam). Viele Puritaner wanderten damals aus East Anglia aus und gründeten ein zweites Norfolk in Virginia, ein anderes Suffolk in Massachusetts.

Mehr als drei Jahrhunderte später kehrten ihre Nachfahren als Bomberpiloten zurück. Im Zweiten Weltkrieg errichteten die Alliierten rund 750 Flugplätze im ostenglischen Flachland. East Anglia war Churchills unsinkbarer Flugzeugträger. Auf dem amerikanischen Militärfriedhof in Madingley bei Cambridge stehen in langen Reihen die Steinkreuze von 3811 gefallenen US-Soldaten. Einer von denen, die damals in East Anglia stationiert waren, John T. Appleby aus Arkansas, stiftete den Rosengarten in den Abteiruinen von Bury St. Edmunds. Viele Flugpisten sind nun längst wieder in Rübenfelder zurückverwandelt. Der einstige amerikanische Luftstützpunkt in Attlebridge beherbergt heute eine Truthahnfarm, und auf der Rollbahn von Hethel testet Lotus seine Rennwagen. Idyllisches East Anglia? Hier, hinter Heckenrosen und Maschendraht, behaupten die Amerikaner immer noch ihre größte Militärpräsenz in Europa. Mit gleich zwei Atomkraftwerken an der ostenglischen Küste leisten die Briten im übrigen ihren Beitrag zum Thema Sicherheit.

Erosion, Stürme und Sturmfluten[1] haben die Küste East Anglias seit Jahrhunderten verändert. Flüsse wechselten ihre Mündung, Häfen entstanden und versandeten wieder, Häuser, ganze Orte versanken im Meer. »The endless mutation of the British coast wonderfully symbolized the state of the nation«, notierte der amerikanische Schriftsteller Paul Theroux 1983, als er am Ende seiner Reise entlang der englischen Küste, einmal rund um *The Kingdom by the Sea,* in Essex am Strand von Southend stand: »The British seemed to me to be people forever standing on a crumbling coast and scanning the horizon.« Gut sind die Aussichten nicht: Eine von der Regierung in Auftrag gegebene, noch unveröffentlichte Studie (*Anglian Coastal Study,* 1989) hat errechnet, daß der Meeresspiegel rund um die Britischen Inseln während des nächsten Jahrhunderts bis zu 1,50 Meter ansteigen wird, eine Folge des Treibhauseffekts. Besonders betroffen: die Küste Ostenglands.

1 Bei der letzten großen Sturmflut, in der Nacht des 31. Januar 1953, ertranken in East Anglia mehr als 300 Menschen, und mehr als 30000 wurden obdachlos.

Countryside: Mythos unterm Pflug

East Anglia hat keine Großstädte, keine Schwerindustrie, keine anderen Bodenschätze als Knollengemüse und Blumenzwiebeln. Englands industrielle Revolution ging an East Anglia vorüber. Das Land blieb, was es immer war: Landschaft. Eine Landschaft mit Bauernhöfen und Herrenhäusern, mit Dörfern, Marktflecken und Kleinstädten, mit üppigen Rosengärten, Rübenfeldern und allerlei Nutzvieh, eine Region ohne die Ruinen einer überalterten Stahlindustrie, ohne unrentable Kohlezechen, ohne die Tristesse der Arbeitersiedlungen und Arbeitslosen, ohne das Trauma verfallender Innenstädte, ohne Rassenunruhen, ohne Fußballrowdies, ja sogar ohne übermäßigen Regenfall. Glückliches East Anglia. Hier scheint England noch in Ordnung.

Gewiß, auch East Anglia hat eine industrielle Vergangenheit. Doch ihre Hinterlassenschaft sehen wir mit ungeteiltem Vergnügen: Fachwerkhäuser, prächtige Zunfthallen, gotische Kirchen, Zeugen einer für damalige Verhältnisse dichtbesiedelten und hochindustrialisierten Region. Suffolk und Norfolk waren im Mittelalter Zentren der Schafzucht und einer florierenden Heimindustrie der Woll- und Kammgarnweber. Neben Somerset, lange vor dem restlichen England, bildete sich in East Anglia eine ländlich-bürgerliche Mittelklasse wohlhabender Tuchmacher und Textilhändler. Diese *clothiers,* Zeitgenossen Chaucers, beschäftigten verschiedene Arbeiter an verschiedenen Orten, sie organisierten arbeitsteilige Prozesse wie das Spinnen, Weben, Walken, Färben, Bleichen, sie investierten ihr Kapital, produzierten und exportierten: Kein Zweifel, meint der Historiker G. M. Trevelyan, dies waren Englands erste kapitalistische Unternehmer.

Es begann sehr bescheiden, mit Schafe züchtenden Mönchen. Englische Wolle war ihrer Qualität wegen bald in ganz Europa gefragt. Sie wurde nach Flandern, Burgund und Italien exportiert und dort verarbeitet. Um die einheimische Tuchindustrie zu fördern, verbot König Edward III. den Import ausländischer Stoffe und Kleider. Wenig später, 1334, ließ er flämische Weber ins Land kommen, die sich vor allem in East Anglia ansiedelten.[1] Ihr Know-how trug dazu bei, daß englisches Tuch eine Spitzenstellung auf dem europäischen Markt eroberte. Nicht umsonst ist der symbolische Sitz des Lordkanzlers im Oberhaus der *woolsack,* gefüllt mit Wolle aus allen Teilen des Empire, Grundlage des einstigen Reichtums Großbritanniens. Wie die Pfeiler der London Bridge stehen auch East Anglias *wool churches* auf den sprichwörtlichen Wollsäcken. Im 17. Jahrhundert endete die große Zeit der ostenglischen Tuchmacher, an die noch Pubs wie das »Golden Fleece« oder der »Woolsack« in Norwich erinnern. Maschinenwebstühle verdrängten die Handweber, die bäuerlichen Heimarbeiter verarmten, wanderten aus[2] oder verdingten sich in den neuen Textilfabriken. Mit der industriellen Revolution verlagerte sich die Tuchherstellung aus den Dörfern in die

1 Die ersten flämischen Weber ließen sich schon unter Henry I. im frühen 12. Jahrhundert in *Worstead* nieder, einem Dorf bei Norwich, dessen Name zum Begriff für eine bestimmte Webart wurde, die wir Kammgarn und die Engländer *worsted* nennen.

2 Abraham Lincoln z. B. ist Nachfahre eines 1637 nach Amerika emigrierten Webers aus Hingham in Norfolk.

Henry Moore: Suffolk woolly, 1972

Städte, von Süden nach Norden und von der Wolle zur Baumwolle. In East Anglia, immerhin, blieb ein bescheidener Wohlstand dank der Landwirtschaft.

Ostengland war die Kornkammer Londons, wichtigster Lieferant auch anderer Lebensmittel für die unaufhörlich wachsende, unersättliche Metropole. Heute kommen aus East Anglia und Lincolnshire zwei Fünftel der britischen Weizenernte, 73 Prozent aller Zuckerrüben und mehr als 60 Prozent des britischen Gemüses. Solche Rekorderträge sind das Ergebnis einer Industrialisierung der Landwirtschaft in großem Stil. Sie begann mit der Agrarrevolution des 18. Jahrhunderts. Ihr Musterland hieß East Anglia.

Thomas Coke und Lord Townshend, genannt «Rüben-Townshend«, zwei Gentleman-Farmer aus Norfolk wurden zu Pionieren der Agrarrevolution. Auf ihren Gütern Holkham und Raynham Hall verbesserten sie exemplarisch Anbaumethoden, Viehzucht und Fruchtbarkeit des Bodens. Eine der wesentlichen Voraussetzungen des landwirtschaftlichen Fortschritts und zugleich sein bitterster Preis waren die *enclosures,* die Einhegungen. Diese große

Flurbereinigung war kein einmaliger Akt, sondern ein langwieriger Prozeß, der im späten 16. Jahrhundert begann und im frühen 19. Jahrhundert endete. Der zum Schlagwort erstarrte Begriff *enclosure* meint vielerlei: Umzäunung von Gemeindeland, Urbarmachung von Ödland, Austausch und Zusammenlegung verstreuter Felder. Es ging darum, brachliegendes Land zu erschließen und gutes Land besser zu nutzen: mehr Nahrungsmittel für eine wachsende Bevölkerung.[1] Die *enclosures* waren ein immenser Gewinn für die Volkswirtschaft, nicht nur für die Großgrundbesitzer, doch gleichzeitig eine Katastrophe für viele Tausende von Kleinbauern und Tagelöhnern. »Als die Farmer *Gentlemen* wurden«, schrieb Cobbett, »wurden ihre Arbeiter *Sklaven*.«

Was Gutsherren und Großbauern zum ausschließlich eigenen Gebrauch einzäunten, war in der Regel durchaus Land, das ihnen gehörte. Genutzt hatten es bisher indes andere, Dörfler und Landarbeiter, die auf dem *common* ihre Kuh grasen ließen, am Feldrain ihr Brennholz sammelten, im Moor ihren Torf stachen: traditionelle dörfliche Rechte und Gewohnheiten, die sich seit Jahrhunderten entwickelt hatten. Radikal beendeten die *enclosures* dieses System der offenen Feldwirtschaft. So verloren die ärmeren Dorfbewohner buchstäblich den Boden unter den Füßen. Auf dem Höhepunkt der *enclosures*, 1816, klagte ein Landarbeiter aus Norfolk in einem anonymen Brief an die »Gentlemen of Ashill«: »Ihr tut, was euch gefällt, ihr raubt den Armen ihre Allmenderechte, pflügt das Gras um, das Gott hat wachsen lassen, damit auch der Arme eine Kuh, ein Schwein, ein Pferd oder einen Esel ernähren kann (...) Fünf oder sechs von euch haben das ganze Land dieser Gemeinde in die Hände bekommen, und ihr wollt gerne reich sein und all die andern, die arm sind, verhungern lassen (...) Wir haben ausgerechnet, daß etwa 60 von uns auf einen von euch kommen; sollt ihr daher herrschen, so viele gegen einen?« Auch heute wird der größte Teil der englischen Countryside von einer relativ kleinen Anzahl von Leuten kontrolliert, von weniger als 50000 Grundbesitzern, deren Einfluß von der Gemeindeverwaltung bis zur Gesetzgebung reicht.

Die durch eine Fülle von *enclosure*-Gesetzen zumal zur Zeit Georges III. forcierte und volkswirtschaftlich motivierte Bodenreform bedeutete *de jure* keine Enteignung, doch *de facto* die Vertreibung der Häusler und Kleinpächter vom Gemeindeland. »Die Einhegungen waren ein ganz offensichtlicher Fall von Klassenraub, inszeniert nach den fairen Regeln von Eigentum und Gesetz, wie sie von einem Parlament der Eigentümer und Advokaten festgelegt wurden«, schreibt der Historiker Edward P. Thompson in seiner exemplarischen Studie über *Die Entstehung der englischen Arbeiterklasse.* Zwischen 1792 und 1815 wurden in England mehr als eine Million acres (rund 400000 Hektar) eingefriedet. Der Reichtum der Grundbesitzer wuchs, die Landarbeiter verarmten. So schufen die *enclosures* zugleich jenes Heer billiger Arbeitskräfte für die Fabriken der industriellen Revolution. John Clare, Sohn eines Tagelöhners aus Cambridgeshire, beschrieb in vielen Gedichten die Folgen der *enclosure*-Gesetze; ihre Akteure persiflierte der Chartistenführer Feargus O'Connor: die Rechts-

1 Im Jahr 1500 hatten England und Wales noch unter 3 Millionen Einwohner, 1700 rund 5,5 Millionen, 1801 (im Jahr der ersten offiziellen Volkszählung in England) 9 Millionen, zehn Jahre später bereits 10 Millionen.

anwälte Schind und Quetsch, die Herren Kniff und Grabsch. Mit Pamphleten, Brandstiftungen und dem Niederreißen von Zäunen, heftig und gänzlich erfolglos protestierten die Betroffenen gegen die *enclosures,* für die Erhaltung der *commons.*In Suffolk machte ein anonymer Reim die Runde: »They hang the man and flog the woman / Who steals the goose from off the Common; / But let the greater criminal loose / Who steals the Common from the goose.«

Heute gibt es in England und Wales noch knapp 1,4 Millionen acres (etwa 560 000 Hektar) Gemeindeland. Ein Drittel dieser rund 8600 *commons* sind *Sites of Special Scientific Interest,* Beispiele einer weitgehend unberührten Countryside, wie sie im Mittelalter war. Doch weil heute kaum noch jemand die *common rights* wahrnimmt und seine Schafe dort grasen läßt oder wie die Friedensfrauen von Greenham Common die Wiese als Protestforum gegen die dortige Atomraketenbasis nutzt, sind diese Öko-Oasen nun durch Verwilderung und Versteppung bedroht. Und weil vier Fünftel aller *commons* nicht mehr öffentlich zugänglich sind, kämpft eine eigene *Open Spaces Society*[1] gemeinsam mit den Wandervereinen seit Jahrzehnten um die alten Rechte.

Mit den *enclosures* begann jene gigantische Expansion und Rationalisierung der Landwirtschaft, die das Bild der englischen Landschaft bis heute prägt. Dieseltraktoren, computergesteuerte Mähdrescher, immer raffiniertere Agrarmaschinen veränderten das Gesicht East Anglias nach dem Zweiten Weltkrieg rapider denn je zuvor. Die Felder wurden immer größer, die Zahl der Landarbeiter immer geringer. Nur 2,5 Prozent aller Beschäftigten in England arbeiten noch in der Landwirtschaft[2], weniger als irgendwo sonst in Europa. Doch mit einer Betriebsgröße von mehr als 60 Hektar sind britische Bauernhöfe in der Regel größer als in jedem anderen westeuropäischen Land. Meilenweit, oft ohne Bäume und Hecken, erstrecken sich die Felder im ostenglischen Flachland: *prairie farming,* das Reizwort der Landschaftsschützer.

Im Frühjahr 1985 erschien ein spektakuläres Foto in der *Times:* Als sei es ein flandrischer Schützengraben, markierte eine lange Reihe weißer Holzkreuze einen Feldrain in Norfolk, wo ein Bauer eine 300 Jahre alte Hecke abgeholzt hatte, um seine Äcker zu vergrößern. Empörte Nachbarn schrieben auf jedes der Kreuze den Namen einer Pflanze, die hier einmal wuchs. Ein Einzelfall? Keineswegs. Einer Untersuchung der *Countryside Commission* zufolge wurden seit 1947 rund 22 Prozent aller Hecken in England und Wales vernichtet, rund 300 000 Kilometer – genug, um eine Hecke siebenmal um die Erde wachsen zu lassen. Für die Rodung von Hecken (und für das Trockenlegen von Gräben und Tümpeln) bekamen die Bauern jahrelang Prämien: staatlich geförderter Vandalismus zur Steigerung der Agrarproduktion. Spät schlug der Regierung Thatcher das grüne Gewissen. Trotz offizieller Aufforderung, Hecken als Wind- und Erosionsschutz, als wertvollen Lebensraum für Vögel, Schmetterlinge und Kleintiere wieder wachsen zu lassen, wurden in den achtziger

1 Englands ältester nationaler Naturschutzverein, hervorgegangen aus der 1876 gegründeten *Commons Preservation Society,* die u. a. Ende des 19. Jahrhunderts die Einzäunung des Epping Forest verhinderte.

2 1811 war noch ein Drittel, 1851 ein Fünftel der erwerbstätigen Bevölkerung in der Landwirtschaft beschäftigt.

Jahren sogar noch mehr Hecken[1] gerodet als im Jahrzehnt zuvor: über 6400 Kilometer pro Jahr.

Doch nicht nur Hecken verschwanden. Seit 1945 verlor England 90 Prozent seiner Teiche und Tümpel, 95 Prozent der traditionellen Heuwiesen, wie Constable sie malte, die Hälfte seiner alten Laubwälder und fast die gesamte Heide. Flußauen und Marschen, immer mehr Weideland kam unter den Pflug. Landesweit fallen alljährlich 60000 Hektar Feuchtgebiete einer ökonomisch fragwürdigen Entwässerung zum Opfer. In den vier Jahrzehnten seit Kriegsende ist mehr Landschaft in England zerstört worden als in dem vorangegangenen Jahrtausend, resümiert Oliver Rackham in seiner *History of the Countryside*. Was Rodung und Entwässerung auf dem Siegeszug der Agrarindustrie nicht schafften, besorgten Pestizide und Nitrate. Für engagierte Landschaftshistoriker wie Richard Muir und Jack Ravensdale ist East Anglia gerade dafür ein trauriges Beispiel, »ein Schlachtfeld der Umweltschützer«.

Heile Countryside? Selten habe ich unterwegs in Suffolk noch Kornblumen oder Klatschmohnfelder gesehen. Und in Essex oft tagelang nicht einen einzigen Schmetterling.[2] Dank rücksichtslosem Einsatz von Pflanzenschutzmitteln und Kunstdünger hat England eine intensivere Bodennutzung als jedes andere Land in Europa. Innerhalb von zehn Jahren wurden die Ernteerträge verdoppelt. Doch diese zweite, technologische Agrarrevolution zerstört das Land, von dem sie lebt. So hat die Überdüngung der Felder dazu geführt, daß der Nitratanteil im Grundwasser (d. h. auch im Trinkwasser) in weiten Teilen Großbritanniens erheblich höher ist als in den meisten europäischen Ländern. Um die von der EG festgesetzten Normen für die Reinheit des Wassers zu erfüllen, müßte man mehr als die Hälfte des ertragreichsten, nitratreichsten Ackerlandes in East Anglia aus der Produktion nehmen und, zum Beispiel, in Viehweiden zurückverwandeln. Eine utopische Forderung? Nicht nur aus Gründen des Umweltschutzes scheint dies eine realistische Perspektive.

Längst ist klar: Englands hochmechanisierte, auf Monokulturen spezialisierte Landwirtschaft produziert seit Jahren zuviel Lebensmittel, zuviel Getreide und Milchpulver, sinnlose Überschüsse angesichts drastischer EG-Quoten. Seit 1987 verteilt eine neue, umweltbewußtere Agrarpolitik in bestimmten Gebieten Prämien an Bauern, die mit traditionellen Bewirtschaftungsmethoden zur Erhaltung der Landschaft, der Tier- und Pflanzenwelt beitragen. Nun gibt es Subventionen zum Anbau von Bäumen[3] statt von Getreide, staatliche Zuschüsse für Freizeit- und Erholungseinrichtungen auf dem Bauernhof. Der europäische Binnenmarkt wird auch die englische Landwirtschaft verändern. Als Folge der Überproduktion rechnen Experten damit, daß ein bis zwei Millionen Hektar, bis zu 20 Prozent des britischen

1 Englands Hecken entstanden zum Teil als Folge der *enclosures* vor rund 200 Jahren. Andere sind viele Jahrhunderte alt und markieren noch Gemeindegrenzen des Mittelalters oder gar aus normannischer Zeit.

2 Die Hälfte der 55 britischen Schmetterlingsarten ist im Rückgang, zehn sind vom Aussterben bedroht. In Großbritannien sind in diesem Jahrhundert 19 Feldblumenarten ausgestorben, 50 weitere stark gefährdet. Nur 200 Brachvögel nisten noch in Großbritannien, nur etwa 25 Rohrdommelpaare und nur noch ein einziges Paar Neuntöter.

3 Die Forstwirtschaft ist Englands am stärksten subventionierte Industrie. Noch deckt Großbritannien rund 90 Prozent seines Holzbedarfs aus Importen.

Protest gegen Heckenrodung in Necton, Norfolk: Eine Reihe von Kreuzen mit Pflanzennamen markiert ein Feld, dessen Hecken ein Bauer zerstört hat

Agrarlandes in den nächsten zehn Jahren nicht mehr bewirtschaftet werden. Die großen Güter werden überleben, die Kleinbauern zu Tausenden bankrott gehen. Englands Landwirtschaft steht vor der größten Krise seit der Depression[1] im 19. Jahrhundert.

Fast die Hälfte der 250 000 britischen Bauern bezieht schon jetzt ihr Haupteinkommen nicht mehr aus der Landwirtschaft. Viele stellen sich um auf alternative Formen der Nutzung ihrer Höfe, vor allem auf die wachsende Tourismus- und Freizeitindustrie. Doch allein zwischen 1983 und 1987 machten mehr als 700 Bauernhöfe Bankrott. Kurz nach Kriegsende gab es noch 739 000 vollbeschäftigte Landarbeiter in Großbritannien. Ende der achtziger Jahre weniger als 117 000. Täglich verlieren etwa 25 Landarbeiter ihren Job. Heile Countryside? Ein Viertel der ländlichen Bevölkerung Englands lebt *in poverty,* unterhalb der Armutsgrenze: Opfer niedriger Einkommen, geringer Arbeitsmöglichkeiten, schlechter

1 Die große Depression, die in den 1870er Jahren begann, eine Folge billiger Lebensmittelimporte und niedriger Löhne, entvölkerte viele Dörfer und Regionen. Damals emigrierten rund 700 000 britische Landarbeiter mit ihren Familien nach Übersee.

Thomas Gainsborough: Der Suffolk-Pflug, um 1753/54

Verkehrs- und Wohnbedingungen. Dies war das Ergebnis einer im Auftrag des Umweltministeriums durchgeführten Studie von 1985. Auch das prosperierende East Anglia hat seinen Anteil an diesem alarmierenden Befund, der Kehrseite der Thatcher-Unternehmergesellschaft. Die Armut auf dem Lande sieht man nicht. Anders als in den Städten verbirgt sie sich im Grünen, in entlegenen Cottages, hinter dem populären Image der Countryside.

Die Countryside ist die heilige Kuh der Nation. Will eine englische Zeitung ihre Auflage steigern, gibt es nichts Wirkungsvolleres als die Sex-Affäre eines Ministers oder eine *Save our Countryside*-Kampagne. Countryside ist mehr als bloße Natur: ein ländlicher Lebenszusammenhang, ein schwer zu definierendes Lebensgefühl. *Rural England* gehört zur Vision der *Englishness.* Die agrarische Wirklichkeit sieht meist weniger poetisch aus als das arkadische Idealbild der Dichter und Maler. Je schlechter Englands industrieller Ruf als *Dirty Man of Europe,* desto größer der Stolz der Nation auf ihre grüne Weste. Ende der achtziger Jahre gab es einen Boom neuer Countryside-Magazine. Ein gutes Hotel kann es sich leisten, auf Fernseher zu verzichten, nicht aber auf das Traditionsblatt *Country Life*. Zahlreiche Umweltschutzgruppen kümmern sich um Feuchtgebiete, bedrohte Schmetterlinge und das Recht auf öffentliche Fußpfade durch die Felder. Doch der Druck auf die Countryside wächst. Zumal dort, wo sie noch so halbwegs intakt ist und so viel Spielraum für Investoren bietet wie in East Anglia.

Die sogenannten *home counties* rund um London sind überfüllt, nun wird East Anglia *second home belt*, Auffangbecken der Metropole. Wegen der hohen City-Mieten verlegen viele Büros ihren Sitz nach Colchester, Ipswich oder Norwich. Und jeder *townie* möchte am liebsten »ein Cottage auf dem Land«. Allein in Suffolk planen die Kommunen bis Ende der neunziger Jahre rund 40000 neue Häuser. In Essex sind vor allem die Grüngürtel[1] zwischen den Ballungszentren bedroht, attraktive Ziele der Bauspekulanten. Neue Straßen, neue Einkaufs- und Freizeitzentren, Tourismusprojekte großen Stils beschleunigen die Zersiedlung der Landschaft. Dies sei heute das Hauptproblem der *Suffolk Preservation Society*, sagte mir ihr Direktor Paul Edwards: Landschaftsschutz mehr als Denkmalpflege. Wenn die Landwirtschaft weiter zurückgeht, was geschieht mit dem brachliegenden Land, das gegen Ende dieses Jahrhunderts so groß sein wird wie Devon und Cornwall zusammen? Die Krise der englischen Landwirtschaft ist auch eine Krise der Landschaft. »If farming goes, that will change dramatically«, fürchtet der Schriftsteller Michael Hamburger in Suffolk. »The land will be sold, it will be like any other part of England.« Doch noch, und hoffentlich noch lange, hat East Anglias Countryside ihren unverwechselbaren Charakter.

Dörfer: Wiedersehen mit Akenfield

O Kersey und Cavendish, Fressingfield und Finchingfield, Little Easton und Great Snoring, o Debenham, Lavenham, Long Melford, o ihr Dörfer East Anglias! Kein größeres Vergnügen, als über Land zu reisen von Dorf zu Dorf, von den wenigen überlaufenen, herausgeputzten *Best Kept Villages* in die vielen unscheinbaren, vergessenen, verlorenen Dörfer der Countryside. In Kersey schwimmen die Enten mitten auf der Straße, die als Furt durch den Dorfbach führt. In Long Melford ist die Dorfstraße eine veritable Antiquitätenmeile. In Lavenham habe ich schönstes Fachwerk des Mittelalters gesehen, im alten Pfarrhaus von Great Snoring wahrhaft kulinarisch gegessen, auf dem Dorfanger von Cavendish einfach nur im Gras gelegen.

Countryside ist nicht reine Natur, sondern bewohnte, bewirtschaftete, geschichtlich gewachsene Landschaft. Dörfer gehören zur Countryside wie der Pub zum Dorf und Gewürzzwiebeln zum *Ploughman's Lunch*. Es gibt etwa 13000 Dörfer in England. Viele, wenn nicht die meisten, haben ihren Ursprung in der feudalen Güterwirtschaft, die sich im angelsächsischen England entwickelte. Viele der heutigen Dörfer existierten also bereits vor

1 In Großbritannien sind insgesamt rund zwei Millionen Hektar als *green belts* amtlich ausgewiesen.

der normannischen Eroberung von 1066. Und viele sind längst wieder verschwunden, entvölkert von Pest und Landflucht im Mittelalter, bis auf eine einsame Kirche irgendwo in den Feldern, zum Beispiel in Longham in Norfolk. East Anglia hat eine der dichtesten, am reichsten differenzierten Dorflandschaften Englands.

»Even more than Big Ben or Westminster Abbey the English village is the visual symbol of our way of life.« So beginnt John Hadfield seine Anthologie englischer Dörfer. Der Schriftsteller Ronald Blythe aus Suffolk spricht sogar von einem »nationalen Dorf-Kult«, »the almost religious intensity of the regard for rural life in this country«. Ronald Blythe veröffentlichte 1969 *Akenfield,* das klassische Porträt eines englischen Dorfes. »Akenfield ist genau die Gegend, wo ein Engländer sich immer berechtigt und verpflichtet fühlt zu leben. Es ist offenkundig das wahre Land, unberührt und echt. Ein heiliger Ort, wenn man sein halbes Leben im Ausland gearbeitet hat. Schon seine Geräusche sind feierlich, hieratisch; Lerchen, Turmuhren, Bienen, Traktorengebrumm. Selten der Klang einer menschlichen Stimme.« Akenfield ist überall, ein Ort der englischen Seelenlandschaft, ein mythischer Topos mit einem höchst realistischen Vorbild: Grundisburgh, ein Dorf in Ost-Suffolk mit damals knapp 300 Einwohnern (heute rund 3500). In exemplarischen Selbstaussagen protokollierte Ronald Blythe, wie sie leben und denken: Landarbeiter, Obstpflücker, Dorflehrer, Dachdecker, Schmied, Sattler, Schäfer, Schweinezüchter, Tierarzt, Pfarrer und Totengräber. *Akenfield* ist die Biografie eines englischen Dorfes der sechziger Jahre. Doch schon zwanzig Jahre später gibt es dieses Akenfield nicht mehr.

Was gehört zu einem echten englischen Dorf? Pfarrkirche, Pfarrhaus und davor eine Zeder des Libanon; Dorfanger und Dorfschule, ein Teich oder ein klarer Bach; ein oder zwei Läden, mindestens ein Pub, wo es einheimisches Bier gibt; in gemessener Entfernung vielleicht noch das Tudor-Herrenhaus des Landlords. Ein wirklich gutes Dorf hat eine Cricketmannschaft, ein Team von Glöcknern und eine Amateurtheatergruppe. Und heute? Die Kirche aufgelassen *(redundant),* in der *Old Rectory* ein Restaurant, in der Dorfschule ein Kunsthandwerkeratelier, der Teich zugeschüttet, der Dorfanger ohne eigenes Cricketteam, der kleine Laden ersetzt durch einen Supermarkt. Das Dorf ist noch da, sogar schmucker denn je; aber irgendwie ist alles anders.

In vielen Dörfern Ostenglands sind Pendler und Rentner eingezogen, *townies,* die sich ihren Traum vom Landleben erfüllen, und sei es nur am Wochenende. Heute gibt es zwei Nationen in einem Dorf: wohlhabende Zugereiste neben verarmten Einheimischen. »Two-nation countryside« nennt das der Soziologe Howard Newby von der Universität Essex. Die Mehrheit der Landbewohner ist nicht mehr in der Landwirtschaft beschäftigt und um so eifriger bemüht, ihr Dorf-Ideal zu bewahren und jede Veränderung zu verhindern. Die ländliche Idylle wird zur Vorstadt-Pastiche, das Dorf zum Schlaf- und Altersheim. Für junge Leute wird es immer schwieriger, im Dorf ihrer Eltern Arbeit und Wohnung zu finden.[1] Die Hauspreise steigen, die Ärmeren ziehen in Sozialsiedlungen am Dorfrand, die

1 Eine eigene Stiftung unter der Schirmherrschaft von Prinzessin Anne, *The National Agricultural Centre Rural Trust (NACRT),* bemüht sich darum, preiswerte Wohnungen auf dem Land zu schaffen.

Jungen ziehen weg in die Stadt. Die Dorfschule schließt, dem Dorfladen fehlen die Kunden, dem Pfarrer die Gemeinde, dem Fußballklub der Nachwuchs. In vielen Dörfern lebt heute schon die letzte Generation von Einheimischen. Die *Village halls,* Symbole des ländlichen Gemeindelebens, dämmern vor sich hin und verrotten. In den achtziger Jahren machte der Verfall der Innenstädte in England Schlagzeilen, »it will be inner village decay that dominates the Nineties«, fürchtet nicht nur die *Sunday Times.*

Alarmierende Zeichen, gewiß. Doch noch steht die Kirche im Dorf und am Dorfanger ein stolzes Ortsschild. In East Anglia gibt es besonders viele und besonders schöne *Village signs,* manche aus Schmiedeeisen, die meisten holzgeschnitzt, bunt bemalt mit Szenen und Figuren. Nicht wenige stammen von einem Lehrer, Harry Carter aus Swaffham. Er wurde in den fünfziger Jahren bekannt, als er einigen Dörfern auf den königlichen Gütern von Sandringham zur Krönung der Queen ein Ortsschild lieferte. Andere Dörfer wollten andere Ereignisse oder Ortsheilige feiern, und immer schnitzte Harry das Gewünschte: die Zisterzienser in Sibton (Farbt. 37), den *Peddlar* in Swaffham und den Figurenbalken über der High Street von East Dereham, die Legende der heiligen Withburga. Mein Favorit steht im Lavendeldorf Heacham, das Porträt einer Frau mit Federhut und Spitzenkragen. Sie hieß Pocahontas und war die Tochter eines Indianerhäuptlings des 17. Jahrhunderts. Pocahontas rettete einen Kapitän aus King's Lynn vor dem Marterpfahl, segelte mit ihm nach England und heiratete den Kaufmannssohn John Rolfe. Drei Jahre später, mit zweiundzwanzig, starb die schöne Pocahontas in Heacham.

Die Indianerin Pocahontas,
Ortsschild von Heacham, Norfolk

Kirchen: Konzerte unter Engeldecken

Als ich vor Jahren einmal im Maison Talbooth in Dedham übernachtete, einem komfortablen kleinen Landhotel, fand ich in meinem Zimmer einen Begrüßungsbrief, nicht etwa vom Chef des Hauses, sondern von Reverend Sharp, dem Pfarrer von Stratford St. Mary: »You will see before you a typically English scene. It is a lovely view over the Stour Valley.« Jenseits des Flusses, erklärte der Pfarrer, sehe man eine Kirche, die John Constable oft gemalt habe, die Perpendicular-Kirche St. Mary. »You would be very welcome to join us at any time. Sincerely yours, M. H. Sharp.« So typisch englisch wie der Blick aus meinem Fenster war auch diese Mischung von Countryside, Kunst und Kirche. Bei Gott, Hochwürden Sharp verstand sein Handwerk.

Englands Dorfkirchen gehören zur Landschaft wie die Eichen zur Countryside. Wie sehr sie jenseits aller Religion zu den Fixpunkten der Landschaft und der Gesellschaft zählen, zeigt der Begriff *Steeplechase:* dem ursprünglichen Wortsinn nach eine Jagd zu Pferde von einem Kirchturm *(steeple)* zum nächsten, ein Hindernisrennen über Hecken, Bäche und Gräben – ein Sport, wie er nur in einem so idealen Feld- und Hügelgelände wie dem englischen entstehen konnte, dessen zahlreiche Kirchen auch für dieses irdische Vergnügen, das *steeplechasing,* bestens geeignet waren. Englands Dorfkirchen sind Spiegel der Volksfrömmigkeit und des Patriotismus, des ländlichen Alltags und der nationalen Ereignisse.

Du trittst durch das *lych gate,* das überdachte Friedhofstor, unter dem man früher den Sarg absetzte, um den Priester zu erwarten, du gehst an den Gräbern vorüber zur Kirche, denselben Weg, den Generationen gegangen sind, jahrhundertelang, zu Gebeten und Gesängen, zur Predigt, zur Heirat, zur Taufe, zum Tod. Über die ausgetretene Schwelle betrittst du den kühlen, dämmrigen Raum. Es riecht anglikanisch, nach Wachspolitur, feuchtem Gemäuer und frischen Narzissen. Meist bist du in diesen Dorfkirchen allein mit dem schweren Ticken der Turmuhr, dem knarrenden Sparrenwerk, dem Summen der Fliegen an den viktorianischen Fenstern. Manchmal, *lovely church isn't it,* spricht dich eine der unermüdlichen Frauen an, die immer irgendwo Messing putzen oder Blumen arrangieren oder Bänke polieren, den fremden Besucher dabei diskret im Auge behalten und im übrigen froh sind über ein kleines Schwätzchen im Haus des Herrn. Sie sind Gold wert, diese Kirchenfrauen, ohne sie könnte der Pfarrer dicht machen. Leider sind inzwischen tatsächlich mehr und mehr Dorfkirchen abgeschlossen. »Kürzlich wurde uns eine Botticelli-Kopie gestohlen, nur des kostbaren Rahmens wegen«, klagte der Pfarrer von Stebbing, »gold frames are in.« Und gab mir, arglos, den Schlüssel von St. Mary. In Loddon, einem Dorf zwischen Norwich und Beccles, schickte mich der Pfarrer ins Postamt, um den riesigen Kirchenschlüssel zu holen; ich bekam ihn nur gegen Hinterlegung meines Ausweises. »Sorry, wir hatten soviel Vandalismus in unserer Kirche, after lunch-time vandalism, all sorts of things.« Einmal, erzählte der Pfarrer von Loddon, hatten Rowdies unter einem Sarg, der in Holy Trinity aufgebahrt war, mit Gebetbüchern ein Feuer gemacht, »ich konnte es gerade noch löschen«.

Wachsfigur der Sarah Hare, 1744, in der Kirche von Stow Bardolph, Norfolk

Der grimme Schnitter, 1640, Holzfigur in Little Barningham Church, Norfolk

»Halloa! Here's a church!... Let's go in!« läßt Dickens Mr. Wemmick in *Great Expectations* ausrufen. Wie gerne folgen wir diesem Ruf. Wenn wir die eine Kirche verlassen, ist immer schon die nächste, wie beim *steeplechasing,* am Horizont zu sehen, und meistens nicht nur eine. Ich weiß nicht, wie viele Kirchen ich in East Anglia besucht habe; es müssen Hunderte gewesen sein. Viele hundert mehr bleiben Ihnen und mir noch zu entdecken. *Church-crawling* kann eine Leidenschaft werden. Der englische Architekturfotograf Edwin Smith verfiel ihr zeitlebens ebenso wie der Maler John Piper und sein Freund Benjamin Britten, der für die wunderbaren Dorfkirchen rings um Aldeburgh eigens drei »Kirchenparabeln« komponierte. Auch die Schriftstellerin P. D. James hat eine Vorliebe für *church-crawling*: »Ich sah die Gebetbücher, roch Weihrauch und hatte eine Vision von zwei ermordeten Körpern. Mein Gott, dachte ich, über diese Kirche werde ich schreiben.« Das tat sie in ihrem Detektivroman *A Taste For Death* (*Der Beigeschmack des Todes*), der damit beginnt, daß Miss Emily Wharton in der Sakristei ihrer Pfarrkirche zwei Leichen findet, einen bekannten Politiker und einen Penner, beide mit durchschnittener Kehle. Auch damit muß man beim *church-crawling* rechnen.

Mittelalterliche Gestühlsfiguren in den Kirchen ▷ *von Southwold und Blythburgh*

Der Händler, Gestühlsfigur in Swaffham

Suffolk und Norfolk haben zusammen weit über tausend Kirchen aus der Zeit vor der Reformation, von späteren gar nicht zu reden. Die großen *wool churches* der Tuchmacherorte von Suffolk, die Flintkirchen der Marsch und der Küstendörfer Norfolks, die Fachwerk- und Schindeltürme von Essex: Einen ähnlichen Reichtum normannischer und gotischer Kirchen wie in Ostengland gibt es nur noch in Somerset. Auch wer die wenigen erhaltenen Zeugnisse angelsächsischer Architektur studieren will, findet in East Anglia mehr Beispiele als irgendwo sonst in England. Man sollte nicht nur die herausragenden, immer wieder mit Recht gepriesenen Paradekirchen besuchen, sondern auch einige der vielen hundert anonymen Dorfkirchen. Sie ähneln sich alle, und doch ist jede anders und eigen. Mal ist es die Architektur, mal die Atmosphäre oder allein die Lage, die uns begeistern, hier die Maßwerkfenster, dort die Glasmalereien, Details wie ein Taufbecken, filigrane Chorgitter, burleske Gestühlswangen, ein Grabmal, ein einziger Schlußstein im Gewölbe oder auch nur die Stille und der kühle Schatten eines Kirchenschiffs an einem Sommertag.

In Suffolk traf ich einen pensionierten Metzger, der mir alles über *Round tower churches* erzählte, ein Spezialist für Rundtürme. In *Sculthorpe*, tief in Norfolk, schloß mir der Totengräber die Kirche auf (»Oh, that's funny, two Germans in one week«), eine unscheinbare Dorfkirche mit einem prächtigen normannischen Taufbecken und Glasmalereien von

Burne-Jones und Morris. Ähnlich überraschend der *doom* von *Wenhaston* in Suffolk: das Jüngste Gericht, um 1480 auf Holzplanken gemalt, ursprünglich im Chorbogen der kleinen Kirche angebracht, wo die Gläubigen drastisch vor Augen hatten, was ihnen dereinst blüht, wenn Christus auf dem Regenbogen zu Gericht sitzt, der heilige Michael die Seelen wägt und die Hölle, ein riesiges Fischmaul, die Verdammten gnadenlos verschlingt. Mag dies auch eher grell schockierend gemalt sein als künstlerisch differenziert, so ist es doch ein eindrucksvolles Zeugnis der religiösen Plakatkunst des Mittelalters.

Weit über provinzielles Niveau hinaus reichen die Engeldecken von East Anglia: Dachgestühle, deren Stichbalken und Scheitelrippen mit holzgeschnitzten Engeln verziert sind, als trügen sie mit ausgebreiteten Flügeln schwerelos die ganze Last des Kirchendachs auf ihrem Rücken. Engeldecken sind Gleichnisse des Himmelszelts, krönende Ornamente der englischen Holzbauingenieure des Mittelalters. Ihre schönsten Beispiele hinterließen sie in Suffolk und Norfolk (nicht in Essex), in den Kirchen von Blythburgh, Bury St. Edmunds, Mildenhall, Earl Stonham und Needham Market, Cawston und Knapton, Swaffham und Wymondham. Zu dieser Gruppe ostenglischer Engeldecken zählt auch die von March in Cambridgeshire, die triumphalste von allen. Auch wo keine Engel über dem Kirchenschiff schweben, gibt es in East Anglia brillante Stichbalkendecken. »Holz«, schreibt Ronald

Blythe, »ist das natürliche Material der Engländer, um Zweckmäßiges in würdiger Form zu gestalten.« So sind die Miserikordien[1], barmherzige Sitzgelegenheit für müde Mönche, mit ihren geschnitzten Figuren und Szenen vollendete Beispiele für die Kunst, Bequemlichkeit und Haltung, das Heilige und das Derbe aufs praktischste und schönste zu verbinden.

Einen Taufstein haben alle Kirchen, aber nur wenige in ganz England besitzen einen so spektakulären Taufbaldachin aus Holz wie die Dorfkirche von *Lower Ufford* in Suffolk. Er ist reich verziert, mehr als fünf Meter hoch, ein gotischer Turmhelm *en miniature* aus der Mitte des 15. Jahrhunderts. Im späten Mittelalter entstand in East Anglia ein eigener Taufsteintyp: am Säulenfuß vier sitzende Löwen, zwischen ihnen vier wilde Männer mit Keulen, am Beckenrand die vier Evangelisten mit weiteren Löwen oder Engelfiguren. Daraus entwickelte sich der sogenannte Sieben-Sakramente-Taufstein: ein achteckiges Becken mit Reliefdarstellungen der sieben Sakramente, auf der achten Seite meist die Kreuzigung oder eine andere Szene aus dem Leben Jesu. Dieser spätgotische Taufsteintyp ist fast ausschließlich in East Anglia verbreitet; von den vierzig erhaltenen Exemplaren finden sich nur drei außerhalb von Norfolk und Suffolk. Besonders schöne Beispiele haben die Kirchen von Cratfield, Sloley und Binham Priory. Gelegentlich stehen diese Taufsteine auf einem Treppenpodest, manchmal in Form eines Malteserkreuzes, zum Beispiel in East Dereham, Walsingham und Walsoken.

Zwei meiner Lieblingskirchen liegen weitab in den Feldern von Norfolk, in Cawston und Salle. St. Agnes in *Cawston* hat eine grandiose Stichbalkendecke mit Maßwerkzwickeln, Engeln und Heiligen, spätgotische Chorschranken mit zwanzig Figurenpaneelen und eine *Plough Gallery.* In trauter Nachbarschaft mit dem Kneipenschild der einstigen Plough Inn und einem Totenkarren steht dort ein Eisenpflug, der an einen alten ländlichen Brauch erinnert. Am *Plough Monday,* dem Montag nach Dreikönig, wurde ein Pflug in die Kirche geschafft und gesegnet, mit Fürbitten für ein gedeihliches Erntejahr. Nicht weit entfernt, im Schatten hoher Bäume, abseits des Dorfes liegt die Perpendicular-Kirche von *Salle.* Auch dort gibt es den symbolischen Pflug, einen Sieben-Sakramente-Taufstein mit einem gotischen Baldachin, Miserikordien im Chorgestühl und Grabplatten aus Messing. Im frühen 15. Jahrhundert wurde diese *wool church* gebaut, schon damals viel zu groß für eine Gemeinde von kaum mehr als 200 Seelen (heute nur noch 50). In dieser lichten, schönen Kirche begann im Sommer 1989 eine neue Konzertreihe unter der Schirmherrschaft von Prinz Charles: »Music in Country Churches«.

Auch Hochwürden Copley, der Pfarrer von Wangford in Suffolk, hat vor einigen Jahren ein Musikfestival gegründet, das in seiner und anderen Dorfkirchen der Umgebung stattfindet, inspiriert vom Erfolg der überaus beliebten Kirchenkonzerte des Aldeburgh Festivals. So entstand eine neue Musikkultur in der ostenglischen Provinz, mit einheimischen Ensembles und Gastspielen bekannter Orchester und Solisten. Wie wunderbar klingen und leben da die schönen alten Kirchen, die Gott und seine Organisten seit langem nicht mehr füllen.

1 Im Chorgestühl von Norwich Cathedral z. B. mehr als 60 Miserikordien, entstanden zwischen 1420 und 1515.

Sir J. Harsick und seine Frau, 1384, Brass in der Kirche von Southacre, Norfolk

Weniger als zwei Prozent aller Engländer gehen noch zur Kirche. Der Verfall der traditionellen Dorfgemeinschaft und der ländlichen Pfarrgemeinden sind zwei Strophen desselben Requiems. So wie der Dorflehrer verschwand, als die Zwergschule schloß, so zog auch der Landpfarrer aus seiner viel zu großen *Old Rectory* aus, zunächst in einen Billigbungalow am Ortsrand, bis er gänzlich eingespart wurde, Frührentner der Church of England, die seinen Sprengel mit ein paar anderen Rumpfgemeinden zusammenlegte. Sela, Psalmenende. Was blieb, waren die leeren Kirchen.

Es gibt Tausende kleiner und großer Pfarrkirchen in England, etwa 17000 insgesamt, über zwei Drittel davon auf dem Land. Natürlich stehen sie nicht alle leer. Aber Jahr für Jahr werden immer mehr Kirchen aufgelassen, anderweitig genutzt oder abgerissen. In den letzten dreißig Jahren hat die Church of England rund 2000 ihrer Kirchen aufgegeben, ein Viertel davon abgerissen, obwohl viele von ihnen unter Denkmalschutz standen.[1] Die heiligen Steine sind Mühlsteine geworden, immer größerer Ballast für immer kleinere Gemeinden. Restaurierungsnotruf und Geldspendenthermometer gehören heute zum Inventar der Kirchen wie Kanzel und Altar. Hier das Dach, dort der Turm, etwas bröckelt immer. Ein Trainer aus Newmarket stellte 1986 sein Rennpferd St. Wendred samt aller Preisgelder dem Pfarrer von Exning für ein Jahr zur Verfügung, zugunsten der Restaurierung seiner Dorfkirche: die erste englische Kirche mit eigenem Rennpferd.

Jährlich werden mehr als 150 Millionen Mark für die Restaurierung von Pfarrkirchen in England ausgegeben, im Kampf gegen Holzwurm und Steinfraß, Gleichgültigkeit und Vandalismus. Nur wenige herausragende Kirchen bekommen von *English Heritage* staatliche Zuschüsse zur Restaurierung[2]; die vielen anderen, oft ebenso wertvollen Gebäude gehen leer aus. Kein Wunder, daß die Church of England plant, bis zum Ende dieses Jahrhunderts wenigstens 1000 weitere Kirchen zu schließen. Alternativnutzung ist rar, nicht jede Hilfe willkommen. So bot eine Gemeinde bei Los Angeles an, eine 600 Jahre alte aufgelassene Kirche in Lincolnshire Stein für Stein nach Amerika zu verschiffen und dort wieder aufzubauen. Indes gibt es den *Redundant Churches Fund:* keine Lösung, aber ein Lichtblick.

Diese Stiftung wurde 1969 gegründet, um Kirchen zu erhalten, in denen kein Gottesdienst mehr stattfindet, die aber von historischem oder architektonischem Interesse sind.[3] Der *Redundant Churches Fund* hat ein Fünfjahresbudget von rund 30 Millionen Mark; 60 Prozent werden vom Staat finanziert, 40 Prozent von der Church of England, dazu kommen private Spenden. Gegenwärtig betreut die Stiftung mehr als 250 Kirchen, darunter solche Juwelen wie All Saints in Icklingham und die entlegene Küstenkirche von Covehithe. Einige dieser *Redundant Churches* werden gelegentlich noch für Gottesdienste genutzt, andere für Konzerte oder Ausstellungen. Die verwaisten Kirchen haben eine eigene, seltsam anrührende Atmosphäre, halb vertraut und doch sehr fremd, eine Aura von Verlassenheit und

1 Erst seit 1986 gibt es eine gesetzliche Vereinbarung zwischen Kirche und Staat, daß die Church of England vor dem geplanten Abriß einer Kirche das Denkmalschutzamt konsultiert.

2 *English Heritage* übernimmt maximal 40 Prozent der Restaurierungskosten. Kathedralen sind von diesen Subventionen ausgeschlossen, ein Problem eigener Art und von erheblicher Dimension.

3 Andere Institutionen dieser Art und Adressen siehe Anhang, S. 508f.

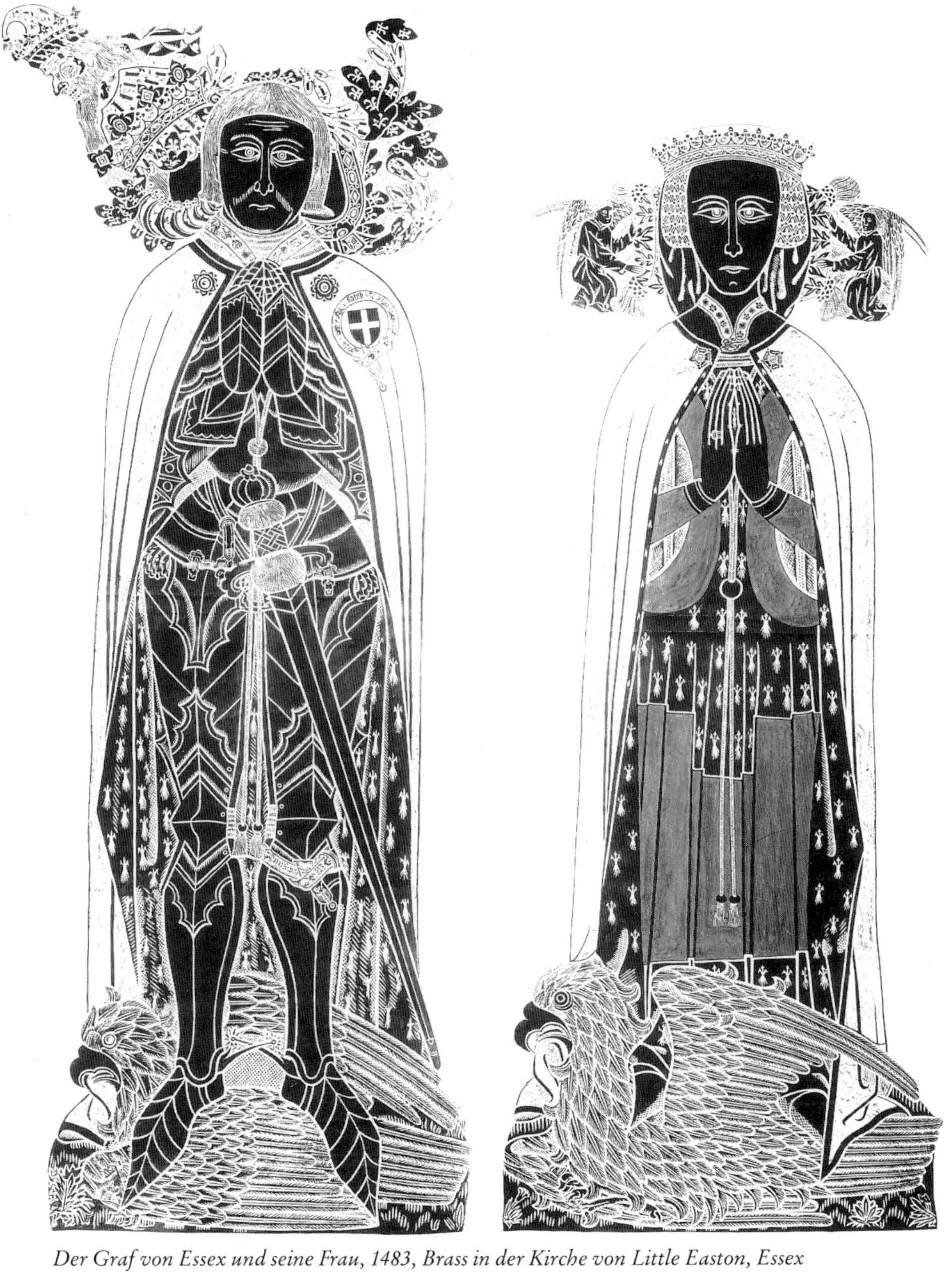

Der Graf von Essex und seine Frau, 1483, Brass in der Kirche von Little Easton, Essex

Geborgenheit zugleich. Sie gehören zur Landschaft, so natürlich und scheinbar dauerhaft wie diese selbst, Leuchttürme ohne Besatzung, die ihre Botschaft funken, Signale eines noch nicht ganz erloschenen Glaubens.

Viele mögen ohne Kirche auskommen, einen Friedhof brauchen wir alle. Eines der klassischen Gedichte der englischen Literatur ist Thomas Grays »Elegy Written in a Country Churchyard« (1751).[1] Dorffriedhöfe *sind* Elegien, in England mehr als irgendwo sonst. Doch die Gemeinplätze der Melancholie sind auch Gärten der Erholung, ein Stück Lokalgeschichte in Stein, voll von verblichenen Namen und Nachrichten aus der Provinz. Unterwegs in East Anglia habe ich immer wieder Dorffriedhöfe aufgesucht, wenn ich etwas über die Eigenart einer Gegend erfahren oder einfach nur ausruhen wollte. »There is nothing half so green that I know anywhere, as the grass of that churchyard; nothing half so shady as its trees; nothing half so quiet as its tombstones«, schreibt Dickens über den Friedhof von Blunderstone, Geburtsort seines Helden David Copperfield. Als Vorbild des fiktiven Blunderstone wählte er ein Dorf bei Lowestoft, Blundeston in Suffolk.

Ein englischer Friedhof, schätzt der Landschaftshistoriker Oliver Rackham, enthält durchschnittlich wenigstens 10000 Leichen. Deren Phosphat kommt vor allem Brennesseln und Kerbel zugute. Auf alten Dorffriedhöfen gedeihen Himmelsschlüssel und Frauenhaar, Orchideen und Echtes Labkraut *(lady's bedstraw)*, bis zu hundert Arten von Wiesenblumen, Kräutern und Farnen, auf Grabsteinen und Friedhofsmauern bis zu hundert verschiedene Moose und Flechten; manche sind andernorts längst ausgestorben. Der friedliche Wildwuchs lockt Vögel, Käfer, Insekten, Schmetterlinge. Der Totenacker lebt und blüht in ungeahnter Fülle, eine Naturoase inmitten der bedrohten Landschaft. Doch haben mehr und mehr ländliche Gemeinden den fatalen Ehrgeiz, ihren überwachsenen Friedhof zum *Best Kept Churchyard* herauszuputzen: Die alten Steine werden abgeräumt und an den Seiten säuberlich aufgereiht, rechtwinklige Beete angelegt, Herbizide gespritzt, der Rasen golfplatzkurz getrimmt. Solches Treiben hat das umweltbewußte *Churchyards Handbook* der Anglikanischen Kirche als »cult of the lawn« verdammt: Ein Friedhof ist kein Vorstadtgarten. Einen exemplarischen Öko-Friedhof fand ich in *St. James South Elmham* in Suffolk, einer der neun Pfarreien, die alle South Elmham heißen. Sorgsam wie die Details seiner Kirche beschreibt der Pfarrer von St. James in einem Faltblatt auch das Tier- und Pflanzenleben seines Friedhofs: »In an area of highly intensive agriculture, the Churchyard is an island of safety for wild-life.« Nicht jedermann schätzt das. Im Besucherbuch las ich die barsche Bemerkung: »Churchyard needs grass cutting.«

Ziemlich genau kann man auf alten Dorffriedhöfen auch die Rang- und Hackordnung der Gemeinde ablesen. Die schönsten, teuersten Grabsteine stehen meist auf der Südhälfte des Friedhofs, weiter nördlich wird es immer trister: Dort begrub man die Armen der Gemeinde, Diebe, gottloses Gesindel, uneheliche Kinder, manchmal auch ihre Mütter. Die auf der Nordhälfte waren »on the dog« begraben, sagte man in East Anglia, auf den Hund gekommen. James Lees-Milne, Landsitzexperte des National Trust, gab einmal den Rat:

1 Inspiriert von dem Friedhof Stoke Poges in Buckinghamshire, wo Gray auch begraben ist.

»Man sollte immer die Pfarrkirche vor dem Herrenhaus besuchen, um die Geschichte der Grundbesitzer von ihren Grabmälern zu erfahren.«

Dorfkirchen, Dorffriedhöfe spiegeln die Hierarchien der Countryside. Wer sich einmal aufs *church-crawling* einläßt, wird bald auch das *grave-hunting* nicht lassen können. Englands Kirchen und Friedhöfe sind große, öffentliche Sammlungen der Grabmalkunst. Auch in East Anglia haben berühmte und anonyme Bildhauer, Künstler der City und der Provinz eindrucksvolle Grabmäler hinterlassen. Auf dem Dorffriedhof von *Palgrave* in Suffolk sah ich das Grab des Kutschers John Catchpole, gestorben 1787, mit einer sechsspännigen Kutsche als Grabrelief, in der Kirche von *Acton* bei Sudbury die gravierte Messingplatte für den Kreuzritter Sir Robert de Bures, einen der ältesten und schönsten Brasse in England (um 1320). Doch vergessen wir nicht angesichts der pompösen Marmormonumente der *landed gentry* die Epitaphe der kleinen Leute, deren Sandsteine draußen im Regen verwittern, diese traurige, komische, triviale, poetische Sammlung letzter Worte. In *Walcott* in Norfolk hat man 1847 dem offenbar nicht sonderlich beliebten William Wiseman ein paar derbe Endreime nachgerufen: »Here lies the body of W. W. / He comes no more to trouble U, trouble U. / Where he's gone and how he fares / Nobody knows and nobody cares.« Kurz und stoisch ist in *Hamnersfield* in Suffolk der Grabspruch auf ein Kind, gestorben zwei Wochen nach seiner Geburt: »Came in / Looked about / Didn't like it / Went out.« In einem Dorf im Nordwesten Norfolks mit einer spätnormannischen Kirche und vielen Grabsteinen des 17. und 18. Jahrhunderts, in *Walsoken* fand ich das lapidarste Epitaph, ein lakonisches Wortspiel für Charles Knight: »Good Knight«.

Mord im Glockenstuhl: Die Kunst des Wechselläutens

Die neun Glockenschläge, die der Gemeinde früher von englischen Kirchtürmen den Tod eines Mannes verkündeten, nannte man *nine Tailors* und die Sterbeglocke *Tailor Paul.* Weshalb sich unter dem Titel *The Nine Tailors* keine Schneidergeschichte verbirgt, sondern ein raffinierter Glockenmord, aufgedeckt von Lord Peter Wimsey. An einem Silvesternachmittag, wir erinnern uns, schickte Dorothy L. Sayers ihren Gentleman-Detektiv im Schneetreiben in ein gottverlassenes Dorf im ostenglischen Fen: »Über die flachen weißen Wüsten des Moorlandes, die schnurgeraden stahlschwarzen Gräben und Deiche, die windgebeugten ächzenden Pappeln hinweg wehte die Musik der Glocken aus den schneegedämpften Schalllöchern der Glockenstube, wirbelte in lärmenden Böen südwärts und westwärts über das schlafende Land dahin (...), und auf und ab und auf und ab in ihren Läufen schwangen die Glocken von Fenchurch St. Paul.« In diesem fiktiven Ort im Fen[1] kommt ein Mann durch

1 Als Modell diente Upwell. In der Kirche von Terrington St. Clement, einem anderen Fen-Dorf, ließ die Dorothy L. Sayers Society am 13. Januar 1990 zur Erinnerung an Lord Peter Wimseys 100. Geburtstag einen Zyklus *Kent Treble Bob Major* läuten, verkürzt auf 5376 Wechsel.

den Schlag der neun Glocken zu Tode, denen er in der Neujahrsnacht, eingesperrt im Glockenstuhl der Kirche, neun Stunden lang ausgesetzt ist, während die Glöcknermannschaft des Dorfes, unter ihnen der Totengräber mit dem sprechenden Namen Harry Gotobed, einen neuen Rekord beim *change-ringing* aufstellen will: einen Zyklus *Kent Treble Bob Major* mit 15 840 Wechseln, ohne Pausen und Fehler durchgeläutet. Daß die schöne Kunst des Wechselläutens zu einem Mord mißbraucht wird, liegt weniger in der Natur der Sache als der des Menschen und, natürlich, im kriminalistischen Kalkül von Dorothy L. Sayers. Sie hat ihren Roman und die Psychologie des Falles kunstvoll aufgebaut nach den Sätzen und Zyklen des Wechselläutens, »eine englische Besonderheit und, wie alle englischen Besonderheiten, der übrigen Welt unbegreiflich«. Was Englands Campanologen da treiben, wenn sie »die aufeinanderfolgenden Fünfer des Tittums-Systems oder die kaskadierenden Dreier des Queen's-Wechsels« inszenieren und genießen, solche Rituale, gibt die Lady aus Oxbridge uns zu verstehen, werde »der gewöhnliche Sterbliche«, noch dazu einer vom Kontinent, so wenig verstehen wie die Geheimnisse des Crickets.

Unterwegs in Suffolk und Norfolk, wo es mehr Kirchtürme gibt als in allen anderen englischen Grafschaften, habe ich gelegentlich zu ungewöhnlichen Uhrzeiten dieses sonderbare, gänzlich unmelodische Läuten gehört: Glockenschläge in monotonen, endlosen Reihen, die sich hartnäckig jeder Melodie verweigern, um irgendwann abrupt zu enden. Eines Tages, als die Glocken von Blythburgh wieder einmal besonders störrisch schlugen, betrat ich die Glockenkammer unter dem Turm. Da standen mit angespannten Körpern und entrückten Gesichtern sechs Männer und Frauen im Kreis, jeder mit *rope & sally,* einem Glockenseil mit farbig gestreiftem, samtweichem Griff, an dem die *bell-ringers* mit beiden Händen zogen, das Seil über ihren Kopf schnellen ließen, ohne es loszulassen, immer auf und ab, in einer ganz bestimmten Reihenfolge, die nur Unkundigen rätselhaft erscheint, im Rhythmus der unsichtbaren Glocken, die über uns hoch oben im Turm hin und her schwangen, hin und her und auf und ab. Man hätte in der kleinen *ringing-chamber,* wäre es nicht etwas laut gewesen, das Fallen einer Stecknadel hören können, so konzentriert waren die sechs Glöckner am Werk. Der jüngste, Jamie, war elf, der älteste, John, ein pensionierter Ölmanager. Auch zwei Frauen waren dabei und Stephen, ein junger Mathematiklehrer, der *tower captain* der Mannschaft: »I'm utterly unmusical!« Offenbar eine gute Voraussetzung für das Wechselläuten.

Beim *change-ringing* geht es um Musik der anderen Art: um mathematische Klangstrukturen und Permutationen, nicht um Melodien und kontinentales, sentimentales Glockenspiel. Die englische Kunst des Wechselläutens entspricht dem kühlen, kantigen Geist der Perpendicular-Baumeister und ihrer klaren Kirchen, mehr dem Vergnügen an der Konstruktion der Klänge als an ihren Harmonien. Beim *bell-ringing* geht es darum, erklärt mir Stephen, eine Anzahl von Glocken in einer bestimmten Kombination zu läuten, ohne daß sich eine einzige Folge wiederholt. Drei Glocken kann man in sechs verschiedenen Abfolgen läuten: 1 2 3 – 1 3 2 – 2 3 1 – 2 1 3 – 3 1 2 – 3 2 1. Bei vier Glocken gibt es bereits 120 verschiedene Möglichkeiten des Wechsels, bei fünf gibt es 720 Variationen. »Dann geht es eigentlich erst los«, lacht der *ringing master* von Blythburgh.

Bei einem *peal of eight,* einem Geläut von acht Glocken, sind 40 320 Durchgänge möglich: ein sogenannter *Major,* fehlerlos und ohne Pause durchgeläutet von einer Mannschaft in Loughborough in 17 Stunden, 58 Minuten und 30 Sekunden. Ein *Royal* mit zehn Glocken hat 3 628 800 mögliche Variationen und würde 105 Tage dauern, *by God,* eine königliche Verrücktheit. Eine Lebensaufgabe aber wäre es, wollte man die zwölf Glocken von St. Peter Mancroft in Norwich auch nur einmal nach den Regeln des *change-ringing* durchspielen: ein *Maximus* mit – Achtung, Kopfrechner – mehr als 479 Millionen Variationen (genau 479 001 600). Zwölf Glöckner brauchten dafür etwa 38 Jahre. Da sage noch jemand, ein mehrtägiges Cricket-Turnier gegen Australien sei lang oder gar langweilig. Sagen wir lieber: *Bell-ringing* ist die Fortsetzung von Cricket mit anderen Mitteln, ein Marathonlauf im Stehen, die Krönung englischer Sportexzentrik. Wechselläuten ist der ideale Mannschaftssport für Individualisten: Jeder zieht an seinem Seil, und so Gott will, erreicht die Seilschaft am Ende ihres langen Wegs gemeinsam den Gipfel kühler Klangekstasen. So gesehen war es wohl eher ein Kompliment, daß Händel meinte, die Glocke sei das englische Nationalinstrument.

Stephen zeigt mir die *Diagrams,* ein Buch voll von ausgeklügelten Zahlensystemen und Klangfiguren, nach denen seine Glöckner die einzelnen *methods* lernen. Diese Partituren haben so klingende Namen wie *Plain Hunt on Six, Cambridge Surprise, Grandsire Doubles, Bob Major* oder *Tittum Bob Royal.* Der *Stedman Fivers* ist nach dem Vater der englischen Campanologen benannt, Fabian Stedman aus Cambridge. In seiner *Tintinnalogia* von 1668 entwickelte Stedman die Kunst des Wechselläutens, wie sie noch heute praktiziert wird. Als mir die Glöckner von Blythburgh ihr Hand- und Kopfwerk erklärten, kam ein Fremder dazu. »Are you ringer?« fragte Stephen. »Yes, from Yorkshire«, sagte der Mann. Er machte Urlaub in Suffolk, und schon war er aufgenommen in die *band of ringers.* Glöckner sind unter Glöcknern immer willkommen, und manche ziehen durchs Land, nur um überall einmal zu läuten: so berühmte *peals of bells* wie die zwölf Glocken von Saffron Walden, die zehn von Beccles oder eine der acht Glocken von Lavenham, die schönste von allen, die Tenorglocke von 1625, »the sweetest bell in England«. Auch Stephen gehört zu denen, die im Urlaub Glockentürme sammeln: In mehr als 1300 Kirchen hat er schon *rope & sally* gezogen. Es gibt noch rund 5500 Kirchen auf den Britischen Inseln, die ein Geläut von fünf bis zwölf Glocken haben, genug für einen ehrgeizigen *bell-ringer.* Doch ein Drittel aller englischen Kirchtürme bleibt sonntags stumm. Und das nicht etwa darum, weil die Pfarrer ihre Glocken versilbert hätten wie in jenem Spottvers: »Foolish people / Sold their bells to build a steeple.«[1] Nein, das Problem ist der Nachwuchs: Nur noch 48 000 Glöckner praktizieren in England die Kunst des Wechselläutens.[2]

1 Allerdings sind viele Glocken und Glockenstühle in einem desolaten Zustand. Einer der größten *Bell-ringing*-Enthusiasten und Mäzene, der ehemalige Tory-Abgeordnete und Multimillionär Sir John Smith, finanzierte die Restaurierung von Glocken in rund 80 englischen Kirchen.

2 Englands Glöckner sind auf Grafschaftsebene in Gilden und Vereinen organisiert, insgesamt in mehr als 160 Campanologen-Klubs. Ihr Dachverband ist der *Central Council of Church Bell Ringers,* ihre Zeitschrift *The Ringing World.*

Vor dem Krieg war auch das ganz anders. »Bell-mad, we were«, verrückt nach Glocken, schwärmt ein *bell-ringer* in Ronald Blythes *Akenfield*, und sein Kollege Robert Palgrave erzählt: »All the ringers were great walkers and you would meet them in bands strolling across Suffolk from tower to tower.« Der alte Glöckner von *Akenfield* weiß, wie Material und Größe der Kirchtürme den Klang der Glocken beeinflussen: »The old bricks soak up the sound and sweeten it. The taller the tower, the quieter the bells in the village itself. The shorter, the louder.« Er weiß noch, wie man früher im Dorf die alten Glocken liebte, »because they have spoken for the village so long and are its angel voices«. Er weiß auch, daß viele der besten Glöckner stocktaub sind, »and the bells to them are just a noise. It is all figures to them«, sie haben alle Kombinationen im Kopf. »Wenn du die Glöckner-Tafeln in den Türmen von Suffolk liest«, sagt Robert Palgrave, »you will be reading the names of many happy men.«

In vielen Glockenstuben East Anglias habe ich solche *peal boards* gesehen, Holztafeln mit den Namen und Rekorden der *bell-ringers*. Eine der Ikonen der Campanologie hängt in der Turmempore von St. Peter Mancroft. Dort haben die *Norwich Scholars*, wie sich die Glöckner stolz nannten, am 2. Mai 1715 einen *Gransir Bob Triples* geläutet, 5040 Variationen in drei Stunden und 18 Minuten, »and not one Bell misplaced or out of Course«, wie die Rekordtafel festhält. Das gilt, unter Glockenbrüdern, als erstes dokumentiertes, echtes Wechselläuten der Welt. Ein Jahr nach jener Pioniertat, 1716, gründeten die *Norwich Scholars* einen Verein, die sogenannte *Purse*. Daß in diesem Klub nicht nur geläutet, sondern auch kräftig gebechert wurde, dürfen wir dem *Ringers' Jug* entnehmen, einem irdenen Maßkrug für 17 Liter Ale.[1] Allein, was ist das für zwölf durstige Glöckner.

In seiner *Campanologia* rühmt William Shipway 1816 die Glocken von St. Peter Mancroft, der Stadtkirche von Norwich, als »the best peal of twelve in the Kingdom«.[2] Jahrhunderte hindurch haben sie die großen Ereignisse der Stadt und der Nation eingeläutet, vom Armada-Jahr 1588 bis jüngst zum Regierungsjubiläum der Queen. *God save the bells*, die spröde Kunst des Wechselläutens, die alle Wechselfälle der Geschichte mit so stoischer Exzentrik überdauert.

Herrenhäuser: Reservate für die letzten Aristos

Wie die Kirche zum Dorf, so gehören die *Country houses* zur Countryside. Wer Land hatte, hatte auch Macht. Wer sie möglichst eindrucksvoll entfalten wollte, ließ sich einen Landsitz bauen: mit Prunkgemächern für den Besuch des Königs, mit Salons und Sälen für große

1 Einen ähnlichen, *Gotch* genannten Glöcknermaßkrug des 18. Jahrhunderts sah ich in der Pfarrkirche von Hadleigh, mit der animierenden Inschrift: »If ye love me due not lend me / Use me often keep me clenly / Fill me full or not at all / And that with strong and not with small.« – Noch im 19. Jahrhundert bekamen die Glöckner für ihre Dienste von der Gemeinde ein sogenanntes Biergeld.

2 Der Tenor, die größte der zwölf Glocken, wiegt rund zwei Tonnen; 1909 kam eine dreizehnte hinzu.

Gesellschaften und alte Meister, Raumfluchten mit jenen endlosen Ausblicken über Gärten und Felder bis zum Horizont. *Stately homes* nennt man solche Landsitze, mit etwas Understatement einfach nur *houses*. Ihr Alter ist ein Gütesiegel, das die Engländer amerikanischen Besuchern gern präsentieren: »This house was built before your country was discovered yet.« Was so klingt, als hätten die Amerikaner damals noch auf den Bäumen gelebt. Respektvoll schwärmte denn auch ein Besucher aus der Neuen Welt, Henry James: »Von all den großen Dingen, die Engländer erfunden haben und die Teil ihres Nationalcharakters geworden sind, ist das am besten Gelungene, das für sie Charakteristischste, das, was sie am vollkommensten beherrschen, so daß es geradezu eine Illustration ihres Wesens wie ihrer Sitten geworden ist – das wohlbestellte, wohlgeführte und gut eingerichtete Landhaus.«

Doch hatte der amerikanische Autor noch ein Country-house-Ideal vor Augen, wie es in Jane Austens Roman *Mansfield Park* beschrieben und bis Evelyn Waughs *Brideshead*-Finale beschworen wird: das Herrenhaus als Garant der Ordnung und Moral, als Mikrokosmos einer hierarchisch gegliederten Gesellschaft. Jahrhunderte hindurch waren die großen Landsitze Zentren politischer Macht und Intrigen, Bühnen des gesellschaftlichen Lebens abseits der Metropole, Spiegelbilder englischer Geschichte und Kultur, eine nationale Institution. Ihr Niedergang begann mit dem Ende der Viktorianischen Epoche, ihren Abgesang schrieb Victoria Sackville-West mit ihrem Roman *The Edwardians*.

Die Krise der Landwirtschaft im späten 19. Jahrhundert, durch billige Getreideimporte aus Amerika beschleunigt, wurde auch für viele Landhäuser zur Existenzkrise. Die Einführung von *estate duties* und *death duties*, Vermögens- und Erbschaftssteuern, verschärfte seit 1894 und besonders nach dem Zweiten Weltkrieg die Lage der *landed families*.[1] Erst reduzierten sie ihre Dienerschaft, dann verkauften sie ihre Kunstwerke und Teile der Güter, schließlich ihren ganzen Familiensitz. Zwischen 1870 und 1975 wurden rund 1500 Country houses abgerissen, mehr als die Hälfte nach 1945. Wenige weinten diesen Häusern damals eine Träne nach. In den Jahren der Wohnungsnot nach dem Krieg wirkten die Paläste des Landadels wie Provokationen, ihre Besitzer wie Fossilien einer versunkenen Welt, Überlebende einer privilegierten Kaste, die der Staat mit Erbschafts- und Einkommenssteuern gar nicht genug schröpfen konnte. In der Mitte dieses Jahrhunderts schien das Ende der englischen Landhauskultur besiegelt. Allein 76 historische Landsitze wurden in einem einzigen Jahr, 1955, abgerissen. Doch im selben Jahr entschloß sich der Herzog von Devonshire, gegen den Rat von »uncle Harold« (Premierminister Macmillan), das von der Familie seit 1938 verlassene Landschloß Chatsworth wieder zu bewohnen. Es war das Signal zu einer Wende, der Beginn einer neuen Ära der Country houses.

Schon 1949 hatte der 6. Marquess of Bath seinen Familiensitz Longleat als erstes großes Landhaus nach dem Krieg auf kommerzieller Basis dem Publikum geöffnet. Der Safaripark des Marquis, von seinen Standesgenossen bespöttelt und beneidet, die Löwen von Longleat wurden zum Symbol der *stately homes industry*. Die neue Heimindustrie machte aus den Landadligen Unternehmer: »The only way to keep the place going is by viewing it as a

1 Zur *landed gentry*, der landbesitzenden Oberschicht, gehört etwa ein Drittel des britischen Adels.

business«, erkannte widerstrebend auch der Duke of Marlborough in Blenheim Palace. Historische Herrenhäuser sind alles andere als Ruhesitze der Aristokratie. Gewiß, mancher fühlte sich als »prisoner of inheritance« wie die Marquise von Tavistock, als ihr Mann, bis dahin unbeschwerter Londoner Börsianer, 1974 zum Erben von Woburn Abbey verdonnert wurde. Manche haben resigniert, ihr Erbe meistbietend versteigert oder an den National Trust abgetreten und sich als dessen Untermieter in einen Seitenflügel ihres eigenen Hauses zurückgezogen. Wer seinen Familiensitz nicht zum Museum machen will, muß sich etwas einfallen lassen.

So wie Lord Coke in Holkham Hall in Norfolk haben viele Gutsherren ihre Landsitze zu Mehrzweckunternehmen ausgebaut, zu Bildungs- und Freizeitzentren mit Kunstsammlungen und Naturlehrpfaden, Angel- und Jagdbetrieb, mit Camping, Golf- und Picknickplätzen, mit Marathonläufen im Landschaftspark, Ballon- und Teddywettbewerben, Pferdeschau und *fun days* für die ganze Familie. Der eine hat in seinem Schloßpark eine Reitschule eingerichtet, der andere einen *High-tech Business Park*. Wieder andere vermieten ihre Prunksäle für Bälle, Bankette, Kongresse, Hochzeiten oder Empfänge. Besonders beliebt ist das alljährliche *Stately Homes Music Festival*. Kammermusik in Herrenhäusern hat eine lange Tradition. Zwischen dem 15. und 18. Jahrhundert unterhielten die Landlords ihre Gäste mit hauseigenen Musikanten. Heute sind öffentliche Konzerte in Privathäusern für ihre Besitzer eine willkommene Einnahmequelle.

Was tun sie nicht alles, um ihre viel zu großen, viel zu teuren Häuser als Familiensitze zu erhalten. Doch nicht die Löwen im Landschaftspark, die *Aristos* sind die eigentlichen Exoten, die vom Aussterben bedrohte englische Spezies, die sich und ihren Lebensstil dem zahlenden Publikum zur Besichtigung vorführen, ohne selbst schon als Attraktion auszureichen. Daß Herrenhäuser, ihre Kunstsammlungen und Gärten *open to the public* sind, ist nicht neu. Schon Daniel Defoe, beeindruckt von der Zahl und Qualität der Landsitze in East Anglia[1], schlug seinen Lesern 1724 vor: »Any traveller from abroad, who would desire to see how the English gentry live, and what pleasures they enjoy, should come into Suffolk and Cambridgeshire, and take but a light circuit among the country seats of the gentlemen on this side only, and they would be soon convinced, that not France, no not Italy itself, can out-do them, in proportion to the climate they lived in.« Mit William Gilpin und Horace Walpole, den Pionieren des Pittoresken, entstand ein besonderer Typ von Bildungstouristen: die *afficionados*, die von Landsitz zu Landsitz reisten und verglichen. *Stately homing* war Mitte des 18. Jahrhunderts ebenso üblich wie die Klage der Besucher über unverschämte Trinkgeldforderungen der Hausdiener. Als die East-Anglia-Reise Ende des 18. Jahrhunderts *fashionable* wurde, zählten Houghton und Holkham, Blickling und Raynham zu den Landsitzen, die man zu bestimmten Zeiten besichtigen konnte. Das Tempo solcher Besichtigungen war offenbar schon früh beträchtlich. In einem Brief vom 25. März 1761 schildert Horace Walpole seinem Freund George Montagu, wie er nach 16 Jahren erstmals wieder sein

1 Noch Burke's & Savills *Guide to Country Houses in East Anglia* verzeichnet 1981 allein für diesen Teil Englands insgesamt fast 1000 Herrenhäuser.

Elternhaus besucht, Houghton Hall in Norfolk: »Zur selben Zeit wie ich traf eine Gruppe ein, um das Haus zu besichtigen, ein Mann und drei Frauen in Reitkleidung, und sie rasten durch die Salons – ich konnte nicht schnell genug vor ihnen her eilen – sie brauchten weniger Zeit dafür, das zum erstenmal zu *sehen*, als ich dafür brauchte, um das in einem Raum wiederzuerkennen, was ich auswendig kannte.«

Teestube, Restaurant, Souvenirshop, Gartencenter, eine ganze Kette von Sekundärnutzungen umgibt heute die einst zentrale Hausbesichtigung. Denn vom Eintrittsgeld allein kann der Landlord nicht einmal die laufenden Kosten seines Hauses bestreiten, geschweige denn die oft horrenden Reparaturen. Staatliche Restaurierungsbeihilfen und Steuererleichterungen gibt es nur dann, wenn er sein Haus wenigstens an einigen Tagen im Jahr der Öffentlichkeit zugänglich macht. Heute drängen sich alljährlich mehr als 45 Millionen Besucher durch Großbritanniens Herrenhäuser. Wenn jeder andere Engländer sagen kann: »My home is my castle«, so muß sich mancher Landlord in seiner Burg wie in einem Aquarium fühlen, das Besucher aus aller Welt neugierig betrachten und betasten. Dem Earl of Radnor in Longford Castle bei Salisbury wäre derlei ein Greuel: »Die Leute, die hierher kommen, mögen ja ganz nett sein, aber es heißt, man könne sie sogar riechen, und schließlich nimmt dein Haus den Geruch eines Bahnhofs an.« In jedem Jahr kommen durchschnittlich vier neue *open to the public*-Häuser dazu. Die kleinen und die großen, die privaten und die vom Staat oder vom National Trust verwalteten *stately homes* sind Teil einer immer gigantischeren Vermarktung der Vergangenheit. Diese Traditionspflege-Industrie, schreibt Robert Hewison in seinem Buch *The Heritage Industry*, sei eine monströs aufgeblasene, erzkonservative Sicht Englands, eine Musealisierung des Landes aus dem Geist der *middle-class*. Linke Kritiker wie der *Observer*-Kolumnist Neal Ascherson halten die ganze *heritage*-Bewegung für »vulgären englischen Nationalismus«, für eine fatale Kommerzialisierung und Verherrlichung der Kultur der besitzenden Klasse. »Die Beschwörung der Vergangenheit, die Suggestion einer unsterblichen und anerkannten englischen Nationalordnung« sei für die Politik der Regierung Thatcher immens wichtig: »*Heritage* ist eine beruhigende Arznei gegen Einsamkeit und Angst.« Abgesehen davon, daß diese Opium-fürs-Volk-Theorie nicht sonderlich originell ist, übersieht solche Ideologiekritik zweierlei: Ohne Organisationen wie den National Trust oder die *Historic Houses Association*, eine Lobby von rund 400 Hausbesitzern, wären noch weit mehr historische Landsitze mitsamt ihren Parks und Gärten, Kunst- und Möbelsammlungen unwiederbringlich verlorengegangen. Zum andern gehören Englands Herrenhäuser keineswegs nur zur aristokratischen Tradition des Landes.

Unter den Dächern der Country houses lebte die Klassengesellschaft in all ihren Abstufungen und Differenzierungen, die Hierarchie der Diener, Handwerker, Gärtner, Pächter, Jagdhüter, Land- und Waldarbeiter. Die Häuser der Herrschaft erzählen immer auch, mehr oder weniger deutlich, die Geschichte ihrer Diener. Noch während des Zweiten Weltkriegs lebte der 11. Duke of Bedford in Woburn Abbey allein mit 50 Bediensteten und 200 Park- und Gutsarbeitern – letzte, bizarre Blüte feudaler Prachtentfaltung. Seit den sechziger Jahren herrscht in fast allen Herrenhäusern rapider Dienerschwund. Zu den Ausnahmen zählt

Chatsworth, wo der Herzog von Devonshire immer noch über 18 Gärtner und 70 Hausangestellte verfügt, darunter drei Nachtwächter, ein Uhrenaufzieher und ein Mann fürs Silber. Vergleichsweise bescheiden wirtschaftete Lady Cholmondeley auf Houghton Hall mit einem siebenköpfigen Personal, dazu 15 weitere Angestellte für Park und Reitställe. Ihre Nachbarn, die Townshends von Raynham Hall, engagieren nur bei Festen und Empfängen einen Butler. Bei meinen Besuchen in den Landhäusern East Anglias hat mich meist der Hausherr selbst, gelegentlich seine *daily*, aber nie ein Butler bedient. Und wenn einer wie der Herzog von Grafton die Frage nach dem Personal nicht beantworten mag, dann heißt das eher, er hat unstandesgemäß wenig als unverschämt viel.

»Historische Häuser spielen eine sehr wichtige pädagogische Rolle«, erklärte mir der Duke of Grafton. »Auf Euston Hall haben wir ständig karitative Veranstaltungen für dies und das, zum Beispiel zur Rettung bedrohter Kirchen.« Lord Walpole sieht die Rolle der Landsitze heute vor allem darin, für die Erhaltung der Countryside zu sorgen, »durch sensible Forstwirtschaft, das Pflanzen von Hecken, die Kontrolle der natürlichen Umgebung«. Darüber hinaus veranstaltet Robin Walpole literarische Lesungen und Kunstausstellungen auf Mannington Hall, ein Beitrag zum kulturellen Leben in der Provinz. Für das traditionelle Feuer am *Guy Fawkes Day* im Gutsdorf von Heydon Hall sorgt Captain Bulwer Long persönlich, eine von vielen Gemeindeaufgaben, die er als *Lord of the Manor* wahrnimmt. Mehr als die Landpfarrer prägt der Landadel noch heute die Hierarchie der Countryside. Sie haben Prestige und Einfluß, keine wirkliche Macht, wenn es hoch kommt ein Amt: *High Sheriff*[1] oder *Lord-Lieutenant*, Stellvertreter der Queen in der Grafschaft. Aber nicht als Zeremonienmeister der Krone haben die Landlords überlebt, nicht dank staatlicher Subventionen, sondern als Manager ihrer Güter, als clevere Erben der Countryside.

Das wiedererwachte Selbstbewußtsein der *landed gentry* trug zu einem der erstaunlichsten Phänomene der britischen Nachkriegsarchitektur bei, zur Renaissance der Country houses. Mehr als 200 Landsitze wurden seit 1945 neu gebaut, ein regelrechter Herrenhaus-Bauboom, zumal in den fünfziger und sechziger Jahren. »The country house tradition in Britain is far from dead«, resümiert John Martin Robinson in seinem Buch *The Latest Country Houses*. Daß sie bis heute im Schatten der vielen hundert abgerissenen historischen Landsitze blieben, die sie zum Teil ersetzten, hat gute Gründe: Zum einen sind sie in der Regel nicht öffentlich zugänglich, zum andern stilistisch so aufregend wie ein neuer Anzug von Prinz Charles. Die Mehrzahl dieser Herrenhäuser folgt dem *upper-class*-Geschmack der letzten sechzig Jahre, *Neo-Georgian*, so populär wie einst das viktorianische Stilgebräu *Tudorbethan*. Ein Landsitz in einem englischen Park erfordere geradezu einen klassischen, neogeorgianischen Stil, meint J. M. Robinson. »Ein Country house ist eine traditionelle Architekturform, geschaffen für eine traditionelle Lebensweise; daher ist es nicht überraschend, daß viele Leute am glücklichsten waren, dies auch in einer traditionellen architekto-

1 Verantwortlich für die Verwaltung der königlichen Gerichtsbarkeit in den Grafschaften; ältestes weltliches Amt in England, seit den angelsächsischen Königen überliefert.

nischen Sprache auszudrücken.« Doch selbst der Chronist der jüngsten Country houses muß zugeben: »Einige von ihnen sind kaum besser als grandiose Bungalows.«

Sollte diese große Tradition britischer Baukunst mit bloßen Anachronismen zu Ende gehen? In East Anglia jedenfalls habe ich kein überzeugendes Beispiel zeitgenössischer Landhausarchitektur gesehen. Wohl aber in jeder der drei Grafschaften eine exzellente Arbeit von Norman Foster: seinen Flughafen in Stansted, sein Versicherungsgebäude in Ipswich, sein Kunstzentrum in Norwich (Abb. 60). Nur ein High-tech-Herrenhaus hat bisher noch keiner gewagt. Nicht einmal Norman Foster.

Backsteingiebel, Tulpenzwiebel: Die *Dutch Connection*

Wer durch Ostengland reist, stößt immer wieder auf Verbindungen mit Holland. Es gibt ein *Dutch Quarter* in Colchester, *Dutch Cottages* in Southwold, *Dutch gables* überall. Holland ist East Anglias nächster Nachbar auf dem Kontinent. Nach der römischen Besatzung und der nie ganz erloschenen Italiensehnsucht, nach der frühen angelsächsisch-skandinavischen Verbindung, nach der turbulenten normannisch-französischen Liaison war es seit dem Mittelalter vor allem die *Dutch Connection*, die Englands langen Weg nach Europa begleitete. Es war ein beständiger Austausch von Ideen und Waren, von Künstlern, Ingenieuren und Wissenschaftlern, von Puritanern und Kalvinisten, Flüchtlingen und Reisenden, Händlern und Schmugglern.

England und Holland waren enge Handelspartner und führten drei erbitterte Handelskriege. Sie waren Verbündete im Kampf gegen das katholische Spanien und Rivalen im Wettlauf um die Kolonien in Fernost. In ihrer Deklaration von 1585 nannte Königin Elizabeth I. die Holländer Englands »most ancient and familiar neighbours«. Als Herzog Albas Truppen die Niederlande besetzten, verteidigte Elizabeth I. ihre protestantischen Glaubensbrüder (und ihre eigenen maritimen Interessen) gegen Philip II. Engländer dienten in der holländischen Armee, holländische Glaubensflüchtlinge emigrierten zu Tausenden über den Kanal nach England, besonders ins nahe East Anglia. In der *Dutch Church* in Norwich, der Stadt mit dem höchsten Asylantenanteil (ein Drittel der Bevölkerung), fand noch bis ins 20. Jahrhundert Gottesdienst in holländischer Sprache statt. Umgekehrt suchten ostenglische Puritaner zur Zeit Erzbischof Lauds Zuflucht im kalvinistischen Holland. Auch der Philosoph John Locke, wegen seiner Verbindung zu Lord Shaftesbury in politischen Schwierigkeiten, zog sich 1682 für ein paar Jahre nach Holland zurück. Dort, nicht in seiner Heimat, veröffentlichte er seine ersten Aufsätze.

Hatten die Engländer im 14. Jahrhundert ihre Wolle in die flämischen Weberstädte Brügge, Gent und Ypern exportiert, so waren es im 16. Jahrhundert holländische Emigranten in Norwich und Colchester, die mit ihren *new Draperies*, mit neuen, leichteren Stoffen zur Blüte der ostenglischen Tuchindustrie beitrugen. Die Niederlande waren Englands Haupthandelspartner im Mittelalter, zunächst das katholische Antwerpen, später das protestantische Amsterdam. Holländische Fischer verkauften ihre Heringe in den Häfen East Anglias, bis drakonische Handelsgesetze die cleveren Konkurrenten verdrängten. Doch die Schmuggelverbindungen florierten auch weiterhin. Die Destillerien von Schiedam, im 18. Jahrhundert Europas größte Schnapsbrennereien, produzierten damals pro Jahr fast 18 Millionen Liter Gin; das meiste für den Schmuggel nach England, in gut bewaffneten 200-Tonnen-Kuttern.

Das Meer, das sie trennte, verband beide Länder auf vielfältige Weise. Vor allem das flache East Anglia hatte dieselben Probleme des Küstenschutzes und der Entwässerung der Marsch. Bei Flußkanalisierungen, Eindeichung und Landgewinnung bedienten sich die Engländer holländischer Drainage-Spezialisten und holländischer Methoden der Finanzierung und kooperativen Arbeit, in Canvey Island in Essex ebenso wie wenig später, 1634, bei der großangelegten Entwässerung der Fens unter der Leitung von Cornelius Vermuyden aus Seeland. Ein Holländer, Joas Johnson, wurde 1568 zur Oberaufsicht beim Bau des neuen Hafens von Yarmouth berufen. Und in der Dorfkirche von Haddiscoe in Norfolk erinnert ein Epitaph von 1525 an den »dyke-reeve« Peter Peterson, einen Kanalaufseher aus Holland.

Sie handelten und haderten miteinander, sie rivalisierten und paktierten; was lag da näher, als sich auch zu heiraten. Die anglo-holländischen Familienverbindungen reichten von Emigranten und Kaufleuten[1] bis in die Häuser der Aristokratie. Sie erreichten ihren Höhepunkt in der dynastischen Liaison der beiden Länder, als William III. von Oranien 1677 eine Tochter König James' II. heiratete[2], die erst fünfzehn war und zehn Zentimeter größer als ihr Mann. Nach der *Glorious Revolution* von 1688 berief das Parlament *King Billy* gemeinsam mit seiner Frau Mary auf den britischen Thron. Der importierte König, im Volk nicht sonderlich beliebt, fand nach einem Reitunfall in Newmarket ein frühes Ende. Die Ära William & Mary hinterließ den Engländern die konstitutionelle Monarchie, den holländischen Garten sowie zahllose Delfter Tulpenvasen. Nie wieder trieben Blumenmotive auf Bildern, Sesselbezügen und Bettvorhängen des Königreichs so üppige Blüten wie zur Zeit Williams & Marys. Nicht englische Gartenenthusiasten, hugenottische Emigranten aus den Niederlanden gründeten die ersten Gartenvereine in England. Auch den Anbau von Raps und Steckrüben führte man nach der Drainage der Fens im 17. Jahrhundert aus Holland ein. Und wer baute 1912 die erste englische Zuckerfabrik? Ein Holländer, van Rossum, in Cantley in den Norfolk Broads.[3]

Die auf vielen Feldern so fruchtbaren anglo-holländischen Beziehungen sind noch heute am augenfälligsten in Architektur und bildender Kunst. Die roten und orangefarbenen Dachpfannen (*pantiles*), charakteristisch für die Dörfer in Essex, Suffolk und besonders Norfolk, wurden zuerst in ostenglischen Häfen als Ballast holländischer Schiffe im 17. Jahr-

1 Holländischer Herkunft war z. B. der Erbauer von Heveningham Hall in Suffolk, Sir Gerard Vanneck.

2 Schon 1613 hatte Prinz Friedrich von Oranien eine Tochter König James' I. geheiratet, Elizabeth Stuart, *the Winter Queen*.

3 Daß das Ulmensterben in England *Dutch Elm disease* heißt, kommt daher, daß diese Krankheit zuerst in Holland diagnostiziert wurde. In England fielen ihr bisher rund zehn Millionen Ulmen zum Opfer.

George Vincent: Holländischer Markt am Strand von Yarmouth, 1821

hundert eingeführt, später auch in England hergestellt.[1] Überall in East Anglia sehen wir die so holländisch anmutenden Backsteinhäuser mit manieristisch geschweiften Giebeln, ein Stilmerkmal des 17. Jahrhunderts. Landsitze wie Raynham Hall in Norfolk oder Beaumont Hall in Essex (um 1650) haben solche *Dutch gables*, ebenso einfache Cottages oder die Scheune der Manor Farm in Kirby Bedon. Eines der frühesten Beispiele des holländischen Manierismus in East Anglia ist die Bourne Mill in Colchester (1591), ein spätes Zeugnis das Water Gate von Tilbury Fort (1670–84), entworfen von dem Militäringenieur Charles' II., dem Holländer Sir Bernard de Gomme.

Das 17. Jahrhundert war das Goldene Zeitalter der holländischen Kunst, Holland ein Zentrum europäischer Kultur, Wissenschaft und Wirtschaft. Beflügelt durch die intensiven Handelsverbindungen kamen viele niederländische Künstler nach England. Man schätzte sie

1 Charles I. erteilte 1636 ein Patent für die Herstellung von »Pantiles or Flanders Tyles«, doch gilt das Jahr 1701 allgemein als Beginn einer eigenen englischen Dachpfannenproduktion (durch eine Firma in Tilbury in Essex, an der Defoe beteiligt war).

als Porträtisten, Marine- und Pferdemaler und als Spezialisten für *chimney-pieces*, Veduten über dem Kamin. Schon 1632 hatte sich Anthonis van Dyck in London niedergelassen, eingeladen von König Charles I., von Aufträgen des Adels überhäuft. Die nächst der Queen bedeutendste Van-Dyck-Sammlung in Privatbesitz hütet der Herzog von Grafton in Euston Hall in Suffolk. Zusammengetragen hat sie einer seiner Vorfahren, der 1. Earl of Arlington, der 1667 Isabella van Beverwaert aus dem Haus Oranien geheiratet hatte. Wie sehr die Kunstsammlungen des Landadels vom Geschmack für flämische und holländische Malerei geprägt waren, sieht man noch in vielen Herrenhäusern East Anglias.[1] Neben einem Rubens-Meisterwerk in Holkham Hall sind es dort vor allem die großen Geflügelstücke von Melchior d'Hondecoeter und die Jagdszenen des Flamen Frans Snyders, die zu den Favoriten englischer Landsitze zählten. Das Prunkstück der Sammlung des 3. Earl of Orford in Wolterton Hall, die *Landschaft mit Regenbogen* von Rubens, die zu sehen der Maler J. S. Cotman 1841 eigens nach Wolterton kam, hängt heute in der Wallace Collection in London.[2] Zu den großen ostenglischen Sammlern, neben Sir Robert Walpole in Houghton und Sir Andrew Fountaine in Narford Hall, gehörte auch William Windham in Felbrigg Hall. Dort sind bis heute die Marinebilder der van de Veldes zu sehen, die er Mitte des 18. Jahrhunderts erwarb, unter anderem die monumentale *Battle of the Texel* (um 1674), eine Seeschlacht aus dem letzten der drei anglo-holländischen Kriege. Willem van de Velde und sein gleichnamiger Sohn, beide aus Leiden und in London gestorben, begründeten die englische Schule der Marinemalerei.

Nicht nur East Anglias Landadel, auch Kaufleute und Bürger der oberen Mittelschicht sammelten im 18. und frühen 19. Jahrhundert holländische und flämische Meister: der Bankier Francis Gibson in Saffron Walden, dessen Vermeer heute in der New Yorker Frick Collection hängt; der Apotheker Thomas Penrice aus Great Yarmouth, der neben mehreren Gemälden des populären David Teniers auch Rubens' *Urteil des Paris* besaß, heute in der Londoner National Gallery; oder der Suffolker Altertumsforscher Cox Macro, der in Leiden Medizin studiert hatte[3], lebenslanger Freund und Förderer des Antwerpener Malers Peter Tillemans, der 1734 auf Macros Landsitz Little Haugh Hall bei Norton starb.

Von solchen Privatsammlungen[4] profitierten auch die einheimischen Künstler. Bei seinem Mäzen in Great Yarmouth, dem Bankier Dawson Turner, konnte John Sell Cotman unter

1 Für die in England bisher umfangreichste Ausstellung holländischer Malerei des 17. Jahrhunderts im Museum von Birmingham (1989) konnten die Veranstalter auf ausländische Leihgaben völlig verzichten: Sie wählten aus mehr als 2000 holländischen Gemälden in britischen Museen und Privatsammlungen.

2 Gänzlich aufgelöst ist die Sammlung holländischer und flämischer Malerei, die Sir Jacob Astley im frühen 19. Jahrhundert in Melton Constable Hall in Norfolk zusammentrug.

3 Ebenso wie der Norwicher Arzt und Autor Sir Thomas Browne. Auch der führende englische Bildhauer der ersten Hälfte des 17. Jahrhunderts, Nicholas Stone, hatte eine holländische Ausbildung. Der Landschaftsarchitekt Humphry Repton aus Norfolk absolvierte zunächst eine vierjährige Lehre bei einem Bankier in Rotterdam. Und Erasmus von Rotterdam war Professor in Cambridge.

4 Nach Meinung von Experten, z. B. des Londoner Kunsthändlers Hugh Leggatt, gibt es in etlichen Pfarrhäusern von Suffolk und Norfolk noch verschiedene unidentifizierte holländische Meister des 17. Jahrhunderts.

Willem van de Velde: Die Schlacht von Sole Bay, 1672

anderem Gemälde von Hobbema, Cuyp, Rubens und Teniers im Original studieren; sein Jan Steen (*The Christening Feast,* 1664) hängt heute in der Wallace Collection in London. John Cromes Mäzen Thomas Harvey aus Catton bei Norwich, verheiratet mit der Tochter eines englischen Kaufmanns in Rotterdam, war nicht nur Sammler, sondern auch Kunsthändler, spezialisiert auf holländische und flämische Malerei. Das früheste bekannte Auftragswerk eines flämischen Künstlers für eine Norfolker Familie ist das sogenannte Ashwellthorpe-Triptychon im Burgmuseum von Norwich: *Die sieben Schmerzen Mariae* vom Meister der Magdalenenlegende, entstanden um 1512–20 als Hausaltar für Christopher Knyvett in Ashwellthorpe, einem Dorf südwestlich von Norwich.

Wie Holland hat auch East Anglia eine flache, weite Küstenlandschaft mit Marschen, Windmühlen[1] und oft dramatischen Wolkenhimmeln. So war es kein Zufall, daß die holländische Landschaftsmalerei des 17. Jahrhunderts bei den Norwicher Malern des frühen

1 Keine Region Englands hat mehr Windmühlen als East Anglia. Ende des 19. Jahrhunderts waren dort noch etwa 1500 Korn- und Entwässerungsmühlen in Betrieb; heute sind rund 60 in gutem Zustand erhalten.

19. Jahrhunderts auf besonderes Interesse stieß. Diese anglo-holländische Wahlverwandtschaft kommentierte John Constable 1836 in seiner dritten Vorlesung vor der Royal Academy, als er über Jacob van Ruisdaels Landschaften sagte: »Ruisdael (...) delighted in, and has made delightful to our eyes, those solemn days, peculiar to his country and to ours, when without storm, large rolling clouds scarcely permit a ray of sunlight to break the shades of the forest. By these effects he enveloped the most ordinary scenes of grandeur...«

Im 19. Jahrhundert, als England mehr nach Amerika als nach Europa orientiert war, lag East Anglia auf der falschen Seite des Landes. Liverpool, Southampton, die großen Überseehäfen an der Süd- und Westküste florierten, Ostenglands Häfen verkümmerten. Heute heißt die Devise »Go East«. Heute haben Ipswich, Felixstowe und Great Yarmouth als Handelshäfen wachsende Bedeutung. Vor allem holländische Agrarunternehmen expandieren in East Anglia. Zwischen Norwich und Amsterdam gibt es täglich acht Flüge. Ipswich plant ein *European Visual Arts Center*. »Das alles zeigt, wie europäisch wir werden und welche Rolle East Anglia dabei spielt«, sagt mir Malcolm Bradbury, Schriftsteller und Professor in Norwich. Auch Ian Chance, Gründer und Leiter des Kunst- und Musikfestivals von Wingfield, sieht die ostengliche Provinz selbstbewußt in europäischen Perspektiven: »We look to Europe and not so much to London.«

Ostenglische Köpfe ▷

'homas Gainsborough: Selbst-
ildnis, um 1759

John Sell Cotman, Radierung von J. P. Davis nach einer Zeichnung von Mrs. Dawson Turner, 1818

John Constable (1776–1837): Selbstbildnis

enjamin Britten (1913–1976)

William Beechey: Horatio, Viscount Nelson, 1801

William Morris, Fotografie von Abel Lewis, 1880

D. James

Dorothy L. Sayers (1893–1957)

Malcolm Bradbury

ESSEX

I come not from Heaven, but from Essex
(William Morris)

Lange habe ich Essex buchstäblich links liegengelassen, wenn ich in Harwich die Fähre verließ. Suffolk, Norfolk, die Countryside – das alles lockte mich mehr als Essex. Meinen Mitreisenden ging es meist ähnlich, sie fuhren nach London oder Cambridge. Essex scheint kein Reiseziel, nur Durchgangsland. Eine Pufferzone zwischen London und dem ›eigentlichen‹ East Anglia, zwischen Countryside und Metropole. Essex, das ist ostenglische Landschaft mit Londoner Vororten, ein Zwitter. Dieses zwiespältige Image nutzen die Tourismus-Strategen geschickt zur Werbung: »Welcome to Essex, the best thing next to London.«

Im Süden die Themse-Mündung, im Norden der Stour, im Westen der River Lea: eine Grafschaft mit fließenden Grenzen. »Essex begins somewhere among back streets in London's eastern suburbs«, schreibt J. B. Priestley in seiner *English Journey.* Dieses *East End*-Image prägt Essex bis heute. Unter den sogenannten *Home Counties* rings um London galt es immer als Stiefkind, das Ostengland der armen Leute. Rentner aus der City, die es sich leisten konnten, setzten sich lieber in den südlichen Grafschaften zur Ruhe. Echte Ostengländer wiederum zählen Essex nicht zu East Anglia: »too cockneyfied for the Londoners and too London for the real countryman.« Das scheint sich zu ändern. »Früher zogen die *classy people* nach Surrey oder Kent, südlich von London war chic, östlich war *middle class*; jetzt wird Essex *fashionable*«, erklärt mir Mr. Collins, Landwirt in High Laver. Viele *Essexmen* sehen diesen neuen Zustrom aus der City halb mit Stolz, halb mit Bedauern. Denn das heißt ja: noch mehr Häuser im Grünen, noch mehr Verkehr. Doch ist der neue ein sehr alter Trend.

Als Daniel Defoe seine Reise durch East Anglia im April 1722 in Essex begann, wunderte er sich als erstes über den Bauboom auf dem Lande: »all the villages which may be called the neighbourhood of the city of London are increased in buildings to a strange degree.« Dörfer wie Stratford (heute längst vom East End geschluckt) seien mehr als doppelt so groß geworden, Hauspreise und Mieten beträchtlich gestiegen. Und was für ein Verkehr! »Nicht weniger als 200 Kutschen« habe man im Umkreis einiger Dörfer registriert, berichtet Defoe. Reisende? Nein, Pendler und Pensionäre aus der City, Kaufherren, Händler, Leute mit Stadthaus und Zweitwohnung auf dem Lande. Wanstead, Walthamstow, Woodford und andere Dörfer in Essex (heute Greater London) seien nicht des Landlebens wegen so beliebt, sondern »for good company« und »excellent conversation«, Geselligkeit ohne die »Laster und Ausschweifungen« der City.

1 Houghton Hall Entree mit Hermes-Statue von Locotelli

2 AUDLEY END Jakobeanisches Landschloß, 1603–16

3 HOUGHTON HALL Landsitz Sir Robert Walpoles, 1722–35

HELMINGHAM HALL Wasserschloß der Familie Tollemache, 16./18. Jh.

6 HOUGHTON HALL Salon von William Kent, um 1727 ▷

ICKWORTH Landschloß der Earls of Bristol, 1795–1829

11 David Cargill im Park von Elsing Hall

13 Euston Hall Der 11. Duke of Grafton mit Ahnenbild, Van Dycks Porträt König Charles' I

12 Heydon Hall William und Sarah Bulwer Long mit ihren Lurchers Poppy und Lambton

15 HENGRAVE HALL Tudor-Torhaus, 1525–38

16 WEST STOW HALL Landsitz des Stallmeisters Mary Tudors, etwa 1520

◁ 14 Tudor-Fest auf KENTWELL HALL, Moat House um 1475

17 ST. OSYTH'S PRIORY Lord D'Arcys Tower, 1553–58

18 HADLEIGH Deanery Tower, Torhaus von 1495

20 MELTON CONSTABLE HALL Der verfallene Park von Capability Brown, 1764–69
◁ 19 CASTLE HEDINGHAM Normannischer Bergfried, 1140
21 LONG MELFORD Tudor-Gartenpavillon von Melford Hall, um 1560

22 Sandringham House Landsitz der Queen in Norfolk, 1870

24 Castle Rising Normannische Burg, um 1150 ▷

23 Audley End Palladianische Tea House Bridge von Robert Adam, 1782

Damals besuchte Defoe in *Wanstead*, wo sich heute M11 und A12 treffen, einen der vielen neuen Landsitze, das eben vollendete *Wanstead House*. Colen Campbell hatte dieses frühe Meisterwerk des englischen Palladianismus entworfen (1715–20). Sein Auftraggeber war Viscount Castlemain, Sohn des Vorsitzenden der East India Company, Sir Josiah Child[1], »a suddenly monied man« (John Evelyn), ein Neureicher also. Defoe bewunderte vor allem Park und Gärten, die schon vor dem Bau des Hauses existierten und bereits damals so populär waren, daß ihr Besitzer sie nur noch an einem oder zwei Tagen der Woche öffentlich zugänglich machte (»the crowds grew to great«). Der Park ist heute ein Golfplatz, Wanstead House wurde 1824 abgerissen. Kein Einzelfall, leider. Der Abbruch von Herrenhäusern erreichte in Essex »katastrophale Ausmaße«, heißt es bei Burke's & Savills, der umfassenden Bestandsaufnahme historischer Familiensitze.

Englands Könige hatten ihre Landschlösser hier und Londons Cockneys ihre Hütten. In der Zeit des planlosen Baubooms im 19. Jahrhundert schluckte die Metropole immer mehr Dörfer. Schon Dickens nannte Essex »London-over-the-border«. Der Zweite Weltkrieg verstärkte den Druck der City aufs Land. Essex wurde zum Auffanglager Londons und der ausgebombten Dockarbeiter des East End. Harlow, Basildon, ganz neue Städte entstanden auf dem Reißbrett und auf den Rübenäckern. Daß der Grüngürtel der Millionenstadt durch Zersiedlung nicht noch weiter dezimiert wird, darüber wachen heute der *Council for the Protection of Rural England* und die verschiedensten Umweltschutzgruppen. Doch können auch sie nicht verhindern, daß zwei Drittel des gesamten, vom Kontinent nach Großbritannien importierten Giftmülls in Essex gelagert werden. Und das in der Geburtsgrafschaft des Erz-Grünen William Morris!

Indes hat sich der Staub der Londoner Vorstädte keineswegs über ganz Essex gelegt. Der größte Teil des Countys ist ländlich geblieben, voll von Dorfidyllen und dem Charme kleiner Markt- und Küstenorte. Selbst die größte Stadt, Southend, hat nicht mehr als 157000 Einwohner, und Colchester hat sein römisches Straßenlayout bis heute behalten. Essex, das Land der *East Saxons*, war eines der am stärksten romanisierten und dann normannisierten Gebiete Englands. Dorfnamen wie Layer Marney, Layer-de-la-Haye erinnern noch an die normannischen Eroberer. Zur Zeit des *Domesday Book*, des ersten englischen Grund- und Steuerbuchs von 1086, hatte Essex rund 70000 Einwohner (heute mehr als 1,5 Millionen), 230 Wassermühlen, Fischerei und Salzindustrie; die Hälfte der Grafschaft war Ackerland, ein Fünftel Wald, der Rest Viehweiden, Heide und Marsch. Genau 500 Jahre später, 1586, beschrieb der Historiograph William Camden Essex in seiner *Britannia* als »sehr fruchtbar, Safran im Überfluß, bestens ausgestattet mit Holz und außerordentlich reich«. Vom Safran blieb nur der Name Saffron Walden, die Wälder sind zu Schiffen und Fachwerkhäusern verarbeitet, und auch der Reichtum der mittelalterlichen Textilindustrie ist längst dahin. Die guten Lehmböden indes haben der Landwirtschaft von Essex eine Spitzenstellung erhalten. Im Distrikt Maldon liegt Englands größte Obst- und Gemüsekonservenfabrik, und die

1 Sein barockes Grabmonument in St. Mary in Wanstead schuf der flämische Bildhauer John van Nost 1699: Sir Josiah als Gentleman in römischer Toga.

Erdbeermarmelade auf Ihrem Frühstückstisch unterwegs kommt wahrscheinlich aus Tiptree.

Essex hat zwei Gesichter, das eine blickt nach London, das andere nach East Anglia. Neben dem urbanisierten, industrialisierten Süden mit seinen Ölraffinerien und Elektronikfabriken behauptet sich im Norden die Countryside und an der Küste die Marsch. Am schönsten finde ich Essex dort, wo es Suffolk am ähnlichsten sieht, in den grünen Hügeln im Nordwesten der Grafschaft und am Grenzfluß Stour.

Von Harwich nach St. Osyth: Rosenduft und Pfauenschreie

Harwich ist der arme Vetter von Dover. Keine weißen Klippen begrüßen uns, keine Burgruinen, kein spektakuläres *Welcome.* Aber noch jedesmal, wenn ich an Deck der »Hamburg« die ersten Möwen höre, ihren unverkennbar englischen Akzent, wenn ich die sanften grünen Hügel sehe, die kleine Stadt mit ihren beiden Leuchttürmen, einer kleiner als der andere, wenn die Barkasse den Trinity-Lotsen an Bord bringt, ein traditioneller, technisch völlig überflüssiger Ritus, wenn ich die lange Reihe der roten Feuerschiffe in der Hafeneinfahrt sehe, im Sommer die Armada der weißen Segel, die aus der breiten Flußmündung hinausfährt aufs Meer: Harwich, denke ich dann, England, wie schön. Nicht seekrank geworden, kein Dockerstreik, kein Regen. Alles ganz anders, oder auch nicht, jedenfalls angekommen. *England, my England.*

Natürlich kann man Harwich auch dramatischer haben. In der Londoner Tate Gallery hängt ein Gemälde von 1842 mit einem ungewöhnlich langen Titel: *Schneesturm – ein Dampfschiff vor einer Hafeneinfahrt gibt Signale in seichtem Wasser und bewegt sich nach dem Lot. Der Autor war in diesem Sturm in der Nacht, als die »Ariel« aus Harwich auslief.* Ein dokumentarisch exakter Titel, wie um die tobende Atmosphäre auch der Farben dieses Bildes zu beglaubigen. Es stammt von William Turner, und er malte es, »weil ich zeigen wollte, wie solch ein Schauspiel aussieht; ich ließ mich von den Matrosen am Mast festbinden, um es zu beobachten. Vier Stunden lang war ich angebunden; ich glaubte es nicht zu überleben; aber ich wollte es festhalten, falls ich davonkäme. Doch niemand sah sich veranlaßt, das Bild zu mögen.« Es sei, spottete einer der Kritiker der Royal-Academy-Ausstellung von 1842, mit »Seifenlauge und Tünche« gemalt.

Harwich liegt auf einer schmalen Halbinsel am Ende der zehn Meilen langen Gezeitenmündung des Stour, am Zusammenfluß mit dem River Orwell, durch die gegenüberliegende Landzunge geschützt. Ein idealer Naturhafen: am Nordufer der breiten Doppelmündung, auf der Suffolker Seite, der Containerterminal Felixstowe, am Südufer in Essex der Passagierhafen Harwich, mit Fähren nach Esbjerg, Göteborg und Oslo, Hamburg und Hoek van Holland. Lange vor dem Eurotunnel war Harwich Europort. Als der englische Generalpostmeister und die Stadt Amsterdam 1661 einen Vertrag über eine regelmäßige Postverbindung schlossen, wurde Harwich der Hafen. Zweimal wöchentlich segelten von hier die

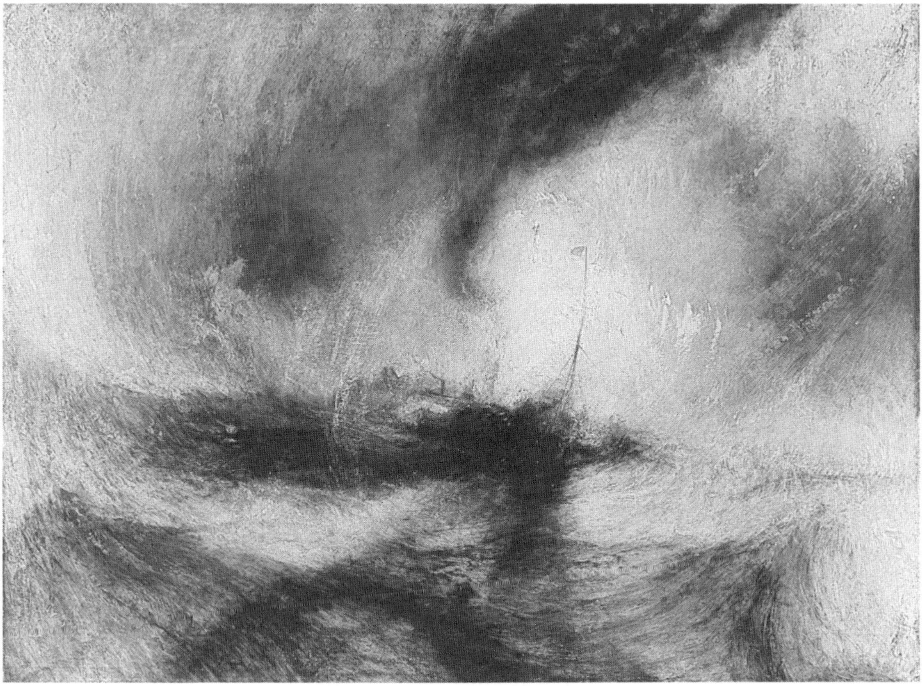

J. M. W. Turner: Schneesturm – ein Dampfschiff vor einer Hafeneinfahrt ... (Harwich), 1842

englischen Paketboote zum Kontinent. Von Harwich aus schifften sich die *Royalties* aus dem Haus Hannover nach Deutschland ein zu ihren Besitzungen. Im November 1734 wartete Prinzessin Anne, Tochter Georges II., in Harwich siebzehn Tage auf günstigen Wind zur Überfahrt, um zu ihrem Mann zu kommen, dem Prinzen von Oranien. Schließlich verlor der König die Geduld und schickte sie nach Dover. In Harwich landete Prinzessin Charlotte von Mecklenburg-Strelitz im September 1761 zur Hochzeit mit George III. Und auch die tote Karoline, geschiedene Frau Georges IV., trat 1821 ihre letzte Überfahrt von Harwich im Sarg nach Braunschweig an.

Dieser Hafen sah Könige, Kaufleute, Touristen, das große und das kleine Glück, Abschied, Ankunft, Jubel und Tränen aller Häfen. In den letzten Monaten vor Ausbruch des Zweiten Weltkriegs gingen fast 10000 Kinder aus Deutschland in Harwich an Land, Kinder jüdischer Eltern, evakuiert nach den Novemberpogromen von 1938. Die gelben und weißen Chalets von *Dovercourt*, heute wie damals ein Ferienlager, waren die erste Station dieser Kinder im Exil: ohne Eltern, ohne Geld, aber gerettet.

»A pretty place and wants for nothing«, meinte Queen Elizabeth I. bei ihrem Besuch im August 1561: »Ein hübscher Ort, dem es an nichts fehlt.« Dankbar zitieren die städtischen

Fremdenverkehrsprospekte die königliche Unverbindlichkeit und schicken uns an manche Plätze, aus denen selbst Werbegenies wie Saatchi & Saatchi keine Sehenswürdigkeit machen könnten. Daniel Defoe sah die Sache nüchtern: »Harwich is a town of hurry and business, not much of gaiety and pleasure.« Kein Ort für Frohsinn und Vergnügen. Auch Samuel Pepys kam nur zum Arbeiten her, als er Sekretär im Marineministerium und Harwich noch Kriegsschiffswerft war.

Häfen sind Durchgangsstationen, und Harwich ist eigentlich nicht einmal mehr das. Heute landen wir am *Parkeston Quay*, drei Meilen entfernt vom alten Kai neben dem Half Penny Pier. Wenn Sie das Pech haben, Ihre Fähre zu verpassen, und in Harwich bleiben müssen: Gehen Sie ins *Electric Palace*, ein edwardianisches Kino, eines der ältesten des Landes, restauriert und unter Denkmalschutz. Harwichs kleiner Lichtspielpalast eröffnete 1911 mit dem Stummfilm *The Battle of Trafalgar:* Nelsons Tod mit *live*-Klavierbegleitung.

Auf der Halbinsel zwischen Harwich und Colchester liegen drei Küstenorte, die sich im späten 19. Jahrhundert zu Seebädern entwickelt haben. Nach Clacton kam die *working-class*, nach Walton die *lower middle-class*, nach Frinton die *upper middle-class*, in den zwanziger Jahren sogar der Duke of Windsor, Douglas Fairbanks und Churchill. Noch heute legt *Frinton-on-Sea* Wert auf sein gehobenes Image: keine Reisebusse auf der Esplanade, keine Pommes- und Bingo-Buden am Strand. In Frinton wohnt die gepflegte Langeweile. Um 1850 ein Dorf von 30 Einwohnern, heute 6500; die Hälfte hat das Rentenalter überschritten; die andern sind kurz davor. Frinton hat breite Wiesen auf seinem Steilufer und ein einziges bemerkenswertes Haus: *The Homestead*, entworfen 1905 von Charles F. A. Voysey (Second Avenue, Ecke Holland Road). Eine Villa mit L-Grundriß und Schieferdach, wohlproportioniert, wohnlich, jedes Detail bis zu den herzförmigen Schlüssellochbeschlägen von Voysey selbst gestaltet. Die zweite Trouvaille in Frinton: das Ostfenster der kleinen Kirche Old St. Mary, entworfen von Edward Burne-Jones, ausgeführt von William Morris, eine Verkündigung in Aubergine und tiefem Grün.

Schön gestaffelt liegen die *beach-huts* am Hügel von *Walton-on-the-Naze*. Sie heißen »Sans Souci« und »Monte Carlo«, »Jennifer« und »Sheila«, abgetakelte Beauties im Seewind. Frauen tragen ihre weißen Pudel über die Promenade, Jungs ihre goldenen Ohrringe. Mit hochgekrempelten Hosenbeinen staksen ein paar Männer durchs Wasser, spinnenbeinig wie der Pier. Fast 800 Meter lang hat Walton seinen Pier bauen müssen, bis man wenigstens sechs Fuß tiefes Wasser erreichte. So hat man dem flachen Meer eine Anlegestelle abgetrotzt für die Ausflugsdampfer, die früher täglich von London kamen, und zugleich einen typisch britischen Kirmes-Pier gewonnen. Eine Promenade mit Bingo über dem Wasser, eine maritime Geisterbahn, Spielautomaten, hüpfende Kinder auf einer Humpty-Dumpty-Maschine. Mitten in diesem Höllenlärm dösen die Angler an der Reeling.

Auch *Clacton-on-Sea* hat einen *pleasure pier*, 1873 errichtet, erweitert in den dreißiger Jahren, ein riesiger Vergnügungspark auf See (Farbt. 33). »Slots of Fun« heißt der Slogan, der Pier-Pub »Cockney Pride«. Clacton, der Ort mit der höchsten Arbeitslosigkeit in East Anglia (22 Prozent), wurde für Londons Cockneys und die Docker aus dem East End schon früh zum populären Ausflugsziel am Wochenende. Die wenigsten konnten sich ein Zimmer

Harwich, Ansicht von Stadt und Hafen, um 1713

im Royal Hotel von 1872 leisten, mit Stuckfassade und Gußeisenbalkon ein charakteristisches Beispiel der Seebäderarchitektur jener Jahre. Die Leute aus dem East End schufen sich ihr eigenes Ferienquartier westlich von Clacton, jenseits der drei Martello-Türme[1] und des Golfplatzes, noch jenseits von *Butlin's* ehemaligem Holiday Camp, weit draußen in *Jaywick Sands.*

Jaywick liegt hinter einer langen Flutmauer in der einstigen Marsch. Auf diesem öden Gelände bot ein Grundstücksmakler 1928 billig Land an, wo jedermann auf seiner Parzelle bauen konnte, was und wie er wollte. Es war ein Stück frische Luft und Freiheit für fünf Pfund, auf einer Fläche von durchschnittlich 16 mal 110 Fuß. Zu Hunderten errichteten die

1 Clactons *Martello Towers* (1810–12) sind Teil der Küstenverteidigung gegen die befürchtete Napoleonische Invasion, benannt nach einer *Torre della Mortella* auf Korsika, der die Engländer während der Kampagne von 1794 beeindruckte.

East Enders dort ihre Hütten, aus Fischkisten und alten Eisenbahnwaggons, später aus Stein, halb Kleingartenbude, halb Bungalow, individuell, anarchisch, bizarr und bieder zugleich, Englands proletarische Version der späteren Hippie-Hütten von Kalifornien. Die kleinen Straßen dieser großen Sehnsucht heißen Austin Avenue, Rover Avenue, Daimler und Bentley Avenue, Straßen der Luxuslimousinen, von denen sie nur träumen konnten in ihren schönen, schäbigen Wochenendhütten draußen in Jaywick.

»Why Worry« nannten sie ihre Hütten, »Happy Returns« oder »Finnegan's Rainbow«. Neotudor-Verandas mit blätternder Farbe, heruntergekommene Strandcafés. Jaywicks Charme war Clactons Ärgernis, ein Ferienslum, den die Stadtväter am liebsten abgerissen hätten. Jahrelang verweigerten sie der verhaßten *shanty-town* den Anschluß an die Hauptkanalisation. Auch Pevsner, mein sonst so zuverlässiger Architekturbegleiter, erwähnt Clactons Schmuddelhäuser mit keiner Silbe. Dabei hat Sir Nikolaus doch schon Telefonzellen, sogar öffentliche Bedürfnisanstalten eingehender Betrachtung für wert befunden. Gewiß, ein *Beauty spot* ist Jaywick nicht, aber ein Stück anonyme Architektur, das mehr über die Sehnsucht der kleinen Leute sagt als soziologische Untersuchungen. Solche *plotland*-Siedlungen gab es auch anderswo entlang der Küste von Essex; die meisten sind inzwischen abgerissen. Für die *East Enders* waren sie Alternativen zu deprimierenden Sozialwohnungen und Vorstadtsiedlungen, zu dem planmäßigen Horror der neuen Retortenstädte. »Jaywick was anarchic, since it represented freedom«, schreibt der englische Architekturkritiker Gavin Stamp, »die Freiheit einer Generation, die das Trauma des Ersten Weltkriegs durchgemacht hatte, die herauskommen wollte aus dem wimmelnden Schmutz von London, weg von all dem, um wieder stolz und unabhängig zu sein.«

Als ich *St. Osyth's Priory* besuchte, wenige Meilen im Hinterland, blühten im einstigen Klostergarten verschwenderisch die Rosen, und in der Sonne funkelte das große Tor aus Flint, ein unvergeßlicher Anblick. Osyth war die Tochter des ersten christlichen Königs der Ostangeln und wurde wahrscheinlich von den Wikingern ihres Glaubens wegen hingerichtet. Nach ihrer Enthauptung ging die heilige Ositha mit ihrem Kopf unterm Arm noch drei Meilen weit, eine legendäre Leistung, die selbst Störtebeker nicht erreichte. Augustinerchorherren gründeten kurz nach 1100 am Ort des Martyriums ein Kloster. Im späten 15. Jahrhundert ließ der Prior abseits der übrigen Gebäude eine Residenz für sich und seine Gäste bauen, ein zweistöckiges Torhaus mit zwei massigen Seitentürmen, über und über dekoriert mit dem strengen Gitterwerk des Perpendicular, im Zinnenkranz mit Rauten- und Schachbrettmustern aus Stein und Flint: *flushwork* in seiner brillantesten Form, üppiger noch als das etwa gleichzeitige Torhaus von St. John's Abbey in Colchester und wie dieses nach außen weit prächtiger als die Fassade zum inneren Klosterbezirk. Drei schlanke Figurennischen mit gotischen Baldachinen neben und über dem Portal, in den Bogenzwickeln Reliefs des heiligen Georg und des Drachens, im Fächergewölbe des Tordurchgangs Schlußsteine mit Heiligenköpfen: So empfängt uns das große Tor von St. Osyth, eines der schönsten klösterlichen Torhäuser Europas (Abb. 17).

Ein weiter Rasen, Tudor-Mauern aus rotem Backstein, graue Türme, immergrüne Figurenhecken, Rosenduft und Pfauenschreie. Selten hat die Reformation in England einen pittoreskeren Zwitter aus Kloster und Herrenhaus hinterlassen als St. Osyth's Priory. Architektonisch gesehen war der Übergang fließend. Der letzte Abt, John Vintoner, baute sich 1527 gegenüber dem Gatehouse eine Residenz fast wie die eines Edelmannes, mit einem imponierenden Perpendicular-Erkerfenster. Als der 1. Lord D'Arcy, Führer der Königlichen Leibwache Edwards VI., die säkularisierte Abtei 1553 übernahm, setzte er das *flushwork* des Torhauses mit zwei Türmen fort, die ein ähnlich prächtiges Schachbrettmuster aus Kalkstein und Septaria überzieht. Einer seiner Nachfolger krönte den achteckigen Uhrenturm mit einer georgianischen Laterne (Farbt. 20).

Seit 1954 gehört St. Osyth's Priory dem Schriftsteller und ehemaligen Abgeordneten der Konservativen, Somerset de Chair. Zu besichtigen sind wenige Räume im georgianischen Flügel; einer, der *Whistlejacket Room*, ist nach dem berühmtesten Bild des Hauses benannt, dem furiosen Porträt eines sich aufbäumenden Hengstes, *Whistlejacket*, gemalt 1762 von George Stubbs. Sich selbst ließ der Besitzer des Pferdes von Reynolds porträtieren, in der Robe des Hosenbandordens. Dieser 2. Marquess of Rockingham, Englands Premierminister zur Zeit des Verlustes der amerikanischen Kolonien, erbaute zusammen mit seinem Vater den Familiensitz Wentworth Woodhouse in Yorkshire. Einen Teil der dortigen Kunstsammlung erbte nach dem Tod des 10. Earl Fitzwilliam Lady Juliet de Chair. Zu diesen Gemälden zählen noch vier weitere Pferde- und Hundebilder von George Stubbs. In der Nachbarschaft solcher Meisterwerke überrascht uns der Hausherr mit eigenen Bildern: schlecht gemalt und auch noch aufgehängt. Ähnlich eitel auch die Präsentation der Briefe Prominenter, von Churchill bis Paul Getty und Jacqueline Onassis. Kipling, vom Autor de Chair um ein Urteil gebeten: »I've read your *Enter Napoleon* and, as you say, it is pretty bad.«

Durch den Park von St. Osyth's hallt das Echo der Pfauenschreie. Wer stilvoll heiraten will, kann von Mr. de Chair für 400 Pfund den großen Empfangssaal mieten, in dem der 2. Lord D'Arcy im Juli 1561 Queen Elizabeth I. bewirtete (»great rain till midnight«). Im Chor der Pfarrkirche von St. Osyth sind die Gräber des 1. und 2. Lord D'Arcy und ihrer Frauen, Sarkophagfiguren aus Alabaster und Marmor (nach 1581). Da liegen sie in prächtigen Gewändern, fix und fertig für den Himmel. Ungewöhnlich die Ziegelarkaden im Haupt- und Seitenschiff, englische Backsteingotik des frühen 16. Jahrhunderts.

Vorbei am Yachthafen Brightlingsea führt die Straße am Ostufer der Colne-Mündung nach Colchester.

Colchester: Englands römische Hauptstadt

Auf Colchester hatte mich vor Jahren ein Satz in Fontanes *Stechlin* neugierig gemacht: »Rußland, wenn Sie mir solche Frühstücksvergleiche gestatten wollen, hat immer was von Astrachan, England immer was von Colchester. Und ich glaube, Colchester steht höher.« Wie hoch die Einheimischen selbst ihre Stadt schätzen, brachte Colchesters Bürgermeister

John Lampon 1987 auf die stolze Formel: »Wir waren die erste römische Landeshauptstadt, als London erst aus ein paar Lehmhütten bestand.«

Colchester liegt zwischen Rosenfeldern und Austernbänken, Römermauern und Legenden. »Old King Cole« heißt er im englischen Kinderreim, »a merry old soul«, der König von Colchester. Seine Tochter krönt als Bronzefigur den Turm des edwardianischen Rathauses (1898–1902) in der High Street: St. Helena, legendäre Mutter Kaiser Konstantins des Großen.[1] Historisch faßbarer ist Shakespeares Dramenheld Cymbeline, jener König Cunobelin, der seine Regierungszeit zur Freude der Numismatiker mit einer Fülle von Goldmünzen belegte. Ein immer wiederkehrendes Motiv, das galoppierende Pferd, dient heute als Werbesignet der Stadt. Bis zu seinem Tod um 40 n. Chr. regierte Cunobelin in *Camulodunum,* der Stammeshauptstadt der Catuvellauni an der Mündung des Colne. Dem griechischen Geographen Strabo zufolge exportierten sie Gold, Getreide, Vieh, Sklaven und die schon damals als Jagdhunde beliebten Greyhounds. Man importierte Wein, Gläser, Emailbroschen und andere kontinentale Luxusgüter. Camulodunum prosperierte, sein Reichtum steigerte die Begehrlichkeit der Römer. Nach Cäsars gescheitertem Vorstoß schickte Claudius im Jahre 43 seine Truppen über den Kanal, vier Legionen mit 40000 Mann. Ein Jahr später zog Roms Kaiser im Triumph in Camulodunum ein, um die Unterwerfung von elf britannischen Stammeskönigen entgegenzunehmen.[2] Auf einem benachbarten Hügel errichtete die XX. Legion ihr Lager, von dort wurde die Eroberung des restlichen Landes organisiert. Das Lager am Colne, Colchester, nicht Londinium ernannte Claudius zur Hauptstadt seiner neuen Provinz Britannia.

Colonia Claudia Victricensis war die erste der vier großen *coloniae* der Römer auf britischem Boden, gefolgt von Lincoln, Gloucester und York: Militärstützpunkte, die zu Handelszentren wurden, Siedlungen pensionierter Legionäre. Es war der Beginn der Europäisierung Englands. Aber der britannische Widerstand, so uneins er war, gebrochen war er noch nicht. Im Jahre 61 griff Boudicca in rasender Verzweiflung zu den Waffen. Die Königin der Iceni aus Norfolk, von den Römern gedemütigt, brannte Camulodunum nieder, zerstörte Londinium und Verulanum (St. Albans), massakrierte Tausende, bevor sie sich selbst das Leben nahm. Ihr Grab, heißt es, sei in London, King's Cross Station, irgendwo unter Bahnsteig 10. Boudicca aber wurde zur britischen Jeanne d'Arc, Inbegriff des nationalen Heroismus. In ihrem Buch *Boadicea's Chariot: The Warrior Queens* (1988) verfolgt Antonia Fraser sie als Archetyp der kriegerischen Königinnen quer durch die Geschichte, von Kleopatra bis Margaret Thatcher.

Nach Boudiccas Aufstand wurde das zentralere Londinium zur Verwaltungsmetropole, und Camulodunum bekam eine Stadtmauer. Wie gut sie auf weiten Strecken noch erhalten ist, sieht man in Priory Street und am Balkerne Hill. Rund fünfeinhalb Meter hoch waren diese Mauern einst, mehr als zweieinhalb Meter dick, aus Bruchstein und Mörtel, ursprüng-

1 Colchesters Stadtwappen zeigt, zusammen mit den Kronen der Heiligen Drei Könige, das Symbol des Heiligen Kreuzes, das St. Helena in Jerusalem entdeckt haben soll.

2 Von den Erdwällen der Verteidiger ist *Gryme's Dyke* in Lexden Heath noch gut im Gelände zu erkennen, rund fünf Kilometer lang und drei Meter hoch.

J. M. W. Turner: Colchester, Essex, 1827

lich mit Septariasteinen verkleidet, alternierend mit den flachen römischen Ziegelbändern. Von den sechs Stadttoren ist nur die Ruine des *Balkerne Gate* übriggeblieben, als freistehender Triumphbogen gebaut, später als Westtor in die Stadtmauer einbezogen. In dem tiefen Verteidigungsgraben unterhalb der Wälle braust heute der Verkehr. Gegenüber hat sich die Autokultur ihre Zitadelle errichtet: ein riesiges Parkhaus mit Ecktürmen, Bastionen und zinnenartig durchbrochenen Giebeln, postmodernes Echo der Römermauern. Auf deren Fundamenten neben dem Balkerne Gate steht seit dem 17. Jahrhundert ein Wirtshaus, und weil die Stadtmauer hier ein unübersehbares Loch hat, heißt der Pub »The Hole in the Wall«. Zum *Roman Way of Life*, den die Briten übernahmen, gehörten sicher auch die Wirtshausschilder. So gelten die auf Holz gemalten Schachbrettzeichen, die man in den Ruinen von Pompeji fand, als Vorbild der vielen englischen *Chequers*-Kneipen.

Übersichtlich wie ein Schachbrett war auch das römische Colchester angelegt: ein umwalltes Rechteck, rund 900 Meter lang und etwa halb so breit, durch vier Straßen in ostwestlicher und sieben in nordsüdlicher Richtung eingeteilt in 40 *insulae*, Wohnblöcke für 8000 bis 10000 Menschen. Ich gehe durch Colchester und stelle mir vor, die Straßen seien aus Glas und darunter sähe ich die Schatten der XX. Legion, Veteranen aus dem Rheinland,

Siedler vom Mittelmeer, fröstelnd in ihre Toga gehüllt; ich sähe Miccio, Minuso, Acceptus, die Töpfer bei der Arbeit, wie sie Tongefäße mit ihrem Namen stempeln zum Export in die Provinz, Colchesters Hauptindustrie damals; ich sähe die Händler mit ihren großen Amphoren voll von Falerner Wein, Fischsaucen oder Olivenöl aus Griechenland und Italien; ich sähe in ihren Häusern Delphine und Meerungeheuer, gebändigt zur schönen Geometrie der Mosaikfußböden. So müßte man durchs Pflaster der alten Städte sehen können wie durch ein Teleskop. Aber dann stehe ich doch nur vor einem Geschäft, das *Romans* heißt: ein Herrenfriseur in der Headgate-Gasse.

Durch das viertorige Balkerne Gate betrat der Reisende aus Londinium die Stadt. Die Hauptstraße, etwa der heutigen High Street entsprechend, führte ihn zum Tempelbezirk. Dies war nicht irgendein Tempel, sondern das Hauptheiligtum der Provinz Britannia, geweiht dem Claudius, Kaiser und Gott. Das imposante Stufenpodest, die Phalanx der korinthischen Säulen, die farbigen, vergoldeten Skulpturen im Giebel: das alles sank in Trümmer, als die Römer das Land verließen. Jahrhunderte später nutzten die normannischen Eroberer die Gunst der Lage. Rings um den verfallenen Tempelbezirk hoben sie einen breiten Graben aus, schütteten die Erde über den römischen Mauern zu einem Burgberg auf, und genau über dem Gewölbefundament des Claudius-Tempels errichteten sie um 1076 den mächtigsten normannischen Bergfried ihrer Zeit.

Mit einem Umfang von 46 mal 33 Metern übertrifft *Colchester Castle* sogar den White Tower in London. Beide Burgen haben einen ähnlichen Grundriß: dominierend der große Saal, zwei Stockwerke hoch; in der zweiten Etage die Burgkapelle, mit einer Apsis statt des üblichen rechteckigen Chorabschlusses. Das dritte Stockwerk hat ein Häuserspekulant im 17. Jahrhundert als Baumaterial abgetragen. Was wir heute sehen, mit römischen Ziegeln gespickt, ist nur noch der Rohbau, seiner Steinverkleidung beraubt, von Rosenbeeten umgeben, ein kastrierter Riese im Stadtpark. Das ganze Mittelalter hindurch, bis 1629 war Colchester Castle im Besitz der Krone, beim Kampf um die Magna Charta von den Baronen besetzt, zurückerobert von King John, erbittert belagert im Bürgerkrieg, seit 1860 Museum. Ich gehe an Vitrinen voll von römischen Statuetten, Münzen und Schmuck vorüber, an Colchesters steinerner Sphinx, der Merkur-Bronze mit dem geflügelten Kopf, an Urnen mit Reliefgesichtern, Grabbeigaben aus über tausend Gräbern der Römerzeit.

Colchester Castle, Totenhaus der Geschichte. Bruchstein mit Fischgrätmustern, Mauern, aus denen nichts nach außen drang, nicht das Stöhnen der Gefangenen, nicht die Schreie der Gefolterten. Viele protestantische, auch katholische Häretiker wurden hier hingerichtet, die *Colchester Martyrs.* Am 28. August 1648, als die Stadt im Bürgerkrieg an die Parlamentstruppen gefallen war, führte man den gefangenen Royalisten Sir George Lisle in den Burghof zur Erschießung: »Shoot, Rebels«, waren seine letzten Worte, »your shot your shame, our fall our fame.« Zwölf Wochen hatte Colchester der Belagerung getrotzt; so groß war der Hunger unter den rund 9000 Eingeschlossenen, daß sie ihre Pferde schlachteten und aßen, ebenso sämtliche Hunde und Katzen: für Engländer die schlimmste Form des Kannibalismus. An diese Belagerung erinnert, namentlich und mit Artillerienarben im Fachwerk, das *Siege House* am East Hill (heute Steak House).

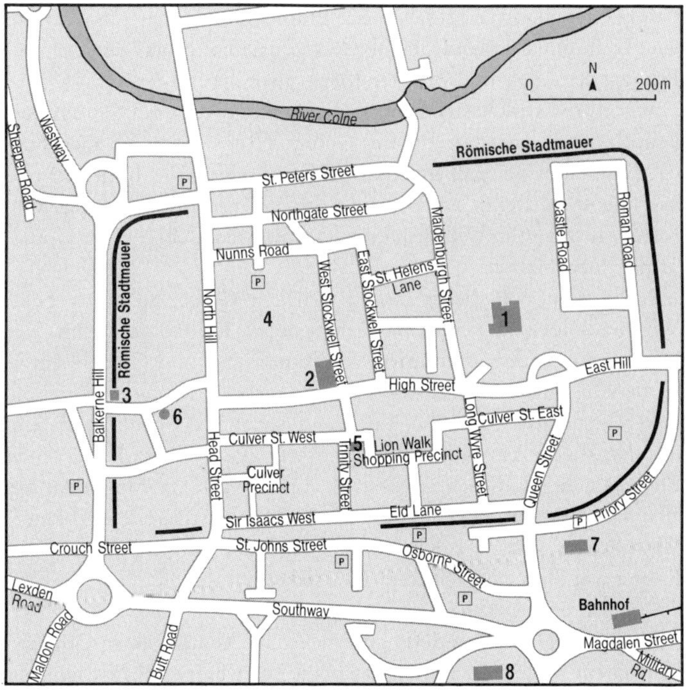

Colchester, Stadtplan
1 Colchester Castle
2 Town Hall
3 Balkerne Gate
4 Dutch Quarter
5 Social History Museum
6 Jumbo (Wasserturm)
7 St. Botolph's Priory
8 St. John's Abbey

Hinter dem Rathaus, mitten in der Stadt und doch abseits des Verkehrs, liegt das *Dutch Quarter*: einstöckige, spitzgiebelige Häuser, behutsam ergänzt durch Neubauten. Hier siedelten sich im späten 16. Jahrhundert flämische Weber an, Glaubensflüchtlinge aus den Niederlanden. Schon 1573 lebten mehr als 500 Holländer in Colchester. Sie hatten eine eigene *Dutch Church*[1], bald auch ein eigenes Handelszentrum, die *Dutch Bay Hall* am Westende der High Street, wo heute die Corn Exchange steht. Sie spezialisierten sich auf Boi, eine Art Flanell, und pachteten eine Wassermühle vor den Toren der Stadt, die *Bourne Mill.* Ursprünglich war dies der Angelpavillon eines Adeligen, mit seinen manieristischen Giebelarabesken das früheste Beispiel des holländischen Stils in Essex (1591). Die Bourne Mill, später Getreidemühle, ist heute im Besitz des National Trust. Um 1619 waren die meisten *moneyed people* in Colchester Holländer, die als Agenten für Kaufleute in England und in den Niederlanden arbeiteten. An einen der reichsten, Sir Isaac Rebew, erinnert ein barockes Grabmonument in St. Mary-at-the-Walls. Nach den flämischen Einwanderern trugen im frühen 18. Jahrhundert hugenottische Seidenweber zum Wohlstand Colchesters

1 Johannes van Miggrode, Pfarrer aus Veere in Seeland, gründete nach seiner Flucht 1563 die erste holländische Gemeinde in Colchester. Ihr wurde als *Dutch Church* die Kirche St. Giles am südlichen Stadtrand überlassen (heute Freimaurerhalle, am St. John's Green).

bei. Die Hugenotten führten neue Blumenzüchtungen ein, gründeten die ersten Gartenvereine in ihrem Gastland und förderten nachhaltig das englische Gartenhobby. Was früher Privileg des Adels war, pflegten fortan auch die Bürger.

Wer durch Colchester geht, stößt immer wieder auf Spuren der Römer: römisches Straßenpflaster in der Kellerbar des George Hotel, römische Ziegel im Turm von Holy Trinity, ein exzellentes Beispiel angelsächsischer Architektur. In der Kirche der Heiligen Dreifaltigkeit, heute Museum für Sozialgeschichte, vermutet man das Grab des elisabethanischen Komponisten John Wilbye, der zuletzt als Musiklehrer einer Gräfin gegenüber der Kirche in Trinity Street lebte.

Nicht weit von dieser mittelalterlichen Gasse, an deren Ecke drei riesige Pokale ins Wirtshaus locken, liegt Colchesters neues Einkaufszentrum, Culver Square (1987): mit gläsernen Arkaden, monumentalen Rundbögen und Giebeln ein weiterer Beitrag zur postmodernen Einförmigkeit der Städte. Gepriesen sei der exzentrische *Jumbo*, der viktorianische Wasserturm von 1882, aus eineinviertel Millionen Ziegelsteinen erbaut, benannt nach der damaligen Attraktion des Londoner Zoos, einem Elefanten namens Jumbo. Auf vier Pfeilern ruht Jumbos Wasserbauch, diskret gestützt von einem Mittelpfeiler, dekoriert mit einem Bogenfries, bekrönt von einer zierlichen Pagode und einem goldenen Elefanten als Wetterfahne. Längst außer Betrieb, fand der über 30 Meter hohe Wasserturm nun einen Käufer mit Sinn für Höheres: Eine Sekte hat den 900000-Liter-Tank zum Gebetsraum für 200 Seelen umgerüstet, »to get closer to God«.

Ende des 11. Jahrhunderts gründeten die Augustiner in Colchester ihr erstes Kloster auf britischem Boden, *St. Botolph's Priory,* nur wenige Schritte außerhalb der römischen Stadtmauern, fast gänzlich aus Flint und römischen Ziegeln erbaut (Abb. 78). Wenige Ruinen haben mich so beeindruckt wie diese: die Westfassade mit ihren Säulenportalen und doppelten Blendbogenreihen, die Rundpfeiler ohne Kapitelle, Arkaden- und Emporenbögen gleich hoch, mächtige Rümpfe, ausgewaschen und abgeschliffen wie Klippen am Meer. In den Ruinen von St. Botolph's stehen nun Sarkophage, beschmiert mit den rüden Botschaften von heute (»Emma is a stag«). Auch die Benediktiner gründeten Ende des 11. Jahrhunderts ein Kloster im Süden der Stadt, *St. John's Abbey.* Nur das Torhaus ist noch erhalten, ein schönes Beispiel des *flushwork*-Ornaments im 15. Jahrhundert.

Das einzig Gute an Britannien seien die Austern, schrieb Plinius. Daß der römische Feinschmecker die Austern von Colchester meinte, steht für die Colcestrians außer Frage. Tatsächlich wurden in Rom Austernschalen aus Colchester gefunden. »The best and nicest«, lobte auch Defoe, »though not the largest oysters in England.« Die Austern aus der Colne-Mündung, zur Zeit der Römer wahrscheinlich ein Grundnahrungsmittel, unter Elizabeth I. in Fässern gehandelt, gelten bis heute als Delikatesse der Stadt. Alljährlich in der dritten Oktoberwoche feiern Honoratioren und Fischer im prächtigsten Saal des Rathauses das Austernfest von Colchester.

Im Sommer 1816 war John Constable zu Besuch in *Wivenhoe Park,* einem Landsitz östlich der Stadt, und malte im Auftrag des Generals Francis Slater-Rebow, seines Gastgebers, ein Panorama von Haus und Park, wie die *landed gentry* es schätzte als farbigen

John Sell Cotman: St. Botolph's Priory, Essex, um 1811

Abglanz ihrer Güter.[1] Constables Gemälde hängt heute in der Nationalgalerie von Washington, das Herrenhaus des Generals ist Konferenzzentrum der *University of Essex*. Statt der Kühe und Schafe der Rebows bevölkern nun über 3000 Studenten den Park. Sechs Wohntürme geben der akademischen Pastorale härtere Konturen. Was dieser Universität, gegründet 1962, an architektonischem Glanz fehlt, macht sie durch ihre Lage reichlich wett: ein idealer Campus mit Bäumen, Teichen und Sportplätzen. Da Colchester wenig Ablenkung bietet, *boring*, sagt ein Student, kann man sich hier ganz auf sein Studium konzentrieren. Und was, außer Segeln, lernt man am River Colne? Am besten Elektronik, Komparatistik oder Philosophie. Wo aber blieb der letzte Besitzer von Wivenhoe Park?

Als Charles Gooch seinen Familiensitz an die Universität von Essex verkauft hatte, ließ er sich auf dem Rest seiner Güter von dem Architekten Raymond Erith ein neues, bequemeres Domizil errichten. Ist *Wivenhoe New Park* ein modernes Haus? Natürlich nicht. Es verbindet die klassischen Ideale englischer Herrenhäuser, Zweckmäßigkeit und ein bißchen Grandeur. So ähnelt dieser Landsitz von 1964 eher einer Villa des Veneto aus dem 16. Jahrhun-

1 Der georgianische Backsteinbau von 1758 wurde von Thomas Hopper 1846–49 im neojakobeanischen Stil erweitert. Im Auftrag des Hausherrn malte Constable noch ein weiteres Motiv, »the beautiful little fishing house«, eine Park-Chinoiserie des 18. Jahrhunderts im benachbarten *Alresford* (*The Quarters*, 1816, heute in Melbourne).

dert. Attikageschoß und Giebel, zweistöckige Arkadenloggia: eine neopalladianische Villa aus pinkfarbenem Klinker, Portlandstein und Sonnenhunger.

Coggeshall: Weber, Scheunen, schöne Gräfin

Im 19. Jahrhundert galten die Bauern von Essex als die Ostfriesen von England, Witzfiguren der Nation, naiv und töricht, *Essex calves.* Für besondere Trottel hielt man die Leute aus Coggeshall. Sie schlossen die Zollschranken, um die Pocken fernzuhalten, spottete man. Um eine Überschwemmung zu stoppen, spannten sie ein Seil über die Wiese. Auch versuchten sie, den Mond aus dem River Blackwater zu angeln, hielten sie ihn doch für eine Kugel aus Gold. *Coggeshall jobs* nannte man diese Schildbürgerstreiche, über die vor allem die *high brows* aus London lachten.

Leider sind die Leute von *Coggeshall* heute so stinknormal, wie sie wohl immer schon waren. Der einzige, der dem Schilda von Essex wieder zu einem exzentrischen Flair hätte verhelfen können, verbrannte in seinem Haus, kurz nachdem er hierher gezogen war: Peter Langan, Londons legendärer Gastronom, der seine Gäste kulinarisch verwöhnte und mit rüden Scherzen unterhielt, indem er ihre Hunde biß oder eine Kakerlake verschlang, ein Brendan-Behan-Typ, in dessen Bistro Künstler wie Bacon und Hockney (»piss-elegant«) Stammgäste waren. Nun sorgt *Langan's* in Coggeshall, ohne den notorischen Maître, für gastronomischen Glanz in der Provinz.

Wo sich eine Londoner Gourmetfiliale ansiedelt, wo sechzehn Antiquitätenläden auf Kundschaft warten, vielleicht auch schon mehr, wo über hundert Gebäude unter Denkmalschutz stehen und eines als Fachwerk-Star die Prospekte schmückt: stehen da nicht alle Zeichen auf Tourismus? Die kleine Stadt westlich von Colchester hat ihren Charakter bemerkenswert gut erhalten. In schöner Asymmetrie kreuzen sich die Straßen auf dem dreieckigen Marktplatz in der Ortsmitte. Dort haben die Coggeshaller 1887 einen holzverschalten Turm errichtet, zum Goldenen Regierungsjubiläum ihrer Königin Victoria und zum Ablesen der Uhrzeit. Neben der Kirche erinnert ein Fachwerk-Wirtshaus des 15. Jahrhunderts, die Woolpack Inn, an die Hauptindustrie des Ortes im Mittelalter. Damals entwickelte sich das Weberdorf an der römischen *Stane Street,* die von Colchester nach St. Albans führte (die heutige A120), zu einem der Textilzentren von Essex. Thomas Paycocke hieß der führende Tuchhändler von Coggeshall, und um 1505 baute er sich ein prächtiges Fachwerkhaus, *Paycocke's* in West Street.

Mit seinen Erkerfenstern, vorkragendem Obergeschoß, reich ornamentierten Balken und Portalfiguren ist Paycocke's der Inbegriff eines mittelalterlichen Fachwerkhauses (Abb. 45). Indes sind die Backsteinwände weder original noch authentisch. Ursprünglich füllten Lehm und Flechtwerk die Gefache zwischen den engen Eichenständern. »Hideously overrestored«, urteilte schon 1944 James Lees-Milne, Inspektor des National Trust, dem das Haus inzwischen gehört, »gräßlich überrestauriert«. Besser als die Schauseite zur Straße und ihr *face-lifting* gefällt mir die Rückfront des Hauses mit ihren schön gestaffelten, verwinkelten Dächern und dem kleinen Kräutergarten. Virtuos die *linenfold*-Täfelung im Speisesaal: Holzpaneele wie gefälteltes Leinen, ein beliebtes Ornament der englischen Renaissance.

Schafe züchtende Mönche haben wohl für die Grundlagen der mittelalterlichen Tuchindustrie gesorgt, nicht nur in Essex. Von der um 1140 gegründeten Zisterzienserabtei am südlichen Ortsrand von Coggeshall blieb wenig erhalten, vollständig nur St. Nicholas (um 1225), eine frühgotische Kapelle am Rand des Klosterbezirks. Die dort und am Fluß in den Abteiruinen sichtbaren Ziegelsteine zählen zu den frühesten Zeugnissen nachrömischer Backsteinarchitektur in England. Auch die große Scheune (siehe S. 81) und eine Mühle gehörten zur Klosterwirtschaft. Die heutige *Abbey Mill,* ein langgestrecktes, holzverschaltes weißes Gebäude mit rotem Pfannendach und einer goldenen Forelle als Wetterfahne, diese höchst pittoreske Wassermühle wurde Anfang des 17. Jahrhunderts als Walk- und Webmühle gebaut, seit etwa 1840 als Getreidemühle genutzt. Der letzte Müller, erzählt man mir, starb 1947. Sein Vater pflanzte für jedes seiner zehn Kinder eine Linde. Nach dem großen Oktobersturm von 1987 stehen nur noch drei der schönen hohen Bäume.

Auch *Halstead,* wenige Meilen nordwestlich von Coggeshall, war im Mittelalter ein Tuchhandelszentrum. Dort wurde der Stoff verarbeitet, den die Weber der Nachbardörfer lieferten, zum Export nach London, Italien und Portugal, den Hauptabsatzmärkten für Essex. Auch in Halstead steht eine Wassermühle der alten Textilindustrie, Ende des 18. Jahrhunderts gebaut, dreistöckig, holzverschalt und leuchtend weiß, spannt sich über den River Colne wie eine Brücke mit einem riesigen Warenhaus, die quadratischen Sprossenfenster dicht nebeneinander in langen Reihen, perfekte Geometrie, deren Strukturen sich im Wasser spiegeln. In *Townsford Mill* sind heute Antiquitäten- und Kunstgewerbeläden eingezogen, die großen Werkshallen in Kojen aufgeteilt. Nur die Fassade ist gerettet, das Interieur perdu. Dies war Samuel Courtaulds alte Seidenweberei, und als sie 1982 schloß, ging zumindest für Halstead eine Epoche zu Ende.

Die Courtaulds gehörten zu den mehr als 40000 Hugenotten, die nach Aufhebung des Toleranzedikts von Nantes 1685 nach England emigrierten. Dort machten sie eine exemplarische Karriere, zunächst als Silberschmiede in Spitalfields in London, Ende des 18. Jahrhunderts als Seidenfabrikanten in Essex, wo es genügend Facharbeiter der brachliegenden Wollindustrie gab. Im Jahre 1825 übernahm Samuel Courtauld Halsteads Weberei in Bridge Street und baute sie zur führenden Seidenmanufaktur Englands aus. *Halstead Crêpe* wurde zum Begriff: schwarze Kreppseide, unerläßliches Zubehör viktorianischer Begräbnisse. Diesen Trauerkrepp produzierten auch Courtaulds Filialen im benachbarten Bocking und in Braintree, einer im Durchgangsverkehr erstickten Stadt. Als die Firma 1836 mechanische Webstühle einführte, gab es ähnliche Proteste wie bei heutigen Rationalisierungsmaßnahmen. Arbeitsplätze waren bedroht, aber, kommentierte der *Essex Independent*, »it must be recollected that it is by the perfection of our machinery alone that England can expect to maintain the proud position which she occupies«.

Courtaulds Ltd, lange Englands größte Textilgesellschaft und führender Seidenhersteller der Welt, hatte 1970 noch rund 100000 Angestellte, 1989 nur noch 27000, eine Folge der wachsenden Konkurrenz durch die Billigimporte aus Fernost. Aus der Courtauld-Dynastie kam einer der bedeutenden Mäzene des Landes, ein Großneffe des Firmengründers, der 1931 das *Courtauld Institute of Art* in London stiftete, seine brillante Sammlung von Cézanne, Manet, Degas, van Gogh, Gauguin und anderen Klassikern der Moderne. Auch dieser Courtauld hieß Samuel und machte sein Vermögen in den Seidenwebereien der Familie in Essex.

Rund dreißig Jahre lang, bis zu seinem Tod 1881, hatte der Firmengründer Samuel Courtauld einen Landsitz westlich von Halstead. *Gosfield Hall* ist heute ein Seniorenheim der exklusiveren Art, umgeben von jener grünen Ruhe, die schon an die letzte grenzt. Als ich das Haus besuchte, wurde gerade James Thornhills Deckenfresko in der Eingangshalle restauriert.[1] Von dem ursprünglich viel größeren Landschloß aus der Mitte des 16. Jahrhunderts ist noch die elisabethanische Westfassade erhalten; die Nordfront wurde um 1730 im palladianischen Stil modernisiert. Unter dem Namen Comte de Lille hielt Frankreichs emigrierter König Ludwig XVIII. im November 1807 in Gosfield Hall Einzug, als Gast des Marquess of Buckingham. Diese Gastfreundschaft ruinierte den Marquis. Denn der vertriebene König kam nicht allein, sondern mit einem Hofstaat von fast 300 Mitessern, die im ganzen Dorf einquartiert wurden, und Majestät blieb bis 1809, eine dicke Drohne im Exil.

Schön ist der Weg durch die Felder von Gosfield Hall hinüber zur Kirche. Dort fand ich eine der besten Barockskulpturen der Grafschaft, Michael Rysbracks Grabmal für John Knight und seine Frau Anne (Abb. 87). Die beiden Toten sitzen sich gegenüber wie Schauspieler in ihrer letzten Rolle, der Mann umarmt seine Frau, sie stützt sich auf eine antike Urne. Das Pathos dieser Inszenierung von 1756 wird aufs trivialste gebrochen durch die heutige Umgebung. Die georgianische Familienkapelle ist Sakristei geworden, die Marmorgruppe umgeben von Vasen, Stühlen, Leitern, Plunder aller Art. Reverend, umziehen!

Dank der Nähe zu London findet man in Essex auch in kleinen Kirchen oft große Namen, Grabskulpturen von einigen der besten Bildhauer ihrer Zeit.[2] Doch charakteristisch für Essex sind nicht so sehr Kirchen und ihre Künstler, sondern Scheunen, die Kathedralen der Countryside. Daß dieser Ruhmestitel kein bloßer Feuilletonismus ist, sehe ich zum erstenmal in *Cressing,* südöstlich von Braintree. Zwei Scheunen liegen da in den Feldern, mit tief heruntergezogenen Dächern, breit und kolossal wie brütende Dinosaurier. Die *Cressing Temple Barns* gehörten den Tempelrittern, einem der großen Ritterorden des Mittelalters (Abb. 40). Die *Knights Templars* gründeten hier in Essex um 1135 ihre früheste Niederlassung in England, ein Landgut mit Brauerei, Molkerei, Bäckerei, Schmiede, einer Kapelle und Quartier für wenigstens zwei Ritter und acht Diener. Nur ihre Scheunen sind erhalten. Ihre Größe zeigt den Reichtum dieses Ordens, der auf dem Höhepunkt seiner Macht im

1 Der Dekorationsmaler Sir James Thornhill, Schwiegervater von Hogarth, wurde 1720 als erster britischer Künstler geadelt. Hauptwerke in London: die Ausmalung der Kuppel von St. Paul's (1715–21) und die Deckengemälde der Painted Hall des Greenwich Hospital (um 1714).

2 Flaxman in Hornchurch, Leyton und Hatfield Broad Oak; Chantrey in Bradfield und Wanstead; Nollekens in East Horndon und Chipping Ongar; Roubiliac in Hempstead; Scheemakers in Faulkbourne.

späten 13. Jahrhundert rund 9000 Güter und Burgen in mehr als einem Dutzend Königreichen besaß, ein Finanzimperium des Mittelalters.

Die ältere und kleinere der beiden Scheunen von Cressing, die *Barley Barn,* war für Gerste bestimmt und wird auf die Zeit um 1200 datiert. Die *Wheat Barn,* die Weizenscheuer, ist etwa fünfzig Jahre jünger; ihre Fachwerk- und Ziegelmauern, ursprünglich mit Lehm beworfenes Flechtwerk, wurden um 1520 erneuert, ebenso die Ulmenholzverschalung der Barley Barn. Für jede der beiden Scheunen hat man mehr als 500 Eichen gefällt. In der Wheat Barn sind rund 70 Prozent der Balken noch original, in der Barley Barn etwa die Hälfte. Mächtige Ständer tragen das Dachgestühl, ein kunstvoll gefügtes Sparrendach mit Kehlbalken und Sprengwerk. Beide Scheunen haben Haupt- und Seitenschiffe, wahrlich Kathedralen der Landwirtschaft. Seit mehr als 700 Jahren, bis 1985 wurden sie kontinuierlich als Kornspeicher und Heuschober benutzt, zuletzt als Schafstall im Winter. Jetzt steht nur noch eine alte Dreschmaschine in der Ecke. Für 300000 Pfund verkaufte der letzte Bauer Haus und Hof samt Scheunen an die Grafschaft Essex. Die EG gab Denkmalschutz-Zuschüsse von 70000 Pfund zur Restaurierung. Nun will man die Scheunen der Tempelritter als Museum oder Kunsthandwerkszentrum nutzen. Der Auftakt im Sommer 1989 war vielversprechend: Bizets *Carmen* in der Wheat Barn.

Die Kirche hat einen großen Magen, hieß es, als sie noch aus dem Vollen schöpfte, und so brauchte sie auch große Scheunen. In diesen *tithe barns* sammelte sie die Abgaben der Gemeinde, zehn Prozent der Nahrungsmittelproduktion, die ländliche Kirchensteuer des Mittelalters. So eine Zehntscheune hatten auch die Mönche von *Coggeshall,* noch vor allen anderen. *The Grange Barn* ist die älteste erhaltene Scheune in Großbritannien, um 1140 erbaut und nur einmal erneuert, Anfang des 14. Jahrhunderts, eine der frühesten Fachwerkkonstruktionen in Europa. Sechs Joche lang ist die Scheune von Coggeshall, mit Haupt- und Seitenschiffen, Sparrendach und abgewalmten Giebeln, ein faszinierender Raum, archaisch in seiner Wirkung, zugleich eine raffinierte Balkenkonstruktion auf der technischen Höhe ihrer Zeit. In den sechziger Jahren verfiel sie; für fast eine Million Mark wurde sie wieder restauriert, das riesige Dach mit 75000 alten Pfannen neu gedeckt. Die Grange Barn, seit 1989 im Besitz des National Trust, wird heute für Veranstaltungen aller Art genutzt, vom Kirchenkongreß bis zu Kunst- und Blumenausstellungen.

Nirgendwo in Ostengland gibt es größere, eindrucksvollere Scheunen als in Essex, einst eine der Kornkammern des Landes. Scheunen mußten groß genug sein für die Ernte eines Jahres, zumal im Mittelalter das Getreide erst im Winter gedroschen wurde, nicht zur Erntezeit. Die Erfindung des Mähdreschers Ende der zwanziger Jahre machte das Lagern von ungedroschenem Getreide überflüssig. Als immer mehr kleine Höfe in Großbetrieben aufgingen, wurden auch viele Scheunen überflüssig. Heute wird der subventionierte EG-Weizen in Betonsilos gespeichert. Mit seinen schweren Maschinen, sagt mir ein Bauer in *Widdington,* könne er leichter in Wellblechhallen manövrieren als zwischen den Seitenschiffpfosten seiner Klosterscheune. Gerne überließ er sein lästiges Erbstück *English Heritage* zur Verwaltung. *Priors Hall Barn* in Widdington ist eine der schönsten mittelalterlichen Scheunen in Essex, nicht ganz so groß wie die von Cressing, aber noch mit dem ursprünglichen, gestampften Lehmboden (nicht zementiert wie Cressing) und mit dekorativ gebogenen Balken, charakteristisch für die kurvilineare Gotik des 14. Jahrhunderts.

In Essex gab es im Mittelalter wenigstens 1400 Scheunen. Davon sind immerhin noch fast 700 erhalten, rund 40 von der Größe der Coggeshall Barn. Nachdem schon vor dem Krieg die monumentale Tudorscheune von Clees Hall in *Alphamstone* abgerissen und nach Amerika verschifft wurde, nach dem Abbruch oder Verfall vieler historischer Scheunen kümmern sich die Denkmalschützer jetzt verstärkt um die lange übersehenen Opfer der Agrarrevolution. Die anonyme Architektur der Landwirtschaft gehört ja genauso zum Erscheinungsbild und zur Geschichte der Countryside wie die prominenten Landsitze des Adels.

Auch alte Scheunen erhält man nur, indem man sie neu nutzt. Am populärsten ist, was schon William Morris als Ideal beschrieb: »I would like a house like a big barn, where one ate in one corner, cooked in another corner, slept in a third corner, and in the fourth received one's friends.« Indes folgen nur die wenigsten Umbauten von Scheunen in Wohnungen diesem mittelalterlichen Ideal der großen offenen Fachwerkhalle, die das Wesen einer Scheune ausmacht. Allzuoft werden Zwischenwände eingezogen, Fenster in die Mauern, Oberlichter in die Dachflächen gebrochen; die Scheune ist scheinbar erhalten, ihr Charakter zerstört. Beliebt und gastronomisch meist verheerend ist die Verwandlung von Scheunen in *Tudor Barn Restaurants.* Besonders Busgesellschaften wird in solchen Abfütterhallen die Redewendung »wie ein Scheunendrescher essen« unvergeßlich demonstriert.

Wie vielfältig man eine Scheune nutzen kann, hat mir Mrs. Pedley gezeigt, die Frau eines Möbelfabrikanten in *Little Easton.* Ihr pinkfarbenes Herrenhaus neben der Dorfkirche stammt aus dem frühen 17. Jahrhundert; die Gutsscheune ist noch viel älter, sagt sie, »we still have the original spiders«. Fast an jedem Wochenende findet in Mrs. Pedleys Scheune eine Hochzeitsfeier statt. Mal vermietet sie das historische Gebälk für Festbankette von Cricket- und Fußballclubs, mal für Modeschauen, Kammerkonzerte oder Lehrerkonferenzen, mal gastiert die *Cambridge Opera Company,* mal die örtliche Amateurtruppe. Diese *Barn Theatre Company* setzt die große Tradition von Little Easton fort, Lady Warwicks Scheunentheater.

Frances Evelyn, Countess of Warwick, war der letzte, schönste Sproß der Maynard-Dynastie, eine exzentrische Beauty der Jahrhundertwende, Geliebte Edwards VII. und Freundin von G. B. Shaw, eine Gräfin, die zum Sozialismus konvertierte, für Reformen im Gesundheits- und Erziehungswesen kämpfte und ihr Herrenhaus fast zur Labour-Universität gemacht hätte. *Darling Daisy,* wie der Prince of Wales sie nannte, war strahlender Mittelpunkt eines Kreises von Künstlern, Schriftstellern und radikalen Politikern, die sie in Easton Lodge[1] um sich sammelte, ein Salon auf dem Lande. Vor dem Ersten Weltkrieg, in den Jahren der landwirtschaftlichen Depression, ließ Lady Warwick ihre große, vom Verfall bedrohte Scheune in ein Theater umbauen, »to amuse my growing family«. Bald wurde die Scheune zum kulturellen Zentrum des Dorfes. Hier traf man sich zu Konzerten, Bällen, Whist-Turnieren und 1913 zur Premiere von J. M. Synges *Tinker's Wedding*, aufgeführt von

1 Erbaut um 1755, Neubau nach 1847, nordwestlich von Little Easton. Privat.

Frances Evelyn, Countess of Warwick, im Kostüm der Königin von Assyrien

den *Dunmow Players*. Zu den Ehrenmitgliedern dieses Amateurensembles aus der benachbarten Kleinstadt gehörte G. B. Shaw. In *Lady Warwick's Barn Theatre* spielte man bei Gasbeleuchtung, zum Vergnügen und *for charity*. Als G. B. Shaw 1919 bei *Der Widerspenstigen Zähmung* Regie führte, assistierte ihm Ellen Terry. Die berühmte Shakespeare-Darstellerin, oft zu Besuch in Little Easton, brachte ihre Schauspielerfreunde aus London zu dörflichen Gastspielen mit, rezitierte und agierte auch selbst in Lady Warwicks Scheunentheater. Auch ein prominenter Schriftsteller entfaltete hier sein mimisches Talent, H. G. Wells. 1912 zog er von London aufs Land, in *Darling Daisy's* kleines Dorf.

H. G. Wells hatte von Gräfin Warwick das ehemalige Pfarrhaus gemietet, ein großes georgianisches Backsteinhaus. Easton Glebe, sein Hauptwohnsitz bis 1930, hatte zwölf Schlafzimmer, sechs Badezimmer, einen eigenen Tennisplatz, und H. G. Wells hatte gerne Gäste. Joseph Conrad, Henry James, Somerset Maugham, viele Autoren und Freunde besuchten ihn hier, Verleger, Minister, einmal auch Charlie Chaplin. Die Wochenenden mit seiner Frau Jane und mit Gästen in Easton Glebe, wo man Bridge und Tennis spielte und nach Tisch Verkleidungsscharaden: das war die offizielle Seite des Erfolgsautors H. G. Wells. Die Woche über lebte er in seinem Londoner Haus in Hampstead, schreibend und mit seiner Geliebten Rebecca West. *Mr. Britling Sees It Through*, unter diesem Titel schrieb H. G. Wells 1916 in Easton Glebe das autobiografische Porträt eines berühmten Autors und seines Landlebens in »Matching's Easy«, dem unverkennbaren Modelldorf Little Easton.

Rund 200 Einwohner hat Little Easton heute, Rechtsanwälte, Makler, Versicherungsangestellte, Fernsehleute, ein Pendlerdorf, 60 Kilometer nordöstlich von London. Alles sehr proper und *very private*. Automatisch schließt sich hinter mir das schmiedeeiserne Parkgitter von Mrs. Pedley, der Möbelmillionärin. Ich gehe hinüber zur Dorfkirche, in die Grabkapelle der schönen Gräfin Warwick. Da stehen ihre Ahnen in barocken Theaterposen, die lebensgroßen Marmorfiguren der Maynards. Auch die Büste einer edwardianischen Beauty sehe ich dort, *Darling Daisy* mit üppigem Décolleté, selbstbewußt den Kopf erhoben.[1] Ihr Epitaph ist kurz und schön: »Her Angel Face / As the great eye of Heaven shyned bright / And made a sunshine in the Shady Place.«

Tod in Witham: Dorothy L. Sayers

Was hatte ich eigentlich in *Witham* verloren? Verhunzte Ladenfassaden, eine lange Hauptstraße, durch die ununterbrochen Autos rollen. Eine laute, kaputte Kleinstadt. Mit den Römern fing das Unheil an. Sie bauten die Straße von Colchester nach London, die heutige A12. Als man von London nach Harwich mit der Kutsche zwei Tage brauchte, bot sich auf halber Strecke Witham zum Pferdewechseln an. Dabei blieb es, ein Durchgangsstraßendorf

1 Marmorbüste von Queen Victorias Hofbildhauer Sir Edgar Boehm.

an der *Great Essex Road,* ruiniert vom Verkehr und von rücksichtslosen Planern. Daß die A12 inzwischen den Ort umgeht, hilft nun auch nichts mehr. Es riecht nach Diesel und Tran von der Fischdüngerfabrik. »Britain's smelliest town« *(Times),* Englands verstunkenste Stadt. Ausgerechnet nach Witham zog 1926 Dorothy L. Sayers, die Klassikerin des Kriminalromans (siehe Foto S. 47). Allerdings hat sie das nicht überlebt.

Zwei Eiben flankieren ihr Haus an der Hauptstraße, No. 26 Newland Street[1], ein einstökkiges Reihenhaus mit grauer georgianischer Backsteinfassade[2]. Ein Schauspieler in der Rolle Lord Peter Wimseys, ihres Gentleman-Detektivs, enthüllte vor etlichen Jahren die Gedenktafel für Dorothy L. Sayers, »novelist, theologian and Dante scholar«. Theologin? Dante-Forscherin? »I am a scholar gone wrong«, pflegte sie selbst zu sagen, eine Wissenschaftlerin auf dem falschen Dampfer. Krimis schrieb sie ja nur, weil sie Geld brauchte, und als sie genug zum Leben hatte, hörte sie damit auf und widmete sich ihrer eigentlichen Arbeit, der ›höheren‹ Literatur und der Religion. Sie war das einzige Kind eines Pfarrers und Schuldirektors aus Oxford, eine der ersten Frauen, die dort 1915 Examen machte (am selben College, Somerville, wie später Margaret Thatcher). Ihren *Master of Arts* bekam sie erst nachträglich, weil die Universität zunächst keine Titel an Frauen verlieh. Oxford blieb ihre »geistige Heimat, meine heilige Stadt«. Und dann Witham.

Kurz nach ihrer Heirat 1926 zog sie mit Oswald Atherton Fleming, genannt Mac, einem Kriegsinvaliden und ehemaligen Journalisten, in das graue Haus in der Newland Street. Damals hatte Witham knapp 6000 Einwohner (heute 26 000). Frauen fuhren damals mit der Eisenbahn oder im Auto, sie waren zu Fuß oder zu Pferde. Dorothy, groß und dünn, fuhr Motorrad – von Witham nach London, wo sie bis 1931 als Werbetexterin arbeitete, bevor sie von ihren Büchern leben konnte. Für die Werbeagentur *Bensons* entwarf sie ihren bekanntesten Text, den Slogan »Guinness is good for you«.[3]

Ihr erster Kriminalroman erschien 1923, *Whose Body? (Der Tote in der Badewanne),* der erste von dreizehn Lord-Peter-Romanen. »Liebesgeschichten mit detektivischen Unterbrechungen« nannte sie diese Krimis, für deren literarische Qualität Dorothy L. Sayers 1950 den Ehrendoktor der Universität Durham erhielt. Wie ihr Kunst und Cricket liebender Amateurdetektiv Lord Peter Wimsey[4], dessen Socken stets zur Krawatte passen, beschäftigte sich auch die anglikanische Pfarrerstochter mit ihren Mordfällen nur aus Lust am Denken und aus moralischen Motiven. Aufklärung der Verbrechen, Schuld und Sühne sind

1 *Newland* hieß die neue Siedlung der Tempelritter, gegründet um 1210–15, neben dem älteren, angelsächsischen Dorf *Chipping Hill,* dem zweiten Ortszentrum von Witham.

2 Ursprünglich zwei Häuser aus dem 15. Jahrhundert, denen im frühen 19. Jahrhundert wie vielen Häusern in Witham eine neue Fassade vorgeblendet wurde. Sie besteht aus *Gault brick,* einem silbergrauen bis gelblichen Backstein (aus kalkhaltigem Lehm gebrannt), der den aus der Mode gekommenen roten Ziegel in der ersten Hälfte des 19. Jahrhunderts ablöste.

3 Im Original ein Vierzeiler über den Pfeffer fressenden Tukan: »If he can say as you can / Guinness is good for you / How grand to be a Toucan / Just think what Toucan do.«

4 Für englische Ohren klingt im Namen Wimsey die Doppelbedeutung von *whims(e)y* = Laune, Schrulle und literarische Kleinigkeit, Plauderessay.

ihr wichtiger als *action*. Die ganze Spannung dieser Gesellschaftsromane kommt aus der Psychologie der Charaktere, aus sozialen Beziehungen, aus der unendlich verwickelten, exakt beobachteten Alltagswelt. Dorothy L. Sayers war die Virginia Woolf des Kriminalromans.

Zwei ihrer Romane spielen in East Anglia: *The Nine Tailors (Der Glocken Schlag)*, der rätselhafte Tod eines Mannes im Glockenturm einer Dorfkirche im Fen, und *Busman's Honeymoon* (1938). »You have no idea«, wandte sie sich einmal an ihre Leser, »what a strain it is to be perpetually picking out new ways of killing people.« Um raffinierte Todesarten war sie nie verlegen. Doch eines Tages, sehr zum Kummer ihrer Fans, trennte sie sich von Lord Peter und der Kunst der exzentrischen Verbrechensbekämpfung. Nach 1937, in den letzten zwanzig Jahren ihres Lebens, schrieb sie keine Detektivgeschichten mehr. *The Mistress of Murder* verfaßte nun religiöse Stücke für die BBC, eine Hörspielfolge über das Leben Jesu, sie übersetzte frühfranzösische Epik und Dantes *Göttliche Komödie*. »Der Zweite Weltkrieg und Kriminalromane passen nicht zueinander«, sagte sie. Aber wie gehen *low crime* und *high church* zusammen? Für Dorothy L. Sayers kein Widerspruch. Auch Essays schrieb sie nun, über den Niedergang des Detektivromans, über richtiges Englisch und – »Are Women Human?« – über männliche Arroganz: »Ich werde gelegentlich von geborenen Schwachköpfen und Magazinherausgebern gebeten, etwas über das Schreiben von Detektivgeschichten ›vom Standpunkt der Frau‹ zu sagen. Ebensogut kann man fragen: Was ist die weibliche Ansicht über ein gleichschenkliges Dreieck?« Mit sardonischem Witz ertrug sie die Männer, ihren eigenen Mann, das Leben an sich und besonders in Witham.

In No. 26 Newland Street lebte DLS so unauffällig, daß selbst Lord Peter Mühe hätte, mehr darüber herauszufinden als ihre ratlosen Biografen. Im Krieg hielt sie sich ein paar Schweine hinterm Haus, eines hieß Francis Bacon. Mit Mac, ihrem Mann, Autor eines Kochbuchs und Alkoholiker, ging sie gelegentlich schräg gegenüber in den »Red Lion«, eine der alten Kutscherkneipen. Auf die Frage, wie er nach Hause komme, pflegte Mr. Sayers zu sagen: *by rail*, immer am Geländer der Häuser entlang. Als sie noch Krimis schrieb, informierte sie sich in der benachbarten Apotheke »Stoffer & Hunter« diskret über Gifte und ihre vielfältigen Möglichkeiten. Ihr Arbeitszimmer lag in der ersten Etage, mit dem Blick zur Straße. Sie schrieb oft bis tief in die Nacht, meist in Gesellschaft von Timothy, einer ihrer Katzen. Für Spaziergänge am River Brain hatte sie nichts übrig. Dorothy L. Sayers starb 1957 in ihrem Haus in Witham. Ihre letzte Ruhe freilich suchte sie woanders, in St. Anne in Soho.

»Hier, wo sie lebte, interessiert sich niemand für sie«, sagt Eileen Bushell. »Mein Vorschlag, ihr ein Denkmal in Witham zu errichten, fand keine Unterstützung.« Mrs. Bushell ist Gründungsmitglied der *Dorothy L. Sayers Historical and Literary Society*. Dieser Verein sorgt nicht nur für gelehrte Abhandlungen über DLS[1], sondern gelegentlich auch für die Veröffentlichung eines Leserbriefs von Lord Peter Wimsey in der *Times*. So erfuhren wir am

1 Ihren Nachlaß hat die Universität von Illinois/USA erworben, rund 12 000 Seiten noch unveröffentlichter Manuskripte.

8. Oktober 1985 von Lord Peters Goldener Hochzeit. Dorothys Held und literarischer Ersatz-Mann hatte ja, wie wir wissen, in ihrem vorletzten Roman, *Gaudy Night* (1937), endlich die Liebe der Krimi-Autorin Harriet Vane gewonnen.

Wenige Meilen nordwestlich von Witham liegt *Faulkbourne Hall,* im Tal des Falkenbachs, von Viehweiden und Feldern umgeben wie seit Jahrhunderten. Ein Ritter aus dem Gefolge Henrys VI. im Hundertjährigen Krieg, Sir John Montgomery, ließ sich nach 1439 diesen Landsitz bauen, gegen Überfälle wohlgerüstet mit einem mächtigen Donjon an der Nordostecke des Hauses[1]. Heute gehört Faulkbourne Hall einem Banker, Colonel C. O. W. Parker. »We run things in Essex«, antwortet er lapidar, als ich ihn nach dem Beruf seiner Vorfahren frage.[2] Die Güter sind 1200 Hektar groß, ungewöhnlich groß für diese dicht besiedelte Grafschaft. Angebaut werden traditionell Weizen und Gerste, Kartoffeln und Zuckerrüben, neuerdings auch Raps. Wie man einen Landsitz dieser Größe heute noch privat unterhalten könne? »We're living here very simple«, sagt Colonel Parker. Lieber verzichtet er auf staatliche Zuschüsse, als sein 40-Zimmer-Haus besichtigen zu lassen. Nur den Garten öffnet er an wenigen Tagen im Jahr. »Der National Trust würde einige der Veränderungen hassen, die ich im Haus vorgenommen habe, aber ich muß schließlich hier leben.«

Neben dem größeren und bekannteren Herstmonceaux Castle in Sussex ist Faulkbourne Hall eines der frühesten Beispiele profaner Backsteinarchitektur in England. Turm- und Fensterornamente zeigen, wie brillant die Maurermeister die Kunst des Ziegelbaus beherrschten. Von Hampton Court, dem Palast Kardinal Wolseys, bis zum Taufbecken der Dorfkirche Chignal St. Nicholas war Backstein das populärste Baumaterial der Tudorzeit. Nirgendwo in Essex hat es sich grandioser entfaltet als in *Layer Marney Tower*.

Schon von weitem sichtbar, ragen die Türme von Layer Marney aus den Feldern südwestlich von Colchester. Ein Torhaus mit vier Ecktürmen, 25 Meter hoch, höher, prächtiger als alle anderen (Farbt. 19). Und doch nur ein Fragment, der ehrgeizige Anfang eines Palastes, der nie vollendet wurde. Die Marneys waren eine normannische Familie, seit 1166 in Essex. Im Dienst der Tudor-Könige stieg einer von ihnen zu höchsten Ämtern und Ehren auf: Sir Henry Marney, Geheimer Staatsrat Henrys VII. und Henrys VIII., Großsiegelbewahrer, Führer der Königlichen Leibwache, Sheriff von Essex, Ritter des Hosenbandordens. Entsprechend fürstlich wollte dieser 1. Lord Marney residieren, in einem Landschloß mit vier Flügeln um einen Innenhof. Er starb 1523, noch bevor das Torhaus im Zentrum des geplanten Nordflügels vollendet war. Zwei Jahre später starb auch sein Sohn John, der letzte männliche Erbe. Layer Marney Tower wurde der Eingang zu einem Totenhaus.

Zwei achteckige Türme flankieren das Gatehouse auf der Seite des geplanten Innenhofs, acht Etagen voller Fenster, über dem Tor zwei große Perpendicular-Fenster: Panoramatürme, keine Wehrtürme mehr. Man wollte sehen und gesehen werden. Als Layer Marney um 1520 begonnen wurde, waren Torhäuser zu Verteidigungszwecken längst überholt, um

1 Ostflügel von 1693, tudoreske Westfassade von 1832.

2 Vor den Parkers war Faulkbourne Hall Familiensitz der Bullocks. Der von Gainsborough porträtierte Abgeordnete John Bullock liegt in der kleinen Gutskirche begraben.

so beliebter als Triumphtore höfischer Repräsentation. Vom späten 14. bis weit ins 16. Jahrhundert florierte die Mode der Supertürme. Tattershall Castle in Lincolnshire (um 1445), Oxburgh Hall in Norfolk (1483), Hadleighs Deanery Tower in Suffolk (1495), Hampton Court (1514–25), Trinity College in Cambridge (1518–35) – sie alle werden übertroffen von Layer Marney Tower, durch seine Größe und die Schönheit der Ornamente: roter Tudorbackstein mit einem Rautenmuster aus blau gebranntem Klinker, dazu – und das ist neu – statt Zinnen kleine muschelförmige Terrakottagiebel mit Delphinen, ein Motiv des Quattrocento. Aus honigfarbenem Terrakotta auch die reich ornamentierten Fensterrahmen im Torhaus und im westlichen Tudorflügel. Um 1510 hatte der Florentiner Pietro Torrigiano[1] Terrakotta in England eingeführt. Unter seiner Anleitung oder nach italienischen Gußformen hat ein englischer Künstler die Terrakottamotive von Layer Marney gestaltet, eines der frühesten Beispiele dieser Art auf britischem Boden.

Leider steht das Torhaus nicht allein. Harmoniert der westliche Flügel noch im Tudorstil mit dem Turm, so ist der edwardianische Anbau ein Fremdkörper. »Horrible additions«, notierte James Lees-Milne 1944 in seinem Tagebuch[2], und recht hat er: »If the place were mine I would pull down practically everything, leaving the great perpendicular tower standing in a naked meadow.« Wie der heutige Besitzer Layer Marney präsentiert, verdient den Preis für die wirkungsvollste Abschreckung der Besucher. Zu besichtigen ist nur einer der beiden Türme. Im Treppenaufgang belanglose Bilder, in den Abseiten Gerümpel. Vergammelt auch die Kulissen des Turmgemachs, das in Pasolinis Verfilmung der *Canterbury Tales* Chaucers Arbeitszimmer war. Im Hauptsaal des Turms schäbige Sessel und eine schülerhaft zusammengeschusterte Ausstellung der Haus- und Familiengeschichte. Alles wirkt billig und heruntergekommen. Rundum ist reichlich Platz, aber nicht ein Winkel für einen Tea Room. Statt dessen in der Eingangshalle Cola- und Limodosen-Verkauf wie an einem Bahnhofskiosk. *Open to the public?* Ehrlicher wäre: *Visitor, go home!* Der Hausherr, Major Charrington, Brauerei-Mitbesitzer und High Sheriff von Essex, erfüllt offensichtlich nur die minimalsten Bedingungen, um die staatlichen Restaurierungszuschüsse zu bekommen. Der historische Regelgarten ist teils zum Swimmingpool, teils zur Heuwiese degeneriert. Layer Marney ist das am lieblosesten und dilettantischsten präsentierte Herrenhaus von East Anglia.

Nebenan liegt die Pfarrkirche St. Mary mit der Grabkapelle der Marneys. Tudorziegel und Totenstille. Aus schwarzem Marmor die Sarkophagfigur Lord Henrys, unter einem fürstlichen Renaissancebaldachin, sein letztes steinernes Himmelbett. Derselbe Künstler, der die Fassade des Torhauses dekorierte, schuf auch die Terrakottaornamente dieses Grabmals. Zu den Kostbarkeiten der kleinen Kirche gehört das Christophorus-Fresko an der Nordwand, um 1520 entstanden, zur Zeit der Reformation übertüncht, 1870 wiederentdeckt und heute dringend restaurierungsbedürftig. Die monumentale Szene ist reich an

1 Torrigiano schuf das Bronzegrabmal Henrys VII. und Margarets of York in Westminster Abbey (1509–17).

2 James Lees-Milne, Doyen der englischen Denkmalschützer, Schlüsselfigur des National Trust in den Kriegs- und Nachkriegsjahren, führte ein informatives, amüsantes, indiskretes Tagebuch in bester Pepys-Tradition.

Details. Am Ufer sitzt ein Angler mit einem großen Bottich, im Wasser wimmeln die Fische, und ein Aal windet sich um das Bein des heiligen Fährmanns, des Schutzpatrons der Reisenden.

Durch die Erdbeermarmeladenfelder von *Tiptree* fahre ich weiter Richtung Chelmsford. Nicht nur Lord Marney, auch sein König träumte von einem Landschloß in Essex. Henry VIII. hatte wie immer Glück. Von Anne Boleyns Vater erwarb er 1517 *New Hall* bei Boreham. Dieses Herrenhaus nordöstlich von Chelmsford ließ Heinrich Blaubart ausbauen zu einem Palast, der ihm so gut gefiel, daß er ihn *Beaulieu* nannte. Seine Tochter, Prinzessin Mary, verbrachte dort einen Teil ihrer Kindheit; auch die unglückliche Lady Jane Grey lebte kurze Zeit auf den königlichen Gütern in Essex. Beaulieu war ein Ort der glänzenden Namen, der feudalen Feste. George Monck, Admiral in den Anglo-holländischen Kriegen, der immens reiche 1. Duke of Albemarle empfing hier in großem Stil seine Gäste, 1669 Cosimo III. de Medici und mehrfach Charles II. Nach Königen und Herzögen kam 1713 die neue Klasse des Geldadels in den Besitz von Beaulieu. Eigentlich hatte der Bankier Sir Richard Hoare den Tudorpalast für seinen Sohn gekauft; doch der zog einen kleineren, bequemeren Neubau vor, das benachbarte Boreham House[1]. Als New Hall bis auf den Nordflügel abgerissen war, mit der Flucht seiner elisabethanischen Erkerfenster ein immer noch imponierendes Fragment, eröffneten dort 1798 die Nonnen vom Heiligen Grab eine Klosterschule. Heute, Ironie der Geschichte, ist Heinrich Blaubarts Landschloß ein katholisches Mädcheninternat. Rot leuchten die Schuluniformen unter den riesigen Zedern, die ihren Schirm über den Rasen spannen.

Chelmsford ist wie Witham, nur noch größer und desolater und ohne Dorothy L. Sayers. Das römische *Caesaromagus*[2], »Cäsars Markt«, entwickelte sich an der Römerstraße zwischen Colchester und London, in administrativ günstiger Mittellage. Seit dem 13. Jahrhundert Verwaltungshauptstadt der Grafschaft, war Chelmsford bis in die dreißiger Jahre ein beschaulicher Marktflecken. Es gab Straßen voller mittelalterlicher Fachwerkhäuser und georgianischer Backsteinfassaden, die Stadt hatte Atmosphäre, ein Gesicht. Das alles hat sie verloren. Zwar etablierte Marconi schon 1899 in Hall Street die erste Radiofabrik der Welt; aber die industrielle Entwicklung, vor allem die Elektroindustrie, erreichte erst spät größeren Umfang. Anfang der fünfziger Jahre hatte Chelmsford 38000 Einwohner, heute sind es knapp 140000. Der Planungsstab, wenn es denn einen gab, war hoffnungslos überfordert. Verkehr, Einkaufszentren, häßliche Neubauten haben Chelmsford in kurzer Zeit ruiniert. In solchen Fällen setzt der enttäuschte Besucher seine letzte Hoffnung auf die Kirche. Hat Chelmsford nicht sogar eine Kathedrale?

1 *Boreham House*, 1728, umgebaut von Thomas Hopper um 1812, wurde 1930 von dem Autofabrikanten Henry Ford erworben. Eine Zeitlang Agrar-College zur Stimulierung der britischen Landwirtschaft; seit 1981 internationales Schulungszentrum der Ford-Werke.

2 Im trockenen Sommer 1989 entdeckte man auf Luftbildern Spuren eines Römerlagers am Rand der Stadt, wahrscheinlich der erste archäologische Nachweis dafür, daß Chelmsford tatsächlich Cäsars Basis bei seinem Sieg über die Briten im Jahre 54 v. Chr. war.

St. Mary hat 1913 den Status einer Kathedrale bekommen und die Ausmaße einer Dorfkirche behalten. Diese Diskrepanz ließ den Ehrgeiz des Domkapitels nicht ruhen. Statt eine neue Kathedrale zu bauen, wie in Liverpool oder Coventry, wurde St. Mary aufgeputzt und ausstaffiert: mit einer bonbonbunten Tonnendecke, mit einem *patchwork*-artigen Wandbehang hinter dem Hochaltar, mit scheußlichen schmiedeeisernen Lanzengittern in den Seitenkapellen. Chelmsford Cathedral ist das getreue Spiegelbild der Stadt, ohne Stil und Geschmack. Wenn Sie mich nach der schönsten Straße in Chelmsford fragen: die A414 zur Küste nach Maldon.

Southend: An den Küsten der Cockneys

River Colne, River Blackwater, Crouch und Roach. Tief schneiden die Flußmündungen ins Land, Gezeitenmündungen mit *Creeks* und *Channels,* mit Buchten, Lagunen und Nebenflüssen, schneiden Inseln und Halbinseln aus der Küste heraus, Mersea Island, Foulness Island, Canvey Island, eine labyrinthische, amphibische Küste, keine Klippen, kaum Hügel, Schwemmland, Deichland, Land-unter-Land, Holland-on-Sea, meilenweit Schlickufer und Schlickmündungen, Sandbänke und Salzmarsch, *Saltings, Flats* und *Sands,* eine Küste für Seelavendel und Austernfischer, Brachvögel und Brandenten, die in jedem Winter zu Tausenden auf *Foulness Island* einfallen, am »Kap der Vögel«. Mit ihren flachen Tidengewässern bieten die Marschen von Essex ideale Reservate für Sumpfvögel und Wildenten, ein immer noch weitgehend unzerstörtes Stück Küste – und das nur eine Autostunde entfernt von Hyde Park Corner.

Natürlich ist dies auch eine Küste der Segler. Ihre Häfen heißen Brightlingsea, West Mersea und Tollesbury, Maldon und Burnham-on-Crouch, ihre Pubs »Jolly Sailor«, »Nelson«, »The Victory«. *Burnham-on-Crouch* hat zwei *Royal Yacht Clubs,* zwei populäre Regattawochen im Sommer und das beste Fischrestaurant der ganzen Küste, »The Contented Sole«. Doch in keinem Ort zwischen der Mündung des Stour und der Themse habe ich mich so wohl gefühlt wie in *Maldon* (Farbt. 32). Dabei hat die kleine Hafenstadt am Blackwater keinerlei Baedeker-Attraktionen, nichts, was architektonisch oder kunsthistorisch herausragend wäre. Aber es ist ihr auch all das erspart geblieben, was andere Städte in Essex so abschreckend macht: der *Seaside*-Rummel von Southend, die Retorten-Sterilität von Basildon, die expandierende Mittelmäßigkeit von Chelmsford. Maldon war jahrhundertelang Zentrum der Küstenregion, eine der ältesten Städte der Grafschaft. Die *Great Essex Road* ging an ihr vorüber, der lange Arm von London hat sie nicht erreicht. Von der gotischen Marktkirche All Saints[1] mit ihrem ungewöhnlichen dreieckigen Turm führt die

1 All Saints hat eine Krypta des 14. Jahrhunderts und ein *Washington Window,* gestiftet von der Stadt Malden in Massachusetts zur Erinnerung an George Washingtons Ur-Urgroßvater, den Pfarrer Lawrence Washington, der in All Saints begraben ist.

High Street hinunter zum Hafen. Auch dort steht seit dem frühen Mittelalter eine Kirche, St. Mary. Ihr Turm mit der kleinen weißen Laterne aus Holz diente als Leuchtturm, noch heute eine Orientierungsmarke für die Schiffer. Der Kai heißt *The Hythe,* das angelsächsische Wort für Werft, Landeplatz. Zwei Flußkneipen liegen am Ufer, am Kai zwei schöne alte Schiffe aus Holz mit rostbraunen Segeln. Solche *barges* sah man früher zu Hunderten am Hythe Quay, in der Blackwater-Mündung, an der ganzen Küste von East Anglia: Schuten mit Sprietsegeln und flachem Kiel, meist nur von einem Mann und einem Bootsjungen gesteuert. Diese Plattbodenschiffe, ideal für die flachen Gezeitenmündungen der Ostküste, transportierten Getreide, Steine, Kies oder Lehm, bis zu 70 oder 80 Tonnen. Kenner unterscheiden, je nach Größe und Takelage, *spritties, mulies, boomies* und *stumpies.* Die kleinen Werften von Maldon spezialisierten sich auf *stackies,* Lastensegler, mit denen man ganze Heuhaufen *(stacks)* die Buchten entlang landeinwärts transportieren konnte. In früheren Jahrhunderten brachten die *stackies* Stroh und Futter für die Pferde nach London; zurück segelten sie vollbeladen mit dem Abfall der City, *London mixture,* Dünger für die Felder von Essex. Heute werden die *barges* in Maldon und andernorts wieder restauriert, schöne, individuelle Segelschiffe ohne Benzin- und Umweltprobleme. Jedes Jahr im Juni kommen sie von überallher zur großen Regatta auf dem Orwell und auf dem Blackwater.

Vom Schiff aus oder vom Ende der Uferpromenade hat man ein Stadtpanorama vor sich wie auf alten Veduten: die Boote in der Biegung des Flußes, der kleine Hafen, Kirche und Häuser von Maldon auf dem flachen Hügel über der Marsch. Aus Maldon kommt Englands bestes Tafelsalz. Die *Maldon Salt Works,* gegründet 1777, sind die einzige Fabrik in Großbritannien, die Salz aus Meerwasser gewinnt. Mit dieser Industrie haben auch die rätselhaften *Red Hills* von Essex zu tun, über 200 Hügel aus rötlicher Erde mit Töpferei- und Ziegelfragmenten, die man an den Mündungen von Colne, Crouch und Blackwater, auf Skipper's und Canvey Island fand: wahrscheinlich Reste von Salzmanufakturen der frühen Eisenzeit (500 v. Chr. – 43 n. Chr.).

Als mir meine Wirtsleute im »Blue Boar« den Besuch von St. Peter empfahlen, wunderte ich mich. Von Maldons dritter mittelalterlicher Kirche steht nur noch der Turm, daran angebaut die städtische Leihbücherei. Ich stieg die Wendeltreppe des Kirchturms empor und wunderte mich noch mehr, als ich in die *Plume Library* trat: ein kleiner Raum mit zehn Eichenregalen voller alter Bücher, in Leder gebunden, im Dämmerlicht einer vergangenen Lesekultur. Dies ist die fast unverändert erhaltene Privatbibliothek eines Gebildeten aus dem 17. Jahrhundert, Bücher über Theologie, Astronomie, Medizin, Geschichte, Naturgeschichte, klassische Literatur und Reisebücher, fast alles Erstausgaben, darunter Rarissima wie Sir Walter Raleighs *History of the World* (1614), *The World Encompassed* von Sir Francis Drake (1628), John Miltons *Paradise Lost* (1667). Der Mann, dem diese Bibliothek gehörte, hieß Dr. Thomas Plume, geboren 1630 in Maldon. Er studierte in Cambridge, wurde Priester und starb 1704 als Erzdiakon von Rochester.[1] Seiner Heimatstadt, die er früh verließ

1 An Plumes College in Cambridge, Christ's, gibt es noch heute die von ihm gestiftete *Plumeian Professorship of Experimental Philosophy and Astronomy.*

und nie vergaß, stiftete er seine rund 5000 Bücher. Plumes Universalbibliothek wurde im ersten Stock über der Lateinschule untergebracht, die er für zwanzig bedürftige Knaben aus Maldon neben dem Turm von St. Peter bauen ließ. Testamentarisch verfügte er, für 20 Schillinge pro Jahr sollten neue Bücher angeschafft werden; die Inflation auch der Buchpreise konnte er nicht ahnen. Die *Plume Library* ist Englands zweitälteste öffentliche Bibliothek, ein kleines Schatzhaus in der Provinz.

Von Maldon führt ein Uferweg am Blackwater entlang bis *Northey Island.* Bei Ebbe kann man auf einem Damm hinübergehen auf die Insel, die der National Trust heute als Naturschutzgebiet verwaltet. Im Sommer des Jahres 991 drangen die Wikinger mit einer Flotte von etwa 90 Schiffen in die Mündung des Blackwater ein, um Maldon zu plündern. Auf Northey Island schlugen sie ihr Lager auf. Am 11. August kam es zur Schlacht. »Busy were bows / Shields met shaft / Bitter the Battle.« Als Brithnoth, Earl of Essex, fiel, schien das Schicksal der Ostsachsen besiegelt. Doch gelang es Brithwold, die erschöpften, zaudernden Truppen noch einmal anzuspornen: »Courage shall the harder be, heart the keener / Mind shall be more, as our might grows less.« Wieviel wuchtiger, bewegender klingen diese vielzitierten Durchhalte-Verse im angelsächsischen Original: »Hige sceal þe heardra, heorte þe cenre, / mod sceal þe mare, þe ure maegen lytlad.« Man nimmt an, daß ein Teilnehmer der Schlacht, ein Mann aus Essex, dieses berühmte Heldenlied der angelsächsischen Literatur geschrieben hat, *The Song of the Battle of Maldon.* Die Wikinger waren noch einmal abgeschlagen. Im Schlick vor Northey Island ertönen die spitzen Schreie der Austernfischer. Wo die Schlacht stattfand, am Ufer gegenüber der Insel, liegen heute Marschwiesen und die Müllkippe von Maldon.

Holunderbeeren heißen im Volksmund auch *Danes' Blood,* Dänenblut. Sinistre Erinnerung an die Zeit der Wikingerüberfälle, als man die Haut der heidnischen Plünderer an die Kirchenportale von Essex nagelte.[1] Schon im Jahre 894 hatte King Alfred bei *Mersea Island* eine Invasion der Wikinger zurückgeschlagen. Aber sie kamen immer wieder in ihren langen Schiffen übers Meer, und 25 Jahre nach der Schlacht von Maldon eroberte der Dänenkönig Knut den Thron von England. An *Canute's Camp* erinnert das Dorf *Canewdon,* einst ein Lager zum Schutz des River Crouch. Flach und grün wie ein riesiges Seerosenblatt auf dem Wasser, unendlich flach liegt das Land zwischen Blackwater und Crouch. *Dengie Marshes* heißt diese Halbinsel, auch *Dengie Hundred* genannt, weil die Bauern in Kriegszeiten 100 Mann für die sächsischen Könige stellen mußten. Als Daniel Defoe 1722 die Marsch von Dengie durchquerte, fand er die Gegend »both unhealthy and unpleasant«. Aber in diesen berüchtigten Malariasümpfen gebe es gute Landwirtschaft und reichlich Wildenten, notierte Defoe. »For the pleasure of shooting«, zur Wildentenjagd kämen die Gentlemen aus London in die Marsch und kehrten oft mit Malaria zurück: »with an Essex ague on their backs, which they find a heavier load than the fowls they have shot.« In den Marschen traf Defoe

1 Das normannische Südportal von St. Nicholas in Castle Hedingham z. B. hat den makabren Beinamen *Skin Door.* Indes wurde dort wohl kein *Daneskin* an das Portal genagelt, sondern ein Kirchendieb mit mittelalterlicher Grausamkeit bestraft.

häufig Männer, mehrfache Witwer, die bis zu fünfzehn Frauen hatten; die Frauen kamen aus den gesünderen, höher gelegenen Dörfern landeinwärts und starben in der Marsch oft schon nach einem halben Jahr. In »this damp part of the world«, diesem immer noch feuchten, entlegenen Winkel von Essex im Hinterland von Burnham-on-Crouch sollen heute arrivierte Ganoven ihre Landsitze haben, die Frührentner der Londoner Unterwelt *(strictly private)*.

Dengie Marshes. Ich fahre durch Weide- und Ackerland. Rapsfelder, Weizenfelder. Kühe, Schafe. Tillingham Marshes. An der Nordspitze der Halbinsel, noch hinter *Bradwell-on-Sea*, in *splendid isolation* zwischen Marsch und Meer liegt die Kapelle des heiligen Cedd. Den lezten Teil des Wegs muß auch der motorisierte Pilger unserer Tage zu Fuß zurücklegen, vorbei an Kornfeldern oder kahlen Äckern, je nach der Jahreszeit. Wenige Bäume, ein paar Sträucher. Sehr stürmisch kann es hier sein und sehr still. Und fast immer, wenn man nicht gerade in eine Gruppe von Gottes- oder Vogelfreunden gerät, sehr einsam. Auch wer nur wandern will, spürt in dieser Einöde etwas vom Geist der Pilgerschaft, wenn er vor sich am Ende des Wegs wie am Ende der Welt nichts sieht als ein karges Haus, als gebe es kein anderes Ziel: *The Chapel of St. Peter-on-the-Wall.*

Sehr alt ist diese Kapelle aus der Mitte des 7. Jahrhunderts, und sie ist auf noch ältere Mauern gebaut, auf den Ruinen des Römerlagers *Othona.* Othona war das einzige *Saxon Shore*-Fort der Römer in Essex, im 3. Jahrhundert gegen sachsische Piratenüberfälle errichtet, mit 158 Meter langen Mauern. Die Ostmauer versank im Meer; auf die Westmauer, aus römischen Ziegeln und Bruchsteinen, baute der Missionar St. Cedd um 654 seine Kirche, keineswegs so isoliert, wie sie heute dort liegt, sondern in der Mitte der sächsischen Siedlung *Ythancaestir.* Dies ist die am vollständigsten erhaltene angelsächsische Kirche jener Zeit, einschiffig, knapp 17 Meter lang, rund sieben Meter hoch und fast ebenso breit. Ähnlich wie St. Pancras in Canterbury, die Missionskirche des heiligen Augustinus (frühes 7. Jahrhundert), hatte auch *St. Peter-ad-murum* ursprünglich einen Chor mit runder Apsis und einen kleinen Turm am Westende, der noch in elisabethanischer Zeit den Schiffen als Leuchtfeuer diente. Vom 17. Jahrhundert bis 1920 wurde St. Peter's Chapel als Scheune benutzt (und so auch erhalten). Tatsächlich steht sie wie eine Scheune der Marschbauern in der Landschaft, nicht wie eine Kirche. Bäuerlich, einfach und direkt wirkt diese Kapelle, kraftvoll trotz ihrer Kleinheit und Isolation, ein Solitär des frühen Glaubens. Der schmucklose Raum, die Stille der Steine ist erfüllt von den Gebeten der Jahrhunderte. Bauern und Bischöfe haben hier gebetet, Fischer und Ritter. Auch wer nie gebetet hat und nicht herkommt, um hier zu beten, mag die Spiritualität dieses Ortes spüren, die Möglichkeit zur Meditation, in der Selbsterfahrung die Erfahrung des ganz anderen.

Als seien die Steine von Othona und St. Peter nicht genug, hat man 1985 am Altar der Kapelle drei Steine appliziert: aus Iona, Lindisfarne und Lastingham, eine eher kunstgewerbliche Symbolik. In Lindisfarne in Northumbria besuchte Cedd die Klosterschule; sein Lehrer St. Aidan kam von der Hebrideninsel Iona, wo die keltische Mission begann; in Lastingham in Yorkshire schließlich gründete Cedd ein Kloster und starb dort um 664 an der Pest, nachdem er zuvor Bischof der Ostsachsen in Essex war und Bischof von London.

Hinter St. Peter's Chapel liegt der Deich, den ein holländischer Ingenieur entlang der Küste von Dengie baute, und dahinter die Salzmarsch, die *Saltings*. Weiß leuchten die Sandbänke weit draußen im grauen Schlick von *St. Peter's Flat*. In einem Gehölz hinterm Deich hat die *Othona Community* ein paar Hütten errichtet, wo sich Menschen aller Nationen und christlichen Religionen treffen, die ökumenischen Jünger des heiligen Cedd.

Nur drei Kilometer entfernt am Ufer des Blackwater steht St. Peter's unheiliger Nachbar, das Atomkraftwerk von Bradwell, ein gasgekühlter Magnox-Reaktor, dessen monströse Silhouette die Landschaft beherrscht. Als die staatliche Nukleargesellschaft Nirex Mitte der achtziger Jahre in der entlegenen Ecke auch noch eine Atommülldeponie plante, gingen die Bewohner der Halbinsel auf die Straße. Zur Anti-Atombewegung von Bradwell gehörte auch der Pfarrer von St. Peter's Chapel, Reverend Paul Booth: »Anyone who says politics and religion aren't mixed has never read the Bible.« Der streitbare Pfarrer ist inzwischen versetzt, doch war der Protest der 850 Einwohner des (konservativen) Landkreises Bradwell stark genug, um die Atommülldeponie vorerst zu verhindern. »Jeder hatte einen eigenen Slogan«, berichtet Mary Marten, »unserer lautete: ›We want to live in Bradwell-on-Sea, not in Bradwell-on-Dump.‹«

Mrs. Marten hat mich zum Tee eingeladen. Sie ist Journalistin und bewohnt mit ihrem Mann, einem türkischen Instrumentenbauer, das ungewöhnlichste Haus der Halbinsel Dengie. *Bradwell Lodge* ist ein kleines Tudorhaus mit einem georgianischen Südflügel, einem doppelstöckigen Pavillon, dessen Interieurs so elegant sind, daß Mrs. Marten meint, Robert Adam selbst habe seine Hand dabei im Spiel gehabt. Zu belegen ist das nicht, doch auch nicht gänzlich unwahrscheinlich. Denn der damalige Hausherr hatte Geld, Geschmack und beste Beziehungen zu den Künstlern seiner Zeit: Reverend Henry Bate Dudley, Besitzer und Herausgeber der *Morning Post,* später des *Morning Herald,* Stückeschreiber, Journalist, passionierter Jäger. Einmal, heißt es, erlegte er einen Fuchs auf dem Dach der Kirche, zweimal duellierte er sich. Man nannte ihn *the Fighting Parson,* den streitbaren Pfarrer.

Reverend Bate Dudley, später geadelt und Domherr von Ely Cathedral, betrieb auf seinem Landgut die Entwässerung der Marsch und beauftragte den klassizistischen Architekten John Johnson 1781 mit dem Bau des Pavillons von Bradwell Lodge. Dort hatte er Gainsborough zu Gast, Sarah Siddons, David Garrick, seine Londoner Freunde. Mrs. Marten zeigt mir die ovale Bibliothek, den Kaminfries mit Rokokoszenen von Angelika Kauffmann, auf Marmor gemalt, und die Krönung des Hauses, das Belvedere mit seinem Panoramablick über Blackwater, Marsch und See. Daß die schöne Schauspielerin, *the Fighting Parson* und seine Frau hier Gainsborough Modell standen für ihre Porträts[1], gehört zur eher legendären Ausstattung solcher Häuser. Im Jahre 1938 erwarb es der Labour-Abgeordnete Tom Driberg. »That sinister character« (Evelyn Waugh), diese schillernde Figur der englischen Homo- und Spionageszene empfing Zyperns Erzbischof Makarios, den Spion

1 Gainsboroughs Ganzfigurenporträt von Sir Henry Bate Dudley (um 1780) und das seiner Frau, Mary White (um 1787), sind in Marlborough House in London zu sehen (Leihgabe Lord Burtons, Needwood House), das Porträt von Sarah Siddons (1785) in der Londoner National Gallery.

Guy Burgess und andere illustre Gäste in Bradwell Lodge. Heute ist dieses Kleinod in der Marsch in einem Zustand trauriger Vernachlässigung: Risse und Wasserflecken überall. Für nötige Restaurierungen fehlt es an Geld.

Dengie Marshes. Seltsam mischen sich hier Land und Wasser, Bauern und Ganoven, Pilgerkapelle und Atomkraftwerk. Aus der einsamen Marsch nach *Southend-on-Sea:* ein Wechselbad, wie es größer kaum sein könnte. Noch vor zwei Jahrhunderten standen dort nur ein paar Fischerhütten. Heute bedecken die Häuser von Southend auf einer Länge von elf Kilometern die Küste, vom westlichen Stadtteil *Leigh-on-Sea* bis zur Ostspitze *Shoeburyness.* Als unter George III. das Baden *fashionable* wurde und Brighton zum Modebad der höheren Stände, da sahen auch die Fischer am Nordufer der Themse-Mündung ihre Chance. Den Anfang machte das Dörfchen *Prittlewell,* dessen Südende sich zum Seebad entwickelte. In diesem Southend logierte 1803 die dicke Karoline von Braunschweig, *Prinny's* ungeliebte Prinzessin (Royal Terrace No. 7–9). Königliche Werbung, der die literarische folgte. Die ganze Familie habe die Herbstferien in Southend überaus genossen, erklärt Mrs. Knightley in Jane Austens Roman *Emma* 1816, »never found the least inconvenience from the mud«, nicht einmal der Schlick habe sie inkommodiert. Auch Queen Victorias späterer Premierminister Disraeli genoß hier 1833 die Seeluft (und seine Affäre mit der schönen Lady Sykes). Doch schon 1848, als der Ort gerade 1600 Einwohner hatte, legte im Sommer fünfmal täglich der Dampfer aus London am Pier von Southend an, der damals noch aus Holz war. Die *day-trippers,* die Arbeiter aus dem East End drängten hinaus an den Strand, auch wenn es mehr die graue Themse war als die blaue See. Zu Tausenden stiegen sie später in Liverpool Street Station in den Zug ans Meer, für die meisten der einzige Urlaub, den sie sich leisten konnten. Southend wurde zum Wochenendparadies der Cockneys, *Greater-London-on-Sea.*

Heute hat Southend 157000 Einwohner und den Ruf, das Blackpool von Essex zu sein. Von *Peter Pan's Playground* bis zum Horrorkabinett in Francis Drakes nachgebauter *Golden Hind* gibt es hier Nonstop-Spektakel aller Art, Spielkasinos, Bingo-, Billard- und Snookerhallen, *Crazy Golf* und *Bumper Boating.* Sogar die Rosen an Southends Uferpromenade blühen greller als anderswo. An Sommerwochenenden ist der Strand so voll wie der von Coney Island. Ich vermute, Simon Carr war in Southend, bevor er im *Independent* so unübertrefflich seine Landsleute beim Baden beschrieb: »We're good at desks, at dinner-parties, in crush-bars, restaurants and in the clever bits of bourgeois life. But we are no good at beaches. Beaches are fatally revealing. We really shouldn't be allowed on beaches. We haven't got beach bodies, or beach class. We haven't got beach style. We've got beach cricket.«

Am schönsten ist Southend dort, wo es sich selber davonläuft, weit hinaus aufs Meer: *Southend Pier,* 2158 Meter lang, der längste Pier der Welt. Er wurde 1829 begonnen, mehrfach erneuert, immer wieder verlängert; der jetzige stammt von 1889 und 1923. Auf gußeisernen neugotischen Säulen überquert der Pier die Uferstraße, nimmt einen kleinen Anlauf und trippelt wie ein Tausendfüßler übers Wasser. Was ist am Ende des Piers zu sehen? »Not an awful lot I'm afraid«, sagt die Kassiererin am Eingang: »a snack bar, an amusement arcade, another snack bar, that's it.« Weil Southend Pier seine Besucher mit etlichen Bars und Restaurants über Wasser hält, ist dies auch die längste Theke der Welt. Und weil dieser Pier so lang ist, bringt uns eine eigene elektrische Eisenbahn ans Ende des maritimen Vergnügungsstegs, wo sich das Nachtleben auf drei Stockwerken und Dutzenden von Pfählen frei entfalten kann, ohne Lärmbelästigung für irgendwelche Nachbarn. Wie schön sich das dumpfe Grollen der Bowlingkugeln mit dem Rauschen der Brandung mischt. Ein wunderbarer Pier. Alle lieben ihn, die Angler, Rollerskater, Fußgänger, Kegelbrüder, *East Enders* und Southender, selbst die Schiffer, obwohl er ihnen so einen weiten Umweg zumutet. Auch die Militärs wußten diesen Super-Pier zu schätzen, als Kommandozentrale der Marine im Zweiten Weltkrieg, Sammelpunkt für Hunderte von Konvois.

Trotz solcher Popularität war Southend Pier Anfang der siebziger Jahre vom Abbruch bedroht. Für seine Erhaltung setzte sich vor allem Sir John Betjeman ein, *Poet laureate* und damals Präsident der *National Piers Society.* »Dieser Pier ist der einzige Ort, wo man nicht überfahren werden kann und wo man sich auf See begeben mag, ohne seekrank zu werden«, sagte Sir John. »Southend Pier zu schließen, wäre so, als ob man ein Glied amputierte. Geld zählt nicht; Schönheit zählt, denn Schönheit dauert.« Goldene Worte, Sir John, allen Restaurierungssündern ins Stammbuch geschrieben: »Money doesn't matter; beauty matters because beauty lasts.« Die Stadtväter von Southend, sonst arge Vandalen, restaurierten ihren Pier für rund neun Millionen Mark. Heute kümmert sich ein eigener Verein um das rostende Erbe, unter dem Vorsitz des Westminster-Abgeordneten Teddy Taylor. Jedes Jahr im September feiert die Society ein Pier-Festival, einmal im Monat trifft man sich im Palace Hotel von 1901, das wie ein riesiges Schiffsdeck über der Promenade dräut (Pevsner: »tasteless«).

Southend-on-Pier, Londons östlichste Vorstadt, hatte früher mehr als acht Millionen Besucher im Jahr. Das ist weniger geworden. Statt dessen sind große Firmen aus der City zugewandert, zum Beispiel die VAT-Zentrale, die Mehrwertsteuerbehörde. Southend ist nicht mehr nur Wochenendbad, Pendler- und Rentnerstadt. Ende der achtziger Jahre läutete George Walker die Zukunft ein: »The East Enders and the trippers, that's yesterday's world. We're fetching over tomorrow's world from America.« Der Multimillionär George Walker, Sohn eines Bierkutschers aus dem East End, will Southend in großem Stil entwickeln, wie er seinen Bruder Billy *the Blond Bomber* managte, einen erfolgreichen Boxer. Mr. Disneyland plant einen Holiday-Park mit Golfplatz, Supermarkt und Tausenden von Wohnungen, einen Jachthafen für 3000 Boote und ein Astrodome im benachbarten Basildon, den größten Sporthallenkomplex Europas. Schon hat Georgie Walker den Westcliff-Pavillon mit seinem Varietétheater gekauft, ebenso *the Kursaal* von 1902, dessen rote Backsteinkuppel an der Uferpromenade das *amusement*-Symbol für Generationen von *East Enders* war. Sogar den Pier hat Mr. Walker erworben, Inbegriff von Southend und seiner maritimen, unendlichen Vergnügungssucht.

Leigh-on-Sea, der westlichste der drei Stadtteile von Southend, bewahrte am längsten seinen Charakter als Dorf der Fischer und Muschelsammler, bis Southends Generalplaner die neue Hauptstraße mitten durch den alten Fischerort legten. Heute verschmilzt Leigh bruchlos mit *Hadleigh.* Von dort führt ein Weg durch Kornfelder und Weiden in die Hügel

John Constable: Hadleigh Castle, um 1828/29

über der Marsch, nach *Hadleigh Castle.* Wenig ist geblieben von der Burg, die Hubert de Burgh, Earl of Kent, um 1232 zu bauen begann und die 1365 noch nicht fertig war. Eine Zeitlang in königlichem Besitz, vermachte Henry VIII. die Burg Anna von Kleve, vermutlich, um beide loszuwerden. Nun ist Gras über alles gewachsen. Eine indische Großfamilie picknickt im einstigen Burghof, Väter lassen Drachen steigen, ein junges Paar macht Handstand vor der Ruine. Gemessen an John Constables dramatischem Gemälde von Hadleigh Castle in der Tate Gallery ist die Realität, wie so oft, enttäuschend. Indes war die Burg für Constable nur Vorwand, Kulisse einer größeren Erfahrung, wie er nach seinem Besuch im Juli 1814 notiert: »the melancholy grandeur of a sea shore«.

Die Ruine ist nichts, die Aussicht alles. Die windige, oft stürmische Höhe von Hadleigh Castle bietet einen großen, englischen Augenblick, das Panorama der Themse-Mündung. Vor uns die baumlose Marsch, *Two Trees Island,* die Bucht von Hadleigh, die Häuser und Chemiewerke von *Canvey Island,* einst Schafweiden, von holländischen Arbeitern eingedeicht[1], dahinter die Batterien der Öltanks von *Shell Haven,* nicht nach den Shell-Raffine-

1 Unter der Leitung des in London lebenden holländischen Ingenieurs Joas Croppenbergh. Aus dieser Zeit sind zwei achteckige strohgedeckte Backsteinhäuser erhalten, genannt *Dutch Cottage* (1618 und 1621).

rien der fünfziger Jahre benannt, sondern nach den Muschelablagerungen, die im Mittelalter und noch im 18. Jahrhundert zu Mörtel verarbeitet wurden. Industrielandschaft, Flußlandschaft, Strom der Geschichte. An klaren Tagen sieht man von Hadleigh Castle nach Osten über Southend Pier weit hinaus aufs Meer, gegenüber auf dem südlichen Flußufer die blitzenden Ölraffinerien der *Isle of Grain,* der Getreideinsel. An anderen Tagen verschwimmt das Grau der Themse und der Marsch mit dem Grau des Himmels und der See zu einem einzigen, großen Grau. Dann ist Hadleigh Castle ein einsamer Vorposten, Inselburg eines Inselreichs, Ruine einer langen Geschichte. Dann spüren wir das Herz der Finsternis.

In seiner Erzählung *Heart of Darkness* beschreibt Joseph Conrad, wie eine Gruppe von Freunden in einem Segelboot in der Themse-Mündung auf das Ablaufen der Flut wartet. Die Dämmerung kommt, Dunst breitet sich über die Marschen von Essex. Marlow beginnt zu erzählen. Er stellt sich vor, wie die Römer hier vor Jahrhunderten an Land gingen. Eine unwirtliche Küste, ein Legionär vom Mittelmeer: »Stellt ihn euch hier vor – wahrhaft am Ende der Welt, vor einer bleifarbenen See unter einem rauchfarbenen Himmel, auf einem Schiff, gebrechlich wie eine Harmonika – wie er diesen Strom hier hinaufgeht.« Das war noch tausend Jahre vor Hadleigh Castle. »Sandbänke, Marschen, Urwälder und Wilde – verteufelt wenig zu essen für einen zivilisierten Menschen, nichts als Themsewasser zu trinken, kein Falerner Wein hier, keine Ausflüge an Land (...) Kälte, Nebel, Ungewitter, Krankheit, Verbannung und Tod – Tod, der in der Luft, im Wasser, im Busch lauert. Sie müssen hier wie Fliegen gestorben sein.« Es dämmert, Marlow erzählt. Joseph Conrads Themse, der große Erzählfluß: »Die Mündung war von einer schwarzen Wolkenbank umlagert, und die ruhige Wasserstraße, die zu den letzten Enden der Welt führte, strömte düster, unter bedecktem Himmel dahin, wie in das Herz einer ungeheuren Finsternis.«

Tilbury Fort: »Let Tyrants fear«

Nein, *Basildon* habe ich nicht besucht. »Depressin', bloody depressin' town«, eine Retortenstadt zwischen Southend und London, »borin', borin', borin', borin'«. So charakterisiert einer der Einwohner Basildon in Arnold Weskers Schauspiel *Beorthel's Hill,* geschrieben zum vierzigjährigen Bestehen der Stadt 1989. *Beorthel's Hill* war der angelsächsische Name der Gegend, und Weskers Stück über den Alltag in Basildon ein *Community Play,* aus der Zusammenarbeit des Autors mit den Betroffenen entwickelt und von ihnen aufgeführt. Der Engelchor der Amateurschauspieler singt die Utopie der Gründer von Basildon: »This was the dream ... From the shadows into sunlight ... From the pavements into parklands«, der Traum der ausgebombten *East Enders* im verwüsteten, übervölkerten Nachkriegs-London. Die Planer der *New Town* Basildon zerstörten eine frühere Utopie, eine der sogenannten *plotland*-Siedlungen der Cockneys (siehe S. 70), die nun aus ihren niedergerissenen Phantasiehütten in sterile Neubausiedlungen umquartiert wurden. Dazu kamen in den achtziger Jahren Asylanten aus Uganda. Basildon, eine Stadt auf der Suche nach ihrer Identität, nach Freundlichkeit. »You get used to the violence, you get used to any bloody thing.«

Tilbury Fort, Water Gate, Radierung von H. Adlard nach einer Zeichnung von George Campion, 1831

Wenige Meilen von Basildon liegt eine alte Festung am Ufer der Themse, *Tilbury Fort.* Nebenan die Kneipe »World's End« und die Schlote eines Kohlekraftwerks, in den Marschwiesen ein paar Pferde mit Waterloo-Lungen. Flußaufwärts die Phalanx der Kräne in den Docks von Tilbury. Irgendwo dahinter, in den Rauchschwaden einer weiteren *Power Station,* kriecht die M25 in den Tunnel von Dartford, an der Grenze von Essex und Groß-London. Grenze? Eine fixe Idee der Administration, ein kartografischer Anachronismus. Unaufhörlich brodelt und hämmert es aus der City herüber, Tag und Nacht drängt sich der Moloch weiter vor und frißt das Land. Jetzt, Kanoniere von Tilbury, an die Geschütze! Flußaufwärts müßt ihr kämpfen, gegen die City, London abwehren, Essex schützen! Ach, Tilbury Fort, längst verloren deine letzte, einzige Schlacht.

In diesem toten Winkel der Geschichte, in der kruden Industrielandschaft östlich von Barking und Bexley bewegte sich im August 1988 eine pittoreske Prozession flußabwärts. Von Lambeth Palace fuhr Queen Elizabeth I. in einer Prunkbarke auf der Themse nach Tilbury. Dort stieg sie um auf einen historisch getreuen Grauschimmel, *Gloriana* im Silberkürassier über einem weißen Samtgewand. Viel Volk mit Kameras und Tudorkostümen stand Spalier, das Fernsehen drehte, das Armada-Jubiläumsspektakel erreichte seinen Höhepunkt. »Let tyrants fear«, begann die königliche Schauspielerin ihre berühmte Rede an die Truppe, zur Stärkung der Moral im Kampf gegen die drohende Invasion der spanischen

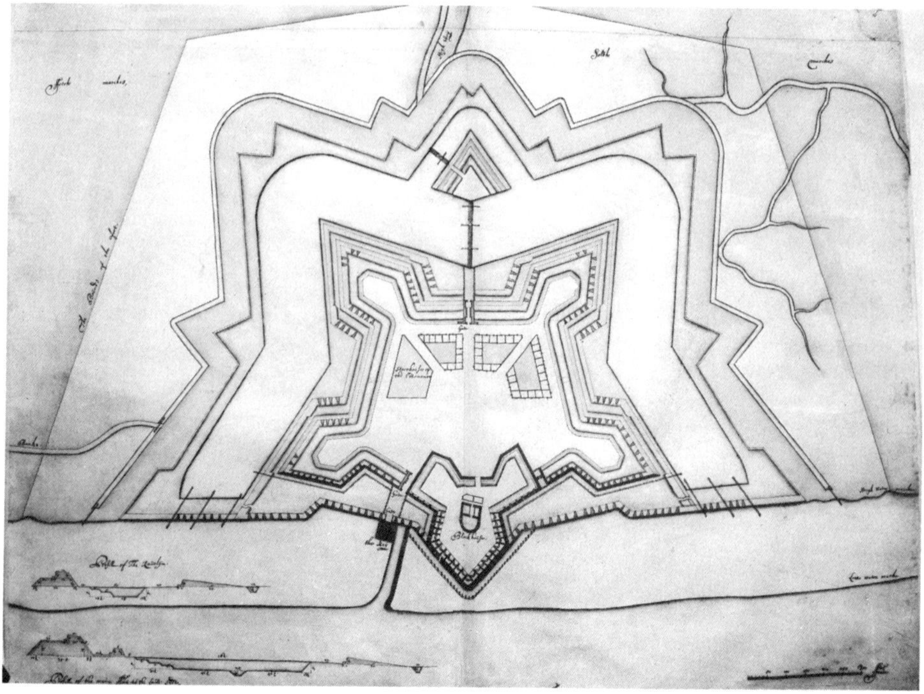

Tilbury Fort, Grundriß von Sir Bernard de Gomme, 24. Oktober 1670

Armada: »I know I have the body of a weak and feeble woman but I have the heart and stomach of a King – aye – and of a King of England too, and think foul scorn that Parma[1] or Spain or any prince of Europe should dare to invade the borders of my realm.« Es war eine große Rede, eine Sternstunde der englischen Geschichte und der *Heritage*-Industrie. Manchen Zuschauern von Maggie Thatchers Armada-Theater schlugen die Falkland-Herzen höher. Historiker indes bezweifeln den authentischen Wortlaut dieser Rede, die erst 66 Jahre später, 1654, im Druck erschien und von zeitgenössischen Historiografen nicht überliefert wurde. Fest steht, daß Elizabeth I. am 8. August 1588, als die Armada schon vertrieben, die Gefahr aber noch nicht gebannt war, eine Rede vor ihren Truppen in *West Tilbury* hielt, nicht weit von dem Themse-Fort ihres Vaters, Henrys VIII.

Ein Jahrhundert später drohte erneut eine Invasion, diesmal von der holländisch-französischen Flotte.[2] Im Auftrag des Königs Charles II. entwarf sein militärischer Chefingenieur

1 Der Herzog von Parma wartete mit seiner Armee an der holländischen Küste, um sich im rechten Moment den Invasionstruppen Philipps II. anzuschließen.

2 Mehrfach waren holländische Kommandos in die Themse-Mündung vorgedrungen; im Juli 1667 landeten sie in *East Tilbury* und zerstörten das Pfarrhaus und einen Teil der Dorfkirche.

Sir Bernard de Gomme, ein Holländer in London, 1670 ein neues Fort für Tilbury, auf der Höhe damaliger Rüstungstechnik. Die Artillerie hatte sich gerade zur wichtigsten Waffe entwickelt; entsprechend flach legte Sir Bernard seine Themse-Festung an, mit weitläufigen unterirdischen Munitionsdepots. Tilbury Fort hat einen fünfeckigen Grundriß, sternförmig vorspringende Bastionen, backsteinbefestigte Erdwälle, einen doppelten Wassergraben. Die umliegende Marsch konnte bei Gefahr überflutet werden. Sir Bernards Bauarbeiter mußten fast 3000 Pfähle in den sumpfigen Grund rammen, als Fundament der Festung. Sie war 1683 fertig und nie in Aktion, der überzeugendste Aspekt solcher Bauten. Tilbury Fort gilt denn auch als besterhaltenes Beispiel der Militärarchitektur ihrer Zeit, neben der königlichen Zitadelle von Plymouth.

Über rekonstruierte Zugbrücken betritt der Besucher das Kastell. Auf dem weiten katzenkopfgepflasterten Exerzierhof stehen ein paar Mörser und Lafetten herum. Eine Anlage von öder Langeweile und Vergeblichkeit. Ein ärmliches Militärmuseum im einstigen Quartier der Offiziere zeigt Gasmasken, Orden, Gewehre, Granaten, traurige Reste eines traurigen Handwerks. Wie ein Triumphtor paradiert das *Water Gate* an der Themse, mit steinernen Waffentrophäen im Giebel, gebaut als Fassade des Wachhauses, nach dem Vorbild holländischer Torhäuser des Barock. Am anderen Ufer des Flußes, der sich hier auf 730 Meter verengt, lagen die Batterien von Gravesend, den Kanonen von Tilbury gegenüber. Dies war die erste Verteidigungslinie der Themse vor London, noch bis zum Ersten Weltkrieg mit einer Garnison belegt. Damals verbuchte sie ihren einzigen Erfolg: Ein Flak-Kanonier von Tilbury schoß einen deutschen Zeppelin ab.

Doch floß auch Blut in Tilbury Fort, im Herbst 1776. Nach einem Cricket-Match zwischen den Mannschaften von Kent und Essex kam es zum Streit, die Spieler aus Kent stürmten das Fort und bewaffneten sich. Zurück blieben zwei Tote. Das war, wie man in England sagt, *not cricket,* nicht fair.

William Morris aus Walthamstow: Kunde von Nirgendwo

Als der Schwefeldampf noch ungefiltert aus den Fabrikschloten quillt, um 1880, da reist ein Mann durch Englands Industriestädte und hält Vorträge über »Die Schönheit des Lebens«. Ein Zyniker? Ein Idealist? Er polemisiert gegen Fabrikanten, die sich Kunstfreunde nennen, aber nichts gegen die Luftverschmutzung tun: »Profit läßt aus schönen Flüssen gemeine Abwässer werden.« Ein Umweltschützer? Er prangert den Abbruch historischer Häuser an: »Aus solcher Brutalität muß neue Brutalität erwachsen.« Ein Denkmalschützer? Er empört sich über »die täglich weiter wachsende Flut von Plakaten, die unsere Städte verschandeln«, und empfiehlt, »von den dort angepriesenen Waren keine mehr zu kaufen« – Konsumboykott. Ein Kulturkritiker mitten im viktorianischen Wirtschaftswunder? »Ich frage Sie, wie verhalten Sie sich gegenüber Bäumen auf einem Bauplatz? Versuchen Sie, sie zu retten und

Ihr Haus den Bäumen anzupassen? Begreifen Sie, welche Schätze Bäume für die Stadt oder den Vorort darstellen?« Ein Grüner Anno 1880?

Dieser Vortrag wurde in der ökologischen Bewegung der angelsächsischen und skandinavischen Länder zu einer Art Kulttext. Sein Autor ist der vielseitigste, widersprüchlichste, aktuellste englische Künstler des 19. Jahrhunderts, William Morris. »I come not from Heaven, but from Essex.« Das ländliche Paradies, in dem er aufwuchs, heißt heute London E17. *Kunde von Nirgendwo:* Das Dorf seiner Kindheit, *Walthamstow,* verschluckt von Groß-London. Sein Geburtshaus, Elm House in Clay Hill, abgerissen. Als William Morris 1834 geboren wurde, drittes von neun Kindern eines Börsenmaklers, lag Walthamstow noch in Essex, am Rand des Epping Forest, von Weideland umgeben: »Scarcely anything but a few sheds and cots for the men who come to look after the great herds of cattle ... It does not make a bad holiday to get a quiet pony and ride about there of a sunny afternoon in autumn, and look over the river and the craft passing up and down.« So hat er später die Landschaft seiner Kindheit am River Lea in dem utopischen Roman *News from Nowhere* beschrieben. Morris erlebte noch selbst den Wechsel, den viktorianischen Bauboom in Walthamstow, als Londons Villenvorort zum Arbeiterviertel wurde: »once a pleasant place enough, but now terribly cocknified and choked up by the jerry builder«, erstickt von Spekulanten und ihren unsoliden Häusern.

Die M's (= Morris) in Ems, Karikatur von Dante Gabriel Rossetti, 1869

William Morris, Bleistiftskizze von Dante Gabriel Rossetti, um 1856/57 (Studie für König David, Llandaff Cathedral)

In den einstöckigen viktorianischen Reihenhäusern von Walthamstow leben heute viele Musiker, Literaten und Medienleute, die sich die echten Yuppie-Hochburgen wie Islington oder Chiswick nicht leisten können. Das alte Dorfzentrum rund um St. Mary[1], genannt *Church in the Village,* würde Morris mit einiger Mühe wiedererkennen. In der Kapelle der *Forest School* fände er nur noch eines der drei Kirchenfenster[2], die seine Firma *Morris & Co* 1875 für seine ehemalige Schule anfertigte. Alle georgianischen Häuser der Forest Road sind inzwischen abgerissen, bis auf eines, sein Elternhaus. *Water House* steht am Rand eines Parks an der A503, ein stattliches Klinkerhaus aus der Mitte des 18. Jahrhunderts, mit zwei ausladenden Erkern und drei Etagen. Dort lebte die Morris-Familie seit 1848, als William die Public School von Marlborough bezog. Water House ist heute *William Morris Gallery,* das Haus seiner Ideen und Produkte. Nirgendwo können wir ihn und seine Zeit besser kennenlernen als hier.

William Morris war ein Mann, der schöne Häuser und schöne Bücher über alles liebte; ein Ästhet, der alles Handwerkliche pries und die Maschinen haßte; ein Poet, der von der Welt des Mittelalters träumte und für eine neue Gesellschaft kämpfte; ein Revolutionär und

1 Der jakobeanische Hofbildhauer Nicholas Stone entwarf das Grabmal für Sir Thomas und Lady Merry, 1633.

2 Samuel und Timotheus, im nördlichen Querschiff. Dort hängen auch die Originalentwurfszeichnungen von Edward Burne-Jones für die 1944 durch eine Bombe zerstörten David- und Jonathan-Fenster. – In der Kapelle des Ilford Hospital im benachbarten Stadtteil *Ilford* (früher Essex) gibt es weitere Glasmalereien von Morris & Co., entworfen von Burne-Jones um 1891.

Aktionär, Unternehmer und Sozialist. Er propagierte eine Kunst für alle, aber seine Produkte konnten sich nur wenige leisten. »Dem schweinischen Luxus der Reichen zu dienen«, war sein lebenslanges Dilemma. Aber als er 1896 starb, stand in einem Nachruf zu lesen: »Man konnte auf ihn einschlagen, wo man wollte, und es klang wahr.«

Ein viktorianisches Universalgenie: Morris malte und dichtete, schrieb Verse, Fantasy-Geschichten, ästhetische und politische Traktate, er übersetzte die *Odyssee*, den *Beowulf*, isländische Sagas, er agitierte auf Straßen und Plätzen, redigierte und finanzierte die erste sozialistische Wochenzeitung in England, entwarf Kirchenfenster, Stoffmuster, Teppiche und Tapeten, er färbte, webte, druckte mit eigener Hand – was machte er eigentlich nicht, was hätte er nicht wenigstens versucht? »Wenn jemand kein Epos dichten kann, während er einen Teppich webt, ist er ein Schlappschwanz«, befand Morris.

Er selbst konnte nicht einmal bei Tisch stillsitzen, immer mußten seine Finger mit etwas beschäftigt sein. Daß er bei einer Diskussion vor Aufregung in die Tischkante biß, Türen bisweilen mit einem Fußtritt öffnete, sein Essen gelegentlich aus dem Fenster warf, wenn es ihm nicht schmeckte: Hätten wir so derbe Sitten im ätherischen Präraffaeliten-Haushalt erwartet? Ganz zu schweigen von Liebe und Leidenschaft. Allen voran seine Frau Jane Morris, Tochter eines Stallknechts, von deren morbider Schönheit Shaw sagte: »Es war, als sei sie eben einem ägyptischen Grab in Luxor entstiegen.« Jane zwischen ihrem ungeliebten Mann und ihrem neurotischen Liebhaber Rossetti; dessen Frau, Elizabeth Siddal, die Selbstmord begeht; Morris wiederum verliebt in Georgiana, die Frau seines Freundes Burne-Jones – viktorianische Verhältnisse, wie sie turbulenter kaum vorstellbar sind.

Morris stammt aus der oberen Mittelklasse. Sein Vater, *broker* in der City, hinterließ ihm ein kleines Vermögen an Aktien eines Kupferbergwerks. Er sei im »Puritanismus des reichen Establishments« erzogen, sagte Morris einmal, ein bürgerlicher Künstler, der den Habitus eines Handarbeiters pflegte. Meist trug er einen unordentlichen blauen Anzug oder Arbeitskittel, Hände und Kleider stets farbbespritzt, auf dem löwenmähnigen Kopf den runden Proletarierhut. Die ländliche Idylle von Epping Forest (siehe S. 108 ff.), wo er aufwuchs; die alten Handschriften der Bodleian Library in Oxford, wo er mit Burne-Jones Theologie studierte; das Arbeitsethos Carlyles, Ruskins Apotheose der Gotik und dann der Anblick der französischen Kathedralen: das alles prägt den jungen Morris. Entscheidend aber wird etwas anderes: die Realität der englischen Industriegesellschaft.

1856 beziehen Morris und Burne-Jones gemeinsam eine Wohnung in London. Als sie sie einrichten wollen, finden sie nichts, was ihnen gefällt. Also machen sie sich ihre Möbel selbst. Wenige Jahre später läßt Morris sich von dem Architekten Philip Webb ein Haus entwerfen und von seinen Präraffaeliten-Freunden ausstatten: *Red House* in *Bexleyheath*, eine Gegenwelt der Schönheit im Sumpf des viktorianischen Geschmacks. »Sieh zu, daß du nichts im Hause hast, von dem du nicht weißt, daß es nützlich ist, oder glaubst, daß es schön ist« – eine Maxime von Morris, heute so gültig wie damals.

Früh erkannte er die Ohnmacht des Konsumenten, die Diktatur des Neckermann-Stils: »Die Güter werden ihm durch deren Billigkeit aufgezwungen und mit ihnen eine bestimmte Art des Lebens, auf die diese aggressive Billigkeit ihn festlegt.« Um der Serienproduktion und dem Massengeschmack eine Alternative gegenüberzustellen, gründete er 1861 die Firma *Morris & Co.* Seine Angestellten nannten sich »fine art workmen«, Kunstarbeiter, getreu seinem mittelalterlichen Idealbild, daß jeder Künstler ein Handwerker und jeder Handwerker ein Künstler sein solle. Auf dieses Ethos berief sich noch Gropius in seinem Bauhaus-Manifest von 1919: »Architekten, Bildhauer, Maler, wir alle müssen zum Handwerk zurück!«

Bei *Morris & Co* konnte man vom eisernen Bettgestell bis zum Kirchenfenster fast alles bestellen: Fliesen, Tapeten, Teppiche, Stickereien, Stoffdrucke, Möbel und Hausgeräte. Bald wurde es *fashionable* in der Society, Haus und Salon von *Morris & Co* ausstatten zu lassen; selbst St. James's Palace orderte hier. Welche Eleganz der Linien, welche Leuchtkraft der Farben! Stilisierte Tulpen, Akanthus und Jasmin, Ornamente von Nirgendwo. Das ist der Morris, den wir kennen, der Blumen-Morris. Stoffe und Tapeten seiner Firma, die bis 1940 in Merton Abbey in Surrey existierte, werden noch heute hergestellt. Im Warenhaus *Liberty's* und bei *Sanderson's* in London kann man sie kaufen: die teuersten Tapeten Europas. Das Schöne könne nicht billig sein, pflegte Morris zu sagen. Aber hatte er nicht auch gesagt: »Was geht uns Kunst überhaupt an, wenn nicht alle an ihr teilhaben können?« Wollte er nicht eine Kunst »aus dem Volk und für das Volk«, bessere Arbeits- und Lebensbedingungen für alle? Sollte das nun das Ergebnis sein: Kunst für die Paläste, und für die Hütten nur Parolen?

William Morris: Stoff- und Tapetenentwürfe (links: Gartentulpe, 1885; rechts: Weidenzweig, 1887)

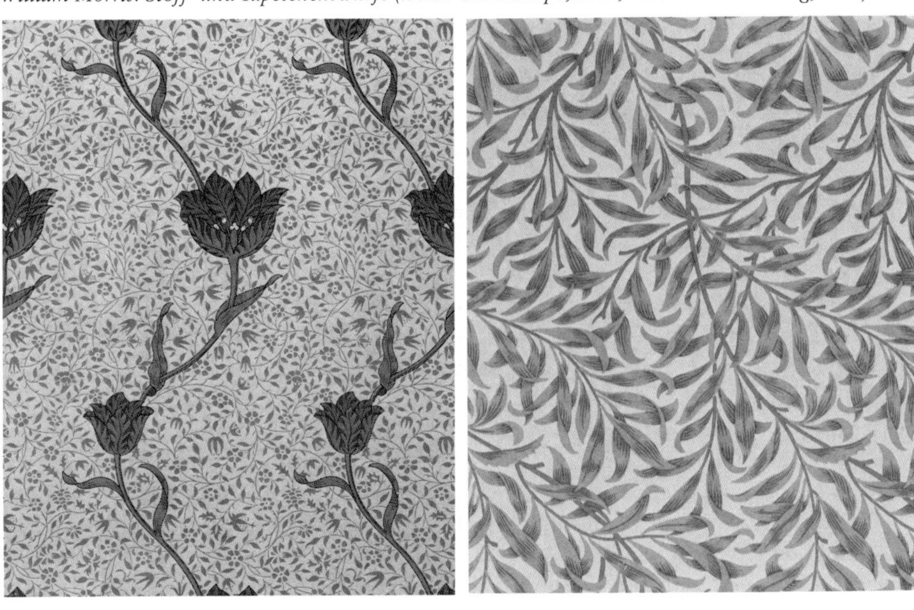

Im Todesjahr von Marx, 1883, trat Morris einer revolutionären Zelle der sozialistischen Bewegung bei, der *Democratic Federation.* Ein Jahr später wurde er zum Mitbegründer der *Socialist League.* Die Parteizeitung verkaufte er selbst auf der Straße, er ging auf Vortrags- und Agitationsreisen, schrieb politische Kampflieder, zahlte Kautionen für verhaftete Genossen und wurde selbst wegen Teilnahme an einer verbotenen Demonstration verurteilt, allerdings nur zu einer symbolischen Geldstrafe – Prominentenbehandlung schon damals.

»Es gibt keine Hilfe für die Arbeitslosen«, schrieb er 1887, »als den allgemeinen Zusammenschluß der Arbeiter für die Freiheit der Arbeit – für die Revolution.« Seit dem Kommunarden Courbet hatte sich kein Künstler so radikal politisch engagiert wie Morris. Parlamentarischer Reformpolitik mißtraute er, ebenso der abwartenden Unterwanderungstaktik der *Fabian Society.* »Mein Glaube ist es, daß die alte Ordnung nur durch Gewalt umgestoßen werden kann, und aus diesem Grund ist es um so wichtiger, daß die Revolution keine törichte, sondern eine gebildete Revolution ist.« Schließlich sollten die Glasfenster von *Morris & Co* bei der kommenden Kulturrevolution nicht zu Bruch gehen.

Seine Parteifreunde wunderten sich fraglos über ihren Genossen, den Unternehmer, der einen eleganten Laden in der Oxford Street betrieb und die Häuser derer weiterhin aufs schönste dekorierte, die er zugleich aufs heftigste attackierte. Morris, der »Gefühlssozialist«, wie Friedrich Engels ihn nannte, räumte seinen Arbeitern weder Mitbestimmung noch Gewinnbeteiligung ein: »Soll der Fabrikant 4 Pfund die Woche weniger einnehmen, damit jeder Arbeiter 16 Pfund im Jahr mehr bekommt, oder ist es nicht besser, der Revolution vorwärtszuhelfen, als die Profite aufzugeben?« Soviel über das schlechte Gewissen des sozialistischen Fabrikanten.

Wenn die Revolution am fernsten ist, sind Utopien am nötigsten. 1890 veröffentlichte Morris *News from Nowhere*, einen utopischen Roman über die vollendete kommunistische Gesellschaft. Endlich hat in England die Revolution gesiegt (Morris datiert sie auf 1952), es gibt kein Privateigentum mehr, keine Geldwirtschaft, keine Gefängnisse, keine entfremdete Arbeit; Trafalgar Square ist zu einem Obstgarten geworden, das Parlament zum Düngerspeicher, und aus Oxford kommen die Gelehrten, »um ihr bescheidenes Maß von Arbeit zur Heuernte beizutragen«. Als die Sozialdemokraten noch Utopien hatten, 1892 empfahl Wilhelm Liebknecht seinen Lesern diese Fantasy-Geschichte, die als Fortsetzungsroman in der sozialdemokratischen Wochenzeitschrift *Die Neue Zeit* erschien. Rund sechzig Jahre später, als der reale Sozialismus das utopische Denken um einige Hoffnungen ärmer gemacht hatte, nannte Ernst Bloch Morris einen »Homespun-Sozialisten«, seinen Roman eine »gleichzeitig naive und sentimentalische Intellektuellen-Mischung von Neugotik und Revolution«. Und heute? Es ist der Moralist und Ökologe Morris, der seit einiger Zeit wiederentdeckt wird, der Vorläufer der *Friends of the Earth,* ein Prophet der Umweltkatastrophe, der vor über hundert Jahren seine Zuhörer in Oxford fragte: »Wie werden wir uns vor jenen, die nach uns kommen, über den Umgang mit dieser Erde verantworten können?«

1890 gründete Morris die *Kelmscott Press.* In den sechs Jahren bis zu seinem Tod entwarf und druckte er Hunderte von Titelseiten, Initialen und Randornamenten – einige der schönsten Buchkunstwerke des 19. Jahrhunderts, allen voran die von Burne-Jones illustrierte

Chaucer-Ausgabe. War dies die Rückkehr in den Elfenbeinturm, Revolte und Resignation? Muß man ihm vorrechnen, wie das ein Kritiker tat, daß der »Kelmscott-Chaucer« etwa so viel kostete, wie ein Bergmann in einem halben Jahr in den Kupferminen von Devon verdiente, wo das Kapital von Morris herkam? Warum soll ein Sozialist nicht auch ein Bibliophiler sein? Schade nur, daß es kein »Kelmscott-Kapital« gibt: Marx, illuminiert von Morris.

»Ich glaube nicht daran«, schrieb er, »daß die Welt durch ein System gerettet werden kann.« Morris war kein Ideologe. Auch als Sozialist blieb er immer und vor allem Künstler. Das unterscheidet ihn von sozialistischen Künstlern und ihren unglücklichen Zwitterprodukten, einer »Kunst für das Volk«. »Die in meinem Leben vorherrschende Leidenschaft«, bekannte er 1894 in dem Aufsatz »Wie ich ein Sozialist wurde«, ist »das Verlangen, schöne Dinge herzustellen.« Als er zwei Jahre später starb, hatte er über 500 Muster für Wandstoffe, Tapeten und Teppiche entworfen, an mehr als 500 Glasfenstern mitgearbeitet und über 600 Entwürfe für seine Handpresse geliefert; er hatte sieben Gedichtbände und vier Fantasy-Geschichten veröffentlicht und über 250 Reden gehalten.

»Stell dir vor«, schreibt Morris 1874 an einen Freund, »die Menschen leben in kleinen Landgemeinden unter Gärten und grünen Feldern, so daß man nach einem Spaziergang von fünf Minuten in offener Landschaft ist; stell dir vor, sie hätten wenig Bedürfnisse, fast keine Möbel zum Beispiel, und dächten über die – schwierige – Kunst nach, sich am Leben zu freuen. Stell dir vor, sie würden wirklich versuchen herauszufinden, was sie eigentlich wollen. Dann, meine ich, bestünde Hoffnung, daß Zivilisation tatsächlich begonnen hat.«

Was für ein Leben, was für ein Werk. Stell dir vor, die *William Morris Gallery* würde ihr Erbe wirklich so pflegen, wie man es seit ihrer Gründung 1950 hofft. Was für eine Attraktion wäre das für Walthamstow, für London und Essex, für die Nation. Statt dessen lagern zwei Drittel der Bestände im Magazin, unzulänglich untergebracht, der Rest wird altbacken präsentiert, lustlos, uninspiriert. Das Ausstellungsbudget, im Thatcher-Sparprogramm um 20 Prozent gekürzt, beträgt derzeit jährlich 3800 Pfund – ein lächerliches Almosen.

Dabei sammelt das Morris-Haus nicht nur Morris, sondern auch Werke seiner Freunde und Zeitgenossen: Bilder der Präraffaeliten Burne-Jones, Rossetti, Ford Madox Brown; Möbel seines intarsienverliebten Mitarbeiters George Jack; William De Morgans Kacheln und Schalen mit ihren farbigen Glasuren; Arbeiten von C. F. A. Voysey, Walter Crane, Frank Brangwyn; Architektur- und Tapetenentwürfe von Arthur Mackmurdo, einem der großen englischen Formgestalter neben Morris, der nicht nur Londons Savoy-Hotel entwarf (1889), sondern auch einige Häuser in Wickham Bishops in Essex (siehe Anhang). Das Morris-Haus in Walthamstow bietet die einzige Dauerausstellung der *Arts-and-Crafts*-Bewegung in Großbritannien, eine der wenigen europäischen Kunstbewegungen, in denen England dominierte. Auch deshalb sollte die *William Morris Gallery* nicht länger einer offenbar desinteressierten oder überforderten Londoner Stadtteilverwaltung überlassen bleiben: Sie braucht endlich den Status und die Beachtung eines Museums auf nationaler Grundlage.

Epping Forest: Vom Schrumpfen königlicher Wälder

Rund 40 Minuten braucht die *Central Line* der Londoner U-Bahn von Oxford Circus nach Epping, an den Rand des *Epping Forest.* Als Kind ritt William Morris noch auf einem Pony durch den Wald zur Forest School nach Walthamstow.[1] Im Dickicht der Hainbuchen sah er die Blätter und Blumen, die er später zu den Ornamenten seiner Gobelins und Tapeten stilisierte. Der Epping Forest war das Paradies seiner Kindheit.

Als Londons Vorstädte sich immer weiter in den alten Forst hineinfraßen, schrieb Morris am 23. April 1895 einen Leserbrief an den *Daily Chronicle,* einen Aufruf zur Rettung des Epping Forest: »Es muß sichergestellt werden, daß nicht ein einziger Baum gefällt wird, sofern das nicht zum Gedeihen der verbleibenden Bäume unabdingbar nötig ist (...) Wir wollen ein Dickicht, keinen Park in Epping Forest! Um es kurz zu sagen: ein großer, nicht wieder gutzumachender Fehler wäre es, wenn unter dem Schutz einer Expertenmeinung wir, aus bloßer Sorglosigkeit und Gedankenlosigkeit, als der verantwortungsbewußte Teil der Öffentlichkeit, uns die Sache aus der Hand nehmen ließen: eines der größten Schmuckstücke Londons würde eines wesentlichen Teils seines Charakters beraubt. Nichts würde übrigbleiben, um wenigstens beispielhaft zu zeigen, wie der große Wald im Nordosten einst ausgesehen hat.«

Seit dem frühen Mittelalter war der *Forest of Essex,* wie er ursprünglich hieß, im Besitz der Krone. Die Mönche von Waltham Abbey verwalteten ihn. Noch bis zur Mitte des 17. Jahrhunderts war er 24000 Hektar groß und reichte im Süden bis zu den heutigen Londoner Stadtteilen West Ham, Barking und Ilford, im Norden bis Roydon und Harlow. Nach dem Bürgerkrieg wurde viel Holz für den Bau von Kriegsschiffen gefällt, und 1777 war der *Royal Forest* bereits auf 4800 Hektar geschrumpft. Schon im frühen 19. Jahrhundert fuhren die Londoner *East Enders* mit Eselskarren, später mit der Eisenbahn hinaus in die Wälder vor der Stadt. Am 6. Mai 1882 erklärte Queen Victoria Epping Forest zum Volksforst, »for the enjoyment of my people for ever«. Inzwischen hatte die Stadt London von der Krone und von verschiedenen Grundbesitzern den Forst erworben und durch ein Gesetz von 1878 vor privater Nutzung geschützt. Doch war er nun von der öffentlichen Hand weit mehr bedroht als früher, wie die Bürgerinitiative von William Morris und seinen Freunden zeigt. Die ständig expandierende Millionenstadt, ihre Häuser- und Straßenbauer haben vom einstigen Königsforst nur noch knapp 2400 Hektar übriggelassen.

Angesichts der Nähe der Metropole ist dieser Rest erstaunlich gut erhalten, seit 1953 mit dem besonderen Status einer *Area of Special Scientific Interest.* Die Besonderheit des Epping Forest sind seine *hornbeams,* Hainbuchen mit kurzen, dicken Stämmen, die sich in ein Bündel schlanker, hoher Seitenstämme teilen. Diese herrlich lichten Buchenwälder mit ihren bizarren, elefantengrauen Bäumen sind das Ergebnis einer bestimmten historischen Forstwirtschaft. Seit dem Mittelalter wurden die Hainbuchen alle vier bis sechs Jahre gekappt,

1 Von 1840 bis 1848 lebte die Familie Morris in *Woodford,* damals ein georgianischer Villenvorort von London im Epping Forest.

etwa in einer Höhe von zwei Metern: *pollarding* nannte man diese Form des Fällens für den Brennholzbedarf. Heute wird der Wald nur noch ausgedünnt, in seinem natürlichen Gleichgewicht erhalten, nicht mehr zur Holzverwertung genutzt. Neben den charakteristischen Hainbuchen wachsen im Epping Forest vor allem Eichen und Birken, auch Ahorn und Esche. Im übrigen ist dieser Forst keineswegs ein reiner Wald.

Royal Forest hieß ursprünglich jedes königliche Jagdgebiet, ob Wald oder Weide, Moor oder Heide. Auch der Epping Forest besteht noch zu einem Drittel aus Weideland. Von seiner alten Rolle als bevorzugtem Jagdgebiet der *Royalty* zeugt *Queen Elizabeth's Hunting Lodge.* Das königliche Jagdhaus, heute direkt an der A1069 am Rand der Vorstadt *Chingford,* ist ein hohes dreistöckiges Fachwerkhaus, ein *Greate Standinge,* dessen beide oberen Etagen ursprünglich offen waren, als Tribüne der höfischen Jagdgesellschaft. Zu solchen Hochständen wurden Eber und Rotwild getrieben, den königlichen Schützen vor die Flinte, ein Spektakel, kaum Jagd zu nennen. Doch notierte ein Höfling 1602 anerkennend über die Kondition der 69jährigen Königin Elizabeth I.: »The Queen hunteth every second or third day, for the most part on horseback, and showeth little decay in ability.« Das nach Elizabeth I. benannte Jagdhaus hat ihr Vater Henry VIII. um 1543 errichten lassen, von den besten Zimmerleuten, aus den dicksten Balken, Seiner Majestät Imponier-Hochsitz. Heute beherbergt das beträchtlich restaurierte und rekonstruierte Jagdhaus das *Epping Forest Museum.*

Auch die Schriftsteller liebten den alten Königsforst. Als *Chigwell* noch ein Dorf war, »such an out of the way rural place«, wählte Dickens den Tudor-Gasthof »King's Head« als Vorbild für seine »Maypole Inn« in *Barnaby Rudge:* »An old building, with more gable ends than a lazy man would care to count on a sunny day.« Nur *High Beech,* wo der Dichter Lord Tennyson 1837–40 lebte, hat den ursprünglichen Charakter der Dörfer im Epping Forest noch bewahrt. Als Sir Arthur Blomfield 1873 die neugotische Pfarrkirche baute, war dort noch offenes Heideland. Heute ist die kleine Kirche von hohen Bäumen und der Romantik eines viktorianischen Waldfriedhofs umgeben. »The Woodman«, »The Green Man«, »Robin Hood« heißen die Kneipen im Epping Forest. Immer, auch mitten im Wald, das Rauschen der A104 von und nach London. Jahrhundertelang war die Straße durch den Epping Forest nach Cambridge höchst unsicher. Ein notorischer Straßenräuber trieb hier sein Unwesen, Dick Turpin, der Robin Hood von Essex, 1739 als Pferdedieb aufgehängt. An dieser Route durch den Forst entwickelte sich *Epping,* ein Straßendorf mit Gasthöfen für die Postkutschen[1], heute eine Kleinstadt im Autobahndreieck zwischen M11 und M25, mit einem viktorianischen Wasserturm aus rotem Klinker als Wahrzeichen.

Als 1983 die Trasse der M25 südwestlich von Epping gelegt wurde, schlug man – gegen einheimische Proteste – nicht nur ein weiteres Stück Wald aus dem Epping Forest heraus, die Autobahntrasse schnitt auch mitten durch den alten Landschaftspark von *Copped Hall* (Abb. 44). Ein Jahr später stellte man den Rest des Parks unter Denkmalschutz. Das Haus

1 Um 1800 hatte Epping, Partnerstadt von Eppingen in Baden-Württemberg, 26 Wirtshäuser.

selbst war 1917 ausgebrannt, ein Teil des Gebäudes bis zum Zweiten Weltkrieg noch bewohnt. Seitdem dämmert einer der großen historischen Landsitze von Essex seinem Verfall entgegen, ein Trauerspiel.

Die Güter von Copped Hall gehörten eine Zeitlang Mary Tudor, dann Elizabeth I., bis sich der königliche Schatzmeister Sir Thomas Henneage dort 1568 ein opulentes Landschloß bauen ließ. Später empfing der Earl of Middlesex auf Copped Hall seine königlichen Gäste: Charles II., James II., William III. Dieses Tudor-Schloß wurde in der Mitte des 18. Jahrhunderts abgerissen und durch einen georgianischen Neubau ersetzt, entworfen 1753–58 von John Sanderson. Wiederum ein Jahrhundert später erwarb ein viktorianischer Eisenbahnunternehmer die Güter. Einer seiner Nachfahren, Ernest James Wythes, ließ das Haus erweitern und zwischen 1883 und 1905 jene Gärten anlegen, deretwegen Copped Hall berühmt wurde: Regelgärten im italienischen und flämischen Stil, mit geometrischen Beeten, Parterres und Balustradenterrassen, mit Obelisken, antikisierenden Statuen und zwei Renaissancepavillons, die ihresgleichen suchen. Der Architekt dieses Gartenkunstwerks hieß Charles Eamer Kempe, besser bekannt als Glasfenstermaler. In den Gärten von Copped Hall spielte die historistische Epoche noch einmal virtuos ihre Trümpfe aus, glänzende Kulisse der edwardianischen Gesellschaft und ihrer letzten Auftritte. An einem Sonntag im Mai 1917 gab es einen Kurzschluß, das Haus ging in Flammen auf. Noch Tage nach dem Brand hörte man im Weinkeller infolge der Hitze die Korken knallen, bizarre Begleitmusik zum Ersten Weltkrieg.

Graffiti bedecken nun das weiße georgianische Klinkerskelett. Klassizistische Giebelreliefs erinnern an die vergangene Pracht von Copped Hall. Völlig überwachsen der edwardianische Regelgarten. Alle Gartenskulpturen und die meisten Architekturdetails sind abmontiert und verkauft. Zwischen Bäumen und Brennesseln leuchten noch die beiden Gartenpavillons mit ihren Nymphen, Satyrn und Obelisken. Doch Dornröschen wohnt hier nicht mehr. »Vor einigen Jahren hatten die Pavillons noch ein Dach«, erzählt mir eine auf dem Gut lebende Frau, »now it's all vandalized.« Diesen Zustand nannte die Denkmalschutzorganisation *SAVE Britain's Heritage* allzu spät und allzu zurückhaltend »bedenklich«. Es ist ein Skandal. Vergebens bemüht sich seit Jahren eine örtliche Bürgerinitiative um die Rettung der Ruine. Jetzt hat ein Hotelier Copped Hall gekauft. Wenn er den Garten noch retten kann, wollen wir ihn preisen und besuchen. Zum Eröffnungskonzert könnte er einen Nachbarn engagieren, der auf den Gütern lebt, den Pop-Sänger Rod Stewart.

Auch *Hill Hall* stand jahrelang ausgebrannt und verloren in den Hügeln südöstlich von Epping. Ein elisabethanischer Gelehrter hatte sich diesen Landsitz nach 1557 bauen lassen, Sir Thomas Smith, Professor in Cambridge, Orleans und Padua, Abgeordneter und Gesandter Elizabeths I. in Paris.[1] Als ich das Haus auf dem Hügel besuchte, lagen zwei riesige Zedern entwurzelt im Park, zwei der rund 15 Millionen Bäume, die dem Oktobersturm 1987 in England zum Opfer fielen. Ein Wachtmeister mit vier Rottweilern (»be careful, they had

1 Die Gräber der Familie Smith befinden sich im Chor der kleinen jakobeanischen Backsteinkirche (1611–14) am Rand des Parks.

no breakfast«) führt mich durch die Ruine. Toskanische und ionische Säulen schmücken die Mauern des Innenhofs. Eine polnische Restauratorin arbeitet gerade an einem Zyklus monumentaler Wandbilder aus der Zeit um 1570, gobelinartige Szenen mit Raffael-Motiven. Nach dem Krieg wurde Hill Hall das wohl exklusivste Gefängnis für Frauen im offenen Strafvollzug; prominenter Gast: Christine Keeler. Jetzt restauriert *English Heritage* das Haus, zur Nutzung als Seniorenheim.

Auch *Hatfield Forest* war einst ein Teil des großen Forstes von Essex, bis 1446 königliches Jagdgebiet, mit seinen Reitwegen, Wild- und Holzrevieren sehr viel ursprünglicher erhalten als der größere, populärere Epping Forest im Süden. Auch hier, freistehend in den Wiesen, wachsen noch die charakteristischen Hainbuchen, seit über tausend Jahren beschnitten, uralte Stämme mit Kronen aus frischem, zartem Laub. In seinem Buch *The Last Forest* hat der Cambridger Landschaftshistoriker Oliver Rackham diesen wahrhaft königlichen Forst als exemplarisches Ökosystem beschrieben, »the only place where one can step back into the Middle Ages to see, with only a small effort of the imagination, what a Forest looked like in use.« Mitte des 15. Jahrhunderts hatte die Gemeinde von Hatfield elf Bierbrauer, acht Bäcker, vier Metzger, zwei Fischhändler und einen offiziellen Eremiten. Seit 1924 verwaltet der National Trust die verbliebenen 420 Hektar des Hatfield Forest. Am Waldrand blühen die Heckenrosen. Doch über allen Wipfeln ist Stansted.

Nur eine Meile entfernt von Hatfield Forest liegt Londons dritter Flughafen, *Stansted Airport*, Mitte der achtziger Jahre entworfen von Norman Foster. Der Minimalist unter den britischen Architekten der Gegenwart hat für die Abfertigung der Passagiere eine große Halle mit Stahlgerüst und Glasdach konstruiert, transparent und leicht, eine brillante Ingenieursleistung. Wegen hoffnungsloser Überlastung von Heathrow und Gatwick wird dieser Flughafen verstärkt ausgebaut, trotz jahrelanger Proteste der Umweltschützer. Ihnen versprach die Flughafenverwaltung, einige seltene Orchideen in einem besonderen Reservat zu erhalten – eine zynische Offerte angesichts der Luftverschmutzung und Zersiedlung, mit denen Stansted Airport Englands letzten, königlichen Forst bedroht.

Kirchgänge: Zum Grab des Philosophen John Locke

Einst grub ein Zimmermann in Somerset ein schwarzes Kruzifix aus einem Hügel. Der Landlord, Earl Tovi der Stolze, Standartenträger König Knuts, ließ das Kreuz aus Feuerstein auf einen Karren laden und von zwölf roten Ochsen und zwölf weißen Kühen auf seine Ländereien nach Essex transportieren. Wo das Gespann anhielt, dort gründete er Waltham, die »Waldsiedlung«, und baute eine Kirche. Und weil von dem schwarzen Kreuz schon bald eine wundersame Heilkraft ausging, nannte man den Ort *Waltham Holy Cross.*

Das war um 1030 und mag, wie manche Gründungsgeschichten, Legende sein. Um das Jahr 1060 jedenfalls errichtete Harold Godwinson, Schwiegersohn König Edwards des Bekenners, in Waltham das erste Kloster zum Heiligen Kreuz. Von dort, heißt es, brach er auf zur Schlacht von Hastings. Mit dem Kriegsruf *Holy Cross* warfen sich seine angelsächsischen Truppen den Normannen in der Heide von Battle entgegen. An jenem 14. Oktober 1066 traf ein Bogenschütze Wilhelms des Eroberers den König tödlich. Harolds Geliebte Edith Schwanenhals, so die Überlieferung, brachte seine Leiche nach Waltham Holy Cross. Dort sehen wir im Klostergarten einen Gedenkstein an der Stelle des einstigen Hochaltars, hinter dem der König beerdigt sein soll: »Harold Infelix«, der unglückliche Verlierer von Hastings. Der letzte angelsächsische König, begraben in einer normannischen Abtei: eine englische Kontinuität, die so bruchlos erst von einer späteren, romantisch-nationalen Geschichtsschreibung beschworen wurde.

Die Blütezeit von *Waltham Abbey* begann unter Henry II. Als Teil seiner Buße für den Mord an Thomas Becket stiftete der König 1177 ein neues, wesentlich größeres Kloster. Diese Augustinerabtei erhob er 1184 in den Rang einer *mitred abbey:* von einem Abtbischof regiert, der einen Sitz im Parlament hatte, nur dem Papst und dem König untertan. Waltham Abbey wurde eine der reichsten und einflußreichsten Klöster des Landes, das Heilige Kreuz ein populäres Pilgerziel. Wenn Englands Könige im Mittelalter zur Jagd in den Epping Forest ritten, der damals noch Waltham Forest hieß, dann kehrten sie auch im Kloster der Augustiner ein. Waltham Holy Cross war die Lieblingsabtei Henrys VIII., das letzte der insgesamt 600 englischen Klöster, die während der Reformation aufgelöst wurden.[1] Seit damals, 1540, ist das legendäre Kreuz verschwunden, und die Abteikirche ist nur noch ein Schatten ihrer einstigen Größe. Bevor sie bis auf die sieben Joche des ursprünglichen normannischen Hauptschiffs abgerissen wurde, war diese Kirche 120 Meter lang, viermal so lang wie heute. Mit den Steinen des einstigen Ostturms wurde 1556 als Stütze des Gemäuers ein neuer Westturm errichtet, berühmt für sein Geläut von dreizehn Glocken.

Auch auf den zweiten Blick bleibt das Innere der Rumpfkirche von Waltham Abbey ein Zwitter: hier die schlichten, kraftvollen normannischen Arkaden, die zylindrischen Säulen mit ihren eingeritzten Spiral- und Zickzackmustern, die lapidare Sprache strenger Formen, dort der üppige Ornamentalismus der viktorianischen Ostwand und der grell bemalten Decke (Abb. 83). Ein Raum, der den Sprung der Zeiten zeigt: viktorianische Romanik. Die *liaison dangereuse* dieser Restaurierung von 1859–60 leitete der junge Architekt William Burges. Nach dem Vorbild der Decke von Peterborough Cathedral entwarf er die flache Eichendecke des Hauptschiffs, die Sir Edward Poynter ausmalte: mit den vier Elementen, den Tierkreiszeichen, den Arbeiten des Monats und, am Ostende, mit den Allegorien der Vergangenheit und Zukunft. Den normannischen Vierungsbogen des einstigen Turms hat Burges als Rahmen genutzt, um der Pfarrkirche einen neuen Ostabschluß zu geben. Über dem Relief der Altarrückwand leuchten die Glasmalereien von Edward Burne-Jones: drei Lanzettfenster mit dem Baum Jesse in der Mitte, links Adam und Eva, rechts Propheten des Alten Testamentes, dazu Blumenstilleben in blühenden Farben; darüber ein großes Rosen-

1 Thomas Cranmer war hier Tutor, der spätere Erzbischof von Canterbury, dessen Rat Henry VIII. schon in Waltham Abbey suchte.

fenster, in der Mitte Christus auf dem Regenbogen, von musizierenden Engeln umgeben, in den Rondells die sieben Tage der Schöpfung, in Blau, Grün und tiefem Rot.[1]

Im nördlichen Seitenschiff von Waltham Abbey steht ein prächtiger Barocksarkophag des 17. Jahrhunderts. Robert Smith zeigt hier noch einmal, wer er war: Kapitän und Eigner eines Handelsschiffs. Das Marmorrelief der »Industria«, der Allegorie des Fleißes unter vollen Segeln, ist umgeben von einer Bordüre nautischer Geräte, an den Ecken geflügelte Puttenköpfe; das alles so exquisit gemeißelt, daß man als Bildhauer sogar Grinling Gibbons vermutete. Sehr viel direkter, naiver, in elisabethanischer Theatralik nimmt Sir Edward Denny mit seiner Familie im Jahre 1600 Abschied von der Welt: in Ritterrüstung, die gepanzerte Faust am Griff des Schwerts, das er im Dienst Elizabeths I. in Irland führte, den Kopf aufgestützt, so liegt Sir Edward da; eine Etage tiefer seine Frau, in paralleler Haltung; unter den beiden, in der Predella, sind ihre zehn Kinder angetreten zum Gebet, sieben Knaben und drei Mädchen (Abb. 88). Ein Mustergrab des Glaubens und der Großfamilie. Die Marienkapelle, im frühen 14. Jahrhundert an das Südschiff der normannischen Kirche angebaut, wurde nach der Reformation als Schule und Warenlager benutzt, die Krypta als Gefängnis. Unter dem Wandverputz fand man ein monumentales Fresko des Jüngsten Gerichts aus dem 15. Jahrhundert.

Seit der Reformation ist Waltham Abbey ein Ort mit dem Namen einer Abtei, die es nicht mehr gibt. Lange ein Marktflecken ohne Bedeutung, heute eine beliebte Pendlerstadt vor den Toren Londons, Zentrum einer Landschaft unter Glas, der Gemüse- und Blumengewächshäuser im Lea Valley. Unter den Kirchen von Essex steht Waltham Abbey immer noch an hervorragender Stelle. Doch gibt es eine Reihe von Dorfkirchen, deren Holzbauweise charakteristisch für diese an Steinen arme Grafschaft ist, allen voran die angelsächsische Stabkirche von *Greensted-juxta-Ongar.*

Als ich die kleine Kirche östlich von Epping besuche, wird sie gerade von zwei alten Damen dekoriert wie zur *Chelsea Flower Show:* »Morgen haben wir hier wieder eine Hochzeit.« Greensted Church ist die populärste Hochzeitskirche von Essex. Sie hat alles, was romantische Seelen aus gegebenem Anlaß suchen: Rosenranken ums Portal, Dacherkerfenster wie ein Country-Cottage und jene historische Aura, die dem Bund fürs Leben Dauerhaftigkeit verspricht. Auch mag Hochzeitspaaren gefallen, wie diese Kirche die verschiedenartigsten Baumaterialien so pittoresk verbindet: ein weißer, holzverschalter Glockenturm mit spitzem, schindelgedecktem Helm, rote Pfannendächer, Tudor-Ziegel mit normannischem Flintfundament, viktorianische Dacherker über angelsächsischen Eichenwänden. Vor allem diese Stabbautechnik interessiert den Architekturhistoriker.

Die *lignea capella* von Greensted ist eine der ältesten Holzkirchen der Welt. Original sind indes nur noch die Balken des Hauptschiffs, dendrochronologischen Untersuchungen zufolge etwa aus dem Jahre 850. Bei der Restaurierung von 1848 bekamen sie ein Backsteinfundament. Die Eichenstämme sind in der Mitte gespalten, ihre Rundungen nach außen

1 Die Ausführung der Burne-Jones-Entwürfe von 1861 stammt von der Firma Powell & Sons, nicht von Morris & Co.

gekehrt, die flachen Seiten nach innen. Daher wirkt der Raum wie holzgetäfelt. Fenster hatte er ursprünglich nicht, nur Luftlöcher. Die Kirche hatte ein Strohdach und einen rechteckigen Chor, Kern der ersten angelsächsischen Kirche an dieser Stelle, erbaut wohl in der Mitte des 7. Jahrhunderts, zur Zeit der Missionierung des heiligen Cedd. Es gab Hunderte solcher kleinen angelsächsischen Holzkirchen im 10. und 11. Jahrhundert; als einzige in ganz Großbritannien blieb die von Greensted übrig. Ihre einfache, ursprüngliche Wirkung ist durch die viktorianische Restaurierung und das Dekorationsbedürfnis unserer Tage[1] fast ruiniert.

Im grünen Hügelland südwestlich von Chelmsford steht eine Dorfkirche, deren Westturm exemplarisch ist für die *Boarding towers* von Essex: St. Lawrence in *Blackmore,* eine ehemalige Augustinerchorherrenkirche aus der Mitte des 12. Jahrhunderts. Halb Pagode, halb norwegische Stabkirche, so staffeln sich die drei Turmgeschosse übereinander, zuunterst Fachwerk, dann zwei holzverschalte Etagen, zuoberst ein schindelgedeckter achteckiger Spitzhelm. Eindrucksvoller noch als die Außenansicht des Turms fand ich sein Interieur (Abb. 80). Zehn massive Ständer, Diagonalbalken, Kreuz- und Querverstrebungen, ein Piranesi-Labyrinth mit dem Geruch von Anti-Holzbock-Spray. In solchen Glockentürmen entwarfen die Zimmermannsingenieure des Mittelalters die sakralen, vertikalen Gegenstücke zu den großen Scheunen von Essex, roh und kraftvoll wie diese. Die diagonal verstrebten Balken sollten den Schwung der Glocken und den Druck des Windes abfangen. Auch St. Margaret im Nachbardorf *Margaretting* hat einen ähnlich elaborierten Belfried des 15. Jahrhunderts[2], im Gebälk vier Glocken aus der Zeit vor der Reformation (Abb. 77). Sie läuteten zum Tod Henrys VIII. und zum Sieg von Trafalgar, und sie läuten noch heute zu den großen und kleinen Ereignissen von Margaretting[3].

Ich habe lange gesucht, bis ich St. Mary in *Great Warley* fand, zwischen Brentwood und Havering an der Grenze zu Groß-London, nicht weit von der M25. Der Umweg lohnt: Dies ist eine der erstaunlichsten Kirchen von Essex. Äußerlich unscheinbar wie eine edwardianische Vorstadtkirche, innen Art Nouveau in bizarrer Fülle. Silberstreifen mit Lilienornamenten schmücken das Tonnengewölbe, silbern schimmert die Kuppel der Apsis, wie mit Schokoladenpapier tapeziert, von stilisierten Weinreben und roten Trauben überzogen. Auf dem Altar vor der blaßgrünen Marmorwand der Apsis steht die Figur des Auferstandenen aus Kupfer und oxydiertem Silber. Hier regiert ein byzantinischer Geschmack, Jugendstil in seiner englischen, exzentrischen Variante. Auf einem schwarzen Marmorpodest die Kanzel, kreuzförmig, aus getriebenem Kupfer mit farbigen Emailintarsien. Die Wände sind mit Nußholz getäfelt, mit Ebenholz und Perlmutter intarsiert. Das Lesepult ruht auf bronzenen Sharon-Rosen.

1 Sir Hugh Casson, ehemaliger Präsident der Royal Academy, hat 1982 ein neues Taufbecken aus Eiche entworfen, geometrisch schlicht im Geist der alten Kirche und zeitgenössischer Formensprache.

2 Andere Beispiele solcher Kirchtürme, »the glory of Essex timber construction« (Pevsner), in Navestock, Bulphan und Mountnessing.

3 Auf dem Friedhof von St. Margaret erinnert ein Grabstein von 1666 an das glücklich verheiratete Paar Peter und Julian Whitecoombs: »He missed her soone, and yet 10 months he trys / To live apart, and lykes it not, and dies.«

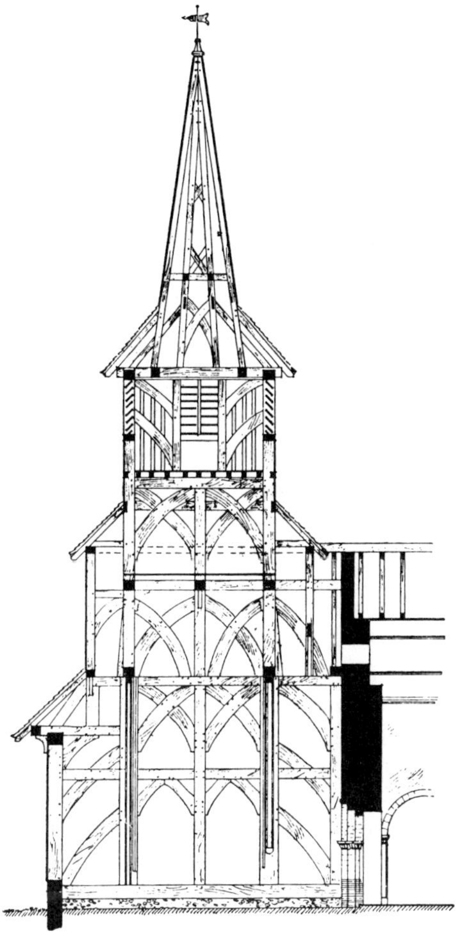

St. Lawrence, Blackmore,
Längsschnitt durch den Glockenturm

Blumenreich wie die Sprache der Bibel ist das Design dieser Kirche. Seine üppigsten Blüten treibt der Jugendstil von Great Warley im Gitterwerk der Chorschranken. Aus moosgrünem irischen Marmor wachsen sechs schlanke Bronzepfeiler, die sich verzweigen und zu einem Fries aus Baumkronen verbinden, mit Perlmutterblüten und Granatäpfeln aus rotem Glas. Silberne Engel symbolisieren die Früchte des Geistes. Ein zweites Jugendstilgitter aus Nußholz mit elegant geschwungenen Mohnblumen-Kapitellen trennt die Seitenkapelle vom Hauptschiff. Die Bronzeengel der Taufe, die Kupferreliefs der Orgel, die Perlmutterlampe über dem Sitz des Organisten, die Hängelampen im Chor mit grünen Glasknöpfen und perlmutterbesetztem Rand: Jedes Detail ist eigens entworfen und aufs Ganze abgestimmt. Art Nouveau in einer Dorfkirche, wunderbar wie Manna in der Wüste.

Der durchaus konventionelle Entwurf dieser Kirche stammt von Charles Harrison Townsend[1] aus dem Jahre 1902, der überquellende Dekor von dem Bildhauer und Innenarchitekten Sir William Reynolds-Stephens, einem gebürtigen Amerikaner. Gestiftet hat das alles Evelyn Heseltine, ein Londoner Börsenmakler, der in Great Warley wohnte.

In Cressing haben wir die Scheunen der Ordensritter kennengelernt, ihre ungewöhnlichste Kirche errichteten sie um 1335 in *Little Maplestead* im Nordosten von Essex. Es ist eine Rundkirche, gebaut nach dem Modell der Grabkirche von Jerusalem, die kleinste und jüngste der fünf Rundkirchen in England.[2] St. John in Little Maplestead gehörte den *Knights of St. John of Jerusalem,* den Johannitern, auch *Knights Hospitallers* genannt. Bis zu ihrer Auflösung 1540 hatten sie rund 65 Niederlassungen in Großbritannien. Als *St. John Ambulance Association* sind sie heute wie in anderen Ländern besonders in der Krankenhausarbeit tätig. Die Rundkirche der Ordensritter in Essex hatte ein sechseckiges Hauptschiff mit einem runden Seitenschiffumgang und einen Chor mit halbkreisförmiger Apsis. Die rigorose Restaurierung der Viktorianer (1851–57) hat den authentischen Charakter dieser Kirche weitgehend zerstört. Einmal mehr versteht man hier die Maxime von William Morris und seiner zwanzig Jahre später gegründeten *Society for the Protection of Ancient Buildings:* »Restauriert keine Gebäude, sondern erhaltet sie.« So sind wenigstens die Türme noch erhalten, die Robert Adam 1776 an die (später abgerissene) Dorfkirche von *Mistley* baute: zwei quadratische klassizistische Giebelhäuser mit schlankem, kuppelbekröntem Tambour, Monumente der gescheiterten Hoffnung des Heereszahlmeisters Georges III., Richard Rigby, der den kleinen Ort an der Stour-Mündung zum Seebad entwickeln wollte (Abb. 76).

An einem Frühlingstag habe ich St. Mary in Copford besucht, südwestlich von Colchester. Osterglocken und Narzissen blühten entlang der Allee, die zu der kleinen Kirche führt. Neben ihr inmitten weiter Rasenflächen liegt *Copford Hall,* ein georgianisches Herrenhaus aus rotem Backstein. Im normannischen Gemäuer von St. Mary erkennt man die flachen römischen Ziegel. Überraschend aber sind die Fresken aus der Mitte des 12. Jahrhunderts, die ursprünglich die ganze Kirche bedeckten. Die Restauratoren von 1870–72 haben nur die Ausmalung der Apsis erneuert: Christus in der Glorie, umgeben von Engeln, Aposteln und geometrischen Ornamenten. Im Hauptschiff Reste einer Auferweckungsszene. Diese nach Pevsners Urteil »bei weitem bedeutendsten mittelalterlichen Wandmalereien in Essex«[3] sind heute verschmutzt und verblichen. Werden sie nicht bald restauriert, sind sie gänzlich dahin.

Wo könnten wir unsere Springprozession zu den Kirchen von Essex besser beenden als auf einem Dorffriedhof, am Grab eines Philosophen, von dem Voltaire in seinen *Briefen aus*

1 Architekt der Londoner Whitechapel Art Gallery u. a.

2 Die vier anderen Rundkirchen: Holy Sepulchre in Cambridge, die älteste (12. Jahrhundert); Temple Church in London, die größte; Holy Sepulchre in Northampton und die Kapelle von Ludlow Castle (nur Fragmente).

3 Die Dorfkirche von *Bradwell* (westlich Coggeshall, A120) hat Fresken von ca. 1320, St. Mary in *Great Canfield* (südwestlich von Great Dunmow, B184) ein Marienfresko von ca. 1250 im normannischen Chorbogen. Fragmentarisch erhalten ist der Freskenzyklus von 1250–75 in der (überrestaurierten) normannischen Pfarrkirche von *Wissington* im Stour-Tal (südöstlich von Sudbury, A134).

Nach Godfrey Kneller: John Locke, 1704

England sagte: »Vielleicht hat niemand einen gescheiteren und aufgeräumteren Kopf gehabt und ist niemand ein schärferer Vernunftslehrer gewesen als Mister Locke.« Nach seiner Rückkehr aus dem holländischen Exil, ein Jahr nach der Veröffentlichung seines *Versuchs über den menschlichen Verstand,* 1691 zog sich John Locke aufs Land zurück, in das Dorf *High Laver* (östlich von Harlow). Dort verbrachte er die letzten vierzehn Jahre seines Lebens, für ein Pfund pro Woche als zahlender Gast von Sir Francis Masham und seiner Frau Damaris, der Tochter eines Cambridger Platonikers. In Otes, dem Herrenhaus der Mashams, hatte Locke seine Bibliothek mit 4000 Bänden, chronischen Asthmas wegen einen eigens konstruierten Gesundheitsstuhl, Besuch von Newton und anderen Freunden, im übrigen Ruhe zum Denken: über die Prinzipien des Empirismus und der repräsentativen Demokratie, über die Grenzen staatlicher Macht und menschlichen Verstandes. Wir können von der Welt nichts wissen, wenn wir nicht zuvor etwas von ihr wahrgenommen haben, lautet eine seiner grundlegenden Einsichten; eine andere, zur Theorie des politischen Handelns: Bürger haben das Recht auf Revolution. In Otes schrieb Locke unter anderem seine vier *Letters on Tolerance,* ein Plädoyer für die Religionsfreiheit. Doch selbst der aufgeklärte Puritaner Locke hielt Katholiken noch für Staatsverräter.

Otes ist längst abgebrannt. Ein Forellenteich in den Feldern und die alte Allee zum Haus erinnern an Lockes letzten Wohnsitz. Es regnet, die Dorfkirche ist verriegelt, gelobt sei Mary Collins. Die Frau des Bauern vom Nachbarhof gibt mir Bücher über den Philosophen und eine Tasse Tee, sie erzählt von Japanern, die im Taxi aus London kamen, um Blumen auf Lockes Grab zu legen, und endlich kommt auch der Pfarrer und schließt mir auf. All Saints ist frisch geweißelt, eine schlichte, im Kern normannische Kirche. Im Chor die Grabplatten der Mashams, an der Südwand John Lockes Epitaph. Weil er wußte, was für ein Unsinn auf solchen Tafeln oft steht, schrieb er sich seinen Nachruf selber, auf lateinisch. »Silte viator«, halt an, Wanderer: »Wenn du fragst, welche Art Mensch er war, so antwortet er, daß er mit wenig Mitteln zufrieden lebte.« Auch der bescheidene Denker kann es nicht lassen, sich gehörig zu loben (»sein Dienst an der Wahrheit war unvergleichlich«). Letzte Worte, letzte Werbung: Wer mehr über ihn wissen wolle, möge seine Schriften lesen, die seien glaubwürdiger als die »zweifelhaften Elogen eines Epitaphs«. Entgegen seiner letzten Einsicht, auch diese Inschrift werde bald vergehen, hat man Lockes Grabplatte in die Kirche gebracht, um sie vor dem Verwittern zu bewahren.

High Laver hat heute rund 400 Einwohner, weniger als zu Lockes Zeiten. »Sonntags kommen 24 zum Gottesdienst«, sagt der Pfarrer von All Saints. »Wir sollten nicht vergessen, wofür Kirchen eigentlich da sind, nicht der Architektur wegen oder für berühmte Tote.« Es regnet immer noch. *Wet rain,* sagt Hochwürden, Landregen.

»Sweet uneventful countryside«: Wo die Füchse Cricket spielen

»The deepest Essex few explore / Where steepest thatch is sunk in flowers / And out of elm and sycamore / Rise flinty fifteenth-century towers.« Die Ulmen sind nun auch in Essex gestorben. Aber das Land der Strohdachhäuser und Flintkirchtürme, das Sir John Betjeman in seiner Essex-Hymne 1954 so lautmalerisch beschwor, dieses Essex gibt es noch, nicht nur in alten Bilderbüchern. »And as I turned the colour plates / Edwardian Essex opens wide, / Mirrored in ponds and seen through gates, / Sweet uneventful countryside.« Jenseits des urbanisierten, industrialisierten Südens, landeinwärts liegt das andere Essex, *Olde Englishe rural.* Es wäre nostalgisch, dies das echte, eigentliche Essex zu nennen; das schönere ist es allemal.

Upcountry Essex, Hügelland, *fox hunting country;* nebenan im flachen Cambridgeshire ging man auf Hasenjagd. Und Cricket, natürlich, im Cricket-Königreich trägt Essex die Krone. Diese Grafschaft, las ich, sei die Heimat von »grassroots cricket played on village greens and celebrated in country pubs«. Prospektsätze, dachte ich, bis ich über Great Bardfield und Little Bardfield nach *Bardfield End* kam. Dort zelebrierten 22 Gentlemen in Weiß Cricket auf dem weiten Rasen, und in den Pausen tranken wir *Ridleys* im »Butchers Arms«, in der Dorfkneipe am Dorfanger. So war es und so ist es in Rickling, in Danbury, auf vielen *village greens* der Grafschaft. In Essex habe ich Cricket begriffen: Cricket ist die Sehnsucht nach dem immergrünen Rasen, Inbegriff der »sweet uneventful countryside«. Cricket ist Essex. Hier kamen die Handwerker her, die lange Zeit Englands beste Cricket-Schläger machten, aus dem Holz der heimischen Flußweiden. Weshalb der *bat,* das Schlagholz der *batsmen,* auch *willow* heißt, Weidenholz. Und die Dorfkneipe von *Birchanger* »The Three Willows«. Drei Gentlemen in Schlägerhaltung stehen da auf einem Balken, in der Cricket-Mode der Jahre 1780, 1900 und 1946: von den vielen englischen Cricket-Kneipenschildern das originellste.

An einem klaren Frühlingstag fuhr ich nach *Thaxted.* Auf der Landstraße von Great Dunmow sah ich schon von weitem jenseits der Felder den schlanken, spitzen Kirchturm am Horizont und in einiger Entfernung die Silhouette einer Windmühle. Thaxted liegt anmutig ausgebreitet auf einer leichten Anhöhe. Oben die Kirche, auf halber Höhe Markt und Guildhall, in schönem Schwung den Hang hinunter die Häuser. *Thec stede,* nach sächsischer Etymologie der Ort, wo das Stroh herkommt, hat kaum noch Strohdachhäuser. Mittelalterliches Fachwerk, georgianischer Klinker, Pastelltöne und *Pargeting.* Schlichte, einstöckige, gleichwohl in Farbe und Textur unterschiedliche Häuser. Alle wahren ihre Individualität, den Maßstab zum Nachbarn und das Maß der Landschaft. Aus dieser Harmonie gewinnt die kleine Stadt ihren Charme, ihre bescheidene Größe. Ensemblewirkung nennen das die Denkmalschützer. Thaxted ist eines ihrer Lieblingsbeispiele. Dabei haben sie dort auch exemplarisch gesündigt.

Die Sünde steht am Markt und ist der Star der Stadt. Alle, auch wir, fotografieren die *Guildhall* (Farbt. 27). Eichenständer, offene Arkaden im Untergeschoß, darüber zwei vorspringende Etagen, dreistöckige Fachwerkpracht. Erbaut im späten 15. Jahrhundert, versaut im Jahre 1910. Damals wurde die Guildhall restauriert: das Gemäuer vom Stuckverputz befreit, das Fachwerk freigelegt, und um das Gebäude noch mittelalterlicher erscheinen zu lassen, wurden ganz neue Holzbögen zwischen den Balken der ersten Etage eingezogen, den unteren Arkaden entsprechend. Dies war mehr als eine Schönheitsoperation, es war ein Signal. Überall im Land wurde nun mittelalterliches Fachwerk freigelegt, seiner schützenden Stuckschicht beraubt.[1] Bald attackierten Regen und Feuchtigkeit die entblößten Wände, sterile Zementfüllungen ersetzten den Kalkverputz zwischen den Ständern. Dieser exemplarischen, teils verheerenden Folgen wegen nannte der englische Kunsthistoriker Norman Scarfe die Restaurierung der Guildhall »ein nationales Unglück«.

Zu gerne wüßte ich, was die Messerschmiede von Thaxted dazu sagen würden. Sie bauten sich dieses Haus, und bevor es im 16. Jahrhundert Rathaus wurde, später Schule und jetzt Heimatmuseum, war es das Gildehaus der *Cutlers' Guild.* Die Messerschmiede bildeten schon unter Edward III. im 14. Jahrhundert die reichste Zunft der Stadt. Die Steuerliste von 1381 verzeichnete zwei Goldschmiede, vier Pflugscharschmiede, elf Hufschmiede und 79 Messerschmiede in Thaxted. An ihrem Zunfthaus vorüber führt eine katzenkopfgebuckelte Gasse, die Stony Lane, den Hügel hinauf zur Kirche. Neben ihr, halb schon auf dem Friedhof, stehen zwei parallele Reihen von *Almshouses,* die eine Reihe mit Reet, die andere mit Pfannen gedeckt, Rosen vor der Tür und im Hintergrund, als pittoresker *Point de vue,* eine Windmühle von 1804, aus Backstein und mit weißen Flügeln. Doch waren die Lebensbedingungen der Armenhäusler in ihren niedrigen Cottages im vergangenen Jahrhundert nicht so rosig, wie uns die Ansichtskartenmotive vorgaukeln.

Als ich die Kirche auf dem Hügel besuchte, war sie ganz ohne Gestühl. Nur einige Bänke standen da und ein paar alte, große Truhen für Meßgewänder. Wie weiträumig diese Kirche

1 Spätestens um 1600 waren fast überall in England Fachwerkmauern mit Stuck verputzt oder durch Holzverschalung (weatherboarding) geschützt.

wirkt, ein hohes, helles Schiff mit noblen gotischen Arkaden. Arkaden auch auf beiden Seiten des Chors, die Bogenzwickel mit Vierpaßmaßwerk durchbrochen. Klares, weißes Glas, kaum farbige Fenster, ungewöhnlich wenige Grabmonumente, all das prägt die eigenartige Aura von St. John. Für mich ist dies die schönste Kirche von Essex. Begonnen wurde sie um 1340, vollendet um 1510: Decorated in den Arkaden, Perpendicular im Obergaden, *Death-watch beetle* im Gebälk. Klopfkäfer und Karbonisation haben der flachen Eichendecke, ihren Knaggen und Bossen bedrohlich zugesetzt. Auf dem Fußboden liegt ein vom *Xestobium rufovillosum* eindrucksvoll zerfressener Dachbalken, zur Illustration des dringlichen Restaurierungsappells. Fast 400000 Mark braucht die kleine Gemeinde, damit ihr die Decke nicht auf den Kopf fällt.

In einem inzwischen abgebrannten Cottage hinter der Kirche, in Monk Street, lebte der Komponist Gustav Holst von 1914 bis 1925. Von seinen Lehrverpflichtungen am Royal College in London kam er immer wieder nach Thaxted. Dort komponierte er *The Planets* und große Teile seiner *Choral Symphony,* dirigierte den Kirchenchor, und Weihnachten spielte er die Orgel von St. John. Etliche Werke schrieb er eigens für diese Pfarrgemeinde, zum Beispiel den Festchoral »Our Church-bells in Thaxted at Whitsuntide say / Come all you good people and put care away.« Gustav Holst starb 1934 in London. Seine *Carols for Thaxted* werden noch heute an jedem Weihnachtsmorgen in der Kirche von Thaxted gesungen (»I vow to thee, my country«).

Frühling in Essex. Osterglocken am Weg, überall frisches Grün. »Sweet uneventful countryside.« Über die Dörfer, durch die Felder nach *Finchingfield,* wenige Meilen östlich von Thaxted. Finchingfield ist ein Showdorf, das sich in der Saison mit Besuchern füllt wie ein Freilichttheater (Abb. 42). Gegeben wird ein englischer Klassiker: *The Village.* In den Hauptrollen: *The Fox,* die Kneipe, und *St. John,* die Kirche. Dazwischen das weite *Green,* der Dorfanger mit Bach und Enten, Klatsch und Tratsch, am Wiesenhang die Häuser, weiß wie frisch gestärkte Oberhemden, die roten Pfannendächer, auf dem Hügel der normannische Wächter, der massige St. John mit seiner zierlichen Laterne. Das ist die Bühne und das Ensemble von »Finchingfield«, dem englischen Dorfstück par excellence, spannend wie ein Cricket-Spiel. »Sweet uneventful countryside.« Ach, und die weiße holzverschalte Bockmühle an der Straße nach *Steeple Bumpstead.* Ein Ort, wie von Dickens erfunden: Steeple Bumpstead[1], wie das klingt, Steeple Bumpstead, fast so schön wie die acht Glocken von St. John. »Music is medicine for the mind«, steht auf einer dieser Glocken geschrieben, auf einer anderen: »Percute dolce canto«, schlage sanft, so singe ich. *Killing me softly:* Solche Dörfer können auch tödlich sein.

Zur Romantisierung des ländlichen Lebens, zur Popularität der pittoresken Dörfer trugen auch in Essex ungewollt die Künstler bei. Im Jahre 1949 erschien bei Penguin ein Taschen-

1 In der Dorfkirche ein lebensgroßes Marmormonument für den 1717 verstorbenen Sir Henry Bendyshe und seinen mit fünf Monaten gestorbenen Sohn: eine theatralisch inszenierte Gruppe, pathetisch, repräsentativ und zugleich persönlich anrührend (Abb. 89). Ein Beispiel der verlorenen Kunst der öffentlichen Trauer, ein Meisterwerk georgianischer Grabskulptur (von dem Londoner Bildhauer Thomas Stayner).

buch mit 16 Farblithografien, *Life in an English Village*. Das Modelldorf, das der Maler Edward Bawden realistisch und mit liebevoller Ironie beschrieb, ist Finchingfields Nachbarort *Great Bardfield*. Dort hatte Bawden 1932 ein Haus bezogen (Brick House), zusammen mit dem Maler und Illustrator Eric Ravilious, der 1942 als *war artist* im Zweiten Weltkrieg starb. Anfang der vierziger Jahre lebten hier auch die Maler Michael Rothenstein und Kenneth Rowntree, der Kunstkritiker und Maler Michael Ayrton und John Aldridge, Mitglied der Royal Academy. Die *Great Bardfield School* wurde ein Begriff, überregionale Bedeutung erreichte sie nie. Eine gute Auswahl ihrer Bilder ist in der Fry Art Gallery in Saffron Walden (siehe S. 145) zu sehen, impressionistisch-realistische Landschaften und Stilleben, die vor allem eines zeigen: Englands Countryside ist schön, aber kein Nährboden der Avantgarde. Auch der Pop-Artist Peter Blake verlor ja in der *Brotherhood of Ruralists* seinen Biß. Aber das war in Somerset und ist eine andere Geschichte.

Eine Künstlerkolonie mit Malern, Töpfern, Webern und anderen ländlichen Kreativen wie noch in den fünfziger Jahren ist Great Bardfield heute nicht mehr. Geblieben sind ein paar schöne Fachwerk- und Backsteinhäuser entlang der breiten Dorfstraße am Hügel, etwas *pargeting* an den Fassaden und in der Pfarrkirche ein eindrucksvoller Lettner aus dem späten 14. Jahrhundert, der den Chorbogen in seiner ganzen Höhe wie ein monumentales gotisches Maßwerkfenster füllt, mit einer Kreuzigungsgruppe im Zentrum.[1]

Wenn es einen Ort in Essex gibt, der meinem Idealbild vom Mittelalter entspricht, dann *Hedingham Castle*: auf einem bewaldeten Hügel die normannische Burg, zu Füßen des Burgbergs Dorf und Kirche, dazu die Geschichte der Grafen von Oxford, eine der großen Familiendynastien Englands. Stürzen Sie nicht gleich in die Burg. Das Dorf, das ihren Namen trägt, ist schön wie wenige in Essex. Castle Hedingham liegt im Norden der Grafschaft, an der Grenze zu Suffolk, abseits der Hauptstraße im Tal des River Colne. In der Mitte, auf einem Friedhofshügel aus Erde und Gebeinen, steht die Pfarrkirche, rings umgeben von einem Kreis einstöckiger Flint- und Backsteinhäuser. Die Wohnungen der Lebenden, dem Haus Gottes und der Toten zugewandt: Es ist das einfache, eindrucksvolle Layout des Glaubens, unverändert seit Jahrhunderten. Diese Aura des Mittelalters samt Friedhofsruhe lassen sich betuchte Londoner etwas kosten. Für ein Cottage mit vier kleinen Zimmern, ohne Garten, zahlen sie als Zweitwohnsitz bis zu 300000 Mark. Früher wohnten hier die Weber. Heute klappern nur noch in einer ehemaligen Schule am Ortsrand die Webstühle. Die *DeVere Mill* ist Englands einzige Seidenweberei, die noch auf den alten Handwebstühlen des 18. Jahrhunderts produziert. Hier wurden die Seidentapeten für die Restaurierung von Queen's House in Greenwich gewoben, die Samtbezüge für die William III.-Stühle in Hampton Court und das Hochzeitskleid der Duchess of York, Sarah Fergusson. Spezialaufträge für die letzten Spezialisten einer alten Zunft.

Ein normannisches Portal mit dem makabren Beinamen *Skin Door* (siehe Anm. S. 92), eine vielfach geflickte, mit Schmiedeeisen beschlagene, uralte Eichentür führt in die Kirche

1 Einen ähnlichen gotischen Maßwerk-Lettner von ca. 1350 hat die Dorfkirche von *Stebbing* (westlich von Braintree), die bis zur Reformation dem Johanniterorden gehörte.

Hedingham Castle, Südwest-Ansicht, Radierung von Samuel und Nathaniel Buck, 1738

von Castle Hedingham. Auch St. Nicholas gehört zu den Überraschungen dieses kleinen Ortes im Schatten der Burg. Wie ein Tudor-Torhaus ragt der rote Klinkerturm des frühen 17. Jahrhunderts empor. Im übrigen ist dies eine fast vollständig normannische Pfarrkirche, ein architektonisches Juwel. Stützenwechsel in den Arkaden, runde und achteckige Pfeiler, schon mit fein ziselierten gotischen Knospenkapitellen; ein Spitzbogen im Chor, noch mit Zahnschnitt- und Zickzackornamenten profiliert: Elemente des normannischen Übergangsstils des späten 12. Jahrhunderts. Die hervorragende Stichbalkendecke stammt aus der frühen Tudorzeit, wahrscheinlich von dem Zimmermann Thomas Loveday[1], der 1535 in Castle Hedingham begraben wurde. Spärlich fällt das Licht durch drei schmale Lanzettfenster in der Ostwand, darüber ein normannisches Radfenster[2] mit acht Säulen als Speichen: ein überaus seltenes Motiv, nur in fünf englischen Kirchen anzutreffen, unter anderem in Peterborough Cathedral. Mit den Miserikordien des Chorgestühls, kaum zu erkennen im Dämmerlicht, trieben die Holzschnitzer des Mittelalters gern ihre derben Späße. Da streckt uns die Sonne die Zunge heraus, ein Fuchs trägt einen Mönch davon, und ein Wolf bläst dazu die Trompete. Hier unter dem Chor sind die Grabgewölbe der Grafen de Vere, der Herren von Hedingham Castle.

»The de Veres, Earls of Oxford, were the longest and most illustrious line of nobles that England has seen.« So rühmt sie der liberale Historiker Macaulay. Man nannte sie *the fighting Veres:* Sie kämpften auf den Kreuzzügen und im Hundertjährigen Krieg, gegen die Schotten in Bosworth Field, gegen die Iren in der berüchtigten Battle of the Boyne. Sie besaßen große Ländereien in zehn Grafschaften und die Gunst vieler Könige. Noch heute erinnern die De Vere Gardens im Londoner Stadtteil Kensington an diese mächtige norman-

1 Einige Kirchendecken in der Nachbarschaft von Castle Hedingham werden Thomas Loveday zugeschrieben, u. a. in Lavenham und Gestingthorpe, ebenso die Stichbalkendecke der Hall von St. John's College in Cambridge.

2 Stark restauriert im 19. Jahrhundert, ebenso die ungewöhnlich vollständigen Sedilia im Chor.

nische Familie. Der erste von ihnen, Alberic oder Aubrey de Vere, kam als Gefolgsmann Wilhelms des Eroberers ins Land und heiratete dessen Halbschwester Beatrix. Aubrey, ein Mann von Lebensart und Gottvertrauen, legte einen Weinberg in Castle Hedingham an und starb als Mönch in der Benediktinerabtei *Earls Colne,* die er um 1100 flußabwärts am Colne gegründet hatte, das Erbbegräbnis der Earls de Vere bis zur Reformation.[1] Sein Sohn Aubrey II. baute um 1140 die Burg von Hedingham (Abb. 19). Sein Architekt war William de Corbeuil, im Hauptberuf Erzbischof von Canterbury. Aubrey II. nahm am ersten Kreuzzug nach Antiochia teil; seitdem leuchtet der fünfzackige silberne Stern im Familienwappen der de Veres. Diesen Aubrey bestellte Henry I. im Jahre 1133 zum *Lord Great Chamberlain of England,* zum Großkämmerer bei Hofe, einst ein höchst einflußreiches Amt, später nur noch ein Repräsentationstitel, vererbt auf die Nachfolger der de Veres bis auf den heutigen Burgherrn.

Was für eine Familie. Lassen wir sie Revue passieren, wenigstens einige von ihnen, auf dem Weg zu ihrer Burg. Da ist Robert de Vere, 3. Earl of Oxford, einer der 25 Barone der Magna Charta, Opponent King Johns. Robert, der 9. Earl, durch seine Heirat mit der Enkeltochter Edwards III. aufgestiegen in die Königsfamilie und zum Duke of Ireland. Und dann der mächtigste und reichste von allen, John de Vere, Parteigänger der Lancasters in den Rosenkriegen, Taufpate Henrys VIII., Kronrat, Großadmiral von England, Irland und dem Herzogtum Aquitanien. Als dieser 13. Earl of Oxford 1498 Henry VII. in Hedingham Castle bewirtete, standen Diener und Gefolge des Grafen in solcher Zahl und Pracht Spalier, daß sich der König fragen mußte, wer hier König war. Anschließend verurteilte er seinen Gastgeber zu der unerhört hohen Geldstrafe von 15000 *marks,* Bußgeld für den Bruch des *Status of Retainers,* eines Gesetzes zum Schutz der Krone vor allzu großen Privatarmeen der Barone. Doch was kümmerte das die de Veres?

Ihr brillantester Kopf hieß Edward, genannt *the Spendthrift.* Edward der Verschwender rüstete auf eigene Kosten ein Schiff gegen die Armada aus. Nicht nur deshalb war dieser 17. Graf von Oxford ein Favorit Elizabeths I. *My Turk* nannte die Königin den jungen Earl, mit seinen braunen Locken und Haselnußaugen ein Star am elisabethanischen Hof, mit sechzehn Jahren Oxford- und Cambridge-Absolvent, ein glänzender Tänzer und Tennisspieler, Ritter und Dichter, Galan und Rüpel, eine Renaissancemensch von exorbitantem Stil. Einmal, berichtet John Aubrey in seinen *Brief Lives,* entwich dem Grafen bei Hofe ein Furz. Darüber schämte er sich so, daß er für sieben Jahre auf Reisen ging. Bei seiner Rückkehr begrüßte ihn die Queen mit den Worten: »My Lord, I had forgott the Fart.« Elizabeth I. erhob ihn zum Hofdichter auf Lebenszeit. Lange hielt man diesen Earl of Oxford für den Autor der Shakespeare-Stücke. Mit über hundert Dienern in schimmernden Gewändern, einen blauen Eber auf ihre linke Schulter gestickt, den *Blue Boar,* das Wappentier der de Veres[2], so ritt der schöne Edward aus, heiratete Anne Cecil, Tochter Lord

1 *Earls Colne Priory* wurde nach der Reformation abgerissen. Drei Sarkophage der de Veres wurden in die gotische St. Stephen's Chapel nach *Bures* (Suffolk) überführt.

2 Ihr Familienemblem, der Eber, heißt lateinisch *verres,* ein Wortspiel mit dem Namen de Vere, ebenso wie ihr Wahlspruch *Vero nihil Verius,* »Nichts wahrer als die Wahrheit«.

Burghleys, und verlor die Lust an den kalten Mauern von Hedingham. Aubrey, so hieß auch der 20. und letzte Earl of Oxford, ließ die Burg 1666 schleifen, um eine Einquartierung im Krieg gegen Holland zu verhindern. Mit seinem Tod 1703 erlosch der Titel der Grafen von Oxford. Zehn Jahre später erwarb ein ehemaliger Bürgermeister von London, Sir William Ashhurst, das Burggelände und baute sich neben dem normannischen Bergfried ein Herrenhaus im Queen-Anne-Stil. Was ist geblieben von den mächtigen de Veres? Der Name ihrer Gärten in Kensington, ihr Wappentier im Hotel »Blue Boar« in Maldon und ein Haufen Steine in Castle Hedingham.

Der äußere Burghof ist heute ein wunderbarer Picknickrasen am Fuß des Burgbergs. Bäume wachsen dort erst seit dem Anfang des 18. Jahrhunderts, früher herrschte freies Sicht- und Schußfeld. Auch stand der Bergfried nicht als Solitär auf einer Wiese, sondern umgeben von Kapelle, Bäckerei, Brauerei, Ställen, Getreidespeichern und anderen Wirtschaftsgebäuden. All das ist nun längst abgerissen, übrig nur noch der Donjon, großer Überlebender einer großen Familie. Lapidar, monolithisch, monumental steht er da, endlich frei von schnöden Zwecken der Verteidigung, ein Stück konkrete Geometrie, Prä-Minimal-Art, wie von Sol LeWitt entworfen. Hedingham Castle ist einer der schönsten, besterhaltenen normannischen Bergfriede seiner Zeit in England, fast quadratisch, über 30 Meter

Edward de Vere,
17. Earl of Oxford, 1575

Hedingham Castle, Great Hall, normannischer Bankettsaal

hoch[1]. Flache Lisenen gliedern die Mauern. Wenige, äußerst schmale Fenster: nur Luftschlitze im Parterre, wo die Vorräte waren, gerade breit genug für Bogenschützen im ersten Stock, etwas breiter in den oberen Etagen, mit Zickzackbögen ornamentiert. Die Mauern sind aus Flint und Bruchstein errichtet, rundum verkleidet mit *Barnack stone*, einem jurassischen Kalkstein, der aus Northamptonshire herangeschafft wurde. Die meisten normannischen Burgherren ließen sich nur Fenster und Portale mit Haustein einfassen, höchst selten sämtliche Fassaden. Schon dieser Aufwand demonstrierte Macht und Reichtum der de Veres. Doch eroberten die Truppen King Johns 1215 die Burg, nach einer Belagerung von vielen Wochen.

Durch das Eingangsportal, aus Sicherheitsgründen im ersten Stock, über eine Wendeltreppe treten wir in die *Banqueting Hall.* Ein monumentaler Mittelbogen überspannt den Saal in ganzer Breite, sechs Meter hoch in seinem Scheitelpunkt, Inbegriff normannischer Kraft. Kamin, Fenster und Türen sind mit eingestellten Säulen und Zickzackbögen ornamentiert. Auf halber Höhe läuft eine Galerie durch das mehr als drei Meter dicke Mauer-

1 Der Donjon von Hedingham stand Modell für den neonormannischen Bergfried von Penrhyn Castle, den Samuel Wyatt um 1782 für einen Schieferbaron in Nordwales entwarf.

werk, die Empore der Musikanten und Troubadoure. Hier fanden Bankette, Feste und Empfänge statt, hier hielten die Earls of Oxford hof. Und heute? Die ganze erste Etage voll von Imbißtischen und Souvenirs, die zweite Etage, der Bankettsaal, ebenfalls vollgestellt als Basar. Die noble Architektur erstickt in Touristen-Nippes. Hedingham Castle ist zur Andenkenbude heruntergekommen.

Dabei ist der Burgherr nicht irgendwer: *The Honourable* Thomas Linsey, von Beruf Gemälderestaurator, ist ein direkter Nachfahre der Familie de Vere. So wird das Blut der Ahnen am Ende doch sehr dünn.

Audley End: Das Schloß in den Safran-Gärten

»Die Felder hier ringsum duften süß nach Safran«, schrieb der Historiker William Camden 1586 über *Saffron Walden.* Fast bis Cambridge erstreckten sich damals die riesigen Krokusfelder im Nordwesten von Essex. Dort bot der kalkhaltige Boden besonders günstige Bedingungen zum Anbau des *Crocus sativus.* Wenn dieser Herbstkrokus im Oktober malvenfarben blühte, begannen die *crokers* mit der Ernte in ihren Safran-Gärten. Mehr als 4300 Blüten mußten sie pflücken, um aus den getrockneten Narben eine einzige Unze jenes kostbaren Extrakts zu gewinnen, der seit der Zeit Edwards III. auch in England so beliebt war: als Heilkraut gegen Pest und Pickel, Depressionen und Seekrankheit, als Aphrodisiakum, Farbstoff und Gewürz (»Safran macht den Kuchen gel«). Wie die Tulpenzwiebeln in Holland, so brachten die Krokusknollen der alten Markt- und Tuchmacherstadt Chipping Walden neuen Wohlstand. Schon in der frühen Tudor-Zeit nannte sie sich Saffron Walden. Die Stadt des Safrans florierte im 16. und 17. Jahrhundert, dann verdrängten billigere gelbe Farbstoffe den exklusiven Safran. Statt Krokus wurde nun Gerste angebaut, und im 19. Jahrhundert zog nicht mehr der Duft von Safran durch Saffron Walden, sondern der Geruch von mehr als dreißig Mälzereien. Heute schmückt die Krokusblüte nur noch das Stadtwappen und die gotischen Bogenzwickel im Südschiff von St. Mary. Und ringsum, Mr. Camden, riecht es vor allem nach Benzin.

Vorbei an gestutzten Platanen, an den roten und grauen Backsteinhäusern der Georgianer und Viktorianer, einen langen Hügel hinunter, hinauf und wieder hinunter, in leichten Windungen und ohne Eile führt die High Street durch Saffron Walden, ein schönes Entrée in eine schöne kleine Stadt. Östlich der Hauptstraße, im Geviert zwischen George Street und Castle Street, liegt der mittelalterliche Ortskern. Von der normannischen Burg blieben nur ein paar Flintmauern übrig. Seit dem Ende des 13. Jahrhunderts schlagen Bauern und Händler am Fuß des Burgbergs ihre Stände auf, bis auf den heutigen Tag. Am Markt steht das Rathaus mit seinem Neotudor-Fachwerk von 1879, schräg gegenüber die viktorianische Getreidebörse von 1848. Über ihrem Eingang erinnert der Kopf eines Schafbocks an die Woolstaplers Hall, die einst dort stand, als in den Cottages in Stadt und Land noch die Webstühle klapperten.

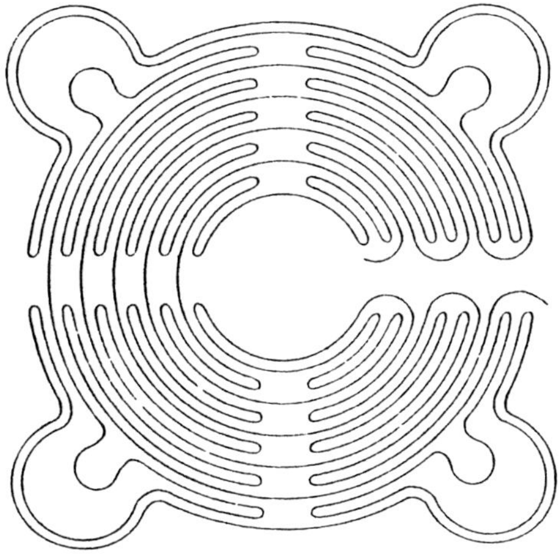

Saffron Walden, Rasenlabyrinth, 16. Jh.

Lange habe ich mich nicht mehr so verlaufen wie in Saffron Walden, im Labyrinth am Rand des *Common*. Es liegt östlich von Burg und Markt, auf der großen Gemeindewiese, wo die Bürger im Mittelalter ihr Vieh weideten und heute ihre Hunde ausführen. Das *maze* von Saffron Walden ist eines der acht noch erhaltenen Rasenlabyrinthe in England, ein Kreis mit vielen Schleifen und vier Eckbastionen, ein Irrweg von rund 1500 Metern, seit Jahrhunderten immer wieder ins Gras geschnitten, und damit er nicht überwächst, inzwischen mit Backsteinen ausgelegt. Ursprünglich stand ein Baum im Mittelpunkt des Irrgartens, manchmal wohl auch ein Mädchen als Ziel des Wettlaufs junger Männer. Wahrscheinlich stammt dieses Labyrinth aus der Zeit vor der Reformation; erstmals erwähnt wird es 1699. Jedenfalls spricht schon Titania im *Sommernachtstraum* (II,1) von den »quaint mazes in the wanton green«, den »kunstreichen Labyrinthen im munteren Grün«. Weil man sich in ihnen verirren konnte wie in den sagenhaften Mauern von Troja, hießen solche Labyrinthe im Mittelalter auch *Troy Towns*. Meist waren sie aus Stein; Rasenlabyrinthe sind eine englische Sonderform[1], Heckenlabyrinthe eine neuzeitliche Variante.

Saffron Waldens unfehlbarer Wegweiser, meilenweit sichtbar, ist der Turmhelm von St. Mary. Seit 1831 krönt er die spätgotische Pfarrkirche (1475–1525). Hohe, schlanke Arkaden, Tudor-Rosen in den Bogenzwickeln, die schönen Obergadenfenster, breite Seitenschiffe – das alles gibt dieser Kirche Noblesse. Ausnahmsweise kennt man die Architekten: laut Bauvertrag Simon Clerk, Meistersteinmetz der Abtei von Bury St. Edmunds, in Zusammenarbeit mit John Wastell, dem genialen Konstrukteur der Fächergewölbe von King's College Chapel in Cambridge. Rund um die Kirche ist Saffron Waldens mittelalterlicher Ortskern noch weitgehend erhalten. Fast wie um 1500 kann man unter dem offenen Dach-

1 Daß sie eine vorreformatorische Übernahme begehbarer französischer Kirchenlabyrinthe des Mittelalters sind, vermutet der Labyrinth-Forscher Hermann Kern.

stuhl in Bridge Street No. 1–3 übernachten, dem schönsten Fachwerkhaus der Stadt, heute als Jugendherberge genutzt. Hinter Stuckverkleidungen und georgianischen Ziegelfassaden gibt es mehr mittelalterliches Fachwerk, als man auf den ersten Blick erkennt. In Church Street, Ecke Market Hill, ist ein besonders pittoreskes Beispiel jener Kunst der Stuckornamente zu sehen, die *pargeting* heißt (Abb. 46).

Zwei Relieffiguren, kolossal und klobig in Stuck modelliert, füllen das Giebelfeld über der Toreinfahrt der einstigen »Sun Inn«. Mögen dies nun die legendären Riesen Gog und Magog sein oder der *Wisbeach Giant* mit dem bärenstarken Fuhrmann Tom Hickathrift, es ist der fraglos spektakulärste Teil der Fassadenornamente in Church Street. Nebenan sehen wir Vögel und Pflanzen, auch den Safran-Krokus, Blütengirlanden, geometrische Muster und ein einsames Bein: *pargeting* aus dem 17. Jahrhundert. Die vier so augenfällig herausgeputzten Fachwerkhäuser mit ihren überhängenden Giebeln stammen aus dem 14. und 15. Jahrhundert.

Pargeting, auch *pargetting* oder *pargetry* genannt, entwickelte sich in jenen Regionen Englands, wo Fachwerkhäuser dominierten und wenig einheimische Bausteine vorhanden waren. Am weitesten verbreitet war es in Essex und im Südwesten von Suffolk. Praktische und ästhetische Bedürfnisse gingen Hand in Hand. Im 16. Jahrhundert, vielleicht auch früher, wurde es *fashionable,* Fachwerkmauern zu verputzen. Fachwerk galt als mittelalterlich, altmodisch; auch wollte man die Häuser besser vor Feuchtigkeit schützen. Seit 1501 gab es eine *Guild of Pargeters.* Die Stukkateure, die zuvor Wände und Decken von Innenräumen dekoriert hatten, entwarfen nun auch Stuckfassaden. Mal übernahmen sie Motive jakobeanischer Täfelungen, mal kopierten sie Arabesken und Grotesken aus Musterbüchern flämischer Manieristen. Was mit den Fresko- und Stuckfassaden der italienischen Renaissance begonnen hatte, entwickelte sich so zur Zeit Charles' II. zu einer provinziellen Spätblüte, vor allem in East Anglia[1]. Um 1700 wurden Ziegelfassaden und klassizistische Zurückhaltung Mode. *Pargeting* behauptete sich indes an einfachen Häusern und Cottages und erlebte Mitte des 19. Jahrhunderts seine viktorianische Renaissance.

Die *pargeting*-Meister modellierten ihre Motive mit den Fingern und mit wenigen Werkzeugen, meist als Hochrelief im weichen Kalkverputz, verstärkt durch Tierhaare, Stroh und Sägespäne. Beliebt waren auch einfache geometrische Ritzmuster, Halbkreise, Zickzack- und Fächermotive, mit Holzmodulen über die ganze Fassade wiederholt. Die meisten *pargeting*-Ornamente waren ursprünglich farbig. Wie populär *pargeting* auch heute noch ist, kann man unterwegs in East Anglia immer wieder sehen. Handwerklicher und ästhetischer

25 Thorpeness The House in the Clouds, Wasserturm-Folly, 1925 ▷

1 Einige besonders gute *pargeting*-Häuser: Sparrowe's House in Ipswich, um 1670 (siehe S. 189); Crown House in Newport (Essex), 1692; Garrison House in Wivenhoe (Essex), um 1650; Bishop Bonner's Cottage in East Dereham (Norfolk), 1502; Ancient House in Clare (Suffolk), 1473. Meist sind die Häuser wesentlich älter als ihr *pargeting.* Was wir heute sehen, sind in der Regel nur noch Reproduktionen der vielfach übertünchten und erneuerten Originalformen aus dem 17. Jahrhundert.

26 Flatford Mill Willy Lott's Cottage, 16. Jh.

27 Aldeburgh Festival Musiker der Britten-Pears School in Snape

8 *Twitchers* an der Küste von Cley

9 Am Strand von Southwold

30 Southwold Strandtheater mit *Punch & Judy*

31 Southwold Sailors' Reading Room, 1864

2 Reedham Ferry Fähre über den River Yare

34 King's Lynn Zunfthaus, 1421, und Rathaus, 1895 ▷

3 Snape Die alte Mälzerei an der Alde

GNG 376T

35 Ipswich Willis Faber Building, 1975, von Norman Foster

36 Am Marktplatz von Southwold

7 Fachwerkhäuser in LAVENHAM

8 LAVENHAM Tudor-Ladenfront neben der Guildhall, 16. Jh.

39 EAST BERGHOLT Glockenhaus von St. Mary, 1531

40 CRESSING BARNS Scheunen der Tempelritter, 13. Jh.

41 SAXTEAD GREEN MILL Bockmühle, 179(

42 Finchingfield Paradedorf in Essex

44 Copped Hall Verfallener Gartenpavillon, um 189

43 Cromer Seebad in Norfolk

45 COGGESHALL Portal von Paycocke's, 16. Jh.

46 SAFFRON WALDEN *Pargeting* in Church Street, 17. Jh

Standard indes sind meist bedauerlich gering. Muscheln, Kronen, Vögel, Tudor-Rosen werden oft nur mechanisch wiederholt, ohne Sinn für die Proportionen der Fassade. Die stereotypen geometrischen Motive in Castle Street No. 23 in Saffron Walden oder an den Fachwerkhäusern am Ende der Bridge Street sind Beispiele für die eher unglückliche Liebe der Zeitgenossen zum *pargeting*.[1]

Saffron Walden hat rund 14000 Einwohner und sechs Nonkonformisten-Chapels. Der Wohlstand der Stadt ist nicht zuletzt dem Fleiß der Quäker zu verdanken, einer immer noch sehr aktiven Gemeinde. Einer von ihnen war der Bankier und Mäzen Francis Gibson. Unter den zeitgenössischen Künstlern förderte er vor allem John Sell Cotman, im übrigen sammelte er holländische Meister des 17. Jahrhunderts. Sein Vermeer hängt heute in der Frick Collection in New York (*Die unterbrochene Musikstunde*). Für diese inzwischen aufgelöste Sammlung errichtete Francis Gibson 1856 ein kleines Privatmuseum in Castle Street, das er wenig später öffentlich zugänglich machte, ebenso wie seinen angrenzenden Park, die von ihm entworfenen *Bridge End Gardens*. Dieses charmante viktorianische Miniaturmuseum wurde 1987 wiedereröffnet. Die *Fry Art Gallery*[2], ein privater Kunstverein, sammelt vor allem Künstler aus Nordwest-Essex (siehe S. 121). Die Bilder hängen in dichten Reihen übereinander wie in viktorianischer Zeit, darunter auch Arbeiten von Edward Bawden. Der ehemalige Lehrer am Royal College of Art, Sohn eines Eisenwarenhändlers aus Braintree, wurde in den dreißiger Jahren als Designer und Illustrator bekannt. In der Tradition der *Arts-and-Crafts*-Bewegung entwar Bawden Plakate, Tapeten, Kacheln für die Londoner U-Bahn, Wandbilder für Ozeandampfer; er schuf Buchillustrationen und monumentale Linolschnitte; er aquarellierte die Countryside von Essex und »The Private World of Edward Bawden«, sein Cottage in Saffron Walden, wo er bis zu seinem Tod 1989 mit seiner schwarzen Katze Emma Nelson lebte, ein unabhängiger Geist, der allen Moden und am liebsten auch Menschen aus dem Weg ging. Zur international bekannteren Prominenz von Saffron Walden gehört die Schriftstellerin Germaine Greer (*Der weibliche Eunuch*).

Seit 1967 ist die ganze Stadt Denkmalschutzgebiet, seit 1974 sogar mit dem Edelprädikat *outstanding*. Das hat die Auto-Lobby nicht beeindruckt: Saffron Walden ist ein Opfer des Durchgangsverkehrs. Die A130 zwischen Chelmsford und Cambridge läuft mitten durch die Stadt, durch High Street und Bridge Street. Ein Teil der Gemeindewiese ist bereits zum Parkplatz denaturiert. Wenn die Bürgerproteste keinen Erfolg haben (»Keep Swan Meadow a Meadow«), werden auch die Wiesen westlich der Bridge Street zu Parkplätzen betoniert.

Ein Fußweg führt von Abbey Lane durch die Felder in den Park von *Audley End*. Dort lag die Benediktinerabtei von Walden, gegründet um 1140. Als Henry VIII. die Klöster auflö-

◁ 47 Hauseingang in Burnham Market

1 Das Planungsamt der Grafschaft Essex gab 1982 einen historisch-praktischen Ratgeber zum Thema *pargeting* heraus, um der »visuellen Anarchie« und den »mediokren Maßstäben« auf diesem Gebiet entgegenzuwirken.

2 Zur Familie Fry, den Erben Francis Gibsons, gehört auch der Cambridger Kunsthistoriker und Amateurmaler Roger Fry, Vorkämpfer der modernen Kunst in England. Fry organisierte 1910 und 1912 die ersten Ausstellungen der Postimpressionisten in London.

ste, überließ er die Güter von Walden Abbey 1538 einem seiner willfährigsten Mitarbeiter, Sir Thomas Audley. Es war der Lohn für einen Opportunisten: Lord Audley hatte nicht nur den Vorsitz im Hochverratsprozeß gegen Sir Thomas More, der mit der Hinrichtung des Humanisten endete, bereitwillig wurde er auch Nachfolger des gestürzten Lordkanzlers Henrys VIII. In der Kirche von Saffron Walden ist Lord Audleys Grab, ein Sarkophag aus schwarzem flämischem Marmor, angesichts dessen Thomas Fuller in seinen *Worthies of England* 1662 bemerkte, dieser Stein sei nicht schwärzer als die Seele und nicht härter als das Herz dessen, der hier begraben liege. Doch erst Lord Audleys Enkel Thomas Howard errichtete den Palast von Audley End (Abb. 2).

Auch er stand hoch in königlicher Gunst, und er wollte noch höher steigen. Als Thomas Howard nach der Inthronisierung James I. zum Earl of Suffolk und Haushofmeister des Königs ernannt wurde, begann er noch im selben Jahr 1603 mit dem Bau eines Hauses, das seinen neuen Rang repräsentieren und alle anderen Privatresidenzen im Land übertreffen sollte. Wie Hampton Court war auch Audley End ein Schloß mit zwei Innenhöfen, das größte der jakobeanischen »Wunderhäuser«, gebaut in der ausdrücklichen Erwartung, den König angemessen empfangen zu können. Und das hieß: Platz für die Suite des Königs und für die Suite der Queen, für Dienerschaft und Gefolge, für die ganze Entourage eines reisenden Hofes. Im Juli 1614, als Thomas Howard zum ersten Lord der Schatzkammer

Saffron Walden, pargeting, Stuck-Ornamente des 17. Jh. in Church Street

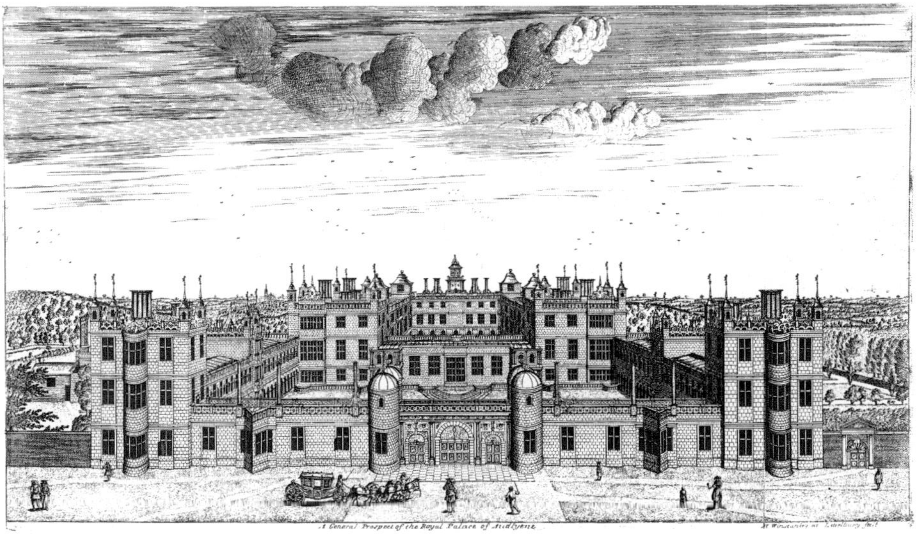

Audley End, Henry Winstanleys »General Prospect of the Royal Palace of Auydlyene«, um 1676

ernannt wurde, hielt James I. Einzug in Audley End: »Too large for a king, though it might do very well for a Lord Treasurer«, sagte der König angesichts der doppelten Innenhöfe. Reichtum und Ambitionen seines Gastgebers zeigten sich auch in der luxuriösen Wahl des Baumaterials: Kalkstein aus Lincolnshire[1], nicht wie sonst üblich Backstein, womit sich sogar Robert Cecil begnügte, der Staatssekretär des Königs (»my little beagle«), der zur gleichen Zeit Hatfield House baute. Audley End, 1616 vollendet, kostete den Earl of Suffolk die damals unerhörte Summe von 200000 Pfund und seine Karriere. Denn der königliche Schatzmeister hatte, wie sich herausstellte, öffentliche Gelder zum Bau seines Hauses abgezweigt. 1619 verlor Thomas Howard sein Amt, kam wegen Unterschlagung in den Tower, wurde begnadigt und zog sich auf seine Güter zurück, ein gebrochener Mann in einem gespenstischen Palast.

Zum Sonderpreis von 50000 Pfund erwarb Charles II. Audley End, als Zwischenstation auf dem Weg nach Newmarket zu den alljährlichen Pferderennen. Doch verlor seine Majestät schon bald die Lust an dem Koloß von Essex (»too large for a king«), und 1701 verkaufte die Krone das noch nicht einmal ganz bezahlte Haus wieder an die Familie der Grafen von Suffolk. Mit ungetrübter Bewunderung sahen dieses Schloß nur die, die es nicht bewohnen und unterhalten mußten, zum Beispiel die Reisende Celia Fiennes: »a noble appearance like a town«, notierte sie 1697 und zählte »thirty great and little towers«. Schließlich gab kein

1 Bei Umbauten im 18. Jahrhundert ersetzt durch *Ketton stone,* Kalkstein aus Rutland, dem Stein der meisten College-Fassaden in Cambridge. Der Mauerkern von Audley End ist Backstein.

Geringerer als der Architekt Sir John Vanbrugh den geplagten Schloßbesitzern den barbarischen, aber heilsamen Rat: Abreißen! So wurden Anfang des 18. Jahrhunderts die drei Flügel des äußeren Hofs abgebrochen, der vor der heutigen Westfassade lag, 1749 auch Teile des östlichen Innenhofs. Selbst in diesem auf ein Viertel seiner ursprünglichen Größe reduzierten Zustand ist Audley End immer noch etwa so groß wie Hatfield House, ein Meisterwerk jakobeanischer Baukunst, das mit seinen hohen, rechteckigen Gitterfenstern und Erkern noch einmal das Glashaus-Ideal des Perpendicular verkörpert, das letzte Stadium der Tudor-Gotik. Als Architekt gilt der Steinmetz Bernard Janssen, ein Schüler des Straßburger Baumeisters Wendel Dietterlin. Die üppigen Ornamente der beiden Portalvorbauten (1603) von Audley End sind ein Echo von Dietterlins Musterbuch *Architecture* (1591), dessen manieristische Motive viele Architekten des nordischen Frühbarock beeinflußten.

Pompös, theatralisch wie nur je ein Entree empfängt die Eingangshalle die Gäste von Audley End. Unter der heraldischen Stuckdecke zerschlissene Regimentsfahnen, Ahnenbilder und Waffen. An den Stirnwänden der doppelstöckigen Halle zwei Lettner: der eine aus Holz, um 1615, massives, schweres, jakobeanisches Schnitzwerk, Karyatiden, Arabesken, überquellende ornamentale Phantasie; der andere aus Stein, eine sechsbögige Arkade, leicht und von klassischer Schlichtheit. Sir John Vanbrugh hat sie um 1718 entworfen, ebenso wie die Paradetreppen, die in die erste Etage führen, in die einstigen Staatsgemächer. Bleiben wir zunächst im Parterre. Als Sir John Griffin Griffin 1762 Audley End erbte, engagierte er den führenden Innenarchitekten seiner Zeit, um das ungemütliche Schloß zu modernisieren. Zumindest im Südflügel gab Robert Adam dem Hausherrn, was er wünschte: Komfort und Eleganz.

Robert Adam schuf eine szenische Folge von Räumen und Durchblicken, mit Säulen, Nischen, kontrastierenden Farben und Ornamenten, entsprechend seiner Idee der »art of living«: Räume des ästhetischen Vergnügens. Im Vestibül dominiert Neapelgelb, im Speisesaal Erbsengrün, Karmesinrot im Großen Salon. Dort, im prächtigsten Raum der Suite, sind die Wände mit Seidentapeten und Damast bespannt. Für Speisesäle empfahl Robert Adam aus praktischen Gründen Stuckwände (»that they may not retain the smell of the victuals«). Während die Gentlemen nach Tisch im *Dining Parlour* blieben, zogen sich die Ladies in den *Little Drawing Room* zurück, aufs Sofa in den Alkoven, der mit grüngoldenen Säulen und Pilastern hervorgehoben ist wie die Bühne eines Zimmertheaters. Goldgerahmte Wandpaneele mit Arabesken und Girlanden, Putten und Nereiden schmücken diesen preziösen Salon, dazu mythologische Friese im weißblauen Wedgwood-Stil. Die Decken- und Wandmalereien stammen von Biagio Rebecca[1]. Diese Suite endete in der Bibliothek, die 1826 in die erste Etage verlegt wurde. Von Robert Adams tempelartigen Bücherschränken ist nur einer im Haus geblieben, dazu einige seiner eigens für Sir John entworfenen Bucheinbände mit scharlachrotem und goldenem Schachbrettmuster. In der Bibliothek steht der legendäre Armlehnstuhl des Dichters Alexander Pope, ein *Caquetoire,* ein Plauderstuhl des 16. Jahr-

1 Der italienische Dekorationsmaler, seit 1761 in England tätig, entwarf auch das Abendmahlsfenster der Chapel von Audley End, ebenso einige Ganzfigurenporträts im Saloon.

hunderts. Dort sehen wir auch die Porträts des Hausherrn Sir John Griffin Griffin und seiner beiden Frauen, gemalt von Benjamin West.

Von Adams Werk beflügelt, ließ sich Sir John in der ersten Etage des Nordflügels eine neue Hauskapelle einrichten (1768–72). Ungewöhnlich schon das Entree, die ehemalige jakobeanische Musikempore hinter dem Holzlettner, durch dessen Gitterwerk wir auf die Eingangshalle hinunterblicken. Die Chapel ist schönste georgianische Gotik, sakrale Augenlust in Pink, Türkis und Creme, *Strawberry Hill* in Audley End. Die Fächer- und Kreuzrippengewölbe sind aus Holz und Stuck, die Steinstrukturen nur aufgemalt: Trompe l'oeil als Stilprinzip, bis in die Materialien. John Hobcraft, ein Tischler, hat diese virtuose Kapelle entworfen und möbliert, auch die Stühle im *Strawberry Hill*-Stil, mit Rückenlehnen wie neugotische Maßwerkfenster.

Die Interieurs von Audley End sind das Ergebnis vieler Phasen des Umbaus, ein Spiegelkabinett des Stil- und Geschmackswandels von Generationen. Das heutige Erscheinungsbild der meisten Räume, die Anordnung der Möbel und Bilder, hat der 3. Baron Braybrooke geprägt, ein bemerkenswert vollständiges Ensemble aus dem frühen 19. Jahrhundert. Lord Braybrooke war Herausgeber der ersten Ausgabe der Pepys-Tagebücher, Samuel Pepys Student von Magdalene College in Cambridge, Magdalene College eine Stiftung Lord Audleys (1542). Dessen Nachfahren, die Nevilles von Audley End, haben bis heute das Recht, als *hereditary visitors* den Master von Magdalene College zu ernennen. Dieser Lord Braybrooke also restaurierte und reproduzierte den jakobeanischen Charakter des Hauses; daher die verzopfte, düstere Atmosphäre vieler Räume der ersten Etage, nicht nur der einstigen Staatsgemächer. Decken und Wandfriese in *Dining Room* und *Saloon* zeigen noch originalgetreu die ganze Pracht jakobeanischen Stuckdekors: Arabesken, Stilleben, groteske Gesichter, Fische, Nixen und Seemonster, alles eingefügt in geometrische Grundmuster und in flachem, delikatem Relief gearbeitet. In diesem Salon wollte Sir John seinen König empfangen; in einem 1786 eigens angefertigten Prunkbett der Londoner Möbelschreiner Chipchase und Lambert sollte Majestät ruhen. Doch George III. kam nicht nach Audley End.

Viel Ausgestopftes begegnet uns in diesem Schloß, Vögel und Kleintiere in viktorianischen Glaskästen, als seien wir in der naturhistorischen Abteilung des Britischen Museums. Über den ausgestopften Vögeln des 4. Lord Braybrooke hängen die Porträts der Cornwallis-Dynastie[1], eher von zeit- als kunstgeschichtlichem Interesse, darunter auch Bilder des allgegenwärtigen Sir Peter Lely, des karolinischen Hofmalers aus Soest in Westfalen, über dessen Porträts Samuel Pepys bemerkte: »They are good but not like.« Einen mittelmäßigen Reynolds, einen zweifelhaften Rembrandt sieht man in manchen englischen Herrenhäusern. Seltener schon ein Bild von William Dobson, der sich als Porträtist in den Wirren des Bürgerkrieges einen Namen machte. Zu den wenigen herausragenden Gemälden in Audley End gehört auch eine der raren Arbeiten des flämischen Künstlers Hans Eworth. Zwischen Holbeins Tod und Hilliards Aufstieg führender Maler am elisabethanischen Hof, porträ-

1 Jane Cornwallis, die Frau des 3. Baron Braybrooke, war die Enkeltochter des 1. Marquess of Cornwallis, eines berühmten Indien- und Amerika-Veteranen.

tierte Eworth 1562 Lord Audleys Tochter Margaret. Durch ihre Heirat mit dem 4. Duke of Norfolk kamen die Güter von Audley End in den Besitz der Howards (siehe S. 248).

»There is a deal of indifferent stuff in the rooms«, notierte James Lees-Milne, als er das Haus im Juni 1944 für den National Trust in Augenschein nahm: ziemlich viel belangloses Zeug, »which makes Audley End a true English country house, and not a museum«.[1] Wahrscheinlich stimmt, was mir ein Aufseher sagte: »Die besten Sachen hat die Familie mitgenommen.« Verständlich wäre es. Denn als die beiden einzigen Söhne des Hauses im Zweiten Weltkrieg fielen, bestand der Dank des Vaterlandes vor allem in Erbschaftssteuern. So kassierte der Staat das Haus und den größten Teil der Ausstattung. Die Güter gehören nach wie vor der Familie, dem 10. Baron Braybrooke. Inzwischen machen die Erhaltungskosten Audley End zu einem der teuersten Steine in der Krone von *English Heritage*.

Nach Räumen so randvoll von Geschichte gibt es nichts Schöneres als einen Gang durch den Park. Wenige Häuser haben einen so klassischen Landschaftsgarten des 18. Jahrhunderts wie Audley End. Capability Brown hat ihn angelegt (1762–97), Robert Adam hat ihn möbliert: ein großer grüner Salon der Geselligkeit, freie Natur mit antiken Tempelzitaten. Als Blickpunkt auf dem Hügel östlich des Hauses ein korinthischer Tempel der Eintracht[2], auf dem westlichen Hügel ein ionischer Siegestempel, errichtet 1771 zur Erinnerung an das Ende des Siebenjährigen Krieges (1763). In den Wiesen vor dem Schloß staute Capability Brown das Flüßchen Cam zu einem schmalen See, und Robert Adam baute uns an beiden Enden eine Brücke: mit drei Bögen die eine (1763), die andere mit einem palladianischen Pavillon in der Mitte, ein englisches Teehaus über dem Wasser (1782; Abb. 23). Mitten durch diesen Elysischen Garten wollte man um 1840 die Trasse der Eisenbahnlinie von London nach Cambridge legen. Der damalige Schloßherr indes, der 3. Lord Braybrooke, bestand auf der Erhaltung der Landschaft; die Strecke wurde auf die Rückseite des Tempelhügels verlegt.

Heute durchschneiden zwei Autostraßen den Park von Audley End. Die entfernteren Teile des Parks sind verwildert, weite Flächen in der Nähe des Schlosses in Weideland umgewandelt. Capability Browns ursprünglich kilometerlanger Landschaftsgarten in den Auen der Cam ist nur noch ein Schatten seiner einstigen Pracht.

1 Lees-Milnes Verdikt nach seinem zweiten Besuch im Februar 1945 (»This time so much of it struck me as of poor quality«) trug dazu bei, daß der National Trust Audley End nicht übernahm.

2 Als einziges Parkgebäude nicht von Robert Adam, sondern 1790 von Robert F. Brettingham entworfen.

SUFFOLK

Please don't rush me, I'm from Suffolk
(Autoaufkleber)

Mein Suffolk beginnt am River Stour und endet in der Tate Gallery, vor John Constables Flußauen, deren Grün so grenzenlos ist wie die hohen Wolkenhimmel über den Treidlern am River Stour. Mein Suffolk reicht von Sudbury bis Wien, von Gainsboroughs Geburtsort bis ins Kunsthistorische Museum, wo eine seiner frühen Pastoralen hängt, Erinnerung an die Landschaft seiner Herkunft. Im übrigen liegt Suffolk zwischen Essex und Norfolk, Cambridgeshire und Nordsee. Mit Essex teilt es sich den Stour als Grenzfluß, mit Norfolk den Waveney und die Little Ouse.

Gleich den Namen seiner Flüsse hat auch Suffolk einen weichen Klang, weich wie das sanft gewellte Land, von dem die Einheimischen sagen, es sei »easy to the eye«. Nein, spektakulär ist diese Landschaft nicht. Keine dramatischen Felsküsten wie in Cornwall, keine schottischen Hochlandmoore, keine romantischen Bergseen wie im Lake District. Nur leichte Hügel, die nicht einmal Radfahrern zu schaffen machen, weite Getreidefelder, Agrarlandschaft, idyllisch nur für den, der hier Ruhe sucht statt Arbeit. Orwell und Stour, Deben und Alde: tief schneiden Suffolks Flußmündungen ins Land, als wolle sich das Meer mit langen Fingern seinen Zugriff sichern. So bleibt – für die Küste ein Segen – die Küstenstraße auf Distanz. Suffolk hat wenige Hauptstraßen, aber ein Labyrinth von Landstraßen und Feldwegen. Nur eine größere Stadt, Ipswich, aber zahllose Marktflecken, Kleinstädte, Dörfer, Weiler, weitverstreute Einzelhöfe, von denen man oft nur einen Giebel hinter Hecken und Kornfeldern leuchten sieht. Eine menschliche, freundliche Landschaft.

Immer wieder kehrte der Schriftsteller Hammond Innes von seinen Weltreisen zurück nach Kersey, sein Dorf in Suffolk. Als er einmal von London heimfuhr, spürte er beim Überqueren des Stour »a sudden magic, the quintessential of an English landscape miraculously materialising before our eyes«. Dieser Inbegriff der englischen Landschaft, den Constable malte, hat sich in Suffolk bis heute erhalten, trotz aller Veränderungen auch hier. So ist es auch kein Zufall, daß diese friedliche Gegend überaus wirkungsvolle Schauplätze bietet für rätselhafte Verbrechen, zumindest in den Romanen von P. D. James und Ruth Rendell, den beiden populärsten englischen Krimiautorinnen der Gegenwart. Ruth Rendell lebt in einem alten Bauernhaus in Polstead, einem Dorf im Süden von Suffolk, und P. D. James hat seit Jahren ein Cottage in einem der kleinen Küstenorte der Grafschaft.

Nach einer Lesung in Aldeburgh traf ich die *Queen of Crime,* eine eher großmütterlich wirkende Frau im buntgeblümten Rock. In Cambridge sei sie aufgewachsen, erzählt P. D. James, und in den Sommerferien oft zum Zelten auf die sandigen Klippen von Pakefield gefahren, südlich von Lowestoft. »Ich liebe die weiten Himmel, die wunderbaren Sonnenuntergänge, die Einsamkeit der Flußmündungen. Ich liebe die Marsch, die Vögel, das Ried, den Geruch der See überall. Eine Landschaft, wo die Luft noch widerzuhallen scheint vom Murmeln der Litaneien aus Klosterruinen, wo es scheint, als fände man in der Heide noch die Hufspuren nächtlicher Reiter mit ihrer Konterbande. So eine Küste hat Suffolk, zwischen der A12 und dem Meer, von Kessingland im Norden bis Aldeburgh im Süden.« Dieser Küstenstreifen, sagt P. D. James, erscheine ihr immer noch als eine der entlegensten Gegenden Englands, hier spüre sie »the sense of history and a sense of timelessness«.

Hinter Hügeln und Bäumen, überall in Suffolk sieht man wenigstens einen, oft mehrere Kirchtürme am Horizont. Diesen Kirchen verdankt die Grafschaft ihren Beinamen *Silly Suffolk,* wobei *silly* eine Verballhornung des sächsischen *seely* ist: seliges, gesegnetes Suffolk. Schon zur Zeit der Domesday-Zählung im Jahre 1086 hatte die Grafschaft 417 Kirchen. Suffolks Kirchen waren auf Wolle gebaut, *wool churches,* Stiftungen reicher Tuchmacher des Mittelalters. Ohne den Wollhandel und das Entstehen einer wohlhabenden Mittelklasse wären Pracht und Vielzahl dieser Dorfkirchen kaum denkbar. Lavenham und Long Melford, Cavendish, Clare und Kersey, Suffolks Weberdörfer bildeten eine für mittelalterliche Verhältnisse hochindustrialisierte, dichtbevölkerte Region. Als die Normannen 1086 Grund und Boden, Kirchen, Mühlen und Menschen zählten, schon damals war Suffolk mit etwa 70000 Einwohnern eine der am dichtesten besiedelten Grafschaften Englands; denn noch vor dem großen Woll-Boom und noch lange danach florierte zwischen Stour und Waveney die Landwirtschaft. Suffolk war eine der Kornkammern des Königreichs. So wurden die *Suffolk Punch* zum Begriff, die stämmigen Kaltblüter der Grafschaft, die jahrhundertelang die Pflüge durch den schweren Lehmboden zogen und im Ersten Weltkrieg die Kanonen durch den Schlamm der Schlachtfelder von Flandern.

Suffolk Punch und *Suffolk Pink,* auch dies ein Begriff: die traditionelle Häuserfarbe, ursprünglich aus Schweineblut, gemischt mit weißer Tünche. Leider hat sich Pink in den letzten Jahren in grellen Industriefarben inflationär verbreitet. Nur selten trifft man noch den richtigen Ton, ein blasses Lachsrosa, exzentrischer Tupfer im Grün der Countryside. Manchmal, wie in Essex, finden wir auch in Suffolk *pargeting,* geometrische oder figürliche Ornamente im Stuck der Fassaden. Die schönsten Häuser der Grafschaft sind aus Fachwerk und aus Backstein gebaut. Holz und Ton gab es reichlich, auch Flint, für die Dächer Stroh und Ried, später gebrannte Ziegel. Das sind die natürlichen, charakteristischen Baumaterialien dieser Region; sie prägen das Bild der Dörfer und Marktstädte, der Kirchen, Cottages und Herrenhäuser, die große Harmonie zwischen Architektur und Landschaft.

Fachwerkhäuser aus dem Mittelalter stehen auf dem Land wie Bäume aus dem Boden gewachsen: natürlich, stark, zweckmäßig und schön. Wie die Zimmermeister der Gotik Eichen- und Kastanienstämme zu Ständern, Knaggen und Stichbalken verarbeiteten, zu Kirchendachstühlen auf Engelsschwingen, das Gebälk ohne Eisennägel, nur mit Holzzapfen verfugt, das zählt zu den Höhepunkten mittelalterlicher Architektur in Suffolk. Auch dem einfachen Backstein begegnen wir hier in allen Variationen und Farbnuancen: biskuitorange in Kentwell Hall, fahlgelb in Little Wenham, aprikosenfarbener Tudorziegel in Christchurch Mansion in Ipswich, weiß gebrannter Ziegel aus Woolpit, *fashionable* in

Thomas Gainsborough: Studie zu einem Schaf, um 1757/59

georgianischer Zeit, zum Beispiel in Bury St. Edmunds, dunkelblau gebrannter Klinker in Rautenmustern an der Fassade von Helmingham Hall. Und was nicht alles haben die Tudor-Baumeister aus Backstein[1] gemauert: Gewölbe und Gesimse, Stufengiebel und geschweifte Giebel, elegante Pilaster, bizarre Schornsteine, Türmchen und Torhäuser. Wundert es da, daß Suffolk rund 12000 *listed buildings* hat, mehr Häuser unter Denkmalschutz als die meisten anderen Grafschaften?

Um die Erhaltung dieses historischen Erbes kümmern sich viele, allen voran die 1929 gegründete *Suffolk Preservation Society (SPS),* ein unabhängiger Zweig des *Council for the Protection of Rural England.* Doch nicht alte Bauern- und Herrenhäuser sind das Hauptproblem dieser Denkmal- und Umweltschutzorganisation, sondern die Neubauten, die *suburbanisation* von Suffolk, die Zersiedlung und Zerstörung der Countryside. Das immer noch fälschlich als ruhiges Hinterland angesehene Suffolk war in den siebziger Jahren eines

1 Vor dem 15. Jahrhundert war Backstein selten in England, in der Regel nur Schulen, Colleges und einigen großen Herrenhäusern vorbehalten.

der am schnellsten wachsenden Counties in England. Im Westen der Grafschaft entstanden sogenannte *overspill*-Siedlungen zur Entlastung von London, Gewerbegebiete und Neubausiedlungen mit großen Einkaufszentren an den Rändern von Bury St. Edmunds, Sudbury, Hadleigh, Haverhill und Mildenhall. In den achtziger Jahren wuchs der Druck aufs Land. Die Hauspreise in Suffolk stiegen 1988 um 40 Prozent. Bis zu ein Viertel der Neuansiedler sind Rentner, mit entsprechenden Folgen für das Dorfleben.

»East Anglia hat die höchste Zahl von Neubauten in ganz England, besonders zwischen Ipswich, Woodbridge und Felixstowe«, erklärt mir Paul Edwards, Direktor der *Suffolk Preservation Society.* Und viele dieser Neubauten sind, zum Ärger des ehemaligen Architekten, »most badly designed«, ganz im Gegensatz zu den Grundsätzen der Umweltschützer: »We believe that everyone has the right to live in a house that is well designed, well sited and suited in style and scale to its surroundings.« Strengere Bauauflagen und Planungskontrollen, die die örtlichen Behörden durchaus anwenden könnten, will die Regierung Thatcher nicht, um den wirtschaftlichen Aufschwung nicht zu drosseln. Auch in anderen Fällen hat die *SPS,* die nur beratende Funktion hat, die Grenzen ihrer Einflußmöglichkeiten erfahren, am gravierendsten bei der Hafenerweiterung von Felixstowe und dem Bau des zweiten Atomreaktors von Sizewell – beide Projekte im Bereich einer Küste, die als *Heritage Coast* und als *Area of Outstanding Natural Beauty* doppelt geschützt scheint: werbewirksame Etiketten, im Ernstfall keinen Pfifferling wert.

Suffolk ist nicht nur die Heimat Constables und Gainsboroughs, das Geburtsland der englischen Landschaftsmalerei. Aus Suffolk stammen auch Humphry Repton und Arthur Young, ein großer Landschaftsgärtner der eine, der andere ein Pionier der britischen Landwirtschaft. Suffolk hat so unterschiedliche Charaktere hervorgebracht wie Kardinal Wolsey und Cromwells Kirchenplünderer William Dowsing, und es hat so verschiedenartige Künstler angezogen wie Benjamin Britten und Bill Wyman, den Baßgitarristen der *Rolling Stones,* den Ballettmeister Sir Frederick Ashton und den Pädagogen A. S. Neill, den Guru von Summerhill. Auch Emigranten vom Kontinent fanden in Suffolk mehr als anderswo, was sie zum Leben und Schreiben brauchten: Arthur Koestler in seinem Landhaus bei Bury St. Edmunds (»no white man set foot here before me«), Michael Hamburger in einem Dorf nahe der Küste.

Die Suffolker, was sind das eigentlich für Leute, fragte ich den gebürtigen Berliner Michael Hamburger. »Sie sind schwerfällig, verschlossen, scheu, sehr tolerant, sehr friedfertig, sehr verläßlich.« Eigensinnig sind sie, sagt P. D. James, »sturdy people«, störrisch, robust: »fishing and farming tradition, and those are tough lives.« Sie selber sagen von sich, und wenn sie es im Küstendialekt sagen, hat unsereins Mühe, sie zu verstehen: »We talk with our mouths shut because we don't want to let the east wind in.«

Constable's Country: Über den Fluß und in die Bilder

Vom Fluß aus sah ich erst nur ein Knie im Gras und daneben die Staffelei. Sie war mit einem kleinen Sandsack beschwert. Ein paar Weiden ächzten im Wind. Ich machte mein Boot an einer Baumwurzel fest und ging quer über die Wiese. Natürlich mußte die Staffelei gerade jetzt umkippen.

»Nichts passiert«, sagte er, »ich bin wohl eingeschlafen.« Martin Chapman, ein Maler aus Suffolk, findet seine Motive dort, wo schon John Constable sie fand, »unter jeder Hecke und an jedem Weg«. Seit Constables Zeit, seit fast zwei Jahrhunderten, hat sich in den Flußauen des Stour kaum etwas verändert. »Wenn auch nur ein Baum gefällt würde, gäbe es einen Aufschrei der Nation.« Das *Dedham Vale* ist Landschaftsschutzgebiet, *Area of Outstanding Natural Beauty* (Abb. 53). Die Flußauen werden als natürliches Feuchtgebiet erhalten, als Viehweiden genutzt, nicht in profitablere Gerste- und Rapsfelder verwandelt. Dies ist die am besten gehütete, am meisten reproduzierte Landschaft der englischen Kunstgeschichte. Wie viele *Bed & Breakfast*-Mütter haben mir nicht schon den *Heuwagen* als Frühstücksbrettchen oder Keksdose vorgesetzt: Constables berühmtes Gemälde, am Stour entstanden, auf dem Pariser Salon von 1824 mit einer Goldmedaille ausgezeichnet, von Delacroix und Géricault bewundert, von Stendhal gefeiert – und in London, damals, ohne Käufer geblieben.[1] Heute sind Constables Bilder für seine Landsleute längst »national heartlands, inner countryside«, Seelenlandschaft der Nation.

Nun saß ich also im Ruderboot und ließ mich durch Englands grüne Seele treiben, den Stour hinunter von Dedham nach Flatford Mill (Farbt. 6). Es war ein warmer Sommertag, Libellen standen flirrend über dem Wasser. Ruhig strömte der Fluß dahin, mit vielen Biegungen und ohne Eile. Ab und zu flog ein Teichhuhn auf. Am Ufer Kühe, in der Ferne ein paar Häuser, der Kirchturm von Dedham. Eine spektakuläre Landschaft ist das nicht. Alles eher alltäglich, bescheiden, von gelassener Natur. Und doch war es dieses Stück Erde an der Grenze zwischen Suffolk und Essex, das Constable bis zuletzt mehr faszinierte als alle Länder, die sein Zeitgenosse und Antipode William Turner rastlos durchstreifte. Constables *Grand Tour* führte nicht nach Italien, sondern von Flatford nach Nayland: neun Meilen, an denen er ein Leben lang zu malen hatte.

»Ich verbinde meine sorglose Kindheit mit allem, was an den Ufern des Stour liegt. Sie machten mich zum Maler.« Constables Vater war Müller, eigentlich schon Unternehmer: Ihm gehörten die Wassermühlen von Flatford und Dedham und zwei Windmühlen bei East Bergholt. Die Felder von Dedham Vale gaben das Korn für die Mühlen des Vaters und die Motive für die Bilder des Sohnes.[2] Hier am Stour sah der junge John die Lastkähne, die das

1 John Fisher an seinen Freund Constable, 1824: »The stupid English public, which has no judgement of its own, will begin to think that there is something in you if the French make your works national property«; was sie dann doch nicht taten.

2 Sein letztes Bild, an dem er noch an seinem Todestag arbeitete, war eine Mühle: *Arundel Mill,* 1837, heute im Museum von Toledo.

Mehl flußabwärts nach Mistley an den Kai der Constables und von dort nach London transportierten; sah die Treidelpferde auf dem Leinpfad, die Schleusen mit ihren bemoosten Eichenbalken. Hier lernte er als Gehilfe seines Vaters Wind und Wetter beobachten, Voraussetzungen für das Handwerk des Müllers, die er als Maler brillant zu nutzen wußte – so realistisch in seinem Gefühl für die Atmosphäre eines frischen Frühlingsmorgens oder eines heraufziehenden Sturms, daß sein Kollege Füssli bemerkte, beim Anblick eines Constable-Bildes habe er »immer das Bedürfnis, nach Mantel und Regenschirm zu greifen«.

Flatford Mill, 200 Jahre nach Constable: Am Stumpf einer morschen Weide wird Lunch im »Haywain« annonciert. »Fangen Sie Heringe?« fragt ein Kunstfreund aus Übersee den Angler am Mühlteich. »Genau wie auf dem Bild in Washington«, stellt er befriedigt fest, »da ist auch ein Angler drauf, rechts die Pappelreihe und vorne das Schleusentor.« Das hat man getreulich nach Constables Bildern rekonstruiert. Allerdings sind die »old rotten planks«, die der Maler so liebte, durch eine Schleusenkammer aus Beton ersetzt. Die alte Holzbrücke über den Stour (asphaltiert), das pinkfarbene Strohdachhaus an der Brücke (mit Info-Shop,

John Constable: Szene auf einem schiffbaren Fluß (Flatford Mill), 1817

John Constable: Der Heuwagen, 1821

Flußcafé und Bootsverleih), die Mühle aus rotem Backstein und daneben das pittoreske Cottage von Willy Lott – »too picture postcardy for words«, schrieb schon 1944 James Lees-Milne, als er das Gelände für den National Trust inspizierte: »I love Constable, but I do not love this place. It has been made a travesty of the totally unpretentious, rural, domestic scene of one of Englands greatest painters.«

Das Washingtoner Bild *Flatford Lock and Mill,* 1812 in der Royal Academy ausgestellt, wurde 1986 bei Christie's in London für 7,9 Millionen Mark versteigert[1] – Preisrekord für einen Maler, der als höchstes Honorar 300 Pfund für ein Gemälde bekam und von sich sagte: »Meine Bilder werden nie volkstümlich werden, denn sie haben keine Kunstkniffe. Aber ich sehe keine Kunstkniffe in der Natur.« Was er in der Natur sah, waren nicht idyllische, heroische oder mythologische Szenen, wie die Zeitgenossen sie schätzten, sondern Landschaften seiner Umgebung, *down to earth,* mit den Spuren des Alltags und der Arbeit: *working landscapes,* Nutzlandschaft. Der Meister der englischen Romantik war auch ein großer Realist, schon von seiner Herkunft her an der wirtschaftlichen Entwicklung des

1 Erworben von dem Constable-Sammler David Thomson, einem Sohn des kanadischen Zeitungskönigs Lord Thomson.

Landes interessiert. Das zeigt etwa sein Gemälde *Boat-Building* von 1815 (Victoria & Albert Museum), eine Szene in der kleinen Bootswerft, die Constables Vater gehörte. Als der National Trust 1987 begann, das Flußufer bei Flatford Mill so zu restaurieren, wie es im frühen 19. Jahrhundert aussah, stieß man im ehemaligen Dock auf eines der charakteristischen Boote, wie Constable sie oft gemalt hatte: ein knapp 13 Meter langer Leichter mit flachem Kiel, Anfang des Ersten Weltkriegs versenkt, damit die Deutschen ihn nicht bei einer möglichen Invasion benutzen konnten. Diese Leichter transportierten Pferdemist von den Londoner Straßen stouraufwärts als Dünger für die Felder, auf dem Rückweg gemahlenes Korn aus den Mühlen der Constables und Ziegelsteine aus Sudbury, Gainsboroughs Geburtsort, nur wenige Meilen entfernt. *Flatford Dock,* vom River Stour Trust restauriert, ist das einzige erhaltene Trockendock seiner Zeit an einem englischen Fluß; *Flatford Lock,* eine von ursprünglich 15 Schleusen, 1706 gebaut, um die 25 Flußmeilen zwischen Sudbury und dem Meer schiffbar zu machen. Damals war mehr Verkehr auf dem Stour, und am Ufer selbst standen weniger Bäume, des Leinpfads wegen.

So wie Constable's Country mit den sanft gewellten Hügeln des Stour-Tals als Inbegriff der englischen Countryside gilt und Constables Werk als exemplarisch für die *Englishness* der englischen Kunst, so wurde auch *Willy Lott's Cottage,* immer wieder fotografiert[1], zum englischen Cottage schlechthin (Abb. 26). Geweißelt und verwinkelt, schön gestaffelt im Rhythmus seiner Dächer, als wüchse eines aus dem andern: in diesem Cottage des späten 16. Jahrhunderts wurde der Bauer Willy Lott geboren. Über 80 Jahre soll er dort gelebt haben, ohne daß er mehr als vier Tage auswärts verbracht hätte; für Constable ein Beispiel Suffolker Bodenständigkeit, für unsere mobile Gesellschaft ein Phänomen. Mehrfach malte er Willy Lott's Cottage, jedermann kennt es als das Haus neben dem Pferdewagen, mit dem ein Bauer die Furt durchquert, um Heu von den Feldern am anderen Ufer zu holen: *The Hay Wain,* 1821, das Paradebild der *working landscape* in der National Gallery, tausendfach reproduziert und dennoch »ein ewig bewegender Ausdruck von Heiterkeit und Optimismus« (Sir Kenneth Clark). Das ist Constables Wesen, das seiner Kunst und seiner Landschaft, eine höhere Harmonie mit irdischen Wurzeln. Seine Natur ruht im Glauben an die Ordnung der Dinge, sie spiegelt auch eine soziale Harmonie, noch nicht erschüttert von Arbeiterunruhen und den Folgen der Agrarreformen, die der Schriftsteller William Cobbett zur gleichen Zeit auf seinen *Rural Rides* auch in Ostengland erlebt. Undenkbar, daß auf Constables Bildern die Heuschober brennen oder protestierende Landarbeiter ihre Maschinen zerstören wie in den *East Anglian riots* von 1821/22.

Willy Lott's Cottage dient heute als Quartier für Gäste der benachbarten Wassermühle. *Flatford Mill,* um 1733 erbaut, bis 1846 im Besitz der Familie Constable, gehört dem National Trust, samt umliegenden Häusern.[2] Seit 1946 wird die Mühle vom *Field Studies Council* als Studienzentrum für Kurse aller Art genutzt: Pflanzen-, Baum- und Vogelkunde, Archi-

1 Auch von Bill Brandt, 1976: ein Winterbild jenseits des Pittoresken, nur aus der Magie von Licht, Schatten und reiner Geometrie. David Hockney zitiert Willy Lott's Cottage auf einer Radierung von 1976.

2 Valley Farm, frühes 15. Jahrhundert, Fachwerk-Hallenhaus; Bridge Cottage, 16. Jahrhundert.

John Constable: Eine Schleuse am Stour, 1827

tektur, Fotografie, Malerei und Landschaftsschutz. Der Maler John Nash hielt dort in den fünfziger und sechziger Jahren regelmäßig botanische Illustrationskurse ab; wenn seine Schüler zeichneten, ging er zum Mühlteich angeln. Im Dachatelier der Constable-Mühle treffe ich eine Gruppe von Hobbymalern beim Porträtieren, Junge und Alte. »Hier kann man alles vergessen, Verkehr und Streß«, sagt ein Geschäftsmann aus Yorkshire, »und alles, was man braucht, findet man in der nächsten Umgebung.«

Auch Constable kehrte immer wieder ins Stour-Tal zurück, vom Londoner Akademiebetrieb und später, als er mit seiner Familie im damals noch dörflichen Hampstead lebte. Die Landschaft seiner Kindheit blieb die Kraftquelle seiner Kunst. Das verbindet ihn mit Wordsworth, dem großen Lyriker der englischen Romantik. Mit ihm teilte er die »Andacht zum Kleinen«, eine Naturfrömmigkeit, die in Bäumen, Blumen und Wolken Offenbarungen göttlicher, geistiger Kräfte sah. »The light of nature« nannte er das, »the moral feeling of landscape«. Es war die Einheit von Herkunft und Bestimmung, eine Bescheidenheit mit absolutem Anspruch: »Nur in der Landschaft existieren wir, und wir sind die Geschöpfe einer Landschaft.« In dem letzten seiner sechs Vorträge über Landschaftsmalerei bekannte er 1836, ein Jahr vor seinem Tod: »Der Landschaftsmaler sollte im Geist der Demut über die Felder wandern. Keinem arroganten Menschen war es je vergönnt, die Natur in ihrer ganzen Schönheit zu erblicken.« Constables ästhetisches Credo las ich in der Kirche von *East*

Bergholt, neben anderen Zitaten auf einer Tafel im Seitenschiff. »Painting is with me but another word for feeling«, schrieb er an seinen Freund und Sammler, den Pfarrer John Fisher: »Malen ist für mich nur ein anderes Wort für Fühlen.«

In East Bergholt wurde Constable 1776 geboren, in der Dorfkirche wurde er getauft, auf dem Friedhof liegen seine Eltern begraben (und Willy Lott). »Time passeth away like a shadow«, steht auf der Sonnenuhr über dem Portal der Kirche, auch sie ein Motiv seiner Bilder. St. Mary hat keinen Turm; das Geld ging der Gemeinde aus, heißt es, als ihr Gönner Kardinal Wolsey am Vorabend der Reformation sein Amt verlor und starb. Statt eines Turms hat die Kirche etwas viel Schöneres, Ungewöhnliches: ein Glockenhaus aus Holz, freistehend, quadratisch, mit steilem Pyramidendach (Abb. 39). Durch die kunstvoll geflochtenen Fachwerkgitter dieses *Bell-cage* von 1531 sieht man fünf Glocken, wie Trichter aufgestellt in einem Gerüst aus Eichenbalken. Nur hier findet das Wechselläuten noch von Hand, nicht durch Seile statt. In der Zunft der *Bell-ringer* sind die Handglockenläuter von St. Mary eine Rarität in ganz England. Im Klang dieser Glocken wuchs Constable auf, ein paar Schritte weiter stand sein Elternhaus. Die Stallgebäude allein sind übriggeblieben, schräg gegenüber dem Haus »Stour«, wo Randolph Churchill die Biografie seines Vaters schrieb und nach einer bescheidenen politischen Karriere seine Tage als Gärtner beschloß.

East Bergholt ist kein sonderlich malerisches Dorf, ohne Constable kaum erwähnenswert. Zu seiner Zeit hatte es rund 1000, heute etwa 5000 Einwohner. Im Museum von Ipswich hängen auch zwei seiner Bilder aus East Bergholt. Sie zeigen den Blumen- und Küchengarten des Vaters, seine Weizenfelder, seine Windmühle, das alte Pfarrhaus, jedes Detail gemalt mit prosaischer und zärtlicher Genauigkeit. Es ist der Blick aus dem Fenster seines Elternhauses: der Blick auf einen beträchtlichen Grundbesitz von fast 15 Hektar Weide- und Ackerland, der Blick der Erinnerung an die Tage der Kindheit und der Liebe. Von diesem Fenster aus, schrieb er im Sommer 1812 an Maria Bicknell, »I see all those sweet fields where we have passed so many happy hours together«. Bei ihrem Großvater, dem Pfarrer von East Bergholt, hatte er Maria kennengelernt; sieben Jahre mußte er bis zur Hochzeit warten, da ihre Eltern ihn als erfolglosen Maler ablehnten.

Erst mit dreiundfünfzig wurde Constable in die Londoner Royal Academy aufgenommen und selbst dann noch gedemütigt, als die Kollegen seine *Wasserwiesen bei Salisbury* ausjurierten – » a nasty green thing«, abscheuliches grünes Zeug. Gerade das bewunderte Delacroix an diesem »homme admirable, une des gloires anglaises«: wie Constable das Grün einer Wiese aus dem ganzen Spektrum grüner Töne entfaltete. Der freie, den Impressionismus vorwegnehmende Umgang mit der Farbe war das revolutionäre Element dieser Heimatmalerei. Nicht umsonst pflegt East Bergholt Partnerschaft mit Barbizon, wo die französischen Freilichtmaler des 19. Jahrhunderts sich trafen. Erst ihr Aufstieg und der Erfolg der Impressionisten verhalfen auch Constables Werk zu dem großen, postumen Durchbruch. Was wir heute als seine eigentliche malerische Stärke und Modernität schätzen, seine Ölskizzen und großformatigen Ölstudien mit ihren spontanen, vibrierenden, befreiten Pinselbewegungen, das hielten Constables Zeitgenossen und er selbst nur für rohe, unvollkommene Vorarbeiten.

Nicht die Kunstklasse in London, die Felder von East Bergholt waren seine Königliche Akademie. Hier begann er seine »laborious studies from nature«, genau beobachtete, rasch ausgeführte Ölstudien in der Landschaft. Seine realistisch-impulsive Pinselschrift war kein Akt ästhetischer Willkür, sondern seine Reaktion auf das, was er »das Chiaroscuro der Natur« nannte: der schnelle Wechsel von Licht und Schatten, die ständige Bewegung von Wasser, Laub und Wolken, elementare Naturerscheinungen, besonders ausgeprägt im ostenglischen Küstenklima. »The trees and clouds all ask me to do something like them«: Malen aus der Bewegung der Natur, so unmittelbar, daß der Betrachter eines Bildes glaubt, den Wind in den Bäumen auf seinem Gesicht zu spüren. Constables Malerei, bemerkte der Schriftsteller Edward FitzGerald, auch er aus Suffolk, sei der beständige Versuch, »to paint up to the freshness of earth and sky«, die Frische von Himmel und Erde fühlbar zu machen. Es ist dieselbe atmosphärische Meisterschaft, die Constable bei Ruisdael und Hobbema schätzte, eine ästhetische Wahlverwandtschaft aus dem Geist des maritimen Klimas. Mehr noch als für die holländischen Maler des 17. Jahrhunderts war für ihn der Himmel der »Grundton jeder Art von Landschaft« – »the key note, the standard of scale, and the chief organ of sentiment«. Englische Künstler sind die ersten, die systematisch reine Wolkenbilder malen, neben Cozens vor allem Constable. »Sky-ing« nannte er das, was er als Müllers sohn früh gelernt hatte, die »natural history of the skies«, Himmelsmalerei eines Empirikers und Romantikers. Auf der Rückseite solcher *Open-air*-Skizzen machte er genaue metereologische Angaben, etwa diese: »5. September 1822, 10 Uhr morgens, gegen Südost, lebhafte Brise von West, sehr hell und frisch, graue Wolken fahren hoch über eine gelbe Wolkenbank etwa auf halber Höhe des Himmels.« Klimatologen, was für ein Anschauungsmaterial zur Geschichte des englischen Wetters um 1800!

Wer am Stour wandert, den begleiten Constables Wolken und Constables Bilder, sie gehören zu dieser Landschaft wie die Weiden am Fluß und wie die Esche, sein Lieblingsbaum. Fen Lane heißt der Weg, der von East Bergholt ins Tal und über den Fluß nach *Dedham* führt: Constables Schulweg. Täglich ging er diesen Weg, eine Dreiviertelstunde hin, eine Dreiviertelstunde zurück, im Regen und in der Hitze des Sommers. Jetzt im Juli, gegen Mittag, kommt eine Schafherde den Weg herunter, ein Bauer kehrt zurück vom Feld, im Gras liegt ein Junge mit einer roten Weste und trinkt aus dem Bach. So hat Constable seinen Schulweg gemalt, als er fünfzig war: *The Cornfield,* 1826. Nur die Kirche von Higham steht in Wirklichkeit außerhalb des Bildes, eine der seltenen topografischen Freiheiten Constables. Trotz der pittoresken Zutaten, die der Maler nach eigenem Bekunden als »Augensalbe« reichlicher als sonst eingesetzt hatte, fand er für das Bild keinen Käufer. Eine Gruppe von Freunden und Subskribenten, darunter Wordsworth, erwarb *Das Kornfeld* nach seinem Tod und schenkte es als erstes Gemälde Constables der National Gallery.

In Suffolk wurde er geboren, in Essex ging er zur Schule. Mit dem Stour als Grenzfluß teilen sich beide Grafschaften in Idealkonkurrenz Constable's Country, schon früh ein Begriff. Nicht ohne Befriedigung berichtet der Maler gegen Ende seines Lebens, wie er mit zwei Fremden in der Postkutsche durchs Dedham Vale fuhr: »One of them remarked, on my saying it was beautiful, ›Yes, Sir, this is *Constable's* Country‹.« Mit seiner Popularität wuchs auch die Zahl seiner Fälschungen. Die kriminalistische Befriedigung, sie aufzuspüren, wird nur noch übertroffen von dem Vergnügen, die Schauplätze seiner Bilder zu finden. Beiläufig schärft sich so der Blick für die Eigenart eines Künstlers und seiner Landschaft, für die feinen Unterschiede von Natur, Kunst und Leben. Auch im scheinbar so zeitlosen *Constable Country* hat sich einiges verändert. Statt einer Holzbrücke wie auf seinem *Dedham Vale*-Bild von 1828 führt heute die A12 vierspurig über den Stour bei Stratford St. Mary. Zugewachsen der malerische Blick von Gun Hill ins Flußtal[1]; die Wassermühle von Dedham umgebaut in Luxusapartments; Wivenhoe Park nicht mehr Landsitz in *splendid isolation,* sondern Teil der Universität von Essex.

Flußaufwärts, in der Dorfkirche von *Nayland,* fand ich statt Constables Altarbild nur helle Aufregung: Es war kurz zuvor gestohlen worden. »Isn't it a shame«, klagten die messingputzenden Frauen vor der leeren Wandnische: »Stellen Sie sich vor, wir wären hier gewesen, als die Diebe kamen – was für ein Drama!« Inzwischen ist der auf eine Million Mark taxierte Dorfschatz wieder aufgetaucht: *Christus segnet Brot und Wein,* ein relativ kleines, etwas sentimentales Bild, das Constable 1810 im Auftrag seiner Tante Patty gemalt hat, eines seiner drei Altargemälde für Kirchen der Umgebung.[2] Martha Smith, genannt Patty, wohnte im Nachbardorf *Stoke-by-Nayland.* Wie es damals aussah, nicht viel anders als heute, zeigen Constables Gemälde in der Londoner Tate, in Chicago und im Metropolitan Museum in New York. Weithin sichtbar auf einem Hügelkamm über dem Tal der Turm der gotischen Dorfkirche, von hohen Bäumen und Tudor-Häusern umgeben. Nayland, Stoke-by-Nayland, Dedham: sie alle gehören zu jenen Dörfern, die ihren Wohlstand im Mittelalter dem Tuchhandel verdankten.

»Here I am quite alone amongst the oaks and solitude of *Helmingham Park* ...« Daß ich dort am Bach die Eichen fand, die Constable im Juli 1800 zeichnete[3], hat mich weniger überrascht als die Begegnung mit seinem Ur-Urenkel in *Dedham.* Auch er heißt John, ist Maler und so erfolglos wie einst sein Vorfahre (Abb. 49). Kein leichtes Erbe, mit Constables Totenmaske im Regal und Constable's Country vor Augen als Künstler zu reüssieren: »Alle erwarten doch, daß ich wie Constable male.« Mit seiner Frau, drei Katzen (»Giotto is a nasty little trouble-maker«) und den drei Möpsen Phoebe, Rosy und Bertha lebt John Constable der Jüngere etwas außerhalb des Dorfes. Sein Atelier ist ein umgebauter Schweinekoben. Dort gibt er meist älteren Damen Malunterricht, während Freda, seine Frau, japanische

1 Auf diesem Hügelkamm bei der Kirche von *Langham* malte Constable am 13. Juli 1812 eine seiner brillanten kleinformatigen Ölskizzen, *Dedham from Langham* (Ashmolean Museum, Oxford), mit einem pflügenden Bauern im Vordergrund und bis zum Horizont die Mäander des Stour. Um 1830 malte er *The Glebe Farm* (Tate Gallery, London), das pinkfarbene Cottage neben der schönen kleinen Kirche abseits des Dorfes.

2 Außer dem Nayland-Bild (in der Kirche fälschlich auf 1809 datiert) das Gemälde *Christ Blessing the Children,* um 1805, in St. Michael's Church in *Brantham* (westlich von East Bergholt) und *The Risen Christ,* 1822, ursprünglich in St. Michael in *Manningtree* (an der Stour-Mündung), jetzt in All Saints in *Feering* (westlich von Colchester, A12).

3 Darauf basieren seine beiden Gemälde *Helmingham Dell* in den Museen von Philadelphia (1825/26) und Kansas City (1830).

John Constable: Das Kornfeld, 1826

Sprachschüler durch Constable's Country führt. Früher hat sich John über die Constable-Vermarktung auf Handtüchern, Keksdosen und Kalendern geärgert: »Alle verdienen an dem Namen, den man selber trägt, ohne daß wir einen Penny davon sehen.« Im Gegenteil, Constable hatte für seine Constables so viel Vermögenssteuer (»legal robbery«) zu zahlen, daß er fünf Gemälde an die Tate Gallery[1] verkaufen mußte, »und da sind sie leider im Depot«.

Constable-Fälschungen? »Die ersten tauchten schon zu seinen Lebzeiten auf«, sagt John, »von einem deutschen Hauslehrer seiner Kinder, Charles Boner.« Im übrigen spricht die Familie darüber nicht gern. Begreiflicherweise, denn wenigstens fünf der sieben Kinder Constables malten Landschaften in Väterchens Art, am täuschendsten sein jüngster Sohn Lionel.[2] Mit den noch im Familienbesitz verbliebenen authentischen Bildern, Dokumenten, Möbeln und Erinnerungsstücken wollte John vor Jahren zusammen mit seinem Bruder Richard ein kleines Constable-Museum eröffnen. Wäre Flatford Mill nicht der geeignete Ort? »Natürlich«, sagt John, »ein Field Studies Centre kann man überall einrichten, ein Constable-Museum nur dort.« Diese Fehlplanung ist grotesk. Da kommen Besucher aus aller Welt, über eine Viertelmillion im Jahr, und von Constables Bildern sehen sie nur Kunstpostkarten. National Trust und English Tourist Board haben da eine nationale Chance verschlafen. Wie gut man sie nutzen könnte, zeigt die Gainsborough's House Society in Sudbury (siehe S. 180).

Constable der Jüngere weiß schon, warum er außerhalb von Dedham wohnt. Der Ort ist in der Saison überlaufen, und das mit Recht: ein Bilderbuchdorf. Dedham, das ist eine einzige leicht gekrümmte Straße, eine Handvoll alter Fachwerk- und Backsteinhäuser, eine Kirche hinter Kastanien und der Mythos eines Malers. Lange bevor Constable die Wassermühle seines Vaters malte und immer wieder den Blick über den Fluß auf den hohen, fernen Turm aus Flintstein, im 14. Jahrhundert etablierte Edward III. hier eine Kolonie flämischer Weber. Rund 10000 Einwohner hatte Dedham damals, eine florierende *wool town,* von deren Reichtum die Häuser der Tuchhändler zeugen, etwa das Marlborough Head. Zur selben Zeit, um 1500, baute sich ein anderer *clothier,* John Webbe, südlich der Kirche ein Wohn- und Lagerhaus mit Innenhof (Southfields), und auch die Kirche selbst trägt die Initialen der Webbes, eine der Stifterfamilien von St. Mary (1492–1520). Eine Perpendicular-Kirche mit leichten, hellen Arkaden, im Turm ein Prozessionsdurchgang, an dessen Decke die Tudor-Embleme prangen, das Fallgitter und die Rose. Der Kirche gegenüber das

1 Die Londoner Tate Gallery ist seit der Retrospektive von 1976 *das* Zentrum der Constable-Forschung. Zweiter, älterer Schwerpunkt mit mehr als 400 Bildern aus dem Nachlaß der letzten, 1888 verstorbenen Constable-Tochter Isabel: das Victoria & Albert Museum in London.

2 Das ganze (vorläufige) Ausmaß der Fälschungen und falschen Zuschreibungen, an denen neben Constables Kindern auch seine Schüler und Assistenten beteiligt sind, haben Jan Fleming-Williams und Leslie Parris in einer wahren Detektivarbeit dargestellt: *The Discovery of Constable* (London, 1984). Betroffen waren viele Museen, auch die Neue Pinakothek München: Vier ihrer fünf Constables gelten inzwischen nicht mehr als eigenhändig. Dazu ein Limerick der *TIMES* vom 4. Juni 1985: »There was a young artist of Dunstable / Who once forged a painting by Constable. / His fraud was detected / Before he expected / As the paints he was using were unstable.«

John Constable: Stoke-by-Nayland. Mezzotinto-Radierung von David Lucas, 1830

Haus mit Sonnenuhr, Pilastern und Backsteinfassade, um 1730 einer älteren Fachwerkfront vorgeblendet. Sherman's Hall zeigt, mit wieviel Geschmack man auch nach dem Niedergang des Tuchhandels in Dedham noch baute. Der aufgeputzte Fachwerkbungalow an der Straße zur Mühle heißt natürlich »The Haywain«.

Das Tal des Stour, wo er »the endless beauties of this happy country« konzentriert sah wie nirgendwo sonst – diese Landschaft hätten Constable und Gainsborough zurückgelassen »like a sucked orange«, beklagte sich der Maler Walter Sickert, »wie eine ausgepreßte Apfelsine«. Doch das Tal der Bilder produzierte immer neue Bilder. Mühelos könnte man mit ihnen die Wiesen des Stour von Flatford Mill bis Sudbury bedecken. Abgesehen von Hobbymalern, Souvenirherstellern und Millionen fotografierenden Touristen, ließen sich im 20. Jahrhundert allein drei namhafte Maler und ein berüchtigter Kunstfälscher in Constable's Country nieder.

Vielleicht konnte ein Maler wie Constable keinen genialen Erben haben, einen genuinen hatte er: John Nash. Er malte die Countryside der rationalisierten Landwirtschaft mit ihren meist menschenleeren Feldern, die moderne Nutzlandschaft in der Nachfolge der *working landscapes* Constables. Auch von ihm gibt es, in der Tate Gallery, ein klassisches Bild mit dem Titel *The Cornfield* (1918): das abstrakte Muster der ostenglischen Hügellandschaft. Auch er liebte das Tal des Stour über alles. »Good river scenery – think we might stay here«,

John Nash: Das Kornfeld, 1918

lautete 1929 die lapidare Nachricht von seinem Umzug nach *Wormingford*, einem Dorf zwischen Dedham und Sudbury, auf dem Essex-Ufer des Flusses. Seit 1943 lebte er in einem Haus am Ortsrand, Bottengols[1], in bescheidenen Verhältnissen, inmitten eines verschwenderischen Gartens. John Nash gilt als einer der großen englischen Pflanzen-Illustratoren. Mit prosaischer Genauigkeit und geometrischer Abstraktion malte er die Mühlen, Scheunen und Felder seiner Umgebung. Als er 1977 in Wormingford starb, war *Nash's Country* so unverwechselbar wie die Domäne seines Nachbarn in Flatford Mill, wo er gern gastierte. John Nash war eine Zeitlang Präsident der *Colchester Art Society*, die er zusammen mit dem

1 Dort wohnt heute der Schriftsteller Ronald Blythe.

Waliser Maler Sir Cedric Morris[1] initiiert hatte, beide zeitlebens bestrebt, den konservativen Grundzug der englischen Kunst mit der Avantgarde zu verbinden, dem Regionalismus international Geltung zu verschaffen. Mit diesem Ziel gründete Cedric Morris 1936 in Dedham die *East Anglian School of Painting*. Aber »unter jeder Hecke und an jedem Weg« lagen nur die leeren Farbtuben Constables.

Noch einmal wurde in Dedham ein Maler zum Liebling der Nation, und das schon zu Lebzeiten: Sir Alfred Munnings. Wie Constable als Müllerssohn in Suffolk geboren, Absolvent der Norwich School of Art, malte Munnings 1905 eine Bäuerin mit einem Schimmel im Klatschmohnfeld *(The Poppy Field)*. Seitdem ging er den sicheren, englischen Weg zum Erfolg: Epsom, Ascot, wo immer Pferde rannten, malte Munnings ihnen hinterher, ein Stubbs-Epigone, als britischer Impressionist geschätzt und überschätzt.[2] So wurde er zum populärsten Pferdemaler seines Landes, zum Ritter geschlagen und Präsident der Royal Academy. Von diesem Amt trat er 1949 aus Protest gegen »die sogenannte Moderne« zurück (»all this damned nonsense«), nach einer aufsehenerregenden Tischrede, in der er Cézanne, Matisse und Picasso »foolish daubers« nannte, »närrische Kleckser«. Sir Alfred, man muß es leider sagen, hatte auch als Kunst-Reaktionär bei seinen Landsleuten aufs richtige Pferd gesetzt. Am Ortsrand von Dedham fand Munnings 1920 »the house of my dreams«; dort lebte er bis zu seinem Tod 1959. Sir Alfreds Castle House ist heute Gedenkstätte. *Seine* Bilder wenigstens sind in Dedham im Original zu sehen.

Auch Tom Keating wollte ein großer Maler werden. Er endete als größter Kunstfälscher Englands, ausgerechnet in Dedham. Tom Keating erschütterte die Kunstwelt 1976 mit dem Geständnis, er habe Tausende von Bildern gefälscht: Impressionisten, Expressionisten, William Turner, Samuel Palmer, natürlich auch Constable – aus Protest gegen Sammler und Händler, die Kunst nur nach ihrem Marktwert bemessen, und aus Enttäuschung über den Mißerfolg seiner eigenen Werke. *Poor* Tom, der notorische Kunstfälscher, fand in der Heimat des am häufigsten gefälschten Malers der englischen Kunstgeschichte seine letzte Ruhe. Ich könnte mir in Dedham eine spannende Ausstellung denken: Keatings Constables in Constable's Country.

Wollkirchen, Tudorschlösser: Von Lavenham nach Long Melford

Um ein Schiff mit drei Decks und 120 Kanonen zu bauen, brauchte man zur Zeit der Armada rund 8000 Tonnen Holz, das heißt etwa 4000 Eichen. Weiß der Himmel, wie viele tausend Eichen gefällt wurden, um *Lavenham* zu bauen. Straßen wie Fachwerk-Alleen, ein Ort wie ein versteinerter Wald, mit Fenstern und Türen zwischen den silbrig schimmernden Eichen-

1 Cedric Morris lebte seit den dreißiger Jahren in Suffolk. Sein exotischer Garten in *Benton End* südlich von Hadleigh lieferte ihm die Motive seiner populärsten Bilder. Einer seiner Schüler war Lucian Freud.

2 Sein *Start at Newmarket* erzielte 1987 bei Sotheby's in New York den Rekordpreis von 1,9 Millionen Mark.

stämmen. Wer von der Kirche den Hügel hinuntergeht, die schön geschwungene Church Street entlang, die High Street hinauf zum Markt, der geht durch eine mittelalterliche Welt, so vollständig erhalten wie nirgendwo sonst in England (Farbt. 25, 29, 30; Abb. 37, 38).

Lavenham gehört zu den *Old Drapery Towns,* Suffolks Tuchhandelsstädten und Weberdörfern, die ihre Stoffe im Mittelalter über Ipswich in die Niederlande und bis Spanien exportierten. Die Hügelstadt in den Feldern, die heute eher wie ein Bauerndorf wirkt, lag in ihrer wirtschaftlichen Blütezeit unter Heinrich VIII. an 14. Stelle unter den reichsten Städten Englands. Fast sechs Jahrhunderte lang produzierten die Weber von Lavenham: erst ihr berühmtes blaues Tuch, dann feines Wollgarn, Damast und Flanell, Serge und Chalon, zuletzt Kokosmatten, Krinolinen und Matratzen aus Roßhaar. Die letzte Weberei schloß 1930. Zurück blieben die Häuser der Tuchhändler und Weber, ihre alten Werkstätten, Wirtshäuser und Gildehallen, eine kleine Stadt aus der Zeit der Rosenkriege.

Magie der verlassenen Plätze: sich vorzustellen, wie damals auf dem Market Place die Messen und Märkte stattfanden; wie die Händler ihre Stände aufschlugen auf dem dreieckigen Platz, rund um das Marktkreuz von 1502; wie die Bauern ihre Waren feilboten, jeden Dienstag, jahrhundertelang; wie Queen Elizabeth durch Lavenham zog, 1578, eskortiert von 500 Knappen in weißem und schwarzem Samt und 1500 berittenen Dienern; wie alljährlich am 5. November ein Stier auf dem Marktplatz zu Tode gehetzt wurde, *bull baiting* zum Gaudi der Menge am *Guy Fawkes Day.* Hier fand die letzte Stierhatz auf britischem Boden statt, 1842. Öffentliche Hinrichtungen, als humaneres Spektakel, wurden in England noch etliche Jahre länger geduldet.

Am Markt steht das prächtigste Fachwerkhaus von Lavenham, die Guildhall, erbaut um 1520 von der *Guild of Corpus Christi,* einer der vier mittelalterlichen Zünfte der Stadt. Hier trafen sich die Tuchhändler, legten die Preise und Löhne fest, schlichteten Streitfälle, und am 3. Februar, am *St. Blaise's Day,* feierten sie hier ihr Festmahl zu Ehren des heiligen Blasius, des Schutzpatrons der Wollkämmer. In ihrer Blütezeit im 15. Jahrhundert produzierten die Weber von Lavenham pro Jahr bis zu 50000 Quadratmeter besten Tuchs. Nach der Reformation und dem Niedergang der Gilden diente die Guildhall als Rathaus, Gefängnis, Arbeits- und Armenhaus, Wollspeicher und Kindergarten. Heute ist das Haus ein Schaustück des National Trust, mit einer Ausstellung über Tuchhandel und Wollverarbeitung und erlesenen Kammerkonzerten. Vor allem aber ist dies ein vollendetes Beispiel spätgotischer Schnitzkunst und Fachwerkarchitektur. Verschwenderisch dicht nebeneinander die Phalanx der Eichenständer, weit mehr, als aus strukturellen Gründen notwendig wäre. Reich verziert die Zwickel der Tudor-Bögen, die Pfosten des Portals, der Balkenfries des vorkragenden Obergeschosses. Nebenan in der Old Chapel eine originalgetreu restaurierte Ladenfront der Tudorzeit (Abb. 38). Die kleine Figur mit dem Spinnrocken am Eckpfosten der Guildhall ist eine Hommage an John de Vere, 15. Earl of Oxford, Patron der Fronleichnamsgilde und Ritter des Hosenbandordens. Einer seiner Söhne heiratete die Tochter eines einheimischen Tuchhändlers, die Nichte von Thomas Spring, genannt *the Rich Clothier* – alter Adel und neues Geld. Jahrhundertelang gehörte Lavenham zur Domäne der de Veres. Sie stammten aus der Stadt Veere in Zeeland, kamen mit Wilhelm dem Eroberer nach

England und stiegen zu einer der mächtigsten Familien des Landes auf. Hedingham Castle in Essex wurde ihr Hauptsitz (siehe S. 122ff.). Eine ihrer Grabstätten sehen wir in der Kirche von Lavenham, ihr Familienemblem über dem Eingang des pittoresken De Vere House in Water Street: der Eber und der Stern, der den Kreuzrittern auf der Standarte Aubrey de Veres vor Antiochia leuchtete.

Unter der Water Street fließt noch immer der Bach, dessen Wasser die Tuchmacher einst brauchten, um ihre Stoffe im Hof hinter den Häusern zu walken. Die Häuser dieser Straße spiegeln die ganze Spanne der Entwicklung Lavenhams, von den Cottages der Handweber aus dem 14. Jahrhundert bis zur viktorianischen Roßhaarfabrik Roper & Sons von 1891. Indes gibt es bisher keinen Beleg dafür, daß in den Weavers' Cottages (No. 23–26) tatsächlich jene flämischen Weber lebten, die *Flemings,* die Edward III. 1334 nach England holte. Mit drei gestaffelten Giebeln und *pargeting*-Ornamenten[1] signalisiert The Priory in Water Street ihre Bedeutung: im Kern ein Saalbau des frühen 13. Jahrhunderts, ständig erweitert, bewohnt von Benediktinermönchen, protestantischen Pfarrern, elisabethanischen Grafen, Suffolker Bauern und jetzt von zwei Enthusiasten, Alan und Gwenneth Casey. Sie restaurierten das wundersam verschachtelte Haus, so originalgetreu wie möglich. Nur die ursprünglich offenen mittelalterlichen Fensterluken haben jetzt Schieberahmen mit Glas. Im Garten hinterm Haus wachsen über hundert Kräuter. Bald wird in der Water Street wieder ein Webstuhl klappern: die Tochter der Caseys ist Textilkünstlerin.

Wie die Priory war auch die Wool Hall (Ecke Water Street/Lady Street) ursprünglich ein Hallenhaus mit offenem Dachstuhl, im 15. Jahrhundert von der Mariengilde errichtet, später Tuchhalle, 1911 abgerissen, nach heftigen Protesten wiederaufgebaut und heute Teil des benachbarten Hotels. »The Swan« ist das älteste Wirtshaus von Lavenham, Inbegriff der *Olde English*-Fachwerkgastlichkeit.[2] Hier stieg der Reisende aus London nach dreizehn Stunden gerädert aus der Postkutsche, die seit 1763 dreimal die Woche verkehrte. Hier hatte Glenn Miller 1944 seinen letzten Drink, vor seinem Absturz über dem Ärmelkanal.

Lavenham, deine Fachwerkhäuser: Wir lieben ihre luxuriöse Einfachheit, das natürliche Maß ihrer Balken, ihre Narben und Risse, ihre verwitternde Kraft. Wir lieben die Klarheit dieser Architektur, die noch nichts Mechanisches hat, ihre strenge Ordnung und die Lust an der Abweichung, die schöne Spannung von Geometrie und Phantasie, die Einheit von Struktur und Ornament. Wir lieben diese handgemachte Solidität, eine Vollkommenheit, die lebendig bleibt, weil sie auch das Ungleichmäßige, Unvollkommene einbezieht. Shilling Street, Lady Street: Wir spüren den warmen Atem dieser Häuser, den langen Atem ihrer Geschichte, die Jahrhunderte der Arbeit hinter der Aura des Pittoresken. Wir hören das Knarren der Balken, das Flüstern der Knaggen, den Rhythmus der Ständer und Streben, Fassaden wie Variationen einer Fuge. Wie lieben wir das alles, Lavenham, deine Fachwerkhäuser, diese kleine große Welt, wie ein Stück Wald, in dem sich wohnen und spazieren läßt.

1 U. a. das Fleur-de-Lys, eines der Embleme der Tuchmacher von Lavenham.

2 Exemplarische Fachwerk-Gasthöfe East Anglias: »The Bull« in Long Melford, »Fox & Goose« in Fressingfield, »The White Hart« in Great Yeldham.

Es gab eine Zeit, da waren Fachwerkhäuser völlig *out:* altmodisch, rückständig, Relikte bäuerlicher, mittelalterlicher Architektur. Im 17. Jahrhundert hatten die Bürger von Lavenham fast ihr gesamtes Fachwerk unter dickem Verputz begraben. Wenige, die es sich leisten konnten, etwa The Willows in Church Street, blendeten eine georgianische Backsteinkulisse vor die alte Fassade. Auch das Fachwerk vom »Swan« war mit Ziegelstein verkleidet, noch bis 1933. Als man nach dem Krieg die zum Teil arg heruntergekommenen Häuser zu restaurieren begann, drohte nach der Gefahr des Abbruchs nun eine wahre Fachwerk-Orgie. Ominös heißt es in einer Broschüre der *Suffolk Preservation Society:* »Heute sehen wir in Lavenham weit mehr Fachwerk, als je beabsichtigt war.«

Die Little Hall am Markt, ein exemplarisch restauriertes Fachwerkhaus des 14. und 15. Jahrhunderts, ist Sitz der 1929 gegründeten *Suffolk Preservation Society (SPS).* Dieser größte englische Natur- und Denkmalschutzverein auf Grafschaftsebene hat rund 2200 Mitglieder. »Lots of dukes and lords, old soldiers and writers«, wie Direktor Paul Edwards anmerkt. Wenn er sich vom Schreibtisch erhebt, stößt sein Kopf an die Decke der Little Hall. »In Suffolk haben wir wohl den reichsten Bestand an historischen Gebäuden, aber zu wenig staatliche Unterstützung.« Etwa 12000 Gebäude stehen in Suffolk unter Denkmalschutz, über 300 Häuser allein in Lavenham. »In den örtlichen Behörden gibt es praktisch keinen, der historische Restaurierungen fachgerecht beurteilen und wirksam kontrollieren kann.« Ein alarmierender Befund. Die Folgen könnten verheerender sein als mangelnde Zuschüsse.

Noch ist Lavenham ein vorbildlich restaurierter Ort, ein Schaustück, kein Show-Dorf. Zur historischen Imagepflege trug auch der Postminister Ihrer Majestät bei: 1967 ließ er alle Telegrafenstangen in der High Street entfernen und die Leitungen unterirdisch verlegen. An manchen Häusern sieht man sogar noch das echte traditionelle *Suffolk Pink:* eine rotbraune Kalktünche, die eine eigene Patina entwickelt, besser als die harten, oft glänzend monochromen Chemiefarben. Lavenhams Probleme sind anderer Art. Etwa zwei Drittel der rund 1800 Einwohner kommen von auswärts: Rentner, Pendler oder Besitzer von Ferienhäusern. Viele Einheimische leben in den billigeren Gemeindewohnungen am Ortsrand. In den Fenstern sehe ich Plakate einer Bürgerinitiative: »A working village. Let's keep it that way.« Lavenham will kein Museumsdorf werden. Aber nur noch wenige arbeiten in der Landwirtschaft. Kitty Ranson, Ladenbesitzerin am Markt, erinnert sich noch, wie die Bauern mit ihren schweren Zugpferden, den *Suffolk Punch,* über den Markt auf die Felder gingen. »Jetzt will der Bezirksrat den Markt zum Parkplatz für Reisebusse machen.«

Triumphal erhebt sich auf einem Hügel außerhalb des Ortes der Kirchturm von Lavenham über Stadt und Land. St. Peter and St. Paul ist eine der großen *wool churches* von Suffolk, erbaut zwischen 1486 und 1525, zur Blütezeit der Tuchindustrie. Teuer schon die Baumaterialien: importierter Kalkstein aus Barnack, nicht nur einheimischer Flint. Virtuos die Arbeit der Steinmetze und Holzschnitzer: der reich ornamentierte Zinnenkranz von Haupt- und Seitenschiffen, der Portalvorbau mit seinem Fächergewölbe, die Holzschranken der Spring Chantry (1525) mit ihren Ranken, Säulen und Groteskfiguren. Für seine Grabkapelle und für die Vollendung des Turms stiftete der Tuchhändler Thomas Spring 200 Pfund, damals eine beträchtliche Summe. Gleich 32mal ließ *the Rich Clothier* sein Wappen an der Brüstung des Turms eingravieren, noch über dem Sternenemblem des 13. Earl of Oxford, des anderen großen Mäzens der Kirche. *Bell-ringer* schätzen den Klang der acht Glocken von Lavenham, Freunde der Grabsteinpoesie den fröhlichen Endreim: »Hurrah! my boys, at the Parson's fall, / For if he lived he'd buried us all.«[1]

Wenige Meilen westlich von Lavenham liegt *Long Melford,* auch dies ein einstiges Weberdorf mit einer stolzen *wool church.* So reich war der Ort im Mittelalter, daß hier zwei Tudorschlösser nebeneinander entstehen konnten. »Melford« (mill-ford) heißt Furt an der Mühle, und »Long« versteht jeder, der die Hauptstraße in ihrer ganzen Länge abgeschritten ist: rund vier Kilometer, das längste Dorf Englands. Georgianische, viktorianische Fassaden, klassizistische Säulenportale, Venezianische Fenster, Backstein in allen Variationen, weiße Ziegel aus dem frühen 19. Jahrhundert, rot und schwarz gebrannte in Schachbrettmustern, wie es um 1700 Mode war. Zu sehen ist auch die heutige Untugend, alte Ziegel grün oder pink zu streichen (und alte Schornsteine als Blumenkübel vors Haus zu stellen). Es gibt viel zu sehen entlang dieser Straße und viel zu trinken: neun Pubs, 32 Antiquitätenläden. Was der »Swan« in Lavenham, ist der »Bull« in Antiquesville: der älteste Gasthof des Ortes, um 1450 von einem Tuchfabrikanten erbaut.

Die lange, lange Straße von Long Melford mündet in einen weiten Dorfanger, einst Pferdemarkt und Rastplatz für Zigeuner (Farbt. 11). Ein sanfter Hügel, ein glorioses Green, auf der einen Seite das Schloß, auf der anderen eine schlichte Häuserreihe, oben Kirche und Armenhaus – ein unvergeßlicher Anblick, ein englischer Augenblick. Dieses Green hält alles zusammen und zugleich auf Distanz: die feudalen, klerikalen und bürgerlichen Kräfte einer Gesellschaft, die trotz aller Gegensätze immer wieder zum Ausgleich fähig war. Der große Anger von Long Melford ist das Idealbild einer sozialen Harmonie, einer über Jahrhunderte gewachsenen Hierarchie, die hier so natürlich erscheint wie ringsum das Gras und die Bäume.

Auf einer Anhöhe am Ortsrand, wie in Lavenham, liegt die Kirche von Long Melford (1460–96), und auch ihre Größe entsprach schon damals keineswegs der Größe der Gemeinde (Farbt. 12; Abb. 75). Die Stifter, die reichen Tuchhändler der Kleinstadt, bauten zur Ehre Gottes und zu ihrem eigenen Ruhm. Was für eine wunderbare Kirche: klar gegliedert, bewegt in ihrem Rhythmus von Stein und Glas, lichtdurchflutet. *Flushwork*-Ornamente, dunkler Flint und heller Kalkstein funkeln vom Sockel bis in die Zinnen, vor allem an der Südfassade, der Schauseite zum Green. Eine Kirche im Glashausstil des späten Perpendicular, mit langen Reihen hoher, breiter Fenster in den Seitenschiffen und im Obergaden. Die schlanken Säulen der Arkaden betonen auch im Innern Noblesse und Leichtigkeit dieser Architektur. Ungewöhnlich für eine Pfarrkirche die Lage der Marienkapelle am Ostende, als Verlängerung des Chors, sonst nur bei Kathedralen und Klosterkirchen anzutreffen. Die ursprüngliche Farbenpracht von Long Melford Church bezeugen noch acht Fenster im Nordschiff, Glasmalereien flämischer oder Norwicher Künstler des späten 15. Jahrhun-

1 Auf dem Friedhof des Nachbarorts Long Melford findet sich ein Wortspiel-Epitaph auf einen gewissen William Willing: »Death will'd that WILLING here should lie / Although unwilling he to die.«

Long Melford Church, Glasmalerei des 15. Jh.: Elizabeth Talbot, Duchess of Norfolk (links), Modell für John Tenniels Zeichnung der »bösen Herzogin« in »Alice in Wonderland«

derts. Da knien sie in den kostbaren Gewändern ihrer Zeit, Adlige, Bürger, Bürgermeister, Richter, die frommen Stifter dieser Kirche. Auch der Tuchhändler John Clopton ist darunter, Hauptstifter der Kirche, und Elizabeth Talbot, Duchess of Norfolk. Ihr Bild mit der pittoresken gotischen Flügelhaube soll dem *Alice-in-Wonderland*-Illustrator John Tenniel als Modell seiner »bösen Herzogin« gedient haben.

Zu den Raritäten der Glasmalereien von Holy Trinity gehört auch ein kleines rundes Fenster mit drei Kaninchen; jedes hat zwei Ohren, alle zusammen nur drei – mittelalterlicher Bildwitz, spielerisches Symbol der Dreieinigkeit, der diese Kirche geweiht ist.[1] Das Alabasterrelief[2] im Nordschiff, eine Anbetung (um 1350), war ursprünglich wohl ein Altaraufsatz, farbig gefaßt und vergoldet wie alle Altäre, Wände und Decken der Kirche vor der Reformation. Im Fußboden die Brasse der Cloptons von Kentwell Hall, ihre Grabkapelle neben dem Hochaltar. Gegenüber das monumentale Renaissancegrabmal des anderen Wohltäters der Gemeinde, Sir William Cordell, Herr von Melford Hall. So sind sie sich im Tod ganz nah, die beiden Lokalrivalen und Platzhirsche von Long Melford. Hätte die Kirche noch Mäzene wie diese, müßte sie heute nicht um ihren Bestand fürchten. Denn im

1 Bemerkenswert auch das »Lily Crucifix window« in der Clopton Chantry: das Ineinander von Kreuz und Lilie als bildhafte Einheit des Leidens von Jesus und Maria.

2 Alabaster aus Derbyshire und Staffordshire war besonders im 14. und 15. Jahrhundert beliebt für Altarreliefs und Grabskulpturen.

Gebälk von Holy Trinity frißt der Holzwurm. Fast 100000 Mark braucht die kleine Gemeinde alljährlich zur Restaurierung.

Der da lebensgroß in Alabaster und Ritterrüstung im Chor von Holy Trinity ruht, Sir William Cordell, stiftete 1573 ein Asyl für zwölf arme Männer der Pfarrei, Trinity Hospital. Vier Backsteinflügel um einen kleinen Innenhof, gleich neben dem Friedhof, ein sanfter Übergang. Immer noch hat das elisabethanische Armenhaus zwölf Insassen, »aber es gibt nicht mehr genug wirklich Bedürftige in Long Melford«, sagt der Verwalter, »deshalb nehmen wir auch Leute der Umgebung auf.« Bis zum Zweiten Weltkrieg trugen die Männer noch Gehrock und Zylinder. Auch dafür hatte der noble Stifter des Armenhauses gesorgt. Sir William selbst baute sich um 1560 der Kirche gegenüber jenseits der Allmende ein Schloß, *Melford Hall* (Farbt. 17).

Sir William Cordell hatte im Dienst der Tudors Karriere gemacht. Er war einer der Rechtsberater Henrys VIII., stieg unter Mary Tudor zum zweiten Kronanwalt auf, wurde Speaker im Unterhaus, *Master of the Rolls* unter Elizabeth I., ein politischer Überlebens-

Michael Angelo Rooker (1743–1801): Melford Hall

Thomas Gainsborough: St. Mary's Church, Hadleigh, 1748

künstler in turbulenter Zeit. Zum alten Landadel wie seine Nachbarn, die Cloptons in Kentwell Hall, gehörte Sir William nicht; er war ein Neureicher, ein Parvenü. Um so pompöser empfing er im August 1578 Queen Elizabeth in seinem neuen Landschloß. Von der Straße aus sieht der heutige Besucher zunächst nur, hinter Parkmauern und Heckenfiguren, die malerische Silhouette der Türme, Kuppeln und Kamine, leuchtend im warmen Rot der Tudorziegel. Wie Pfefferstreubüchsen krönen die sechs achteckigen Türme mit ihren Zwiebeldächern das Schloß, ein Motiv der italienischen Renaissance, das auch bei anderen

Bauherren der mittleren Tudorzeit beliebt war,[1] bevor unter der protestantischen Elizabeth der niederländische Einfluß in der englischen Architektur zunahm. Von der Long Gallery abgesehen, hat Melford Hall kaum noch elisabethanische Interieurs. Die Veränderungen, auch an der Westfassade, stammen von Thomas Hopper, der das Schloß zwischen 1813 und

1 Z. B. in Hengrave Hall (Suffolk; Farbt. 31), Layer Marney (Essex; Farbt. 19), Sutton Place und Nonesuch Palace (Surrey).

1820 für die Admiralsfamilie Hyde Parker renovierte, georgianisch moderat, nur im Treppenhaus mit jener Greek Revival-Grandeur, die zum Stilrepertoire des vielbeschäftigten Eklektikers gehörte. Es gibt einige erlesene Möbel zu sehen, ein paar alte Niederländer und ein Juwel im Park: ein achteckiger Tudor-Pavillon mit acht Giebeln und sechzehn achteckigen Türmchen, ursprünglich wohl das Schilderhaus des Schlosses (Abb. 21).

Nur eine vielbefahrene Straße trennt heute die Domänen der beiden Herrenhäuser von Long Melford. Ich ging an der Kirche vorbei und trat in den Schatten einer Lindenallee: 1678 gepflanzt, einen Kilometer lang, das rauschende Entree von *Kentwell Hall* (Abb. 9). Auch dies ein Tudorschloß aus rotem Backstein, mit ähnlichen Türmen wie die von Melford, vielleicht von denselben Baumeistern und Steinmetzen errichtet (um 1550). Auch hier hat Thomas Hopper das Interieur in georgianisch-neugotischem Stil modernisiert. Ein breiter Wassergraben umgibt das Schloß, von dessen Fachwerk-Vorgängerbau nur das Moat House erhalten ist (um 1475). Während die Erben von Melford Hall ihren Familiensitz 1960 dem National Trust überließen, erwarb ein junger Mann 1971 das heruntergekommene Nachbarschloß und gründete eine Familie. Patrick Phillips, Jurist und Kronanwalt, hat inzwischen drei Kinder und den Ruf eines erfolgreichen Schloßherrn. Raum für Raum, Jahr für Jahr beweisen die Phillips seitdem, daß es auch heute noch möglich ist, einen Landsitz dieser Größe aus eigener Kraft zu erhalten und zu bewirtschaften. Ihre Unabhängigkeit ist ihnen mehr wert als staatliche Zuschüsse.

Lange war auf Kentwell Hall statt kostbarer Möbel und Bilder nur die Herkulesarbeit der Restaurierung zu besichtigen. Inzwischen ist das Haus wohnlich geworden, der Burggraben ausgebaggert, der Fischteich gefüllt, Park und Gärten sind voller Überraschungen. Die Phillips züchten seltene ostenglische Bauernhaustiere des 16. Jahrhunderts, *Tamworth pigs* und *Dorking chickens, Lincoln Longwool sheep* und *Norfolk Horn*. Der Schloßhof ist neu gepflastert mit einem Backstein-Labyrinth in Form einer monumentalen Tudor-Rose. Einmal im Jahr treibt diese Rose ein paar Sommerwochen lang die üppigsten Blüten. Ritter, Knappen und Hofdamen, Bauern und Handwerker in historischen Kostümen bevölkern Schloß und Park: *Tudor Kentwell*, schönes Spiel mit der Geschichte, authentisch und nostalgisch, *Heritage Industry*, Volksfest, fröhliche Wissenschaft, vorgeführt von Freunden des Hauses und Amateurgruppen der Umgebung (Abb. 14). Sir John Clopton, der Tuchmacher, hätte sein Vergnügen. Schulklassen und Touristen kommen in Scharen. Und wer die Tudor-Typen anspricht, dem antworten sie im *Olde English* der Shakespearezeit, galant und derb und poetisch. Ein Sommertagstraum unter den Zedern von Kentwell Hall.

Ich weiß nicht, wie viele *Best-kept-village*-Wettbewerbe *Cavendish* schon gewonnen hat. Der Dorfanger am Hang, umgeben von Kirche, Pubs und pinkfarbenen Strohdach-Cottages, den einstigen Armenhäusern: ein englisches Bilderbuchdorf. Hinter den Kulissen dieser kleinen, heilen Welt arbeitet eine exemplarische Hilfsorganisation, die *Sue Ryder Foundation*. Die Frau, die diese Stiftung 1953 gegründet hat und durch eine Kette von Second-hand-Läden finanziert, Sue Ryder, hat inzwischen rund fünfzig Heime für Kranke, Behinderte und Überlebende der Konzentrationslager in Polen und England eingerichtet. Ihr Mann Leonard Cheshire wurde als offizieller britischer Beobachter Zeuge des Atombombenabwurfs auf Nagasaki. »Als einer, der das Glück hatte zu überleben, sah ich es als meine Pflicht an, eine bessere Welt bauen zu helfen.« Seine *Cheshire Foundation* betreut heute 260 Heime für behinderte Menschen in 48 Ländern. Im Jahre 1990 begann der ehemalige Bomberpilot, aus verschrotteten sowjetischen Mittelstreckenraketen Kugelschreiber herzustellen: »Die Feder ist mächtiger als das Schwert.« Jeder der 100 Millionen Kugelschreiber wird numeriert, »um so an eines der 100 Millionen Kriegsopfer dieses Jahrhunderts zu erinnern«. Der Erlös dieses Abrüstungs-Recyclings soll einem von Leonard Cheshire gegründeten internationalen Katastrophenhilfsfonds zugute kommen.

Stouraufwärts nach *Clare*. Eine Kleinstadt mit großer Vergangenheit. Aber von der normannischen Burg der mächtigen Grafen de Clare ragen nur noch wenige Mauern aus dem Gebüsch im Country Park. Was einst die Herrschaft sicherte, dient heute der Naherholung. Glänzende Feste, dramatische Konflikte, Ruhm und Ehrgeiz von Generationen: was bleibt, sind ein paar Infotafeln am Geschichtslehrpfad, Picknickplätze kommunaler Erinnerung. Clare College in Cambridge hat hier seine Wurzeln, gestiftet von Elizabeth de Clare, der Tochter des 9. Earl. Am anderen Ufer liegt Clare Priory, als erstes Kloster der Augustiner in England von Richard de Clare 1248 gegründet und seit 1953, in bescheidenen Resten, wieder von Augustinern bewirtschaftet.

»Go about your Business«, mahnt die Sonnenuhr von 1790 über dem Portal der gotischen Pfarrkirche. Clares Geschäfte im Mittelalter besorgten die Tuchmacher, nicht anders als in *Kersey*. Dort produzierten sie einen rauhen, gerippten Stoff, besonders geeignet für Strümpfe. Kersey war ein Begriff: »Henceforth my wooing mind shall be exprest in russet yeas and honest kersie noes«, heißt es in Shakespeares *Verlorener Liebesmüh*. Heute ist Kersey der Inbegriff des pittoresken Dorfes: Häuser mit roten Ziegel- und Pfannendächern, den Hügel hinunter und wieder hinauf, und mitten im Ort führt die Straße in einer Furt durch den River Brett, in dem die Tuchmacher einst ihre Stoffe einweichten (Abb. 71). Immer wieder müssen die Enten und Gänse im Straßenteich den Autos weichen. »My geese got a bit fed up with the tourists«, sagt ein Mann an der Furt von Kersey. Erst in den fünfziger Jahren wurde diese Dorfidylle ans öffentliche Stromnetz angeschlossen.

Letzte Station auf unserem Streifzug durch die historischen Tuchmacherzentren von Suffolk: *Hadleigh*. Von der Flußaue führt eine Backsteinbrücke des 14. Jahrhunderts in drei schönen Bögen über den River Brett. Mit wechselnden Firsthöhen und Fassaden, mal Ziegel, mal Fachwerk, gelegentlich ein *pargeting*-Ornament, so entfaltet die High Street den bescheidenen Reichtum regionaler Architektur.[1] Einstimmig lehnte der Stadtrat von Hadleigh einen geplanten Supermarkt ab: »völlig unangemessen« für ein Denkmalschutzgebiet, schlecht für den Einzelhandel – Rücksichten, die deutschen Stadtvätern meist fremd sind.

Mitten im Ort ein einzigartiges Ensemble mittelalterlicher Gebäude, malerisch um den Friedhof gruppiert: St. Mary's Church, Guildhall und Deanery Tower (Abb. 70). Die Kirche aus Flint, die Zunfthalle Fachwerk, das Torhaus aus den roten Ziegeln der Tudorzeit: eine kleine Anthologie der Baumaterialien von Suffolk. Der zentrale, höhere Teil der Guild-

1 Z. B. High Street No. 62–66, genannt Coffee Tavern, 1676.

hall mit ihren überkragenden Geschossen wurde um 1430 als Markthalle errichtet; wenig später baute man an den Seiten und nach hinten aus, Platz für die fünf Gilden der Tuchmacherstadt. Gegenüber die Kirche, groß und hell, der spitze, hohe Turmhelm aus Holz, mit Blei verkleidet, der einzige dieser Art in Suffolk. Fürstlich residierte neben der Kirche der Erzdiakon Pykenham. Nur der Eingang zu seinem Dekanat[1] blieb erhalten, das viertürmige Torhaus von 1495, reichverziert mit Zinnen, Fialen, Lisenen und gotischen Kleeblattbögen (Abb. 18). Dieser Deanery Tower ist eine Miniaturausgabe des Torhauses von Oxburgh Hall (1482), ein Beispiel dafür, wie die einstige Wehrarchitektur zum reinen Statussymbol wurde. Solcher Prachtentfaltung des Klerus machte die Reformation ein Ende. Aber schon 1553 bestieg wieder eine katholische Königin den englischen Thron, Mary Tudor. In ihrer kurzen Regierungszeit ließ *Bloody Mary* 232 Protestanten und Nonkonformisten als Ketzer hinrichten, über 70 allein in East Anglia. Einer von ihnen war Rowland Taylor, der Pfarrer von Hadleigh.

Auch im Gefängnis bewies Reverend Taylor Haltung: »Auf dem Friedhof von Hadleigh gibt es eine Menge Würmer, die sich vergnügt über dieses Fleisch hermachen würden, auf das sie schon viele Tage gewartet haben. Jetzt aber weiß ich, daß wir uns getäuscht haben, sie und ich. Denn dieser Kadaver soll zu Asche verbrannt werden.« So geschah es, an einem bitterkalten Februartag 1555. »Soyce«, sagte der verurteilte Pfarrer zum Scharfrichter, einem ortsbekannten Säufer, »Soyce, ich bitte dich, zieh mir die Schuhe aus und nimm sie für deine Mühe.« Dann sprach Rowland Taylor den 51. Psalm und wurde auf dem Scheiterhaufen verbrannt, dort, wo heute der Obelisk auf *Aldham Common* steht.

Einer seiner Nachfolger in besseren Zeiten, Hadleighs Pfarrer Thomas Tanner, bestellte 1748 bei einem jungen, noch unbekannten Maler ein Bild für den Kaminsims des Dekanats. Dies *chimney-piece* zeigt, topografisch genau, Residenz und Arbeitsplatz des Pfarrers, im Vordergrund ein paar Gräber und Passanten: *Hadleigh Church*, eine romantische Vedute des frühen Gainsborough.[2] Der Maler hat die Szene zum Panorama geweitet, sonst ist alles detailgetreu, fast unverändert bis heute. So gehen wir über den Friedhof von Hadleigh wie durch ein Gemälde von Gainsborough.

Das verdammte Visagen-Geschäft: Gainsborough in Sudbury

In Thomas Bernhards Erzählung *Alte Meister* besucht ein Maler aus dem Kaukasus das Kunsthistorische Museum in Wien und entfernt sich von seiner Reisegruppe, um ein bestimmtes Bild zu suchen. Nur für dieses eine Bild interessiert sich der Mann aus Tiflis,

1 Die heutige Deanery ist Neotudor von 1831. Dort oder im Deanery Tower traf sich 1833 der Dekan Hugh James Rose mit seinen Freunden Froude, Palmer und Perceval. Diese sog. *Hadleigh Conference* gilt als Beginn des *Oxford Movement* zur Wiederherstellung römisch-katholischer Ideen und Praktiken in der Anglikanischen Kirche.

2 Heute in einer ostenglischen Privatsammlung.

Thomas Gainsborough: Landschaft in Suffolk, um 1748

berichtet der Aufseher: »Eine halbe Stunde habe er vor der *Gegend von Suffolk* verbracht, ohne auch nur einen Augenblick an seine Gruppe zu denken, er sei das erste Mal in Mitteleuropa und er habe zum erstenmal ein Gainsborough-Original gesehen. Dieser Gainsborough sei der Höhepunkt seiner Reise.«[1] Eine Hügellandschaft, Bäume um einen Teich, eine Strohdachhütte, darüber ein dramatisch aufgetürmter Himmel – fast hätte der Mann aus Tiflis deshalb seine Reisegruppe verpaßt.

Suffolk ist Gainsborough's Country, nicht nur Constables Heimat. Am Stour, nur 20 Kilometer flußaufwärts von East Bergholt, liegt Gainsboroughs Geburtsort *Sudbury*. Auch seine frühen Bilder sind Pastoralen vom Stour. »It is a most delightful country for a painter«, schreibt Constable, »I fancy I see Gainsborough in every hedge and hollow tree.« Seither sind viele Hecken zerstört. Unverbaut, unverändert aber die weiten Flußauen am Stadtrand, wo die Kühe grasen und am Stour zur Tränke gehen wie zu Gainsboroughs Zeit. *The Freemen's Great Common* heißt dieses seit dem 13. Jahrhundert verbriefte Gemeindeland. Vor der aufgelassenen Kirche St. Peter steht der Maler lebensgroß in Bronze[2], mit Perücke,

1 *Wooded Landscape with Figures, Donkeys, Pool and Cottage,* um 1748; ein Frühwerk Gainsboroughs in holländischer Manier.

2 Statue von Sir Bertram MacKennal, 1913.

Gehrock und Palette, und blickt über den Marktplatz »dieser uralten, loyalen und patriotischen Gemeinde«, Vorbild für die Kleinstadt Eatanswill, wo Dickens seinen Helden Mr. Pickwick eine Parlamentswahl erleben läßt, in der »die Blauen« und »die Braunen« um die Gunst der Wähler buhlen wie heute, mit Wahlgeschenken, faulen Tricks und flotten Sprüchen.

Gainsboroughs Name ziert eine Tankstelle, ein Taxiunternehmen, ein Kino, einen Nachtklub und eine Seidenweberei. Sudbury, größte der alten *wool towns* am Stour, hat auch heute noch drei hochspezialisierte Textilfabriken. Hier läßt der amerikanische Modedesigner Ralph Lauren die Seide für seine Luxuskrawatten weben. Aus Sudbury stammt auch die Seide für das Hochzeitskleid von Prinzessin Anne.[1] Gainsboroughs Vater ging hier als Tuchmacher bankrott, sein Sohn stieg auf zum bestbezahlten Seidenrobenmaler des Königreichs. Nicht zu verfehlen No.43 Gainsborough Street, wo er 1727 als jüngstes von neun Kindern geboren wurde. Es waren ursprünglich zwei Fachwerk-Cottages der Tudorzeit, die sein Vater in ein geräumiges Weberhaus mit repräsentativer georgianischer Backsteinfassade umgebaut hat. Dies ist das einzige Geburtshaus eines Künstlers, das man in England besichtigen kann. Fast wäre es ein Fahrraddepot geworden, hätten nicht ein paar Enthusiasten das Haus 1958 gekauft und restauriert. In vorbildlicher Privatinitiative sorgt die *Gainsborough's House Society* seitdem dafür, daß man sich über die Entwicklung des Künstlers am Ort seiner Herkunft authentisch informieren kann. Neben Gainsboroughs Palettenmesser, Spazierstock-Degen und goldgerahmter Haarlocke ist auch sein *Colour Cabinet* zu sehen, ein Mahagonischreibtisch, auf dessen Schieferplatte er seine Farben mischte.

In seinem Elternhaus hängen jetzt die Gainsboroughs: Zeichnungen, Radierungen, ein Dutzend Gemälde, mehr als in jedem Museum, darunter ein brillantes Londoner Frühwerk, das ganzfigurige Porträt eines Knaben (um 1744/45). Es ist der junge William MacKinnon im Gentleman-Kostüm der Zeit: Rüschenhemd, Gehrock, goldtonige Weste mit Seidenbesatz, Kniebundhose und Silberschnallenschuhe. Neben dem kleinen Kavalier ein Mädchen mit Feldblumen im Schoß – wie gerne sähen wir mehr von ihr, aber sie ist verloren auf der abgeschnittenen Hälfte des Bildes. Was für eine Tragödie, vielleicht, im Rollenspiel des Rokoko. Aus diesem frühen, noch ganz formellen Kostümstück entwickelte sich der Zauber von Gainsboroughs Kinderbildern: von den sechs Doppelporträts seiner Töchter Margaret und Mary über den virtuosen *Blue Boy* von 1770, den Sohn eines reichen Eisenwarenhändlers aus Soho, bis zu den *Marsham-Kindern* von 1787, ein Jahr vor seinem Tod (Gemäldegalerie Berlin).

Im Garten hinterm Haus steht noch der Maulbeerbaum, den Gainsborough kannte, gepflanzt um 1610 zur Seidenraupenzucht. Kein Naturgenie ohne Anekdote: Als Kind beobachtete er, wie jemand im Garten seiner Eltern Birnen klaute, und er zeichnete den Dieb so genau aus dem Gedächtnis, daß man ihn sofort erkannte. So wurde Gainsborough Porträtist der *enjoying classes*. Auf der Lateinschule von Sudbury war er kein großes Licht. Schon

1 Wie die Courtaulds waren auch die Vorfahren der Seidenweberei Stephen Walters Hugenotten, die nach London emigrierten, in Spitalfields Werkstätten gründeten und seit Mitte des 18. Jahrhunderts nach Essex und Suffolk expandierten.

Thomas Gainsborough: Die Töchter des Künstlers jagen einen Schmetterling, um 1756 (unvollendet)

mit dreizehn schickten ihn seine Eltern nach London, in die Werkstatt des Boucher-Schülers Hubert Gravelot. Dessen Kupferstiche sorgten maßgeblich für die Verbreitung des französischen Geschmacks in England, das sich im frühen 18. Jahrhundert noch weitgehend nach der klassischen italienischen Kunst orientierte. Anders als sein Rivale Reynolds unternahm Gainsborough nie die obligate Kavalierstour nach Italien. Die Bäume von Suffolk waren

Thomas Gainsborough: Mr. and Mrs. Andrews, um 1748/49

seine Akademie, heißt es, und die Auktionshäuser Londons, wo damals die ersten Landschaften von Ruisdael und Hobbema auftauchten. Mit achtzehn bezog Gainsborough ein eigenes Atelier in London, 1745. Aus demselben Jahr stammt sein frühestes datiertes Gemälde, ein überaus englisches Sujet: das Porträt des Bullterriers *Bumper*. Die Ähnlichkeit des Hundes gefiel auch seinem Herrn und nicht nur diesem. »Schmalköpfige, kluge Leute und reiche Narren gibt es so viele in unserem Land, daß ich keine Sorge habe, hin und wieder mit Porträts mein Brot zu verdienen.«

In London heiratete Gainsborough die schöne Margaret Burr aus Schottland, uneheliche Tochter von Frederick, Prince of Wales. Mit ihr kehrte er 1748 nach Sudbury zurück und nahm eine Wohnung in Friars Street. Dort malte er das Hochzeitsbild eines anderen jungen Paares: *Mr. and Mrs. Andrews*, das berühmte Doppelporträt der National Gallery. Frances, die sechzehnjährige Braut, in blauem Satin auf einer Rokokobank, neben ihr Robert, die Beine gekreuzt, die Jagdflinte lässig im Arm, ein Repräsentant der *landed gentry*, hinter ihnen der Stamm einer Eiche, zeitlos wie eine griechische Säule. Das Licht ist klar und frisch wie die Jugend selbst, die Felder sind wohlbestellt. Heugarben signalisieren eine produktive Landwirtschaft und eine fruchtbare Ehe. Gainsborough verlegte sein Freilichtporträt auf die Güter des jungen Lords, es ist der Blick von seinem Landsitz Auberies in Bulmer über das Stour-Tal nach Sudbury, mit dem Kirchturm von St. Peter im Hintergrund. Die Eiche, unter der er die beiden malte, steht noch inmitten der Felder.[1] Anders als bei seinem Nachfolger Constable sind Gainsboroughs Landschaften selten topografisch genau zu lokalisieren. Zu den Ausnahmen gehören die frühen Bilder aus der Umgebung von Great Cornard am Ortsrand von Sudbury und *Hadleigh Church* (1748), gemalt für den Pfarrer der benachbarten Kleinstadt (siehe S. 178).

Als die erhofften Aufträge ausblieben, verließ Gainsborough 1752 endgültig seine Heimatstadt und zog nach Ipswich. Sieben Jahre lang porträtierte er dort Klerus und Landadel, die meist nur ein einfaches, billiges Konterfei wollten: Kopf, Schultern, glatter Hintergrund. Zu seinen Mäzenen gehörte die Brauereifamilie Cobbold, der Bürgermeister von Norwich, Sir Thomas Vere, der Stadtsyndikus von Ipswich, Samuel Kilderbee, sein lebenslanger Freund, und der Amateur-Flötist und Abgeordnete William Wollaston von Finborough Hall. Neben Auftragsporträts malte Gainsborough in Ipswich jene frühen Landschaften, in denen er auf sehr persönliche Weise den Realismus der Niederländer mit der neuen Leichtigkeit des Rokoko verband. Es sind arkadisch verwandelte Heimatszenen, Bouchers tändelnde Schäfer unter dramatischem Ruisdael-Himmel in East Anglia. Aber das englische Publikum schätzte damals andere Landschaften, topografisch exakt oder im mythologisch-heroischen Stil Poussins und Claude Lorrains. Im übrigen galten Landschaften als minderes Genre: *chimney-pieces*, Dekorationsstücke über dem Kamin. Gainsborough wußte, daß er nur als Porträtist Erfolg haben würde, und zog nach Bath.

1 Fast vierzig Jahre später, 1785, malt Gainsborough noch einmal ein Hochzeitsporträt, den romantischen *Morning Walk* mit dem Spitz (London, National Gallery).

Dort traf sich im 18. Jahrhundert alles, was in England Rang und Namen und eine kleine Krankheit hatte. »Ein Spital für die Nation«, heißt es in Smolletts *Humphry Clinker*: »Jeder Glückspilz, wenn er sich nach der Mode hat ausstaffieren lassen, zeigt sich zu Bath als dem wahren Orte, wo er bemerkt werden wird.« Wollte einer auch späterhin, gar nach seinem Tode noch bemerkt werden, mußte er sich porträtieren lassen; am besten von Gainsborough. Sein Atelier am Circus No. 17 wurde zum Treffpunkt der Society, Bath buchstäblich zum Gains-Borough. Als 1768 die Royal Academy in London gegründet wurde, berief man ihn als einzigen Porträtisten in der Provinz zum Gründungsmitglied.

Die Lust an glänzenden Gewändern, an durchscheinender Spitze und schimmerndem Satin, dieser malerische Stoffreiz, der manchmal die Gesichter allzu glatt und leer erscheinen läßt: Das ist das Erbe Van Dycks, den Gainsborough in den Landschlössern rings um Bath studiert und noch auf dem Totenbett zitiert (»Wir kommen alle in den Himmel, und Van Dyck ist mit von der Partie«). Rubens aber läßt seine Palette heller werden, seinen Pinselstrich lockerer, seine Landschaften bewegter und effektvoller. Gainsboroughs oft dramatisches Helldunkel ist nicht zuletzt ein Ergebnis seiner Vorliebe, bei Kerzenlicht zu malen. Kerzen beleuchteten auch die Modell-Landschaften, die er im Atelier entwarf: Korken und Steine als felsigen Vordergrund, Sand, Moos und Spiegelscherben als stille Wasser in der Mitte; die Wälder in der Ferne waren Broccolipflanzen. Diese inszenierten Landschaften bevölkerte der Maler mit kleinen Figuren und Tieren, die er aus Lehm modellierte. Der Abguß eines solchen Pferdes ist im Gainsborough-Haus in Sudbury zu sehen, das einzige erhaltene Modell dieser Art.

Fünfzehn Jahre lebte Gainsborough in Bath: ein Porträtist aus Leidenschaft, wenn man seine Bilder sieht – ein Porträtist wider Willen, wenn man seinen Briefen glauben darf. »I'm sick of portraits«, schreibt er einem Freund, »ich habe Porträts satt und wünsche mir sehr, meine Viola da Gamba zu nehmen und fortzuwandern in liebliche Dörfer, wo ich Landschaften malen und den Rest meines Lebens still und unbeschwert genießen könnte.« Es war die Sehnsucht nach den grünen Ufern des Stour, aus den Salons hinaus unter den hohen Himmel von East Anglia. »Aber diese feinen Damen und ihre Tees und ihre Bälle, ihre Jagd nach dem Mann etc. etc. werden mich um die letzten zehn Jahre betrügen...« In langen Reihen, berichtet ein Besucher, standen Gainsboroughs Landschaften nebeneinander von der Eingangshalle bis zu seinem Atelier; aber die, die ihm Porträt saßen, »people with their damn'd faces«, würdigten sie im Vorübergehen kaum eines Blickes. »Zum Teufel mit den Gentlemen«, fluchte Gainsborough, »sie haben nur einen Teil, den anzusehen sich lohnt, und das ist ihre Börse.«

»The curs'd Face Business«, das verdammte Visagen-Geschäft: Selten war ein künstlerischer Verdruß ergiebiger als dieser, finanziell und ästhetisch. 1774 bezog Gainsborough ein Haus in Londons eleganter Pall Mall, er hatte einen Landsitz in Richmond, wo ihn sein Gönner George III. gelegentlich besuchte, ein Cottage in Essex und eine eigene Kutsche. Im übrigen mußte er alle Honorare an seine Frau Margaret abführen. Schauspieler und Musiker waren seine Freunde, sie malte er am liebsten, und schöne Frauen: Sarah Siddons, Mrs. Sheridan, die Beauties der Londoner Salons. David Garrick saß ihm Modell, Johann Christian Bach und dessen Partner Karl Friedrich Abel, deutsche Komponisten am Londoner Hof, und Johann Christian Fischer, zuvor Oboist Friedrichs des Großen, später Gainsboroughs ungeliebter Schwiegersohn. Er porträtierte James Christie, den Gründer des Auktionshauses, lächelnd auf eine Gainsborough-Landschaft gestützt. Indes machte Sotheby's das Rennen um den bisher höchsten Gainsborough-Preis: 5,2 Millionen Mark für sein Porträt der jungen Mrs. Drummond. Sein Gruppenbild der Familie Gravenor verkaufte Sotheby's 1972 für die damalige Rekordsumme von 2,3 Millionen Mark nach Amerika. Dort hatte der New Yorker Kunsthändler und gebürtige Engländer Joseph Duveen schon früh dafür gesorgt, daß Sammler wie Henry C. Frick, Andrew Mellon, Henry E. Huntington Bilder von Gainsborough erwarben, Gütezeichen des höheren, englischen Geschmacks (*the millionaire taste*). Duveen gab seinen amerikanischen Kunden eine Vergangenheit: Wer ein Gainsborough-Porträt kaufte, adoptierte einen Ahnen von europäischem Adel.

In London entstanden einige der schönsten farbtrunkenen Gemälde Gainsboroughs, Konversationsstücke eines englischen Watteau: *The Mall*, die Promenade der Damen und ihrer Beaus, eine *fête galante* im St. James's Park, heute in der New Yorker Frick Collection, oder der Spaziergang des Duke of Cumberland mit seiner Frau unter den Bäumen von Windsor, eines der Glanzstücke der Queen's Collection, der großten Gainsborough-Privatsammlung der Welt. Glamour-Porträts, gewiß; aber ein reiner Repräsentationsmaler, ein Kostümier war Gainsborough nicht. Er sah die Landschaft nicht als bloße Kulisse der Person, sondern als wesentlichen Ausdrucksträger. Mrs. Sheridans wehendes Haar und das rauschende Laub über ihr, solche Synthesen von Mensch und Natur machen Gainsborough zu einem Vorläufer der Romantik. Darum hat er auch nie, mit Ausnahme seines Neffen Dupont, einen Assistenten für Hintergründe beschäftigt. Ein lockerer, skizzierender, impressionistischer Pinselstrich verbindet alle Teile des Bildes und gibt ihm jene unvergleichliche, schwebende Atmosphäre. Keiner hat sie besser beschrieben als Constable, Gainsboroughs Nachfolger auf dem Feld der Landschaftsmalerei: »Die Stille des Mittags, die Tiefe des Zwielichts, der perlende Tau des Morgens, das alles findet sich in den Bildern dieses überaus freundlichen und wohlwollenden Mannes. Wenn wir sie betrachten, kommen uns die Tränen, und wir wissen nicht warum.«

Gainsborough pflegte seine Farben reichlich mit Terpentin zu verdünnen und lasurartig, in subtilen Schichten aufzutragen. Das gibt seinen Sujets stoffliche Eleganz, seiner Ölmalerei die Leichtigkeit und Transparenz von Aquarellen. Auf Gainsboroughs Bildern finden wir dieselben weichen, pastellartigen Farben und zart geschwungenen Linien wie in den Interieurs seines Zeitgenossen Robert Adam, des Innenarchitekten der Empfindsamkeit. Aber was Gainsboroughs Menschen fühlen, zeigen sie nicht. Wenn ihre Gesichter oft eigentümlich glatt wirken, so fehlt es ihnen doch so wenig an Temperament wie ihrem Porträtisten an Ausdruckskraft. Im Gegenteil, seine Malerei ist der ideale Ausdruck dessen, was Jane Austen den »wahren englischen Stil« nennt, nämlich »unter einer Ruhe, die wie Gleichgültigkeit wirkt, das echte Gefühl zu begraben«. Beides, das Bedürfnis nach Understatement und den Willen zur Repräsentation, erfüllen seine Freilichtporträts auf elementare Weise: Sie verlagern die Geschichte der wahren Empfindungen in die wechselnden Stimmungen der

Natur. Darum haben Gainsboroughs Bilder die schillernde Aura von Unnahbarkeit und Intimität. Sie spiegeln schon das neue Lebensgefühl einer Gesellschaft, die aus den Zwängen absolutistischer Hofetikette und französischer Regelgärten hinaustritt ins Freie, in den Englischen Garten, in die Epoche des Naturrechts und der Naturpoesie. Gainsboroughs Menschen sind Vorboten des neuen, romantischen Naturbegriffs.

Ein Jahr vor dem Ausbruch der Französischen Revolution, 1788, starb Gainsborough in seinem Haus in London an Kehlkopfkrebs. Sein lebenslanger Rivale Reynolds sprach ihm den noblen Nachruf: »Wenn diese Nation jemals ein Genie hervorbringt, das für uns die ehrenvolle Auszeichnung einer Englischen Schule erwirbt, dann wird der Name Gainsborough der Nachwelt, der Geschichte der Kunst, unter den ersten übermittelt werden.« Der Meister aus Sudbury hinterließ rund 800 Porträts, ein paar hundert Landschaften und beträchtliche Verwirrung auf dem Kunstmarkt.[1]

Als Gainsboroughs Lords und Ladies 1980 aus Boston, New York und Malibu, aus den großen Museen der Welt in der Londoner Tate Gallery zusammenkamen, da verbanden sie sich zum Porträt einer Klasse, zur Retrospektive einstiger britischer Macht und Herrlichkeit. Diese Ausstellung war »a ceremony of national taste« (*TIME*), die Summe eines vergangenen, aber doch nicht gänzlich verlorenen Lebensgefühls, ein Stück nationaler Identität. Die Präsenz des jungen Lord Henry, des 3. Duke of Buccleuch, auf Gainsboroughs Porträt von 1770 war die Gegenwärtigkeit auch seines Leihgebers, des 9. Herzogs von Buccleuch. Diese historische Kontinuität spürt man stärker noch als in Gainsboroughs Geburtshaus in Sudbury beim Besuch der Herrenhäuser Ostenglands; kaum eines, in dem sie nicht an den Wänden hingen, »the Gainsboroughs and Lawrences / and some sporting prints of Aunt Florence's« wie Noël Coward einmal spöttisch reimte. Rund ein Drittel aller Gainsboroughs sind bis heute in Familienbesitz, trotz hoher Erbschaftssteuern und vielbeklagtem nationalem Kulturausverkauf.

Gainsborough war indes nicht nur der Porträtist der *enjoying classes*. Er hat auch Bauern, Hirten und Holzfäller gemalt, lebensgroß sogar, Rollenfiguren des einfachen Lebens, jenseits der realen Verhältnisse. *Fancy pictures* nannte er diese Genrebilder im pittoresken Geschmack der Zeit. Für solche Phantasiestücke standen ihm bettelnde Kinder von der Straße Modell; auch Schweine holte er sich ins Atelier. Bauern auf dem Weg zum Markt, auf dem Erntewagen, vor ihrer Hütte im Abendlicht: Landleben aus der Perspektive der Landlords, pastorale Idyllen am Vorabend der agrarischen und industriellen Revolution. Schon Gainsboroughs Zeitgenossen sahen dieses Anglo-Arkadien mit nostalgischen Augen: die ewige Sehnsucht des Bürgers nach dem alternativen Leben.

Was wäre englischer als diese Countryside, diese langen, überschlanken Figuren, diese Ladies in Samt und Seide, die sich in Gainsboroughs Natur wie im Salon bewegen und in der Gesellschaft so natürlich, wie Rousseau es empfahl. Gainsborough hat das ganzfigurige

1 Angesichts vieler Kopien und Fälschungen – Gainsborough signierte selten ein Bild und datierte nur ein einziges – nahm John Hayes, Direktor der National Portrait Gallery, in seinem zweibändigen *Catalogue raisonné* nur 187 unbezweifelbar echte Landschaften auf (*The Landscape Paintings of Thomas Gainsborough*, London 1982).

Freilichtporträt nicht erfunden, wohl zur Vollendung geführt. Das ist sein Ruhm. Aber er wollte keine Porträts in der Landschaft, er wollte Landschaften ohne Porträts. Das war sein Dilemma.

Wer Gainsboroughs Lebensweg und seinen Bildern folgen will, fährt von Sudbury nach Ipswich. Dort findet er im Museum im Christchurch Park, neben frühen Porträts, auch eine der schönen späten Landschaften Gainsboroughs, *A Country Cart Crossing a Ford*: Bauern im Pferdewagen durchqueren einen Fluß, vielleicht den Stour; am Ufer unter einem hellen, stürmischen Himmel leuchten die Weiden.

Orwells Orwell oder Wer fließt durch Ipswich?

Das Schönste an Ipswich ist das 22. Kapitel der *Pickwickier*. Da läßt Dickens seinen Helden in einem Gasthof logieren, der seiner monströsen Größe wegen so »berühmt wie ein preisgekrönter Ochse« ist, im »Great White Horse« in der Tavern Street: »Nirgendwo findet man wieder solche Labyrinthe von teppichlosen Gängen, solch endlose Reihen von dumpfigen und schlecht beleuchteten Zimmern, eine solche Unzahl von kleinen Speise- und Schlafkammern unter einem Dach vereinigt wie zwischen den vier Wänden des Großen Weißen Rosses zu Ipswich.« Mr. Pickwick verläuft sich und landet im Zimmer einer Dame. Allein, Miss Witherfield, jene Lady »mittleren Alters in gelben Lockenwickeln«, erweist sich als noch größere Enttäuschung als die Flasche Portwein, die unser Held zuvor genossen hat (»zwar von der schlechtesten Sorte, aber zugleich in der höchsten Preislage«). *Poor* Mr. Pickwick!

In diesem Hotel an der Postkutschen-Route zwischen London und Norwich logierte Dickens selbst, als er 1835 für den *Ipswich Chronicle* über die Wahlen in Suffolk berichtete. Keine Kritik kann offenbar so vernichtend sein, daß sie nicht später zur Werbung taugte. Das »Great White Horse« jedenfalls ist souverän genug, sich mit Dickens-Illustrationen und einem »Pickwickier Room« zu schmücken. Wer freilich sagen wollte, das Hotel sei heute besser als sein literarischer Ruf, täte Dickens unrecht.

Aus Ipswich stammen Chaucers Großvater, Kardinal Wolsey und Englands erster Rasenmäher. Mit seinem geschützten Hafen am Oberlauf des River Orwell, von angelsächsischen Siedlern um das Jahr 600 gegründet, entwickelte sich Ipswich im Mittelalter zu einer bedeutenden Handelsstadt. Queen Elizabeth I. kam 1561 zu Besuch (und beklagte sich über die schmutzigen Straßen), Gainsborough lebte hier sieben magere Jahre lang, am Anfang seiner Karriere, und 1741 debütierte hier der geniale David Garrick. Ipswich ist ein Beispiel dafür, daß historische Zelebritäten einer Stadt wenig nützen, wenn ihre Bürger nicht aufpassen, was die Planer machen. »They massacred it«, erklärt mir eine Einheimische drastisch. Zu den größten Unternehmern von Ipswich zählten fraglos die Abbruchunternehmer.

Seit den Tagen der prosperierenden Viktorianer wurde abgerissen und wiederaufgebaut, wechselnden Moden folgend, wenig inspiriert im Einzelnen, planlos im Ganzen. Das alte Ipswich gibt es nicht mehr, ein neues ist erst in Ansätzen sichtbar. Tower Ramparts, West-

Mr. Pickwick im »Great White Horse« in Ipswich, Illustration von Phiz zum 22. Kapitel der »Pickwick Papers« von Charles Dickens

gate und Northgate Street: Nur Straßennamen signalisieren noch den Verlauf der mittelalterlichen Stadtmauern. Krude mischen sich die Stile und Stillosigkeiten im Zentrum rund um Cornhill, den alten Marktplatz. Nicht weit von der kuppelbekrönten viktorianischen Town Hall (1868) und Corn Exchange (1882), heute als Unterhaltungs- und Konferenzzentrum genutzt, geht Ipswichs Paradehaus auf Blickfang: das *Ancient House* am Buttermarket. Geschnitzte Holzpfosten im Untergeschoß, im überkragenden ersten Stockwerk prächtige Erkerfenster, Früchtegirlanden und figürliche Szenen – üppiger, barocker präsentiert sich kaum ein anderes Haus dieser Zeit in England (um 1670). Die Stuckreliefs, *pargeting* genannt, zeigen neben dem königlichen Wappen Charles' II. naive Allegorien der Kontinente: Amerika mit Tabakpfeife, Europa mit gotischer Kirche und rittlings auf einem Krokodil, mit Sonnenschirm und Speer, das nackte Afrika. Es lohnt sich, auch einen Blick ins Innere zu werfen, zumal eine renommierte Buchhandlung hier eingezogen ist, wo zwei Jahrhunderte lang die Kaufmannsfamilie Sparrowe wohnte. Einen von ihnen, den Ratsherrn John Sparrowe, hat Gainsborough porträtiert. Das Haus des Malers, 34 Foundation Street, ist abgerissen.

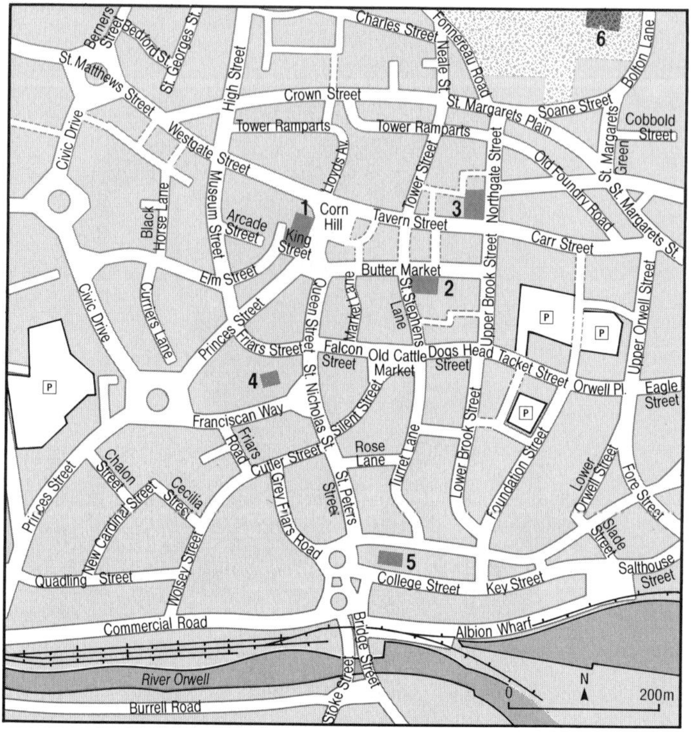

Ipswich, Stadtplan
1 Town Hall und Corn Exchange
2 Ancient House
3 Great White Horse Hotel
4 Unitarian Meeting House
5 Wolsey's Gate
6 Christchurch Mansion

Einige Kaufmannshäuser aus dem 16. und 17. Jahrhundert haben sich in Fore Street erhalten, eine ältere Gruppe von Fachwerkhäusern in Silent Street. Dort wurde 1472 Thomas Wolsey geboren. Der Ipswicher Metzgers- und Gastwirtssohn stieg auf zum Kardinal-Erzbischof von York und Lordkanzler Heinrichs VIII. York Place in London, später Whitehall genannt, und Hampton Court gehörten zu den Palästen dieses Kirchenfürsten, der die Auflösung der Klöster initiierte und davon träumte, selbst die Tiara zu tragen. In seiner Heimatstadt gründete er 1528 das Cardinal's College of St. Mary, Konkurrenz für die Eliteschulen von Eton und Winchester. Wolseys Kolleg sollte Schüler ausbilden für seine andere große Stiftung, Christ Church College in Oxford. Aber 1529 wurde der unbotmäßige Lordkanzler gestürzt und fast sein gesamter Besitz vom König konfisziert. Ein Jahr später starb er, ein gebrochener Mann. Von seinem ehrgeizigen Projekt in Ipswich blieb nur ein bescheidenes Tudortor aus rotem Backstein mit dem Wappen Heinrichs VIII. übrig, *Wolsey's Gate* in College Street, am Rand der Docks. Eine Straße und eine Schule, das Wolsey Theatre und das Wolsey Orchestra erinnern an den Mann, der noch einmal aufs kolossalste die Macht der Kirche im Mittelalter verkörperte.

An langen Stangen hängen im Hauptschiff von St. Lawrence die Kostüme eines Theaterfundus. Profan genutzt oder von einem Trust erhalten werden etwa die Hälfte der zehn

Kardinal Thomas Wolsey,
Porträt eines unbekannten Künstlers

mittelalterlichen Kirchen von Ipswich; einige sind gänzlich aufgelassen. Eine Trouvaille aber ist das *Unitarian Meeting House* in Friars Street, eine der schönsten, frühesten, unverändert erhaltenen Nonkonformistenkirchen in England. Ein einheimischer Zimmermann, Joseph Clarke, hat sie 1699 gebaut, für 257 Pfund: Fachwerk, die Wände verputzt, mit doppeltem Walmdach. Wie gut proportioniert schon die Fassade: über den beiden Eingängen zwei ovale Fenster, dazwischen je drei rechteckige; die Türrahmen mit klassizistischen Giebeln, die Konsolen mit Tauben und Puttenköpfen geschmückt – Spiel der Ornamente, Strenge der Geometrie, wie zwei Schalen einer Waage. Klar und schlicht auch das Interieur, ein quadratischer Raum mit Emporen auf drei Seiten, von massiven Holzsäulen getragen. Hochwandiges Fichtengestühl umschließt (und wärmt) die Beter; alle Bänke sind nach innen gerichtet, zur offenen Raummitte hin, um den Familiengeist der Gemeinde zu betonen. Dominierend an der Stirnwand die Kanzel, reichverziert, gegenüber die Orgel mit einer achteckigen, puttenbekrönten Uhr. Hell und leicht schlägt sie die Stunden.

»The interior is the best finished I have ever seen, London not excepted«, schrieb Defoe 1720. Tatsächlich ist die Qualität dieser Kirche so außerordentlich, daß man vermuten kann, Mitarbeiter von Christopher Wren oder Grinling Gibbons hätten ihre Hand im Spiel gehabt. Eine Chapel wie diese war ja 1699 keineswegs selbstverständlich. Erst zehn Jahre zuvor hatte die Act of Toleration den Nonkonformisten offiziell erlaubt, eigene Versammlungshäuser zu bauen. Vor der Declaration of Indulgence von 1672 (nach einem Jahr bereits widerrufen) konnten sich Dissenter nur heimlich treffen. Daß die Ipswicher Nonkonformisten dem Religionsfrieden noch nicht ganz trauten, zeigt der eingebaute Spion in der Eingangstür: Dort hielt ein Gemeindemitglied während der Zusammenkünfte Wache.

Diese Chapel des 18. Jahrhunderts spiegelt sich in der ultramodernsten Fassade von Ipswich, im schwarzen Glasvorhang der Versicherungsgesellschaft Willis Faber & Dumas (Abb. 35). Der englische Architekt Norman Foster hat diesen einzigen brillanten Neubau der Stadt entworfen, 1975: ein elliptisches Gebäude, dessen eleganter Schwung kein ästhetischer Selbstzweck ist, sondern optimale Platzausnutzung zwischen zwei Straßen der Innenstadt. Geschmeidig folgt die Architektur den vorgegebenen Kurven, organisch wie eine Plastik von Arp. Rolltreppen führen aus dem zentralen Lichthof in die oberen Etagen, deren offene Deckenkonstruktion an Norman Fosters Sainsbury Centre in Norwich erinnert. Ein Grasdach, ökobewußt, mit Restaurant für die Angestellten krönt das Gebäude. Wie eine riesige verspiegelte Sonnenbrille liegt es da, tagsüber Reflex der Häuser ringsum, nachts transparent wie ein gläserner Tresor. Dies war Norman Fosters erster großer öffentlicher Auftrag, ein Meisterwerk der High-Tech-Architektur.

Versicherungspalast und Dissenterkirche: Nur hier hat Ipswich mich wirklich gepackt. Und *Christchurch Mansion* mit seinen vierzehn Gainsboroughs und elf Constables? Gewiß, aber so muffig und lieblos präsentiert, daß nicht einmal sie mich mehr nach Ipswich locken würden. Dabei könnte das städtische Museum im Christchurch Park durchaus mit seinen Pfunden wuchern: Möbel, Porzellan, Wohnkultur von der Tudorzeit bis ins 19. Jahrhundert (viele Interieurs aus abgerissenen Häusern der Stadt). Eine Rarität ist die Porch Chamber aus Hawstead Place, ein frühjakobeanisches Kabinett, dessen Holztäfelung mit allegorisch-emblematischen Szenen, meist über die Eitelkeit der Welt, bedeckt ist, gemalt von der trauernden Lady Drury nach dem Tod ihrer jungen Tochter. Unter den Porträts der einheimischen Prominenz: Admiral Edward Vernon, genannt Old Grog, weil er stets einen Rock aus Kamelhaar *(grogram)* trug. Und weil Old Grog 1740 in der Royal Navy Order gab, den Rum der Matrosen zu verdünnen, nennt man seitdem das heiße Gebräu aus Rum und Zuckerwasser Grog.

Christchurch Mansion war der elisabethanische Landsitz eines Londoner Kaufmanns (1548–50). Die flämischen Giebel sind eine Zutat des 17. Jahrhunderts. Später gehörte das Haus mit dem schönen Park der Hugenottenfamilie Fonnereau. Vor dem Abbruch rettete es der Bankier und Bürgermeister Felix Cobbold, ein Mitglied der einheimischen Brauereifamilie. Er kaufte Christchurch Mansion 1894 und stiftete es der Stadt, samt Geld für den

1 Ein Sommertag in Southwold

Hinweis zu den Farbseiten: Die Legenden der Farbt. 20 u. 23 wurden irrtümlich vertauscht; richtig: 20 = St. Osyth's Priory, 23 = Norwich Cathedral

SOLE BAY INN

LT 495
LT 71

FISH
FOR
SALE
SOUTHWOLD
LOWESTOFT

3 CROMER Pier mit Strandgängern
◁ 2 Fischerhütten an der Blyth-Mündung bei WALBERSWICK
4 ALDEBURGH Strand mit Lesern

6 Constable's Country: am River Stour bei FLATFORD MILL ▷

5 SOUTHWOLD Tee im Windschatten

7 Windmühle am River Thurne

8 St. Benet's Abbey Klosterruine am River Bure

9 Rapsfelder in SUFFOLK

10 BLYTHBURGH Perpendicular-Kirche am River Blyth

14 Blickling Hall Jakobeanisches Herrenhaus, um 1620

15 East Barsham Hall Tudor-Landsitz, um 1520

6 ERWARTON HALL Torhaus, um 1550

18 HEVENINGHAM HALL Georgianisches Landschloß in einem Park von Capability Brown ▷

7 MELFORD HALL Tudor-Landsitz, um 1560

19 Layer Marney Tower Torhaus, um 1520

20 Norwich Cathedral Normannischer Zentralturm

21 Barton Turf Opfer des Bildersturms nach der Reformation

23 St. Osyth's Priory in Esse

22 Barton Turf Heiligenfiguren der Chorschranken, 15. Jh.

24 Suffolk Pink: Cottage und Kirche von HARLESTON

25 Straße in LAVENHAM

26 Gutskirche im Park von FELBRIGG HALL

27 THAXTED Guildhall, 15. Jh.

28 Die Erker von ALDEBURGH ▷

H.M. COASTGUARD

29, 30 Lavenham Fachwerkhäuser der Tudorzeit

31 Hengrave Hall Heraldisches Erkerfenster, 153

IN DEV

33 Viel Spaß in Clacton
◁ 32 Maldon Hafen an der Blackwater-Mündung
34 Die Stiftsfrauen von Castle Rising

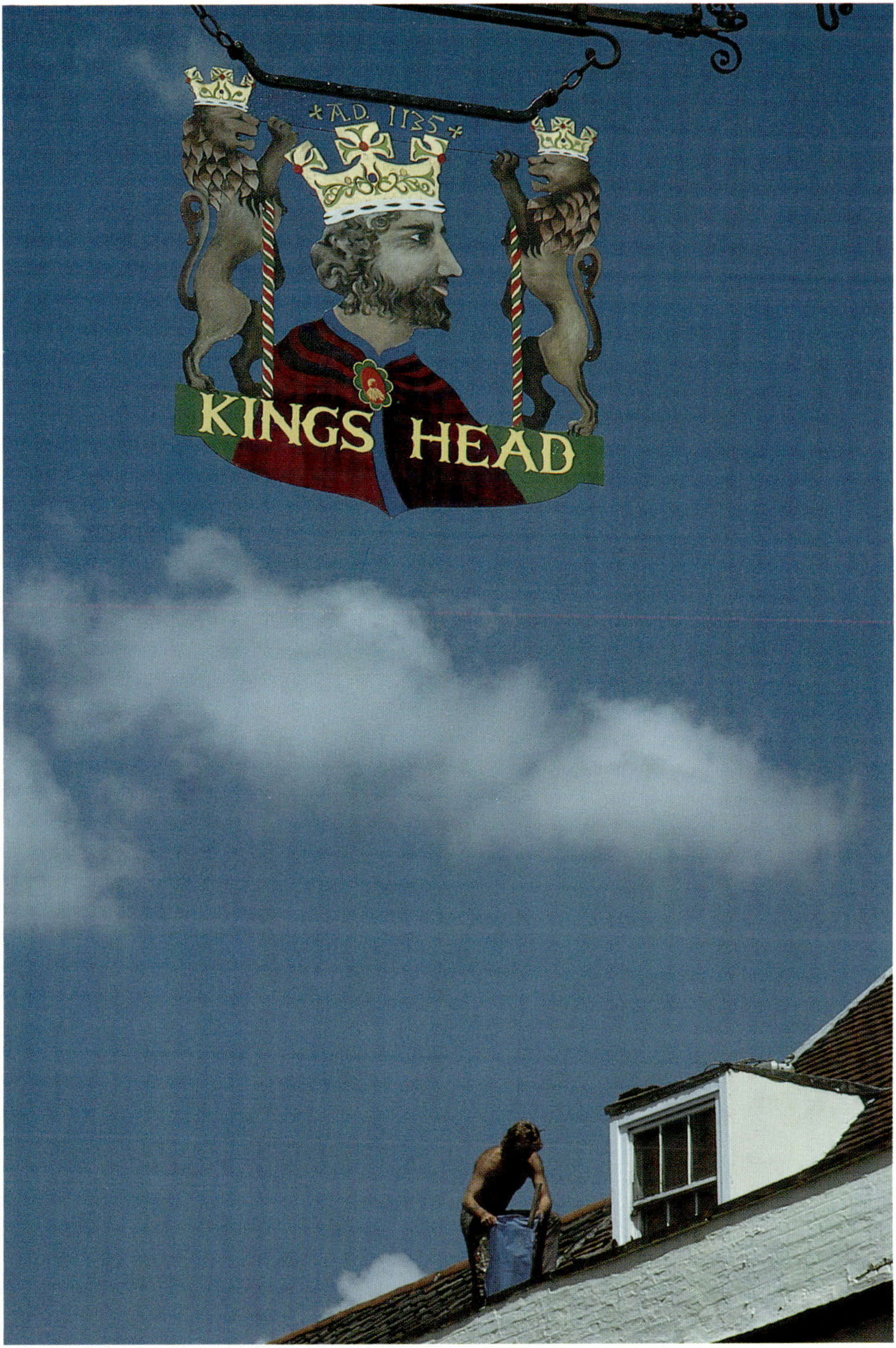
+A.D. 1135+
KINGS HEAD

36 ALDEBURGH Sonnenuhr in der Moot Hall
◁ 35 BUNGAY Dachdecker und Kneipenkönig
37 SIBTON Ortsschild in Suffolk

38 Königliches Signet der Bierbrauere
von BURY ST. EDMUNDS
39 KING'S LYNN Mr. Foster in Clifton House

GREENE KING
1799
FINE SUFFOLK
ALES

Aufbau einer Kunstsammlung. Bevor dieses Museum vollends im Urväterhausrat erstickt, soll es gründlich umorganisiert werden. Denn Ipswich hat ehrgeizige Pläne: ein europäisches Kunstzentrum in den Docks.

Dieses *European Visual Arts Centre (EVAC)* soll nationale und internationale Aspekte verbinden, ein regionales Forum mit europäischer Perspektive. Ausgehend von der Idee der Landschaft und dem Standort Ipswichs hat Jeremy Rees, ehemaliger Direktor der Arnolfini Gallery in Bristol, Aufgaben und Chancen des *EVAC* umrissen. Als erstes Museum zeitgenössischer Kunst in Großbritannien soll es ständig Ausstellungen und Künstler vom europäischen Festland präsentieren. Christchurch Mansion wird sich auf Kunstgewerbe und Mode spezialisieren, die Gemäldesammlung übernimmt das neue Museum. Mit diesem europäischen Kunstzentrum will Suffolks Grafschaftsstadt im kulturellen Tourismusdreieck Cambridge – Norwich – Ipswich endlich eine eigene Rolle spielen. Schon denkt man daran, neben diesem 18-Millionen-Mark-Projekt noch ein Schiffahrtsmuseum und ein Verkehrsmuseum zu etablieren: eine großangelegte Kampagne zur Revitalisierung der alten Docks.[1] Warum sollte nicht auch in Ipswich gelingen, was mit der Tate-Filiale in den Docks von Liverpool glückte?

Als sie 1839–45 gebaut wurden, waren die Docks von Ipswich die größten der Ostküste. Sie verödeten, als weiter flußabwärts neue Hafenbecken für größere Schiffe entstanden. Exportiert werden Getreide, Tierfutter, Düngemittel, Kohle und Stein. Leder-, Textil- und Zigarrenherstellung haben die traditionelle Schwerindustrie, den Bau landwirtschaftlicher und hydraulischer Maschinen, weitgehend ersetzt. Vor allem neue Technologien, die Ansiedlung Londoner Firmen und großer internationaler Versicherungsgesellschaften brachten Ipswich in den letzten Jahren einen neuen Aufschwung.

Stratford liegt, wie jedermann weiß, am Avon und nicht am Shakespeare. Ipswich aber liegt am Orwell. Als der Schriftsteller Eric Blair 1932 ein Pseudonym suchte, nannte er sich nicht etwa George Themse, sondern wählte den Namen eines Flusses, der ebenso unbekannt war wie er selbst. Der River Orwell ist seinerseits das Pseudonym eines Flüßchens, das eigentlich Gipping heißt und erst hinter Ipswich (dem angelsächsischen Gippeswic) unter dem Namen Orwell eine gewisse Bedeutung bekommt: ein Mündungstrichter von rund 20 Kilometern Länge, ein superber Regattafluß, der zwischen Harwich und Felixstowe in die Nordsee mündet. Warum Eric Blair sich Orwell nannte? Einem befreundeten Buchhändler erklärte er einmal, es sei doch günstiger für einen Autor, wenn sein Name mit einem Buchstaben aus der Mitte des Alphabets beginne, seine Bücher stünden dann nämlich in der Mitte der Belletristikabteilung, etwa in Augenhöhe.

Mehr als einen Kilometer lang ist die *Orwell Bridge*, die seit 1982 auf hohen Stahlbetonpfeilern die Umgehungsstraße südlich von Ipswich über den River Orwell trägt. Sanft geschwungene Hügel begleiten den Fluß. Ich bin durch den Park von Woolverstone gewandert, unter alten Eichen und Kastanien, durch Kornfelder voller Klatschmohn nach *Pin Mill*, einem Weiler am Südufer des Orwell. In der Flußschänke »Butt and Oyster« ist zur *high tide*

1 Architektonisch bemerkenswert nur das *Old Custom House*, 1843, mit Freitreppe und Säulenportikus.

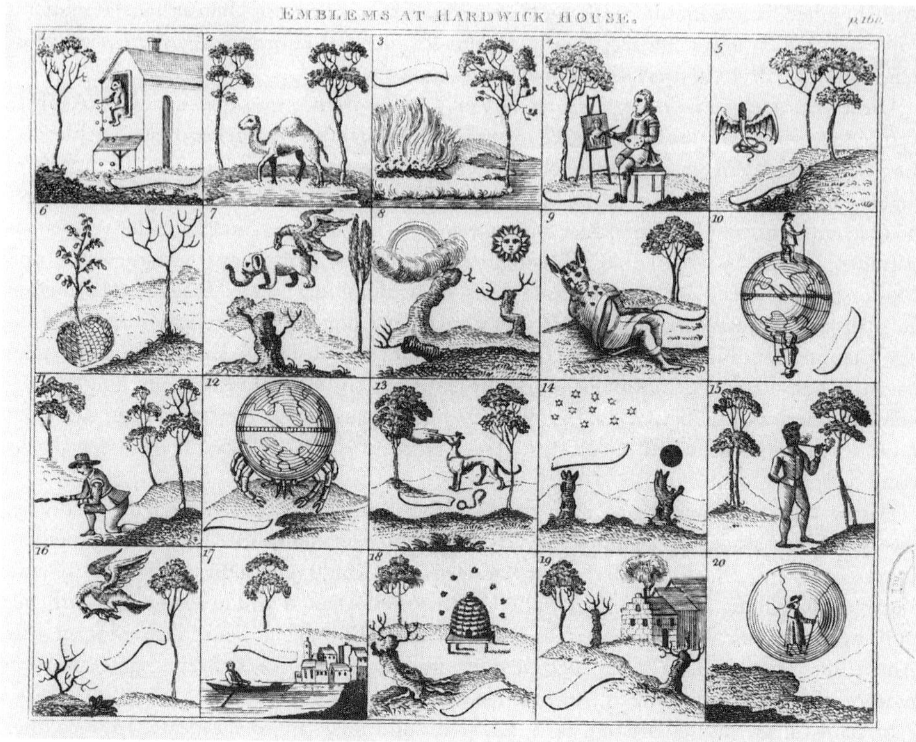

Christchurch Mansion, Ipswich, jakobeanische Embleme in Hardwick House

Hochbetrieb. An der Theke von Pat Watts treffen sich Segler, Punks und feine Ladies. Hier stand schon 1553 eine Kneipe, erste und letzte Zuflucht der Küstenschiffer. Noch bis Anfang dieses Jahrhunderts gingen unterhalb von Pin Mill die großen Überseeklipper vor Anker und löschten ihre Fracht, die auf Lastenseglern weiter nach Ipswich transportiert wurde. Die pittoresken Barken mit ihren rostroten Segeln brachten früher auch Heu für die Kutschengäule nach London, und auf der Rückfahrt nahmen sie den Straßendreck der City mit, als Dünger für die Felder von Suffolk. Heute gibt es an der gesamten Küste von East Anglia noch etwa fünfzig dieser *barges*. In der ersten Juliwoche treffen sie sich zur traditionellen Regatta in der Orwell-Mündung, ein großer Anblick wie zur Blütezeit der alten Lastensegler. Manche liegen nun abgewrackt oder als Hausboote restauriert bei Pin Mill. Auf einem von ihnen wohnt Robert Bryant, genannt Fat Bob. Fat Bob lebt vom Tätowieren. Seine Kunden: Seeleute, Prostituierte, alle möglichen Leute. »Auch Churchills Mutter war tätowiert, mit einer Schlange am Handgelenk«, erläutert er mir die Seriosität seines Handwerks.

EMBLEMS AT HARDWICK HOUSE. p. 162.

Am Ufer des Orwell, zwischen Pin Mill und Ipswich, steht ein seltsamer Turm aus rotem Backstein, der *Freston Tower* von 1549. Sollte dieser sechsstöckige Belvedere, dessen Fenster nach oben hin immer größer werden, nur ein Wachturm gewesen sein? Mir gefällt die andere, exzentrische Erklärung besser: Dies war die hohe Schule für Lord Frestons schöne Tochter Ellen, ein pädagogischer Elfenbeinturm. Jede Etage hatte für jeden Tag der Woche eine besondere Ausstattung: Montag Weben im Parterre, Dienstag eine Etage höher zum Musizieren, Mittwoch Latein im dritten Stock, Donnerstag englische Literatur im vierten, Freitag Malerei im fünften, und Samstag war sie hoch genug gestiegen zum Studium der Sterne. Sonntags hatte die schöne Ellen turmfrei, um am nächsten Tag erneut den Aufstieg zu üben: ein bizarres Curriculum, ein Zwergschul-Folly für Rapunzel.

Pädagogisch festeren Grund betreten wir im benachbarten *Woolverstone Hall* (1776). Das klassizistische Landschloß am Orwell ist seit 1951 staatliche Internatsschule für Jungen, verwaltet von der Londoner Erziehungsbehörde. *Poor man's Eton* kümmert sich vor allem um Problemfälle aus der City, um Kinder farbiger Minderheiten oder aus zerrütteten Familien. Groß ist das Engagement, entsprechend auch Kosten und Kritik. Einer der inzwischen erfolgreichen *Old Boys* von Woolverstone: der Schriftsteller Ian McEwan. Mit größerem Wohlgefallen betrachtet die Regierung, naturgemäß, die *Royal Hospital School*. Dieses Internat, gegründet 1712 in Greenwich für die Söhne von Seeleuten der Königlichen Marine, zog 1933 nach *Holbrook* um, in einen monumentalen Neubau im Neo-Wren-Stil.[1] Da spüren die 700 Schüler noch etwas vom heroischen Geist des Empire. Halb pädagogische Provinz, halb militärisches Trainingscamp: Wo Orwell und Stour zusammenfließen, bei der Landzunge Bloody Point, hat schließlich noch die Royal Navy ihre Kadettenschule.

Jenseits der Orwell-Mündung, am Horizont über der Trimley-Marsch ragen die Kräne von *Felixstowe*. Wo im frühen 7. Jahrhundert St. Felix missionierend an Land ging, der Apostel von East Anglia, da liegt heute ein riesiger computergesteuerter Containerhafen. Zwei Fünftel des gesamten britischen Handels mit dem Kontinent laufen schon jetzt über Felixstowe. Längst ist Liverpool überflügelt, und immer noch wächst Englands größter, Europas fünftgrößter Containerhafen. Bei jeder neuen Erweiterung der Docks von Felixstowe freut sich der größte Grundbesitzer der Gegend, Trinity College in Cambridge. Und jedesmal geht den Sumpfvögeln ein weiteres lebenswichtiges Feuchtgebiet verloren – und das, obwohl die Salzmarschen der Orwell-Mündung als *Area of Outstanding Natural Beauty* und *Site of Special Scientific Interest* ausgezeichnet sind: schöne, aber wirkungslose Schutzformeln. Immerhin finanzierte die Felixstowe Dock Company bei der jüngsten Hafenerweiterung zum Ausgleich ein Naturschutzgebiet in den *Trimley Marshes*.

Reise ins Schattenland: Das Totenschiff von Sutton Hoo

Woodbridge, eine kleine Stadt am Oberlauf des River Deben. Außer einem »beträchtlichen Markt für Butter und Getreide«, notiert Defoe 1724, gebe es hier »nichts Bemerkenswertes«. Seitdem ist viel Wasser durch den Deben geflossen, das alte Salinenbecken zum Yachthafen geworden und zumindest ein Gebäude zur Sehenswürdigkeit aufgerückt: die Gezeitenmühle am Kai, bis 1957 in Betrieb, heute ein Industriedenkmal. Schon im 12. Jahrhundert stand hier eine *Tide Mill*, die sich die Energie des ein- und ablaufenden Wassers zunutze machte; die jetzige, holzverschalt, mit hohem Walmdach, wurde 1793 errichtet, die letzte ihrer Art in England.

Am Fluß den Bootsbauern zusehen, in den *Antiques* stöbern, Church Street hinauf, Angel Lane hinab: Woodbridge hat die bescheidenen Reize der Provinz, einen kleinen Marktplatz am Hügel, ein kleines Rathaus mit Freitreppe und holländischem Giebel, von georgianischen Ziegelhäusern umgeben, gleich nebenan der Kirchhof von St. Mary, als stünden die Steine der Toten im Garten hinterm Haus. In diesem grundsoliden Ort lebte eine pittoreske Randfigur der viktorianischen Literaturszene, Edward FitzGerald.[2] Berühmt machte ihn

1 Entworfen von Buckland & Haywood, 1925–33. Kapelle mit Fresken von Eric Gill.

2 1860–73 am Market Hill, 1874–83 in Little Grange, Pytches Road.

1859 ein Buch, das er nicht einmal selbst geschrieben, aber so genial übersetzt hatte, daß es fortan in englischer Sprache als sein Werk galt: die *Rubáiyát* des Persers Omar Khayyám aus dem 12. Jahrhundert, 75 Vierzeiler über Liebe, Wein und Tod. Thomas Hardy las diese poetischen Meditationen auf dem Totenbett. In der angelsächsischen Welt gehören die *Rubáiyát*, in FitzGeralds Übersetzung, noch heute zu den beliebtesten Versen des 19. Jahrhunderts.

Edward FitzGerald wuchs auf den Landgütern seiner Eltern nördlich von Woodbridge auf, in *Bredfield House* und *Boulge Hall* (beide in den fünfziger Jahren abgerissen). Seine Mutter, Millionärin aus irischem Adel, pflegte in einer kanariengelben, von vier Rappen gezogenen Kutsche nach London zu fahren. Auch ihr Sohn, genannt *Fitz*, genoß spätestens nach seiner Rückkehr aus Cambridge den Ruf des Exzentrikers. Mit Zylinder und geblümter Seidenweste ging er segeln. Unterwegs las er Dante, Calderon, antike Klassiker. Gelegentlich fiel er über Bord, ein Buch in der Hand, und wenn man ihn aus dem Wasser fischte, trug *Fitz* immer noch, mit einem Taschentuch unterm Kinn festgezurrt, den Zylinder. Legenden vom Sonntagssegler. Seine Yacht hieß »Scandal«, benannt nach dem »Haupterzeugnis von Woodbridge«, dem Klatsch. Dazu trug er selbst nicht unerheblich bei. Edward FitzGerald liebte schöne, männliche Männer, zum Beispiel den Fischer *Posh* Fletcher aus Lowestoft: »wie eine Statue von Phidias, bekleidet mit blauen Hosen und Wolljacke«.

Old Fitz in Woodbridge: Manchmal ging ihm der »selbstzufriedene Stumpfsinn« des Städtchens auf die Nerven. Sarkastisch schrieb er einem Freund, er habe im Gemüseladen eine Notiz gesehen, »daß in wenigen Wochen jemand einen Vortrag über Gorillas hält: So gibt es doch etwas, worauf man sich freuen kann.« Das geistige Leben von Woodbridge fand einmal im Monat im »Bull Hotel« statt, wo sich die zwölf Mitglieder des Buchklubs von 1760 zum Roastbeef-Essen trafen. Zu den *Woodbridge Wits* gehörten außer FitzGerald ein Pfarrer, ein Bankangestellter sowie der Anwalt Thomas Churchyard, der sich als Landschaftsmaler einen gewissen Namen machte.

Old Fitz, Vegetarier, Einsiedler mit vielen Freunden, war der Prototyp des schöpferischen Müßiggängers. Nicht weit von dem Cottage, wo er als junger Mann seine persischen Studien begann, wurde Edward FitzGerald 1883 begraben, auf einem idyllischen Dorffriedhof in den Feldern abseits von *Boulge*. »So bury me by some sweet Gardenside ... / That ev'n my buried Ashes such a Snare / Of Perfume shall fling up into the Air, / As not a True Believer passing by / But shall be overtaken unaware.« Zehn Jahre später – nur Engländer ehren so ihre Dichter – pflanzten Freunde auf sein Grab[1] einen Ableger jenes Rosenstocks, der auf Omar Khayyáms Grab im persischen Naishapur wächst. Nicht nur die pinkfarbenen Omar-Khayyám-Rosen erinnern an *Old Fitz*. Alle zehn Jahre treffen sich in seinem Stammlokal in Woodbridge die Mitglieder der *Omar Khayyám Appreciation Society* zu einem Gedächtnisessen. »Sie bestellen immer das Gleiche«, erzählt mir die Wirtin »Zum Bullen«: »gekochten Lachs, Erdbeeren als Dessert, und Kir.« Alles in Rosa.

1 Ein einfacher Steinsarkophag in der Nähe des Kirchturms, auf der einen Seite FitzGeralds Name und Lebensdaten, auf der anderen, von ihm selbst ausgewählt: »It is He that hath made us and not we ourselves.«

In Suffolk verbrachte Edward FitzGerald die meiste Zeit seines Lebens, Suffolk liebte und verteidigte er. Einmal, während eines fürchterlichen Ostwinds, erinnerte er sich an die vollkommen stille, aber schon rumorende Nacht drei Tage vor dem Sturm: »Wie gering der Wind auch war, trug er doch das Murmeln der Wellen, die diese Küste umspülen, so weit (zehn Meilen) über das flache Land hinweg zu uns. Die Leute hier aber glauben, dieses Geräusch stamme nicht von der Brandung, sondern sei eine Art prophetische Stimme aus dem Inneren des Meeres selbst, große Stürme verkündend. Zweifellos haben wir sie jetzt, ob vorhergesagt oder nicht. Nun, meine ich, das alles zeigt doch, daß wir hier in Suffolk nicht so gänzlich der Prosa und den Rüben verfallen sind, wie manche behaupten. Ich habe immer gesagt, daß der Umstand, in der Nähe der See zu leben, von Hügeln und Häuserspitzen aus ein Stück von ihr sehen zu können, Suffolk vor dem Stumpfsinn bewahrte; und daß unsere Rübenfelder, an sich gewiß stumpfsinnig, doch wenigstens von einem unleugbar poetischen Element umgeben sind.«

Wenn es dämmert und die Eule ihren Flug beginnt, wenn die letzten Segler auf dem Deben zurückkehren in den Hafen von Woodbridge, wenn die Flut ums Boot gurgelt und der Fluß »mit seinen Schlickufer-Armen nach dir zu greifen scheint«: Das, schreibt Hammond Innes, ist »eine Stunde der vollkommenen Magie«, ein Augenblick der Erinnerung an das Grabschiff von Sutton Hoo.

Ostenglands berühmte Ausgrabungsstätte liegt in den *Sandlings*, östlich von Woodbridge. Die Heide, die sich einst entlang der ganzen Küste von Suffolk erstreckte, war im Mittelalter traditionelles Schafzuchtgebiet. Mehr und mehr kam das offene Grasland unter den Pflug. Seit dem 18. Jahrhundert züchtete und jagte man in großem Stil Fasane in den Sandlings; noch heute gibt es hier mehr Fasane als in jedem anderen Teil Englands. Die Sandlings aber sind fast gänzlich verlorengegangen: durch Landwirtschaft, Aufforstung, Siedlungen, Golfplätze. Nun versuchen die Naturschützer, die letzten Reste der Heide zu erhalten.

Der Weg nach *Sutton Hoo* führt über die Felder am Nordufer des Deben. Ich folge dem Hirsch-Signet, dem Hoheitszeichen vom Zepter des begrabenen Königs. Die Pyramiden von Suffolk sind grün und unauffällig wie Maulwurfshügel. Atemberaubend aber, was ein junger Museumsmann aus Ipswich 1939 fand, als er den größten dieser fünfzehn flachen Erdhügel öffnete: einen Prunkhelm mit Gesichtsmaske und kupfergetriebenen Reliefszenen, einen Holzschild mit Goldbuckel, Schwert und Kettenhemd, goldene Schnallen, reichverziert, Silberschalen, Bronzekessel, Trinkgefäße aus dem Gehörn von Auerochsen, eine dreibeinige Bienenwachslampe, Löffel und Leier. Es war der kostbarste britische Schatzfund dieses Jahrhunderts und der rätselhafteste: ein Grab ohne Leiche, ein Zepter ohne König. Wer war der Tote von Sutton Hoo?

Kein Zweifel, hier wurde ein Mächtiger mit den Insignien seiner Macht bestattet, wohlgerüstet für die lange Reise in das Reich der Toten. Zwei Lederschuhe, eine Otterfellmütze und drei Kämme hatte man dem Verstorbenen mitgegeben, sogar Decke und Gänsefederkissen, Bettzeug für die ewige Ruhe. Stück für Stück rekonstruierten die Archäologen aus den Spuren im Sand ein Schiff: 27 Meter lang, 4,25 Meter breit, mit flachem Kiel, in Klinkerkon-

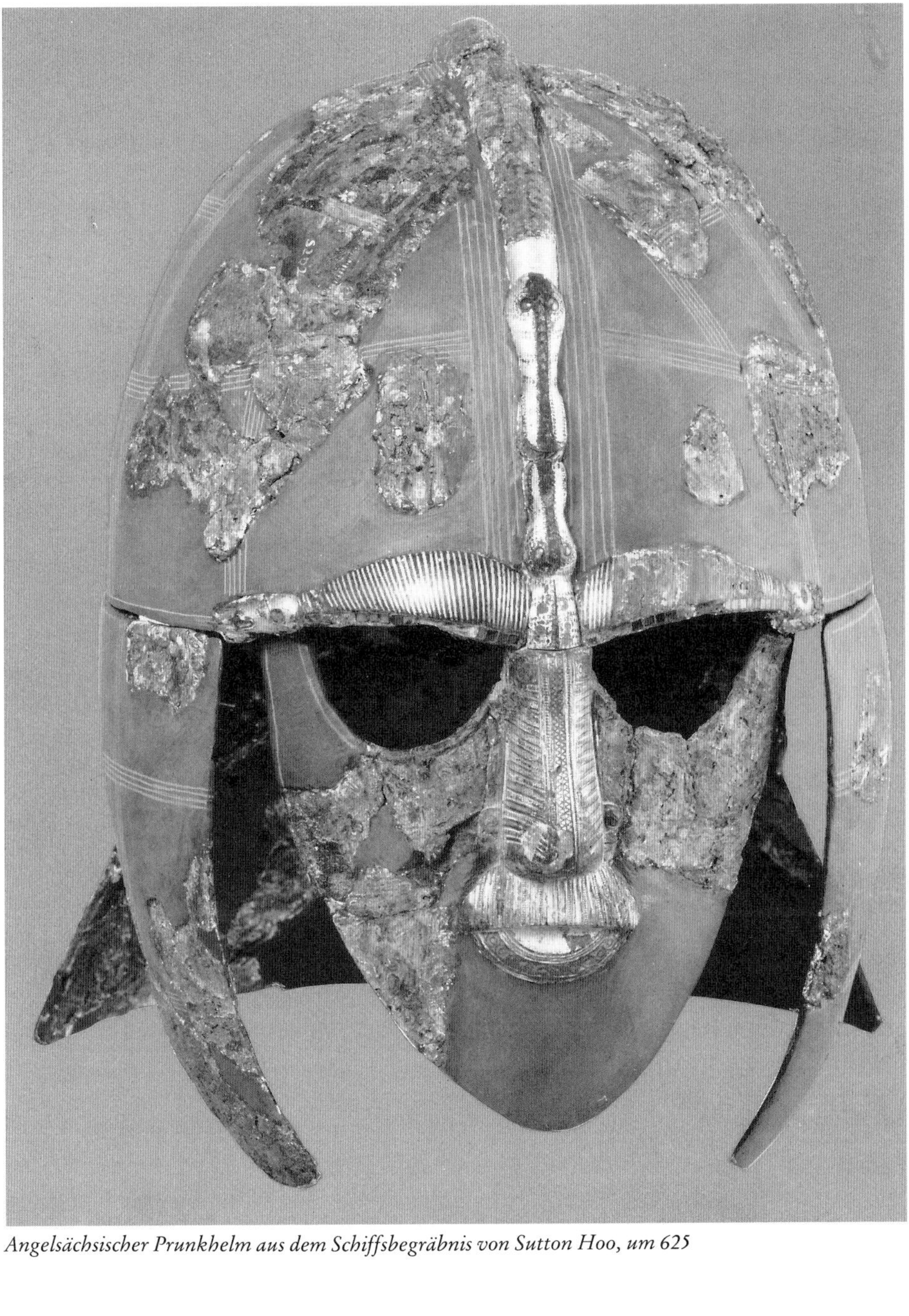

Angelsächsischer Prunkhelm aus dem Schiffsbegräbnis von Sutton Hoo, um 625

struktion gebaut, durch Spanten stabilisiert, steuerbord ein Seitenruder. Im feuchten Sand des Hügels hatten sich nur die dunklen Verfärbungen des verfallenen Holzes erhalten, Abdrücke von Spanten und Planken, und die verrosteten Eisennieten, die sie miteinander verbanden: ein Geisterschiff. Aus dreieckigen Verfärbungen im Sand schlossen die Archäologen auf gabelförmige Ruderdollen und 20 Ruderbänke. Und so wie der mythische Charon für seine Fährdienste über den Styx einen Obolus bekam und die Griechen ihre Toten mit einer Münze im Mund begruben, so legte man auch diesem Totenschiff ein symbolisches Fahrgeld bei: 37 Goldmünzen für die Ruderer, drei ungeprägte Goldbarren für die Steuermänner.

Obwohl nur als Schatten erhalten, gilt das Schiff von Sutton Hoo bei Experten wie Angela Care Evans vom Britischen Museum als »das besterhaltene Schiff aus der Zeit vor der Eroberung von 1066«. Es war fast genauso gebaut wie das sogenannte Nydam-Boot, das um 400 im Moor der Insel Alsen versenkt wurde: ein typisches Invasionsschiff, mit dem Angeln und Sachsen, Jüten und Franken zur Kolonisierung Britanniens übers Meer fuhren. Ein solches Boot nun wurde vom River Deben aus über Land gezogen, rund einen Kilometer weit, auf den 30 Meter hohen Hügelrücken von Sutton Hoo. Mittschiffs errichtete man eine Grabkammer, die Kajüte für den Toten. Die Beigaben wurden mit Farnkraut bedeckt, das Schiff mit Sand gefüllt, darüber ein ovaler Erdhügel aufgeschüttet: ein Bootkammergrab wie in der Wikingersiedlung Haithabu und an vielen skandinavischen Orten, ein Schiffsbegräbnis, wie es auch im *Beowulf* beschrieben wird. In diesem angelsächsischen Heldenlied macht der mythische Dänenkönig Scyld die letzte Reise auf dem Totenschiff. In Sutton Hoo ist es eine historische Figur: vermutlich Raedwald, Oberkönig der Ostangeln, gestorben um 625.

Der Tote aber ist verschwunden wie eine Welle im Meer. Im säurehaltigen Sand zersetzt, zerfallen, weggespült von Jahrhunderten englischen Regens. Man fand keine Spuren einer Erd- oder Feuerbestattung. Nur aus seinen Grabbeigaben, ihrer Herkunft und Datierung, ersteht das Bild des Schiffskönigs von Sutton Hoo. Er war mehr als ein Stammeshäuptling: ein Herrscher mit Handelsverbindungen zwischen Uppsala und Konstantinopel. Seine Silbergeräte kamen aus dem Mittelmeerraum, die Goldmünzen aus dem merowingischen Franken, und sein Schwert war eine frühe europäische Gemeinschaftsproduktion: aus dem Rheinland die Klinge, aus Schweden der kostbar emaillierte Griff, montiert in England. Unter den Grabbeigaben des Königs waren auch zwei silberne Löffel mit den griechischen Namen Paulos und Saulos, sogenannte Tauflöffel. Tatsächlich ließ sich König Raedwald als erster aus seinem Geschlecht zum Christentum bekehren; begraben ließ ihn seine Witwe nach heidnischem Ritus: wie im *Beowulf*-Epos die Ungewißheit einer Existenz in der Umbruchzeit.[1]

Das Grab ist leer, der Held gestört, der Schatz im Britischen Museum. Als ich Sutton Hoo im Sommer 1987 besuchte, fingen die Archäologen gerade an, einen weiteren Hügel Schicht

1 Seit der Entdeckung des Schiffsgrabs von Sutton Hoo wird East Anglia als Entstehungsort des *Beowulf* für wahrscheinlicher gehalten als das Königreich Mercia. Die Datierung des Epos schwankt immer noch zwischen dem frühen 8. und späten 10. Jahrhundert.

für Schicht freizulegen. Ein zweites Schiffsgrab? Schon von Grabräubern geplündert? Mit Computer und Sonarmaschine, mit kriminalistisch-elektronischem Scharfsinn versuchen sie, dem sauren Sand seine Geheimnisse zu entreißen. So fand man die Schatten der Toten: vergangene Körper, deren Konturen sich mit Sand gefüllt hatten; *sand-bodies,* sagen die Archäologen, »dunkle Materie« die Astrophysiker, wenn sie längst erloschene Gestirne entdecken. Bis ins Jahr 2000 vor Christus reichen die Siedlungsspuren unter dem angelsächsischen Friedhof von Sutton Hoo. So unspektakulär dieses Hügelfeld aussieht, den akademischen Maulwürfen bedeutet es viel: ein Schlüssel für die Ursprünge des englischen Königreichs. Sutton Hoo war die Begräbnisstätte der ostanglischen Dynastie der Wuffingas, der ersten Könige von East Anglia. Ihre Stammheimat war vermutlich Ostschleswig, und Raedwald war ihr einziger Herrscher, der zum *Bretwalda* aufstieg, über eine »breitere Gemeinschaft waltend«, Oberkönig der anderen englischen Königreiche.

Die ersten Könige von East Anglia residierten in *Rendlesham,* vier Meilen nördlich von Sutton Hoo. Auch Raedwald hielt dort hof; die genaue Stelle kennt man nicht. Ich fand dort zwei Follies an der Straße, die bizarren Pförtnerhäuser von Rendlesham Hall[1], und den amerikanischen Luftwaffenstützpunkt *RAF Bentwaters:* »Welcome to the 81st Tactical Fighting Wing«. So jagen sie nun über Stour und Styx. Von uns, Raedwald, bleibt nach dem Neutronenblitz nicht mal eine Spur im sauren Sand, nur eine heile Welt voll Grabbeigaben.

In Sutton Hoo wurden die Könige der Angelsachsen bestattet. Wie das Volk lebte, sehen wir in *West Stow.* Auch dieser Ort in den Brecklands nordwestlich von Bury St. Edmunds ist eine archäologische Sensation. Wie man das Schattenschiff von Sutton Hoo in Fiberglas nachgoß, so rekonstruierte man in West Stow ein angelsächsisches Dorf. Hütten auf einer Anhöhe am Ufer des River Lark, die Strohdächer tief heruntergezogen gegen Kälte und Wind: Wie mögen sie gelebt haben, um das Jahr 410, zur Zeit des Rückzugs der römischen Legionen? Und später, als die Masseneinwanderung vom Kontinent begann, ausgelöst durch Flutkatastrophen in den Heimatländern der Angeln und Sachsen, begünstigt durch das britannische Machtvakuum? Dies war ja, unter damaligen Verhältnissen, kein geringeres Flüchtlingsproblem als heute.

West Stow wurde 1957–61 ausgegraben, eine zwei Hektar große Siedlung, durch Zufall entdeckt, als man dort eine Müllkippe anlegen wollte. Man fand die Pfostenlöcher von 80 Häusern und über 2000 Gegenstände in der sogenannten Kulturschicht, unter anderem 120 Knochenkämme, auch Webgeräte aus Knochen. Die Leute von West Stow züchteten Schafe, hielten Rinder, Schweine, Ziegen, Hühner, natürlich auch Pferde, Hunde und Katzen. Sie waren eine von vielen kleinen anglo-sächsischen Bauerngemeinschaften. Ihre Häuser ließen sich aus den Pfostenloch-Grundrissen rekonstruieren: sechs große *halls,* bis zu zehn Meter lange Hallen als Mittelpunkt des Sippenlebens, jede mit einer Gruppe kleinerer Hütten, den

1 Den Abbruch der Hall überlebten zwei der ursprünglich fünf Pförtnerhäuser (um 1790): Ivy Lodge, eine künstliche normannische Ruine, und Woodbridge Lodge, ein neugotisches Capriccio aus Strebepfeilern, Fialen, Maßwerkfenstern und Zinnen – exemplarische Follies. Ein Teil des Landschaftsparks von Humphry Repton ist heute *RAF*-Flugpiste.

sogenannten Grubenhäusern, alle aus Holz und mit Stroh gedeckt. Die Hütten waren rechteckig, etwa sechs Meter lang und hatten kellerartige Hohlräume unter dem ebenerdigen Holzfußboden. Waren diese Grubenhäuser Vorratsspeicher, Werkstätten mit Webstühlen, Schlafräume der Frauen und Kinder? Wir wissen es nicht. West Stow wurde um das Jahr 400 besiedelt und um 650 aufgegeben. Flugsand bedeckte die Ruinen, Heide wuchs über den Ort, dann Wald. So wurde West Stow konserviert, vollständiger als jede andere angelsächsische Siedlung in England.[1]

1973 begannen die Archäologen, einige Hütten so authentisch wie möglich wiederaufzubauen, nur mit Werkzeugen und Techniken jener Zeit, einer Epoche, in der Historiker die Wurzeln des englischen Dorflebens und der ländlichen Gesellschaft sehen. Manchmal im Sommer demonstrieren Mitglieder der *Dark Ages Society* angelsächsischen Alltag in West Stow. Da kampieren sie im Fell- und Leinen-Look, mit Ponies und Federvieh, halten Markt ab, liefern plündernden Wikingern eine Schlacht: *history is fun,* Teil der britischen Kulturerbe-Industrie.

Helmingham und Heveningham: Häuser der *landed class*

Manchmal holt uns die eigene Geschichte an Orten ein, wo wir sie am wenigsten erwarten. Als der alte Mann am Eingang des Parks von *Helmingham Hall* hörte, woher ich kam, begann er zu erzählen: ein polnischer Jude, 1940 aus dem Warschauer Ghetto geflohen, über viele Umwege nach England emigriert und nun Aufseher, *odd man* auf den Gütern Lord Tollemaches. »Ein schöner Park, vergessen Sie nicht den Rosengarten.«

Helmingham Hall liegt in den Feldern nördlich von Ipswich. Am Ende einer hohen Eichenallee leuchtet der mattrote Ziegelstein des Herrenhauses. Ein breiter Graben mit zwei Zugbrücken umgibt das Gebäude, und wie König und Dame auf alten Spielkarten immer in doppelter Pracht erscheinen, spiegeln sich im Wasser Erker, Stufengiebel, reichverzierte Kamine und der Himmel dazu, ein Wasser- und Wolkenschloß (Farbt. 13, Abb. 4). Vier Flügel um einen Innenhof, begonnen 1510 in traditionellem Tudor-Fachwerk, umgebaut um 1760 im georgianischen Stil. Die Fachwerkfassade – deutlich erkennbar am vorkragenden Obergeschoß der Eingangsfront – wurde rundum mit Ziegelsteinen verkleidet und um 1800 noch einmal modernisiert. Der Regency-Architekt John Nash überzog die ganze Fassade mit grauem Stuck (gottlob längst wieder entfernt). Nash oder sein Assistent fügte auch den Erker über dem Torhaus hinzu, die gußeiserne Brücke und die Zinnen, ein bißchen Burg-Appeal.

Dies ist seit achtzehn Generationen der Familiensitz derer von Tollemache, neben den Herveys, Gurdons, Rouses eine der wenigen großen *landed families,* die vom Mittelalter bis

1 In *Mucking* an der Themse (Essex) wurden mehr als 200 Grubenhäuser nachgewiesen, die größte angelsächsische Siedlung der Völkerwanderungszeit.

heute in Suffolk leben. Die Tollemaches stammen aus Avranches an der Küste der Normandie. Kurz nach der normannischen Eroberung kamen sie nach England. »Talemache«, wie sie sich ursprünglich schrieben, heißt »Großsiegelträger«; tatsächlich versah einer von ihnen dieses Amt im Dienst des Königs Henry I. In der Schlacht von Crécy im Hundertjährigen Krieg kämpften die Tollemaches gegen ihre einstigen Landsleute, sie fochten für Henry II. gegen die Waliser, für Edward I. gegen die Schotten. Diese frühe Vasallentreue zur Krone ist nie abgerissen. Im Bürgerkrieg war Helmingham Hall ein geheimer Treffpunkt der Royalisten. Zweimal logierte Elizabeth I. hier, Taufpatin eines Tollemache. Bei ihrem zweiten Besuch, 1580, schenkte die Königin ihrer Gastgeberin eine Laute, im selben Jahr von dem Londoner Instrumentenbauer John Rose angefertigt und bis heute im Besitz der Familie, in aller Welt als musikhistorische Rarität ausgestellt. Vier Jahrhunderte später pflanzte Queen Elizabeth II. bei ihrem Besuch eine Eiche, und 1976 wurde Prinz Charles Taufpate von Edward Tollemache, dem künftigen Erben von Helmingham Hall.

Lord Tollemache, der jetzige Hausherr, empfängt mich in Jeans und blauem Pullover, ein Mann Mitte vierzig, der seine Familiengeschichte vor sich aufbaut wie einen Paravent, hinter dem er selbst diskret verschwindet. Seine Ausbildung? *No comment.* War er etwa nicht in Eton & Oxbridge? Der junge Lord hat eine Zeitlang bei den *Coldstream Guards* gedient, dem Traditionsregiment der Familie, bevor er ins Brauereigeschäft einstieg. Heute ist er im Aufsichtsrat von *Tolly Cobbold,* wie die beiden früher konkurrierenden Familienbrauereien Suffolks, Tollemache und Cobbold, seit ihrer Fusion 1960 heißen. Rund 400 Pubs in East Anglia gehören *Tolly Cobbold.*

Sein eigentlicher Beruf, sagt der Lord, sei die Landwirtschaft. »Our family has always lived on the land«, auf dem Land und vom Land gelebt, »die einzige andere Karriere war die Armee.« Die Tollemaches besitzen 2400 Hektar vom besten Ackerland in Suffolk, weitere 1600 Hektar in Cheshire, rund um ihren zweiten Familiensitz Peckforton Castle. Auch Ham House in Richmond Park gehörte ihnen, bis der National Trust es 1948 übernahm. Helmingham hat guten Boden, sehr trocken, »the dryest bit in England«. In Suffolk bauen sie Getreide an, in Cheshire züchten sie Vieh. Die Felder von Helmingham haben eine durchschnittliche Größe von acht Hektar. »Auf die Erhaltung der Hecken legen wir besonderen Wert«, sagt Lord Tollemache. Früher seien viele Leute sehr rücksichtslos damit umgegangen, *too greedy,* zu habgierig.

»Ohne Ländereien kann man ein Haus dieser Größe nicht erhalten, es sei denn, man ist ein sehr reicher Banker.« Als Lord Tollemaches Vater 1953 Helmingham Hall übernahm, hatte es noch kein elektrisches Licht und kein fließendes Wasser. »Er restaurierte es zu einer Zeit, als viele andere ihre Häuser abrissen. Es gab damals nach dem Krieg kaum Handwerker, wenig Baumaterial und überhaupt keine Zuschüsse.« Was kostet ihn die Erhaltung von Helmingham Hall heute? »I could tell you, but I wouldn't.« Wenn man die laufenden Kosten eines normalen Hauses addiere, komme man meist zu einer erschreckenden Summe. In seinem Falle sei es ein bißchen mehr – »it just costs a bit more.« Noch können die Tollemaches es sich leisten, nur ihre Gärten, nicht ihr Landschloß selbst zur Besichtigung zu öffnen und auf entsprechende Steuererleichterungen zu verzichten: »Wenn man kein geborener Showmaster ist, mag man doch wirklich keine fremden Leute in seinem eigenen Haus herumlaufen sehen!« Lord Tollemache macht keinen Hehl daraus, welchen Teil von Helmingham Hall er besonders schätzt: die Zugbrücke. »Wir ziehen sie jeden Abend hoch, seit fast 500 Jahren, und lassen sie jeden Morgen wieder herunter. Ein Burggraben war schon immer eine sehr gute Form des Schutzes.« Gewisse Nachteile solcher Hausordnung bekam Prinz Charles bei einem seiner Besuche zu spüren, heißt es: Um nach einem nächtlichen Abenteuer kein Aufsehen zu machen, soll der sportliche Prinz, da die Zugbrücke schon hochgezogen war, kurzerhand durch den Burggraben geschwommen sein, sehr zum Erstaunen der anderen Hechte.

Die Regie über die Gärten von Helmingham überläßt der Lord seiner Frau (»She's the gardener, she speaks Latin«). Lady Tollemache begann 1982, auf der Ostseite des Hauses einen *Herb and Knot Garden* anzulegen, einen elisabethanischen Kräuter- und Blumengarten als Spiegel der Tudor-Architektur. Dort pflanzt sie nur Blumen, die vor 1750 in englischen Gärten heimisch waren, und nur Kräuter, die in einem Kochbuch erwähnt sind, das eine ihrer Vorgängerinnen, Catherine Tollemache, um 1600 schrieb, bis heute ein Aktivposten der Bibliothek von Helmingham. In Lady Tollemaches Rosengarten blühen *Félicité et Perpétué, Rosa Mundi* und *Tuscany,* Rosen der Tudorzeit. Dieser *garden in progress* ist vorerst privat; zu besichtigen der andere, historische Garten auf der Südwestseite des Hauses, einer der wenigen ostenglischen Gärten der Kategorie Eins der Denkmalschutzliste.

Ein Portal mit zwei geflügelten Pferdeköpfen, dem Wappentier der Tollemaches, führt in den *Walled Garden.* Wie in elisabethanischer Zeit ist dieser Küchengarten in vier große Beete unterteilt, von Blumenrabatten eingefaßt und ringsum geschützt von Backsteinmauern. Lilien, Lavendel und Skarbiosen, Cosmea und Campanula, Malven, Rittersporn und Männertreu – im Juni oder Juli muß man kommen, wenn die Farben und Düfte von Helmingham ihren Höhepunkt erreichen. Oder im Frühling, wenn auf den Wiesen des alten Obstgartens die wilden Orchideen blühen, Margeriten und Himmelsschlüssel. Und im Sommer gehen wir durch die kühle Eibenallee, vorbei an *Daphne laureola,* in den Schatten der Zedern. Englische Gärten sehen nicht nur anders aus, sie duften auch anders: nicht nach Fingerhut, sondern nach *foxgloves,* nach Füchsen, die Handschuhe tragen.

Auch den umfriedeten Garten von Helmingham umgibt ein Wassergraben, kleiner als der rund 18 Meter breite *moat* ums Haus und wesentlich älter, wahrscheinlich aus angelsächsischer Zeit, zum Schutz des Viehs vor Plünderern. Zwei solcher Gräben nebeneinander sind eine Seltenheit, selbst in Suffolk, das als *moated country* gilt, Land der Wassergräben. Sie dienten im Mittelalter Burgen und Herrenhäusern, oft auch Bauernhöfen zur Verteidigung, zur besseren Entwässerung, nicht zuletzt zur Fischzucht. Von den Häusern des Landadels abgesehen, sind in Suffolk allein 500 bis 600 Bauernhöfe mit Wassergräben nachgewiesen, Zeugen einstigen Wohlstands.[1] Als Lord Tollemache vor einiger Zeit einen neuen Kutscher

1 In Essex sind mehr als 760 *moats* aus dem 12.–14. Jahrhundert bekannt, mehr als in jeder anderen englischen Grafschaft.

suchte, stellte er den Bewerbern die Testfrage: »Wie dicht können Sie mit meiner Kutsche am Burggraben entlangfahren?« Den Job bekam der, der die Pferde am sorgsamsten auf Distanz zum Wasser hielt.

Im Park von Helmingham grasen Soay-Schafe, Hochlandrinder, Damwild in großen Rudeln. An der Brücke am Weg zur Kirche steht noch die Eiche mit dem gebogenen Stamm, die Constable malte, zu Besuch im Pfarrhaus im Sommer 1800. Pastorale und letzte Ruhe, jenseits des Teichs in der Grabkirche der Tollemaches. Barocke Epitaphe preisen ihre Tugenden, Ämter und Abenteuer; die meisten hießen Lionel. Beim Tee im Kutscherhaus erzählt Desmond, der alte Hausmeister von Helmingham, der die Kartoffeln nun auch bald von unten sieht, daß schon sein Vater hier 70 Jahre in Stellung war und daß der Lord das beste Cottage auf seinen Ländereien ihm, Desmond, überlassen habe, mietfrei, *you know.*

Man muß sich Zeit nehmen unterwegs in Suffolk, viel Zeit. Vor allem für die kleinen Dinge am Weg, für die unendlichen Nebenwege. Für einen Abstecher nach *Crowfield,* wo eine winzige Kirche am Rand des Dorfes steht, wie ein Bauernhaus in den Feldern, die einzige Kirche in Suffolk mit einem Fachwerkchor. Zeit für einen Besuch beim Reverend Anthony Wingfield in *Stonham Aspal:* Wie er daliegt auf seinem Sarkophag draußen vor der Kirche, den Ellbogen auf ein Kissen gestützt, die Augen himmelwärts, Pathos in jeder Geste, bis in die Falten seines Gewandes, Haltung und Gelassenheit – das ist, schreibt der unübertreffliche Pevsner, »als mache ein Grabmal aus Westminster Abbey Urlaub auf dem Lande«. Um so betrüblicher, daß der Pfarrer nun ein zweites Mal stirbt, am Steinfraß. Höchste Zeit, diese klassische Marmorskulptur von Francis Bird aus dem Jahre 1715 zu restaurieren und in die Kirche zu holen: als ein Monument für alle englischen Landpfarrer, die jahrhundertelang eine so eminente Rolle im Leben der Nation gespielt haben.

Und dann die Engel in der Glorie gotischer Schreinerkunst: die Stichbalkendecke von St. Mary in *Earl Stonham;* die Perpendicular-Decke von St. John in *Needham Market,* wo sich über dem Kirchenschiff ein zweites Schiff in die Luft erhebt, mit Stichbalken, Stützbalken und Querbalken, wie die Spanten einer Karavelle auf Himmelfahrt, mit Engeln als Galionsfiguren (um 1460–78). Dorfkirchen, Dorffriedhöfe rund um Helmingham. So kommen wir, früher oder später, nach *Shrubland Hall.*

Nicht das Haus ist hier die Überraschung, sondern der Park: eine englische Version der Gärten der Villa d'Este, Tivoli in Suffolk. Es begann mit einem bescheidenen Landhaus, das sich ein Pfarrer 1770 auf einer Anhöhe nördlich von Ipswich bauen ließ. Diese Villa wurde 1848–52 erweitert, von keinem Geringeren als Sir Charles Barry, dem Architekten des Londoner Parlaments. Er italienisierte das Haus im Geschmack der Viktorianer, mit Balustraden und einem asymmetrischen Eckturm wie Prinz Alberts Osborne House. Vor allem aber entwarf Barry auf der Westseite des Hauses einen Terrassengarten in großem Stil, 1888 neugestaltet von dem Gartenarchitekten William Robinson. Eine triumphale Treppenflucht führt den Hang hinunter zu einer Glorietta, steinerne Kaskaden im Grünen. Nach beiden Seiten öffnen sich weite Rasenplateaus, mit geometrischen Buxushecken, hohen Bäumen und bemoosten antikischen Skulpturen. Die Grandeur der Anlage sucht in East Anglia ihresgleichen. Dies waren die zeremoniellen Naturbühnen der viktorianischen Gesellschaft.[1] Heute haben Kurgäste hier ihre schattenhaften Auftritte zwischen Torf- und Tangbädern. Lord de Saumarez betreibt den Landsitz als Sanatorium. Auch ein Folly fehlt nicht im Gelände, ein Schweizerhäuschen mit deutschem Klassiker-Gruß: »Seid mir willkommen meine theueren Freunde / Zur guten Stunde führe euch das Schicksal.«

Englands historische Landsitze sind heute Pflegefälle der Geschichte. Sie als Sanatorium oder Altersheim zu nutzen scheint ihnen wesensgemäß. Ruhesitze der Aristokratie sind sie jedenfalls nicht. Wenig vorteilhaft für die alten Häuser, aber sehr beliebt, ist ihr Härtetest als Schule oder Internat. Wer es schafft, *Brideshead*-Filmkulisse oder Zentrum eines Safariparks zu werden, braucht seinen Leonardo vorerst nicht zu versilbern. Manchen dieser schon immer gastlichen Hallen gelingt es, als *Country House*-Luxushotel historische Aura zu horrenden Preisen zu vermieten; vor allem Amerikaner schätzen die Verbindung von Himmelbett und Hubschrauberlandeplatz. Zu den geglückteren Versuchen dieser Art zählt *Hintlesham Hall*, westlich von Ipswich: ein Landsitz mit elisabethanischem Kern, frühgeorgianischer Fassade und französischer Küche, Freßtempel der Londoner Yuppies. Hier zelebriert »Le Gavroche«-Absolvent David Watson an guten Tagen die kulinarischen Wunder von Suffolk. Auf einem Landsitz des 18. Jahrhunderts wird auch East Anglias bester Apfelwein hergestellt, der herbe *Aspall Cider.* Er kommt seit 1728 aus *Aspall Hall*, nördlich von Debenham, bis heute ein Familienunternehmen, begründet von C. B. Chevallier, einem hugenottischen Einwanderer aus der Normandie.

Mit einer bewundernswerten Mischung aus Enthusiasmus, Kennerschaft und Phantasie, Idealismus und Geschäftssinn verstehen es die Engländer immer wieder, mit ihrem historischen Erbe zu wuchern, es zu erhalten und zu nutzen. Leicht ist das nie, meist sehr kostspielig, und nicht immer glückt es. Manchmal ersticken sie daran, manchmal verspielen sie es auch. Ich kenne in Suffolk keinen traurigeren, skandalöseren Fall als den Niedergang von *Heveningham Hall.*

Als der französische Edelmann François de la Rochefoucauld auf seiner Kavalierstour durch East Anglia 1784 auch dieses damals eben vollendete »prächtige moderne Gebäude« besucht hatte, schrieb er entzückt, von allen Herrenhäusern der Grafschaft sei Heveningham »das einzige, das zu besichtigen sich wirklich lohnt«. Keine Übertreibung, denn Ickworth wurde erst zwanzig Jahre später gebaut. Bis heute gilt Heveningham Hall unter Englands Architekturhistorikern als »fraglos das großartigste georgianische Landschloß von Suffolk« (Pevsner).

Es liegt in den grünen Hügeln südlich von Halesworth, auf einer Anhöhe über einem Weiler im Tal, in dem die helle Fassade sich spiegelt, von alten Bäumen gerahmt (Farbt. 18). Natur als Spiegel der Kunst, ein Park von Capability Brown im Stil der klassischen Landschaftsmalerei, einer seiner schönsten pastoralen Entwürfe (1781–82), nicht ohne praktische Elemente: Damit die Herrschaft das ganze Jahr hindurch über Eisgekühltes verfügen

1 Ähnlich grandiose Gartenterrassen schuf Barry in Harewood House (Yorkshire) und Trentham Park (Staffordshire).

konnte, sorgte Brown für das *Ice House*, eine schalenförmige Ziegelkonstruktion mit Strohdach, bis Anfang dieses Jahrhunderts benutzt.

Heveningham Hall steht ganz in der palladianischen Tradition: über einem Rustikageschoß ein Mittelrisalit mit korinthischen Säulen und Attika, flankiert von zwei Eckpavillons mit Säulen und Giebel. Diese klassizistische Fassade, 25 Joche lang, aus verputztem Backstein, gilt in ihrer Monumentalität und Strenge als Vorbild für John Nashs Terrassen in Regent's Park. Der Baumeister von Heveningham war Sir Robert Taylor, Architekt Georges III.; Bauherr der Abgeordnete Sir Gerard Vanneck, ein Londoner Kaufmann holländischer Abkunft. Heveningham Hall wurde zwischen 1777 und 1784 erbaut, auf dem Höhepunkt eines Zeitalters der Eleganz. Es war die Epoche von Robert Adam, Gainsborough und Reynolds, von Chippendale und Sheraton, Dr. Johnson und Horace Walpole. Eine Epoche der Brillanz, die sich in den Räumen von Heveningham spiegelt. Gestaltet hat sie James Wyatt, seinetwegen ist dieses Haus berühmt.

Wyatt war der Sohn eines Holzhändlers und Bauunternehmers aus Staffordshire. Seine beiden bekanntesten Bauten existieren nicht mehr: das Pantheon in London und Fonthill Abbey, sein exzentrischer Palast für William Beckford. Als Wyatt 1781 die Verantwortung für die gesamte Innenausstattung von Heveningham Hall übernahm, war er 34 Jahre alt, einer der erfolgreichsten Architekten Englands. Seine Adaption des Adam-Stils übertraf noch sein Vorbild. Robert Adam war der Innenarchitekt der Empfindsamkeit, James Wyatt sein genialer Plagiator. Die rechteckigen klassizistischen Raumschachteln des Baumeisters Robert Taylor in Heveningham formt Wyatt um durch halbkreisförmige Apsiden, Kuppeln und Nischen. Kanten werden rund, Ecken weich; Räume wie Kissen. Wyatt bevorzugt weiche Pastelltöne: Apfelgrün, Biskuit, Wedgwood-Blau. Er wählt in Stuck und Farbe antike Ornamente: Arabesken, Fächer, Girlanden aus Blättern und Blüten. Im Unterschied zu Adam ist er im Dekor zurückhaltender, läßt große Flächen frei, um einzelne Medaillons oder Friese um so mehr zu betonen. So sind Wyatts Interieurs von Heveningham Hall subtile Echos von Robert Adams Räumen in Syon House oder Osterley Park.

Schon die Eingangshalle: in Proportion, Eleganz und Rhythmus ein vollkommener Raum. Beherrschend an beiden Enden die sienagelben Scagliola-Säulen, an den Längswänden flache Pilaster. Marmorfußboden, hohe Mahagoniportale, apfelgrüne Wände, Nischen für Marmorstatuen, darüber Stuckmedaillons. Die Fächermotive in den Zwickeln des römischen Tonnengewölbes weisen schon voraus auf den späteren, typischen Wyatt-Stil, die Neugotik. Brillant auch der Speisesaal, durch eine Säulenreihe von der Bibliothek getrennt: blaßblaue Wände mit Stuckreliefs auf dunkelrotem Grund. Die Wand- und Deckenmalereien im pompejanischen Geschmack stammen von Biagio Rebecca, einem Historien- und Dekorationsmaler italienischer Herkunft, der in vielen Häusern Wyatts und Adams mitarbeitete. Rebecca schuf auch die Profilköpfe berühmter Autoren in den ovalen Medaillons der Bibliothek, ebenso die Figuren des *Etruscan Room*, gemalt in den Terrakottafarben griechischer Vasen. Dieser Raum im etruskischen Stil, *fashionable* seit den Ausgrabungen von Pompeji Mitte des 18. Jahrhunderts, war ein reiner Schau- und Durchgangsraum, dekorativer Ausweis der klassischen Bildung des Hausherrn. Auch Osterley Park und Ickworth haben einen Etruskischen Raum. Für uns mögen dies sehr ferne Bildungs-Räume sein, für Lord Vanneck und seine Zeitgenossen war das *New Wave*, modernes Design. Als Wyatt eben seine Arbeit beendet hat, 1784, steht schon der erste Bildungsreisende vor der Tür und will Heveningham Hall besichtigen. Begeistert resümiert La Rochefoucauld: »ein Meisterwerk des guten Geschmacks«.

Rund zwei Jahrhunderte lang lebten die Vannecks auf ihrem Familiensitz. 1970 verkauften sie ihn, drückender Erbschaftssteuern wegen, und zogen nach Australien. Das Ministerium für Umwelt erwarb Heveningham Hall; in seinem Auftrag verwaltete es der National Trust, der selbst kein Geld hatte, um das Haus zu übernehmen. Eben ein Jahr im Amt, brachte Margaret Thatcher die lästige Immobilie 1980 auf den Markt: Wyatt war unrentabel. Was der Staat erst erworben hatte, um es für die Nation zu erhalten, wurde nun als Sparmaßnahme der Konservativen verscherbelt. Für die lächerliche Summe von 726 000 Pfund kaufte ein arabischer Geschäftsmann im Auftrag einer Schweizer Investmentgesellschaft die Antiquität im Grünen. Es war eine exemplarisch mißlungene Privatisierungsaktion der Regierung Thatcher.

1984 brach ein Feuer in Heveningham Hall aus; ein Unglück, gewiß. Schon einmal, 1949, hatte es gebrannt; damals war der Speisesaal wieder perfekt restauriert worden. Nun aber schleppte sich die Restauration dahin, schlimmer noch: Sie war unzureichend. Der neue Besitzer ließ Haus und Park für die Öffentlichkeit fast gänzlich sperren. Statt dessen kamen Einbrecher; eine der Wyatt-Kamineinfassungen ist bereits herausgerissen. Erst gibt die Familie ihren Stammsitz auf; das Haus wechselt den Besitzer, einmal, mehrmals; ein *absentee landlord* kommt, dann verliert er die Lust oder die Ressourcen und kommt immer seltener; Brand, Einbruch, Vandalismus, Verfall: Nach diesem traurigen Schema gingen schon manche Herrenhäuser verloren.

Erbaut auf dem Höhepunkt eines Zeitalters der Eleganz, verschleudert im wirtschaftlichen Aufschwung der Ära Thatcher – sollte die Geschichte von Heveningham Hall so enden? Ich habe das Haus lange vor dem Brand von 1984 besucht. Über dem Kamin im *Morning Room* hing noch Reynolds' Porträt von Sir Joshua Vanneck, der die Güter 1752 erwarb. Die meisten anderen Gemälde und Originalmöbel aus dem Besitz der Familie waren schon verkauft. Wyatts Räume aber leuchteten. Am Wiesenhang weideten Schafe, unten am Weiher gingen Kühe zur Tränke. Im Wasser spiegelte sich Heveningham Hall. *England, my England.*

Lichtbildner, Schattenfüßler: Angus McBean in Debenham

Debenham wird für mich immer mit einem großen Gelächter verbunden bleiben, dem Lachen von Angus McBean (Abb. 69). Als ich ihn besuchte, war er schon über achtzig, der *grand old man* der britischen Theaterfotografie. In der kleinen Stadt am Deben nördlich von Ipswich kennt ihn jeder: schlohweißer Bart, Pop-Krawatte und Seidenhemd. »Ich bin hier das *Ancient Monument.«* Angus McBean wohnt in der High Street, gegenüber dem Pub »The Angel«. In der Halle unterm Dach hängt die Fotografie, die ihn berühmt machte: Vivien Leigh mit dem großen Hut, 1937, darunter die Briefmarke der Britischen Post, nach seinem Foto gedruckt. Es war dieses Porträt von Angus McBean, das die damals noch unbekannte englische Schauspielerin nach Hollywood schickte. Wenig später rührte sie die Herzen von Millionen als Scarlett O'Hara in *Vom Winde verweht.*

»My camera, and even me fell in love with her«: Angus McBean fotografierte Vivien Leigh in fast jeder ihrer Film- und Bühnenrollen, dreißig Jahre lang. Er fotografierte Charles Laughton, Marguerite Strickland und Maggie Smith, Laurence Olivier als Hamlet und den jungen Richard Burton, wie er sich als Henry V. die Krone aufsetzt. In den goldenen Jahren des britischen Theaters war Angus McBean der Hoffotograf der Stars.[1] Sie spielten die großen, flüchtigen Rollen, er schuf die Ikonen ihres Ruhms. Seine Mittel: raffinierte Lichtregie, Schwarzweißmagie, perfekte Retusche. Sein Credo: »Die Leute wollen schön sein.« Nicht nur Stratford und das Old Vic, auch die Beatles engagierten ihn: für das Cover ihrer LP *Please, Please Me.*

In London, erzählt Angus McBean, habe er 1951 noch einen Star entdeckt: »Als ich eine Kosmetikwerbung fotografieren sollte, suchte ich mir dafür ein Model in einer Westend-Revue. Ich wählte das dritte Girl aus der *Chorus Line.* Sie war achtzehn und hieß Audrey Hepburn.« Auf seinem Foto ragen nur ihre nackten Schultern und ihr Kopf aus dem Sand hervor, neben Miniatursäulen antiker Ruinen: *Cold-Cream*-Schönheitscreme, eines der ersten surrealistischen Werbefotos. »Es hing damals überall in England, im Schaufenster jeder Drogerie. Ich bekam 50 Pfund Honorar, und MGM in Hollywood drehte den Film *Funny Face (Ein süßer Fratz).* Da spielt Audrey Hepburn ein *Chorus Girl* und Fred Astaire den jungen Fotografen, der sie berühmt macht.«

Erinnerungen eines alten Fotografen in Debenham. Auf der Kommode stehen seine surrealistischen Atelierrequisiten aus den dreißiger Jahren: Miniaturtempel, Antikenkitsch vom *Caledonian Market,* dem Londoner Flohmarkt. Mit Vorliebe porträtierte der bizarre Fotomonteur sich selbst; einmal mit einem weit geöffneten Auge an Stelle des Mundes. Ein deutscher Ausstellungsbesucher (»the Germans take everything so serious«) fragte ihn, was das bedeute. »I did it for my dentist«, antwortete Angus.

Im selben Jahr geboren wie Dali, 1904, stolz auf seine walisische Herkunft und seinen schottischen Großvater, ist Angus McBean ein Musterexemplar der Gattung *Great British Eccentrics.* Amüsiert berichtet er von seinem jüngsten Comeback. *Vogue* beauftragte den Achtzigjährigen, »to my utter amazement«, die neuen Yves-Saint-Laurent-Modelle im Stil seiner alten Bilder zu fotografieren: schöne Frauen zwischen künstlichen Ruinen, sein surrealistisches Markenzeichen. Allerdings nicht mehr in Schwarzweiß, sondern in Farbe (»Dabei sind die besten Farbfotos handkoloriert«). Und vor einigen Tagen riefen die

1 Die Londoner National Portrait Gallery besitzt einige seiner Fotos. Die meisten, rund 48000 Glasnegative, verkaufte er an die Harvard University, Cambridge, Massachusetts.

McCartneys an, sie wollten ein Porträt für ihr Büro. Mit Paul sei das kein Problem, aber Linda, »who's never been exactly a beauty«: schwierig, ohne Retusche.

Angus McBean erzählt. Er sitzt am Fußende seines Bettes, dessen Himmel er unter der Decke befestigt hat. Ein ähnlich extravagantes Himmelbett entwarf er für Mick Jagger. Auch ein Nachtschränkchen steht da, mit gotischer Faltenfüllung. »Original McBean-Tudor«, erklärt Angus, »weil die Tudors sowas nicht gemacht haben, mußte ich es machen«. Restaurieren und Retuschieren, Kopieren und Dekorieren, das war für ihn immer eine Einheit: als Maskenbildner beim Theater, bei der Inszenierung seiner Fotos, als Designer eigener und fremder Interieurs.[1] In solchen Rollenspielen mit Realität und Identität verbindet er aufs schönste, wie Cecil Beaton, Fotografie und Leben.

Angus öffnet seinen Kleiderschrank. Seidene Blusen, Westen aus Brokat und Jacquard, selbstentworfene Krawatten – Beau Brummel hätte sein Vergnügen dran. Da hängt auch sein Sherlock-Holmes-Umhang mit der schwarzweiß gestreiften Baumwollweste, wie Diener sie im 19. Jahrhundert trugen: »Querstreifen für *indoor servants,* Längsstreifen für *outdoor servants;* ich trage beide.« Er trug sie, unter anderem, auf einer seiner legendären *Christmas Cards,* ironische Selbstinszenierungen, die Angus McBean ein Leben lang alljährlich als Weihnachtsgruß an seine Freunde verschickte. »Bei Christie's wurde kürzlich eine dieser Fotocollagen versteigert, für 250 *quid* – to my utter amazement.«

Der virtuose Angus wohnt über einem der sechs *Antique Shops* von Debenham. »Meine beiden Freunde Emeric und Norman führen das Antiquitätengeschäft, ich mache die Antiquitäten.« Gelernt hat er das im Londoner Modekaufhaus *Liberty's,* noch in den zwanziger Jahren. Dort hat Angus sieben Jahre lang in der Antiquitätenabteilung gearbeitet, bevor er Fotograf wurde. Das kam ihm zugute, als er 1966 *Flemings Hall* in Suffolk kaufte, »ein wunderbares altes Fachwerkhaus«.[2] Statt sich, nach der dritten Hüftoperation, nun zur Ruhe zu setzen, stieg Angus auf die Leiter und restaurierte es von Grund auf. Täfelungen, Türen, Treppen, alles setzte er neu ein, aus alten Teilen. »Damals wurden viele historische Häuser abgerissen, da konnte man eine Treppe oder einen ganzen Raum voll Holztäfelungen für 25 Pfund kaufen.« Auch viele Möbel entwarf er selbst, Pastichen aus allen möglichen Elementen wie seine surrealistischen Fotos. So wurde Flemings Hall zur historischen Collage eines modernen Elisabethaners. Als Angus und seine Freunde das Haus nach rund zwanzig Jahren restauriert hatten, wurde es Zeit, sich davon zu trennen. »Wir haben es für 10000 Pfund gekauft, verkauft für 180000. Jetzt ist es wieder auf dem Markt, für 350000 Pfund.« Und, stellt er befriedigt fest, »it's gone up to Grade One«, Stufe Eins auf der Denkmalschutzliste.

Er selbst, *Ancient Monument* von Debenham, hat ein neues Projekt begonnen. Angus McBean fotografiert aufgelassene, vom Verfall bedrohte Kirchen. »In Suffolk haben wir 600 mittelalterliche Kirchen und vier Leute, die noch an Gott glauben.« Fritton, Denston,

1 Sein Glamour-Dekor gehörte eine Zeitlang zur Attraktion des Gourmet-Restaurants Hintlesham Hall (siehe Anhang).

2 Bei Bedingfield, nördlich von Debenham: Kern aus dem 14. Jahrhundert, erweitert um 1550.

Ufford, Icklingham: Angus liebt die alten Dorfkirchen, Religion hält er für ein Übel (»Christ was a great teacher, but St. Paul ruined him«). Jede Woche komme nun irgendein junger Fotograf und wolle ihn porträtieren, sagt er, »to my utter amazement«. Im Grunde wundert er sich über sein ganzes Leben, wundert sich und lacht.[1]

Auch der Guru des britischen Balletts hatte in diesem Teil Suffolks seinen Alterssitz: Sir Frederick Ashton, Tänzer, Choreograf, Direktor des Royal Ballet, Jahrgang 1904 wie Angus McBean. Sir Fred lebte in *Eye,* einer Kleinstadt nördlich von Debenham. Immer wieder fuhr er von dort nach London, ins Sadler's Wells und nach Covent Garden, wo er noch mit 83 sein Ballett *Cinderella* choreografierte. Auch in seinem Landhaus Chandos Lodge umgab er sich mit einer Welt artifizieller Formen und Rhythmen, mit der grünen Disziplin des *topiary.* Da stehen nun Sir Fredericks Buxus- und Taxushecken, zu Pyramiden, Kegeln und Kugeln beschnitten, magische Figuren eines geometrischen Garten-Balletts. Und an der Straße, wie eine betrunkene *Chorus-Line,* windet sich eine wellenförmige Backsteinmauer. Solche *crinkle-crankle walls,* wahrscheinlich aus Holland eingeführt, waren eine Mode in Suffolker Gärten des 18. und 19. Jahrhunderts. In den Nischen dieser Serpentinenmauern finden Obstbäume und Blumen Schutz und zusätzliche Wärme.[2] Eye hat im übrigen einige schöne georgianische Häuser und eine Perpendicular-Kirche, deren Westturm in seiner ganzen Höhe mit *flushwork* dekoriert ist, Flintstein-Maßwerk der üppigsten Art.

Silly Suffolk, »seliges Suffolk« nannte man diese Grafschaft einmal, wegen ihrer vielen Kirchen. Immer wieder kommen wir an ihnen vorbei und auf sie zurück, und oft finden wir in den kleinen Kirchen die größten Überraschungen. Zum Beispiel in *Thornham Parva,* südwestlich von Eye. St. Mary ist eine der wenigen noch reetgedeckten Kirchen; auch der Turm trägt eine Pyramidenhaube aus Ried. Früher hatten viele Dorfkirchen ein Strohdach, heute sind es in Suffolk noch etwa zwanzig, mehr als in jeder anderen Grafschaft. Doch die eigentliche Besonderheit von St. Mary ist das spätgotische Altarbild: eine Kreuzigungsgruppe, von acht Heiligen flankiert, schlanke, überlange Figuren, in linearem Stil auf Goldgrund gemalt, um 1300, vielleicht in der Königlichen Werkstatt von Westminster Abbey. Erst 1927 wurde das sogenannte Thornham-Parva-Retabel im Nachlaß einer katholischen Familie entdeckt, eines der wenigen erhaltenen Meisterwerke dieser Zeit in England – in einer kleinen Kirche in den Feldern von Suffolk.

Auch für St. Mary in *Dennington,* nördlich von Framlingham, nehmen *church-crawling*-Enthusiasten jeden Umweg in Kauf. Auf dem Sarkophag der Südkapelle liegen zwei lebensgroße Alabasterfiguren nebeneinander mit gefalteten Händen: Lord Bardolph in voller Ritterrüstung, gestorben 1441 (er focht bei Agincourt für Henry V.), neben ihm seine Frau in der Mode ihrer Zeit, mit reich bestickter gotischer Haube. Engel halten die Ruhekissen an ihrem Kopfende, zu ihren Füßen wacht ein heraldischer Drache. Die Alabasterfiguren sind

1 Angus McBean, »the Nadar of English Upper Bohemia« (*The Independent*), starb 1990.

2 Von den mehr als fünfzig historischen *crinkle-crankle walls* in Suffolk finden sich gute Beispiele in Hadleigh, Long Melford, Bramfield und ein besonders schönes Exemplar im ehemaligen Küchengarten von Heveningham Hall.

Ron Fuller: Steam Dancing Man, 1980

zurückhaltend bemalt, um so kostbarer vergoldet Ringe und Bordüren. Grabskulpturen von hoher Qualität, Noblesse einer fernen Welt. Maßwerkgitter teilen die Süd- und Nordkapellen ab, Zeugnisse spätgotischer Holzschnitzkunst, die im Gestühl von St. Mary ihren Höhepunkt erreicht.

Vor allem dieser *poppy-heads* wegen ist Dennington Church ein Begriff. Nicht nur Laubwerk, auch Vögel und Figuren mit mythologisch-symbolischer Bedeutung bekrönen die 76 Gestühlswangen in verschwenderischer Fülle. Spezialisten steuern gleich eine Bankreihe rechts im Hauptschiff an, ein unscheinbares, überaus rares Schnitzwerk, den kuriosen *sciapod.* Der Schattenfüßler, wie dort zu sehen, ist ein langhaariges, bärtiges Wüstenwesen aus Libyen, das gern auf dem Rücken liegt, seine Riesenfüße als Sonnenschirm über sich hält und dabei gemächlich seine Beute verzehrt. Solche Skiapoden, in unseren Breiten eher ungewöhnlich, waren dem heiligen Augustinus und dem mittelalterlichen Denken noch ein mythisch-anschaulicher Begriff. Heute fristen die letzten Skiapoden ein ihrer Art durchaus gemäßes Schattendasein in einigen französischen Kirchen. Einziger englischer Vertreter, von wenigen Bibliotheksexemplaren abgesehen, ist der Schattenfüßler von Dennington.

Nur wenige Meilen weiter nördlich liegt *Laxfield,* das Heimatdorf William Dowsings. Cromwells oberster Bilderstürmer hatte im Commonwealth den Auftrag, alle »abergläubischen Bilder, Denkmäler und Zeichen des Götzendienstes aus allen Kirchen und Kapellen« zu entfernen und zu zerstören. Minuziös notierte der puritanische Vandale in seinem Tagebuch den Erfolg der Aktion, zum Beispiel die Zerstörung der Kirchenfenster in Clare, 1644:

»We brake down 1000, I brake down 200.« William Dowsing, genannt *Smasher* Dowsing, säuberte mit seiner Bande in zwei Tagen sämtliche Kirchen von Ipswich. Zerkratzte Heiligengesichter, abgeschlagene Köpfe an Lettnern und Taufbecken – die Spuren dieses Bildersturms begegnen uns überall im Land (Farbt. 21).

In Laxfield lebt ein Künstler, der sogar den düsteren Dowsing zum Lachen brächte: der Spielzeugmacher Ron Fuller (Abb. 51). In Pop-Farben, mit subversivem Witz entwirft Ron eine Welt aus Holz, Blech und Gelächter: Dampfschiffchen, *Yellow Submarines* für die Badewanne, *Red-Baron*-Flieger mit salutierenden Piloten, Holzeier legende Hennen, Zirkusartisten und andere skurrile Automatenwesen. Als ich Ron Fuller besuchte, arbeitete er gerade an zwei lebensgroßen, computergesteuerten Sperrholzfiguren für ein Einkaufszentrum in Sheffield. Rons Frau Moss Fuller, Malerin in der Nachfolge Cotmans, aquarelliert die Felder und Scheunen ihrer Heimat, den Maschinenpark der Bauernhöfe, eine poetische, realistische Bestandsaufnahme der ostenglischen Agrarlandschaft.

Renaissance der toten Seelen: Wingfield College, Framlingham Castle

Tiefes Suffolk, tiefes Mittelalter, schönste Gegenwart. Nordwestlich von Laxfield, schon an der Grenze zu Norfolk, liegt eine Hügelkirche in den Feldern, entlegen wie ihre Geschichte. *Wingfield* war einst die Stammburg der de la Poles, eine der mächtigen Dynastien des Landes. Heute ist das 250-Seelen-Dorf ein Begriff für das intimste Festival der Grafschaft: *Wingfield Arts & Music.* Der Mann, der den Ort aus seinem Dornröschenschlaf weckte, ohne seine Atmosphäre zu zerstören, heißt Ian Chance. Er war eben dreißig Jahre alt, Absolvent der Londoner Slade School, als er 1971 nach Wingfield kam und von einem Bauern das Anwesen neben der Kirche kaufte. »Jeder hielt es damals für ein Haus des 18. Jahrhunderts, sogar Pevsner. Was ich fand, war ein College des Mittelalters.«

Ian Chance, ein unauffälliger Junggeselle, führt mich in Begleitung seiner schwarzen Katze Betty durch *Wingfield College.* Das Haus im Haus, das er entdeckte und Raum für Raum freilegte, ist ein Fachwerkbau des 14. Jahrhunderts, dem um 1760 eine komplette georgianische Stuckfassade vorgeblendet wurde, mit zwölf echten und sieben blinden Fenstern. Sorgfältig restaurierte er die Great Hall mit ihrem offenen Dachstuhl, den Kern des Hauses (um 1300). Bis zur Reformation lebten hier zwanzig bis dreißig Schüler, sechs Lehrer und vier Priester: ein Kollegiatsstift, gegründet von Sir John de Wingfield, einem Freund des Schwarzen Prinzen. Sir John war im Hundertjährigen Krieg Stabschef der englischen Armee in Frankreich und kehrte mit reicher Beute nach Suffolk auf seine Latifundien zurück. Vor seinem Tod 1361 stiftete er ein Kolleg samt Kirche, wo er begraben wurde und wo die Kollegiaten täglich für seine arme Seele Messen lesen und beten sollten. Im 15. Jahrhundert war Wingfield College eine der drei führenden Internatsschulen der Grafschaft, der Rektor des Kollegs zugleich Hauskaplan der Herzöge von Suffolk.

»Wenn dies ein College ist, muß es auch als College geführt werden.« Kaum hatte Ian Chance nach fast zehnjähriger Arbeit die Restaurierung seines Hauses beendet, gründete er

1981 ein Festival mit Konzerten, Ausstellungen, Lesungen, Workshops. Als ich Wingfield College besuchte, gastierte in der Stiftskirche das Medici String Quartet, wenig später der indische Sitar-Musiker Imrat Khan. Der spanische Konzertgitarrist Ernesto Bitetti hielt einen Gitarrenworkshop, der Bestsellerautor Malcolm Bradbury las zum Abschluß eines Erzählwettbewerbs einheimischer Schüler. Als *Artist in Residence* gab die brasilianische Malerin Ana Maria Pacheco einen Holzschnittkurs an der Handpresse von 1840, als *Composer in Residence* demonstrierte der Ungar György Kurtag Theorie und Praxis zeitgenössischer Musik. Im Haus waren Kelims aus Kabul und marokkanische Keramik ausgestellt, im Garten Skulpturen Norwicher Künstler. *Wingfield Arts* & *Music* ist East Anglias persönlichstes Festival, mit ländlichen Wurzeln und kosmopolitischem Horizont. Was als Restaurierung begann, wurde eine Revitalisierung schönster Art, das mittelalterliche College zum Zentrum eines lockeren *studium generale* für Sommergäste.

Das alles organisierte Ian Chance in den ersten fünf Jahren ohne Subventionen und Sponsoren, um sein Programm völlig unabhängig zu realisieren. Inzwischen tragen regionale Behörden und Firmen einen Teil der Kosten; den Rest bestreitet der Festspielgründer immer noch aus eigener Tasche, als Lehrer an der Norwich School of Art (»I have to teach in order to pay the Festival«). Ian Chance verkörpert eine britische Erfolgsgeschichte. Der junge Alternative, der in den siebziger Jahren aufs Land zieht, um seine Idee von Kunst und Leben zu verwirklichen, wird in den achtziger Jahren wider Willen zum Musterbeispiel des Thatcherismus in der Kulturpolitik: Gefördert wird auch in der Kunst nur, was zuvor durch Eigeninitiative seine wirtschaftliche Lebensfähigkeit bewiesen hat. Ian Chance selbst sieht das Ziel von Wingfield vor allem darin, »Menschen in die Lage zu versetzen, Exzellentes zu erstreben, ihre eigene kulturelle Identität zu finden«. Sein Beispiel zeigt, daß nicht Superfestivals die kreativen Zentren sind, sondern kleine Kunststiftungen wie die Fondation Maeght in St. Paul de Vence, Kettle's Yard in Cambridge – oder Wingfield College.

Gleich nach seinem Einzug pflanzte der neue Hausherr eine *weeping oak*, die seltene Trauereiche. Auch einen elisabethanischen *topiary*-Garten legte er an, geometrische Heckenfiguren, die den Gesetzen der Geometrie und Schwerkraft vital widersprechen: kippende Pyramiden, asymmetrische Kegel, Korkenzieherformen, ein bizarrer Exkurs zum Verhältnis von Natur und Kunst. Mit Ian Chance hat die Geschichte von Wingfield noch einmal begonnen. Sie schien begraben für immer mit den großen Namen der de la Poles in den Sarkophagen der Dorfkirche. Einen von ihnen, »Sweet Suffolk, proud Pole«, kennen wir aus Shakespeares Königsdrama *Henry VI:* William de la Pole, 1. Duke of Suffolk. Er kämpfte für Henry V. gegen Jeanne d'Arc, arrangierte für Henry VI. die Hochzeit mit Margarete von Anjou und strebte selber nach der Macht: »Margaret shall now be queen, and rule the King; / But I will rule both her, and King, and realm.« Doch am Strand von Dover ward er ermordet: »Thy lips, that kissed the queen, shall sweep the ground.« Nun ruht »Sweet Suffolk« in einem der prächtigsten Sarkophage von Wingfield, neben seinem Sohn John, dem 2. Duke, und dessen Frau Elizabeth Plantagenet, einer Schwester Edwards IV. und Richards III. (Abb. 86). Nicht weit von diesen wahrhaft königlichen Alabasterfiguren liegen zwei ursprünglich farbig gefaßte Grabskulpturen aus Holz, wie man sie selten sieht:

Michael de la Pole, 2. Earl of Suffolk, und seine Frau Katherine, die Eltern des 1. Duke.[1] Sir Michael erbaute 1384 *Wingfield Castle*, die Stammburg der de la Poles am Dorfrand. Von der alten Wasserburg blieb nur das dreistöckige Torhaus erhalten; das heutige Herrenhaus aus Fachwerk stammt aus der Mitte des 16. Jahrhunderts.

Wie die Machtzentren schrumpfen. Wingfield, Stammsitz der Herzöge von Suffolk: ein Kaff. Wenige Meilen weiter südlich *Framlingham,* Residenz der Herzöge von Norfolk: ein Dorf, das keiner mehr kennt. Framlingham hat 2500 Einwohner, eine Burg mit dreizehn Türmen und eine Kirche mit den schönsten Renaissancegräbern East Anglias. Auf dem Hügel gegenüber der Burg liegt *Framlingham College,* eine Public School von 1864, die neugotische Bildungsburg der Viktorianer. Was die Schüler hier täglich vor Augen haben, drei Bogenschüsse entfernt jenseits des Tals, ist ein exemplarisches Stück Heimatkunde, Rittertum und Fremdenverkehr.

Wie die Burgen schrumpfen zur Bellevue. Der Stolz normannischer Militärstrategen: ein Ansichtskartenmotiv. Geschichte ist am Ende immer Abrüstungsgeschichte, Zerstörung, Verfall. Nicht immer ist das Ergebnis so befriedigend wie die Ruine von *Framlingham Castle.* Über die Wehrgänge spazieren, was für ein Vergnügen. Zu unseren Füßen das Städtchen, die Kirche, ein See, einst zur Verteidigung aufgestaut, und ringsum die friedlichen Hügel von Suffolk. Kein Feind mehr in Sicht seit Cromwells Zeiten. Die Domäne von Framlingham war ein Geschenk Henrys I. an seinen normannischen Gefolgsmann Roger Bigod. Ein Jahrhundert später, zwischen 1190 und 1213, baute ein weiterer Roger Bigod, der 2. Earl of Norfolk, die Burg in ihrer heutigen Form. Die konzentrische Ringmauer mit Ecktürmen und Torhaus war damals modernste Militärarchitektur, von heimkehrenden Kreuzfahrern importiert nach dem Vorbild der Sarazenenburgen. Windsor und Dover Castle sind die frühesten englischen Beispiele für diesen kontinentalen Festungstyp, der die Donjon-Burgen ablöste. Die Schanzwälle und Gräben, die der erste Roger Bigod Anfang des 12. Jahrhunderts anlegte, umgeben die inneren und äußeren Burghöfe von Framlingham Castle. Die Tudors domestizierten die dreizehn Wehrtürme mit bizarren Ziegelschornsteinen; fast alle sind bloße Attrappen (1530–40).

Auch der letzte der Bigods von Framlingham hieß Roger. Dieser 5. Earl of Norfolk gehörte zu den treibenden Kräften im Widerstand der Barone gegen Edward I. Im Jahre 1297 kam es zur Kraftprobe, als Ritter Bigod seine Gefolgschaft in die Gascogne verweigerte: »By God, Sir Earl, you shall go or hang«, sprach der König. »By God, o King«, entgegnete der Graf, »I will neither go nor hang.« Ein klassischer Dialog, ob legendär oder nicht, einer der berühmtesten Wortwechsel der englischen Historie. Graf Bigod verlor seine Ämter, seine Burg fiel an den König.

Zwischen Hofdienst und Hochverrat schwankt auch die Geschichte der Howards auf Framlingham Castle. Von Richard III. zu Herzögen von Norfolk und zum Oberhofmar-

1 Bei der Restaurierung von Wingfield College fand man einen Teil der gefältelten Täfelung von etwa 1525, u. a. zwei Paneele mit den Porträts von Mary Tudor und ihrem zweiten Mann, Charles Brandon, den Marys Bruder Henry VIII. zum Duke of Suffolk machte – nach der Hinrichtung des 5. Earl of Suffolk, Edmund de la Pole.

schall erhoben, verloren sie unter Henry VIII. Burg und Kopf. Doch bevor sie in der Kirche von Framlingham beigesetzt wurden, feierten sie im Großen Burgsaal ihre Feste. Am 30. Dezember 1526 tafelte dort der 3. Duke of Norfolk mit 235 Gästen, davon 35 Ritter, Adlige und Priester, der Rest laut Haushaltsbuch »persons of the country«. Seinen letzten Höhepunkt erlebte Framlingham Castle 1553. In jenem Jahr, seinem Todesjahr, schenkte Edward VI. die Burg seiner ungeliebten katholischen Halbschwester Mary Tudor. Die Krone aber fiel nicht an sie, die rechtmäßige Thronfolgerin, sondern an die achtzehnjährige Protestantin Jane Grey, Schwiegertochter des Duke of Northumberland, des notorischen »Königmachers« Warwick. Mary Tudor floh nach Framlingham Castle. Auf der Burg der Howards, bis heute Englands ranghöchste Katholikenfamilie, ließ sie sich vom Landadel East Anglias zur Königin proklamieren und marschierte nach London. Neun Tage hatte Lady Jane Grey regiert; mit ihrer Hinrichtung begann die Herrschaft von *Bloody Mary.*

Auch später spiegelt Framlingham Castle die wechselnden Macht- und Glaubensverhältnisse im Land. Maria Tudors protestantische Schwester und Nachfolgerin Elizabeth I. machte die Burg zum Gefängnis für Rekusanten-Priester. Ihr Nachfolger wiederum, James I., gab den Kronbesitz zurück an die Howards, Parteigänger der katholischen Stuarts. Doch inzwischen, durch die Hochzeit des 4. Duke of Norfolk mit der Tochter des Earl of Arundel, hatte eine andere Burg Framlingham als Hauptsitz der Familie abgelöst, Arundel Castle in Sussex. Sie gehört heute dem 17. Duke of Norfolk. Durch eine Erbschaft fiel Framlingham Castle 1635 an Pembroke College in Cambridge. An Stelle der Great Hall bauten die Akademiker ein Armenhaus im Burghof; den Rest ließen sie verfallen. Heute führt Pembroke College nur noch den Titel der *Lords of the Manor;* Besitzer von Framlingham Castle ist seit 1913 der Staat. Was bleibt, stiften die Denkmalschützer.

Am Südportal von Framlingham Church, wo die toten Burgherren ruhen, hängt auch der Schlüssel der Burg, sozusagen griffbereit für die Auferstehung. Die Perpendicular-Kirche St. Michael hat eine ungewöhnliche Stichbalkendecke von 1475, deren Ansatz von einem Fächergewölbe verdeckt wird, und eine berühmte Barockorgel, ursprünglich für Pembroke College gebaut; berühmt darum, weil das bemalte Gehäuse von 1630 eines von nur acht Orgelgehäusen in ganz England ist, die Cromwells Zerstörungsbefehl entgingen. Über dem Hochaltar hängt der Helm, den Thomas Howard, Earl of Surrey, 1513 in der Schlacht von Flodden trug, als die Engländer unter seiner Führung die Blüte der schottischen Ritter niedermetzelten. Hier umgibt er sich nun mit der Leibstandarte Jesu, den zwölf Aposteln in den Nischen seines Sarkophags. Dies ist das letzte große religiöse Bildprogramm, bevor die Reformation sich durchsetzte, eines der besten Grabmonumente der englischen Frührenaissance. Doch lasse man sich nicht täuschen vom Trompe l'œil des Totenkults. Der Familienmacht wegen lancierte Thomas Howard zwei seiner Nichten auf den Thron, erst Anne Boleyn, dann Catherine Howard, und als es um ihren Kopf ging, ließ er beide fallen. Seiner eigenen Hinrichtung entging dieser 3. Duke of Norfolk nur, weil am Tag zuvor Henry VIII. starb. Sechs Jahre verbrachte Howard noch im Tower, bis Mary Tudor den Achtzigjährigen freiließ: ein grausamer Mann in grausamen Zeiten. Daß einer so alt wurde und im Bett starb, in diesem Ränkespiel um die Macht, das allein schon läßt ihn außerordentlich erscheinen.

Auch sein Sohn liegt im Chor von Framlingham Church[1] begraben: Henry Howard, Earl of Surrey. Ein Renaissancegrab, ein Renaissancemensch *par excellence*. Er liebte die höfische Kabale, den heroischen Reim, das zügellose Leben, und er starb jung genug, um mit der Aura des lyrischen Helden fortzuleben, ein *virtuoso* des Degens und der Feder. Raleigh brachte den Engländern die Kartoffel, Surrey den Blankvers. Das lernt jeder Anglist bis heute. Und noch etwas: Als Übersetzer Petrarcas verwandelte er das italienische ins englische Sonett, indem er die beiden Terzinen auflöste in einen weiteren Vierzeiler mit einem epigrammatischen Reimpaar am Ende, dem *heroic couplet*.[2] Hören wir, von Shakespeare verwöhnt, einmal auch Surreys Stimme:

> When other lovers in arms across
> Rejoyce their chief delight,
> Drowned in tears to mourn my loss
> I stand the bitter night
> In my window, where I may see
> Before the winds how the clouds flee.
> Lo, what a mariner love hath made me!

Wer so leidenschaftlich von der Minne sang und so selbstverliebt mit der Macht spielte wie der Earl of Surrey, lief am Hof Heinrich Blaubarts kein geringes Berufsrisiko. Noch ehe er dreißig Jahre alt war, wurde er als Hochverräter angeklagt – »the most foolish proud boy that is in England«, wie ein Zeitgenosse ihn nannte. Die kurze, glänzende Karriere Henry Howards endete im Januar 1547 auf dem Tower Hill. Von Holbein porträtiert, von Henry VIII. geköpft: das konnte selbst damals nur ein Virtuose in seinen Lebenslauf schreiben. So liegt denn in Framlingham Church, zum Zeichen seiner Exekution, die Fürstenkrone neben dem Kopf der Alabasterfigur auf dem Sarkophag des schönen, armen Heinrich. An seiner Seite ruht Frances de Vere, seine Frau, Tochter des 15. Earl of Oxford. Hinter ihnen knien ihre drei Töchter, vor ihnen die beiden Söhne. Sie tragen purpurrote, hermelinbesetzte Roben. Einer von ihnen setzt die Blutspur der Howards fort: Thomas, 4. Duke of Norfolk, als Hochverräter enthauptet unter Elizabeth I. Auch sein Sohn geht im Tower zugrunde, im selben Jahr 1572: Philip, Earl of Arundel, auch er angeklagt als Katholik, als Parteigänger Maria Stuarts. Feierlich aufgebahrt liegen die Figuren der toten Howards in Framlingham Church, dem Jenseits zugewandt in heraldischer Farbenpracht, Akteure und Opfer einer Zeit, die ihre Krönungen und Hinrichtungen wie Shakespeare-Dramen genoß. Das Grabmal des Earl of Surrey entstand erst 1614, mehr als ein halbes Jahrhundert nach seinem Tod (und zwei Jahre vor dem Tod Shakespeares). Zum illustren Totenensemble von Framlingham

1 Nach der Auflösung von Thetford Priory, 1540, bis dahin Erbbegräbnis der Earls und Dukes of Norfolk, wurde der Chor von Framlingham Church zur Grabkapelle der Howards erweitert (1547–53).

2 Viele Ausgaben seiner Gedichte und seine Blankvers-Übersetzung des 2. und 4. Buchs der *Aeneis* von Vergil werden in der Bibliothek von Arundel Castle verwahrt. Dort hängt auch das brillante Porträt des Earl of Surrey, gemalt 1546 von Guillim Stretes.

zählt auch ein königlicher Bastard, Surreys Jugendfreund Henry FitzRoy, ein unehelicher Sohn Henrys VIII., der sich, vom König geliebt »like his own soule«, heftigeren Zuwendungen durch frühen Tod entzog.

Groß war diese Epoche in ihrer Grausamkeit, groß in ihrem Bedürfnis nach Schönheit, Harmonie, ewigem Frieden; groß daher auch in den steinernen Abgesängen auf ihre Toten. Vier kniende Engel tragen auf ihren Schultern eine schwarze Marmorplatte, unter der die Urne Sir Robert Hitchams steht[1], des Mannes, der die Burg von den Howards kaufte und seinem College in Cambridge vermachte, kurz vor seinem Tod im Jahre 1636 (Abb. 90).

Als ich Framlingham Church besuchte, war Frühling. Eine Frau stellte Blumen auf Sir Roberts Sarkophag. Im schwarzen Marmor spiegelten sich die Osterglocken.

Am Abend fuhr ich ins benachbarte *Saxtead.* Eine Windmühle steht dort am Rand des weiten Dorfangers, makellos weiß, mit vier mächtigen Flügeln (Abb. 41). Der holzverschalte, bewegliche Mühlenbock ruht auf einem runden Ziegelhaus. Schönheit der funktionalen Form, ein Mobile der ländlichen Arbeit. Hier wurde das Korn gemahlen für die Herren von Framlingham Castle. *Saxtead Green Post Mill,* eine traditionelle Suffolker Bockmühle[2], gilt als eine der schönsten ihres Typs in Europa. Seit 1287 ist eine Windmühle an dieser Stelle dokumentiert; die jetzige stammt aus dem Jahre 1796. Bis zum Ersten Weltkrieg war sie als Kornmühle in Betrieb, dann nur noch zum Mahlen von Viehfutter. Heute klappern ihre Flügel als *showpiece* von *English Heritage.*

Britten in Aldeburgh: Das Festival am Brachvogelfluß

Weiß leuchten die Lüftungsschächte der Maltings über der Marsch, wie Schlote eines gestrandeten Ozeanriesen. Aus der alten Mälzerei dringen Schönbergs *Herzgewächse,* opus 20, letzte Proben von Harfe und Sopran. Schon promenieren sie in langen Abendkleidern über den Deich und richten ihre Operngläser erwartungsvoll ins Grüne: *Oh look, a redshank!* Ein Rotschenkel, tatsächlich, Lachmöwen und Austernfischer, die klassische Besetzung in den Mäandern der Alde-Mündung. Eine kleine Wassermusik, bei *Adnams Bitter* und Champagner, bevor die Konzertglocke läutet.

Alle Welt kennt Glyndebourne und sein Festival, aber Aldeburgh? Gewiß, eine Britten-Oper in einer alten Mälzerei hat nicht den Jet-Set-Appeal der »Aida« in den Tempelruinen von Luxor. Aldeburghs Attraktionen sind weniger spektakulär: *home-made,* ein Festival aus urbanem Geist und dem Atem der Countryside, ohne the »drilled smartness of Glyndebourne« (E. M. Forster). Aldeburgh ist ein großes Familienfest in der englischen Provinz mit internationalen Gästen. Janet Baker, Heather Harper, Lutoslawski und Henze, Menuhin, Anne-Sophie Mutter, Colin Davis, Clifford Curzon: sie alle haben hier gespielt, gesungen, dirigiert. Stammgäste wie den Cellisten Rostropowitsch, genannt Slava, empfängt das

1 Das Grabmal entwarf der Bildhauer Francis Grigs, 1638.
2 Andere historische Bockmühlen in Suffolk: Drinkstone, 1689; Friston; Holton, 1752.

Publikum mit Ovationen.[1] Aber auch junge, unbekannte Musiker finden hier einen ganz anderen, persönlichen Kontakt zu ihren Hörern als auf den Podien der verwöhnten Metropolen.

»The hardy sea-faring music-lover«, der maritime Musiksnob kommt auf der »Ethel Ada« zum Festival, auf einem restaurierten Lastensegler: *Aldeburgh by barge* – im Rolls-Royce kann man schließlich auch nach Glyndebourne. Diese Lastkähne mit ihren rostbraunen Segeln transportierten einst Gerste und Malz von den Maltings nach London. Die Mälzerei, Mitte des 19. Jahrhunderts erbaut und bis 1965 in Betrieb, liegt an der Brücke von *Snape;* bis hier ist die Alde schiffbar (Abb. 33).

Auf dem Rasen vor den Maltings beginnt die Welt der reinen Formen mit Henry Moores monumentaler Bronzeskulptur *Points of Departure*. Unverputzte rote Ziegelwände, offener Dachstuhl: Kenner rühmen den Konzertsaal der Maltings als einen der besten Europas, seiner Akustik wegen. Im Sommer 1980 freilich trommelte der Regen so stark aufs Dach, daß man Mozarts Klavierkonzert KV 413 unterbrechen mußte. Derek Sugden, ein Mitarbeiter Ove Arups, hat die viktorianische Mälzerei zur Konzerthalle umgebaut. Als Queen Elizabeth sie 1967 eröffnete, war das Festival schon zwanzig Jahre alt. Begonnen hatte es sechs Meilen entfernt in der kleinen Jubilee Hall[1] von Aldeburgh.

Drei Straßen, parallel zum Strand, ein paar Shops, ein paar Pubs: das ist Aldeburgh, bekannt für Heringe, Sprotten und Britten. *Slow please*, warnt ein handgemaltes Schild den Autofahrer, *Cats Crossing*. An der Promenade Crag Path haben die Häuser Balkone und Erker wie Schiffsbrücken mit dem Blick aufs Meer (Farbt. 28). Was die Einheimischen euphorisch *beach* nennen, sieht eher so aus, als hätten sie dort sämtliche Kiesgruben der Umgebung aufgeschüttet, um größeren Fremdenverkehr zu verhindern (Farbt. 4). Ein richtig *fashionables* Seebad ist es denn auch nie geworden.

»That miserable, dull sea village«, wie Virginia Woolf Aldeburgh nannte, »jenes armselige, trübe Küstendorf« war zur Zeit Heinrichs VIII. ein florierender Handelshafen. Damals stand die Moot Hall, das Rathaus mit seinen Fachwerk- und Ziegelmauern (1520–40), noch in der Mitte des Ortes, nicht isoliert an der Uferpromenade (Farbt. 36). Wie in Dunwich, hat sich die See auch hier ihr Teil geholt, in schleichender Erosion, in schrecklichen Fluten. Wo heute die Yachten ankern, lag einst Slaughden Quay. Versandet der Hafen, die Häuser versunken im Meer. Hier wuchs Mitte des 18. Jahrhunderts der Dichter George Crabbe auf, in einer verarmten, sterbenden Stadt.

»Here a grave flora scarcely deigns to bloom, / Nor wears a rosy blush, nor sheds perfume...« In kargen Versen beschwor Crabbe die karge Natur der Küste, die harten Lebensbedingungen der Fischer und Bauern von Aldeburgh, Gedichte und Briefe gegen die

1 Rostropowitschs Frau Galina Vishnewskaya, bis zu ihrer Emigration 1974 Star-Sopranistin des Moskauer Bolschoi-Theaters, gehört inzwischen auch zur Aldeburgh-Prominenz. Beide haben ein Haus in Aldeburgh.

2 Gestiftet zum Regierungsjubiläum Queen Victorias 1887 von Newson Garrett, dem Besitzer der Snape Maltings. Seine Tochter Elizabeth Garrett Anderson wurde 1908 Bürgermeisterin von Aldeburgh – die erste Frau, die dieses Amt in England verwaltete.

Peter Pears, E. M. Forster, Benjamin Britten und der Fischer Billy Burrell, 1940 (v. l. n. r.)

populären Pastoralen vom Glück des einfachen Lebens (*The Village*, 1783; *The Borough*, 1810). Realistischer als seine Zeitgenossen, die Romantiker, beschrieb »the poet of the poor« die andere Seite der Dorfidylle, etwa die Institution der Armenhäuser: »... du steckst deine Armen / gepfercht wie Vieh und ohne Erbarmen / in dieses Haus, das jeder haßt, / ein Leben lang: in den Armen-Palast.« Als Landpfarrer, eine Zeitlang im Dienst des Herzogs von Rutland, führte George Crabbe ein Leben ohne äußere Höhepunkte. Er starb 1832, »the poet of nature and truth«, wie seine Marmorbüste in der Kirche von Aldeburgh rühmt. Ein Heimatdichter? Ein Fall für die Literaturgeschichte?

Im Sommer 1941 stößt ein junger englischer Komponist, zwei Jahre zuvor nach Amerika ausgewandert, in einem Buchladen in Los Angeles auf Crabbes Werke. Zugleich liest er einen Aufsatz von E.M. Forster, der mit den Worten beginnt: »To think of Crabbe is to think of England.« Seltsam berührt ihn der Klang dieser Verse, das Schicksal des Fischers Peter Grimes, des Außenseiters von Aldeburgh. »Plötzlich begriff ich, wohin ich gehörte und was ich vermißte.« Er kehrt nach England zurück und komponiert *Peter Grimes*. Mit der Uraufführung dieser Oper, in der Titelrolle Peter Pears, feiert das Londoner Sadler's Wells Theatre 1945 seine Wiedereröffnung. Es ist der Beginn des Welterfolgs von Benjamin Britten.

E. M. Forster, Benjamin Britten und Eric Crozier (v. l. n. r.) bei der Arbeit am Libretto für die Oper »Billy Budd« in Aldeburgh, 1949

Britten, in Lowestoft geboren, war ein Kind dieser Küste, und seine Karriere blieb mit Suffolk verbunden wie ein Bogen mit seiner Geige. Acht seiner Opern wurden in Suffolk uraufgeführt. Schon 1937 hatte er sich für kurze Zeit in einer umgebauten Windmühle in Snape angesiedelt. Nach seiner Rückkehr aus Amerika zog er 1947 mit seinem Freund, dem Tenor Peter Pears, in ein Haus in der Crabbe Street in Aldeburgh. Im selben Jahr reisten sie zusammen mit dem Librettisten Eric Crozier und der *English Opera Group* zu den Luzerner Festwochen. Man war tourneemüde, vielleicht auch ein bißchen nationalstolz, jedenfalls fragte Peter Pears: »Why not start our own little festival? Mit ein paar Konzerten von Freunden in unserer eigenen Stadt?«

Im Juni 1948 war es soweit. In der Pfarrkirche von Aldeburgh wurde Brittens Kantate *Saint Nicolas* uraufgeführt – mit dem Publikum als Chor, weil man noch kein Geld für Profis hatte. Das Schumann-Klavierkonzert fand im Kino statt, mittendrin ertönten zwei Kanonenschläge: eine Yacht in Seenot, Signalschüsse für das Auslaufen des Rettungsboots. Abends sang Peter Pears den *Albert Herring*, und in der Pause ging man an den Strand. »Es begann sehr bescheiden«, erinnert sich Eric Crozier, der als einziger der drei Festivalgründer noch lebt. »Damals, in den ersten Nachkriegsjahren, war das Benzin bei uns noch rationiert, und die große Frage war: Würden überhaupt genug Leute kommen?« Der Start hätte kaum schwieriger sein können, der Erfolg kaum schöner: Aldeburgh, Klein-Salzburg an der englischen See. Zum vierzigjährigen Jubiläum des Festivals taufte British Rail seinen Nachtexpress von London nach Amsterdam »Benjamin Britten«.

»Anfangs gab es noch *Open-air*-Konzerte«, erzählt mir Eric Crozier beim Tee in seinem Cottage. »Das Publikum saß am Ufer des Sees von Thorpeness, und Imogen[1] dirigierte vom Ruderboot aus die Musiker in den anderen Booten.« Eric schrieb Librettos, sorgte für Beleuchtung und Organisation. Seine Frau Nancy Evans sang die Lucretia und andere Opernrollen Brittens, der Maler John Piper schuf die Bühnenbilder. Ein jüdischer Emigrant aus Berlin wurde zum inoffiziellen Fotografen des Festivals[2]: Kurt Hübschmann, der sich in England Kurt Hutton nannte, einer der besten Bildjournalisten der *Picture Post.* Dieser »sympathische, ruhige deutsche Herr«, den König George VI. als Porträtisten schätzte, starb 1960 in Aldeburgh.

»An jedem anderen Ort hätten Künstler mehr verdienen können als hier. Sie kamen aus Freundschaft zu Britten«, sagt die Sängerin Nancy Evans. Heute leitet sie die Ausbildung der Sänger an der *Britten-Pears School* in den Maltings (Abb. 27). Auch Solostreicher und Pianisten, Absolventen von Musikhochschulen aus aller Welt holen sich in den Meisterklassen an der Alde den letzten Schliff vor dem Beginn ihrer Karriere. Mehrmals im Jahr wird aus den Teilnehmern der Kurse das *Britten-Pears Orchestra* zusammengestellt, in dem junge Musiker mit einem prominenten Dirigenten erste Orchestererfahrungen sammeln, auf Tournee oder beim Festivalkonzert in Aldeburgh. Diese Schule, 1972 gegründet, in ihren Anforderungen »schamlos elitär«, ist ein lebendes Nationaldenkmal für Benjamin Britten und Peter Pears.

»Well, he loved me«, bekannte Sir Peter freimütig, »and he also loved my voice.« Seit 1937, vierzig Jahre lang, lebten sie zusammen, der Komponist und sein Sänger, eine in der Musikgeschichte dieses Jahrhunderts einmalige Partnerschaft. Britten wurde Englands »neuer Purcell« und Peter Pears sein bester Interpret. Pears, der im Glyndebourne-Chor debütierte, sang die Titelrollen fast aller Britten-Werke, und wenn er mit Schubert-Liedern auf Tournee ging, begleitete ihn Britten am Piano. Gemeinsam gaben sie altenglische Vokalmusik heraus. Gemeinsam unterstützten sie die Friedensbewegung: Britten als Gründer von *Musicians for Peace,* Pears als Schirmherr von *Musicians Against Nuclear Arms.* Ihr künstlerischer Erfolg sicherte ihnen jenen Freiraum, den die Gesellschaft »gewöhnlichen« Homosexuellen meist verweigert. Die Queen erhob sie in den Adelsstand, ein Zeichen der Toleranz im verklemmten Königreich.

Britten war ein scheuer, introvertierter Mann. In den Pubs von Aldeburgh sah man ihn nicht. Aber in seinem Haus trafen sich Dimitrij Schostakowitsch, Aaron Copland, Musiker aus aller Welt, auch Schriftsteller wie W. H. Auden, E. M. Forster, Edith Sitwell. Vormittags arbeitete er, nachmittags ging er gerne spazieren, an der Küste, durch die Marsch. Er

1 Imogen Holst, Tochter des Komponisten Gustav Holst.

2 Auch von Angus McBean stammen mehrere Foto-Essays über Aldeburgh *(Shrine of Music),* ebenso von Bill Brandt und George Rodger, dem Mitbegründer der Bildagentur *Magnum.*

liebte Picknickausflüge aufs Land, *church-crawling expeditions* mit Peter oder John Piper. Hin und wieder spielte er Tennis mit der Malerin Mary Potter, die in sein Haus in Crabbe Street zog und ihm ihr Red House überließ, das rote Ziegelhaus am Rand des Golfplatzes. »I belong at home – there, in Aldeburgh. I have tried to bring music *to* it in the shape of our local Festival; and all the music I write comes *from* it.« Benjamin Britten, das ist jenseits der Tradition der Moderne auch ein Stück Musik aus dem Geist der Landschaft: »I believe in roots, in associations, in backgrounds, in personal relationships. I want my music to be of use to people, to please them, to enhance their lives.« Das gelang ihm in einer Fülle von Opern, Orchesterstücken und Kantaten, ein Avantgardist, der nie den Kontakt zu seinem Publikum verlor, ein Klassiker, der moderne Hofmusik schrieb – die Krönungsoper *Gloriana* für Elizabeth II. – und das erschütternde *War Requiem* zur Einweihung der wiederaufgebauten Kathedrale von Coventry (»I am the enemy you killed, my friend«).

Sein Freund John Piper schuf das Gedächtnisfenster für Sir Benjamin in Aldeburgh Church (1980), ein Echo Chagallscher Glasmalerei mit Motiven aus *Curlew River* und anderen Kirchenparabeln Brittens. Auf dem Friedhof liegen sie begraben, der Komponist und sein Sänger. Ihr Haus in Golf Lane ist heute eine internationale Forschungsstätte. Die *Britten-Pears Library* besitzt die meisten Originalpartituren Brittens. Hunderte von unveröffentlichten Kompositionen, seine umfangreichen Tagebücher und Briefe, Partituren von Gustav Holst, Michael Tippett und anderen britischen Komponisten, dazu eine wachsende Sammlung englischer Lieder vom 16. Jahrhundert bis zur Gegenwart. »Hier wird gearbeitet«, sagt Peter Wilson, der Bibliothekar, »we are very anti-shrine«: keine Wallfahrtsstätte, bitte, bloß keinen Britten-Kult. Unterdes floriert die *great Britten industry.*

Dank reichlich fließender Tantiemen kann die *Britten-Pears-Foundation* auch zur Finanzierung des Festivals beitragen. Anders als in Bayreuth wird in Aldeburgh nicht nur der *local hero* zelebriert. Außer Britten spielt man auch andere Komponisten, neben Henze auch Haydn oder elisabethanische Hofmusik. Ein *Composer-in-Residence* sorgt in jedem Sommer für frische Impulse und Workshop-Atmosphäre. Vielbejubelte Gastkomponisten der letzten Jahre: Alfred Schnittke aus der Sowjetunion und Lukas Foss, der amerikanische Komponist, Pianist und Dirigent.

»How did you find the concert?« Standardfrage am Frühstückstisch im Wentworth Hotel. »Oh, quite, quite«, antwortet mein Nachbar, es ging so. »Terrific stuff«, ganz toll, schwärmt Lady Margot, schiebt ihr Kreuzworträtsel beiseite und verkündet, als sei die Queen gestorben: »Horszowski hat eine Finger-Infektion.« Mieczyslaw Horszowski, der 96jährige polnische Pianist, hat sein Konzert soeben abgesagt. »Nächstes Jahr ist er sicher wieder dabei«, sagt Lady Margot. Sie jedenfalls wird kommen, zum 15. Mal, »with my taxidriver from London«, und wie alle Stammgäste bucht sie bei der Abreise bereits ihr Zimmer fürs nächste Jahr.

Unerläßlich wie der Picknickkorb in Glyndebourne ist beim Aldeburgh Festival der Wanderschuh. *Walks* sind ein fester Bestandteil des Programms. Mal wandern die Kunstfreunde auf Constables Schulweg durchs Stour-Tal, mal durch die Marsch nach Dunwich, *three and a half miles of pure beauty.* Die Wanderung auf dem Sailors' Path von Aldeburgh nach Snape gehört zum Ritual des Festivals. Damit man beim *nice healthy trot* keine nassen Füße bekommt, sollte man dem Programmhinweis folgen: *Wellies advisable,* Gummistiefel gehören zur Konzertgarderobe.

Festivaltage in East Anglia. Du gehst übers Land, und die Landschaft ist voller Musik. Du hörst Brittens *Curlew River,* und der Brachvogelfluß heißt Alde oder River Blyth. Der Schrei der Möwen, das Rauschen im Ried, die knirschenden Steine am Strand, das alles gehört zum großen Sound von Aldeburgh.

Indes finden die wenigsten Veranstaltungen überhaupt noch in Aldeburgh statt, zum Verdruß der Einheimischen. Längst hat sich das Festival über Dörfer, Kleinstädte und Herrenhäuser der Umgebung ausgebreitet. Die schönsten Kammerkonzerte erlebte ich in Kirchen: Musik aus Gainsboroughs Freundeskreis in der alten Nonkonformisten-Chapel von Ipswich und Brittens Hölderlin-Fragmente in Blythburgh Church, unter dem Engeldach. Der Aldeburgh-Anfänger hat bei alldem nur ein Problem: das Essen. Nicht *wo,* sondern *wann.* Die meisten Konzerte finden kurz nach dem Mittagessen statt oder gerade zum Dinner. *Serious concert-going,* heißt es, sei nur schwer zu verbinden mit *serious eating and drinking.* Nun gibt es außer der Picknick-Lösung, ein paar gute Pubs in der Umgebung[1] und den *Fish & Chip Shop* in Aldeburghs High Street No. 226, mit selbstgeräuchertem Lachs. Auch Rostropowitsch steht hier Schlange.

Zunehmender Beliebtheit erfreut sich das Festival bei den Yuppies aus Londons Docklands. Die lassen freilich schon mal ein Konzert sausen für ein Menü in Hintlesham Hall oder in der Old Rectory in Campsea Ash, wo man mit seinem Hubschrauber bequem im Garten landen kann. Das kostet dann eben *serious money.* Die Yuppies, spotten Festival-Oldies, können ja nicht mal einen Schnittke von einem Schnitzel unterscheiden. Abends sitzt die Weekend-Boheme aus der City im »Cross Keys« und diskutiert die letzten Festivalfragen von Sibelius bis *Safer Sex.*

Neun Tage dauerte das erste Aldeburgh Festival, heute ist es über das ganze Jahr verteilt: 160 Tage Musik an der Alde, von Ostern bis Neujahr. Geblieben ist der unkommerzielle Charakter des Ortes, die intime Atmosphäre des Festivals. In den Maltings kann passieren, was in der Londoner Festival Hall undenkbar wäre: Als ihm ein Schönberg-Lied besonders geglückt erschien, wandte sich der Dirigent Oliver Knussen zum begeisterten Publikum und fragte, ob man es noch einmal hören wolle. Natürlich, »play it again, Oliver«.

Am Strand liegen die Boote der Fischer von Aldeburgh, blau-weiße *Suffolk Beach Boats* aus Lärchenholz. Mitte des letzten Jahrhunderts gab es hier über hundert Fischer, heute sind es noch zweiundzwanzig. Wenn sie ihren Fang an Land bringen und kunstvoll zerlegen, *Dover Sole,* Schollen und Rochen, dann sammeln sich die *arty people,* die Festivalgäste, staunend vor den schwarzgeteerten Hütten. Den größten Zulauf hat ein Mann mit roter Strickmütze: Billy Burrell, der bekannteste Fischer der Ostküste. Billy war Brittens Freund. Wie »Ben« ihm Tee an den Strand brachte, wie er seinen Lachs genoß, wie sie zusammen

1 »The Plough & Sail«, Snape Maltings; »Cross Keys Inn«, Aldeburgh; »The Jolly Sailor«, Orford; »Eels Foot Inn«, East Bridge

hinausfuhren aufs Meer, um Säbelschnäbler zu beobachten: das sind Billys Erinnerungen an Britten. »Für seine Musik habe ich mich nie interessiert, it was not my sort of thing. Meine Frau mag das, sie war ja auch im Chor.« Als Britten ihm einmal zu Hause auf dem Klavier eines seiner Stücke vorspielte, wunderte sich Billy nur: »Funny people paying money to listen to that rubbish!« Das hat ihre Freundschaft nicht geschmälert. Benjamin Britten schenkte Billy Burrell eine Partitur seiner Oper *Billy Budd* mit der Widmung: »To BB, from BB, for BB.«

Billy weiß, welche Geschichten die *arty people* hören wollen. Er sitzt vor seiner Hütte, Fischer in der fünften Generation, spleißt Taue und erzählt. Er gehört zum Festival, zur Naturbühne von Aldeburgh. »Letzte Woche kam Lord Snowdon vorbei. Auch die Queen war schon da. Alle standen in meiner Hütte.« Wo er seinen Fisch fange, wollte die Königin wissen. »Dort, Madam«, hat Billy gesagt und aufs Meer gezeigt.

Am Rand von Aldeburgh steht ein massiger Turm am Strand. Aus fast einer Million Ziegeln haben sie diesen Martello Tower 1815 gebaut, größtes und letztes Glied einer Kette von mehr als hundert Küstenforts gegen eine befürchtete Invasion. Aber Napoleon kam nicht bis Aldeburgh. Der Klotz mit dem Kleeblattgrundriß wurde Malermotiv[1] und Ferienwohnung.

Wer die Mündung der Alde bei Aldeburgh sucht, muß lange laufen. Weit nach Süden zieht sich die Kiesbank hin, die die Flußmündung blockiert. Fast 15 Kilometer fließt die Alde parallel zur Küste, und wenn sie endlich weit hinter Orford mündet, hat sie ihren Namen verloren und heißt nun River Ore. Wie ein Bumerang liegt *Orford Ness* zwischen Fluß und Meer, in der Mitte zu einer breiten Landzunge angewachsen. Tausend Stimmen hat die Einsamkeit an diesem Strand, steinalte Stimmen, ein immerwährendes Murmeln und Rollen und Knirschen im Kies, im Meer. Orford Ness, genannt *the Spit,* ist überwiegend erst seit 1170 angeschwemmt, eine Folge starker Tidenströmung südwärts entlang der Küste. *The Spit* wächst durchschnittlich um etwa 15 Meter im Jahr.

Ein Miniaturruder aus Silber, nur die Regalien der Stadt erinnern noch daran, daß *Orford* im Mittelalter ein reicher Handelshafen war, vor allem für den Wollexport. Ende des 16. Jahrhunderts schob die See eine Barriere aus Kies vor die Hafeneinfahrt; Orford Harbour versandete. Damals stand der Pub »Jolly Sailor« in Quay Street noch am Wasser, und wo heute Gemüsegärten liegen, ankerten Handelsschiffe. An einem Sommermorgen ging ich den Fluß entlang über den Deich. Die breite Mündung der Ore war voll von Segelbooten. Landeinwärts, auf einer leichten Anhöhe, lagen die Häuser von Orford im Dunst, von Burg und Kirche überragt, wie William Turner sie um 1825 aquarelliert hatte, mit Krabbenfischern im Vordergrund.

Kinder rollen jauchzend die Graswälle hinunter, die *Orford Castle* umgeben. Nur der Bergfried mit seinen drei Meter dicken Septaria-Mauern blieb übrig von dieser ersten Burg der Krone in Suffolk, die der Plantagenet-König Henry II. im Jahre 1165 bauen ließ, gegen die Übermacht der Barone. Acht Jahre später, eben vollendet, bestand sie ihren ersten Test,

1 Aquarell von J. M. W. Turner, um 1825 (Tate Gallery, London).

J. M. W. Turner: Orford, Suffolk. 1827

eine Attacke der rebellischen Barone und seines eigenen Sohnes Prinz Henry. Mit seinem ungewöhnlichen, achtzehneckigen Grundriß gehörte Orford Castle zur avanciertesten Militärarchitektur ihrer Zeit: ein polygonaler Wehrturm, der erstmals in England die viereckige Grundform aufgab, um die Anfälligkeit gegen die Unterminierung der Ecken zu verringern, bisher ein Schwachpunkt bei Belagerungen[1]. Die drei Seitentürme, zugleich Strebepfeiler und Treppenhaus, führen in den doppelstöckigen Söller des Donjons. Glorios, damals wie heute, der Blick von den Zinnen der Burg, die jahrhundertelang den Schiffern zur Orientierung diente und der Armee noch in den beiden letzten Weltkriegen als Wachturm.

Von spätnormannischer Steinmetzkunst zeugen die Arkaden der Chorruine am Ostende von *Orford Church;* mehr blieb nicht erhalten von der gleichzeitig mit der Burg begonnenen Kirche. In St. Bartholomew[2], neu gebaut im frühen 14. Jahrhundert, wurden vier Werke Benjamin Brittens uraufgeführt: seine drei Kirchenparabeln und *Noye's Fludde,* das Mysterienspiel *Noahs Flut* (1958). Alljährlich finden hier einige Konzerte des Aldeburgh Festivals

1 Chilham Castle in Kent (um 1171–74) und Odiham Castle in Hampshire (um 1207–12) sind die beiden einzigen polygonalen normannischen Bergfriede in England neben Orford Castle.

2 Neben der gotischen Taufe und etlichen Brassen (um 1480–1520) verdient das Renaissancebild über dem Altar Aufmerksamkeit: eine *Sacra Conversazione* des lombardischen Malers Bernardino Luini (um 1520).

statt. Nicht nur Britten-Fans schätzen das kulinarische Beiprogramm in der »Oysterage« am Markt: Austernsuppe, Garnelen in Knoblauchsauce, geräucherten Aal oder irischen Lachs.

»Neill, Neill, Birnenstiel«: Das Erbe von Summerhill

Weitab im Hinterland der Küste von Suffolk liegt ein Mythos namens *Summerhill.* War das nicht die Schule ohne Zensuren? Wo den Unterricht nur besuchte, wer Lust dazu hatte? Summerhill war Englands furiosester Exportartikel neben Minirock und Beatles, die skandalöseste Schule des Königreichs. Ihr Gründer: Alexander Sutherland Neill, Sohn eines schottischen Dorflehrers. Seine Maxime: »Lieber ein glücklicher Straßenfeger als ein neurotischer Gelehrter.«

»Summerhill ist keine Revolution; es ist ein bescheidener Versuch, eine Kindererziehung, die auf Haß und Angst und eine überlebte Moral gegründet ist, zu verändern.« Ein Satz aus Neills Buch *Summerhill, A Radical Approach to Child Rearing,* 1960 in New York erschienen, neun Jahre später auch in deutscher Übersetzung: *Theorie und Praxis der antiautoritären Erziehung* – Signal für eine Generation im Aufruhr gegen Eltern, Staat, jedwede Autorität. Summerhill war die Droge der Kinderladen-Generation, Neill eine der Kultfiguren der 68er, seine Schule überlaufen von Neugierigen aus aller Welt, ein pädagogischer Zoo. Der permanente Rebell starb 1973 im Alter von neunzig Jahren. Die Kinder der Kinderläden haben längst selber Kinder. Und die schicken sie heute eher nach Eton oder Salem. »Neill, Neill, Birnenstiel«: Was ist aus Summerhill geworden?

Auch fünfzehn Jahre nach dem Tod seines Gründers heißt die Straße nach Summerhill noch nicht Neill Street, sondern Westward Ho!, wie der einst so populäre Roman des viktorianischen Erfolgsautors Charles Kingsley. Ein rotes Backsteinhaus am Ortsrand von Leiston. Viel Grün, das Park zu nennen übertrieben wäre. Rundum eher Baracken als Bungalows, ein Gemüsegarten, Kaninchenställe, Tennisplatz und Swimmingpool. In der Lounge, Versammlungsraum und Disko, fünf aufgeschlitzte, umgekippte Sessel. Auf einem hochsitzartigen Gerüst wirft ein Junge die Verstärker an und läßt die »Talking Heads« dröhnen. Nebenan übt eine ältere Schülerin mit einem kleinen Japaner Klavier. »Smile Summerhill Style«, lese ich auf einer Wandtafel, »Summerhill School Food is a Killer«. Die Kinder zeigen mir ohne Scheu ihre Schule, freundlich, auskunftsbereit, selbstbewußt. Man spürt, daß sie gerne hier sind. Einer trägt ein T-Shirt mit einem Neill-Zitat: »Die meiste Arbeit, die Erwachsene in einer Schule tun, ist Verschwendung von Zeit, Energie und Geduld.«

Am nächsten Tag treffe ich Zoe Redhead, geboren 1946, ehemalige Schülerin von Summerhill. Sie wohnt auf einem benachbarten Bauernhof: ein pinkfarbenes Reetdachhaus, auf dem Teich ein schwarzer Schwan, vor der Tür ihr weißer Mercedes. Zoe ist Neills Tochter, seit 1985 Direktorin von Summerhill. Was sie ihrem Vater vor allem verdanke? »Selbstbestimmung von Geburt an. Neill hat mich genau nach seiner Summerhill-Philosophie erzogen, insofern hatte ich dieselben Vorteile wie andere Schüler auch – und dazu noch in den Ferien.« Die Schule verließ sie ohne festes Berufsziel, machte dies und das, war eine Zeitlang Reitlehrerin in Summerhill (»I wanted to work with horses«) und heiratete einen Bauern der Umgebung. Auch ihre Kinder Amie, William und Henry gehen nun in Summerhill zur Schule. Den Jüngsten hat sie, mit gehörigem Abstand, nach ihrem Vater benannt: Neill Alexander Sutherland, geboren 1987.

Erziehung durch Freiheit, auf der Grundlage sexueller Freiheit; Selbstbestimmung und Selbstverantwortung: An den wesentlichen Prinzipien Neills hält auch seine Tochter fest. Summerhill hat siebzig Schüler zwischen sechs und siebzehn Jahren, sechs Klassen, acht Lehrer und zwei *house parents* im Internat. Ein Tag auf dem »Sommerhügel«: Frühstück zwischen viertel nach acht und viertel vor neun, Unterrichtsbeginn halb zehn, »bis dahin muß jeder aufgestanden sein«, auch wer nicht am Unterricht teilnehmen will. Mittagessen für die Jüngeren um halb eins, für die Älteren viertel nach eins; dann Freizeit. Um vier »a cup of tea«, ab halb fünf wieder Unterricht. Abendbrot um halb sechs. Abends Freizeit. Es gibt einen Pub, die Schüler brauen ihr eigenes Bier. Auch rauchen dürfen alle, ohne Altersbeschränkung, nur nicht im Haus und auf ihren Zimmern. Das hätte nicht einmal Neill erlaubt.

Erst Zoe hat das Rauch- und Alkoholverbot ihres Vaters aufgehoben. »Er hatte immer Angst, die Behörden fänden einen Vorwand, seine Schule zu schließen.« Heute akzeptiere die Gesellschaft viel mehr, alles sei freizügiger und leichter, auch der Umgang mit Sex: »people don't worry about it so much.« Bisher wurde noch nie eine Schülerin schwanger. Auch der Anteil der Raucher ist geringer als an anderen Schulen. Die Gemeinschaft von Summerhill war immer klein genug, um ihre Probleme selbst zu regeln. »Es gibt eine strenge Unterscheidung bei uns zwischen Freiheit und Zügellosigkeit. Das ist das Fundament der Schule.« Freiheit für den einzelnen, Respekt für die Freiheit des anderen. Um das zu schützen, braucht man Regeln, in einer freien Schule noch mehr als andernorts. Regelverstöße haben oft empfindliche Folgen. Wer die Bettruhe stört, büßt seinen Pudding ein; im Wiederholungsfall gibt's zu Mittag nur Brot und Butter. »Oder eine Stunde Unkraut jäten – wir haben alle möglichen Strafen, besonders schwere bei Trunkenheit.« Eigentlich keine Strafe, erläutert die Direktorin und gibt dem autoritären Wort eine sportliche Wendung: »not really a punishment, more a penalty, isn't it?«

Zweimal in der Woche tagt die Schülerselbstverwaltung. Als sie vor Jahren verlangte, auch über die Examensnoten zu befinden, war Neill entsetzt. Er wurde überstimmt – und war von der Erfolgsrate begeistert. Lehrer, Schüler und Direktorin, Kinder und Erwachsene, alle haben im *tribunal* eine gleichberechtigte Stimme. Diese frühen Übungen in Demokratie, freier Rede und sozialem Verhalten prägen nach wie vor den Geist von Summerhill, den »Mythos der Kinderrepublik«. Dabei haben die Kinder zwei elementare Dinge zu schlukken, ohne jede Mitbestimmung: das Essen und die Lehrer. Über den Haushalt von Summerhill und die Personalpolitik entscheidet allein die Direktorin, nicht die *community vote*.

Mit einem jährlichen Schulgeld von rund 9200 Mark gehört Summerhill zu den bei weitem billigsten Privatinternaten Englands. Da dies die einzigen Einnahmen sind, verdienen die Lehrer hier lächerlich wenig: knapp 900 Mark im Monat. »Das ist wirklich unser Problem: Lehrer, die gerne bei uns arbeiten wollen, stellen oft fest, daß sie es sich einfach nicht leisten können«, sagt Zoe Redhead. »Gerade heute brauchen wir bessere Lehrer und bessere Unterrichtsmöglichkeiten als zu Neills Zeiten – und sei es nur, um unseren Kritikern zu beweisen: Die Kinder müssen zwar nicht zum Unterricht erscheinen, aber wenn sie es tun, finden sie die besten Bedingungen.«

Ein Drittel der siebzig Schüler kommt aus Japan. »It's a bit of a fad«, sagt Zoe, eine Art Mode. Neills Bücher, ins Japanische übersetzt, sind gerade in einer so hierarchischen, leistungsorientierten Gesellschaft Bestseller unter Nippons Alternativen. Ehemalige schikken ihre Kinder selten nach Summerhill. Abitur kann machen, wer will; nur wenige gehen zur Uni. Wenn man Neill fragte: »Does Summerhill prepare children for the real world?«, pflegte er zu antworten: »Summerhill *is* the real world.« Natürlich wußte er wie jeder andere, daß dies nicht ganz stimmte. Die Schule, die er 1924 auf dem »Sommerhügel« in Leiston gründete[1], ist eine pädagogische Insel geblieben, als praktikables Modell für andere hat sie nie Schule gemacht.[2]

Was Neill mit dem bescheidenen, schwierigen, unendlich sympathischen Ziel begann, »Menschen auf ihre Art leben zu lassen«; was dann als Eton der antiautoritären Erziehung propagiert und gegen seinen Willen politisiert wurde: Das ist heute nur noch »ein internationales Jugendlandheim der allerbesten Art« (R. W. Leonhardt). Neills Tochter verwaltet einen welkenden Mythos. Pädagogische Impulse gehen nicht mehr von hier aus. Summerhills Erfolg? »Vielleicht hat unser Beispiel geholfen, Englands Schulen etwas menschlicher zu machen«, hofft Zoe. »Und daß Kinder, die in Summerhill waren, eine glückliche Kindheit hatten.« Das ist nicht wenig und ganz im Sinne Neills, dem glückliche Menschen lieber waren als erfolgreiche.

Summerhill wurde weltweit zum Begriff, kein Mensch kennt *Leiston*. Das haben sich die Einheimischen selbst zuzuschreiben. Die Schule am Ortsrand liegt für sie immer noch auf einem fremden Planeten. Ihre Kinder schicken sie lieber woanders hin, nicht auf die *free fuck school*, wie sie damals hieß. »Einige sind heute stolz auf Summerhill«, sagt Zoe, »andere halten uns für verrückt.« Auch Leiston, eine ländliche Kleinstadt, war einmal ein Begriff: als Zentrum der Schwerindustrie, der einzigen in East Anglia. Ende des 18. Jahrhunderts gründete Richard Garrett hier eine Eisenhütte. Sie wurde zur führenden Landwirtschaftsmaschinenfabrik Ostenglands, neben *Ransomes* in Ipswich, wo Queen Victoria ihre Rasenmäher kaufte.

Garretts & Sons waren zunächst bekannt für ihre Bohrer und Hufeisen, dann spezialisierten sie sich auf Dreschmaschinen, Dampfwalzen, Pflüge und Traktoren, sie exportierten nach Afrika und Australien, und bis 1914 bauten sie sogar Lokomotiven für den Zaren. Mitte des 19. Jahrhunderts beschäftigten Garretts rund 500 Arbeiter, Anfang dieses Jahrhunderts über 1000 – sehr viel für eine ländliche Region wie Suffolk. Im Ersten und Zweiten Weltkrieg produzierten sie Hunderttausende von Granaten; 1980 mußten sie schließen. Rechtzeitig erkannte man in Leiston: Diese nie wirklich modernisierte, fast komplett erhal-

1 Voraus ging die sog. Neue Schule, die Neill 1921 zusammen mit anderen in Hellerau bei Dresden gründete.

2 Kilquhanity in Schottland folgt als einzige Schule seit über dreißig Jahren dem Beispiel Summerhill.

tene Fabrik mit ihren Maschinen, Werkzeugen und Dokumenten bot ideale Voraussetzungen für ein Industriemuseum. Seit 1983 wurde das aufgelassene Fabrikgelände in der Main Street restauriert, zum Teil von ehemaligen Arbeitern. *The Long Shop* von 1855, die zentrale Produktionsstätte, ist ein exemplarisches Stück Industriearchitektur: eine funktionale, schön proportionierte Halle, 26 Meter lang, 13 Meter hoch und ebenso breit, eine der frühesten Fließbandfabriken für fahrbare Dampfmaschinen in England.

Wie nostalgisch berühren uns heute solche Zeugnisse der industriellen Revolution. Zwei Meilen östlich von Leiston steht ein monströser aluminiumgrauer Klotz am Strand, Englands größtes Kernkraftwerk. Als neben diesem gasgekühlten Magnox-Reaktor (1961–66) zwanzig Jahre später noch ein zweiter Atommeiler errichtet werden sollte, wurde *Sizewell* zum Reizwort der Nation, zum nuklearen Testfall der konservativen Regierung. Die Labour-Opposition erklärte, sie würde Sizewell B, den ersten Druckwasserreaktor in Großbritannien, nicht bauen und das Programm der Schnellen Brüter einstellen. Margaret Thatcher, genannt TINA (»There Is No Alternative»), gab ein Gutachten in Auftrag, eine jahrelange Genehmigungsprozedur begann. Sellafield, Harrisburg, Tschernobyl: Hatte man nicht Störfälle, Katastrophen und Beinahe-Katastrophen genug erlebt? Im eigenen Land die lange vertuschten Lecks in der Wiederaufbereitungsanlage Windscale im Lake District? In der Sowjetunion die Kernschmelze? In Amerika den Unfall von Three Mile Island, aufgetreten 1979 bei einem Druckwasserreaktor vom Typ Westinghouse? Und der, ausgerechnet, war das Modell für Sizewell B.

Der Widerstand gegen dieses Projekt reichte vom einheimischen Bauern Robin Hare bis Lord Somerleyton, von den Küstenfischern und der Bergarbeitergewerkschaft bis zu Künstlern[1], Schriftstellern und Umweltschützern, von den *Friends of the Earth* bis zum *Council for the Protection of Rural England.* Sie alle, Opponenten und Befürworter von Sizewell B, trafen sich zum öffentlichen Hearing im größten Saal der Umgebung, in der ehemaligen Mälzerei von Snape. Dort, im Konzertsaal des Aldeburgh Festivals, begann am 11. Januar 1983 das längste Anhörungsverfahren der britischen Geschichte. Es dauerte mehr als zwei Jahre, kostete rund 60 Millionen Mark, ließ über 200 Sachverständige zu Wort kommen und endete mit einem 2000-Seiten-Report, »24mal länger als *Krieg und Frieden*« (*The Times*). Ergebnis des Layfield-Reports: der geplante Reaktor sei »ausreichend sicher« (»sufficiently safe to be tolerable«). »Nach meinem Urteil sind die nationalen Wirtschaftsvorteile groß genug, um das eingegangene Risiko zu rechtfertigen«, resümierte Sir Frank Layfield, Vorsitzender der Enquête-Kommission. Sir Franks Report leugnete nicht, daß Sizewell B ein »total unangemessenes Eindringen in die Landschaft« bedeutet. Doch die nationalen Interessen seien höher zu veranschlagen als die lokalen Belange der Landschaftsschützer.

Das Sicherheitsrisiko kühl verrechnet mit dem erwarteten Gewinn: Sizewell B, ein exemplarischer Fall, exemplarisch für den ökonomischen Absolutismus der Regierung Thatcher. Es ging ja nicht nur um die Sicherung der Stromversorgung, um die Schonung der Kohle-

1 Neben dem Sänger Sir Peter Pears auch die in Suffolk geborene, in Dorset lebende Bildhauerin Elisabeth Frink.

Sizewell B, Protest gegen das Atomkraftwerk, 1988. Die Demonstranten tragen Ortsschilder der umliegenden Dörfer.

und Ölreserven.[1] Vor allem ging es um gigantische Geschäfte der britischen Atomindustrie, um die Sicherung von Aufträgen zum Export des Schnellen Brüters nach China, Ägypten und in andere Atomentwicklungsländer. Wie immer in solchen Fällen ließ es der Betreiber, die staatliche (damals noch nicht privatisierte) Elektrizitätsversorgungsgesellschaft CEGB, an kosmetischer Salbe nicht fehlen: Der Fremdkörper an der *Heritage Coast* wird mit einem baum- und grasbewachsenen Sichtschutzwall kaschiert, die durch die Bauarbeiten behinderten Küstenfischer wurden mit einer Entschädigung abgefunden. Sizewell B, Baukosten mindestens fünf Milliarden Mark, soll Mitte der neunziger Jahre ans Netz gehen. Der 1175-Megawatt-Reaktor wird den größten Teil des Strombedarfs in East Anglia decken. Allerdings nur etwa 35 Jahre lang. Dann müßte ein neuer Atomreaktor her. Doch Sizewell C, längst geplant, wird es nicht geben: Bei der Privatisierung der Elektrizitätswirtschaft blieb die Regierung auf ihren 16 Atomreaktoren sitzen. Keiner will die unökonomischen, unkalkulierbaren Risikoträger übernehmen.

1 Noch werden über 80 Prozent des britischen Stroms aus Kohle erzeugt.

Der Pub in Sizewell hat den schönen Namen »The Vulcan Arms«. Im benachbarten Leiston indes verfolgt man das Experiment Summerhill immer noch mit größerem Mißtrauen als die Kernreaktionen vor der eigenen Haustür. Nach der Schließung der Maschinenfabrik hatte der Ort neun Prozent Arbeitslose; da bedeutete die Aussicht auf ein neues Atomkraftwerk vor allem neue Arbeitsplätze. Ganz entspannt gehe ich am Strand von Sizewell spazieren. Nur eine Kopfdrehung weiter nach Süden sehe ich schon nicht mehr den grauen Klotz A und den Bauplatz B, nur Himmel und Meer und ein paar Fischerboote wie seit Jahrhunderten, als habe sich nichts verändert.

Nicht nur für die vielen Zulieferfirmen, auch für die Fisch- und Vogelwelt der Umgebung ist Sizewell B ja der reinste Segen. Das ins Meer gepumpte Kühlwasser des Atomreaktors erwärmt die See dort um elf bis dreizehn Grad, und das mögen die Fische besonders gern, versichert uns ein Informationsblatt der Betreiberfirma CEGB, und dank des Zustroms der Fische sei die Gegend ein beliebtes Anglerrevier geworden. Auch die langsameren Brüter im nahen Naturschutzgebiet Minsmere mögen das schöne warme Wasser: »Some species are now nesting in the area for the first time and others are attracted to the warm water outfall for feeding.« Daß auch wir Feriengäste das kostenlos beheizte Meerwasser von Sizewell schätzen sollten, erwähnt die Strombehörde nicht eigens, das versteht sich ja von selbst.

In den Mittelpunkt ihres jüngsten, elegischen Kriminalromans, *Devices and Desires* (1989), hat P. D. James ein Atomkraftwerk gestellt. »That concrete bastion on the edge of a polluted sea«, ihr Sizewell heißt Larksoken und liegt an der Küste von Nord-Norfolk. Dort treibt »the Whistler« sein Unwesen, ein psychopathischer Frauenkiller. Doch als auch die allseits unpopuläre Direktorin des Atomkraftwerks ermordet wird, ist in Larksoken jeder verdächtig. Ein Fall für Chefinspektor Dalgliesh. Ein Buch über eine gefährliche Technologie, die mehr als nur das Leben einer kleinen Küstengemeinde bedroht.

Am Strand entlang nach *Thorpeness.* Dort steht der exzentrischste Wasserturm der Britischen Inseln, »The House in the Clouds« (Abb. 25). Der 135000-Liter-Tank ist als Holzhaus verkleidet, ein Wolkenkuckucksheim, wie aufgespießt von seinem Kamin: bizarre Architektur von 1925. Nebenan die Bockmühle (1803) dient als Pumpe für den Wasserturm. Um 1910 hatte der Schriftsteller G. Stuart Ogilvie die Idee, ein Feriendorf für Londons *upper middle-class* anzulegen, mit Golfplatz und künstlichem See, Fachwerk- und Tudor-Gemütlichkeit. So entstand Thorpeness, *Merrie England by the Sea.*

Solche Orte sind dem Schriftsteller Michael Hamburger naturgemäß eher fremd. Mit Anne, seiner Frau, und dem Kater Oskar lebt er am Rand von *Middleton,* einem der vielen unscheinbaren Dörfer zwischen der A12 und der Küste (Abb. 50). Geboren 1924 in Berlin, Sohn eines Kinderarztes an der Charité, als Jude mit seinen Eltern 1933 emigriert[1], zur Schule gegangen in Edinburgh und London, studiert in Oxford, seit 1939 britischer Staatsbürger: *Heimgekommen* heißt seine jüngste Gedichtsammlung, aber wo? Michael Hamburger, ein hagerer, hochgewachsener Mann, geht mit mir durch »Marsh Acres«, ein Labyrinth verwinkelter Räume und Stiegen, wo noch ein paar Biedermeiermöbel aus der Berliner

1 Sein Bruder ist der Londoner Verleger und Multimillionär Paul Hamlyn.

Wohnung seiner Kindheit stehen, und Anne erzählt von der *haunted staircase,* dem Gespenst auf der Treppe, das seine Anwesenheit manchmal mit einem Duft von Maiglöckchen rätselhafter Herkunft bekundet.

Im Exil, das seine Heimat wurde, übersetzte Michael Hamburger während des Krieges Hölderlin ins Englische, später Büchner, Trakl und Celan, Benn und Brecht, Grass und viele andere. So wurde er zum bedeutendsten Vermittler deutscher Literatur in England, neben seinem nach London emigrierten Freund Erich Fried. Als Essayist und Lyriker schrieb Hamburger lange Zeit nur englisch, in den sechziger Jahren auch deutsch. Doch statt der erhofften »doppelten Zugehörigkeit« hatte er das Gefühl, »staatenlos in einem Niemandsland« zu sein. Ein Leben zwischen den Sprachen, dem er in seinen Erinnerungen den Titel *A Mug's Game* gab, *Ein Narrenspiel.* Suffolk mit seinen vielen verschiedenen Landschaften, »der Himmel, das Licht, die weiten offenen Räume«: das inspiriert ihn, hier fühlt er sich wohl. Middleton hat rund 400 Einwohner. Als die Hamburgers 1976 hierher zogen, gab es im Dorf noch einen Schmied, verschiedene Handwerker, ein Postamt, »heute nichts mehr«. Fast alle hier wählen konservativ, »weil es immer schon so war, nicht weil sie die Regierung lieben«. Anne leitet eine Laienspielgruppe, Michael ist leidenschaftlicher Gärtner. Vorbei an Rosen, Malven, Rittersporn, Minze und Melisse führt er mich in seine »Wildnis«, wo die gelben Iris blühen.

Am Haus steht eine Pumpe mit dem Datum 1770. »Das Todesjahr von Hölderlin und Beethoven und das Geburtsjahr von Wordsworth«, stellt Michael Hamburger befriedigt fest, als fühle er sich in solchen Zufällen noch am ehesten aufgehoben. »Lebt wohl, Wörter. / Ich mochte euch nie, / Der ich Dinge und Orte mag und / Leute am liebsten mit geschlossenem Mund.«

Fish & Chips in Dunwich: Ein Ausflug nach Vineta

»Die Leiche ohne Hände lag auf dem Boden eines kleinen Segelboots, das in Sichtweite der Küste von Suffolk trieb.« Mit diesem Satz beginnt P. D. James ihren Krimi *Unnatural Causes:* das unnatürliche Ende eines Schriftstellers in dem fiktiven Küstenflecken Monksmere Head, »just south of Dunwich«. Dort, das kommt der Aufklärung des makabren Mordes zugute, macht Scotland Yards Chefinspektor Adam Dalgliesh gerade Herbstferien bei seiner Tante Jane, einer Amateur-Ornithologin, die in einem Haus am Rand der Klippen wohnt. Indes kann auch Superintendent Dalgliesh nicht alles verhindern: Im Naturschutzgebiet *Minsmere* – Vogelfreunde, aufgepaßt – liegt ein toter Mann in der Beobachtungshütte am Strand. »It was a lonely shore, empty and desolate like the last fringes of the world.«

Nun denken die Engländer ja gern, wenn sie an den Stränden ihrer Insel stehen, sie stünden am Rand der Welt. An diesem Teil der Küste aber kommt etwas anderes hinzu, eine *Land's End*-Erfahrung eigener Art. Was wir in *Dunwich* sehen, ist nicht Dunwich, sondern sein Mythos: die versunkene Stadt im Meer. Dieser Anblick lockt alljährlich Tausende an den einsamen Strand, und daß sie nicht melancholisch werden und sich zu Tausenden ins

Meer stürzen, ist einzig und allein *Flora's Tea Rooms* zu danken, dem besten *Fish & Chips* der Ostküste. Der Ruf dieses klassischen englischen *Seaside Caff* ist längst bis London gedrungen, und als es Ostern 1988 abbrannte, wurde es originalgetreu im Stil der schwarzgeteerten Fischerhütten wiederaufgebaut. Ich glaube, inzwischen kommen die Leute nur deshalb nach Dunwich und nicht wegen der alten Vineta-Story. Diese Geschichte begann mit dem heiligen Felix, und sie endet mit dem Blanken Hans.

Der Name Dunwich kommt vom altkeltischen *dubno,* »tiefes Wasser«, und dem angelsächsischen *wic,* »Siedlung« oder »Hafen«. Um 632 gründete ein Missionar aus Burgund, St. Felix, in Dunwich den ersten Bischofssitz von East Anglia. Als die normannischen Eroberer im Jahre 1086 ihre Volks- und Vermögenszählung durchführten, hatte Dunwich laut *Domesday Book* rund 3000 Einwohner (Ipswich nur 1300), drei Kirchen, eine Benediktinerabtei sowie zwei Klöster der Franziskaner und Dominikaner: ein wohlhabender Ort, der jährlich 68000 Heringe als Steuern abführte. In ihrer Blütezeit im 13. Jahrhundert war dies mit achtzehn Kirchen und Klöstern nächst Norwich die zweitgrößte Stadt in East Anglia. Dunwich hatte achtzig Handelsschiffe, Ipswich nur dreißig. Die Dunwickers konkurrierten mit Yarmouth, sie exportierten Wolle nach Flandern und importierten Wein aus der Gascogne, sie waren Händler, Fischer, Piraten, und wer weiß, was sie noch geworden wären. Doch schon zur Domesday-Zeit griff die See nach dem niedrigen Sandkliff, auf das die Stadt gebaut war.

Das Ende des Hafens von Dunwich kam über Nacht, am 14. Januar 1328. Eine Sturmflut, verheerender als jede zuvor, verschlang rund 400 Häuser und drei Kirchen und verschüttete die Hafeneinfahrt. Die See hatte die Stadt reich gemacht, nun holte sie sich alles zurück und begrub es unter Sand und Kies. In den folgenden Jahrhunderten versanken dreizehn weitere Kirchen in den Fluten. Ende des 17. Jahrhunderts war auch der Marktplatz im Meer verschwunden. Der Untergang von Dunwich war für die Zeitgenossen so schockierend, daß Daniel Defoe zum Vergleich die Ruinen von Karthago und Rom beschwor, Babylon und Niniveh: Als Hauptstädte großer Reiche gingen sie zusammen mit jenen zugrunde; aber der Untergang einer einzelnen Stadt ohne Krieg, ohne Plünderungen, dies sei erschütternd und nur durch Schicksal zu erklären, Verhängnis, »the fate of things«.

Dunwich, schrieb Paul Theroux, ist »berühmt dafür, nicht mehr zu existieren«. Ein Ort der Imagination, besucht von Dichtern, Historikern, Melancholikern. Edward FitzGerald kam 1855 mit Thomas Carlyle, Swinburne kam, Henry James und P. D. James, Jerome K. Jerome machte hier zur Jahrhundertwende oft Urlaub in Mrs. Scarlet's Gästehaus. Im Frühsommer kommen gelegentlich Taucher und suchen nach den Resten der versunkenen Stadt. Im September versammeln sich die Gläubigen am Strand zur »Segnung der See«, obwohl sie mehr Grund hätten, sie zu verfluchen. Und in der Saison sitzen sie dichtgedrängt in *Flora's Tea Rooms* vor ihrer *Dover Sole* und erzählen den Kindern, bei Sturm höre man die Glocken im Meer.

Dunwich, oder was heute so heißt, hat noch 160 Einwohner. Im Heimatmuseum neben der Ship Inn dämmert der Blanke Hans vor sich hin bis zum nächsten Sturm. Auf dem hohen Kiesstrand liegt »Fred's Last«, eines der sechs Fischerboote von Dunwich. Im Norden der

John Sell Cotman: Covehithe Church, Suffolk, 1804/05

Leuchtturm von Southwold, jenseits der Marsch Blythburgh Church, im Süden der Atommeiler von Sizewell und vor uns, 400 Meter weiter draußen im Meer, das alte Dunwich. Die Reste an Land sind nicht der Rede wert: die Ruinen des normannischen Lepra-Hospitals auf dem Friedhof von St. James und die efeuüberwachsenen Mauern von Greyfriars, dem einstigen Franziskanerkloster, im Zweiten Weltkrieg Flakstellung, heute Pferdekoppel. Schön ist der Weg über die Klippen, wo man Brombeeren pflücken und aufs Meer blicken kann. Am Rand des Steilufers liegt John Easey, begraben 1826. Nicht mehr lange, und seine Ruh' ist hin. Es ist der letzte Grabstein des Friedhofs von All Saints, die als letzte der mittelalterlichen Kirchen Dunwichs 1904 begann, in die See zu bröckeln.

Rund 400 Meter hat sich die Küstenlinie hier in den letzten vier Jahrhunderten landeinwärts verschoben. Jede Sturmflut, jeder Winter mit seinen Stürmen, jede zurückrollende Welle nimmt ein Stück Land mit in die See. Unersättliche See, »which moves for ever, like a ruminating beast, an insatiable, indefatigable lip« (Henry James). Die Geschichte dieser Küste ist die Geschichte vom Aufstieg und Niedergang ihrer Häfen, vom Überlebenskampf der Fischer, vom Heroismus der Männer in den Rettungsbooten, eine Geschichte kurzer Triumphe und langer Ohnmacht. Orford, Aldeburgh, Dunwich, Blythburgh, Walberswick, Southwold: einst florierende Häfen, dann verlandet, Opfer der Flut und der Erosion.

Nur die grauen Türme ihrer Kirchen stehen noch wie erloschene Leuchttürme am Meer. Verlorene Orte, verlorene Zeit. Manchmal, selten, finden wir hier, was wir immer suchen.

Auch *Covehithe* ist ein verlorener Ort, verlassen zwischen Himmel und Meer. Eine Kirche ohne Dorf, nur einige Häuser. Hier endet auch die letzte Straße. An Weißdornhekken und Kornfeldern vorbei, durch einen lichten Wald führt der Weg, bis wir die Steilküste sehen und den leuchtenden Sand. Ein Strand ohne *beach-huts* und Andenkenbuden. Aber nach jedem Wintersturm Treibholz genug für einen Kessel Tee und manchmal auch für mehr. Rund vier Meter Land holt sich die See hier Jahr für Jahr, viermal so viel wie an der Küste von Dunwich. Auch Covehithe hatte einst einen Hafen. Sein Niedergang ließ den Ort veröden. Als die schwindende Gemeinde ihre große Perpendicular-Kirche nicht mehr erhalten konnte, wurde St. Andrew weitgehend abgerissen und aus den Abbruchsteinen in der Ruine des alten Kirchenschiffs 1672 eine neue, kleinere Kirche errichtet, mit Reet gedeckt. Nach Art der Babuschka-Puppen müßte man heute auch in diese Kirche wieder eine kleinere schieben, zählt doch der Reverend Laurence Spratt sonntags höchstens noch neun Seelen. Schreitet die Küstenerosion im bisherigen Tempo fort, hat sich das Problem im Jahre 2030 ohnehin ins Meer verlagert.

Dies sind die Orte der Melancholie, Fluchtpunkte der Ruinenromantik. Im Sommer 1804 trifft John Sell Cotman zum erstenmal seinen lebenslangen Mäzen, den Bankier Dawson Turner (siehe S. 395), und begleitet ihn für ein paar Tage nach Covehithe. Dort malt er die Kirchenruine, damals noch efeuüberwachsen, als Silhouette vor einem dramatischen Himmel, fragile Architektur der eigenen Seele. Als geheimnisumwitterter Ort rangiert Covehithe für die Schriftstellerin P. D. James gleich hinter Dunwich: »Covehithe im Mondschein sehen heißt, betört zu werden von einer nostalgischen Schönheit, die zugleich unheimlich ist und erhaben.« Nicht umsonst läßt P. D. James ihren Detektiv Adam Dalgliesh in einer dieser poetischen Küstenkirchen seine einzigen Verse schreiben, bevor er in die Mordserie der *Unnatural Causes* verwickelt wird: »sitting in the silvery peace of Blythburgh Church«, im silbergrauen Eichengestühl von Holy Trinity.

Nie habe ich diese Kirche vergessen, seit ich sie vor Jahren zum erstenmal sah, unterwegs auf der A12 von Ipswich nach Yarmouth, und jedesmal, wenn ich diese Strecke fahre, warte ich auf diesen Anblick wie auf einen vertrauten Freund. *Blythburgh Church* liegt auf einer Anhöhe über der Marsch, an der alten Tidenmündung des River Blyth, liegt da wie ein Schiff, das in der Bucht vor Anker gegangen ist, bevor die See sich zurückzog: *the Cathedral of the Marshes* (Farbt. 10). Dies ist eine der großen Ansichten von Suffolk. Ich sah Blythburgh Church in der Sonne leuchten, die Flintmauern blitzend, wie aufgelöst im Schein der großen Fenster, und ich habe sie an Herbstabenden gesehen, als schwarzen Wächter über den Wiesen. Ich habe diese Kirche voll von Konzertbesuchern erlebt, erfüllt von Madrigal- und Orgelmusik, und ich habe sie leer erlebt, so still, daß ich nur das Ticken der Turmuhr hörte und über mir ein Knarren in den Dachsparren, als bewegten die Engel ihre hölzernen Schwingen.

Die Engeldecke ist der Triumph von Holy Trinity (Abb. 93). Doch die Schönheit dieser Kirche beginnt mit ihrer Schlichtheit: mit ihren weißen Wänden, ihrer Weiträumigkeit, den klaren Proportionen, dem ruhigen Rhythmus der Säulen und Fenster. Alles ist einfach und von einem wunderbaren Licht erfüllt. Dieses Licht beseelt noch die kleinsten Figuren im Gestühl, bis in die Falten ihrer Gewänder, es durchströmt den Raum bis in die Region der Engel. Blythburgh leuchtet, auch an trüben Tagen. Es ist das Licht der späten Gotik, das diese Kirche durchflutet wie ein Glashaus. Gleichmäßig verteilen die achtzehn dicht gereihten Fenster im Obergaden ihr Licht über den ganzen Raum, das Licht der Küste East Anglias und der heiligen Dreifaltigkeit.

Holy Trinity wurde Mitte des 15. Jahrhunderts erbaut, zur selben Zeit wie die anderen großen Perpendicular-Wollkirchen von Suffolk, Long Melford und Lavenham Church. Kunst, Handwerk und Gottesdienst in selbstverständlicher, noch ungebrochener Einheit. Was wir als virtuoses Schnitzwerk bewundern, war für die Gemeinde damals handfeste Glaubens- und Sittenlehre. Da hatten sie auf den Gestühlswangen ihrer Bänke, um 1475, drastisch personifiziert Habsucht, Geiz, Stolz, die sieben Todsünden vor Augen, ebenso anschaulich die Mühsal des eigenen bäuerlichen Alltags, Allegorien der Arbeit: Saat und Ernte, Pflügen, Dreschen und Schweineschlachten. Und über sich die Boten himmlischer Herrlichkeit. Für die Menschen des Mittelalters waren Engel ja noch Wesen von unbezweifelbarer Realität, bevor sie in den verkümmerten Augen der Aufklärung zu bloßen Abziehbildern schrumpften und erst wiederkehrten in den gebrochenen Versen der Moderne, Rilkes »fast tödliche Vögel der Seele«.

Paarweise, Rücken gegen Rücken, am Schnittpunkt der Balken, durch bemalte Bossen verbunden, nach Osten und Westen blickend, so beherrschen die Engel von Blythburgh die Flachdecke des Hauptschiffs in seiner ganzen Länge. Die zwölf Engel (einer fehlt) halten in ihren Händen die Wappenschilde der Hoptons und anderer einheimischer Familien, die den Bau der Kirche finanzierten: Ehre sei Gott in der Höhe, und den Stiftern auch. Das Sparrenwerk der freitragenden Balkendecke ist mit Blumengirlanden bemalt, zartrot und grün auf hellem Grund. Unter diesem Himmelszelt haben die Engel ihre langen, schlanken Schwingen majestätisch ausgebreitet. Ihr Schweben nimmt den Eichenbalken jede Schwere, ihre Anmut beflügelt den Raum und die Herzen der Beter. »Wer, wenn ich schriee, hörte mich denn aus der Engel Ordnungen?« In solchen Kirchen, unter den Engeldächern des Mittelalters, fand jede Verzweiflung zumindest ein Echo, und das Schöne war nichts als des Ewigen Widerschein.

Am 8. April 1644 suchte Cromwells Beauftragter William Dowsing auch Holy Trinity heim. Wie müssen ihn die Engel in ihrer unerreichbaren Glorie provoziert haben! Seine Bilderstürmer zerstörten die Heiligenfiguren, rissen die Brasse von den Grabsteinen und feuerten Hunderte von Schüssen in die Decke. Man fand die Puritanerkugeln im Holz der Engel[1], als man sie im 19. Jahrhundert erstmals abnahm und restaurierte. Damals zitierte William Morris Blythburgh Church als Beispiel vorbildlicher Restaurierung mittelalterlicher Kirchen in seiner Kampagne gegen die viktorianischen Schönheitschirurgen. Mitte der

1 Eine weniger martialische Erklärung: Hier wie in anderen Kirchen schoß man gelegentlich ins Gebälk, um nistende Vögel zu vertreiben.

siebziger Jahre unseres Jahrhunderts hatten sich die Holzwürmer im Dachstuhl so weit durchgefressen, daß er einzustürzen drohte. Auch diese neue, kostspielige Restaurierung hat die Eigenart von Holy Trinity bewahrt.[1]

Als kurz nach der Eröffnung des Aldeburgh Festivals 1969 die Konzerthalle in Snape abbrannte, verlegte man sämtliche Aufführungen in diese Kirche. Janet Baker, Dietrich Fischer-Dieskau, Rostropowitsch, viele haben seitdem unter den Engeln von Blythburgh musiziert. Die Stars der Konzertsäle schätzen die Akustik solcher Holzbalkendecken und ihre unvergleichliche Atmosphäre. Ich habe in der Kirche am Blyth den amerikanischen Pianisten Murray Perahia erlebt, Alban Bergs Klaviersonaten vor dem Chorgitter der Gotik. Es war ein warmer Nachmittag im Juni; in der Pause saßen wir im Gras zwischen den Gräbern, genossen die reine Luft und den Blick über die Marsch. In Blythburgh Church finden auch einige Konzerte des *Wangford Festivals* statt, das der Pfarrer des Nachbardorfs 1966 gegründet hat. Ein weißes Dinner-Jackett über dem schwarzen Talar, spricht Reverend Miles Copley einführende Worte, die Festivalgemeinde erhebt sich zu den Klängen der Nationalhymne, das Kirchenkonzert beginnt.

Mehr als 600 Besucher finden Platz in Holy Trinity. Die Größe dieser Dorfkirche – sie ist über 40 Meter lang – entsprach der Bedeutung Blythburghs im Mittelalter. Es war ein Ort der Fischer und Tuchhändler, ein Hafenstädtchen mit zwei jährlichen Märkten, eigener Münze und eigenem Gefängnis. Der wirtschaftliche Niedergang begann bereits im 15. Jahrhundert, kaum war die stolze Kirche vollendet. Tückische, trügerische Küste: Als der Hafen von Dunwich versank und der River Blyth einen neuen Weg ins Meer suchte, verlandete Blythburgh Harbour, und an der Flußmündung etablierte sich ein neuer Hafen, Walberswick; bis auch der verfiel. Noch einmal, immer wieder die alte Geschichte.

Von Holy Trinity führt ein Pfad den Fluß entlang durchs Ried und durch die Wiesen nach Walberswick und Southwold, zu den beiden anderen Perpendicular-Kirchen am Blyth.

Sunny periods in Southwold

Meine kleine Stadt riecht nach Hopfen, Malz und Meer. Sie liegt in einer Sackgasse an der Küste von Suffolk. Die meisten fahren, gottlob, an Southwold vorbei. Ein Ort ohne Sehenswürdigkeiten: keine Burg, keine Kathedrale, nicht mal eine Ruine (Farbt. 1). Kein Grund eigentlich, abzubiegen von der A12, die Marsch zu durchqueren, auf den weißen Leuchtturm zu und die bunten *beach huts,* die zwischen Wiesen und Wasser aufgereiht sind wie Farbmustertafeln im Freien.

Die High Street endet auf einem kleinen, dreieckigen Marktplatz (Abb. 36). In der Mitte eine viktorianische Pumpe mit Glaskugel und goldener Krone, gußeisernen Delphinen und

1 Detail am Rande: der *Clock-Jack* aus bemaltem Holz, 1682, der mit seiner Streitaxt beim Eintritt des Priesters die Glocke schlug. Solche Glöcknerfiguren, auch *Jack-of-the-Clock* oder *Quarter Jack* genannt, waren auf dem Kontinent populärer als in England (vgl. Wells Cathedral, um 1390).

Stanley Spencer: Southwold, 1937

dem Motto »Defend They Ryghts«. Gastlich breitet der »Swan« seine Erker und Giebel aus. Gegenüber die Bank, Denny der Schneider, Norman der Metzger (»over 300 years & still going strong«). Alles sieht so aus, als sei es immer so gewesen und werde immer so bleiben.

Wahrscheinlich ist Ginger der erste, der unsere Ankunft bemerkt. Er steht vor seiner Haustür und blinzelt in die Sonne. Ginger trägt Gummistiefel, einen schwarzen und einen grünen. Er trägt immer Gummistiefel, im Sommer und im Winter. Darin verwahrt er sein Geld, sagt man. Jedenfalls zog er einmal im Pub »Nelson«, als es ans Zahlen ging, eine 100-Pfund-Note aus seinem Gummistiefel. Eigentlich heißt er Ernest Newson. Aber sein Bart ist so tabakgelb, daß jeder ihn Ginger nennt. Wie lange er schon hier lebe? »75 Jahre, 3 Monate und eine Woche, in diesem Haus bin ich geboren.« Sein Vater war Bäcker, einer von sieben Bäckern in Southwold. Heute gibt es hier nur noch einen. Ginger verkauft Lottoscheine. Die Rente ist zu klein, um sein Haus zu renovieren. Würde er es verkaufen, wäre er ein gemachter Mann. Denn Ginger wohnt am South Green.

Ein Dorfanger auf den Klippen über dem Meer, ein Hügel über der Marsch. Gelb blühen die wilden Lupinen. Gloriose Blicke, bis der Sturm dich packt und landeinwärts treibt, unfehlbar in den »Red Lion«, die Kneipe am South Green. »Lauter reiche Leute, meine Nachbarn, *seriously rich*«, sagt Ginger in seinem zerschlissenen Tweedjackett. »Aber ein Millionär kann auch nur ein Guinness nach dem andern schlucken.«

Nur vier Einheimische wohnen noch rund um South Green. Die andern: zugereist, teils schon vor Jahrzehnten, teils aus Nostalgie. Manche, die als Kinder in Southwold Ferien machten, setzen sich im Alter hier zur Ruhe. Die meisten kommen aus London: pensionierte Richter, Kolonialbeamte, Offiziere, erfolglose Schauspielerinnen. Eine höchst konservative, in Maßen exzentrische Gesellschaft. So hat sich Southwold in aller Stille zum Küstenvorort von Hampstead entwickelt. Die Hälfte der knapp 2000 Einwohner ist über sechzig, jedes sechste Haus eine Ferien- oder Zweitwohnung. Nicht umsonst gibt es hier vier Makler. Viele Einheimische, vor allem die Jungen, können sich die teuren Häuser nicht leisten und ziehen landeinwärts ins benachbarte Reydon.

Die Entwicklung Southwolds zum Seebad begann schon Ende des 18. Jahrhunderts. Der Landadel baute sich Häuser am Meer, Regency-Villen von bescheidener Eleganz. Damals, um 1830, entstand auch die klassizistische Häuserzeile auf dem Centre Cliff; Swinburne logierte hier ein paar Sommer lang. Dann erreichte die Eisenbahn Southwold, 1879; fünfzig Jahre später fuhr der letzte Zug. Der große Boom war ausgeblieben, auch die Heringsindustrie wanderte ab, und so genießen wir den Charme der kleinen Stadt.

Nice breeze today, isn't it? Sommer. Alles strebt zum Strand. Darunter vor allem Sand zu verstehen, wäre ein kontinentales Mißverständnis. Auf Kieselsteinwällen sitzen sie stoisch wie Fakire auf dem Nagelbrett. Hinter Buhnen und flatternden *windbreaks* trotzt der Engländer den Elementen (Farbt. 5). Letzte, schönste Zuflucht: die *beach huts.* Wie winzige viktorianische Reihenhäuser ziehen sich die Strandhütten am Fuß der Klippen entlang, farbige Fanale gegen die graue See, festgezurrt gegen widrige Winde, lauter kleine Trutz- und Teeburgen, in denen fortwährend die braunen Überlebensbeutel aufgebrüht werden, erste und letzte Hilfe zwischen den *sunny periods* (Abb. 29, 30).

O ihr *beach huts* mit den poetischen, patriotischen Namen, o »Britannia«, »Lady Nelson« und »Chatterbox«, eure Namen sind Programm, »Take it easy« und »Happy Days«, ihr seid der feste Pol des *seaside*-Lebens, der Logenplatz am Meer. Hier guckt ein Bein, dort eine Hundeschnauze zwischen den Holzgittern hervor. Zwei alte Damen lesen Jeffrey Archer. Mit hochgekrempelten Hosen und spitzen Zehen testen ihre Männer die See. *Nice and warm, darling.* Dann blicken sie doch lieber wieder mit dem Fernglas angestrengt aufs Wasser, als ob von dort noch Unerhörtes zu erwarten sei. Nichts schöner als solche Stunden, in denen nichts geschieht. Bis, gegen fünf, eine Lady mit vollbeladenem Tablett in die Dünen fällt. Schade um den Tee, aber endlich eine Abwechslung.

Am Strand von Southwold gibt es keine Bingo-Hallen, keine *Amusement Arcades,* nichts von Blackpool und anderen Rummelplätzen. Hier ist jeder sein eigener Entertainer. Charly zum Beispiel, der Hund unseres Nachbarn Sir John: scharrt und schaufelt seit Stunden an einem Tunnel unter dem »Blue Dragon«. Ein Kaninchen, vermutet Sir John, *get it, Charly!* Wenn er so weiterwühlt, wird der »Blue Dragon« morgen einstürzen. Schade um die Hütte, aber wieder eine Abwechslung.

Unsere Seezunge kaufen wir bei Arthur Swan in Victoria Street. Mit vierzehn fuhr *Swanney* zur See, mit vierzig wurde er Fischhändler, nun ist er fast achtzig. Seine Bücklinge, über Eichenholzkohle geräuchert, werden nur noch übertroffen von seinen *kippers.* Manche Kunden schreiben ihm sogar Gedichte: »Whenever I am lonely / Homesick for Hertfordshire only / I'll buy some fish / For a supper dish / From faithful Mr. Swan.« Auch in

London schätzt man seinen Fisch. In Soho haben sie scharfe Messer, heißt es, da verkaufen sie *Swanney's* Makrelen als Räucherlachs.

Mitten im Ort liegt die Brauerei. Adnams' süßer, schwerer Malzgeruch und die Düfte aus Mr. Swans Räucherkammer verbinden sich zu den himmlischen Wohlgerüchen von Southwold. Morgens um halb neun klappern die Hufe der Bierkutsche übers Pflaster. Mittags trotten die Adnams-Pferde über den Markt zurück in den Stall. Nachmittags haben »Prince« und »Sovereign« frei. Keiner überarbeitet sich in Southwold.

Nur John Adnams hat vielleicht etwas viel am Hals: Manager der Brauerei, Haus- und Grundstücksmakler, Auktionator, Schweinezüchter, Stadtrat – »he has his fingers in most pies of the town.« Mit 140 Angestellten ist Adnams der bei weitem größte Arbeitgeber am Ort, eine der letzten Familienbrauereien in England. Ohne Adnams wäre Southwold ein Altersheim und im Winter, wenn die Ferienhäuser leer stehen, eine Geisterstadt, Adnams' Markenzeichen ist der *Jack-of-the-clock*, die Figur eines Söldners der Rosenkriege, der in der Kirche von Southwold mit seiner Streitaxt die Glocke schlägt: auf zur Messe, auf zum Pub, *cheers* und Amen.

John Adnams ist ein nüchterner Mann. Mit dem Hefe-Abfall seiner Brauerei mästet er Hunderte von Schweinen (»Adnams pigs are happy pigs«). Simon Loftus, sein Partner im Familienunternehmen, handelt mit Wein, ausgerechnet, und führt in der »Crown« eine florierende *Wine Bar*. Simon, Cambridge-Absolvent, veranstaltet im Winter Dinner-Konzerte in der »Crown«, mit Schampus, *candlelight* und dem Londoner Kammerorchester. Kunst und Wein statt Bier und Schwein.

Abends streicht der Scheinwerfer des Leuchtturms über die Dächter der kleinen Stadt. Erschrecken Sie nicht, wenn Sie dem Schwarzen Mann begegnen. Er geht in einer Lumpenkutte umher, mit geschwärztem Gesicht, eine Gestalt wie aus den Pestzeiten des Mittelalters. Das ist Robert. Er lebt seit Jahren allein in der Marsch, in Tinker's Barn, einer Scheune, knietief mit Konserven und Papier bedeckt. Manchmal sitzt er abends an der Friedhofsmauer von Southwold. Aus seinem Plastiksack hat er viele Zettel im Gras verteilt und schreibt. Er komponiert, sagen die Einheimischen. Robert tut keinem etwas, und keiner stört ihn.

Als größter Exzentriker der Gegend gilt der Earl of Stradbroke. Auf seinem Rolls-Royce steht, wie man ihn anreden soll: »Call me Keith«. Ein Parvenu, der in Australien Schafe züchtete, bevor er *Henham House* samt Titel erbte. Mit dem Familiensilber konnte der *Aussie Earl* wenig anfangen, er ließ es versteigern.[1] Die Zahl seiner Kinder beläuft sich, nach vorsichtiger Schätzung, auf dreizehn. Jetzt hat der unternehmungslustige Graf eine Samenbank eröffnet, erzählt Mr. Denny, »da kann er sein blaues Blut teuer verbreiten«.

Jack Denny hat schon dem alten Lord Stradbroke die Hosen angemessen. Ihm gehört das holzgetäfelte Bekleidungsgeschäft am Markt, gegründet von seinem Urgroßvater 1851. Als Mr. Denny hier 1927 als Lehrling begann, hatte das Familienunternehmen 28 Angestellte,

1 Bei dieser Auktion 1988 kam neben Möbeln und Gemälden auch der von James Wyatt im späten 18. Jahrhundert für die Bibliothek von Heveningham Hall entworfene Axminster-Teppich unter den Hammer.

Mr. Bottomley, Direktor der Eversley School in Southwold, mit Lehrern und Schülern, 1988

»genug für eine eigene Fußballmannschaft«. *Denny's of Southwold* ist in East Anglia ein Begriff. Der Landadel der Umgebung, Benjamin Britten, Peter Pears, sie alle ließen sich vom *Master tailor* Denny ihre Anzüge machen. Früher hatte er sogar ein Büro in Londons vornehmer Savile Row. Zu seinen Kunden gehörte auch Eric Blair, besser bekannt unter dem Pseudonym George Orwell.

Orwells Eltern lebten Anfang der dreißiger Jahre in Southwold. »Ihr Haus in der High Street, Montague House, gehörte meiner Tante. Eric ging gerne angeln, auch an Feten nahm er teil. Aber statt zu tanzen, unterhielt er sich lieber. *He was a lone bird,* eigentlich war er ein Einzelgänger.« Noch einmal nimmt Mr. Denny Maß: »Eric war ziemlich groß, etwa 6 Fuß 4 Zoll. Ich habe ihm ein paar Hosen für zwei Guineen gemacht, *West of England-Flanell.* Die bestellte er auch später bei uns, als er auf den Hebriden lebte.« In Southwold brachte George Orwell den Nachbarkindern bei, wie man Aale mit dem Gewehr jagt und wie man kleine Sprengsätze macht; letzteres trug ihm den Spitznamen *Blarry Boy* ein.

Ich gehe den Strand entlang, über knirschende Kieselsteine. »In Southwold fühlt man, daß Eskapismus eine positive Eigenschaft ist«, schrieb P. D. James. Die Londoner »Queen of Crime« hat seit Jahren ein Cottage in Southwold. Auch sie schätzt den unprätentiösen Charakter des Ortes, seine pittoreske, aber nicht herausgeputzte Atmosphäre. Man sollte die aufs Meer gerichteten Kanonen von Gun Hill lieber symbolisch landeinwärts richten, schlug P. D. James vor, »to protect this civilized little community against the shibboleths and encroaching vulgarities of our age«.

»Wir in Southwold«, sagt Mr. Burke, »benutzen auch bei Windstärke 10 den Vordereingang und nicht die windgeschützte Hintertür.« Der Schriftsteller John Burke lebt seit zwanzig Jahren hier. »Damals gab es noch den Blythe Club. Nur Gentlemen durften Mitglieder werden: Leute, die keinen Beruf ausübten. Man traf sich in einem Haus, das dem Bauunternehmer Denny gehörte. Natürlich wollte Mr. Denny auch in den Blythe Club. Das lehnten die ehrenwerten Mitglieder ab: er sei leider kein Gentleman. Da kündigte Mr. Denny die Klubräume. Er war wirklich kein Gentleman.« Seitdem trifft man sich in der *back bar* der »Crown«, in »God's Waiting Room«.

Einmal hat auch der Pulverqualm der Geschichte unsere kleine Stadt gestreift, am 28. Mai 1672. Da trafen vor der Küste von Southwold die britische und die holländische Flotte aufeinander, eine Schlacht ohne Sieger, mit Hunderten von Toten. Die anekdotische Fußnote zur *Battle of Sole Bay* liefert das Gespenst von Sutherland House. In diesem Haus an der High Street, heute ein Restaurant, soll der Earl of Sandwich übernachtet haben. Der Graf, Kommandant des Flaggschiffs »Royal James«, verliebte sich in ein junges rothaariges Dienstmädchen, verschlief, ging an Bord, als die Schlacht schon tobte, heißt es, und fiel. Seitdem hört man am Vorabend des Jahrestages der Schlacht Schritte im Flur von Sutherland House, die Schritte des unglücklichen Mädchens.

Auf dem Weg zum *Sailors' Reading Room* komme ich an Misty vorbei, der nebelgrauen Perserkatze vom »Nelson«-Pub. Vor Misty haben sogar die Hunde Respekt. Der Lesesaal der Seeleute liegt auf dem East Cliff, halb Backsteinkapelle, halb Schutzhütte, von einer viktorianischen Kapitänswitwe 1864 gestiftet in der Hoffnung, die Fischer von Southwold würden von nun an mehr lesen und weniger trinken. Dieser Illusion verdanken wir das kleinste, charmanteste Marinemuseum der Britischen Inseln. Ein Raum voll von Schiffsmodellen, Galionsfiguren und Bildern, Porträts der *hardy old salts,* Fotos von Sturmfluten, Schiffsuntergängen, Fischfangrekorden. Ein Museum? Ach was, hier treffen sich die alten Southwolder zum Pokern und, *members only,* zum Billard im Hinterzimmer (Abb. 31).

Und was machen wir morgen? *Hagstones* sammeln am Strand, Steine mit Löchern, Hexensteine gegen den bösen Blick. Und dann? Krebse fangen, Krebswettrennen am River Blyth. Zum *crabbing* brauchen wir eine Kordel, etwas Frühstücksspeck und viel Fingerspitzengefühl. Hat der Krebs angebissen, ziehen wir ihn an Land. Haben wir genug Krebse im Eimer, kochen wir sie – nein, wir lassen sie laufen. Aber um die Wette. Ziel: der Fluß. Wer zuletzt hineinfällt, hat auch gewonnen.

Gegen elf wird draußen vor der Stadt eine rote Fahne gehißt: Die Fischer sind zurück, es gibt frischen Fisch. Wir machen uns auf den Weg zum Hafen. Den haben Sturmfluten im Laufe der Jahrhunderte immer weiter von Southwold verdrängt. Jetzt liegt er abseits in der Marsch, wo die Fischreiher brüten, in der Mündung des River Blyth. Im 16. Jahrhundert fuhren von Southwold mehr Schiffe zum Fischen und Handeln nach Island als von jedem anderen Hafen der Ostküste. Heute gibt es hier nur noch zwei Dutzend Fischer. Man kann davon leben, sagen sie, »if you have a pound in your pocket«.

Charles Rennie Mackintosh: Fritillaria, Walberswick, 1915

Bröckelnde Kaimauern, unterspülte Spundwände. Wie lange mag das noch halten? Herrisch drängt die Flut in die Mündung des Flusses. Fischkutter an schwankenden Stegen. Netze, Bohlen, Hummerkörbe. Es riecht nach See und Arbeit. Schwarzgeteerte Fischerhütten, die Türen blau und rot. Kleine, große, schiefe, schöne Hütten: »Billy Boy« und »Jackamina«, »Night Owl« und »Wyenot«. Wir essen ein paar *cockles* bei »Willie's Plaice«, Herzmuscheln mit Pfeffer. Billy der Fischer erzählt die verrückte Story von der *marina:* »Sie wollten einen Yachthafen bauen, unsere Hütten abreißen – unglaublich!«

Eines Tages, das war vorauszusehen, entdeckten Mrs. Thatchers Investment-Haie auch Southwold. Ein Ort wie aus den *Pickwick Papers,* ein Hafen im viktorianischen Dornröschenschlaf – was für Möglichkeiten! Flußsanierung hieß das Köderwort, Yachthafen mit Ferienkomplex. Aber die Planer hatten ihre Rechnung ohne die Bürger gemacht. Der Gemeindesaal war zu klein, man strömte in die Kirche, das Hearing wurde zum Tribunal: Friede den Hütten, keine Paläste – »We love Southwold, save it from developers!« Selbst John Adnams, mächtiger Stadtrat und ehrlicher Makler, hatte keine Chance gegen »these damned conservationist people«. »Wir sind nicht Brighton«, sagte Susan Hicklin, eine der streitbaren Ladies von Southwold. »Wir wollen auch nicht aussehen wie Bournemouth, mit

Philip Wilson Steer: Die Brücke, Walberswick, 1887/88

Blumenrabatten überall und in der Mitte eine Palme.« Überhaupt, ein Feriendorf für *continentals,* was soll das, »*absolutely mad,* die können doch nach Italien oder Spanien fahren!« Unterdes ist Southwold bei den Engländern selbst bedenklich populär geworden. Erst drehte die *BBC* hier ihren Film *East of Ipswich,* dann entdeckten nicht nur die Yuppies »the new Mecca of the East Coast« *(Sunday Times).*

Wie eh und je weht die rote Fahne der Fischer am Blyth (Farbt. 2). Auch *Ourd Bob* ist noch da, der Fährmann. Für *15 p* rudert Bob Cross mich hinüber nach Walberswick. Seit fast fünfzig Jahren setzt er die Leute über, nun ist er bald achtzig, ein hagerer, schweigsamer Mann (Abb. 52). Früher saß sein Hund auf dem Rettungsring hinten im Boot, aber Bonnie hat nun Rheuma und bleibt zu Hause.

In *Walberswick,* sagt man in Southwold, leben »the top twenty who speak only to each other«. Künstler und Medienleute trifft man eher hier als am anderen Ufer des Blyth. Southwolds *Summer Theatre* kommt aus Walberswick, organisiert von Jill Freud, Frau des Ex-Abgeordneten und Journalisten Sir Clement Freud[1]. Ende des letzten Jahrhunderts war

1 Ein Enkel von Sigmund Freud und Bruder des Malers Lucian Freud.

das kleine Fischerdorf eine blühende Künstlerkolonie. In der Tate Gallery hängen drei Walberswick-Gemälde von Philip Wilson Steer, der nach 1884 viele Sommer dort verbrachte.[1] In leuchtenden Farben, fasziniert vom Licht der ostenglischen Küste, malte Steer die spielenden Kinder am Strand, *Laufende Mädchen auf der Landungsbrücke,* Bilder aus dem Nachsommer des Impressionismus. Zwischen 1914 und 1915 lebte auch der schottische Jugendstilarchitekt Charles Rennie Mackintosh mit seiner Frau in Walberswick, als Gast des Direktors der Glasgower Kunstakademie, der hier ein Ferienhaus hatte. Mackintosh malte in Walberswick mehr als vierzig Pflanzenaquarelle, Blumenbilder von filigraner Farbigkeit. Die langen abendlichen Spaziergänge des Künstlerpaars erregten das Mißtrauen der Einheimischen, denn inzwischen war der Erste Weltkrieg ausgebrochen. Als man dann auch noch Briefe der Wiener Sezession bei den Fremden fand, Post aus dem feindlichen Ausland, war der Fall klar: Spione! Mackintosh konnte seine Unschuld beweisen.

Wenn Sie in Mary's Gartencafé Ihren *cream tea* genossen haben, werfen Sie noch einen Blick auf St. Andrew. Auch diese Perpendicular-Kirche, 1493 geweiht, war einst ähnlich imposant wie die in den Nachbarorten Southwold und Blythburgh. Aber als der Hafen von Walberswick im späten Mittelalter seine Bedeutung verlor, als die Gemeinde kleiner und ärmer wurde, riß sie 1695 einen Teil ihrer Kirche ab. Knapp drei Jahrzehnte später wunderte sich Daniel Defoe über den dünnen Besuch der Sonntagsmesse in Southwold: »I was surprised to see an extraordinary large church, capable of receiving five or six thousand people, and but twenty-seven in it.« Die Gläubigen waren nur der Kirche, nicht Gott untreu geworden; zu Hunderten traf sie Defoe in der benachbarten Nonkonformistenkapelle.

An einem milden Wintertag, als Ginster und Mimosen schon blühten, öffnete mir eine alte Bäuerin *Walpole Old Chapel,* die schönste der ländlichen Nonkonformistenkirchen East Anglias. Sie liegt südlich von Halesworth, am Rand der Straße und des Dorfs und so gänzlich am Rand der Zeit, daß sie noch unverändert erhalten ist wie vor 300 Jahren. Damals drängten sich in dem hochwandigen Gestühl und auf den Emporen fast 500 Menschen, Bauern und Landarbeiter, um das Wort Gottes von der doppelstöckigen Kanzel zu hören, von einem Schalldeckel eindrucksvoll verstärkt. Das schlichte Fichtengestühl, Öllampen und Kerzenkandelaber, alles ist noch so wie um 1689, als dieses Bauernhaus umgebaut wurde zur Chapel der Independenten. Heute treffen sich hier Puritaner und Genießer zu Kammerkonzerten: »Summer Music at Walpole Old Chapel«.

Chateaubriand in Bungay oder Die Liebe zu den runden Türmen

Den schönsten Blick auf *Lowestoft* bietet das Britische Museum in London: William Turners Aquarell *Lowestoffe,* entstanden um 1835, ein Triumph der grauen Farben und des Seenot-

1 Den Strand von Southwold wiederum malte Stanley Spencer, der 1925 in der benachbarten Dorfkirche von *Wangford* heiratete.

rettungswesens. Auf diesem Bild des sturmgepeitschten Meeres bleibt die Stadt schemenhaft im Hintergrund, durchaus zu ihrem Vorteil. Lowestoft wurde durch die Bomben des Zweiten Weltkrieges stark getroffen, stärker noch durch den Wiederaufbau. An den Rändern zersiedelt, im Zentrum ohne Atmosphäre. Immerhin, die lange, breite Esplanade ist autofrei, und den Rummel des benachbarten Great Yarmouth vermeidet dieses Seebad. Unangefochten Lowestofts Ruf als östlichste Stadt Englands und als Standort des *Royal Norfolk and Suffolk Yacht Club.*

Die große Zeit der *silver darlings,* der Heringsboom, ist auch hier vorüber. Kurz nach der Jahrhundertwende operierten über 700 Schleppnetzboote von Lowestoft aus, heute sind es nur noch vierzig. Indes lief hier 1987 ein Traumschiff vom Stapel, die 20-Millionen-Dollar-Superyacht »Stefaren«. Der Auftraggeber, der New Yorker Firmen-Tycoon Bennett S. LeBow, kaufte anschließend die ganze Werft, *Brooke Yachts International.* Von diesem kleinen, hochspezialisierten Unternehmen erhofft man sich nun die Wiedergeburt der einst weltberühmten britischen Luxusyachtindustrie.

Als es im Hafen von Lowestoft noch nach Hering und Kohle roch, im Juni 1878 machte ein Schiff aus Marseille am Kai fest. Unter den Passagieren ein knapp einundzwanzigjähriger polnischer Emigrant, der mit gedämpften Erwartungen erstmals englischen Boden betrat: »Wenn schon Seemann, dann nur britischer Seemann.« Acht Jahre später war Józef Konrad Korzeniowski Kapitän der britischen Handelsmarine. Auf den Weltmeeren begann er seine Reisen nach innen, ins *Herz der Finsternis:* Joseph Conrad, wie sein Held Marlow »ein englischer Kapitän, der Geschichten erzählt«. Im Werk des großen Romanciers hinterließ Lowestoft leider, leider nicht einen einzigen zitierfähigen Satz. Um so dankbarer, mit Plakette, Ehrenbürgerschaft und Benennung eines Einkaufszentrums, quittierten die Stadtväter die Ankunft eines anderen Künstlers, die Geburt Benjamin Brittens, 1913. Seiner Mutter, einer Chorsängerin, gelang das Kunststück, ihr viertes Kind am 22. November zur Welt zu bringen, am Tag der heiligen Cäcilia, der Schutzpatronin der Musik. Brittens Vater war Zahnarzt, und noch heute gibt es in seinem Elternhaus in der Kirkley Cliff Road No. 21 eine Zahnarztpraxis. Bis zu seinem 14. Lebensjahr bereicherte der kleine Ben das musikalische Leben des Kindergartens und der Volksschule von Lowestoft; dann ging er nach Holt auf die Grasham School, aufs Londoner Royal College of Music, nach Amerika. Als er zurückkehrte, gründete er sein berühmtes Festival in Aldeburgh (siehe S. 250).

Der Mann, der wirklich etwas für Lowestoft tat, hieß Samuel Morton Peto, ein viktorianischer Entrepreneur großen Stils. Er baute Eisenbahnlinien in Afrika, Australien, Argentinien, Kanada und Rußland, die Nachschublinie im Krimkrieg und die Verbindung von Norwich nach Yarmouth, er finanzierte die Nelson-Säule auf dem Trafalgar Square, betrieb die Entwicklung Lowestofts zum Seebad und den Ausbau des Hafens, wurde Abgeordneter, ließ sich zum Ritter schlagen, und 1857 bezog er nordwestlich von Lowestoft einen feudalen Neubau, *Somerleyton Hall.* Fünf Jahre später machte Sir Morton Bankrott. Er verkaufte seinen Landsitz an einen Teppichfabrikanten aus Halifax, den Urgroßvater des jetzigen Lord Somerleyton. Der hat fünf Kinder, das Hofamt eines königlichen Kammerherrn und *open house* für zahlende Besucher.

Somerleyton Hall ist eine jakobeanische Pastiche aus viktorianischem Geist, mit einem großen, asymmetrisch gestellten Eckturm im Campanile-Stil (1846–57). Der Architekt John Thomas, ein Bildhauer und Favorit Prinz Alberts, rekonstruierte auch das Gutsdorf mit seinen Strohdachhäusern, nach dem Vorbild von John Nashs pittoreskem Blaise Hamlet bei Bristol. Gemälde von Edwin Landseer und Clarkson Stanfield, den Erfolgsmalern ihrer Zeit, prägen die viktorianischen Interieurs von Somerleyton Hall. Wirklich herausragende Werke fehlen, abgesehen von einem Gemälde Joseph Wrights of Derby, Englands Chiaroscuro-Meister des 18. Jahrhunderts. Unter den Arkaden des ehemaligen Wintergartens gibt es Tee, im Park ein Labyrinth aus Eibenhecken und für Kinder nichts Schöneres als eine Fahrt mit der Miniatureisenbahn, spielerische Erinnerung an Sir Morton Peto, den Eisenbahnspekulanten von Somerleyton.

Am *Fritton Decoy,* dem langgestreckten See nördlich von Somerleyton, steht eine reetgedeckte Kirche in den Feldern, mit einem normannischen Chor und einem rätselhaften runden Turm. Nicht weit davon ein anderer, der von St. Margaret in *Herringfleet.* Immer wieder finden wir unterwegs in East Anglia solche kleinen, meist abgelegenen Dorfkirchen, deren Türme rund, nicht viereckig sind. Auch für diese *Round Tower Churches* gibt es einen Spezialisten, und wie so oft in England ist es ein Amateur: William Goode, Metzgermeister im Ruhestand. Er lebt in einer Reihenhaussiedlung in *Oulton Broad,* einem Vorort westlich von Lowestoft, ein schmächtiger alter Herr, der Rundtürme sammelt wie andere Leute dreieckige Briefmarken. Der Anlaß war banal, erzählt mir Mr. Goode. Eines Tages, 1965, kaufte er sich eine neue Kamera. Um sie auszuprobieren, knipste er die eigenartigen Kirchen mit den runden Türmen. Davon gab es in seiner Umgebung auffallend viele; dann schwärmte er weiter aus, fand immer neue, und je mehr er fotografierte, desto mehr wollte er über sie wissen, »they just took over«. Achtzehn Jahre später legte William Goode, inzwischen pensioniert, das Ergebnis seines privaten Forschungsunternehmens vor: *East Anglian Round Towers and Their Churches,* erschienen im Selbstverlag, ein Buch vom Ausmaß einer Habilitation.

»Es gibt in East Anglia 175 Rundturm-Kirchen, nur fünf im restlichen England.[1] Ich habe jede wenigstens zweimal gesehen und fast jeden Turm bestiegen, um ihn exakt zu vermessen.« Das tat Mr. Goode mit Hilfe eines Bindfadens und des Dorfpfarrers, der ihm meist die Leiter hielt. Denn Rundtürme haben keine Treppen, und wenn sie welche haben, sind es keine alten Rundtürme. »Fast alle sind angelsächsischen Ursprungs, obwohl die meisten Experten sie normannisch nennen.« Ihre exakte Datierung ist schwierig, Dokumente gibt es nicht. »Man muß genau hinsehen und detektivisch arbeiten«, erklärt mir Bill Goode. Auch er erkennt nicht alle angelsächsischen Rundtürme gleich an ihren charakteristischen Motiven: *long-and-short-work* (Steinfachwerk), Lisenen oder Turmfenster mit Dreiecken statt Rundbögen. Etwa zwischen den Jahren 850 und 1066 wurden die meisten Rundtürme

1 Andere zählen anders, z. B. Alec Clifton-Taylor: 180 Rundturm-Kirchen in ganz England, davon 119 in Norfolk, 41 in Suffolk, 5 in Essex. In Cambridgeshire gibt es nur zwei Rundturm-Kirchen, in *Bartlow* und *Snailwell.*

Joseph Wright of Derby (1734–97): Aktmodell (Eine Kunstklasse bei Lampenlicht)

gebaut. Den von *East Laxham* in Norfolk hält Mr. Goode für den ältesten (um 950), den von *Bardfield Saling* in Essex für den letzten Rundturm einer mittelalterlichen Kirche (um 1380).

Noch etwas fand der Amateurarchäologe heraus, entgegen landläufiger Expertenmeinung. »Die romantische Theorie lautet: *Round Towers* wurden als Wachtürme zur Warnung vor Wikingerüberfällen errichtet, die Kirchenschiffe erst später angebaut. Das ist falsch, wie meine Untersuchungen zeigen. Sie wurden als Glockentürme entworfen, vielfach an ältere Holzkirchen angebaut und erst später, mit deren Neubau, normannisiert. Oft sind die ursprünglichen Türme nur so hoch wie das Kirchenschiff, auch darum können sie keine Wachtürme gewesen sein.« Nicht zu leugnen ist allerdings, daß es in East Anglia in Gegenden mit häufigen Wikingerüberfällen besonders zahlreiche Rundtürme gibt. Überdies hatten viele in der unteren Etage nur schießschartenartige Fenster und ursprünglich keinen Eingang zu ebener Erde; sie konnten also bei Gefahr als Fluchtburgen dienen.

Rund sind indes auch die romanischen Doppeltürme von Gernrode; auch in Italien und Irland stehen Rundtürme, manche weit höher oder älter als die in East Anglia. Warum gibt es dort so viele, und warum sind sie eigentlich rund? Zumindest darin sind sich die Forscher einig: Es liegt am Baumaterial. In East Anglia gab es damals vor allem Flint. Damit ließen sich runde Kirchtürme überall leicht und solide bauen; für viereckige brauchte man Stein- oder Ziegeleinfassungen.

Aus Liebe zu den runden Türmen gründete Bill Goode 1973 den Verein der *Friends of the Round Tower Churches*. »Viele waren in einem miserablen Zustand, und ich dachte, einer sollte sich um sie kümmern. Für die prächtigen Kirchen wie Blythburgh wird schon gesorgt, für die kleinen Dorfkirchen nicht.« Zu ihrer Erhaltung beizutragen und sie weiter zu erforschen sind Ziele der *Round Towers Society*. Ihre Mitglieder kommen aus ganz England, sogar aus Schottland.

Unter den vielen Rundtürmen der Umgebung[1] hat Bill Goode einen Favoriten, den von *Hales*. »Pevsner calls it Norman, but it's quite an early Saxon tower«, triumphiert er. Zwischen Beccles und Norwich träumt die kleine Kirche in den Feldern, reetgedeckt, von Büschen und Bäumen umgeben, ohne Dorf, ohne Gemeinde, jenseits von Zeit und Gottesdienst. St. Margaret, einschiffig, mit runder Apsis, ist eine der wenigen fast unverändert erhaltenen normannischen Dorfkirchen des 12. Jahrhunderts, seit einigen Jahren in der Obhut des *Redundant Churches Fund*. Das Portal ist verschlossen, ein detaillierter Wegweiser führt zum Schlüsselverwalter (»the key is at the back door«). Solche Umwege lohnen

1 Hier einige Hinweise auf Rundturm-Kirchen in Suffolk: *Blundeston* (bei Lowestoft): höchster Rundturm East Anglias, angelsächsischen Ursprungs, um 990, restauriert zur Erinnerung an Dickens und seinen in »Blunderstone« geborenen Romanhelden David Copperfield; *Bramfield* (südöstlich von Halesworth): einziger Rundturm, der als Campanile solo neben der reetgedeckten Kirche steht; *Holton* und *Wissett* (bei Halesworth): Rundtürme, normannische Portale mit Dämonen und Zickzack-Ornamenten; *Thorington* (bei Blythburgh): Rundturm mit angelsächsischen Blendarkaden; *Little Saxham* (westlich von Bury St. Edmunds): normannische Rundbogenfenster und Blendarkaden rund um die Turmspitze; *Wortham* (bei Diss): größter angelsächsischer Rundturm in England. – Eine der schönsten angelsächsischen Rundturm-Kirchen in Norfolk: St. Mary, *Beechamwell* (bei Swaffham).

sich, auch die in die Nachbardörfer *Heckingham* und *Haddiscoe:* auch dort Rundtürme angelsächsischen Ursprungs, reich ornamentierte normannische Säulenportale, wohl von demselben Steinmetz wie das der Schwesterkirche in Hales. Da uns Bill Goodes Rundtürme nun schon über den Waveney nach Norfolk gelockt haben, fahren wir noch tiefer ins Labyrinth der Feldwege, in die große Flußschleife nach *Burgh St. Peter.* Weitab vom Dorf, am Yachthafen vorbei, am Rand der Marsch endlich die Kirche: kein Rundturm, sondern ein *folly* aus fünf übereinandergestapelten, stufenförmigen Backsteinetagen. Neben diesem Turm-Teleskop des frühen 16. Jahrhunderts das ältere Kirchenschiff, mit Flintmauern und Strohdach. Für die Segler ist St. Mary am Waveney ein Wahrzeichen himmlischer Skurrilität.

Über den Grenzfluß zurück nach Suffolk. Zwischen Beccles und Bungay liegt ein Kleinod in den Wiesen, *Barsham* Church. Den Rundturm überlassen wir diesmal gern Mr. Goode; weit ungewöhnlicher die Ostwand der reetgedeckten Kirche (Abb. 73). Das Rautenornament des Maßwerkfensters setzt sich als *flushwork* über die gesamte Wandfläche fort, in einem diagonalen Gittermuster aus Flint und Stein: Op-art eines virtuosen Baumeisters des 14. oder 16. Jahrhunderts. Der Terrakotta-Sarkophag in der Kirche mit seinen Ornamenten der Frührenaissance (um 1530) gehört zu einer Gruppe von sieben ähnlichen Sarkophagen in East Anglia, die vermutlich aus derselben flämischen Werkstatt stammen. Holy Trinity ist von einem herrlich verwilderten Friedhof umgeben und von hohen alten Bäumen. Nebenan im Pfarrhaus von Barsham wurde 1725 Catherine Suckling geboren, Nelsons Mutter.

Keine englische Grafschaft hat schönere Grenzen als Suffolk: im Süden den River Stour, den Waveney im Norden. Warum wird der Stour so viel mehr besucht und gepriesen? Weite Flußauen, Weidenbäume am Ufer, Kühe, die zur Tränke gehen, das alles hat der Waveney auch, und stillere Dörfer. Nur hat er, sozusagen, einen Geburtsfehler: Constable stammt aus East Bergholt und nicht aus *Harleston* (Farbt. 24) oder *Homersfield.* Das Stour-Tal ist Kunstgeschichte, Landschaft mit Goldrahmen und Reisebussen, der Fluß getrübt vom Öl der tausend Freilichtmaler. In den Wassern des Waveney spiegeln sich noch die Wolken und nicht die Constable-Motive.

Bevor er unter den Wällen des Römerlagers Burgh Castle in den River Yare mündet, fließt der Waveney in weitem Bogen bei Lowestoft durch die Marsch. Zur Zeit Defoes war er noch bis Beccles und Bungay für große Leichter schiffbar. Wie auf dem Stour wurden diese Lastkähne von Pferden auf Leinpfaden durch die Flußauen gezogen. Sie transportierten vor allem Getreide, Kohle, Ziegelsteine. Die Dorfkneipe in *Geldeston,* »The Wherry«, erinnert noch an den alten Schiffsverkehr. Heute liegen die Kabinenkreuzer der Broads dicht gedrängt am Ufer des Waveney in *Beccles,* einst ein florierender Binnenhafen. Auf einer Anhöhe über dem Fluß die Perpendicular-Kirche St. Michael. Das Schönste ist ihre Lage – und ihr Klang. Die zehn Glocken von Beccles stehen hoch im Kurs bei den Jüngern des Wechselläutens. Vier Brände zwischen 1580 und 1680 haben den mittelalterlichen Ortskern weitgehend zerstört. Ein paar gute georgianische Häuser sieht man in Northgate und Ballygate Street.

Sanft schmeichelt sich der Fluß durch die Wiesen. Waveney, wie weich das klingt, wie ein Streicheln, seidenweich und gelöst. So fließen Mädchenhaare über bloße Schultern. Wie grün sind die Wiesen des Waveney, mit denen er *Bungay* umgibt. Auch Bungay hat nichts Spektakuläres. Die meisten Tudorhäuser abgebrannt wie in Beccles, georgianisch wieder aufgebaut, viktorianisch ergänzt; keine angestrengte Altstadtsanierung, keine Neubauklötze. Wie schlicht das alles geblieben ist und wie schön.

Rund um den Marktplatz entfaltet die kleine Stadt ihren ganzen Charme (Abb. 57). Das Butter Cross wurde 1689 errichtet, als William und Mary den Thron bestiegen, eine Rotunde mit acht Arkaden und acht Säulen. Zur Zeit des zweiten George, 1754, kam eine Justitia aus Blei auf die Kuppel. Das hat die Gerechtigkeit in Bungay nicht sonderlich befördert, doch den Platz geschmückt. Das Butter Cross ist bis heute der Baldachin der kleinen Leute, ein großer Regenschirm für Markt und Klatsch. Dort treffen sich die Hausfrauen morgens beim Einkauf, Rentner und Arbeitslose sitzen hier und abends die Youngsters. Unter dem Butter Cross sind Bungays Geschichten zu Hause. Zwischen den acht Säulen gehen sie ein und aus, Alte und Junge, neue und alte Geschichten. Es wäre kein englischer Marktplatz, hätte nur die hehre Göttin der Gerechtigkeit und nicht auch ein Hund hier sein Denkmal.[1] Er heißt Black Shuck und ist des Teufels. In Gestalt des schwarzen Höllenhundes, heißt es, stürmte der Teufel während eines Gewitters im August 1577 in die Kirche von Bungay, tötete mit einem Prankenhieb zwei Gläubige und verbrannte einen dritten mit seinem feurigen Atem. Seitdem geht der herrenlose Hund auf der Heide zwischen Aldeburgh und Southwold um.

Bungays Markt liegt zwischen »King's Head« und St. Mary, Kirche und Kneipe, früher die klassischen Pole der Kleinstadt (Farbt. 35). Hoch ragt der Perpendicular-Turm über den Dächern. Auch diese einst so stolze Kirche eines Benediktinerinnenstifts wird heute vom *Redundant Churches Fund* betreut. Gleich nebenan die zweite, kleinere Kirche, mit einem angelsächsischen Rundturm. Ihr Ostende weist hinaus ins offene, seit Jahrhunderten unbebaute Land. In diesem Ort, tief in der englischen Provinz, verliebte sich 1794 ein bretonischer Aristokrat in die Tochter des Pfarrers.

Er war sechsundzwanzig, geflohen vor der Französischen Revolution, Royalist, Romantiker, Emigrant ohne Geld. Unter dem Namen M. de Combourg lebte er eine Zeitlang in Beccles und gab den jungen Damen der Umgebung Französischunterricht. Darunter war auch die fünfzehnjährige Charlotte, Tochter des Reverend Ives. Nach einem Reitunfall brachte man den Vicomte ins Pfarrhaus von Bungay, Bridge Street No. 34. Mrs. Ives umsorgte ihn, und als sie merkte, wie weit die englisch-französische Beziehung ging, schlug die Mutter dem jungen Mann vor, Charlotte zu heiraten und sich in Bungay niederzulassen. Diese Aussicht ließ den Vicomte erbleichen. Er sei schon verheiratet, erklärte er, was stimmte, Mrs. Ives fiel in Ohnmacht, der Vicomte empfahl sich. Zurück blieb eine weinende Charlotte und die größte Episode der kleinen Stadt: Chateaubriand in Bungay.

Denn so hieß er wirklich, François-René de Chateaubriand. Berühmt machte ihn ein Buch, das er noch während seines siebenjährigen Exils in England begonnen hatte, *Le Génie du Christianisme,* eine Apotheose der katholischen Religion aus dem Geist der Romantik.

1 In Form einer Wetterfahne auf der Lampe im Zentrum des Kreisverkehrs.

Daß man derlei im Pfarrhaus am Waveney schätzte, ist zu bezweifeln. Indes ergriff das französische Werther-Fieber gewiß auch Charlotte in Bungay, als 1801 Chateaubriands sensationelle, in London geschriebene Liebesgeschichte erschien, *Atala ou l'amour de deux sauvages dans le désert*. Einmal trafen sie sich noch, 1822 in London: Charlotte, inzwischen Lady Sutton, und Chateaubriand, diesmal von König Ludwig XVIII. offiziell nach England abgeschoben, als französischer Botschafter am Hof Georges III.

So fügt sich eins zum andern und hat so viel miteinander zu tun wie die Reime eines populären Couplets: »Beccles for a puritan, / Bungay for the poor, / Halesworth for a drunkard / And Blythboro' for a whore.«

Auf der Norfolker Seite des Waveney, in Bungays Nachbardorf *Ditchingham* lebte Ende des 19. Jahrhunderts der Schriftsteller Henry Rider Haggard. Seine Heimat war East Anglia, Südafrika die Quelle seiner Phantasie. Stevenson und seine Zeitgenossen priesen ihn als klassischen Abenteuer-Erzähler, für Graham Greene war er »der Größte, der uns in unserer Jugend entzückte«, für Henry Miller »ein Idol«, dessen Roman *She* er zu den 100 Büchern zählte, die ihn am meisten beeinflußten. Rider Haggard wurde 1856 auf dem Land westlich von Norwich geboren[1], ging in Ipswich zur Schule und mit neunzehn nach Südafrika. Dort brachte er es bis zum Senator des Gerichtshofs von Pretoria. Im Burenkrieg kehrte er zurück nach England, arbeitete als Anwalt in London und begann zu schreiben.

Viele seiner über vierzig Romane entstanden in Ditchingham House, dem georgianischen Landhaus seiner Frau, wo er seit 1889 lebte. Um die Jahrhundertwende kaufte sich Rider Haggard die ehemalige Küstenwachstation The Grange auf den Klippen von *Kessingland*, südlich von Lowestoft. Dort benannte er jeden Raum nach einem englischen Admiral und schrieb weitere exotische Erfolgsromane wie *Ayesha*, aber auch detaillierte Studien über das Los der Landarbeiter (*The Poor and the Land*, 1905). Soviel Einsatz für die koloniale Phantasie und das soziale Gewissen belohnte George V. 1912 mit dem Ritterschlag. Um auf Sir Henry Rider Haggards Gedächtnis zu trinken, gibt es keinen schöneren Ort als das Wirtshaus »Falcon« am Waveney.

Rider Haggards »Rural England« ist nicht mehr. Wie es aussah, bevor die großen Maschinen auf die Felder fuhren, spürt man noch im Hinterland südwestlich von Bungay. *Saints' Country* heißt diese gottverlassene Gegend, weil auch die kleinsten Weiler dort eine Kirche haben und den Kirchenpatron im Ortsnamen führen: St. Peter South Elmham, St. Mary South Elmham, allein neun South Elmhams und, heiliger Strohsack, vier Ilketshalls.

In *St. Cross South Elmham* steht ein alter Bauernhof, von Wassergräben und Bäumen umgeben. South Elmham Hall war im 13. Jahrhundert das Jagdhaus der Bischöfe von Norwich, die dort einen Wildpark unterhielten. Heute grasen hier *Oxford Down*-Schafe und die seltenen *British White cattle,* weiße Kühe mit schwarzen Ohren, Nasen und Füßen. Entlang der Hecken und Felder hat der Bauer einen Weg markiert, der durch die Bachwiesen zu den Ruinen von *South Elmham Minster* führt. War dies eine Abtei, eine Kirche, ein Bischofssitz? Die Archäologen wissen es nicht. Efeu kriecht die Flintmauern hinauf,

1 Wood Farm, *West Bradenham*

ringsum stehen Hainbuchen und Eichen. Reste eines Wassergrabens aus römischer Zeit umgeben diesen entlegenen, einsamen Ort. Als ich durch die Wiesen zurückging, an einem windstillen Abend im Dezember, verbrannte der Bauer seine toten Ulmen. Die hohen morschen Stämme loderten und verglühten aufrecht in der Dämmerung.

Flußaufwärts, den Waveney entlang. Suffolks sanfter, grüner Fluß. »Dem Traum folgen, und abermals dem Traum folgen – und so – in alle Ewigkeit – usque ad finem.« Westlich von Diss löst die Little Ouse den Waveney als Grenzfluß ab. Im Niemandsland zwischen den beiden Flüssen liegen *Redgrave* und *Lopham Fen.* Dies ist die einzige Gegend der Britischen Inseln, wo es noch die *Great Raft Spider* gibt, die Gerandete Jagdspinne. Reglos lauert sie in den Flußauen auf ihre Beute, eine Raubspinne, die sogar taucht und kleine Fische fängt. Doch auch diese Sumpfwiesen sollen trockengelegt werden. Umweltschützer, unterstützt vom *World Wildlife Fund,* graben nun kleine Tümpel für *Dolomedes fimbriatus,* den raren Räuber in der Marsch.

Bury St. Edmunds: Wo die Magna Charta entstand

»›Herrliche Landschaft, Sam‹, sagte Mr. Pickwick. ›Übertrifft die Schornsteinköpfe, Sir‹, erwiderte Sam Weller und berührte leicht seinen Hut.« Im 16. Kapitel der *Pickwick Papers* schickt Dickens seinen Helden auf die Reise nach Bury St. Edmunds, um den betrügerischen Mr. Jingle zu entlarven. Acht Stunden brauchte man damals, Mitte des 19. Jahrhunderts, von London nach Bury. »Die Postkutsche rasselte durch die wohlgepflasterten Straßen einer anmutigen kleinen Stadt, die recht wohlhabend und reinlich aussah, und hielt vor einem großen Posthof an, der an einer breiten Straße lag, fast der alten Kirche gegenüber. »›Und das also‹, sagte Mr. Pickwick und schaute auf, ›das also ist der Engel! Hier steigen wir ab, Sam.‹«

Die imposante georgianische Fassade mit Weinlaub überwachsen, so steht der alte Posthof am Angel Hill. »Und hier«, sagt Caroline, Wirtstochter des »Angel«, »hier hat Dickens übernachtet.« Zweimal sogar, auf seinen Lesereisen 1859 und 1861, in Zimmer No. 15. Der *Dickens Room* ist unverändert bis auf das elektrische Licht, mit einem großen Himmelbett und den *Pickwickiern* auf dem Nachttisch. Dickens-Figuren im ganzen Haus; die Wände meines Zimmers schmücken Dolly Varden und Mr. Micawber. Im übrigen sollte der Gast getrost der Romanregie folgen: Kurz nach seiner Ankunft »saß Mr. Pickwick vor einem sehr befriedigenden Abendessen«. Dies ist einer der seltenen Glücksfälle, wo die Realität immer noch der Fiktion standhält. Auch Daniel Defoe lobte den »Angel« und seine Gesellschaft, »people of the best fashion, and the most polite conversation«. Die Hotelbesitzer zehren nicht nur von vergangenem literarischen Ruhm, sie mehren ihn auch. Seit 1982 verleihen die Goughs alljährlich die *Angel Literary Awards* an Autoren in East Anglia – das einzige englische Hotel, das einen derartigen Preis gestiftet hat, zugleich der bestdotierte Literaturpreis außerhalb von London. So werden Laureaten und Gäste wie Edward Bond, Harold

Pinter oder Ruth Rendell dafür sorgen, daß der Ruhm des »Engels« von Bury St. Edmunds nicht verblaßt.

Defoe pries den Ort als »das Montpellier von Suffolk«, wegen seiner gesunden Luft und schönen Lage. »Sacrarium Regis, Cunabula Legis«, lautet das Motto der Stadt: Schrein eines Königs, Wiege des Gesetzes. Von hier nahm die Magna Charta ihren Ausgang, die Verehrung des Märtyrer-Königs Edmund und der Genuß von *Greene King*, dem königlichen Bier der Familienbrauerei von Benjamin Greene aus Bury, gegründet 1799 (Farbt. 38). Bury St. Edmunds hat die größte Zuckerrübenfabrik und die kleinste Kneipe Englands, »The Nutshell«. Hier wurde der Landschaftsgärtner Humphry Repton geboren und die Königin Maria Tudor begraben. Und Mr. Pickwick, nach seinem nächtlichen Abenteuer im Garten des Mädchenpensionats, erlitt in Bury eine Rheuma-Attacke.

Aus meinem Fenster im »Angel« sehe ich schräg gegenüber das große Tor der Abtei, ein Blick, den schon Edward FitzGerald[1] einem Freund empfahl, »with a biscuit and a Pint of Sherry«. Morgens gehen die Schulkinder durchs *Abbey Gate*, mittags die Verkäuferinnen und Sekretärinnen, zum Picknick im Klostergarten. Punkt zwei schütteln sie die Krümel vom Kleid und eilen über den Angel Hill zurück in die Stadt an ihre Ladentische und Schreibmaschinen. Das Abbey Gate ist ein mächtiger, fast quadratischer Turm, ein Bollwerk der Mönche gegen die aufmüpfigen Bürger von Bury. Die hatten das alte Tor 1327 niedergerissen und die Abtei geplündert, aus Unmut über anhaltende Pressionen. Entsprechend wehrhaft präsentiert sich 1353 das neue Klostertor im Schmuck des Decorated: Fallgitter unter dem Kielbogen des Portals, Schießscharten hinter den Heiligenfiguren, die einst in den Nischen der Fassade standen. Wenige Schritte entfernt das Pendant zum Abbey Gate, der *Norman Tower* (1120–48): ein Portal mit Fischschuppen-Muster im Giebel, flankiert von Strebepfeilern mit Blendbögen und Pyramidendach, darüber die Trilogie der Rundbögen und Kreise, ein Triumph normannischer Geometrie. Abbey Gate und Norman Tower: hinter diesen Toren lag eines der reichsten und mächtigsten Benediktinerklöster des Landes, eine der großen Wallfahrtskirchen des Mittelalters, ein englisches Nationalheiligtum.

Wie ein Rebus verschlüsselt das Wappen der Stadt ihre Geschichte: zwei goldene Kronen auf blauem Grund mit zwei gekreuzten silbernen Pfeilen – die Embleme des alten Königreichs East Anglia, die Insignien des Märtyrers und Stadtpatrons *St. Edmund.* Seine Geschichte beginnt Mitte des 9. Jahrhunderts, wahrscheinlich in Nürnberg. Dort, am Hof des sächsischen Königs Alkmund, trifft King Offa den jungen Edmund, Alkmunds Sohn. Ihn bestimmt er zu seinem Nachfolger als König von East Anglia. Am Weihnachtstag des Jahres 856 wird Edmund, eben fünfzehn, in Bures zum König der Ostangeln gekrönt. Immer wieder überfallen damals Wikinger das Land, plündernd und mordend. Edmund stellt sich ihrer Invasionsarmee entgegen, wird geschlagen und im Jahre 869, als er sich weigert, seinem Glauben abzuschwören, hingerichtet. Eine illuminierte Handschrift des 12. Jahrhunderts, heute in der Pierpont Morgan Library in New York, zeigt König Edmunds Ende: wie der Märtyrer Sebastian an einen Baum gebunden, als Zielscheibe bogenschießen-

1 Edward FitzGerald (siehe S. 229) besuchte hier 1819–26 die King Edward VI Grammar School.

der Wikinger. Zu den legendären Umständen seines Todes gehört auch der Wolf, der im Wald bei dem abgeschlagenen Haupt des Königs wacht – der gute Wolf im Stadtwappen von Bury St. Edmunds[1], der englische Vetter des Romulus & Remus-Wolfs.

Der König war tot und erwies sich als unverwüstlich. Edmunds Leichnam, mehrfach umgebettet, blieb auf ebenso wunderbare wie makabre Weise unverwest. Bart und Nägel wuchsen und mußten geschnitten werden, willkommene Reliquien für die Hüter seines Schreins, die Benediktiner von Beodricsworth. König Edmund wurde heiliggesprochen, sein Begräbnisort umbenannt in St. Edmundsbury. Der junge König, in der Blüte seiner Jugend für sein Volk und seinen Glauben gestorben, wurde wie King Arthur auch politisch zur Symbolfigur, als einigende Kraft eines britischen Königreichs. Viele Kirchen im ganzen Land weihte man dem heiligen Edmund, und eine Zeitlang war er so populär wie Englands Nationalpatron St. Georg. Bis eines Tages die wundertätigen Gebeine abhanden kamen.

Es geschah in der Regierungszeit König Johanns Ohneland oder wenig später, Anfang des 13. Jahrhunderts. Etwa zur selben Zeit erhob die Abtei St. Sernin in Toulouse »S. Eadmundus Rex Angliae« zu einem der Schutzpatrone ihrer Stadt. Heute scheint erwiesen, daß der tote Heilige tatsächlich von Bury nach Toulouse entführt wurde, einer der spektakulärsten Fälle von Reliquienraub im Mittelalter. Anfang dieses Jahrhunderts gaben die französischen Klosterbrüder Edmunds Leichnam an England zurück, allerdings ohne Kopf. Die Gebeine des Heiligen, in ihrer Echtheit umstritten, werden heute in Arundel Castle gehütet, dem Familiensitz der katholischen Herzöge von Norfolk.

»One of the chief architectural glories of the kingdom«, so pries John Leland, Englands großer Topograf, das Kloster von Bury St. Edmunds bei seinem Besuch 1538, ein Jahr vor der Reformation: »A man who saw the abbey would say verily it were a city; so many gates there are in it, and some of brass; so many towers and a most stately church upon which attend three other churches also standing gloriously in the same churchyard, all of passing fine and curious workmanship.« Mit Grausen registrierte der Humanist John Leland, Bibliothekar Heinrichs VIII., die Folgen der Reformation in England. Das Kloster von Bury, ein Meisterwerk mittelalterlicher Architektur, wurde zum Steinbruch für die Häuser der Stadt, bis nur noch ein gigantisches Trümmerfeld übrigblieb. Es bedarf einiger Phantasie, um aus den ruinösen Resten die Macht und Herrlichkeit von *St. Edmund's Abbey* zu rekonstruieren.

Begonnen hatte es um 633 mit einer Holzkirche und einem kleinen Kloster am River Lark, gegründet von Sigebert, dem ersten christlichen König der Ostangeln. Anno 1020 installierte Knut der Große zwanzig Benediktiner am Schrein des heiligen Edmund. Um 1080 schließlich begann Abt Baldwin mit dem Bau der dritten, normannischen Klosterkirche. Als sie ein Jahrhundert später unter Abt Samson vollendet war, übertrafen ihre Maße alle anderen

48 Burnham Thorpe Les Winter, Kneipenwirt des Nelson-Pubs ▷

1 Eine der vielen Darstellungen dieser Szene findet sich auf einer Gestühlswange des 17. Jahrhunderts in der Südkapelle von Hadleigh Church: der Kopf des heiligen Edmund im Maul eines Wolfs.

See your
'Pub'

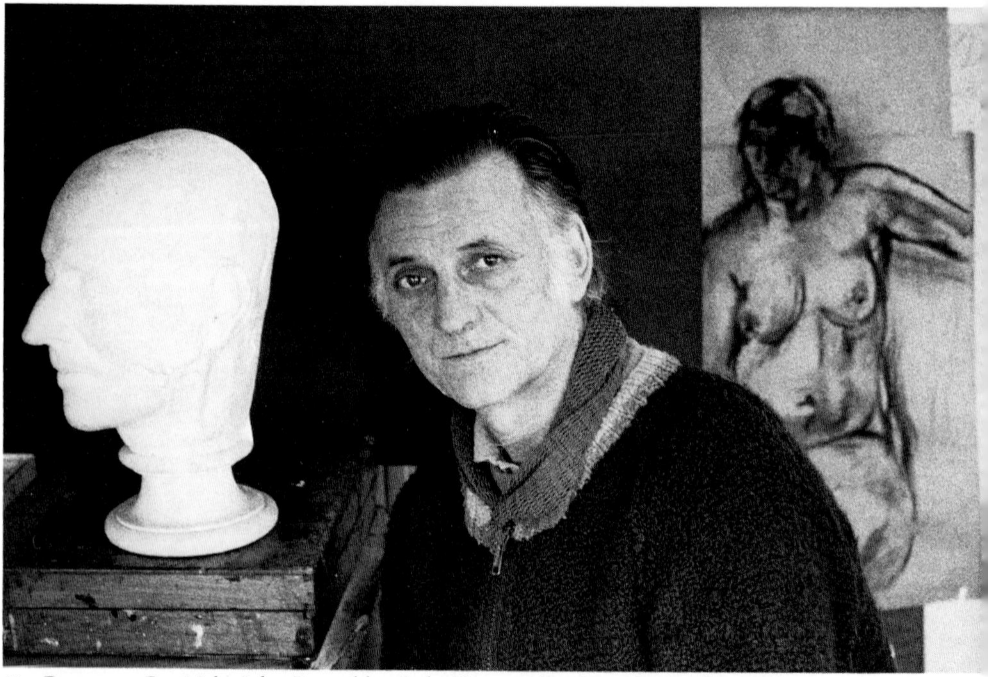

49 DEDHAM Der Maler John Constable mit der Totenmaske seines Ururgroßvaters

50 MIDDLETON Der Dichter Michael Hamburger mit seiner Frau Anne und Kater Oskar

1 LAXFIELD Ron Fuller mit *Fruitmachine Man*

53 Am Stour im DEDHAM VALE ▷

2 WALBERSWICK Bob Cross, Fährmann am River Blyth

58 Norwich Kathedrale, begonnen 1096

59 Norwich Hauptschiff der Kathedrale, um 115

60 NORWICH University of East Anglia: Sainsbury Centre, 1976, von Norman Foster

61 NORWICH Kreuzgang der Kathedrale, begonnen 1297

2 Norwich Markt und normannische Burg

63 NORWICH Royal Arcade, um 1905, von George Skipper

64 NORWICH St. Ethelbert's Gate, 1316

67 NORWICH Marmorhalle der Norwich Union, 1903, von George Skippe

65 NORWICH Elm Hill

66 NORWICH Antiquitätenbummel

englischen Kirchen des Mittelalters. Sie war 154 Meter lang, 30 Meter länger als das normannische St. Albans, ihre Westfront 75 Meter breit, 22 Meter breiter noch als die von Lincoln Cathedral. Die Klosterkirche von Bury St. Edmunds hatte Querhäuser mit zwei Kapellen-Apsiden, einen Chorumgang mit drei Chorseitenkapellen, ähnlich den Kathedralen von Canterbury und Winchester, sie hatte Krypta und Kreuzgang, einen westlichen Zentralturm und einen Vierungsturm, dessen Pfeiler noch wie abgenagte Riesenknochen in den Himmel ragen. Die Ruinen zeigen die normannische Bauweise: Flint und Mörtel bilden den Mauerkern, die Fassadenverkleidung ist aus behauenem Kalkstein. Vom Regen der Jahrhunderte ausgewaschen, glänzen die bleichen Steine im Licht (Abb. 82).

In dieser Kirche trafen sich am 20. November 1214 die 25 mächtigsten Männer Englands. Es war am St. Edmund's Day, aber die Herren versammelten sich nicht zum frommen Gebet am Schrein des Heiligen, sondern zu einem geheimen Beistandspakt gegen den König. Unter Führung des Erzbischofs von Canterbury, Stephen Langton, schworen die Barone auf eine Proklamation von 61 Artikeln, die *Magna Charta.* »To no one will we sell, deny or delay right or justice«, so lautete eine der vielzitierten Forderungen an König Johann Ohneland. Eine andere, der berühmte Artikel 39: »No free man shall be taken, imprisoned, or outlawed... except by the legal judgement of his peers or by the Law of the Land.« Gleiches Recht für alle vor Gericht, Schutz vor Übergriffen der Krone, das Recht der Kirche auf freie Wahl ihrer Bischöfe und Äbte, dies und vieles mehr sollte die *Magna Charta libertatum* garantieren. Sie war indes nur ein feudaler Vorläufer bürgerlicher Grundrechte, das Volk blieb vorerst ausgeklammert. Ein halbes Jahr nach der Konferenz am Klosteraltar von Bury St. Edmunds wurde die Magna Charta an einem sehr viel bekannteren, höchst profanen Ort ratifiziert: auf einer Kuhweide an der Themse, in Runnymede. Mitte des 19. Jahrhunderts, als englische Historiker die Magna Charta zur Verfassungslegende stilisierten, brachte man an einem der Pfeilerrümpfe des Chors zwei Tafeln an mit den Namen der 25 Barone und ihrer Nachfahren.

Nicht nur die politische Wallfahrt von 1214 bezeugt die Bedeutung von St. Edmund's Abbey. Die illuminierten Handschriften und Stundenbücher des Scriptoriums von Bury schmücken heute die großen Bibliotheken der Welt, das Metropolitan Museum in New York und die Bodleian Library in Oxford, die Vatikanische Bibliothek und das Britische Museum. Eines der Glanzstücke verwahrt das Corpus Christi College in Cambridge, Master Hugos *Bury Bible* aus der Mitte des 12. Jahrhunderts. Ihm oder seiner Werkstatt wird auch das sogenannte *Bury Cross* zugeschrieben, angefertigt um 1155: ein kleines Zeremonienkreuz aus Elfenbein mit exquisiten Reliefs. Für 600000 Dollar erwarb Thomas Hoving, damals noch Direktor des Metropolitan Museums, 1963 aus der Sammlung eines Waffenhändlers das Bury Cross, deponiert im Safe einer Zürcher Bank. Eine überaus umstrittene Erwerbung, bis heute ein spektakulärer Streitfall unter Mediävisten. Wieviel

◁ 68 Pub in BLYFORD
◁ 69 DEBENHAM Der Fotograf Angus McBean mit einem Cut-out-Selbstporträt

bescheidener dagegen, in seiner Echtheit unbezweifelt und von hohem dokumentarischem Wert: das Tagebuch des klösterlichen Alltags, gegen Ende des 12. Jahrhunderts aufgeschrieben von dem Mönch Jocelyn de Brakelond.

Das Gelände von St. Edmund's Abbey ist heute ein großer Stadtpark. Neben dem einstigen Kreuzgang ein Bowling Green, hinter der Kirche ein Tennisplatz. Nach der Auflösung der Klosterkirche wurden direkt in die Bögen und Mauern der normannischen Westfassade Häuser gebaut. Jetzt will der Denkmalpfleger die Ruine entkernen und die Wechsler aus dem Tempel jagen. Dabei sind diese Westfront-Wohnungen längst selbst ein pittoreskes Denkmal der Reformation. Auf dem Rasenvorplatz steht der heilige Edmund, eine Bronzefigur von Elisabeth Frink (1976). Ich gehe hinüber in den *Old English Rose Garden*, wo hinter hohen Hecken die Rentner von Bury dösen, betäubt vom Duft der »Duke of Windsor«, »Honeymoon«, »Chicago Peace« und tausend anderer alter Rosen, die der Bomberpilot John T. Appleby aus Arkansas gestiftet hat.[1]

Nur St. Mary und St. James, die beiden gotischen Pfarrkirchen am Rand des Klosterbezirks, blieben von der Reformation weitgehend verschont. St. James, mit dem Norman Tower als Campanile, wurde 1913 zur Kathedrale erhoben. Seitdem leidet *St. Edmundsbury Cathedral* unter dem Ehrgeiz, wie eine Kathedrale aussehen zu müssen. Die Folge: eine zweifelhafte Erweiterung nach Osten. Ein neuer Chor wurde gebaut, ein Kreuzgang begonnen, ebenso ein Vierungsturm: alles seit 1960, im Stil eines faden postmodernen Perpendicular. Um so überzeugender das Hauptschiff mit seinen hohen, schlanken Pfeilern (um 1510–30), wahrscheinlich ein Werk des Baumeisters John Wastell, der die meiste Zeit seines Lebens in Bury verbrachte und dort um 1515 starb.[2] Indes wird die schlichte Eleganz der Arkaden übertönt von jahrmarktbunten Farben: von einer viktorianischen Stichbalkendecke, Teil der Restaurierung Sir George Gilbert Scotts (1865–69), und von über tausend pittoresken *kneelers*. Diese Kissen zum Schutz der Knie und zum Lobe Gottes, eine populäre Form englischer Kirchenkunst, haben fromme Hände mit den Symbolen aller Pfarreien der Diözese Suffolk bestickt (1952–66). Etwas *showy*, diese Kissenparade, aber gutes Entertainment. Mein Favorit: das Gebetskissen mit dem Atomreaktor von Sizewell.

Nebenan in *St. Mary* sitzt eine alte Dame am Eingang und löst Kreuzworträtsel. »Ein herrlicher Platz«, sagt sie, »put 10 p in to illuminate the angels.« Die Investition lohnt, die Engel leuchten: das Spalier der Engel an der spätgotischen Stichbalkendecke; in den Bogenzwickeln geschnitzte Drachen, Vögel, Fische und das Einhorn. Holzgetäfelt auch die Decke des Chors; auf einer der Bossen balgen sich Hunde, auf einer anderen predigt ein Fuchs den Hühnern. Neben dem Hochaltar das Grab der Mary Tudor, »Queen of France«. Mit

1 John T. Appleby, im Zweiten Weltkrieg mit dem 94. US-Bombergeschwader in Bury St. Edmunds stationiert, schrieb über sein Gastland ein enthusiastisches Buch, *Suffolk Summer* (Ipswich 1948).

2 Als Hüttenmeister von Canterbury Cathedral war John Wastell für den dortigen Bell Harry Tower verantwortlich. Zugeschrieben werden ihm so prächtige Kirchen wie die von Lavenham und Saffron Walden sowie das Fächergewölbe des Retrochors von Peterborough Cathedral. Wastells Meisterwerk: das Fächergewölbe von King's College Chapel in Cambridge.

Die Gefangennahme des heiligen Edmund, aus: The Life of Saint Edmund, 12. Jh.

siebzehn heiratete sie aus Staatsräson König Ludwig XII., wenig später wurde sie Witwe, heiratete heimlich ihre Jugendliebe, Charles Brandon, Duke of Suffolk, und lebte auf ihrem Landschloß Westhorpe Hall bei Bury bis zu ihrem Tod 1533. Mary Tudor wurde in der Abteikirche beigesetzt, nach der Reformation von ihrem Bruder Heinrich VIII. nach St. Mary überführt. »Edward VII. hat ihre Grabplatte mit einem scheußlichen Marmorrahmen eingefaßt, weil er nicht wollte, daß ein Priester auf das Grab einer Königin tritt.« Der Küster von St. Mary mag auch das Fenster nicht, das Berties Mutter Queen Victoria 1881 für die Marienkapelle stiftete: »Keinerlei biblische Szenen, nur Bilder aus dem Leben Mary Tudors, mit dem fetten Henry, Sie erkennen ihn sofort.«[1] Weiß blüht der Schierling auf dem Friedhof von St. Mary. Kräuter und Gräser überwachsen die alten Steine.[2] Tiefgrüne Stille. Durch die Ulmenallee gehe ich zurück in die Stadt.

Bury St. Edmunds gilt als erstes Beispiel einer planmäßig angelegten Stadt kurz nach der Eroberung Englands im Jahre 1066. Auf einem leichten Hang westlich der Abtei entwarf Abt Baldwin eine normannische Mustersiedlung. Ihr Schachbrettgrundriß nach römischem Vorbild ist im Kern bis heute unverändert. Die Straßen verlaufen in nordsüdlicher Richtung parallel zur Westseite der Abtei, gekreuzt von den beiden Hauptstraßen, *Abbeygate* und *Churchgate Street*. Abbeygate Street führte durch das gleichnamige Tor in den großen Hof des Abt-Palastes, Churchgate Street durch den Norman Tower zum Eingang der Klosterkirche, bei geöffnetem Portal bis hin zum Hochaltar, zum Schrein des heiligen Edmund, dem Ziel der Pilgerreise. So waren Kloster und Stadt eng miteinander verbunden, architektonisch, ökonomisch, spirituell, ein Siamesischer Zwilling, der sich nur schmerzhaft und nie gänzlich trennen ließ. Auch die Juden hatten im christlichen Stadtplan von Bury ihr Quartier, eine Querstraße zwischen Abbeygate und Churchgate: Hatter Street, früher Heather Street, Heidenstraße.[3]

Das *Domesday Book* Wilhelms des Eroberers, das erste englische Grund- und Steuerbuch von 1086, gibt präzise Auskunft über die prosperierende normannische Marktstadt. In Bury St. Edmunds lebten damals 30 Pfarrer und Diakone, 28 Nonnen und Arme (»who daily pray for the king and for all Christian people«), 34 Ritter mit 22 Kätnern, 75 Bäcker, Bierbrauer, Schneider, Schuhmacher, Wäscherinnen, Köche, Träger und Mittelsmänner, außerdem 13 Klosterverwalter mit fünf Kätnern. Williams königliche Kommissare registrierten insgesamt 342 Häuser auf der Domäne der Abtei, die saftige Zehnt-Steuern erhob und lange die Gemeinderechte beschnitt – eine Quelle blutiger Querelen zwischen Bürgern und Mönchen.

1 In St. Mary liegt auch Sir Robert Drury begraben, Mitglied des Staatsrats Heinrichs VIII., einst reichster Bürger von Bury. Nach seiner Familie ist Drury Lane in London benannt.

2 Lesenswert die Grabinschriften zweier junger Mädchen an der Ruine des Charnel House: Mary Haselton, 1785 beim Gebet vom Blitz erschlagen; Sarah Lloyd, 1800 hingerichtet wegen Beihilfe zu Einbruch und Brandstiftung.

3 Am Palmsonntag des Jahres 1190 wurden fast 60 Juden in Bury massakriert, die Überlebenden auf Geheiß des Abtes aus der Stadt vertrieben. Ähnliche Ritualmorde und Pogrome gab es im selben Jahr in King's Lynn, Norwich, York und anderen Städten Englands.

War Churchgate Street im Mittelalter als Prozessionsweg die Hauptstraße der Stadt, so heute Abbeygate als Geschäftsstraße. Die Schaufenster der kleinen Läden sind auch ästhetisch ein Vergnügen: die spitzbogigen, neugotischen Sprossenfenster von Toots, dem Bäkker; die georgianische Ladenfront des Lebensmittelhändlers Ridley's; oder Savory & Moore, Drogist seit 1781, der zwischen Seife und Zahnpasta schönstes Tudor-Gebälk präsentiert. Viele Häuser von Bury haben im späten 18. Jahrhundert ihre mittelalterlichen Fachwerkfassaden mit grauen Backsteinen aus Woolpit verkleidet, das war billig und *fashionable*. Neben manchen Eingängen sieht man noch in einer Nische die eisernen *bootscraper*, Stiefelkratzer aus den Tagen der ungepflasterten Straßen. Rund 980 Häuser stehen unter Denkmalschutz, die gesamte Innenstadt von Bury St. Edmunds. Es sind weniger einzelne, spektakuläre Gebäude als geschlossene Ensembles, die diese Altstadtquartiere so erhaltenswert und wohnlich machen. Enge Straßen wechseln mit kleinen und größeren Plätzen, auch das trägt bei zum Reiz von Bury. »Eine florierende, lebhafte Stadt«, lobte Thomas Carlyle 1843, eine angenehme Abwechslung im »grassy face of Suffolk«.

Natürlich gibt es auch einzelne bemerkenswerte Gebäude: das *Market Cross* am Cornhill, 1774 von Robert Adam[1] als Theater und Markthalle entworfen, später Rathaus, jetzt Kunstgalerie; *Cupola House*, von dessen Belvedere Celia Fiennes 1698 die »schöne Aussicht« genoß; oder die klassische *Chapel* der Nonkonformisten in Churchgate Street, ein Backsteinbau mit hohen Rundbogenfenstern und Originalinterieur von 1711. Im *Theatre Royal* in Westgate Street spürt man noch etwas von der verschlissenen Pracht der Provinzstadt im Regency. William Wilkins, Architekt der Londoner National Gallery, entwarf dieses intime Theater 1819, mit einem vergoldeten Sphingenfries an der Empore. Zu ihren Bällen und Banketten aber traf sich die Gentry im *Athenaeum* am Angel Hill (1789/1804). Hinter der Queen-Anne-Fassade liegt ein Regency-Saal mit elegantem Stuckdekor, seiner Qualität wegen abwechselnd Robert Adam oder Francis Sandys[2] zugeschrieben. Im Athenaeum, dem gesellschaftlichen und kulturellen Treffpunkt der Stadt, blieb der Landadel der Umgebung lange Zeit unter sich; »tradespeople, however respectable and opulent, are rigorously excluded«, heißt es noch 1813. Charles Dickens las dann schon vor gemischtem Publikum (»Copperfield kam gut an«). Heute finden die exklusiveren Veranstaltungen nebenan im »Angel« statt.

Alle Wege in Bury St. Edmunds führen zurück zum *Angel Hill*. Dieser schöne, langgestreckte Platz war die Nahtstelle zwischen Kloster und Stadt, die Haltestelle der Londoner Postkutsche, Schnittpunkt von Metropole und Provinz, und einmal im Jahr Schauplatz der *Bury Fair*. Dies war das Ereignis der Saison, eine Attraktion wie der Schrein des heiligen Edmund. Sogar Henry III. schickte seinen königlichen Schneider im Juli zur Bury Fair, um dort Fellroben und Mäntel aus Gent und Ypern einzukaufen. Handelsmesse und Jahrmarkt, Volksfest und Forum der Society, Modenschau und Heiratsmarkt: Die Bury Fair war ein

1 Robert Adam entwarf 1773 auch Moreton Hall, einen Landsitz am anderen Ufer des River Lark, heute eine Schule.

2 Francis Sandys, Architekt des benachbarten Ickworth (siehe S. 311 ff.), wohnte 1799–1803 am Angel Hill und entwarf wahrscheinlich einige der Regency-Häuser von Bury.

Begriff, im 18. Jahrhundert in ganz England berühmt – der Frauen, nicht der Waren wegen. Hier gebe es »die schönsten Damen im Überfluß«, berichtet Daniel Defoe 1722, bewundert »the bright appearance of the beauties« und entrüstet sich über die allgemeine Redensart, »that the Daughters of all the Gentry come hither to be pick'd up«, um sich hier »aufreißen« zu lassen. Den schönen Töchtern der Herveys und Fitzroys auf dem Markt von Bury machte 1731 auch das *Gentleman's Magazine* mit einem galanten Reim den Hof: »Could Bury the whole Year these Nymphs retain / Venus would keep her Court here, they her train.« Zu den Attraktionen gehörten auch »das unsichtbare Mädchen«, der »Riese von Norfolk« und »der kleinste Mensch«, ein Zwerg von 71 Zentimetern. Die Bury Fair war ein Straßentheater ohnegleichen, der Angel Hill die Bühne. Hier trat die Schauspieltruppe des Duke of Grafton auf und der exzentrische Earl of Bristol, der am Honey Hill residierte. Der Landadel hatte natürlich auch ein Stadthaus in Bury. Einst kam sogar Mary Tudor von ihrem Landschloß Westhorpe Hall alljährlich zur Bury Fair. Die letzte fand 1871 statt. Heute ist der Angel Hill nur noch ein Parkplatz der Autos und der Erinnerung. »Bury hat die Tradition, Ipswich das Geld«, hieß es, als Ipswich Anfang der siebziger Jahre Bury St. Edmunds als Hauptstadt der Grafschaft ablöste. Hatte die Stadt des heiligen Edmund abgewirtschaftet?

Im Herbst sind die Straßen nach Bury voll von Ackererde, wenn die Bauern ihre Rübenernte zur Fabrik fahren. Bury St. Edmunds ist immer noch eine *rural town*, Zentrum für die Landwirtschaft der Umgebung. Jeden Mittwoch ist Viehmarkt, mitten in der Stadt. Dann quiekt und blökt und schnaubt es in den Aluminiumpferchen hinter St. Andrew's Street, Männer in Tweedjacketts und Gummistiefeln treffen sich in den kleinen Arenen, wo die Auktionatoren von Lacy Scott oder Simpson & Sons mit rasantem Tempo Woche für Woche über 2000 Schweine, 800 Kühe und Hunderte von Schafen versteigern. Der Viehmarkt von Bury St. Edmunds ist der größte in East Anglia, größer als der von Norwich und King's Lynn. Nachmittags ziehen die Bauernsöhne der Umgebung durch die Kneipen der Stadt, man macht sich fein, man macht einen drauf: Markttag, Einkaufstag, Feiertag.

Landwirtschaft ist immer noch Burys Hauptindustrie. Indes hat die Stadt gleich nach dem Krieg neue Firmen angesiedelt, Arbeitsplätze für die Arbeitslosen aus der Landwirtschaft. Tausende von Londonern zogen in die Außenbezirke von Bury. In den letzten 25 Jahren stieg die Bevölkerung um über 30 000 auf 86 000 Einwohner. Die Arbeitslosenrate ist eine der niedrigsten in ganz England (6,7 Prozent). Geringe Kriminalität, kaum Probleme mit Vandalismus und Drogen, überschaubare Nachbarschaften, gute Verkehrsverbindungen, Countryside im Überfluß: lauter Standortvorteile, mit denen Bury St. Edmunds wirbt, besonders erfolgreich bei elektronischen Spezialbetrieben. Heute erlebt die alte Marktstadt eine neue Blüte: nicht dank Kloster und Textilhandel wie im Mittelalter, sondern dank Computer & Chips. Sie lösen nun wohl bald Englands letzte Firma für Pferdehaarverarbeitung ab, Hauptlieferant der aussterbenden Richterperücken.

Mittwochs ist nicht nur Viehmarkt in Bury, auch Wochenmarkt auf dem Cornhill. An der Ecke des wimmelnden Platzes steht ein Haus mit Rundbogenfenstern und Flintfassade, um 1180 erbaut: *Moyses Hall*, das Haus eines reichen Juden, die normannische Bank von Bury (oder die Synagoge), heute das Stadtmuseum. Angelsächsisches, Römisches, Scherben und

Schätze, Urväterhausrat, mittendrin das abgeschnittene Ohr und der Skalp von William Corder. Im Mai 1827 ermordete er seine Geliebte Maria Marten in einer Scheune. Der *Red Barn Murder* wurde zum Sensationsfall seiner Zeit, der blutige Schauplatz sogar als Staffordshire-Porzellan-Souvenir verbreitet. William Corder endete 1828 auf dem Schafott in Bury auf dem Buttermarkt. In der Vitrine des Heimatmuseums liegt ein Bericht seiner Tat, in Leder gebunden, gegerbt aus der Haut des Hingerichteten – die schaurigste Reliquie in der Stadt des heiligen Edmund.

Ickworth: Wie Lord Bristol zu Goethe kam und das Bristol-Hotel zu seinem Namen

Es war eine jener kleinen Society-Meldungen, die sich auch die seriöseren Zeitungen im Königreich ungern entgehen lassen: Wegen Kokainbesitz, las man da im Herbst 1988, muß Frederick William John Augustus Hervey, Earl Jermyn und Marquess of Bristol, für ein Jahr in den Knast. »The downwardly mobile embarrasstocrat«, wie ihn der *Tatler* einmal nannte, der 7. Marquess of Bristol, geboren 1954, ist Multimillionär, Besitzer einer australischen Schaffarm, amerikanischer Ölfelder und etlicher tausend Hektar englischer Heimaterde.

Dieses ehrenwerte Mitglied der Klatschspalten-Aristokratie kommt aus einer der besten Familien des Landes. Sein Vater Victor, der verstorbene 6. Marquess of Bristol, war Kanzler der internationalen Monarchisten-Liga. Von seinem Büro in Norwich und seinem Wohnsitz Monte Carlo aus unterstützte er die Idee der Monarchie und ihre notleidenden Vertreter. Fast alle entthronten Könige und Königinnen Europas hatte der Marquis zu Gast in seinem Londoner Stadtpalais am St. James's Square und auf seinem Landschloß *Ickworth*, drei Meilen südwestlich von Bury St. Edmunds (Abb. 5). Dort war Victor aufgewachsen und hatte seinem Onkel Frederick William geholfen, »to run the show«, das Haus zu führen. Als der Onkel 1951 starb, endete die *show*: Um den Erbschaftssteuern zu entgehen, überschrieb die Witwe, sehr zu Victors Kummer, das Haus dem Staat; der überantwortete es dem National Trust. So blieb dem jetzigen 7. Marquess of Bristol, abgesehen von rund 2800 Hektar Land und einer geheizten Zelle, als Wohnquartier nur jener Ostflügel des Schlosses, von dessen näherer Besichtigung uns das unübersehbare Schild *Private* ausschließt.

Gravitätisch breiten die Zedern ihre Schirme über den Rasen. Wir treten aus dem Park, auf den ovalen Vorplatz und sehen einen monumentalen Rundbau mit Flachkuppel und weit ausschwingenden Seitenflügeln, an die sich rechteckige, doppelstöckige Pavillons anschließen; aber wie und wo, ob sie überhaupt enden, sehen wir nicht. Das Haus wird von Bäumen und Hecken so verdeckt, daß es nie in voller Länge zu überblicken ist. Ickworth ist mehr als 200 Meter lang, länger als die Kathedrale von Ely, eher ein Königspalast als ein Familiensitz, mit seiner mächtigen Rotunde eher ein Mausoleum als eine Wohnung. Dies war das Schloß, eines der Schlösser von Frederick Augustus Hervey, 4. Earl of Bristol und Bischof von Derry.

Louise Elizabeth Vigée-Lebrun: Frederick, 4. Earl of Bristol, 1790

Ickworth ließ er sich 1795 von den Brüdern Francis und Joseph Sandys bauen, nach Entwürfen des italienischen Neoklassizisten Mario Asprucci und nach eigenen Ideen. Der Fürstbischof, klassisch gebildet, weitgereist, hatte eine frühe Vorliebe für runde und ovale Formen. Seit er das Kolosseum in Rom gesehen und Piranesi studiert hatte, seit ihm unterwegs in Italien der junge Architekt John Soane eine »Hundehütte« in Form eines *Roundhouse* skizziert hatte, ließ ihn die Idee nicht mehr los. Bis er jene Rotunde auf einer Insel im Lake Windermere sah, John Plaws Belle Isle (1774). Sie war das Vorbild für den irischen Landsitz des Fürstbischofs, Ballyscullion am Lough Beg, 1787 begonnen, bereits 1813 wieder abgebrochen: ein ovaler Zentralbau mit Kuppel und Portikus, flankiert von geschwungenen Seitenflügeln – der Prototyp von Ickworth.

Aus Backstein gemauert, ockerfarben verputzt, mit vorgeblendeten Säulenreihen nach Art des Kolosseums, so thront Ickworth in den Feldern von Suffolk, das Pantheon des Earl of Bristol. In seinem Auftrag schufen zwei Mailänder Bildhauer, die Brüder Casimiro und Donato Carabelli, den Terrakottafries zwischen und über den Säulen, der wie eine Endlosschleife rund um die Rotunde läuft (1799–1803): Reliefszenen nach John Flaxmans Homer-Illustrationen[1], der Comic strip des Connaisseurs. Durch den hohen, viersäuligen Portikus,

1 Flaxman, der die Tradition des antiken Flachreliefs erneuern wollte, betrachtete seine Umrißzeichnungen als Vorlage »für jegliche Zwecke sakraler und profaner Architektur« (Brief aus Rom, 1793).

der ein wenig unorganisch an der Rotunde klebt, betreten wir den Palast des Fürstbischofs, den er selber nie bewohnte. Er starb 1803; erst 1829 zog seine Familie in das *Roundhouse* ein. Unvollendet blieb bis heute das Innere der Kuppel, von deren Laterne aus Lord Bristol den Blick über die Güter von Ickworth genießen wollte.

Was für ein Haus, was für ein Mann! Da sitzt er im Drawing Room: ein Porträt des Bischofs als Weltmann. Sitzt da wie in einer Theaterloge, den Arm lässig auf der Balustrade, im Hintergrund raucht der Vesuv. So ließ er sich 1790 von Madame Vigée-Lebrun in Neapel malen und in Rom von Angelica Kauffmann: ein Freund der Frauen, der Künste, aller irdischen Genüsse, denn von den himmlischen Verheißungen hielt der Bischof weniger. »His conversation ran generally in support of atheism«, berichtete ein Zeitgenosse. »His conversation was obscenity itself, no modest woman could talk with him or go up his staircase at Rome, where the frescoes were most indecent...« Jahrelang lebte der kapriziöse Lord in Italien, ein exemplarischer Exzentriker, Förderer der Künstler und des klassizistischen Geschmacks. Flaxman pries seine »noble patronage«, er habe, »den dahinsiechenden Körper der Kunst in Rom wiederbelebt«. Bei Madame Vigée-Lebrun bestellte der Fürstbischof ihr zauberhaftes Selbstporträt, das heute im Rauchsalon von Ickworth hängt, und bei John Flaxman 1790 eine monumentale Marmorskulptur: *Der Wahn des Athamas*, eine jener grausigen Familientragödien der Antike, ein heroisches Sujet nach Ovids *Metamorphosen* (4, 416ff.). »Wer hätte mich in England beauftragt, eine sieben Fuß hohe Gruppe mit einem Mann, einer Frau, einem kleinen und einem großen Kind auszuführen«, schwärmte der junge Künstler in Rom. Sein Mäzen war nicht weniger zufrieden: Flaxmans *Athamas* sei sogar dem *Laokoon* in der Sammlung des Papstes überlegen, prahlte der Bischof, er besitze nun »das beste Werk, das je in der Bildhauerei geschaffen wurde«. Zwischen zwei gigantischen Säulenpaaren aus Scagliola, der im Barock so beliebten Marmorimitation aus gefärbtem und poliertem Stuck, im pathetischen Entree des Treppenhauses in Ickworth bildet Flaxmans Figurengruppe den heroischen Mittelpunkt.

Lord Bristol, im Nebenberuf Bischof, glaubte an das Schöne und ließ den lieben Gott einen guten Mann sein. Er lebte mehr in Rom und auf Reisen als in seiner irischen Gemeinde. Dabei besaß der 48. Bischof von Derry im bitterarmen Irland noch die reichste Diözese; ganz abgesehen von den 12000 Hektar seiner Familiengüter in Suffolk und Lincolnshire. So ungeniert, wie er seine klerikalen Pfründe steigerte, so unorthodox verteilte er sie auch. Einmal veranstaltete er unter seinen Kuraten ein Pferderennen; die Sieger erhielten freie Pfarrstellen in seiner Diözese. Ein Skandal? Gewiß, und nicht der einzige. Indes schätzen die Iren einen frivolen Bischof mehr als einen frommen Langweiler, und so stifteten die Einwohner von Derry 1817 zu Ehren ihres himmelschreienden Lord-Oberhirten einen Obelisk, fern am Horizont von Ickworth. Aber noch ist der Earl of Bristol nicht tot, noch wissen wir nicht, wie er zu Goethe kam und das Bristol-Hotel zu seinem Namen.

»Man wird auf Reisen nicht fröhlich«, klagte Flaubert; vielleicht ist das auch zuviel verlangt. In jenen Zeiten, als das Reisen halsbrecherischer und unbequemer als heute war, als man nicht nur an die Stätten der Kultur eilte, sondern das Reisen selbst als Kultur pflegte, da traf man noch in der hinterindischsten Hütte den Igel, der immer schon da war, einen

Engländer. Und wohl keiner unter seinen reisefreudigen Landsleuten im späten 18. Jahrhundert war rastloser, anspruchsvoller als der Earl of Bristol. Je weiter er sich von England entfernte, desto mehr verlangte es ihn begreiflicherweise nach englischer Gastlichkeit. Was er glaubte erwarten zu dürfen? Nicht viel eigentlich und doch bis heute mehr, als man gemeinhin bekommt: ein bequemes Bett, einen guten Tee und angenehme Gesellschaft. Wo Lord Bristol logierte, das sprach sich bald herum in der europäischen Reisegesellschaft, wo *the Mitred Earl* gar mehrmals einzukehren beliebte, da war gut sein, da konnte man getrost eine Nacht, vielleicht sogar ein paar Tage bleiben. So trafen sich fortan nicht nur Englands *Grand Touristen* in Lord Bristols Hotel. Sein Name wurde zum Synonym für Luxushotels, lange vor Michelins Inflation der Sterne. Karl Baedeker führte den Reisenden von einer Sehenswürdigkeit zur anderen; Lord Bristol zeigte ihm, wo er sich davon erholen konnte. Viele Hotels zwischen England und Italien tragen heute seinen Namen (und manche ganz zu Unrecht). Nur eines ist übriggeblieben, das der Earl auch leibhaftig besuchte: das Wiener Bristol, mit dem Wappen des Fürstbischofs über dem Eingang.

Selten blieb er lange an einem Ort. »A vagabond star« nannte der Earl sich selber. Unterwegs mußte er sein, wenn sein Stern leuchten sollte: bei Voltaire in Ferney, bei Goethe in Jena. Das war am 10. Juni 1797, und mehr als dreißig Jahre später notierte Eckermann, was von Lord Bristols Auftritt haftenblieb: »Er gefiel sich darin, gelegentlich grob zu sein; wenn man ihm aber ebenso grob entgegentrat, so war er ganz traktabel. Er wollte mir im Laufe unseres Gesprächs eine Predigt über den *Werther* halten und es mir ins Gewissen schieben, daß ich dadurch die Menschen zum Selbstmord verleitet habe. ›Der *Werther*‹, sagte er, ›ist ein ganz unmoralisches, verdammungswürdiges Buch!‹« Nun liest der Dichter dem Gottesmann die Leviten, und am Ende, wie so oft, ist Goethe vor allem mit sich selbst zufrieden; Eckermann darf zusammenfassen: »Lord Bristol, so grob er sein konnte, war ein Mann von Geist und Welt und durchaus fähig, in die verschiedenartigsten Gegenstände einzugehen.«[1]

In Ickworth sehen wir, welche Gegenstände der Bischof am innigsten schätzte: Gemälde, Skulpturen, Möbel, Silber. Indes ist dies nur ein Bruchteil dessen, was Lord Bristol jahrelang in Italien gesammelt hatte: Bilder von Raffael, Guido Reni, Annibale Carracci, antike Statuen, Marmorbüsten, Mosaikfußböden, immense Kunstschätze – »gran Dio che tesoro«, wohin damit? Dieses Problem aller Sammler löste nicht der Neubau von Ickworth, sondern Napoleon. Als die Franzosen 1798 Rom besetzten, fielen ihnen auch Lord Bristols Schätze in die Hände, bevor er sie nach England verschiffen konnte. Der Mann, der sich im Laufe seines Lebens drei Paläste[2] baute und keinen wirklich bewohnte, starb 1803 auf dem Weg nach Albano in einer Bauernhütte. Lord Bristols Leichnam wurde ins Familiengrab nach Ickworth überführt, und weil die abergläubigen Seeleute keinen Toten an Bord befördern wollten, mußte er als antike Statue getarnt werden – letzte Ironie eines Sammlerlebens.

Nur drei Räume umgeben das Treppenhaus von Ickworth: Speisesaal, Salon, Bibliothek. Hier in der Rotunde wollte der Earl wohnen, umgeben von seiner Sammlung in den seit-

1 In den *Biographischen Einzelheiten*, am 10. Juni 1797, schildert Goethe »diesen merkwürdigen Mann« ausführlich.

2 Außer Ickworth und Ballyscullion als ersten irischen Landsitz Downhill Castle (um 1775–83, Ruine).

lichen Pavillons. Im Juli 1796 hatte er seinem Freund John Symonds nach Cambridge geschrieben, wie er sich sein eben begonnenes Haus vorstellte: »Ich will Pracht mit Annehmlichkeit verbinden und Einfachheit mit Würde – nichts Überladenes – nichts Überflüssiges – kein einziger unnötiger Raum, die notwendigen aber nobel und praktisch, mit wenigen, aber erlesenen Bildern, und in meinen Galerien will ich die historische Entwicklung der Malerei in Deutschland und Italien zeigen.« Wie so häufig, machten die Erben alles anders. Frederick William, Sohn des Fürstbischofs, zog als Wohnung die Galerie im Ostflügel vor (bis heute Familienquartier); die Räume der Rotunde ließ er als Empfangssalons dekorieren. Wir haben keinen Grund, das zu beklagen: portugiesische Rokokospiegel, Möbel von Boulle und anderen französischen und englischen Ebenisten. Ich kenne wenige Räume, wo eine ähnlich meisterhafte Sammlung von Familienporträts zu sehen ist wie in der Rotunde von Ickworth. Die Herveys ließen sich von den besten Künstlern ihrer Zeit malen, von Gainsborough und Reynolds, Lawrence, Ramsay und Romney, natürlich auch von Jean-Étienne Liotard, dem Pastell-Virtuosen der mondänen Gesellschaft zwischen Rom, Genf und Konstantinopel.[1] Angelica Kauffmann porträtierte nicht nur den Fürstbischof, auch seine Tochter Elizabeth, die spätere Herzogin von Devonshire. Lässig auf Anker und Kanone gelehnt, in goldbestickten Marineuniformen präsentieren sich zwei andere Herveys: Lord Bristols Bruder, Vizeadmiral Augustus John, und John Augustus, Lord Bristols ältester Sohn, zwei repräsentative Ganzfigurenporträts von Gainsborough.

Seit 1467 gehörten die Ländereien von Ickworth den Herveys. Immer wieder standen sie im Dienst der Krone, als Minister, Botschafter, Vizekönig von Irland, und so retteten und vergrößerten sie ihre Güter durch alle Stürme der englischen Geschichte. Wenigstens einer von ihnen verdient noch unsere Aufmerksamkeit: John, Lord Hervey, Vater des 4. Earl of Bristol. Er war Abgeordneter für Bury St. Edmunds, Parteigänger Walpoles, Lordsiegelbewahrer und Vertrauter Queen Carolines. Lord Hervey führte Tagebuch über das Leben am Hof Georges II., über Intrigen, Staatsaktionen und Petitessen des königlichen Haushalts – Klatsch und Zeitgeschichte von Rang. William Hogarth hat auf einem seiner Konversationsstücke um 1738 Lord Hervey porträtiert, im Kreis seiner Freunde, der berühmten *Holland House Group*. Wir sehen das Gemälde in der Bibliothek, neben vier Porträtbüsten englischer Premierminister von Joseph Nollekens und einem brillanten Velázquez, dem (fragmentarischen?) Bildnis des Infanten Balthasar Carlos, des Sohnes Philips IV.

Wer in den kultivierteren Zeiten auf Ickworth rauchen wollte, tat dies weitab vom Speisesaal im Smoking Room. Auch dort Kabinettstücke des Hervey-Geschmacks: Chippendale-Chinoiserien, eine klassische Poussin-Landschaft, ein (zweifelhaftes) Tizian-Porträt und das populärste Historienbild[2] von dem Hofmaler Benjamin West, »Europas größtem Kleckser«, wie Lord Byron den erfolgreichen Amerikaner in London einmal nannte. Erst 1879

1 Über Liotard, der 1754 auch in London mit Erfolg arbeitete, schrieb Horace Walpole: »Seine Farblasur ist hart, er selbst ist zu holländisch und neigt sehr zu einem Übermaß an Perfektion und Überarbeitungen.«

2 *Der Tod des Generals Wolfe:* Die Ickworth-Fassung, wohl eine Werkstattkopie, entstand neun Jahre nach dem Gemälde in der Nationalgalerie in Ottawa (1770).

wurde das Pendant zum Smoking Room vollendet, der Pompejanische Salon. Die Trompe-l'œil-Dekorationen von John Diblee Crace[1] basieren auf den antiken Fresken der Villa Negroni in Rom – historische Kulissenmalerei, wie die Viktorianer sie schätzten. Im westlichen der beiden langen, gebogenen Korridore, in denen der Fürstbischof seine Skulpturen aufstellen wollte, ist heute ein Teil des Bristol-Silbers zu bewundern, von hugenottischen Goldschmieden in London im 18. und frühen 19. Jahrhundert angefertigt, eine der glänzendsten Privatsammlungen dieser Art in England.

Zumindest ahnen wir nun, wie die Earls of Bristol ihre Gäste empfingen. Der National Trust, der ihr Erbe verwaltet, speist seine Besucher schnöde auf der Dienstbotenebene ab. Im Souterrain, an einem schäbigen Wachstuchtisch, habe ich meinen Tee getrunken, mit dem Blick auf Mauern, nicht etwa in den Garten. Gehen wir – aber unbedingt noch durch den Park. Vom Terrassenweg hinter der Südfassade des Hauses sehen wir weit über Felder und waldige Hügel, Schafe im Schatten alter Eichen, eine Pastorale im Stil Capability Browns, der auch hier zumindest ein paar Bodenwellen hinterließ (1769–76). Bäume umgeben die kleine Kirche in Ickworth. Malerisch liegt sie da, ganz für sich und für die toten Earls of Bristol.

Seit dem Mittelalter hatten viele Adelsfamilien und Kirchenfürsten ihre Landsitze rund um Bury St. Edmunds. Bescheidener als der Palast des Fürstbischofs von Bristol war das Queen-Anne-Haus, das sich Bischof Patrick von Ely 1704/5 zwischen Bury und Newmarket bauen ließ: *Dalham Hall*, heute mit einem berühmten Gestüt verbunden (siehe S. 332). Eine Public School wiederum hat *Culford Hall* nördlich von Bury übernommen, das einstige Landschloß des 1. Marquess of Cornwallis, General im Amerikanischen Unabhängigkeitskrieg, später Familiensitz der Grafen Cadogan.[2]

Culford Hall gegenüber, am anderen Ufer des River Lark, liegt eines der bedeutendsten Tudor-Häuser Suffolks, *Hengrave Hall*. Trotz drastischer Restaurierungen Ende des 19. Jahrhunderts hat die lange, niedrige Südfassade ihre charakteristische Symmetrie behalten, die polygonalen Ecktürmchen und das zentrale Torhaus mit seinen tiaragekrönten Türmen. Das ist der Stolz von Hengrave Hall: das spektakuläre Erkerfenster über dem Eingangsportal, heraldische Pracht und Üppigkeit ohnegleichen (Farbt. 31, Abb. 15). Die Dreiblattform des Erkers[3] ist noch spätgotisch, seine Ornamentik schon die der Frührenaissance. Unter den königlichen Wappen an der goldprofilierten Unterseite des Erkers halten nackte Cherubim die Wappenschilde der Familie Kytson[4], an deren alte Fischereirechte im River Lark die

1 J. D. Crace, aus einer Familie Londoner Möbelfabrikanten und Innenausstatter, dekorierte im Stil der Neorenaissance z. B. auch das Treppenhaus der Londoner Nationalgalerie und die Bibliothek von Longleat.

2 Den Park von Culford Hall hat Humphry Repton um 1794 entworfen. In der Park-Kirche ein mehrfiguriges Barockgrabmal von Thomas Stanton, 1654.

3 Ähnliche Erker in Windsor Castle am Turm Henrys VII. (um 1500), an dessen Grabkapelle in Westminster Abbey (begonnen 1503) und in Thornbury Castle (um 1511).

4 Für Ahnenforscher ist ein anderes Wappen in einem der (neueren) Fenster von Hengrave Hall wichtiger: das Familienwappen George Washingtons. Einer seiner Vorfahren heiratete eine Schwester Sir Thomas Kytsons. Auch Winston Churchill war verwandt mit den Kytsons.

drei Fische erinnern. Ein reicher Londoner Tuchhändler, den Henry VIII. zum Ritter schlug, Sir Thomas Kytson hat Hengrave Hall erbaut: begonnen um 1525, dem Datum am Erker zufolge 1538 wohl vollendet. Mary Tudor war hier zu Gast, ebenso Queen Elizabeth I. Nach den Kytsons lebte die Familie Gage auf Hengrave Hall. Einer von ihnen, Sir William Gage, führte 1724 die Reineclaude von Frankreich nach England ein und kultivierte sie auf seinen Gütern. Seitdem heißt sie ihm zu Ehren *gage plum* oder *greengage*.

Die Gages waren Katholiken, Dissenter, die anglikanische Staatskirche lehnten sie ab. Neun Generationen hindurch blieben sie katholisch, allen Widrigkeiten zum Trotz. Ihr Motto: »Bon temps viendra.« So wurde Hengrave Hall zu einem der großen Rekusanten-Häuser Englands. Zur Zeit der Französischen Revolution vermieteten die Gages ihr Haus an Nonnen aus Brügge, die hier einige Jahre lang ein kleines Internat betrieben. 1952 wurde Hengrave Hall erneut Klosterschule. Heute bilden katholische Ordensschwestern, verheiratete und unverheiratete Mitglieder verschiedener christlicher Religionsgemeinschaften die *Hengrave Community*: ein exemplarisches Zentrum ökumenischer Begegnung und Einkehr. Vor einiger Zeit gewann dieses Tudorschloß in der Parklandschaft Suffolks den ersten Preis des *Out of This World Guide*, eines Führers zu den ruhigsten, kontemplativsten Quartieren der Britischen Inseln. Nun, fürchte ich, muß man für Hengrave Hall beten.

»Flora, give me fairest flowers«: Für manche Gäste ist eine Nacht im Wilbye Room eine Offenbarung. John Wilbye, Sohn eines Gerbers aus Diss, lebte drei Jahrzehnte lang als Hausmusiker auf Hengrave Hall, *Chief of the Minstrels* im Dienst von Lord und Lady Kytson. »Adieu, sweet Amarilis«, »Weep, o mine eyes«: Hier schrieb er viele jener Lieder, die ihn neben John Dowland zum führenden Madrigal-Komponisten Englands machten. Nur 64 Madrigale sind von John Wilbye überliefert, Lieder der Liebe, »Sweet honey-sucking bees«, Lieder der Melancholie, »Draw on, sweet night«.

Etwa zur selben Zeit wie Sir Thomas Kytson baute sich auch sein Nachbar Sir John Crofts kaum zwei Meilen weiter nördlich ein Haus, *West Stow Hall*. Es muß ein repräsentatives Haus gewesen sein, gemessen am Rang Sir Johns – er war *Master of the Horse*, königlicher Stallmeister Mary Tudors[1] – und gemessen an dem, was übrigblieb von seinem Landsitz: ein viertürmiges Torhaus, das über einen Wassergraben führte, Fachwerk und roter Tudor-Backstein in schönster Verbindung (Abb. 16). Nicht wegen dieser Hall (privat) ist West Stow heute ein Begriff, sondern seiner archäologischen Funde wegen. Ein ganzes angelsächsisches Dorf hat man hier ausgegraben und rekonstruiert (siehe S. 233).

Ein letztes Tudorschloß noch, es war eines der prächtigsten in Suffolk, erbaut um 1550: *Rushbrooke Hall*, südöstlich von Bury. Nach einem Brand wurde es 1961 kurzerhand abgerissen; »eine Tragödie«, schrieb nicht nur Pevsner. Anita und Amschel Rothschild lebten hier eine Zeitlang. In bester Gutsherrentradition ließ Lord Rothschild, passionierter Rennfahrer und Cricketspieler, das alte Dorf *Rushbrooke* als Modellsiedlung wiederaufbauen (1955–63): einstöckige Backstein-Cottages, in Grundriß und Lage voneinander

1 Eine der Residenzen Mary Tudors war *Westhorpe Hall* (nordöstlich von Bury St. Edmunds).

unterschieden, durch hohe Mauern miteinander verbunden – geglückte Synthese von *privacy* und Dorfgemeinschaft.[1] Rushbrooke ist das vorerst letzte klassische Modelldorf in der Nachfolge der *estate villages* des frühen 18. Jahrhunderts.

Es war am Tag nach Steffi Grafs Wimbledon-Sieg im Regen, als der *Observer* sie zur »Raining Queen« krönte. Solche Tage vergißt man als Deutscher nicht, zumal wenn man selber im Regen steht, nicht auf dem *Central Court*, sondern in den Rübenfeldern von *Felsham*, weitab von der Hauptstraße südöstlich von Bury. Dort traf ich den Bauern Stanley Steadman. Er stand vor der Haustür von Moores Farm, und neben ihm an der Wand dampfte der Ozeanriese »Queen Mary«, zwischen den gelben Fensterrahmen war der Union Jack auf die Fassade gepinselt, das ganze schöne strohgedeckte Bauernhaus bunt bemalt, auch nebenan die Scheunen- und Garagenwände, alles voller Bilder.

»It started on a drizzy day«, erzählt Stan Steadman. An einem verregneten Tag wie heute, die Feldarbeit war getan, da hatte er Langeweile und begann zu malen. Und weil er keine Leinwand hatte, aber genug freie Wände, bemalte er seinen Hof. Mit Ansichten von Windsor Castle, Teneriffa, Willy Lott's Cottage, schottischen Glens: Postkarten- und Kalendermotive, alle im selben Format vergrößert, in knalligen Anstreicherfarben. Aus einem wurden viele Bilder, zur Zeit sind es 112. »To amuse my grandchildren«, zum Vergnügen seiner Enkel machte Stan auch *Cut-out*-Figuren: aus Sperrholzplatten gesägt, genagelt und bemalt. Da stehen sie nun bunt und stumm um Stanleys Haus herum: eine Kuh mit Pferdekopf, ein Fasan, ein Pfau, Hühner, Hund und Katze, sogar ein Krokodil ist am Teich aufgetaucht, am Misthaufen ein Schneemann und ein schwarzer Mann, auch am Gemüsebeet stehen sie hölzern Spalier: ein Dorfjunge, ein Fuchs, der Postbote im blauen Rock. So umgibt sich der Bauer Steadman mit einer zweiten Welt aus Farbe, Phantasie und guter Laune. An naive Kunst oder Galerien denkt er nicht. »Common sense is not so common«, lese ich an seiner grasgrünen Garage, und daneben: »Everyone is funny but some are more funny than others.«

Euston Hall: Ein Herzog für den Denkmalschutz

Fünf blutige Jahre lang kämpften die Sikhs gegen die britischen Kolonialherren. Dann, 1856, annektierten die Engländer das ganze Pandschab. Der König der Sikhs, Duleep Singh, wurde auf Lebenszeit aus Indien verbannt: nach *Elveden Hall* an den Rand des Thetford Forest. Seine Heimat, seine Macht hatte der Maharadscha verloren, sein Vermögen nicht. Zwischen 1863 und 1870 ließ er von dem Architekten John Norton das bescheidene georgianische Landhaus in einen orientalischen Palast umbauen: mit Kuppel, Zwiebelbögen und reichverzierten Decken, mit gußeisernen Treppenhausbalustraden, kupfergetriebenen

1 Auch Bill Wyman, Rock-Gitarrist und Mitglied der *Rolling Stones*, hat südöstlich von Bury einen Landsitz: *Gedding Hall*, ein Tudor-Torhaus (um 1530) mit viktorianischem Anbau und Wassergraben.

Türen und Tonnen von Carrara-Marmor. Elveden Hall war das luxuriöseste, bizarrste Exil der britischen Kolonialgeschichte, indische Neugotik, ein Stück Orient in Ostengland. Hier umgab sich der verbannte Pandschab-Prinz mit Jagdfreunden, Ballettmädchen und den bittersüßen Erinnerungen an den Palast von Lahore. Als Queen Victoria 1876 Kaiserin von Indien wurde, brillierte ihr Maharadscha als englischer Super-Squire: An einem einzigen Tag, heißt es, schoß Duleep Singh eigenhändig 789 Rebhühner.

Nach dem Tod des Maharadschas erwarb die Brauereifamilie Guinness 1894 Elveden Hall. Der 1. Earl of Iveagh ließ den Palast erneut vergrößern und verwandelte das indische Märchenschloß in eine edwardianische Extravaganz: Interieurs im Stil des Taj Mahal hinter italienisierenden Backsteinfassaden (1899–1903). Auch die Pfarrkirche ließ Lord Iveagh umbauen (1904–1906), in einer Mischung aus Neugotik und Jugendstil.[1] Seit dem Zweiten Weltkrieg blieb das Haus unbewohnt. Der heutige Besitzer, Arthur Ben Iveagh, Oberhaupt des Guinness-Clans, lebt auf seinen Gütern bei Dublin. Im Mai 1984 machte Elveden Hall noch einmal Schlagzeilen. Für mehr als 17 Millionen Mark versteigerte Christie's im Auftrag des irischen Landlords den gesamten Inhalt des Hauses, 3297 Lose: Chippendale-Möbel, persische Teppiche, Gobelins, Silber, Gemälde. In seinem Pförtnerhaus zeigt mir einer der Wildhüter Lord Iveaghs ein Album mit Farbfotos, aufgenommen kurz vor der Auktion, als Angestellte und Pächter zum ersten und letzten Mal die prächtigen Interieurs zu sehen bekamen: »Viele haben hier Jahrzehnte gearbeitet und durften das Haus nie betreten.« Schwarze Fenster, leere Räume. In den Feldern trompeten die Fasane, als käme König Edward VII. noch einmal zur Jagd nach Elveden Hall. Mit 9200 Hektar (Schätzwert 160 Millionen Mark) zählen Lord Iveaghs Ländereien immer noch zu den größten *shooting estates* Englands, mehr als doppelt so groß wie die seines Nachbarn, des Duke of Grafton.

Ein schnurgerader Feldweg, *Duke's Ride*, führt durch die Heide hinüber zum Landsitz des Herzogs. Hereford-Rinder grasen auf den Weiden rings um *Euston Hall*, ein Backsteinhaus bescheidener Größe. Audienz beim Duke. Durch die halb geöffnete Eingangstür mustert mich Van Dycks Charles I. Nichts rührt sich, kein Butler, niemand. Schließlich kommt ein Mann mit einer Gießkanne aus dem Garten, ein Hawaihemd locker über der Hose. Der Herzog? Ein Gärtner? »I've been watering«, sagt er, mit jenem präzisen *upper class*-Nuscheln, das jede Verwechslung ausschließt. Massige Figur, Cäsarenschädel, kühle hellblaue Augen: Hugh Denis Charles, 11. Duke of Grafton, geboren 1919 in Südafrika, Vetter der Queen, Taufpate Prinz Andrews, Ritter des Hosenbandordens (Abb. 13). *His Grace* führt mich in den Salon. Unter den Augen seines schwarzen Retrievers versinken wir in großgeblümten Polstersesseln.

Fragt man den Herzog von Grafton, welchen seiner Vorfahren er besonders schätze, so nennt er den Gründer der Familie, keinen Geringeren als König Charles II. Seine Majestät hatte manche Mätressen, und für seine »natürlichen« Kinder sorgte er mit absolutistischer Umsicht. Als ihn Barbara Villiers, die spätere Duchess of Cleveland, mit einem Sohn

1 Das Westfenster entwarf Sir Frank Brangwyn, 1937.

beglückte, machte er den Bastard zum Herzog: Henry FitzRoy, 1. Duke of Grafton, heiratete standesgemäß Lord Arlingtons einzige Tochter, Isabella Bennet. Ihr Vater, mit Charles II. im Exil und nach der Restauration sein Staatssekretär, verheiratet mit einer Holländerin aus dem Hause Oranien, Graf Arlington hatte in London ein Stadtpalais (wo heute Buckingham Palace steht) und einen Landsitz an der Grenze zu Norfolk, Euston Hall (1666–70). Im Oktober 1671 kam Charles II. zu Besuch. Es war, wenn wir den königlichen Bettgeschichten glauben dürfen, ein durchaus zwangloser Aufenthalt. Im folgenden Juli jedenfalls präsentierte Louise de Kérouaille, eine der Hofdamen, Seiner Majestät das Kind der Liebe von Euston Hall: Charles Lennox, den späteren Duke of Richmond.

Die *Royal Company* der Stuarts, die lockeren Lords und Ladies der Restauration, Kavaliere mit und ohne Hosenbandorden, in den Salons des Herzogs von Grafton sind sie noch heute versammelt, porträtiert von den Hofmalern Daniel Mytens, Peter Lely, Godfrey Kneller, Van Dyck: ein einzigartiges Stück Kunst- und Zeitgeschichte, Familien- und Machtpolitik. Alle Bilder im Haus, sagt der Duke, sind mehr oder weniger miteinander verwandt, »either by blood or by interest«. Die meisten dieser Gemälde hat Lord Arlington selbst gesammelt. Sein Favorit Van Dyck war auch der Favorit des Königs. In Euston Hall sehen wir Charles I. im romantischen Jägerkostüm (eine Replik des Originals im Louvre), sein Doppelbildnis mit Queen Henrietta Maria, schließlich sein berühmtes Gruppenporträt der fünf Königskinder: in der Mitte der Thronfolger, in roter Seide, der siebenjährige Prince of Wales (Charles II.), seine linke Hand auf dem Kopf eines riesigen Mastiffs, rechts von ihm Prinzessin Mary und der Duke of York (James II.), zu seiner Linken die Prinzessinnen Elizabeth und Anne, zu ihren Füßen ein kleiner King-Charles-Spaniel – Hofzeremoniell und Zauber der Kindheit, verbunden in einer wunderbaren Harmonie der Farben.[1] Daß auch der Herzog von Grafton zwei Söhne und drei Töchter hat – ein königlicher Zufall. Sein Lieblingsbild? *Mares and Foals* von George Stubbs, Stuten und Fohlen aus dem Gestüt des 3. Duke of Grafton, in dessen Auftrag Stubbs mehrere Pferdeporträts malte. Dieses entstand nicht weit vom Haus am Ufer der Little Ouse; eines der Fohlen gewann später *The Oaks* in Epsom.

Auch er würde gerne Kunst sammeln, sagt der Duke, aber wohin damit? Die Wände seines Hauses seien doch schon »so stuffed with pictures«, mit Bildern gepflastert. Nur auf Piano und Tischen bleibt da noch Platz für die zeitgemäße Fortsetzung der Prominentenporträts, signierte VIP-Fotos in Silberrähmchen: Kaiser Hirohito, der Heilige Vater, die Reagans, Könige, Präsidenten – Trophäen vor allem der Duchess of Grafton von ihren vielen Reisen als Begleiterin der Queen. *Her Grace* ist seit 1953 *Lady of the Bedchamber* und seit 1967 *Mistress of the Robes*, dienstälteste, ranghöchste Hofdame der Königin.

Daß die Gemäldesammlung von Euston Hall bis heute so geschlossen erhalten blieb, ist eine Folge der englischen Primogenitur: »it goes to the eldest«, der Erstgeborene erbt alles –

1 *The Five Eldest Children of Charles I,* Van Dycks populärstes Kinderbild, wurde schon zu seinen Lebzeiten oft kopiert. Die Euston-Fassung gilt als eigenhändige Replik des Originals von 1637 in der Queen's Collection.

Anthony van Dyck: Die fünf ältesten Kinder Charles' I., um 1637

sofern er die Erbschaftssteuer bezahlen kann. Sein Vater, sagt der Duke, habe Mitte der dreißiger Jahre leider das kostbarste Gemälde an den alten Thyssen verkauft, ein Porträt des Renaissancemeisters Sebastiano del Piombo.[1] Immenser Erbschaftssteuern wegen mußte der 10. Duke of Grafton 1938 auch 800 Hektar Land verkaufen, zum Spottpreis von 26 Pfund pro Hektar. Jedermann riet ihm damals, zur Zeit der Weltwirtschaftskrise und der landwirtschaftlichen Depression: »Verkauf das Haus, oder du gehst bankrott!« Damals war Euston Hall noch dreimal so groß wie heute. Auf seinen Rat hin, erzählt der Duke, habe sein Vater 1952 fast alles abgerissen, was sein Großvater 1905 nach einem verheerenden Brand wiederaufgebaut hatte. Nur Matthew Brettinghams Nordflügel von 1750–56 und ein kleiner Teil des Westflügels blieben übrig. Damit ließ sich leben.

Bisher ist der 11. Duke of Grafton über die Runden gekommen, ohne das Familiensilber zu verkaufen. Aber heute sei alles noch schwieriger als damals. Anfang dieses Jahrhunderts standen seinem Großvater etwa zwanzig Diener und zwanzig Gärtner zur Verfügung; sein

1 Schon 1923 ließ der 8. Duke of Grafton bei Christie's ein Selbstporträt Van Dycks versteigern, heute im New Yorker Metropolitan Museum.

Vater hatte in den dreißiger Jahren noch zwölf Diener und neun Gärtner. Und er? »Well, I don't want to go into that«, brummt *His Grace*, als müsse er sich die Schuhe nun selber putzen. Am besten geht es offensichtlich dem kleinen dicken Norwich-Terrier, den der Herzog unermüdlich mit Schokoladenbiskuits bedient. Mehr als zweihundert Arbeiter fanden im 19. Jahrhundert Lohn und Brot auf den Gütern von Euston. Heute sind es nicht einmal mehr zwanzig Land- und Forstarbeiter, mit denen der Duke seine 4400 Hektar bewirtschaftet, davon 1400 Hektar Ackerland, kein besonders ergiebiger Boden am Rand der Brecklands. »Die Aussichten sind nicht gut. Viele Häuser wie dieses, die auf den Ertrag ihrer Güter angewiesen sind, gehen schwierigen Zeiten entgegen.« Was kostet ihn die Unterhaltung von Euston Hall? »No figures«, wehrt er ab, keine Zahlen. Alle fünf Jahre müsse das Haus gestrichen werden, allein das koste ihn rund 50000 Mark, *absolutely appalling*.

Die Residenz der Herzöge von Grafton galt einmal als beispielhaft modern. »Überaus prächtig und bequem«, lobte John Evelyn bei seinem Besuch 1671. Evelyn, Tagebuchschreiber und Gartenenthusiast, beriet den Hausherrn bei der Anlage seines Parks und bewunderte vor allem »die Erfindung Sir Samuel Morlands«, das ausgeklügelte Wasserleitungssystem, »das die Familie versorgt und Wasser für die Springbrunnen und Arbeitsplätze heranschafft«. Samuel Morland war ein Ingenieur, der mit Pumpen und Dampfkraft experimentierte, *magister mechanicorum* am Hof Charles' II. und Berater Ludwigs XIV. bei seinen Wasserspielen in Versailles. Euston Hall gilt als erster Landsitz in England, der über fließendes Wasser verfügte, eine der großen Errungenschaften des 17. Jahrhunderts.

Die Segnungen der Spültoilette ließen indes noch auf sich warten. Indigniert beschreibt ein junger Edelmann aus Paris, François de La Rochefoucauld[1], was er am Vorabend der Französischen Revolution an der Tafel des Herzogs von Grafton erlebt: »Auf der Anrichte stehen etliche Nachttöpfe, und es ist allgemein üblich, sein Wasser abzuschlagen, während die anderen trinken; man tut das ganz ohne Scheu, ein Brauch, der mich sehr peinlich berührt.« Auch der Tageslauf entsprach wohl nicht französischem Geschmack: Frühstück um neun, alle vergraben sich in ihre Zeitungen; Punkt vier Uhr nachmittags Dinner, zwei Stunden Essen, gefolgt von zwei- bis dreistündigem Trinkgelage der Gentlemen unter sich. Diese Art Geselligkeit zählte La Rochefoucauld zum »Langweiligsten von allem, was englisch ist«.

Und Ihr Tageslauf, Sir? »Nicht anders als der von Mr. Smith«, sagt der Herzog von Grafton, »außer daß ich mit diesem ziemlich großen Haus geschlagen bin.« Frühstück, Büroarbeit, Rundgang mit dem Gutsverwalter, »tausenderlei Dinge, ich habe kaum noch Zeit, ins *House of Lords* zu gehen«. Doch hat er dort schon mehrfach über sein Lieblingsthema gesprochen, seine Lebensaufgabe: die *Heritage*-Frage. Seit sein Vater Euston Hall übernahm, kämpft der Herzog in vorderster Linie für die Erhaltung der historischen Landsitze. Früher waren Leute wie er »the lone boys fighting a lone battle«, ohne Geld, ohne

1 Der achtzehnjährige Sohn des Herzogs von Liancourt besuchte 1784 mit seinem Bruder und einem Tutor von Bury St. Edmunds aus die großen Landsitze der Umgebung. Sein Bericht *Mélanges sur l'Angleterre* vermittelt ein anschauliches Bild des englischen Provinzlebens jener Zeit.

gesetzliche Hilfe. Heute gibt es Hunderte von Denkmalschutzvereinen, jedermann kennt die Probleme. »Sogar die Labour-Regierung« habe die angedrohte Vermögenssteuer wieder zurückgezogen: »Sonst hätte man innerhalb einer einzigen Generation viele dieser Häuser und Kunstsammlungen völlig ruiniert.« Sicher sei ihre Zukunft indes nie: »Für ihre Besitzer bedeuten sie immer Pflicht und Sorge.«

Ausgerechnet der Herzog von Grafton, der seinem Vater riet, zwei Drittel ihres Hauses abzureißen, hat so viele Denkmalschutz-Ehrenämter wie kein anderer. *The Duke of Preservation,* wie man ihn nennt, ist Mitglied des *Historic Buildings Council*, der *Georgian Group* und der *Victorian Society*, von *English Heritage* und *Heritage in Danger*, er ist tätig im *National Trust* und in der *Historic Houses Association*, der Hauseigentümerlobby, und seit Jahrzehnten ist er Vorsitzender der *Society for the Protection of Ancient Buildings*, der ältesten englischen Denkmalschutzbewegung, gegründet 1877 von William Morris. »Diese endlosen Sitzungen und Komitees, ich habe nicht einmal mehr Zeit für mein Hobby.« Der Herzog malt, wie sein Vater, der die Tisch-Sets im Speisesaal kolorierte. Zu all dem ist *His Grace* auch noch Präsident des *East Anglia Tourist Board*. Promotion des Fremdenverkehrs und Erhaltung der Landschaft, Denkmalschutz und Freizeitindustrie: das gibt zuweilen Interessenkonflikte, die ihn »ziemlich in Verlegenheit bringen«. Feriendörfer zum Beispiel, bis zu 700 Bungalows im Grünen: »Eine ganz neue Bedrohung der Countryside. Genau wie *Butlin's*«, sagt der Herzog, als hätte er Ketchup im Tee.

Donnerstage sind dem Duke ein Greuel. Donnerstags kommen Leute wie ich und du. Einmal in der Woche, seiner öffentlichen Verantwortung bewußt, und auch das nur im Sommer, riskiert der Herzog das Äußerste, seine *privacy*. Sein Haus besichtigen zu lassen empfindet er als »überaus alarmierenden Schritt«. Bisher habe sich jedermann immer »außerordentlich gut benommen«; allein man wisse doch nie, »wer da den Inhalt deines Hauses in Augenschein nimmt«. Man müsse ja die eigenen vier Wände zeigen, »the bit we live in«, und das sei »extrem ungemütlich«. Zum Glück hat Euston Hall nicht mehr als 3000 Besucher im Jahr. Die Eintrittsgelder stiftet der Duke für wohltätige Zwecke. Auch die Aufseherinnen arbeiten ehrenamtlich, »these wonderful ten volunteers«, Hüterinnen des Hauses, diskrete Plaudertaschen, die den herzoglichen Stammbaum kennen wie ihr eigenes Familienalbum. Gerne erzählen sie von den Visiten der *Queen Mother*, vom üblen Einfluß der Mätresse Barbara Villiers auf den König, und wie *His Grace* die Hosenbandordensrobe seines Großvaters auf dem Speicher fand: » So brauchte er für die Zeremonie nur noch einen neuen Hut.«

Unterdes hat der kleine dicke Norwich-Terrier des Herzogs die letzten Kekse verputzt. Die Audienz ist beendet. Ich gehe durch den Park hinüber zur Kirche. Die unscheinbare Fassade von St. Genevieve verbirgt ein elegantes Interieur von 1677, den Stadtkirchen Christopher Wrens vergleichbar, Gestühl und Stuckdecken von hoher Qualität, eine der seltenen authentisch erhaltenen Landkirchen der Restauration. Der Pfarrer – auch hier ist nichts mehr sicher – sammelt gerade das Altarsilber ein. »Links vorne ist die Bank der Graftons und dort ihre Familiengruft.« Die Gruft ist voll, der nächste muß hinaus auf den Friedhof.

In *Pakenham* nordöstlich von Bury sitzt der Dorfpfarrer noch mit einer Allongeperücke am Fenster seiner Bibliothek und liest: ein frommer Anachronismus, auf die vermauerte Fensterwand gemalt von Rex Whistler, dem Trompe-l'œil-Virtuosen, der in der Nähe stationiert war, bevor er 1944 in der Normandie fiel. »Whistler malte alles in einer Stunde, es regnete, jemand hielt ihm den Schirm«, erzählt mir der Besitzer des ehemaligen Pfarrhauses neben der Kirche. Im benachbarten *Stowlangtoft* haben Whistlers Kollegen im Mittelalter die Gemeinde auf ihre Weise unterhalten, mit burlesken Szenen und Symbolfiguren auf den Gestühlswangen von St. George. Da spielt ein Schwein die Harfe, ein Hund hat eine Wildente erwischt, wir sehen Igel, Eule und Kamel, Einhorn und Pelikan, ein Bestiarium in Holz aus der Zeit um 1500.

Unter den Dorfkirchen im Nordwesten von Suffolk liebe ich eine besonders. Sie hat keine Kunstschätze, keine barocken Gräber, nicht einmal einen ungewöhnlichen Brass, nichts eigentlich und doch mehr als all das. Reetgedeckt, mit rohen Flintmauern steht All Saints in *Icklingham,* ein Haus Gottes und der Bauern seit dem frühen 14. Jahrhundert. Die Bänke sind niedrig, viele ohne Rückenlehne, die Kniekissen teils noch mit Stroh gefüllt, unberührt von der Stickereimanie späterer Generationen. Keine Orgel, nur ein Harmonium in der Ecke. Auf fünf Säulen der gotische Taufstein, unter dem Glockenturm der schwarze Totenkarren (Abb. 84). Lapidare Zeichen von Leben und Sterben, ländlicher Arbeit und schlichter Frömmigkeit. Icklingham hat zwei Kirchen, aber schon im 19. Jahrhundert konnte die Gemeinde nur noch eine unterhalten. So entging All Saints den viktorianischen Restauratoren, wurde geschlossen und vergessen. Daß sie bis heute die Aura einer mittelalterlichen Dorfkirche behielt, ist dem *Redundant Churches Fund* zu verdanken.

In *Mildenhall*[1], flußabwärts am River Lark, und weiter nördlich in *Lakenheath* schweben Engel im dämmernden Gebälk der Kirchen, Meisterwerke der Holzbildhauer des frühen 16. Jahrhunderts. Draußen in der Heide, am Rand der Fens, in den Wäldern der Brecklands, da donnern ganz andere Heerscharen über unsere Köpfe hinweg. *RAF Mildenhall* und *RAF Lakenheath* sind zwei der größten amerikanischen Luftstützpunkte in Europa. Von dort starteten 1986 die F111 zum Bombardement von Tripolis, Reagans Vergeltungsschlag gegen Ghaddafi. Viele Engländer waren entsetzt über solche Anmaßungen militärischer Bündnispolitik. Zusammen mit ihren Familien leben etwa 26000 Angehörige der US-Armee in Mildenhall und Lakenheath, neben 10000 Einheimischen. Mehr als 220 Millionen Dollar geben die Amerikaner pro Jahr allein in Mildenhall aus. Seit Anfang der fünfziger Jahre haben sie die beiden Luftwaffenbasen von der *RAF* gepachtet. Als am 27. Juli 1955 ein US-Bomber über einem Hangar in Lakenheath abstürzte, wo auch Atombomben lagerten, zeigte sich der Kommandant später ebenso erstaunt wie erleichtert, daß Ostengland nicht »eine Wüste« geworden sei.

In einem idyllischen Dorf bei Cambridge lebt seit Jahren der englische Dramatiker Edward Bond. »East Anglia ist ein Bombervorposten der amerikanischen Streitkräfte«,

1 Beim Pflügen fand ein einheimischer Bauer 1942 den sog. *Mildenhall Treasure,* heute im Britischen Museum: 34 spätrömische Silberobjekte, unter anderem Teller mit exquisiten Reliefszenen bacchantischer Tänze.

schrieb er mir aus *Great Wilbraham.* »We have the killing capacities of a hundred thousand Auschwitzes: many people don't seem to mind.«

Newmarket: Züchter, Zocker, blaue Reiter

Sie jagen über die Heide, sie grasen auf weiten Koppeln rings um die Stadt. Man sieht sie als Wetterfahne auf dem viktorianischen Uhrenturm, als Signet von *Ladbrokes* Wettbüro, lebensgroß in Bronze am Straßenrand, hochverehrt als Skelett im Museum. Auch der Konditor in der High Street hat im Schaufenster einen Pferdekopf aus Biskuit und Buttercreme. Die Kneipen heißen »Zum Hufeisen« oder »Zum Rennpferd«, und auch wenn sie nicht so heißen, sind sie voller Pferde: gemalte, gedruckte, gestochene Pferde, Pferde im Stall, beim Derby, auf der Jagd, Pferde überall. Als seien wir, wie Gulliver, in das Land der Houyhnhnms geraten, ins Reich der edlen Pferde.

Newmarket hat 6000 Einwohner und 7000 Pferde. Dies ist das Paradies der »horsy people«, die Hochburg des englischen Turf. Jeder vierte Einwohner von Newmarket hat direkt oder indirekt mit der *racing industry*[1] zu tun: als Stallbursche, Jockey, Trainer, Sattler oder Händler. Hier werden die Derbysieger von morgen gezüchtet. Hier trainieren die Pferde der Rothschilds und des Aga Khan. Hier, nicht in Ascot, ist das National Horse racing Museum. Als auf der Heide von Epsom noch die Schafe blökten, schickte König Charles II. schon in Newmarket Heath seine Pferde ins Rennen. Im National Stud von Newmarket läßt die Queen ihre Stuten decken. Hier hielt Fürst Pückler nach Pferden und Frauen Ausschau, hier malte George Stubbs, hier lebt Lester Piggott und die Legende vom Ruhm und Tod des Jockeys Fred Archer. Das Gemälde von Gimcrack, das Gerippe von Eclipse, das Grab von Mill Reef – heilige Pferde der Nation, Reliquien von Newmarket. Hier residiert der Jockey Club, oberste Instanz des britischen Galoppsports, und die Firma Tattersalls, Englands ältestes, Europas größtes Auktionshaus für Vollblüter. Newmarket, das heißt Pferde und sonst nichts.

Ich nehme Logis im »Rutland Arms«, einem Postkutschengasthof von 1815. Hier stand einmal die Residenz Charles II. Daran erinnert der Name Palace Street und hinter dem Hotel ein Fachwerkhaus mit einem modernen Terrakottaporträt des Königs und seines letzten Willens: »and let not poor Nelly starve...« Laßt die arme Nelly nicht darben: die Schauspielerin Nell Gwyn[2], eine seiner vielen Mätressen, die der *Merry Monarch* hier einquar-

1 Der Pferdesport in England sorgt für rund 100000 Arbeitsplätze. Bei den 5600 Pferderennen im Jahr werden mehr als 9 Milliarden Mark als Wetteinsätze umgesetzt und mehr als 90 Millionen Mark Gewinnprämien ausgezahlt.

2 Nell Gwyn war die populärste Hure ihrer Zeit: mit dreizehn Apfelsinenverkäuferin im Königlichen Theater, mit fünfzehn Schauspielerin, von Pepys und Dryden bewundert, mit achtzehn Lieblingskurtisane des Königs. Anders als seine anderen Mätressen erhob Charles II. Nell Gwyn ihrer Cockney-Herkunft wegen nicht zur Gräfin. Doch ihren Sohn ernannte er zum Duke of St. Albans.

Peter Tillemans (1684–1734): Das Trainingsgelände von Newmarket

tierte (»I think there's no hell / like loving too well«). Charles II., Förderer von Wissenschaft, Kunst und Vergnügen, kam seit 1665 regelmäßig nach Newmarket zum Pferderennen, zusammen mit dem Duke of Buckingham, dem Earl of Rochester und anderen Playboys der Restauration. Die einzigen Lebewesen, in deren Gesellschaft er sich wohl fühle, bemerkte er einmal, seien Pferde, weil sie ihn als ihresgleichen behandelten, nämlich wie einen König. Rowley hieß sein Lieblingspferd; daher sein Spitzname *Old Rowley* und der Name *Rowley Mile* für die wahrhaft königliche Rennbahn von Newmarket. Sie ist über zwei Kilometer lang, 53 Meter breit und hat die längste und breiteste Gerade aller Rennplätze der Welt – »across the Flat«. Hier finden zwei der fünf klassischen englischen Galopprennen statt, das 1000 Guineas (seit 1814) und das 2000 Guineas (seit 1809), zum Saisonauftakt im Mai.

Charles II. gründete ein eigenes Gestüt in Newmarket und blieb bis zu seinem Tod Schirmherr der Rennen: »The greatest monarch we've ever had – on a racecourse« (Lord Northcliffe). Die königliche Tradition begann indes schon vor *Old Rowley.* Sein Großvater, der Stuart-König James I., hatte bei einer Hasenjagd 1605 erkannt, welch ideale Voraussetzungen zum Pferderennen das flachgewellte Gras- und Heideland bot. Noch als Prinzregent ließ sich sein Sohn, der spätere König Charles I., in dem obskuren Dorf Newmarket von

Inigo Jones eine standesgemäße Residenz bauen. Sie fiel jenem Feuer zum Opfer, das 1883 den größten Teil des alten Ortskerns zerstörte. Seitdem sind in Newmarket die Pferdeställe schöner als die Häuser.

Prinny und *Tum Tum,* zwei Prinzen von Wales, verkürzten sich ihre fast sechzigjährige Wartezeit auf die Königskrone nicht zuletzt mit Pferderennen und Wetten in Newmarket: der spätere George IV. und Edward VII. »Der alte Pfau«, wie Kaiser Wilhelm II. seinen Onkel Eduard nannte, hat im Nationalmuseum des Pferdesports einen Ehrenplatz: Da schaut hinter einer Stalltür der ausgestopfte Kopf seines Derbysiegers von 1896 hervor – O Persimmon, der du hangest! In vitaler Unschuld vereint: die Haare seiner Lieblingspferde im Silberrahmen neben den schwarzen Rennstiefeletten seiner Mätresse Lillie Langtry. Der flotte Edward, ältester Sohn Queen Victorias (»We are not amused«), wurde mit seiner Vorliebe für schnelle Pferde, Frauen und Varieté zum Inbegriff der *Naughty Nineties* und später der edwardianischen Zeit. Die Zigarre in der Hand, den Zylinder keck verrutscht, so stand Bertie mit Lillie Langtry an der Rennbahn, wie einst King Charles mit seiner Nelly. Sie hatte ein eigenes Gestüt in Newmarket und beträchtlichen Einfluß auf Edwards Wetteinsätze. Allein mit den Nachkommen seines Zuchtpferdes Perdita II. gewann der königliche Zocker in 26 Rennen rund eine Million Mark.

Mr. Fellowes, Generalsekretär des Jockey Clubs, Newmarket

Im Museum von Newmarket lernen wir auch Tregonwell Frampton kennen, »Father of the Englisch Turf«. Frampton, heißt es, haßte Frauen, liebte Hahnenkämpfe, Hetzjagden mit Hunden und alles, was mit Pferden und Glücksspiel zu tun hatte – die ideale Kombination für ein Hofamt, das er als erster bekleidete: *Keeper of the Running Horses.* William III. und Queen Anne ließen ihre Pferde in Newmarket von Frampton trainieren. Auch unter ihren am Reitsport völlig desinteressierten Nachfolgern George I. und Georg II. behielt er dieses Amt. Daniel Defoe beschreibt ihn als Pokerface, »as perfectly calm, cheerful, and unconcerned, when he had lost one thousand pounds, as when he had won it«. Über dreißig Jahre lang regierte Tregonwell Frampton als oberster Rennrichter in Newmarket, bevor der Jockey Club die Zügel übernahm.

Der *Jockey Club* ist der Heilige Stuhl des britischen Galoppsports. Er residiert in der High Street in einem viktorianischen Backsteingebäude, das 1933 im neogeorgianischen Stil erweitert wurde. Hinter schweren roten Samtvorhängen abgeschirmt von den neugierigen Blicken der Straße liegt der Coffee Room von 1771, der historische Kern des Clubs. Im Eingang hängen ein paar lederne Feuerlöscheimer mit den Initialen C R: »Von Charles II.«, erklärt Mr. Fellowes, „daraus wurden die Pferde gefüttert." Robert Fellowes, ein graumelierter Herr in grauem Tweed, ist Generalsekretär des Clubs. Er sei im selben Jahr geboren wie Hyperion, stellt er befriedigt fest, 1930. Hyperion von Lord Derby, nicht von Hölderlin: Der berühmte Epsom-Sieger aus Newmarket steht lebensgroß in Bronze am Stadtrand, an der Straße nach Snailwell.[1]

1 In Balaton Lodge an der Snailwell Road unterhält der Animal Health Trust seine *Equine Research Station,* das Institut zur Erforschung von Pferdekrankheiten.

Größter Grundbesitzer von Newmarket ist der Jockey Club. »Uns gehört die ganze Umgebung«, sagt Mr. Fellowes: die Rennplätze, Trainingsgelände von rund 50 Kilometer Länge, insgesamt 1720 Hektar Land. Dazu hatte schon früh ein generöses Mitglied des Clubs und der *landed class* beigetragen, der 4. Duke of Portland. Für die Erlaubnis, die Heide zu benutzen, zahlen die Trainer dem Jockey Club eine monatliche *Heath Tax* für jedes ihrer Pferde. Der Club seinerseits beschäftigt etwa 45 *groundsmen* zur Pflege des kostbaren Turfs. Die *gallopmen* kümmern sich um die *gallops*, das Trainingsgelände östlich der Stadt, die *heathmen* um die Rennplätze am anderen Ortsende. Sie markieren die regelmäßig wechselnden Galoppstrecken (früher mit Büscheln aus Fichtenzweigen, heute aus Plastik), sie reparieren den Rasen mit Reservegras aus dem Gewächshaus, wie Minensuchtrupps kontrollieren sie die Beschaffenheit des Bodens. Daß König William III. zu Tode kam, als sein Pferd über einen Maulwurfshügel strauchelte, war bedauerlich. Nicht auszudenken aber, wenn Shahrastani sich hier beim Training einen Knöchel bräche, der Derby-Star des Aga Khan. Der *July Course*, makellos wie ein Perserteppich, darf nur im Sommer benutzt werden, die *Rowley Mile* nur im Frühjahr und Herbst. Entlang beider Rennbahnen wurden Bewässerungslöcher in die Erde gebohrt, auf daß auch bei langen Trockenperioden der Turf nicht leide. Sogar im Krieg war den Engländern Newmarket so heilig wie der Rasen von Wimbledon. Zwar nutzte man einen Teil des Geländes als Flugfeld, aber eine Betonpiste kam nicht in Frage. In beiden Weltkriegen wurde das Derby von Epsom nach Newmarket verlegt: Eine nationale Institution wie diese ließ sich durch nichts unterbrechen.

Natürlich betreibt der Jockey Club nicht nur Rasenpflege. »We run and rule the races«, sagt Mr. Fellowes, »wir veranstalten und beaufsichtigen die Rennen, ohne uns läuft nichts.« Ohne den Jockey Club rührt sich kein Huf auf Newmarket Heath und auf den anderen 58 britischen Rennplätzen. Er ist oberster Gesetzgeber und Schiedsrichter in allen Fragen des Turfs. Die Autorität dieser selbstgewählten, sich selbst kontrollierenden Rennloge bekam auch der spätere König George IV. zu spüren. Als sein Jockey nach einem dubiosen Sieg 1791 vor das Clubgericht zitiert wurde, verkaufte *Prinny* sein Gestüt und besuchte Newmarket nie wieder. Der gefürchtete *Stewards' Room* hat als einziger Klubraum keinerlei Bilder. Wer gegen die Regeln verstieß, mußte sich hier stehend vor den Stewards verantworten, auf einem Teppich – »he was carpeted«, hieß es. »Heutzutage darf der Delinquent sich setzen, einen Anwalt nehmen, sogar Berufung einlegen«, erläutert Mr. Fellowes, »alles ist heute sehr demokratisch, leider.« Sogar Frauen sind seit 1977 als Mitglieder[1] im Jockey Club zugelassen – Jockeys nicht. Einzige Ausnahme: der jüngst verstorbene Gordon Richards, Turfstar mit 4870 Siegen. Aber auch er wurde nur Ehrenmitglied, und auch das erst, nachdem er – als einziger englischer Jockey – geadelt war.

Daß Jockeys im Jockey Club nichts zu suchen haben, hat seine Gründe. Die Rennen begannen, indem zwei Gentlemen wetteten: Mein Pferd ist schneller als deines. Dann trafen sie sich mit Freunden und ritten selbst auf ihren Pferden um die Wette. Professionelle

1 Rund 100 Jahre nach der Zulassung des ersten jüdischen Mitglieds, Baron Meyer de Rothschild, Besitzer des Renngestüts »Palace House« in Newmarket.

Edwardianische Rennplatz-Dandys, Karikaturen von Sem, um 1908

Jockeys heuerten sie erst später an. Es war ein reiner Amateursport unter Aristokraten. Diese Gentlemen gründeten 1752 in der Pall Mall in Londons *Clubland* den Jockey Club.[1] Zwanzig Jahre später zogen sie um nach Newmarket, in ein Kaffeehaus in der High Street. Dieser *Coffee Room* ist originalgetreu erhalten, mit abgewetzten Ledersofas, Mahagonitischen und jener unvergleichlichen Atmosphäre kultivierten Müßiggangs. An den Wänden bizarre Cut-out-Figuren[2] edwardianischer Rennplatz-Dandys: Lord Rothschild, Howard de Walden und andere Exzentriker aus der Belle Epoque des Jockey Clubs. Hier also haben sie gesessen, parliert, gebechert und gedöst, die blauen Reiter der Aristokratie, hier haben sie ihre Witze und Wetten gemacht, notorische Zocker wie *Old Q*, der Duke of Queensberry, große Turfdiktatoren wie Admiral Rous und Lord Bentinck, der dem Club seinen Feldstecher hinterließ.

»Anfang Oktober, soviel ist sicher, wird jeder in Newmarket sein, der Duke of Cumberland wird verlieren und Shafto[3] gewinnen, zwei- oder dreitausend Pfund«, notierte Horace

1 Ältester Jockeyklub der Welt ist der *Charleston Jockey Club* in Virginia/USA, gegründet 1734.

2 Karikaturen von Sem (= Georges Goursat), dem führenden französischen Cartoonisten der Jahrhundertwende (um 1908).

3 Jenison Shafto, Rennstallbesitzer und Abgeordneter, war berühmt für seine Wetten: 1759 wettete er, er würde in weniger als zwei Stunden 80 Kilometer reiten; er benutzte zehn verschiedene Pferde und gewann mit 43 Sekunden Vorsprung. In Shaftos Auftrag malte George Stubbs 1762/63 Snap, das erste Pferdeporträt seiner Sieger von Newmarket.

Walpole 1763. Einige hielten sich Pferde, um ihre Spielschulden zu tilgen; andere spielten, um sich Pferde zu halten. Alljährlich trafen sie sich reihum in Epsom, Ascot, Doncaster, Goodwood, auf dem großen Pferdekarussell der Gesellschaft. Mochten die anderen Orte mehr Glamour haben, Newmarket war das Mekka der Experten, ihr Fixstern der Jockey Club. Er sicherte den *enjoying classes* ein Klassenprivileg, das sie auf den Rennplätzen längst verloren hatten. Der Aristokratensport war zum Volksvergnügen geworden. Vollblutpferde, deren Stammbaum länger war als der ihrer Besitzer, galten als Entreebillett der Neureichen auf die Tribünen des Adels. »Auf dem Rennplatz und unter dem Rasen sind alle Menschen gleich«, heißt ein englisches Sprichwort. Wer etwas weniger gleich sein wollte, war Mitglied im Jockey Club. Bürgerliche hatten da keine Chance. Zum Beispiel Dennis O'Kelly, irischer Selfmademan des 18. Jahrhunderts. Er begann seine Karriere als Sänftenträger in London, machte ein Vermögen durch Rennpferde und Wetten, heiratete eine stadtbekannte Kurtisane, erwarb den Landsitz des Herzogs von Chandos – der Club der Herrenreiter blieb ihm verschlossen. Statt seiner hielt sein Pferd Einzug im Jockey Club: Eclipse, gemalt von George Stubbs, um 1770.

»Um in den Jockey Club aufgenommen zu werden, muß man schon mit dem lieben Gott verwandt sein, und zwar ziemlich eng«, kommentierte ein Industrieller unserer Tage seine gescheiterte Kandidatur. »Noch bis vor zwanzig Jahren waren unsere Mitglieder *members of the English establishment,* gewählt von ihresgleichen, weil ihr Vater schon dazugehörte, weil sie die großen Gutsherren waren oder einfach nur die richtigen Leute am richtigen Platz.« Mr. Fellowes zieht Bilanz: »Früher wäre der Besitzer einer Ladenkette nie Mitglied im Jockey Club geworden, heute ja – because they know how to run a business.« Und Pferdesport ist, mehr denn je, *big business.* Darum ist jetzt auch der Bauunternehmer McAlpine *clubbable* geworden, der Billigflieger Freddie Laker ebenso wie David Sieff von Marks & Spencer. Whisky-Brauer und Grundstücksmakler, Philip Oppenheimer, Evelyn de Rothschild und der Aga Khan gehören zu den rund hundert Mitgliedern des Jockey Clubs. Gewiß, auch die Herzöge von Sutherland[1] und Devonshire sind noch im Rennen, die Multimillionäre Lord Cadogan, Lord Derby[2] und Lord Howard de Walden, Besitzer von drei Gestüten, und natürlich die *royalties,* der Duke of Edinburgh und Polo-Prinz Charles. Vielleicht ist der Jockey Club nicht mehr der vornehmste, mit Sicherheit aber der reichste Club Englands. Dafür stehen vor allem so exotische Namen wie Scheich Maktoum ben Rashid el Maktoum oder Prinz Khalid ben Abdulla. »Die Araber sind die neue Aristokratie des englischen Pferdesports«, sagt Mr. Fellowes, »sie investieren hier enorme Summen.«

Sechs der 72 Rennställe und Vollblutgestüte in Newmarket und 20 Prozent der Pferde gehören den Arabern. Hier züchten sie ihre eigenen Derbysieger. Als Shahrastani 1986 für den Aga Khan in Epsom gewann, hatten nicht einmal mehr zehn Prozent der dort gestarteten Pferde englische Besitzer. Bedauerlich, meint Mr. Fellowes, sehr bedauerlich, aber nicht hoffnungslos. Mögen die Amerikaner die besseren Zuchthengste haben und die Scheichs das

1 Seine Renn-Residenz ist *Stetchworth Park,* einer der Landsitze rund um Newmarket.
2 Nachfahre des 12. Earl of Derby, der 1780 das nach ihm benannte Derby in Epsom begründete.

O. Brower: Frederick Archer, 1878

große Geld, die Engländer haben den besten Rasen. Warum sonst kämen die Wüstensöhne mit ihren Kentucky-Stars zum Training nach Newmarket? »There was nowhere else to go!« Und haben die Araber hier nicht jüngst für zwei Millionen Mark eine neue Rennbahn gestiftet? »Die können sie jedenfalls nicht mitnehmen, sollten sie ihre Ställe in Newmarket abbrechen.« Ihr bedeutendster Stall heißt *Dalham Hall.* Dieser Landsitz östlich der Stadt, 1704 für Bischof Patrick von Ely erbaut, später im Besitz von Cecil Rhodes, gehört heute dem Scheich Mohammed el Maktoum, Verteidigungsminister von Dubai. Er und sein Bruder Hamdan haben hier neben den historischen Rennställen einen *maternity wing* für 250 Stuten errichtet. In diesem monumentalen Holzbau warten die Stuten auf ihre Stunde mit Dancing Brave, Zuchthengst No. 1, Hoffnungsträger der Vollblutwelt. Erfolgreiche Begegnungen in *Dalham Hall Stud* kosten Deckgebühren bis zu 360000 Mark. In seiner kurzen Rennkarriere gewann Dancing Brave fast drei Millionen Mark an Preisgeldern. Für 42 Millionen kam der Kentucky-Hengst in den Besitz eines internationalen Syndikats, dem unter anderem die Maktoum-Brüder, der Aga Khan und der Milliardär Paul Mellon angehören. Erhoffter jährlicher Kapitalzuwachs der Pferde-Aktie: etwa 18 Millionen Mark an Deckprämien. Als der Star von Dalham Hall 1987 an *Marie's Disease* erkrankte, bangte die

Nation. Der Sturz des Dollars war zu verschmerzen, nicht aber der Verlust von Dancing Brave. Gottlob, nun deckt er wieder.

Mr. Fellowes führt mich durch den Jockey Club. Das Haus ist so still, daß man die Pferde auf den Bildern wiehern hört. Nur zu den großen Rennen im Frühling und Herbst und zu Tattersalls' Auktionen treffen sich hier die ehrenwerten Mitglieder. Den Rest des Jahres über steht das Haus mit seinen Salons, Speisesälen, sechs Apartments und neunzehn Schlafzimmern leer: wahrer Luxus. Im Jockey Club, und das unterscheidet ihn wohltuend von anderen, hängen möglichst nicht Porträts seiner Mitglieder, sondern die ihrer Pferde. Der Dining Room etwa ist eine Elitegalerie für Hippologen: »all Derby winners, all owned by our members, all painted by Adam« – Emil Adam, ein bayerischer Maler der Jahrhundertwende, der hier zu fernen Ehren kam. Im Jockey Club hat auch ein Huf von Eclipse seine letzte Ruhe gefunden, in Gold gefaßt, auf eine Silberschale montiert, ein Geschenk Williams IV. Das National Horseracing Museum, gleich nebenan, hütet das gesamte Skelett, als wär's das Pferd des Pharao. Wer war Eclipse?

Geboren während der großen Sonnenfinsternis (*eclipse*) vom 1. April 1764, machte dieser Wunderhengst seinem Namen auch im übertragenen Sinn alle Ehre (*to eclipse* heißt: jemanden in den Schatten stellen). Mit einem legendären Satz prophezeite der irische Zocker Dennis O'Kelly dem Pferd einen glänzenden Sieg: »Eclipse first, the rest nowhere.« Weit vor den anderen, meist mit 20 Längen Vorsprung, gewann Eclipse alle Rennen. Beizeiten kaufte O'Kelly das Pferd aus dem Gestüt des Duke of Cumberland, zusammen mit dem *Eclipse*-Porträt von George Stubbs. Nie besiegt, tat der Edelrenner auch im Ruhestand sein Bestes: acht von zehn Vollblütern stammen in direkter Linie von ihm ab, darunter allein 90 Derbysieger. Dem Geheimnis dieses Zuchterfolgs kam auch der Direktor der Königlichen Akademie der Tierärzte in London nicht auf die Spur, der das Pferd der Pferde nach seinem Tod 1789 sezierte. O Eclipse, Flying Dutchman und Diamond Jubilee, o Nijinski und Macaroni, Dante und Blücher, ihr strahlenden Derbysieger, o Gainsborough und Pretty Polly, Arctic Prince, Magic Mirror, Never Say Die, eure Namen sind Poesie, euer Rennen ist gelaufen, und wenn es schön war, sind davon ein Huf oder ein Zahn, Sattel oder Zügel übriggeblieben in den Reliquienkammern von Newmarket. Mein Favorit: der Schweif von Gladiateur, Derbysieger von 1865: »his tail was the view enjoyed by the other runners.«

Natürlich ist dies auch ein Walhalla der Jockeys, der »Giants of the Turf«: Frank Buckle, der fünf Derbys gewann, Charles Trigg (*Hellfire Jack*), Elijah Wheatley, genannt *the Whippet,* weil er so dünn war, daß der Wind ihm durch die Rippen pfiff. »Diminutivgreise« nannte sie Fürst Pückler, »möglichst kleine und schmächtige Leute, die sich durch künstliches Schwitzen, Purgieren usw. fortwährend soviel als möglich reduzieren«. Fürst Pückler, in besseren Tagen selber Rennstallbesitzer, hatte einen Jockey aus Newmarket, »der unter anderem in Wien eine bedeutende Wette für mich gewann«. Jockeys waren Idole der Nation wie heute die Fußballstars. Einer überstrahlt sie alle, mit triumphalen Siegen und einem tragischen Ende: Fred Archer, ein Mythos des Pferdesports. 1000 Guineas, 2000 Guineas, Oaks und Derby: Fred Archer ritt von Sieg zu Sieg. Oft bestritt er mehr als 600 Rennen im Jahr. Auf dem Höhepunkt seiner Karriere, 1880, verdiente er jährlich rund eine halbe

Million Mark. *Archer's up,* grüßten sich in London die Taxifahrer: »Alles in Ordnung«. Wenige Monate nach seinem fünften Derbysieg, 1886, nahm der neunundzwanzigjährige Jockey in seinem Haus in Newmarket einen Revolver, den ihm ein Freund geschenkt hatte, mit eingravierter Widmung »T. Roughton, Trainer of the good horse Stirling«, und erschoß sich. Fred Archer verkörpert wie kein zweiter Glanz und Elend der Jockeys. Ihr Leben war oft eine einzige Hungerkur, ihr Alptraum vor jedem Rennen der *Weighing Room,* das zulässige Höchstgewicht von acht Stones (rund 50 Kilo). Lester Piggott auf die Frage, was er nach seinem Abschied als Jockey tun werde: »eating«, endlich essen.

Lester Piggott ist der berühmteste Einwohner von Newmarket, die schillerndste Figur in der Welt des Turf, der »Reiter des Jahrhunderts« (*Observer*). Seine Vorfahren saßen seit zwei Jahrhunderten als Jockeys und Trainer im Sattel. Mit zwölf bestritt Lester Piggott sein erstes Rennen, mit achtzehn gewann er sein erstes Derby, auf dem Außenseiter Never Say Die. Neun Derbysiege, 29 Siege in den englischen *classics,* 4349 Siege auf 19 806 Pferden in 28 Ländern: was für eine Bilanz nach 38 Jahren![1] Lester Piggott ritt mit gebrochenem Fuß und gebrochenen Rippen, mit Sehstörungen, punktierter Lunge, angenähtem Ohr und Nierenkolik: »Gewinnen kann man nur, wenn man ständig gewinnen will.« Nur im Sattel schien er zu leben. Er war verschlossen, wortkarg, kein Showstar. Selten sah man ihn lächeln. Für einen Jockey war er ungewöhnlich groß: 1,71 Meter. Er galt als harter, oft rücksichtsloser Galoppreiter mit einem genialen Gefühl für sein Pferd und seine Chance. So wurde »der Mann mit der goldenen Gerte« zum Multimillionär. Mit fünfzig Jahren, 1985, trat Lester Piggott als Jockey ab und begann eine zweite Karriere als Trainer in Newmarket. Wenig später fand seine Laufbahn ein schmähliches Ende. Wegen Steuerhinterziehung in Millionenhöhe wurde der *national hero* und Träger des *Order of the British Empire* zu drei Jahren Gefängnis verurteilt. Nach seiner Entlassung zog Lester Piggott sich in sein Haus Florizel in der Hamilton Road in Newmarket zurück, neben seinem Rennstall »Eve Lodge«. Schon jetzt hat er seinen Platz in Madame Tussaud's Wachsfigurenkabinett.

Jeden Mittwoch und Samstag treffen sich alle zum Training auf der Heide, morgens zwischen halb sieben und sieben. Aus unscheinbaren Toren mitten in der Stadt, an denen man gestern noch ahnungslos vorbeiging, aus den großen Gestüten am Ortsrand, von überallher, zu Hunderten kommen jetzt die Reiter, mit roten, gelben, blauen, leuchtenden Satteldecken, den Farben ihrer Trainingsställe, und traben in langen Reihen zu den *gallops* auf beiden Seiten der Bury Road. Wenn sie dann warmgeritten sind und in kleinen Pulks über den Warren Hill galoppieren, den langgestreckten Hang hinauf, mit trommelnden Hufen an dir vorüber, jetzt nur noch Silhouetten am Hügelkamm – das ist einer jener großen, klassischen Augenblicke der englischen Landschaft, unverändert seit den Tagen von *Old Rowley:* Trainingsalltag auf Newmarket Heath. »Eben sind siebeneinhalb Millionen Dollar an dir vorbeigeritten«, sagt David, ein Aficionado. Gemeint ist Jareer, die Derby-Hoffnung eines Scheichs. Hier galoppiert das große Geld. Unbeweglich beobachtet ein

1 Nur übertroffen von William Lee Shoemaker, genannt *The Shoe:* Der amerikanische Jockey gewann zwischen 1949 und 1979 insgesamt 7766 Rennen und rund 75 Millionen Dollar Siegesprämien.

Star-Jockey Lester Piggott, 1985

Reiter die Bahn: »a trainer on his hack«, Michael Jarvis auf seinem alten Gaul. David kennt sie alle: den Exchampion Doug Smith, einziger Jockey, der für zwei britische Könige klassische Rennen gewann; Michael Stoute, Trainer der Derbysieger des Aga Khan; und den großen Henry Cecil, der in seinem Stall »Warren Place« mehr als zweihundert Pferde betreut.[1] Sein bester Jockey: Steve Cauthen, *the Kentucky Kid*, der neue Star von Newmarket.

Nach zwei Stunden trotten alle zurück in ihre Ställe zum Frühstück. Dann wieder eine Stunde Training, Mittagspause, nachmittags noch einmal zwei Stunden *gallops*. »It's a hard life«, sagt David. Ein *stable lad*, der die Ställe ausmistet und meist auch die Pferde reitet, verdient rund tausend Mark netto im Monat. In ihrer Freizeit treffen sich die *lads* zum Billard oder Boxen in ihrem Klub, dem »New Astley« im Fred Archer Way. Einige Stallburschen züchten Tauben; alle träumen sie von einer Karriere wie der von Lester Piggott.

Rund hundert Trainer arbeiten heute in Newmarket. Im 19. Jahrhundert hielten sich die reichen *Lords of the Turf* eigene Rennställe samt Trainer. Inzwischen führen die meisten Trainer Ställe mit oft über hundert Pferden von verschiedenen Besitzern. Dem Trainer Gavin Pritchard-Gordon zum Beispiel gehören die Rennställe von »Fairhaven«, die Lord

1 Einer der Schüler Henry Cecils hat sich inzwischen als Toptrainer in Newmarket selbständig gemacht: der Mailänder Luca Cumani, der in »Bedford House« die Pferde arabischer Prinzen und englischer Millionäre trainiert.

Derby 1902 in Newmarket errichtete, neben seinem Landsitz Stanley House, wo der jetzige 18. Earl of Derby, Besitzer von achtzehn Rennpferden, zur Zeit der Rennen wohnt. Erfolgreiche Trainer verdienen heute bis zu 300000 Mark im Jahr. Das ist noch bescheiden, gemessen daran, was Pferde kosten und an Preisgeldern gewinnen können.

Am Rand des *Waterhall Gallop,* an der Straße nach Bury St. Edmunds, steht ein kleines Holzkreuz mit der Inschrift: »Joseph the Unknown Gypsy Boy«. Es ist das Grab eines unbekannten Zigeunerjungen, der im 19. Jahrhundert auf der Heide von Newmarket Schafe hütete. Als ihm eines Tages ein Schaf entlief, brachte der Junge sich um, aus Angst, als Dieb bestraft zu werden. Seitdem sind immer frische Blumen auf dem Grab; keiner weiß, wer sie bringt. Nun heißt es, und oft genug war es auch so: Am *Derby Day* gewinnt in Epsom das Pferd mit den Farben[1] der Blumen, die an diesem Tag auf dem Zigeunergrab von Newmarket liegen. Manchmal irrt das legendäre Blumenorakel. »In diesem Jahr lag ein Fliederstrauß auf dem Grab, die falschen Farben – es gewann Grün und Rot«, berichtet David, mein Gewährsmann. »Aber am nächsten Tag waren es rote Nelken mit Immergrün – Shahrastanis Farben, *the winning colours.«*

Gott schuf das Perd, der Engländer das Rennpferd. Newmarket ist der Beweis. Bei seinem Besuch im Oktober 1826 berichtet Fürst Pückler seiner Frau, nach dem Frühstück gehe man »noch eine halbe Stunde auf die Pferdeauktion, welche, von dem allbekannten Herrn Tattersall geleitet, beinahe alle Tage auf offener Straße stattfindet, und reitet oder fährt dann zum Wettrennen«. Zur Dezember-Auktion von *Tattersalls* kommen heute die *horsy people* aus aller Welt. Tattersalls ist das Sotheby's des Turfs. Es liegt auf einer leichten Anhöhe mitten in der Stadt, nicht weit vom Jockey Club und nur wenige Jahre jünger als dieser.

Richard Tattersall, Sohn eines Wollhändlers aus Yorkshire, begann 1766 an Hyde Park Corner in London, den Gentlemen der City Pferde, Kutschen und Jagdhunde zu verkaufen. So entstand Englands erste, Europas größte Auktionsfirma für Vollblüter (im selben Jahr übrigens wie Christie's). Mit seinem Straßenhandel machte *Old Tatt* ein Vermögen. Bester Kunde war der Prinzregent, der spätere George IV. Zur Krönung 1824 erwies ihm die Firma höchst werbewirksam die Reverenz: Sie errichtete an Hyde Park Corner einen Brunnen in Form einer Rotunde mit ionischen Säulen, zuoberst die Büste des Monarchen, unter dem Baldachin ein Fuchs – Symbol des königlich-nationalen Jagdvergnügens, Signet des Hauses Tattersalls bis heute. Dies exzentrische, überaus englische Denkmal für das meistgehetzte Tier des Landes machte jeden Umzug der Firma mit: 1865 nach Knightsbridge Green, und als auch dort die Stadtplaner die Pferde vertrieben, 1939 nach Newmarket (Abb. 56). Vor dem Jockey Club in der High Street hatten die Tattersalls indes schon seit dem Ende des 18. Jahrhunderts ihre Auktionen abgehalten.

Heute findet die Parade der Vollblüter in Park Paddocks statt, in einer neogeorgianischen Arena aus Backstein (1965). In den Stallungen ringsum ist Platz für 700 Pferde. Es riecht nach *big business.*

1 Hunderte von *colours* oder *silks,* historische Gestüt- und Jockeyfarben, sind im Jockey Club registriert – für die Turfwelt von ähnlicher Bedeutung wie die *tartans* für die schottischen Clans.

Richard Tattersall, 1788,
Porträt eines unbekannten Künstlers

In einem guten Jahr wie 1984 verkaufte Tattersalls rund 3100 Vollblüter für insgesamt 82,6 Millionen Guineas[1], etwa 320 Millionen Mark. Jedes Pferd kostete also im Durchschnitt über 100000 Mark – »top prices for the best British blood«. Ein vergoldeter Pegasus auf dem Dach der Auktionsarena zeigt an, woher der Wind weht. Als der griechische Reeder Stavros Niarchos 1982 in Newmarket die dreijährige Tenea ersteigerte, zahlte er den damaligen Rekordpreis von fast fünf Millionen Mark. Natürlich können Sie bei Tattersalls auch mal ein Schnäppchen machen: »He was cheap at 20000«, heißt es dann, wenn Sie hier für runde 60000 Mark den Zuschlag bekommen. Das ist in der Tat billig, denken Sie an Shergar: Der 1983 entführte (und nie wieder aufgetauchte) Derbysieger und Zuchthengst der Familie Guinness hatte einen Wert von etwa 40 Millionen Mark. Derart astronomische Summen sind weniger fiktiv als Van-Gogh-Preise. Sie setzen sich aus zwei Faktoren zusammen: klassische Rennsiege und anschließende Zuchterfolge, entsprechend also Preisgelder und Deckhengst-Prämien in Millionenhöhe. Tattersalls, bis 1942 in Familienbesitz, hat in den letzten sechzig Jahren mehr als siebzig Sieger von Derbys und anderen *classics* verkauft, eine stolze Bilanz. Versteigert werden indes meist Jährlinge, die ein bis zwei Jahre alten Nachwuchsrenner. Rund 110000 Vollblutfohlen werden heute weltweit in jedem Jahr geboren – »overproduction on the bottom end«, ein Überangebot schwacher Pferde, klagt man bei Tattersalls. Ihre

1 Nur im Pferdegeschäft rechnet man auf den Britischen Inseln noch in Guineen: 1 Guinea hat 105 Pence, 5 mehr als 1 Pfund.

Pferdeauktion bei Tattersalls in Newmarket, 1887

besten Kunden, arabische Millionäre, sind als Züchter zugleich die schärfste Konkurrenz für Englands florierende *bloodstock industry.*

Als Tattersalls 1939 im Auftrag des Aga Khan zwei seiner Derbysieger, Bahram und Mahmoud, nach Amerika verkaufte, ging ein Aufschrei der Empörung durch die Nation. Ein Mitglied des Jockey Clubs hatte exklusive britische Erbanlagen ins Ausland gebracht. Für Vollblutpatrioten war das unverzeihlicher als Spionage für das KGB. Zum Glück gibt es ein Bollwerk gegen den Ausverkauf nationaler Pferdezuchtinteressen, den *National Stud.* Geschäftsgrundlage ist Tattersalls' Devise: »Man paart die Besten mit den Besten und hofft das Beste.«

Der National Stud liegt an der Straße nach Cambridge, jenseits des *Devil's Dyke.* Dieser Erdwall der Bronzezeit, fast dreizehn Kilometer lang und sechs Meter hoch, läuft quer durch die Heide von Reach bis Ditton Green und bei Newmarket mitten durchs Renngelände. *The Ditch,* eine gute Naturtribüne, trennt die *Rowley Mile* vom *July Course* mit der schnurgeraden *Bunbury Mile.* Schon in prähistorischer Zeit hat man in der Gegend von Newmarket Pferde gezüchtet, heißt es im Jockey Club; die Iceni, für ihre Reitkünste bekannt, hätten sogar Pferde nach Rom exportiert. Die englische Vollblutzucht begann erst sehr viel später: mit drei arabischen Edelhengsten, importiert im späten 17. und frühen 18.

Jahrhundert und mit einheimischen Stuten gekreuzt. Der »Byerley Turk«, der »Darley Arabian« und der »Godolphin Arabian« gelten als Gründerväter der *English Thoroughbreds;* alle Vollblutpferde der Welt stammen von ihnen ab. Das wissen wir halbwegs genau dank James Weatherby aus Newmarket. Damit die so erfolgreich gemischte Rasse fortan rein bleibe, begann er 1791 im Auftrag des Jockey Clubs, über Zucht und Unzucht in den Ställen Buch zu führen. Dieses *Stud Book,* die Bibel der britischen Vollblutfreunde, wird bis heute von der Familie Weatherby herausgegeben. Trotz aller Systematik der Züchter, trotz der Arbeit von Trainern und Jockeys rennen die Stars dann doch meist ganz anders – zum Glück und zur Verzweiflung der Zocker. In diesem abenteuerlichen, absurden, schönen Spiel der genetischen und sportlichen Kräfte ist der National Stud von Newmarket der ehrgeizigste Versuch, das vollkommene Pferd zu züchten, den geborenen Derbysieger.

Alles ist weitläufig hier, großzügig, klinisch rein und ruhig wie ein Kurpark. Vorbei die martialischen Anfänge des National Stud, der im Ersten Weltkrieg gegründet wurde, 1916 in Irland, um Pferde für die Kavallerie zu züchten. 1967 bezog das Gestüt die neuen Ställe von Newmarket. Auch dieses Gelände gehört dem Jockey Club, 200 Hektar, »a lot of grass«. Die hier grasen sind zu Höherem bestimmt, die Elite der Vollblutwelt. Final Straw, Star Appeal, Royal Palace: Musik in den Ohren der *horsy people.* »Hier grasen die Stuten der Herzogin von Norfolk«, sagt mein Begleiter beiläufig, »und dort ein paar Gäste aus dem Gestüt Schlenderhahn.« Was Namen betrifft, geht es hier im übrigen diskreter zu als in jedem Eheanbahnungsinstitut. Preise? Nun ja, seine Stute hier decken zu lassen, kostet pro Woche rund 240 Mark Logis; mit zehn Wochen muß man rechnen; das Ergebnis hat seinen Preis: Deckgebühren bis zu 200000 Mark. In den Ställen ist Platz für rund 140 Stuten. Auch die Queen läßt hier decken, auch sie guter Hoffnung, endlich einen Derbysieger zu züchten. Sechs Hengste sind derzeit im National Stud im Einsatz, »for the benefit of the British bloodstock industry«. Die Hengste der Nation gehören weder dem Staat noch Einzelnen, sondern internationalen Syndikaten verschiedener Besitzer. In goldenen Lettern prangt ihr Stammbaum an der Stalltür. Einer ist pensioniert: Royal Palace, Derbysieger von 1967 – »he retired, wir geben ihm sechs Stuten im Jahr, just to keep him happy«.

Und wenn er dann gestorben ist, wird Royal Palace neben Tudor Melody liegen, auf dem Pferdefriedhof des National Stud. Auch Never Say Die ist hier begraben, mit dem Lester Piggotts Karriere begann, und der unvergeßliche Mill Reef, als Deckhengst[1] so erfolgreich wie als Derbysieger. Seine Bronzestatue steht am Hauptweg des National Stud. Mill Reef gehörte dem amerikanischen Milliardär und Mäzen Paul Mellon, Stifter des *Centre for British Art* in Yale. Er vor allem, ein Sammler großen Stils, trug mit seinen Ankäufen zur Neubewertung jenes Künstlers bei, der in Newmarket einige seiner schönsten Motive fand: George Stubbs.

Manchmal ist es ein einziges Bild, das den Geist eines Ortes, die Geschichte einer Leidenschaft vollkommen verkörpert. *Gimcrack* ist so ein Bild, George Stubbs hat es gemalt, um

1 Einer seiner Nachkommen: der Derbysieger von 1987, Reference Point, einer der Stars im Stall Henry Cecils, mit einem Marktwert von rund 45 Millionen Mark.

1765. Eine scheinbar alltägliche Szene auf der Heide von Newmarket: galoppierende Reiter im Hintergrund, vorne ein Grauschimmel nach dem Rennen, von seinem Trainer gehalten, daneben der Jockey, am Boden knieend ein Stallbursche, der das erhitzte Pferd mit Stroh trockenreiben wird – *rubbing-down* heißt diese Arbeit, die vor einem Ziegelhaus stattfindet, dem *rubbing-down house*. Alle Beteiligten in strengem Profil, das Pferd mit seidig schimmerndem Fell, Kopf und Hals schmal, lang, wie zum Bogen gespannt für den pfeilschnellen Körper, dessen Energie im Stillstand noch gesteigert ist, erstarrt wie das Kräfteparallelogramm von Haus und Dach. Subtil kalkuliert die Geometrie der Linien, Räume und Zwischenräume, die Balance der Komposition. Sublim beobachtet das Verhältnis zwischen Tier und Menschen, das Geflecht der Blicke und Gesten, die natürlichen Abstände und sozialen Abstufungen zwischen Trainer, Jockey und Stallburschen, alle drei nur Rahmen für das Pferd. Mit wieviel Realismus und Sympathie hat Stubbs das gemalt, in gedämpften Ockertönen vor dem kühlen hellblauen Himmel von Newmarket Heath. Ein Stück Rennalltag, zugleich ein historisches Turfereignis und das Porträt eines Siegers. Stubbs malt ja nicht irgendein Pferd, sondern Gimcrack, einen Superstar seiner Zeit, und nicht irgendein Rennen, sondern das vom 10. Juli 1765, Gimcracks spektakulären Sieg für den 2. Viscount Bolingbroke. Er war der Besitzer des Pferdes und Auftraggeber des Bildes, einer der frühen Mäzene von Stubbs. Beiläufiger, lapidarer wurde selten ein Rennsieg gefeiert als auf diesem Gemälde.

George Stubbs: Selbstbildnis, 1781

G. Stubbs: Gimcrack auf der Heide von Newmarket mit Trainer, Jockey und Stallburschen, um 1765

Gimcracks Sieg brachte dem Vicomte einen Wettgewinn von 1000 Guineen und den Buchmachern einen Umsatz von fast einer halben Million Mark. Es war das Ereignis der Saison. Unter den Zuschauern in Newmarket war an jenem 10. Juli 1765 auch Lady Sarah Bunbury, um Gimcrack zu bewundern, »the sweetest little horse that ever was«. Und sie fügte hinzu: »I was more anxious about the horse than the ministry«, sie habe mehr um das Pferd gebangt als um ihren Mann, der an diesem Tag in London sein Ministeramt verlor. Sir Charles Bunbury, Präsident des Jockey Clubs, kaufte drei Jahre später »the sweetest little horse«. Über seine Pferdeleidenschaft ging seine Ehe in die Brüche. Lady Sarah, Tochter des Herzogs von Richmond, soll sich in der ostenglischen Provinz tödlich gelangweilt haben, trotz Gimcrack. Dessen späterer Besitzer – solche Pferde tragen ja ein kleines Empire illustrer Namen mit sich – war der 1. Earl of Grosvenor, einer der reichsten Männer Englands, auch er ein notorischer Pferdenarr. So berichtet Horace Walpole am 17. März 1761, daß man seinen Freund gerade zum Viscount oder Baron ernannt habe, den genauen Titel wisse er so wenig wie der Geehrte, denn statt zur Verleihungszeremonie bei Premierminister Pitt sei Lord Grosvenor zum Kauf eines Rennpferdes nach Newmarket aufgebrochen. Nächst Pferden schätzte er die schönen Künste, besonders natürlich Stubbs. Von ihm besaß der Earl of Grosvenor wenigstens elf Bilder, unter anderem eine zweite Fassung von *Gimcrack;* sie hängt heute im Jockey Club.[1]

Stubbs' Mäzene waren *the lords of the turf,* die Mitglieder der Sport-Aristokratie. Sie organisierten die großen Rennen und Jagden, sie prägten die Kultur der Landsitze. Ihre

1 Die Popularität dieses Pferdes bezeugt noch heute der *Gimcrack Club* in New York.

George Stubbs: Studien für »Die Anatomie des Pferdes«, 1766

Frauen ließen sie von Gainsborough und Reynolds malen, ihre Pferde von Stubbs. Keiner porträtierte sie exakter, lebendiger als er, der Gerberssohn aus Liverpool. Aber sein Realismus ging über bloße Repräsentation weit hinaus. Statt der Antike studierte Stubbs die Anatomie, in einem abgelegenen Gehöft in Lincolnshire. Von den Bauern der Umgebung kaufte er Pferdekadaver, hängte sie an einem Balken auf, sezierte und zeichnete sie, Schicht für Schicht: Haut, Sehnen, Muskeln, Knochen. Dabei variierte er die Gangart seiner toten Modelle: mal Schritt, mal Trab, um jeden Aspekt der Haltung und Bewegung genau zu ergründen. Sechs oder sieben Wochen lang hingen die Kadaver dort, und Stubbs zeichnete, im süßlichen Geruch der Verwesung. Es war eine einsame, viehische Arbeit. Sein einziger Assistent war Mary Spencer, seine Frau. Eineinhalb Jahre lebte Stubbs mit seinen toten Pferden. Dann kannte er sie von innen, buchstäblich, bis auf die Knochen. Das war seine Akademie, das blutige Vorspiel zur Apotheose des Pferdes.

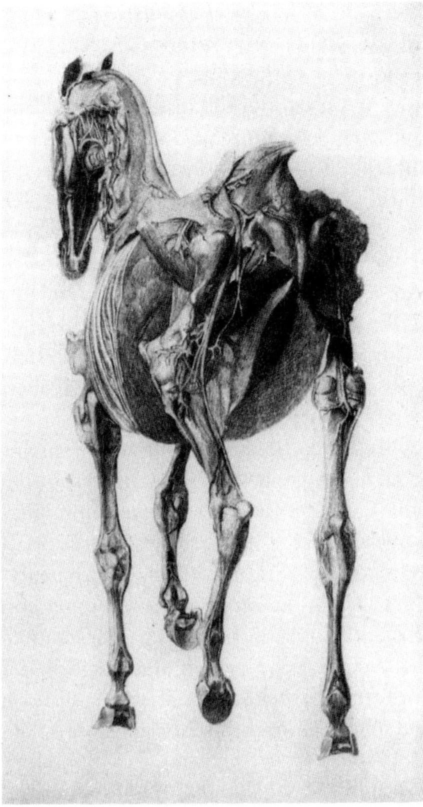

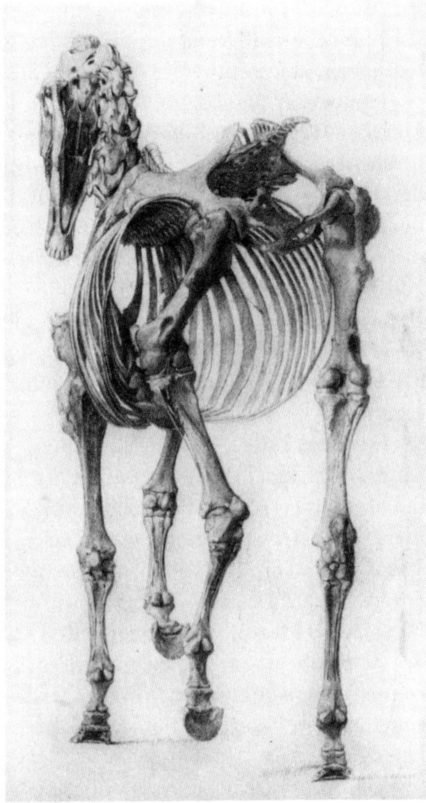

»Mr. Stubbs, Painter of horses«, so etablierte er sich 1758 in London. Sein Kupferstichwerk *Anatomie des Pferdes* machte ihn über England hinaus bekannt. An Auftraggebern fehlte es nicht: von William Wildman, einem Londoner Schlachter und Viehhändler, bis zum Prince of Wales, dem späteren George IV., der sich seinen neuen Zweispänner samt Kutscher und Pferden von Stubbs malen ließ. Seine Jagd- und Pferdebilder gehören zu einem traditionellen, überaus englischen Genre, der *Sporting Art.* Einige ihrer Pioniere aus dem frühen 18. Jahrhundert sind im *National Horseracing Museum* in Newmarket zu sehen. Denn ein Zentrum des Pferdesports wie dieses zog natürlich nicht nur die Buchmacher an, sondern auch die Maler. Hier fanden sie ihre besten Modelle und ihre reichsten Mäzene. Zusammen mit dem Autodidakten James Seymour, einem Turfkenner und Spieler, unterhielt John Wootton ein florierendes Atelier für Pferdebilder in Newmarket. Auch sein Freund Peter Tillemans aus Antwerpen arbeitete eine Zeitlang hier, ebenso John Nost

Sartorius aus Nürnberg[1] und John Frederick Herring, der vom Kutscher aufstieg zu einem der populärsten Pferdemaler des 19. Jahrhunderts. Aber erst George Stubbs gibt dem etwas trockenen, konventionellen Motiv der Spezialisten eine neue Dimension.

»Thy pencil, Stubbs, no rival need to fear; / Not mimic art, but life itself is here«, pries Horace Walpole, den Bilder sonst selten zu Versen bewegten. Hier malt einer mit nie zuvor gesehener Genauigkeit und Intensität. Der Anatomie folgt die Autonomie des Pferdes, ein durchaus revolutionärer Rollenwechsel: Das Pferd ist wichtiger als sein Reiter, der Mensch nur noch Randfigur, er darf die Zügel halten, und selbst wenn er oben sitzt, scheint nicht er die Krone der Schöpfung, sondern das Pferd. Natürlich sahen sich die hochgeborenen Auftraggeber mit solchen Bildern nicht entthront, eher aufs nobelste bestätigt. Die edle Kreatur, die Stubbs porträtierte, war schließlich ein Produkt ihrer Züchtung, galoppierende Kapitalanlagen, durch Kunst geadelt, vorgeführt als Inbegriff der kultivierten Countryside, der Harmonie von Mensch, Natur und Gesellschaft: »Ordnung auf vier Beinen« (Robert Hughes).

»Herzöge, Lords, Stallknechte, Spitzbuben, alles brüllt durcheinander und wettet miteinander«, berichtet Fürst Pückler im Oktober 1826 vom *betting post,* vom weißen Wettpfosten in Newmarket. Auf den Gemälden von Stubbs ist der Lärm des Rennplatzes verstummt, das Pferd in seiner Bewegung wie erstarrt. Kein Publikum, keine Anekdoten. Fast surreale Präzision und Stille bestimmen diese Bilder. Die statuarische Wirkung seiner Pferde steigert Stubbs noch durch ein scheinbar nur topografisches Detail, die *rubbing-down houses* von Newmarket Heath. Wie Monumente stehen diese Ziegelhäuser da, realistischer Bestandteil der Rennbahnarbeit, zugleich Chiffren, Tempel des Pferdekults. Von den ursprünglich vier *rubbing-down houses,* wo man die Pferde nach dem Training trockenrieb, ist heute nur noch eines am Rand des *July Course* erhalten, als Geräteschuppen und Orientierungspunkt am Horizont.[2]

Auch in seinem letzten, grandiosen Newmarket-Bild, *Hambletonian, Rubbing Down,* markieren die Ziegelhäuser Ort und Rhythmus des Gemäldes. Mit über zwei mal dreieinhalb Metern ist es Stubbs' größtes, in seiner Expressivität sein radikalstes Werk. Bildfüllend, in frontaler Seitenansicht, lebensgroß Hambletonian: mit vibrierenden Flanken, die Ohren flach angelegt, Speichel im Maul, hechelnd: ein erschöpfter, kein strahlender Sieger. Ein monumentales, unerhört realistisches Bild (siehe vordere Umschlaginnenklappe). Sein Auftraggeber, der achtundzwanzigjährige Baronet Henry Vane-Tempest, lehnte es ab. Der Künstler, damals fünfundsiebzig, mußte sein Honorar vor Gericht eintreiben. Stubbs hatte nicht den Triumph des Besitzers gemalt, sondern seine Sympathie mit einem geschundenen Pferd, die Realität nach einem Rennen über mehr als vier Meilen, das Hambletonian mit einer halben Nackenlänge gewann, durch Sporen und Peitschenhiebe brutal angetrieben, schockierend selbst für damalige Verhältnisse. Das war am 25. März 1799. Ein Jahrhundert-

1 Aus der Künstlerfamilie Sartorius, die um 1720 von Nürnberg nach England auswanderte, gingen drei Generationen britischer Jagd- und Pferdemaler hervor.

2 In den dreißiger Jahren benutzte es der Pferdemaler Sir Alfred Munnings als Atelier.

rennen, das dem Besitzer Hambletonians eine Siegesprämie von 3000 Guineen einbrachte, dem Maler seines Pferdes ein Honorar von 300 Guineen.[1] Ein Landarbeiter verdiente damals etwa fünf Guineen im Jahr. Soviel zur Anatomie der Klassengesellschaft. Sie darzustellen, überließ Stubbs seinem Zeitgenossen Hogarth. Daß er selbst unbestechlich und sensibel Menschen zu beobachten vermochte, gerade als Randfiguren von besonderer Eindringlichkeit, zeigen Meisterwerke wie *Hambletonian*.[2]

Als Maler von Pferden, herrschaftlichen Hunden und allerlei exotischen Tieren schätzte man ihn; zu Reichtum und Ehren wie Gainsborough kam er nicht. Gemessen an Porträt- und Historienmalerei galt Stubbs' Tierleben, bei aller Brillanz, als minderes Genre. Im Alter packte ihn wieder die frühe Obsession, Sezieren und Zeichnen. Er starb mit 81 Jahren, 1806, bei der Arbeit an einer »Anatomischen Darstellung, welche den menschlichen Körper mit dem eines Tigers und einer Henne vergleicht«. Zu seinem kargen Nachlaß gehörte eine weiße Perserkatze.

1 Pferdebilder von Stubbs sind heute Renner auf dem Kunstmarkt: Sein *Baron de Robeck Riding a Bay Cob* erzielte 1987 bei Sotheby's in New York den Rekordpreis von fast fünf Millionen Mark.

2 Nach diesem Pferd ist das jährlich in Goshen/New York stattfindende Trabrennen *Hambletonian* benannt.

NORFOLK

Norfolk? Oh, flat Norfolk
(Noël Coward)

Ganz London lachte in den dreißiger Jahren über Sir Noël Cowards Boulevard-Scherz. Die immer wieder gern variierte Platitüde, Norfolk sei so flach, daß man an einem klaren Tag die Türme von Leningrad sehen könne, ist sozusagen ein Friesenwitz der englischen Geografie. Allerdings bin ich quer durch die Grafschaft bis an die Küste nach Cromer gefahren, bis ich die ersten nennenswerten Hügel fand, Moränen der Eiszeit. Von den wenigen Hügeln aus sieht man um so mehr, wie flach das Land ist. Zwischen Fen[1] und Wash auf der einen, den Broads und der Nordsee auf der anderen Seite scheint Norfolk sich so gerade noch über Wasser zu halten. Es war nicht nur das Plätschern der Bure, das Sir John Betjeman nachts in der Kajüte seines Bootes hörte, es ist die Grundmelodie eines Wasserlandes, die aus seinem *Norfolk*-Gedicht klingt: »A whispering and watery Norfolk sound / Telling of all the moonlit reeds around.«

Rund fünfzig bis siebzig Jahre halten Reetdächer aus Norfolker Ried, dem zähesten des Landes. Charakteristischer noch sind die Flintmauern, Häuser und Kirchen aus hartem, funkelndem Feuerstein.[2] Dies ist *flinty country,* Feuersteinland. Klar und kalt wie der Stein ist auch das Licht der Küste, *flinty light.* Cotman, Crome, die Künstler der *Norwich School* haben dieses Licht gemalt, auf ihren unsentimentalen Reisen in eine Landschaft, die alles andere ist als pittoresk. Norfolk ist spröder, kühler als Suffolk. Umfing uns dort noch die Atmosphäre mittelalterlicher Tuchmacherdörfer, so spüren wir hier eine frühere, normannisch-sächsische Schicht. Englands östlichste Grafschaft liegt, in jeder Hinsicht, außerhalb des *Central Heating Belt* von London.

Norfolk, sagen die Einheimischen gerne, »is cut off on three sides by the sea and on the fourth by British Rail«. Tatsächlich fährt die Eisenbahn nur noch bis King's Lynn im Nordwesten, im Nordosten bis Cromer. Dazwischen, im gesamten zentralen Teil der Grafschaft, kann man die stillgelegten Bahnlinien entlangtippeln und von den schönen Tagen der Dampflok träumen. Vor allem landeinwärts ist Norfolk noch heute so entlegen und unberührt wie Suffolk vor dem Krieg.

Unterwegs nach *Mannington Hall.* Mäanderwege, einspurige Landstraßen, Wege ohne Wegweiser. Als ich Lord Walpoles Landsitz endlich erreiche, meint der Hausherr diplomatisch, die Hauptstraßen müsse man besser ausbauen, doch die Nebenstraßen seien »delight-

1 Der größere Teil der Fens liegt in Cambridgeshire und wird im Folgeband *Oxford und Cambridge* beschrieben.

2 Der einzige brauchbare einheimische Baustein neben Flint ist in Norfolk der *Carstone,* ein kreidehaltiger Sandstein, seiner goldbraunen bis rostroten Farbe wegen auch *gingerbread stone* genannt, häufig zu sehen im Nordwesten der Grafschaft in den Dörfern rund um *Snettisham,* wo er gebrochen wurde.

fully inadequate – long may they stay that way!« Als seien sie eigens angelegt zur Verteidigung der heiligen *privacy.* Indes fühlt sich auch Lord Walpole, Nachfahre des ersten britischen Premierministers, gelegentlich ein wenig abgeschnitten vom Rest der Welt.

Norfolks jahrhundertelange Abgeschiedenheit hat den Charakter der Einheimischen geprägt, ihre Unabhängigkeit, ihre Unbotmäßigkeit, von Queen Boudicca, der rebellischen Königin der Iceni, bis zu den Brüdern Kett, den Führern des letzten englischen Bauernaufstands. »Norfolk do different«, sagt man. Mit der Aussprache mancher Ortsnamen zum Beispiel haben selbst Engländer gewisse Schwierigkeiten: Costessey wie *Cossy,* Hunstanton wie *Hanstn,* Wymondham wie *Windem,* Happisburgh wie *Haysbrr* auszusprechen, das ist schon reichlich querköpfig. Im übrigen sind die Norfolker noch schweigsamer als ihre Nachbarn in Suffolk, nicht verschlossen, doch reserviert, »and they may appear occasionally unfriendly« (Lord Walpole). *Norfolk dumplings* nannte man sie früher, Mehlklöße.[1] Norfolk ist ein Tory-County. Auch als Nonkonformisten wählen sie konservativ: ländlich-feudales Erbe, nicht unbedingt Thatcher-Sympathie.

Norfolk, jenseits von Yarmouth: einsame Strände, selbst in der Hochsaison. Meilenweite, menschenleere Marsch. Kirchen ohne Dörfer, Dörfer so still wie Kirchhöfe. Von den 44 englischen Counties liegt Norfolk der Größe nach an vierter, der Bevölkerungszahl nach an 23. Stelle. Im Mittelalter war dies die am dichtesten besiedelte Grafschaft Englands. Zur Zeit der *Domesday*-Zählung, 1086, hatte Norfolk etwa 125 000 Einwohner (soviel wie heute die Grafschaftshauptstadt Norwich). Von den 726 Siedlungen, die das *Domesday Book* verzeichnet, sind 130 gänzlich verschwunden. Nicht nur die Pest entvölkerte das Land. Noch Daniel Defoe notierte auf seiner Englandreise, keine andere Grafschaft könne sich dreier Städte rühmen, »so populous, so rich, and so famous for trade and navigation« wie Norfolk, nämlich Norwich, Yarmouth und King's Lynn. Das war 1723, vor dem Niedergang des Küstenhandels und lange vor der großen Depression in der Landwirtschaft.

Im Mittelalter war Norfolk *wool country.* Tausende von Schafen grasten in den Brecklands im Südwesten und im Norden der Grafschaft. Aus Norfolk kam die Wolle, die Suffolks Weber und Tuchhändler reich machte. Doch auch bedeutende Agrarreformer stammen aus Norfolk, die Cokes, die Townshends und Walpoles, die ihren sandigen Böden erstaunliche Erträge abgewannen. Holkham, Raynham und Houghton, ihre Güter wurden im 18. Jahrhundert Zentren des landwirtschaftlichen Fortschritts. »The greatest barley county in the kingdom« (Arthur Young), Norfolk hat heute die größten Gerste- und Zuckerrübenfelder in England. Doch seit langem entläßt auch die Agrarrevolution ihre Kinder.

Bei 14 Prozent liegt die Arbeitslosigkeit im Norden Norfolks, weit über dem ostenglischen und nationalen Durchschnitt. »Very alarming«, sagt Lord Walpole, »aber wenn die Güter überleben wollen, müssen sie ihre Arbeitskräfte reduzieren«: allein auf Mannington Hall um fast drei Viertel innerhalb der letzten fünfundzwanzig Jahre. »Tourismus hilft, die Lösung ist es nicht«, meint Walpole. »Wir brauchen mehr Leichtindustrie, die der Region

1 George Cruikshanks Karikatur *Norfolk Dumplings* ist eine Attacke auf den Herzog von Norfolk, einen notorischen Lebemann des Regency.

John C. Joy (um 1806–60): Rettung Schiffbrüchiger bei Gorleston

entspricht: Nahrungsmittelfabriken, Brauereien, Kartoffelchips-Produzenten.« Die einstigen Zentren des landwirtschaftlichen Fortschritts sind heute *Rural Development Area,* staatlich subventioniertes Entwicklungsland.

Mitte der sechziger Jahre wurden vor der Küste von Norfolk riesige Erdgasfelder gefunden. Seitdem strömt das Gas durch Pipelines in die Raffinerien von *Bacton,* einem Flintdorf nördlich der Broads. Soviel zum Stichwort Industrie. Und dies noch, für die Fans von Stirling Moss, Jim Clark und den anderen Stars der Formel 1: *Hethel,* ein Dorf bei Norwich, ist Sitz des erfolgreichsten britischen Automobilrennstalls, verbunden mit einer exklusiven Sportwagenproduktion: Lotus International, gegründet von Colin Chapman. Der ehemalige Grand-Prix-Fahrer ließ sich 1964 in der Nachbarschaft ein Herrenhaus im Kolonialstil der amerikanischen Südstaaten bauen, mit doppelstöckigem toskanischem Säulenportikus und Balkon. *East Carleton Manor,* entworfen von James Fletcher-Watson[1], ist eines der wenigen neuen Country Houses der Grafschaft, doch leider: Moderne im Rückwärtsgang.

1 Derselbe Architekt, ein Lutyens-Verehrer, baute in Norfolk u. a. *Watlington Hall* (1965) und das Palais des Bischofs von Norwich (1959), beides Backsteinhäuser in neogeorgianischem Stil.

William Beechey: Horatio, Viscount Nelson, 1801

George Cruikshank: Dickerchen aus Norfolk, oder: Sein Dankgebet vor der Mahlzeit

Wenn die Queen sich vom Londoner Hofstreß erholen will, fährt sie zu ihren Pferden nach *Sandringham* (Abb. 22). Mit ihrem viktorianischen Landschloß gehört die *Royal family* in Norfolk zu den *newcomers.* Die Cokes und Walpoles, Townshends und Fountaines, die großen *landed families* der Grafschaft leben seit Jahrhunderten auf ihren Gütern. *Holkham* und *Houghton,* ihre prächtigsten Landsitze, werden bis heute von denselben Familien bewohnt und bewirtschaftet (Abb. 3 und 8). Wie stolz diese Landlords auf ihr Erbe sind und wie sie dafür arbeiten, habe ich unterwegs immer wieder erfahren, auch auf *Heydon Hall* (Abb. 12) »Norfolk is a man-made landscape«, erklärt der Hausherr, William Bulwer Long. »Als Gutsbesitzer hat man das Glück, die Landschaft wirklich zu schaffen, die die Maler der *Norwich School* nur malten. Ein enormes Privileg.«

Im 16. Jahrhundert gab es in Norfolk mehr als 600 Gutsherren, *lords of the manor.* Heute verzeichnet Burke's & Savills *Guide to Country Houses* noch 462 größere und kleinere Landsitze allein in dieser Grafschaft, die meisten privat. Zu ihrem architektonischen Reichtum, der jedermann zugänglich ist, zählen auch hier wieder die Kirchen: die Marschkirchen zwischen King's Lynn und Wisbech, noch kaum bekannt, versunken in mittelalterlicher

Atmosphäre[1]; die zahllosen Dorfkirchen, über 50 reetgedeckt (mehr als im ganzen restlichen England), wo mal ein normannischer Taufstein[2], mal gotische Chorschranken[3] oder monumentale Brasse[4] zu entdecken sind; und dann Norwich, die Kathedralenstadt mit ihrer Fülle alter Pfarrkirchen. Der unermüdliche Pevsner registrierte in Norfolk über 50 Klöster und mehr als 650 Kirchen aus der Zeit vor 1830, viktorianische und spätere gar nicht gerechnet, mehr als in jeder anderen englischen Grafschaft. Darum benötigte Sir Nikolaus in seiner Bestandsaufnahme der *Buildings of England* allein zwei Bände für Norfolk (»the biggest county job I have had to do«).

Doch ist dies auch die Grafschaft der Windmühlen. Bockmühlen, Turmmühlen, Mühlen aus Backstein oder holzverschalt, Getreide- und Entwässerungsmühlen: nirgendwo stehen sie zahlreicher (außer in Holland), nirgendwo stoischer als im Wind von Norfolk. Und nirgendwo zischt das Bier heroischer aus den Zapfhähnen als in den Nelson-Pubs rund um *Burnham Thorpe* (Abb. 48). Ohne Norfolk kein Nelson, ohne Nelson keine britische Seeherrschaft. Von dieser Küste stammt *the Hero,* der Sieger von Trafalgar. Es ist eine Küste mit Salzmarsch und Lavendel, mit Prielen, Dünen, Buchten, bröckelnden Klippen aus Eiszeitgeröll, einsamer, wilder als die Küste von Suffolk, arktisch, melancholisch, schön und trügerisch, mit Sandbänken und Treibsänden, Sturmfluten und ständiger Erosion, eine Küste, warnt Defoe, »which is particularly famous for being one of the most dangerous and most fatal to the sailors in all England«. Ich liebe diese Küste, ohne Segler zu sein oder Ornithologe[5], was das Vergnügen fraglos noch steigern würde.

The Wash heißt die breite, flache Bucht, die sich zwischen Norfolk und Lincolnshire schiebt, bei Ebbe ein stiller Binnensee, bei Nordwind oder Nordost ein aufgewühltes Meer. Vier Flüsse münden in den Wash, River Ouse, Nene, Welland, Witham, und ihre Mündungen verändern sich ständig. Die tückischen Treibsände haben so sprechende Namen wie *Pandora, Thief* oder *Bull Dog Sand.* Nur selten sieht man noch am Strand von Snettisham die *horse-and-cart-fishermen,* die bei Ebbe mit Pferdefuhrwerken hinausfahren und im Sand die Muscheln sammeln. Fünfzig Meilen Einsamkeit rund um den Wash, der längste unbebaute Küstenstreifen in England. Mehr als 160 000 Sumpfvögel und rund 51 000 Wildenten leben dort, ein Feuchtgebiet von internationaler Bedeutung, 1988 zur *Special Protection Area* für Vögel erklärt. Indes gibt es Pläne, die ganze Wash-Bucht wie die Zuidersee durch einen Damm einzudeichen und trockenzulegen. Geschähe es, wäre der einzigartige Charakter dieser Bucht, nicht nur ihre Vogelwelt, unwiederbringlich dahin. Doch scheint der Wash selbst sich vorerst erfolgreich gegen solche Pläne zu wehren, mit einem Tidenhub von fünfeinhalb Metern und einer bis zu sieben Knoten starken Strömung.

1 Z. B. in Terrington St. Clement, Walpole St. Peter, Walsoken, West Walton (siehe Anhang, S. 547).

2 Z. B. in Burnham Deepdale, Castle Rising, Fincham, South Wootton.

3 Die schönsten in Ranworth und Attleborough, filigranes Maßwerk mit bemalten Holzpaneelen.

4 Eindrucksvolle Beispiele in Elsing, King's Lynn und Walsoken.

5 Im *Holme Bird Observatory,* dem Ornithologen-Informationszentrum der Nordküste Norfolks, sind rund 280 Vogelarten registriert.

»Oh! rare and beautiful Norfolk«, schwärmte John Sell Cotman, malend unterwegs in seiner Heimat. Was für eine Küste, was für Bilder, welche Gerüche, welche Genüsse! Im Westen die Lavendelfelder von Heacham, im Osten die Bücklinge von Great Yarmouth. Hier die Strände der *Middle class,* dort das Landschloß der Queen. Aber ich wette, bei den Windsors gibt es zum Frühstück auch *kippers* aus Yarmouth.

Norwich: Königin der Provinz

Seit Jahren kaufe ich meinen Tee bei Mr. Wilkinson in *Norwich.*[1] Sein Laden ist eine ehemalige Bierschänke, ein altes Haus in der Magdalen Street, eng und voll von den Wohlgerüchen aus Assam, Sikkim und Dimbula. *Mister Dabbelju,* wie seine Mitarbeiter ihn nennen, führt rund 150 Teesorten, in großen, handbeschrifteten Holzbehältern. Jedesmal öffnet er mir Dutzende von Kisten, läßt mich sehen und riechen, holt mal hier, mal dort eine Handvoll Tee hervor, reibt die Blätter behutsam zwischen seinen Fingern, behaucht die Spitzen und hält mir die halb geöffnete Faust zur Aromaprobe unter die Nase. Stets trägt Mr. Wilkinson eine Krawatte unter seinem grauen Kittel, ein viktorianischer Kaufherr, der in seinem kleinen Laden noch über die letzten, köstlichsten Düfte des verlorenen Empire gebietet, der Zeremonienmeister der *Tea Street* in *Dickenstown.*

Mitten im alten Norwich hat sich in den achtziger Jahren eine neue Generation etabliert: junge Banker, Computerdesigner, High-Tech-Unternehmer, Fernsehleute, die *New Class* der Smarten, Erfolgreichen, »Mrs. Thatcher's Children« (Malcolm Bradbury). Man trifft sie, zum Beispiel, in der »Last Wine Bar«, einer restaurierten edwardianischen Schuhfabrik, *downtown* in Merchant's Court. Ähnlich wie in Cambridge hat der Aufschwung der Thatcher-Jahre in Norwich ein ideales Terrain gefunden: eine Universitätsstadt ohne die Trümmer der industriellen Revolution, ohne das Trauma desolater Innenstädte, ein Ort mit dem unzerstörten Charme jahrhundertealter Provinz.

»Norwich has the most Dickensian atmosphere of any city I know«, schwärmt J. B. Priestley in seiner *English Journey* im Jahre 1933: »What a grand, higgledy-piggledy, sensible old place Norwich is!« Doch sei dies keine bloße Provinzstadt, sondern die alte Kapitale von ganz East Anglia. Der Verlust, den der englische Dichter in Norwich spürt, hat mit einem generellen Mangel zu tun, damals wie heute: »that government in this country is now far too centralized«. Seine Liebeserklärung an Norwich schließt Priestley mit dem halb ernsthaften, halb ironischen Ruf nach regionaler Autonomie: »Home Rule for East Anglia!«

Norwich hat rund 126000 Einwohner: längst keine Kleinstadt mehr und noch keine Großstadt, von beidem etwas und mehr als beides, ein Glücksfall der Urbanität im Kleinen. Auf einer EG-Tabelle der »wohnlichsten Städte Europas« rangiert Norwich als erste britische Stadt, noch vor bekannteren und so vielgerühmten Orten wie Bath und York. Norwich

1 Stadtplan siehe hintere Umschlaginnenklappe.

Robert Dixon: Hinter dem Magdalen-Tor, Norwich, 1809

hat eine der ältesten Kathedralen im Land und eine der jüngsten Universitäten, einen Labour-Stadtrat inmitten einer überaus konservativen Grafschaft. Aus Norwich stammen einige der besten englischen Landschaftsmaler des 19. Jahrhunderts und die Pioniere des Maschendrahts. *Colman's Mustard* kommt aus Norwich und Mother Juliana, Englands leidenschaftlichste Mystikerin und Englands schärfster Senf. Gepriesen die Stadt, die das Nützliche und das Schwärmerische, das Poetische und das Praktische so selbstverständlich verband, auf deren Markt radikale Ideen so willkommen waren wie die Rüben vom Feld. Als im 17. und 18. Jahrhundert, erst aus Holland, dann aus Frankreich, Glaubensflüchtlinge in großer Zahl nach England kamen, da hat Norwich exemplarisch gezeigt, wie man das Asylantenproblem löst: durch offene Türen und eine aktive Integrationspolitik. Das ging auch damals nicht ohne Streit und Blessuren, aber es ging. Und am Ende profitierten alle davon, Einheimische und Asylanten.

»A fine old city, truly, is that, view it from whatever side you will.« Den immer noch schönsten Blick auf Norwich beschreibt George Borrow 1851 in seinem autobiografischen Roman *Lavengro,* den Blick vom St. James's Hill in *Mousehold Heath,* der einstigen Heide nordöstlich der Stadt: »Da breitet sie sich aus von Norden nach Süden, mit ihren ehrwürdigen Häusern, ihren zahlreichen Gärten, ihren drei mal zwölf Kirchen und ihrem mächtigen

John Thirtle (1777–1839): Blick auf Norwich von Mousehold Heath

Burgberg, der, wenn man der Überlieferung glauben darf, von Menschenhand aufgeschüttet wurde als Grabhügel für einen alten Heidenkönig, der tief im Innern sitzt, ein Schwert in der Hand und rings um ihn seine Gold- und Silberschätze.« So hat auch Norwich seinen Kyffhäuser und King Arthur eine weitere Filiale.

Sternförmig gehen die Straßen von Norwich aus ins Land, nach Süd- und Mittelengland; nach Norden und Osten enden sie bald am Meer. Gerade das liebe er an Norwich, sagt mir der Schriftsteller Malcolm Bradbury, »daß es von hier aus fast keinen anderen Weg gibt als in der einen Richtung nach London, in der andern nach Amsterdam. Das fördert in der Einbildung eine Art Einsamkeit und Abgeschiedenheit von Geist und Seele.« Eindreiviertel Stunden braucht man mit der Eisenbahn nach London, knapp eine Flugstunde nach Amsterdam.

Auf einem Silber-Penny König Aethelstans I., geprägt zwischen 920 und 940, taucht der Name *Northwic* zum erstenmal auf. Norwich, die Siedlung *(vicus)* im Norden, kontrollierte schon zur Zeit der Wikinger-Herrschaft über East Anglia den Brückenkopf am River Wensum, der bis dorthin schiffbar war, oberhalb seines Zusammenflusses mit dem River Yare: ein idealer Binnenhafen und Handelsplatz. Auf dem Markt bei *Tombland* kauften die Angelsachsen ihre Luxusartikel: Felle aus Rußland und Skandinavien, feine Wollwaren aus Flandern, Töpfereien aus Frankreich. Diese florierende Siedlung in der Flußschleife des Wensum war der Kern des normannischen Dombezirks.

Mit rund 5500 Einwohnern, 21 Kirchen und 43 Kapellen wird Norwich schon kurz nach der normannischen Eroberung, im *Domesday Book* von 1086, als drittgrößte Stadt Englands verzeichnet, nächst London und York. Burg und Kathedrale, die normannischen Machtzentren, prägen bis heute das Bild der Stadt (Farbt. 23, Abb. 58, 62). Gelb von Narzissen ist der Burgberg im Frühjahr, einer der eindrucksvollsten Schanzhügel des Mittelalters, kurz nach 1066 über einem natürlichen Hügel errichtet. Erst ein Jahrhundert später folgte die

Burg aus Stein, nur wenig kleiner als der White Tower in London und wie dieser ein Wohnturm *(hall-keep)*, nicht nur ein Wehrturm *(tower-keep)*: nur 21 Meter hoch, dafür um so breiter, 30 Meter im Quadrat. Was *Norwich Castle* vor allen anderen Burgen der Normannen auszeichnet, ist ihr reicher Fassadendekor: Blendarkaden rundum, drei bis vier Reihen übereinander, in unterschiedlicher Höhe und Bogenweite, von flachen, pilasterartigen Strebepfeilern unterbrochen. Ein militärischer Zweckbau, und dann Ornamente in solcher Feinheit und Fülle? Alles Attrappe, Burgtheater des 19. Jahrhunderts? Tatsächlich hat der Architekt Anthony Salvin, Burgen- und Schlösserexperte der Viktorianer, außer dem Tower und Windsor Castle zwischen 1833 und 1839 auch die Burg von Norwich restauriert und die Fassade fast gänzlich rekonstruiert – originalgetreu in den Motiven, täuschend nur im Material. Die ursprünglich mit Caen-Stein verkleideten Flintmauern putzte Salvin durch Bath-Stein heraus, ein viel zu elegantes Ritterkostüm.

Vom Originalinterieur ist nichts erhalten. Zwei Säle lagen im Hauptgeschoß, Gänge und Treppen in der Dicke der Mauern. Früh verlor die Burg ihre militärische Bedeutung. Vom 14. bis ins späte 19. Jahrhundert diente sie als Grafschaftsgefängnis, seit 1889 ist sie Museum. Auch dank ihrer kontinuierlichen Nutzung blieb diese Burg so bemerkenswert gut erhalten. Könige wurden hier empfangen, aufständische Bauern eingekerkert und gehängt. Die öffentlichen Hinrichtungen fanden bis 1867 am unteren Ende der mittelalterlichen Brücke statt, die auf den äußeren Burghof führte. Dort war jahrhundertelang der Pferde- und Viehmarkt der Stadt.[1] Wo seit 1960 die Autos den Burgberg belagern, soll ein Park entstehen, mit Einkaufszentrum und Parkplatz unter der Erde.

Norwich Castle ist heute eines der lebendigsten Provinzmuseen, die ich kenne. Im Kellergewölbe eine Sammlung von Totenmasken hingerichteter Mörder, in den Galerien die zartesten Aquarelle von Cotman und seinen Malerfreunden. Doch stürzen Sie nicht gleich ins Museum (siehe S. 394ff.). Zwischen Burg und Kathedrale schlägt seit normannischer Zeit das Herz der Stadt, der Markt. Von Castle Street führt eine Passage dorthin, die *Royal Arcade* mit ihren Jugendstilmotiven, Anfang dieses Jahrhunderts von dem einheimischen Architekten George Skipper entworfen (Abb. 63). Und dann der *Markt*, bunt und fröhlich wie ein Badestrand. Die roten, blauen, grünen, gelben Markisen der einzelnen Stände überspannen wie ein einziges, riesiges Zelt den ganzen Platz. Alles ist hier zu haben: Ziegenkäse, Gummistiefel, alte Bücher, *Hot dogs*, pinkfarbene Hausschuhe, die Fische der See, Wild von den großen Gütern, Obst und Gemüse vom Fen und aus der Marsch. Was für Gerüche, was für ein Gewimmel. Seit fast 900 Jahren tragen Bauern und Händler hier ihre Waren zu Markte, mit über 200 Ständen der älteste und größte Straßenmarkt Englands. Ein Bilderbuchmarkt, überragt von der normannischen Burg auf der einen, dem modernen Rathaus auf der anderen Seite, umgeben von georgianischen Häusern, der Pfarrkirche und der Guildhall des Mittelalters.

König George VI. hat die *City Hall* 1938 eröffnet, ein nordisch karger Bau aus graurotem Backstein nach dem Vorbild des Stockholmer Rathauses, mit einem hohen Turm und der

1 Seit 1960 am südlichen Stadtrand, in Harford Bridges.

John Sell Cotman: Norwich Castle, um 1808/09

monumentalen Schönheit einer öffentlichen Bedürfnisanstalt. Hier werden die Regalia verwahrt, die opulenten Pokale, Silberschalen und Insignien der Stadt und ihrer bisher 530 Bürgermeister. Bis 1938 tagte der Stadtrat unter den Tudorbalken der benachbarten *Guildhall* (1407–13). Das alte Rathaus war nach- und nebeneinander Gerichtsgebäude, Gefängnis, Tuchhändlerbörse, Stadtbücherei; heute ist es Fremdenverkehrsamt. Virtuos die Ostgiebelwand mit ihrem *flushwork*-Rautenmuster aus Flint und Stein, eine Harlekinade von 1535.

Wer zum Markt ging, besuchte einst auch die Marktkirche, *St. Peter Mancroft*. Ihr prächtiger Perpendicular-Turm bezeugte Gottes Segen ebenso wie die Segnungen des Handels. Norwich hat viele Kirchen, keine ist schöner als diese, erbaut 1430–55. Ein Raum aus Licht und Maß, gotische Klarheit. Kein Lettner, kein Bogen trennt Hauptschiff und Chor. Ungebrochen der Blick, ungebrochen das Licht. Licht von den großen Fenstern der Seitenschiffe, von den 34 Fenstern des Obergadens, vor allem aber von dem monumentalen Ostfenster, das die ganze Stirnwand mit dem farbigen Funkeln der Mysterien füllt. Norwicher Glasmaler schufen dieses Perpendicular-Fenster in der Mitte des 15. Jahrhunderts, eine leuchtende Bilderbibel mit Szenen aus dem Leben Jesu und der Passion, aus dem Marienleben und den Legenden der Heiligen. Über den hohen gotischen Arkaden spannt sich eine gloriose Stichbalkendecke. Ihr Ansatz wird von einem Fächergewölbe aus Holz verkleidet, deren Trägersäulen auf Kragsteinen mit den Köpfen von Königen und Propheten ruhen. Engel flankieren die Decke, Tudor-Rosen blühen im Gebälk. St. Peter Mancroft, bis heute Hauptpfarrkirche

John Sell Cotman: Der Markt von Norwich, um 1806

der Stadt, hat eine kostbare Sammlung von elisabethanischem Kirchensilber, einen Gobelin von 1573, wahrscheinlich ein Werk der flämischen Weber von Norwich, und einen Sieben-Sakramente-Taufstein von 1463 mit einem Baldachin aus Holz, einem der wenigen noch erhaltenen Exemplare der Gotik. An der Wand des Baptisteriums hängt die Charta der Norwicher Glöckner von 1716, eine Ikone der Campanologie. Einmal die dreizehn Glocken von Mancroft zu spielen, einen *Gransir Bob Triples,* davon träumt jeder englische Marathonläuter (siehe S. 33 ff.).

In St. Peter Mancroft liegt ein Mann begraben, den König Charles II. bei seinem Besuch in Norwich 1671 zum Ritter schlug, Sir Thomas Browne. Er war ein bescheidener Hausarzt mit europäischem Ruf, Zeitgenosse Miltons und der Aufklärung, wissenschaftsgläubig, wundergläubig, sich selbst ein Paradox. Die Welt sei »not an Inn, but an Hospital; and a place not to live, but do dye in«, befand er 1642 in seiner *Religio Medici,* einem Musterbuch religiöser Toleranz. Auf dem Platz neben der Kirche sitzt er lebensgroß in Bronze, mit Van-Dyck-Bart und Kavalierskostüm, in der Haltung des Melancholikers. Sir Thomas betrachtet, was übrigbleibt: Scherben. Er hält das Fragment einer zerbrochenen Urne in der Hand, Motiv seines einst berühmten Buches, *Urne-Buriall* (1658). Angeregt durch einen Fund von Graburnen in Walsingham, schrieb er eine Meditation über Tod und Ewigkeit. Die metaphorische, rhetorische Kraft seiner Prosa beeindruckte noch den Dichter John Cowper Powys: »Der Geist des alten Norwich, der lieblichsten und geschichtsträchtigsten aller englischen Städte, atmet in diesen prachtvollen und würzigen Seiten.« Die Heilkräuter für seine Medizin zog Dr. Browne im Garten seines Hauses, das am Haymarket stand. Auch ein Gartenbuch schrieb er, einen Essay über das Quincunx. In fünfblättrigen Blüten, in Misteln und Artischocken, Händen und Füßen, überall sah er die magische Fünf am Werk, Quintessenz alles Lebendigen. Schon deshalb hätte er die Fünf-Tage-Woche als größte Errungenschaft der Neuzeit begrüßt und, ach, Chanel No. 5. So dient das Ziegelstein-Pentagramm im Pflaster neben der Kirche weniger zur Abwehr der Druden als zur Erinnerung an Thomas Browne.

St. Peter Mancroft war früher die Kirche der Schauspieler. Nur wenige Schritte entfernt liegt das *Theatre Royal,* 1757 gegründet, 1935 nach einem Brand wiederaufgebaut. David Garrick und Fanny Kemble traten dort auf, Charles und Edmund Kean, die Londoner Bühnenstars ihrer Zeit. Heute gilt das Theatre Royal als Englands erfolgreichstes Provinztheater, ohne eigenes Ensemble. Die großen Bühnen des Landes gastieren hier, viele Londoner Westend-Hits haben in Norwich Vorpremiere. Nebenan im *Assembly House,* hinter der zurückhaltenden Backsteinfassade, ging es einst hoch her. Hier trafen sich Norwichs Bürger und Norfolks Landadlige zu Bällen, Banketten und Soireen, hier nahmen sie ihren Tee, in georgianischen Salons und Sälen, elegant wie nur noch in Bath. Rund 400 geladene Gäste tanzten hier im Oktober 1805 das Menuett bei der Siegesfeier von Trafalgar. Mozarts Schüler Hummel, auch Liszt gab hier Konzerte. Ein einheimischer Zimmermann und Architekt, Thomas Ivory, hat das Haus 1754 gebaut, ein Meisterwerk aus der Zeit der großen Geselligkeit. Wann immer ich nach Norwich komme, gehe ich ins Assembly House. Es ist eine Institution des guten Geschmacks geblieben. Im einstigen Ballsaal gibt es Konzerte, Lesungen oder Ausstellungen, im Bankettsaal das stilvollste Selbstbedienungsrestaurant der Stadt.

Als der Fortschritt noch im Kutschentempo daherkam, schon in georgianischer Zeit, hatte Norwich Verkehrsprobleme. Damals, ohne Denkmalschützer, waren sie leicht zu lösen. Zwischen 1791 und 1801 riß man alle mittelalterlichen Stadttore als Verkehrshindernis nieder. Auch die *Stadtmauern* verfielen nun. Ihre am besten erhaltenen Partien sieht man am Ende der King Street, bei der Carrow Bridge im Süden der Stadt, wo die Mauer von den Boom Towers den Hügel hinauf zum Black Tower verläuft. Doch mehr als die Ruinen imponieren die Ausmaße der Stadtmauern. Wenn wir der Ring Road folgen, einst Wehrgraben, heute Umgehungsstraße zur Entlastung des Zentrums, bekommen wir eine Vorstellung vom Umfang der umwallten Stadt im Mittelalter. Norwichs Mauern, erbaut etwa 1297–1334, waren fast vier Kilometer lang und umschlossen ein Gebiet so groß wie die Londoner City.

Webern und Tuchhändlern verdankt Norwich seine wirtschaftliche Blüte im Mittelalter. Bei *St. John Maddermarket*[1] lag der Färbermarkt, wo die Weber ihre Pflanzenfarben einkauften, vor allem das aus der Wurzel der Färberröte *(madder)* gewonnene Krapp-Rot.

1 Ecke Pottergate Street liegt das *Maddermarket Theatre* der *Norwich Players,* einer 1911 gegründeten Truppe von Amateurschauspielern. Unter professioneller Leitung spielen sie in einer als Shakespearebühne umgebauten ehemaligen katholischen Kapelle von 1794.

John Thirtle: Devil's Tower Nähe King Street Gates – Abend, um 1809

Werktags scheine die Stadt wie ausgestorben, jedermann säße wohl am Webstuhl, berichtete Daniel Defoe nach seinem Besuch 1723. Etwa 120000 Menschen in Norwich und Umgebung, schätzte er, seien als Heimweber in der Woll- und Seidenindustrie beschäftigt, und Norwichs Kaufleute besäßen über tausend Schiffe. Nach Rußland und in die amerikanischen Kolonien, bis Indien und China exportierten sie ihr *Worsted*-Tuch. Damals war die Textilindustrie Englands Hauptexportzweig und Norwich nächst London die zweitgrößte Stadt des Königreichs.

Erst mit dem Beginn der industriellen Revolution endete Norwichs dominierende Stellung. Zwar wehrten sich die Kammgarnweber, gewerkschaftlich gut organisiert, länger als andernorts gegen die Einführung mechanischer Webstühle. Aber nach 1833 wurde die Konkurrenz der großen Textilfabriken in Nordengland und in den Midlands übermächtig. Eine Zeitlang verlegte man sich auf die Seidenweberei, bis auch sie verdrängt wurde: von französischen Importen, die modischer waren, und von billigerer Manchester-Seide. Nur die attraktiven Shawls aus Norwich, reichgemustert in leuchtenden Farben, mit Seide und Baumwolle verwoben, schmückten konkurrenzlos die Schultern viktorianischer Ladies.

John Sell Cotman: In der Kirche von St. Peter Hungate, Norwich, 1810

Um 1900 arbeitete kein einziger *Worsted*-Weber mehr in der Stadt. Eine große Tradition war zu Ende.

Eine Hügelstraße mit einer leichten Biegung, Kopfsteinpflaster, pastellfarbene Fassaden, Fachwerkhäuser mit spitzen Giebeln: das ist *Elm Hill,* die Drosselgasse von Norwich (Abb. 65). Eine kurze Straße mit einer langen Geschichte. Zur Blütezeit der Weberstadt im späten Mittelalter lebten reiche Kaufleute in den Vorderhäusern; zum Fluß hinunter hatten sie ihre Warenlager und Werkstätten. In den Hinterhöfen lagen die engen Arbeiterquartiere. Auch etliche Bürgermeister von Norwich wohnten im 16. und 17. Jahrhundert am Elm Hill, damals eine geschäftige Durchgangsstraße. Nach dem Niedergang der Weberei zogen Handwerker und Kleinbetriebe in die Kaufmannshäuser. Die Höfe, nun noch dichter belegt, wurden im 19. Jahrhundert zu Slums, in denen sich Typhus und Cholera ausbreiteten. Ende der zwanziger Jahre begann die Stadt, Elm Hill zu sanieren. Heute ist es die Paradegasse der Denkmalschützer, der Laufsteg der Touristen. Lebendig mischen sich Flint- und Backsteinhäuser, Tudor-Fachwerk und georgianische Fassaden, Antiquitätengeschäfte und Wohnungen, Handwerksbetriebe und Kunstgewerbeläden. Nur die Ulme steht nicht mehr, die Elm Hill den Namen gab. Seit der Zeit Henrys VIII. wuchs sie auf dem kleinen Platz neben der Gemeindepumpe. Die letzte Ulme mußte 1979 gefällt und durch

St. Peter Hungate,
monumentale Messinggrabplatte des späten Mittelalters

eine Platane ersetzt werden: Zeichen der nationalen Baumtragödie, der inzwischen fast alle Ulmen in England zum Opfer fielen *(Dutch Elm disease).*

Das Eckhaus am oberen Ende des Ulmenhügels, »The Britons Arms«, gilt als einziges Haus dieser Straße, das dem großen Stadtbrand von 1507 entging, eines der wenigen Strohdachhäuser in Norwich. Wenn ich Platz finde, trinke ich dort einen Kaffee, sonst gegenüber in der »Crypt Coffee Bar«, der Krypta der einstigen Becket-Kapelle. Sie gehörte im Mittelalter zu den ausgedehnten Klosteranlagen der Dominikaner, der *Black Friars.* Ihre große Predigerkirche (1440–70), die einzige so vollständig erhaltene in England, wurde nach der Reformation Versammlungs- und Festsaal der Stadt. In *St. Andrew's Hall* bewirteten die Ratsherren ihre königlichen Gäste, Charles II. und Edward VII., den fünften und den sechsten George. Dort begann 1824 auch das *Norwich Triennial Festival,* das seit 1989 alljährlich stattfindende Musik- und Kunstfestival. In der *Blackfriars Hall,* dem Chor der ehemaligen Dominikanerkirche, hängen heute die Porträts der Bürgermeister und anderer Prominenter. Zu dieser ungewöhnlich umfangreichen städtischen Porträtsammlung trug auch ein deutscher Einwanderer bei, John Theodore Heins, der seit 1720 bis zu seinem Tod 1756 ein Atelier in Norwich betrieb. Er porträtierte viele Gutsbesitzer in East Anglia, unter anderem auch die Familie von Gainsboroughs Onkel, einem erfolgreichen Tuchhändler in Sudbury.

Elm Hill, wie so viele Straßen dieser Stadt, ist mit Kirchen reich gesegnet. Am unteren Ende liegt *St. Simon and St. Jude,* heute Pfadfinder-Hauptquartier, am oberen Ende *St. Peter Hungate,* Museum für Kirchenkunst. Engel schmücken die Stichbalkendecke dieser Perpendicular-Kirche (1431–60), zu deren Stiftern John und Margaret Paston[1] gehörten, berühmt geworden durch die Briefe, die sie sich schrieben (siehe S. 419f.). Norwich, deine Kirchen. Von welcher Stadt außer London konnte man sagen, sie hatte für jeden Sonntag des Jahres eine Kirche und für jeden Werktag eine Kneipe? Noch heute sieht man von jeder Straßenecke aus wenigstens drei Kirchtürme, und die rund 200 Pubs lassen keinen verdursten. Um 1500 hatte Norwich rund 10000 Einwohner und mindestens 50 Pfarrkirchen. Jedes Viertel, jede Gemeinde wetteiferte darin, Frömmigkeit und Wohlstand durch eine eigene Kirche zu demonstrieren. Allein auf den 500 Metern der St. Benedict's Street gibt es fünf Kirchen: St. Gregory, St. Laurence, St. Swithin, St. Margaret und St. Benedict. Es gab drei St. Peter, drei St. Michael, drei St. George. Heute hat Norwich noch 32 Pfarrkirchen aus der Zeit vor der Reformation, mehr als jede andere englische Stadt; zwanzig von ihnen sind aufgelassene Kirchen ohne Gemeinde. Die Stadt trägt die Erhaltungskosten und sucht neue Mieter, zusammen mit dem *Norwich Historic Churches Trust.* Cotmans Hochzeitskirche *St. Mary* ist heute Kunsthandwerkszentrum, *St. Martin-at-Oak* Obdachlosenasyl, *St. Etheldreda* Künstleratelier, *St. Mary-the-Less* Möbellager, *St. James* Puppentheater. Jede dieser mittelalterlichen Kirchen hat ihre Eigenart, ihre besondere Atmosphäre, ein Detail, das zu betrachten lohnt: die Engeldecke von *St. Giles;* die *flushwork*-Ornamente von *St. Michael at Coslany;* der Terrakotta-Sarkophag von 1533/34 für den Kaufmann und Bürgermeister Robert Jannys in *St. George,* Colegate; der Türklopfer des 14. Jahrhunderts in der Südkapelle von *St. Gregory:* ein Löwenkopf, der einen Mann verschlingt.

In dieser Stadt der Kirchen und Klöster lebte eine der großen Mystikerinnen des Mittelalters, Juliana von Norwich. Sie führte ein Einsiedlerleben in einer Zelle neben der kleinen Kirche *St. Julian,* nach der *Mother Julian* benannt ist. Diese Kirche liegt oberhalb der alten Wensum-Furt, zwischen King Street und Rouen Road. Als Juliana dreißig war, im Jahre 1373, hatte sie während einer schweren Krankheit eine Erscheinung. In ihrer Klause in Norwich schrieb sie ihre sechzehn Offenbarungen nieder: *Revelations of Divine Love,* ein klassisches Werk des spirituellen Lebens im Mittelalter, eines der ersten Bücher einer Frau in englischer Sprache.[2] Wie einfach, anschaulich, irdisch verankert ist diese Spiritualität. Den Kern ihrer Erfahrung beschreibt Juliana am Beispiel der Haselnuß, in der sie Gottes ganze Schöpfung beschlossen sieht: »In this little thing I saw three truths; the first is that God made it; the second is that God loves it; and the third is that God sustains it.« Gottes Liebe als erstes und höchstes kreatives Prinzip: »Wir müssen die Winzigkeit der Schöpfung erkennen und sie als das Nichts, das sie ist, wahrnehmen, bevor wir Gott, der ungeschaffen ist, lieben

1 Die Pastons hatten mehrere Häuser in Norwich, unter anderem Elm Hill No. 22–26 (abgebrannt) und *Music House* in King Street, einst *Jew's House* genannt, eines der ältesten noch bewohnten Häuser der Stadt und des Landes (12. Jahrhundert).

2 Der Originaltext der *Revelations* ist verloren, die älteste Kopie eine Handschrift des 15. Jahrhunderts im Britischen Museum. Die erste gedruckte Ausgabe erschien 1670.

und erfassen können.« Überzeugt von der allumfassenden, alles erhaltenden Liebe Gottes, hatte selbst das Böse, das die Menschen des Mittelalters und ihre Theologen fürchteten wie die Pest, für Juliana keine Schrecken: »Sünde ist notwendig«, erklärte sie, »but all shall be well, alles wird gut.«

Über vierzig Jahre lang lebte sie in ihrer Zelle rechts vom Altar der heutigen Kirche St. Julian, nur in Gesellschaft ihrer Katze. Durch ein Fenster nahm sie an der Messe teil, durch ein anderes bekam sie ihre Nahrung. Zu den vielen, die bei der »Recluse atte Norwyche« Rat suchten, gehörte auch Margery Kempe, die exzentrische Pilgerin aus King's Lynn (siehe S. 471 ff.). Die eine schwärmte in immer neuen Wallfahrten durch die Welt, die andere schloß sich ein in ihrer Zelle: zwei Wege zu Gott und zu sich selbst, zwei erstaunliche Frauen des späten Mittelalters. »Set all your trust in God and fear not the language of the world«, riet die Einsiedlerin ihrer unruhigen Schwester: »Patience is necessary for you, for in that shall ye keep your soul.«

Heute wird Juliana von Norwich gelegentlich als frühes Beispiel feministischer Theologie beansprucht, weil sie Gott als *Mother* betrachtete. Ihre *Offenbarungen* sind in England als Taschenbuch neu aufgelegt, ihre optimistische Mystik und Spiritualität erfüllen Bedürfnisse, die der nüchternen Orthodoxie der anglikanischen Hochkirche fremd sind. »Britain's increasingly powerful desert-trained religious voice«, nennt sie der Schriftsteller Ronald Blythe. Sein deutscher Kollege Ernst Herhaus (»ich kirchenloser Kryptokatholik«) fand in Julianas »Licht des Muts« praktische Lebenshilfe, einer von vielen, die ihren Schrein in Norwich besuchten: »Die Liebe Gottes anzunehmen, welche Ehrenhaftigkeit dieser Schreiberin!«

Einem der Bombardements der deutschen Luftwaffe auf historische Städte, von den Engländern *Baedeker raids* genannt, fiel 1942 auch St. Julian's Church zum Opfer. Als die kleine Flintkirche 1954 gegenüber der Norwich Brewery wiederaufgebaut wurde, rekonstruierte man auch Julianas Zelle auf den Fundamenten des mittelalterlichen Mauerwerks. Ein karger Raum, ein Altar mit dem Wort der Einsiedlerin: »Thou art enough to me«. Besucher haben ihre Fürbitten auf Zettel geschrieben, eine Sammlung menschlichen Leids und Glaubens: »Pray for Ruth Flood, Sydney, short time to live with cancer«, »Please pray for Eva who is old, losing her sight, and very frightened.«

Als ich das Grab des Malers John Crome in *St. George* in Colegate besuchte, stieß ich auf zwei Kirchen, die die andere, nonkonformistische Tradition Norwichs verkörpern. *Colegate* war die Straße der reichen Tuchhändler, Elm Hill gegenüber auf der anderen Seite des Flusses. Zwischen den drei mittelalterlichen Kirchen von Colegate liegen die beiden ältesten Nonkonformisten-Chapels der Stadt: das *Old Meeting House,* versteckt am Ende einer Gasse, ein rotes Backsteinhaus mit korinthischen Ziegelpilastern, 1643 von protestantischen Flüchtlingen aus Rotterdam gegründet, und daneben das *Octagon,* die Chapel der Presbyterianer (heute Unitarier). »The Devil's Cucumber-frame«, wie der Volksmund das Octagon nannte, »des Teufels Gurkengehäuse« ist ein achteckiger Backsteinbau mit Säulenportikus und Pyramidendach, entworfen 1754–56 von Norwichs georgianischem Architekten Thomas Ivory, mit einem so eleganten Interieur aus korinthischen Säulen und Emporen, daß der

Methodistenpapst John Wesley sich doch sehr wunderte: »How can it be thought that the old coarse Gospel should find admission here.« Indes fanden hier nicht nur die Worte der Bibel Gehör, sondern auch die Ideen der Französischen Revolution.

»I am truly amazed and half alarmed to find this County filled with little Revolution Societies«, notierte Fanny Burney am 27. November 1792. Damals war die Octagon Chapel Treffpunkt der Norwicher Intellektuellen und Norwich »die Jakobinerstadt«, eines der radikalsten Nonkonformisten-Zentren in England, mit einer blühenden Malerkolonie (siehe S. 394 ff.). Zur Gemeinde der Freigeister in Colegate gehörten die notorischen »Blaustrümpfe« der Stadt, die Schriftstellerin und Sozialreformerin Harriet Martineau und die Quäkerin Amelia Opie[1], eine bekannte Romanautorin ihrer Zeit. Amelias Mann John Opie[2], Mitglied der Royal Academy, porträtierte 1806 den Romantiker Robert Southey, der den Octagon-Kreis zweimal besuchte und sich so wohl dort fühlte, daß er schrieb: »For society, of all places I have ever seen, Norwich is the best.«

Zu den führenden Köpfen der Octagon-Gemeinde gehörte der Publizist William Taylor, ein leidenschaftlicher Übersetzer deutscher Literatur. Bei ihm lernte George Borrow Deutsch, vor allem aber, wie er in *Lavengro* beschreibt, den tieferen Zusammenhang zwischen Rauchen, Philosophie und Selbstmord. »It is good to be a German, the Germans are the most philosophic people in the world, and the greatest smokers«, meint Borrows Lehrer. Wer rauche, könne die Widrigkeiten des Lebens mit Anstand und Würde ertragen, darum sei »Selbstmord in Deutschland kein Nationalsport wie in England«. Aber Werther, »dieser armselige Wicht, der sich das Leben nahm, das war doch ein Deutscher«, wendet Borrow ein. »Werther ist eine Fiktion«, entgegnet Mr. Taylor, »und wenn es in Deutschland je einen Werther gab, war er bestimmt Nichtraucher.« Billy Taylor, dieser kauzige Advokat deutscher Lebens- und Todesart, liegt auf dem Friedhof hinter der Octagon Chapel begraben.

Daß Norwich um 1800 eine der kulturell und politisch aktivsten Provinzstädte Englands war, kam nicht von ungefähr. Es hat mit der langen Dissenter-Tradition der Stadt zu tun, mit ihrer liberalen Ausländerpolitik. Zu Tausenden suchten Glaubensflüchtlinge vom Kontinent im 16. und 17. Jahrhundert Asyl in England, erst holländische Protestanten, dann Hugenotten aus Frankreich. In Norwich fanden viele eine neue Heimat. Die ersten Emigranten[3] trafen 1556 dort ein: 24 flämische und sechs wallonische Weber mit ihren Familien, auf der Flucht vor der spanischen Gegenreformation. Als Herzog Alba die Niederlande besetzte, flohen immer mehr nach *Ultra Aquam*, übers Wasser nach Norwich. Um 1580 hatte die Stadt rund 16000 Einwohner, ein Drittel davon Ausländer, meist Asylanten aus

Rembrandt: Reverend Johannes Elison, 1634 ▷

1 Amelia Opie schrieb u. a. den Erfolgsroman *Father and Daughter*, 1801.

2 Gemälde John Opies in Norwich: sein *Selbstporträt* im Strangers' Hall Museum, *Die Darstellung Christi im Tempel* in der Bauchon-Kapelle der Kathedrale. Die Opies wohnten am Fuß des Burgbergs, in der heutigen Opie Street.

3 Die ersten flämischen Weber wurden von Edward III. schon um 1336 ins Land geholt.

Rembrandt·f.· 1634

Holland. Viele von ihnen waren Tuchmacher, exzellente Handwerker, die neue Verarbeitungstechniken einführten. Kammgarnweberei und Tuchexport nahmen einen neuen Aufschwung.

Die zunächst als Promoter der Norwicher Wirtschaft willkommenen *Strangers* waren indes auch eine erhebliche Konkurrenz für die Einheimischen. Spannungen, Diskriminierungen blieben nicht aus. Fremdengesetze verboten den Einwanderern, als Schuster zu arbeiten, Weißbrot zu backen, nach der Sperrstunde auf die Straße zu gehen. Erst 1598 waren die *Strangers* als gleichberechtigte Bürger anerkannt. Norwichs Ausländer waren integriert, doch pflegten sie ihre eigene Kultur. Sie trafen sich im *Strangers' Club*[1] am Elm Hill, sie hatten ihre eigenen Kirchen. Schon seit 1565 durfte die flämische Gemeinde die Blackfriars Hall benutzen. In der *Dutch Church* konnte man noch Anfang des 20. Jahrhunderts holländische Predigten hören. In *St. Mary-the-Less,* der Hugenottenkirche, fanden bis in die Mitte des 19. Jahrhunderts Gottesdienste in französischer Sprache statt.[2]

Im Jahre 1634 besuchte der Prediger der holländischen Gemeinde in Norwich, Johannes Elison, mit seiner Frau Maria Amsterdam. Bei dieser Gelegenheit ließen sie sich porträtieren, ganzfigurig, fast lebensgroß, von ihrem Landsmann Rembrandt. Dies schönste Zeugnis der *Dutch Connection,* bis 1860 in Familienbesitz in Norfolk, gehört heute dem Museum von Boston. Was, außer holländischen Giebeln, blieb vom Einfluß der *Strangers* in Norwich? Die flämische Straßenbezeichnung *Plain* und der Kanarienvogel als Emblem der *Canaries,* des Norwicher Fußballclubs. Die ersten Flüchtlinge aus Holland, heißt es, brachten ihre Kanarienvögel mit nach Norwich. Daraus wurde im frühen 18. Jahrhundert ein populäres Hobby, und bald war Kanarienzucht ein begehrter Exportartikel. Warum die Norwicher Kanarienvögel gelber waren als alle anderen im Land? Sie wurden, heißt es, mit Cayennepfeffer gefüttert.

Vor Jahren hat mich ein Stierkopf an einem Haus in Bridewell Alley, einer der vielen Gassen zwischen Burg und Fluß, in ein Geschäft gelockt, wo es nur eine Sache gibt, die schärfste Sache der Stadt: Senf. Senf? Sagen wir besser: *Colman's Mustard,* der unvergleichliche, mit Meerrettich oder mit Tarragon und Thymian, würziger, englischer, Norwicher Senf. Colman's auf eine Bockwurst zu streichen, was für ein Sakrileg. 1804 begann Jeremiah Colman mit der Senfherstellung, 1823 kam auch sein Neffe James auf den Geschmack, und 150 Jahre später feierten *J & J Colman* ihr Firmenjubiläum, indem sie ein Senf-Spezialgeschäft eröffneten. Marmortheke und Mahagoniregale sorgen für viktorianische Atmosphäre. Dieser *Old Curiosity Shop* ist zugleich ein Senf-Museum, das einzige der Welt. Köstliche Verpackungen gab es und scharfe Werbung. In den zwanziger Jahren amüsierte sich das Königreich über einen kulinarischen Kriminalfall mit den Schlüsselfiguren Lord

1 Den *Strangers' Club* gibt es noch heute: Die Hälfte der Mitglieder muß aus Norwich stammen, die andere Hälfte darf zugereist sein. Nicht zu verwechseln mit der *Strangers' Hall* in Charing Cross, einem Kaufmannshaus des Mittelalters, wo zur Zeit der Französischen Revolution emigrierte katholische Priester Zuflucht fanden. Seit 1922 Museum des Alltags.

2 Zu den prominenten Norwicher Hugenotten gehörten die Familien De Hague, Columbine und Martineau.

Bacon of Cookham, Baron de Beef und Miss Di Gester: Colman's *Mustard Club*-Werbung von Dorothy L. Sayers. Aber auch Colman's lebt nicht vom Senf allein. Heute produziert die Firma mit ihren mehr als 1500 Angestellten vor allem Nahrungsmittel und Getränke.[1] Draußen vor der Stadt liegen die gelben Senfkrautfelder rings um *East Poringland*. Die alten Frauen dort sagen, wenn die Felder im Juni in voller Blüte stehen, sehe man sie vom Mond aus leuchten.

Gleich neben dem Senfgeschäft zeigt das *Bridewell Museum*, was sonst noch alles aus Norwich kommt: Schuhe, Bier, Schokolade und Seidenschals, Maschendraht und Mackintosh-Bonbons. Dieses regionale Industrie- und Handwerksmuseum ist in einem der ältesten Kaufmannshäuser der Stadt untergebracht, das 1583 ein *bridewell* wurde, ein Arbeitshaus für Bettler und Landstreicher. Ausgestellt ist dort auch die erste Maschendraht-Maschine der Welt, *made in Norwich* 1844. Charles Barnards Erfindung war ein Exportschlager. Australiens Farmer bestellen ihre meilenlangen Zäune aus verzinktem Maschendraht bei *Barnard, Bishop & Barnards* in Norwich. Die edleren Produkte der Firma, Prunktore aus Guß- und Schmiedeeisen, zierten die Güter des Adels, auch die der Queen in Sandringham.

Die Schuhfabrikation, die im 19. Jahrhundert Norwichs marode Tuchindustrie ablöste, floriert bis heute. Von den großen Brauereien blieb nur eine übrig, die *Norwich Brewery*. Mit *Anglia Television*, der *BBC*, dem Privatsender *Radio Broadland* und der *Eastern Daily Press*[2] ist Norfolks Grafschaftsstadt heute eine Medienzentrale für ganz East Anglia. Als Drucker und Verleger biblischer Traktate etablierte sich 1823 die Familie Jarrold in Norwich, heute das führende Druck- und Verlagshaus der Region, immer noch in Familienbesitz. Bei *Jarrold & Sons* erschien 1877 ein Buch, das zum Klassiker der angelsächsischen Jugendliteratur wurde: *Black Beauty*, die fiktive Autobiografie eines Pferdes. Die Autorin, Anna Sewell, erhielt ein Honorar von 20 Pfund. Als sie fünf Monate später in Norwich starb, war ihr Buch bereits in 100000 Exemplaren verkauft. Heute ist *Black Beauty* in mehr als 20 Sprachen übersetzt. Anna Sewells Grab liegt zwischen irischen Eiben auf dem Quäkerfriedhof von *Lamas*, einem Weiler nördlich von Norwich. Nicht weit von ihrem Haus im Stadtteil Catton wird in einer alten Scheune Theater gespielt, im *Sewell Barn Theatre*.

Wo Kathedrale, Burg und Kirchen so dominieren wie in Norwich, sollte man die wenigen Beispiele guter Fabrikarchitektur nicht übersehen. Jarrold hat seine Druckerei in einer ehemaligen Garnfabrik bei Whitefriars Bridge, ein fünfstöckiges Backsteingebäude am River Wensum, entworfen von John Brown, funktionale Schönheit von 1834. Bemerkenswert auch die ehemalige Tuchfabrik von A. F. Scott in der Botolph Street mit ihrer gitterartigen Fassadenstruktur aus Fenstern und Ziegelpilastern. Im selben Jahr 1903 baute George Skipper der *Norwich Union* in der Surrey Street einen edwardianischen Büropalast: Interieurs aus Marmor und Mahagoni, historistische Erfolgsarchitektur für eine Versicherungsgesellschaft von 1792, heute mit rund 4000 Angestellten größter Arbeitgeber der Stadt (Abb. 67).

1 Seit 1854 liegt Colman's Fabrik auf dem Gelände der einstigen Benediktinerabtei *Carrow Abbey* am südöstlichen Stadtrand.

2 Ihr Vorläufer, *The Norwich Post*, gegründet 1701, gilt als älteste Zeitung in der britischen Provinz.

Wo immer wir in Norwich sind, haben wir einen Wegweiser fast überall vor Augen, den spitzen Turm der Kathedrale. Ich gehe durch die Princess Street nach *Tombland*[1], dunkler Klang des Mittelalters, durch den Fachwerkhinterhof bei *St. George,* an den beiden barocken Giganten von 1657 vorüber, die den Eingang des *Samson & Hercules House* flankieren, schräg gegenüber dem *Maid's Head Hotel* am Rand des Dombezirks. Von diesem Gasthof, der älter ist, als seine georgianische und Pseudo-Tudorfassade vermuten läßt, fuhr seit 1762 die *Norwich Machine,* die erste regelmäßige Postkutsche nach London. Spät am Nachmittag betrete ich den Dombezirk, zur Stunde des *Evensong.* Jetzt leuchten und klingen die Steine.

Als die Normannen England eroberten, begann ein Bauboom ohnegleichen. Burgen und Kirchen waren die beiden Pole ihrer Macht, ihre Bauherren oft Ritter und Priester in einer Person. Herbert de Losinga heißt eine dieser kraftvollen, schillernden Figuren, genannt »the fighting bishop«, der Gründer von *Norwich Cathedral* (Abb. 58). Er war Abt des Klosters Fécamp in der Normandie, kam im Gefolge Wilhelms des Eroberers nach England und erkaufte sich von dessen Sohn William Rufus für 1900 Pfund, eine damals beträchtliche Summe, die Ernennung zum Bischof von East Anglia. Simonie nannte man solchen Ämterkauf, dreist, aber üblich. Wenig später verlegte Herbert de Losinga den Bischofssitz von Thetford nach Norwich und begann im Jahre 1096 mit dem Bau der Kathedrale und einer Benediktinerabtei. Als er starb, 1119, waren Chor und Querhäuser vollendet, Hauptschiff und Vierungsturm Mitte des 12. Jahrhunderts. Der mächtige Abtbischof, der auch Kirchen in Lynn und Yarmouth gründete, wurde im Chor seiner Kathedrale beigesetzt. Das Sarkophag-Relief im südlichen Chorumgang, ein frühes normannisches Grabporträt, zeigt einen Bischof des 11. Jahrhunderts, vielleicht Herbert de Losinga. Sein Bischofsthron ist der älteste in England und steht als einziger noch an seinem ursprünglichen Platz in der Apsis hinter dem Hochaltar.

Norwich Cathedral leuchtet, nicht nur abends im Flutlicht. Der crèmeweiße Stein kommt aus Caen in der Normandie, ergänzt durch Barnackstein aus Northamptonshire; einheimischer Flint bildet den Mauerkern. Aus Frankreich importierten die normannischen Baumeister auch den Grundriß ihrer Kathedrale: Chorumgang mit Chorseitenkapellen und zusätzliche Kapellen östlich der Querschiffe. Demselben Plan folgt zum Beispiel die Kathedrale von Rouen, Norwichs Partnerstadt. Nirgendwo sonst in England ist dieser normannische Grundriß noch so vollständig erhalten, selten die Verbindung mit der Gotik so harmonisch geglückt wie hier. Auf dem normannischen Vierungsturm der gotische Helm, über dem normannischen Gewände das gotische Gewölbe, 11. und 15. Jahrhundert: verschiedene Bauformen, derselbe Geist. Der Turm von Norwich Cathedral, vollendet um 1145, ist nächst Salisbury der höchste in England (96 Meter) und von den wenigen erhaltenen normannischen Türmen der prächtigste (Farbt. 23). Blendarkaden, Kreise und Rauten überzie-

70 HADLEIGH Pfarrkirche St. Mary, 15. Jh., und Deanery Tower, 1495 ▷

1 Tombland hat nichts mit *tombs* (Gräbern) zu tun, sondern mit *toom,* einem alten Wort für Ödland.

71 KERSEY Dorfstraße mit Furt und Pfarrkirche

72 SNAPE Auf dem Friedhof von St. John

'3 BARSHAM Trompe-l'œil-Ostwand und Rundturm von Holy Trinity

75 LONG MELFORD Perpendicular-Kirche Holy Trinity, 1460–96 ▷

'4 BORLEY Heckenfiguren auf dem Dorffriedhof

76 MISTLEY TOWERS Kirchtürme von Robert Adam, 1776

77 MARGARETTING Westturm von St. Margaret, 15. Jh.

80 BLACKMORE Im Fachwerkturm von St. Lawrence, 15. Jh.

78 COLCHESTER St. Botolph's Priory, normannische Arkaden, 11. Jh.

79 WEST WALTON Frühgotische Arkaden von St. Mary, um 1240

81 Castle Acre Klosterruine, spätnormannische Westfront mit Blendarkaden

82 Bury St. Edmunds Abteiruinen

3 WALTHAM ABBEY Arkaden der normannischen Klosterkirche, begonnen um 1105

4 ICKLINGHAM Totenkarren von All Saints

85 PASTON Katherine Paston, Grabmal von Nicholas Stone, 1629

86 WINGFIELD St. Andrew: Grabmal für John de la Pole, 2. Duke of Suffolk, und seine Frau Elizabeth Plantagenet, nach 1491

7 GOSFIELD St. Katharine: Barockgrabmal für John und Anne Knight, 1756, von Michael Rysbrack

8 WALTHAM ABBEY Grabmal für Sir Edward Denny und seine Frau Margaret, 1600

HERE LYETH BURYED THE BODY OF
S.R HENRY BENDYSHE BAR.T

0 Framlingham St. Michael: Grabmal für Sir Robert Hitcham, 1638, von Francis Grigs

9 Steeple Bumpsted St. John: Georgianisches Grabmal für Sir Henry Bendyshe und seinen Sohn, 1717, von Thomas Stayner

91 Ranworth Gotische Chorschranken von St. Helen, 15. Jh.

92 Great Warley Jugendstil-Chorgitter von St. Mary, 1902, von Sir William Reynolds-Stephens

93 BLYTHBURGH Engeldecke von Holy Trinity, 15. Jh.

COMMON PRAYER

Norwich, Kathedrale,
Fassade des nördlichen Querhauses, vor 1119

hen ihn wie ein steinernes Häkelmuster. Sein Helm aus Holz fiel einem Unwetter zum Opfer und wurde um 1490 durch den gotischen Steinhelm ersetzt.

Massivität der Mauern, Eleganz des Dekors auch im Innern. Wie Palmwedel wachsen die spätgotischen Gewölbefächer aus den normannischen Säulenstämmen. Auch hier wurden die Holzdecken in Stein erneuert: Mitte des 15. Jahrhunderts im Langhaus, um 1480 im Chor, nach 1509 in den Querhäusern. Gleich hoch die Arkaden und Emporen, darüber der dreiteilige Obergaden mit Triforium. Zwei gegenläufige Bewegungen durchdringen und steigern sich im Hauptschiff: der horizontale Rhythmus der Rundbögen und die Vertikale der schlanken Halbsäulen, die ohne Unterbrechung nach oben streben (Abb. 59). Lettner und Orgel[1] bremsen den Blick und den Sog des Raumes. Sie trennen Hauptschiff und Presbyterium, die Volkskirche von der Mönchskirche: die Zwei-Klassen-Ordnung der einen Kirche im Mittelalter.

Hoch ragen die Vierungsbögen unter dem Turm, ungewöhnlich hoch auch der Chor, triumphaler Höhepunkt der normannischen Gotik von Norwich. Wie ein Echo wiederholt und steigert die Empore mit ihren gestelzten Bögen die Arkaden des Chorumgangs, darüber

◁ 94 KING'S LYNN Gotische Miserikordie im Chorgestühl von St. Margaret

1 In Norwich Cathedral finden hervorragende Chor- und Kirchenkonzerte statt, von Byrd bis Britten, nicht nur während des Sommerfestivals.

die gotischen Maßwerkfenster und Rippengewölbe als letzte, späte Vollendung des Raumes. Mönche, Pilger, Touristen, Schritte von Generationen, Jahrhunderte von Schritten haben die Fliesen im Chorumgang blank gescheuert, Grabplatten, die wie Specksteine glänzen, dunkle Steine mit Rissen, Narben, verblichenen Namen und Zahlen. Wer liegt hier? Wer ging hier? Gehend spüren wir Vergangenheit und Vergängnis.

Auf der Nordseite führt der Chorumgang unter einem Bogen mit einer glitzernden Vitrine hindurch: der Domschatz, früher der Reliquienschrein, ein Stück Glaubenswirklichkeit für die Pilger des Mittelalters. Zu den Kostbarkeiten von Norwich Cathedral gehören die gotischen Altarbilder in den beiden Chorseitenkapellen: in der nördlichen, der Jesus Chapel, eine *Anbetung der heiligen drei Könige* von Martin Schwarz (1480); in der Lukaskapelle im südlichen Chorumgang der sogenannte *Despenser Reredos.* Dieses Altargemälde entstand zur Zeit Mother Julianas, um 1380–90, wurde wahrscheinlich in Norwich gemalt und von Bischof Despenser gestiftet. Das fünfteilige Retabel zeigt Passion, Auferstehung und Himmelfahrt Christi, überlange gotische Figuren auf ornamentalem Goldgrund, ein außergewöhnlich schönes, seltenes Beispiel mittelalterlicher Malerei aus East Anglia. Den Bilderstürmern der Reformation entging dieses Altargemälde nur durch einen Trick. Man benutzte es in der Schreinerwerkstatt der Kathedrale als Tischplatte, mit der bemalten Seite nach unten. So blieb es gut erhalten und so gut getarnt, daß man es erst 1847 wiederfand. Bischof Henry le Despenser, mit dessen Zeit und Namen das Bild verbunden ist, liegt vor dem Hochaltar begraben. *The warlike bishop* schlug während Wat Taylors Bauernrevolte von 1381 mit großer Härte den Aufstand der Bauern in Norfolk nieder. Und der heutige, der 70. Bischof von Norwich? *The Right Reverend* Peter John Nott ist ein ehemaliger Traktorverkäufer, bekannt als Abstinenzler und Verfechter des Priesteramts für Frauen.

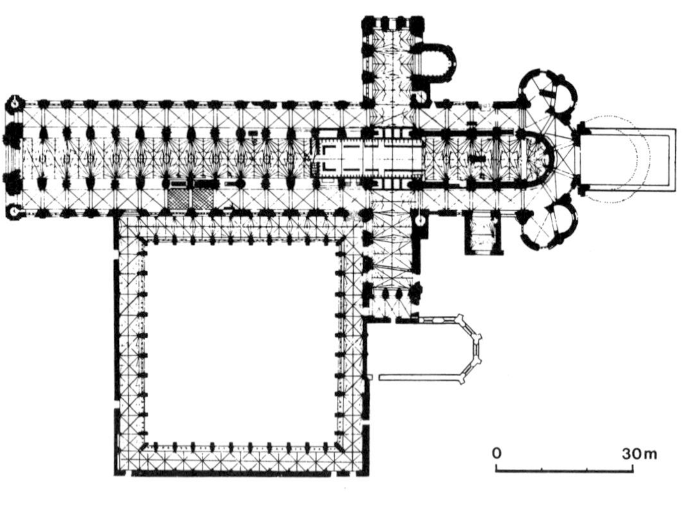

Norwich, Kathedrale, Grundriß

Norwich, Kathedrale, St. Luke's Chapel: Despenser Reredos, mittlere Tafel des Altargemäldes, um 1380–90

Im Chorgestühl legt ein Mönch einen Domschüler übers Knie: eine der mehr als sechzig geschnitzten Miserikordien des 15. Jahrhunderts. Glasmalereien, Grabskulpturen.[1] Jeder Schritt ein Stück Geschichte, Kunst, Frömmigkeit. Kathedralen wie diese sind unerschöpflich. Und unendlich teuer. Ein Spendenaufruf rechnet den Besuchern vor, was die Erhaltung des Doms von Norwich kostet: über eineinhalb Millionen Mark im Jahr, mehr als drei Mark pro Minute (»Minutes of History«).

Ich trete durch das Portal des Priors (um 1310) aus dem Südschiff in den Kreuzgang (Abb. 61). Ein großer, grüner Hof der Stille und der schönen Steine. Die Sonne zeichnet die Silhouetten der Maßwerkfenster auf die Fliesen, gotische Schattenspiele. Mit dem Ostflügel wurde der Kreuzgang 1297 begonnen, mit dem Nordflügel um 1430 vollendet. Hier ist der ganze Reichtum der Ornamente abzulesen, vom Decorated bis zum Perpendicular. Wo das Maßwerk wechselt, in der Nordwestecke, unterbrach der Schwarze Tod die Arbeit der Steinmetzen, die Pest von 1349. In diesem Kreuzgang, dem größten aller englischen Kathedralen, saß Queen Elizabeth I. an einem regnerischen Augusttag 1578 und genoß das Bankett zu ihren Ehren. Es war ein total verregneter Besuch, schreibt der Chronist Thomas Churchyard, doch sehr amüsant und überaus prächtig. Norwichs High Society, die das Fest ausrichtete, hinterließ ihre Familienwappen an den Wänden des Kreuzgangs.

1 Nur zwei Details aus dem nördlichen Querschiff: Chantreys marmorne Grabskulptur eines Bischofs, 1841; das Westfenster von Burne-Jones und Morris & Co, um 1901: die drei Erzengel Michael, Gabriel und Raphael, eine Harmonie in Blau, Rot und Grün.

Norwich, Kathedrale, Schlußsteine des Hauptschiffes

Indes ist auch uns ein königliches Vergnügen geblieben: die Schlußsteine im Gewölbe, fast 400 farbig gefaßte Bossen. Jeder Stein eine Geschichte: aus dem Leben Jesu, Marias und der Heiligen, im Süd- und Westflügel die Apokalypse, dazwischen Allegorien, Grotesken, eine Eule im Birnbaum. Geh hin und mach es wie die Ornithologen, lieber Leser, nur ein Fernglas enthüllt dir hoch oben im Lang- und Querhaus der Kathedrale die himmlische Phantasie der Steinmetzen. Auch dort noch einmal fast 400 farbige Schlußsteine, verteilt auf Scheitelrippen, Stern- und Rautenmuster der Gewölbe, Szenen aus dem Alten und Neuen Testament, der ganze Kreis der Schöpfung bis zum Jüngsten Gericht. Die Norwicher Mysterienspiele des Mittelalters, hier sind ihre letzten, sichtbaren Spuren. Mit rund 7000 alten Büchern und Inkunabeln gehört die Dombibliothek über dem Kreuzgang zu den bedeutendsten ihrer Art in England.

Ein schlichtes Kreuz vor der Außenwand des Domchors schmückt das Grab der Pfarrerstochter Edith Cavell, der Florence Nightingale von Norwich. Als Krankenschwester im Ersten Weltkrieg wurde sie 1915 in Brüssel von der Deutschen Wehrmacht standrechtlich erschossen, weil sie Alliierten zur Flucht verholfen hatte. Edith Cavells letzte Worte vor der Hinrichtung: »Standing as I do in view of God and Eternity, I realise that patriotism is not enough. I must have no hatred or bitterness towards anyone.«

Draußen vor der Kathedrale toben Pennäler in marineblauen Schuluniformen über den Hof der Public School von 1553. Als sie noch *King Edward VI Grammar School* hieß, lernten Lord Nelson, George Borrow und Humphry Repton[1] dort Latein und vor ihnen Generationen von Klosterschülern. Bis zu sechzig Benediktinermönche lebten im Mittelalter im *Cathedral Close*. Die Domfreiheit lag innerhalb der Stadt, aber außerhalb städtischer Jurisdiktion. Das führte schon früh zu Spannungen zwischen Bürgern und Mönchen. Mit hohen Mauern, entlang *Bishopgate* noch zu sehen, schützte sich das Kloster gegen Überfälle wie den vom August 1272. Damals verwüsteten aufgebrachte Bürger die Abtei. Zur Buße bezahlten sie den Wiederaufbau des mit drei großen *flushwork*-Rosenfenstern dekorierten *St. Ethelbert's Gate* (1316; Abb. 64). Das Perpendicular-Gegenstück wurde rund hundert Jahre später gegenüber dem Westende der Kathedrale errichtet, das stolze *Erpingham Gate* (1420). Benannt ist es nach seinem Stifter, einem Mann, der in Shakespeares *Henry V.* dem König seinen Mantel leiht, »a good old commander and a most kind gentleman«: Sir Thomas

1 Der spätere Landschaftsarchitekt Humphry Repton ging in Norwich bei einem Textilkaufmann in die Lehre und führte dort nach seiner Heirat einige Jahre lang ein eigenes, wenig erfolgreiches Textilgeschäft (1773–78).

Erpingham, Befehlshaber der walisischen Bogenschützen in der Schlacht von Agincourt, 1415. Im Chor der Kathedrale liegt er begraben.

Ich kenne kein idyllischeres Viertel in Norwich als die Domfreiheit, ein Dorf in der Stadt. Die letzten Mönche verließen 1535 die Abtei, auf deren Gelände heute rund achtzig Häuser stehen, einige noch aus dem Mittelalter wie die *Deanery,* viele aus georgianischer Zeit. Kleine, charmante Häuser, die meisten als Wohnungen, wenige als Büros genutzt. Keine Autos stören, nicht einmal Sie und ich, denn wir gehen ja schon weiter, hinunter zum Fluß. Dort steht ein altes Fährhaus und daneben ein noch älteres Torhaus, *Pull's Ferry,* Teil der ehemaligen Klostermauern. Unter dem größeren der beiden Torbögen zweigte ein Kanal vom River Wensum ab, nun längst zugeschüttet. Auf diesem Kanal wurden die meisten Güter in den Klosterbezirk transportiert, Lebensmittel, Torf aus den Broads und, ganz am Anfang, die Steine aus der Normandie zum Bau der Kathedrale.

Vom *beauty spot* Pull's Ferry führt ein Weg den River Wensum entlang, flußabwärts zur *Carrow Bridge* am südlichen Ende der Stadtmauern, flußaufwärts zur *Bishop Bridge,* der einzigen erhaltenen mittelalterlichen Brücke[1] von 1340, vorbei an den immerwährenden Anglern, an den Booten vom River Yare, zur Ruine des *Cow Tower* (um 1378), dem wuchtigsten der alten Stadttürme, und weiter bis *Hellesdon Mill:* ein malerischer Weg[2], lauter Motive der Norwicher Künstler. Schon stehen wir in *Cotman Fields.* Eine Flußaue? Nein, eine Neubausiedlung in *Bishopgate*[3], mit Backsteinhäusern und verwinkelten Höfen eine geglückte Fortsetzung mittelalterlicher Wohnviertel. Wie maßvoll modern man in historischer Umgebung bauen kann, zeigen Norwichs Stadtplaner auch an der *Fye Bridge* und in *Anchor Quay.* Nicht nur der Neubau-Lockruf »Wohnen am Wensum«, auch die Restaurierungsarbeit in den rund zwanzig Denkmalschutzgebieten hat dazu geführt, daß Norwichs Innenstadt heute wieder ein attraktives Wohngebiet ist. Keine geringe Leistung angesichts notorischer *Inner City*-Probleme anderer englischer Städte.

Was Hampstead Heath für London, ist *Mousehold Heath* für Norwich: eine Oase am Stadtrand. Jogger begegnen mir, Spaziergänger, *walking the dog.* Cotman, wo sind deine Bilder? Die kahle Heide, Lieblingsmotiv der Norwicher Maler im 19. Jahrhundert, ist nun dicht bewachsen mit Birken, Erlen, Eichen; nur selten noch offene Flächen mit Stechginster und Farn. Seit dem Mittelalter betrieb man hier Kies- und Tongruben, daher die vielen kleinen Hügel und Täler. Hier gab es Ziegelbrennereien, Schießplätze, Trainingsgelände der Kavallerie. Die *Britannia Barracks,* mit dem schönsten Blick über die Stadt, sind heute Regimentsmuseum und *Her Majesty's Prison.* In Mousehold Heath campierten die Zigeuner, die der junge George Borrow hier zum erstenmal traf, der Anfang einer lebenslangen Passion. Romani Road, Crome Road, Wege der Zigeuner, Wege der Maler. Kett's Hill heißt

1 St. George's Bridge, 1783, klassizistische Brücke von John Soane; St. Miles Bridge, 1804, Norwichs früheste Eisenbrücke, von James Frost.

2 Neben dem *Riverside Walk* am Wensum gibt es einen zweiten Flußweg im Stadtgebiet, den *Yare Valley Walk* im Westen der City, von Earlham Park bis Eaton Street.

3 Teil des Klosterbezirks war das *Great Hospital* in Bishopgate, gegründet 1249 als Armenhaus, heute Altersheim. Dazu gehört *St. Helen's* Church mit ihrem Kreuzgang (um 1450).

John Sell Cotman: St. Ethelbert's Gate, 1817

die Straße, die an die blutigste Episode von Mousehold Heath und Norwich erinnert, an *Kett's Rebellion.*

Im Juli 1549 belagern Tausende von aufständischen Bauern Norfolks Grafschaftsstadt, an ihrer Spitze Robert Kett und sein Bruder William. Drei schlechte Erntejahre, inflationäre Preise haben ihre Unzufriedenheit geschürt. Jetzt sehen sie ihre Existenz bedroht. *Enclosure* heißt das alte Reizwort, Einfriedung der Allmende. Immer mehr Land, das allen und keinem gehört, die *commons,* werden von Großgrundbesitzern annektiert und als Schafweiden eingezäunt. Ketts Aufstand ist der Kampf der Bauern um das Recht, die *commons* als Gemeindeland zu nutzen. Ihre Forderung: »No lord of the manor shall common upon the commons.« Ihr Hauptquartier ist Mousehold Heath.

Am 1. August erstürmen sie Bishopgate. Fast einen Monat ist Norwich in der Hand der Rebellen. Dann rückt Warwicks Armee an, darunter auch 1400 deutsche Söldner. In blutigen Straßenkämpfen erobert der Duke of Northumberland die Stadt zurück. Mehr als 3000 Bauern werden erschlagen, 39 Führer der Aufständischen gehängt und gevierteilt, 300 andere nur gehängt. Im Dezember 1549 wird Robert Kett am Turm von Norwich Castle angekettet und zu Tode gehungert. So endet der letzte große Bauernaufstand in England.[1] Die *enclosures* waren nur ein Teil des gesellschaftlichen Umschichtungsprozesses der Tudorzeit, der Beginn jener langen Entwicklung, die im 17. und 18. Jahrhundert den selbständigen Kleinbauern zum Pächter machte, dann zum Landarbeiter ohne Land und am Ende zum Fabrikarbeiter.

»Kett's Rebellion, die Nonkonformisten: Norwich ist stolz auf sein radikales Erbe«, sagt Malcolm Bradbury. Eigentlich wollte der Schriftsteller aus Yorkshire nur ein paar Jahre bleiben, nun lebt er schon seit 1965 hier: »I've never enjoyed any city more than Norwich.« Er wohnt in Heigham Grove, einem ruhigen Viertel am Rand der Innenstadt. Auf dem Kaminsims Büsten von John Milton und Abraham Lincoln, in der Hand eine Pfeife, und wie immer wenig Zeit. Malcolm Bradbury, Romancier, Essayist, Drehbuchautor, ist der brillante Satiriker der Ära Thatcher, Chronist einer Gesellschaft im Umbruch. Sein jüngstes Fernsehspiel heißt *Anything More Would Be Greedy:* Wie Akademiker Millionäre einer neuen High-Tech-Unternehmerklasse werden, eine Satire auf das *Cambridge-Phänomen* und den Sex-Appeal des Geldes. »The price of lifestyle is destroying certain people who think because they do not have a lifestyle they don't have a life at all.«

Bekannt wurde Malcolm Bradbury 1975 durch den Roman *The History Man.* Sein Held ist der »Geschichtsmensch« Howard Kirk, marxistischer Soziologiedozent an einer Provinzuniversität. Für diese klassische Akademikersatire fand der Autor, nach Campus-Erfahrungen in Amerika, das beste Modell vor der eigenen Haustür, die *University of East Anglia.*

1 Aus East Anglia kam auch einer der Führer des Bauernaufstands von 1381, John Ball, ein Kleriker aus Colchester, Titelheld von William Morris' geschichtsphilosophischer Erzählung *A Dream of John Ball* (1886/92). Von ihm stammt der bekannteste christlich-klassenkämpferische Reim des englischen Mittelalters: »Als Adam grub und Eva spann, / Wer war da der Edelmann?«

Dort gründete Malcolm Bradbury den Lehrstuhl für Amerikanistik[1] und 1970, zusammen mit Angus Wilson, den ersten Magisterkurs in kreativem Schreiben[2], jahrelang der einzige seiner Art in Großbritannien. Bis zu seiner Emeritierung 1978 war Sir Angus Wilson Professor für englische Literatur in Norwich, ein *Poeta doctus* und zeitkritischer Romancier in der Nachfolge von Dickens. Sein Meisterwerk: *Anglo-Saxon Attitudes* (1956). Sein Held: ein emeritierter Geschichtsprofessor.

Norwichs Universität liegt am Westrand der Stadt, auf dem Gelände eines ehemaligen Golfplatzes neben *Earlham Park*, dem einstigen Landsitz der Bankierfamilie Guerney[3] am River Yare. Die University of East Anglia ist eine der jüngsten Universitäten des Landes, entworfen von Denys Lasdun (1962–72). Ein brutalistischer Zickzackriegel bildet den »wall of teaching«, die Lehrgebäude. Die Wohnterrassen der Studenten schließen sich südlich zum Flußtal hin an, eine kompakte Kopfarbeiterstadt in den Auen der Yare. Zu den Schwerpunkten der Universität zählt die *School of Environmental Sciences*, gegründet 1968. Damals waren Umweltwissenschaften das erste Prüfungsfach ihrer Art in Großbritannien.

Am Rande dieses grünen Campus liegt eine Halle aus Aluminium und Glas, ein silberner Hangar, von drei Henry-Moore-Skulpturen umgeben: das *Sainsbury Centre for Visual Arts* (Abb. 60). Es beherbergt eine der wenigen großen privaten Kunstsammlungen des 20. Jahrhunderts in England und ist selber ein Beispiel britischer Ingenieurkunst der Moderne. Entworfen hat es Norman Foster 1974–78: eine trägerfreie Fachwerkhalle aus geschweißten Stahlrohren, mit neoprenegedichteten Aluminium-Paneelen verkleidet, 135 Meter lang, 35 Meter breit, exemplarische *minimal architecture* ohne Schnörkel. Eine High-Tech-Konstruktion in doppelt reizvollem Kontrast zu ihrer Bestimmung als Museum und zur Parklandschaft der Umgebung. Alle Funktionen und Aktivitäten des Zentrums hat Norman Foster in einem variablen Einheitsraum zusammengefaßt; Platz für Ausstellungen, Seminare, Bibliothek, Restaurant. Ein Raum mit großem Atem, der großen Geste der Sainsburys angemessen, die hier die Summe ihres Sammlerlebens ausbreiten.

Benin-Bronzen neben Picasso und Epstein, die Moderne neben der primitiven Kunst: das sind die beiden Pole der *Sainsbury Collection*. Hier Skulpturen und Bilder von Henry Moore, Bacon, Giacometti, John Davies, dort ägyptische, etruskische, römische Bronzefiguren, afrikanische und präkolumbianische Objekte, Skulpturen der Kykladen, der Südsee, des Orients, des europäischen Mittelalters, der Indianer und der Eskimos – ein Stück Weltkunst, nicht nur Westkunst. Hier hat einer, der sich lieber *passionate acquirer* statt *collector* nennt, mehr als fünfzig Jahre lang gesammelt, was ihm (und seiner Frau) gefällt, mehr aus dem Bauch als nach dem Kopf, mit ebenso eklektischem wie sicherem Geschmack.

1 Seit 1989 *Arthur Miller Centre for American Studies* genannt, nach dem amerikanischen Dramatiker und Ehrendoktor der Universität.

2 Prominenter Absolvent: der Erzähler und Romancier Ian McEwan (*Der Zementgarten, Erste Liebe, letzte Riten*).

3 Die Norwicher Bank der Quäkerfamilie Guerney gehörte zu einer Gruppe von Privatbanken, die 1896 *Barclays Bank* gründeten. Im Stadthaus der Familie, *Guerney Court* in Magdalen Street No. 31, wurde 1780 die Gefängnisreformerin Elizabeth Fry geboren.

Und dann, 1973, haben Sir Robert und Lisa Sainsbury den größten Teil ihrer Sammlung der University of East Anglia gestiftet, um jungen Kunststudenten die Möglichkeit zu geben, »das Vergnügen der visuellen Erfahrung zu lernen, Kunstwerke von einem sinnlichen, nicht nur von einem intellektuellen Standpunkt zu betrachten«. Die Sammlung stifteten die Eltern, das Museum ihr Sohn David: mäzenatische Geste einer Familie, deren Namen jeder Engländer vom täglichen Einkaufen kennt. Die Sainsburys[1], Besitzer einer Kette von fast dreihundert Supermärkten, gelten nächst der Queen und dem Herzog von Westminster mit einem geschätzten Vermögen von sechs Milliarden Mark als Nummer drei im Klub der britischen Superreichen.

Cotman & Co: Die stillen Revolutionäre der Heimatkunst

Nicht nur Gainsborough und Constable, die Dioskuren aus Suffolk, strafen das gängige Vorurteil Lügen, die Briten seien eine visuell unbegabtere Nation. In den Jahren kurz vor 1800 bis etwa 1840 gab es in England eine Blüte der Landschaftsmalerei, die auf dem Kontinent ohne Parallele ist. Ihre strahlendsten Bilder entstanden tief in der ostenglischen Provinz. Lange blieben sie fast gänzlich im Schatten William Turners. Selbst ihr brillantester Maler hat außerhalb der Britischen Inseln nie eine Einzelausstellung gehabt: John Sell Cotman aus Norwich. In seinem Geburtsort kann man ihn und die hierzulande nahezu unbekannte Schule von Norwich umfassender kennenlernen als irgendwo sonst.

Die normannische Burg mitten in der Stadt ist heute ein vielseitiges, überaus anregendes Museum. Gäbe es eine englischere Einführung in die Geschichte des englischen Porzellans als die 2600 Teekannen der *Bulwer & Miller Collection*? Kaum weniger exzentrisch Mrs. Langtons gesammelte Katzen: rund hundert Katzenfiguren aus Porzellan, Jade, Elfenbein, Bronze, Holz, Glas, Katzen aus Ägypten, China, Japan, Meißen, Derby, Staffordshire. Oder die sublimen Leidenschaften der Lepidopterologin Margaret Elizabeth Fountaine, einer Norfolker Pfarrerstochter, die auf ihren Weltreisen 22000 Schmetterlinge fing und dem Castle Museum stiftete, samt ihren Tagebüchern (*Ich sammle nicht nur Schmetterlinge. Reisen und Abenteuer einer viktorianischen Lady*). Oder die Liebhaberei von Mrs. Bulwers viktorianischem Bruder: er sammelte Senftöpfchen aus ganz Europa und hinterließ sie seiner Heimatstadt. Vom Senf kommen wir zwanglos zur Malerei: Norwichs kunstliebendem Senfhersteller Jeremiah Colman und seinem Sohn verdankt unsere kleine Stadt die größte Cotman-Sammlung der Welt.[2]

1 Dazu zählt auch Sir John Sainsbury, Chairman der Royal Opera, der zusammen mit seinen Brüdern 100 Millionen Mark für den 1987 von Roberto Venturi entworfenen Sainsbury Wing stiftete, den Erweiterungsbau der Londoner Nationalgalerie.

2 Zahlenmäßig weit geringer sind die Cotman-Bestände des Britischen Museums, des Victoria & Albert Museums und der Leeds City Art Gallery.

Allerdings verfügten die Stifter: Ihre Bilder dürfen die Burg nicht verlassen – Cotman-Freunde sollen nach Norwich kommen. Geschickte Stadt- und Senf-Werbung? Engstirniger Heimatstolz, der internationalen Ruhm verhindert? Weitsichtiger Schutz vor den Folgen hemmungslosen Kunstverleihs? Andrew W. Moore, Kurator des Museums, macht ein Gesicht, als hätte er zuviel Senf geschluckt. Das mag indes auch daher rühren, daß von den 48 Ölbildern sowie 882 Aquarellen und Zeichnungen Cotmans in Norwich tatsächlich nur etwas mehr als die Hälfte unzweifelhaft echte Cotmans sind. »Er hatte viele Schüler«, sagt Mr. Moore, »gute Schüler – gute Kopien.« Was bleibt, ist überwältigend genug.

Er war kein Maler monumentaler Formate oder dramatischer Motive, kein Porträtist der Gesellschaft wie Gainsborough, kein Repräsentant der Landschaft wie Constable, kein Visionär der Farbe wie William Turner. Cotman hat vorwiegend Aquarelle gemalt, kleine Formate, bescheidene Motive. Aber in seinen besten Bildern ist er brillanter, moderner als jeder seiner Zeitgenossen. Cotmans Leben verlief ohne sichtbare Höhepunkte, so durchschnittlich, daß einer seiner Biografen es »unbefriedigend« findet: kein strahlender Erfolg, kein tragisches Scheitern. Als er 1842 in London starb[1], erschien kein einziger Nachruf, nicht einmal in seiner Geburtsstadt Norwich.

Cotman war, wie William Turner, Sohn eines Frisörs. Im Alter von sechzehn Jahren, 1798 ging er nach London, kolorierte Stiche für einen Kunsthändler, kopierte Bilder im Haus eines Sammlers; das war seine ganze Ausbildung. Früh reiste er nach Wales, Inbegriff der pittoresken Landschaft. Dort und in Yorkshire entstanden einige seiner schönsten Aquarelle. Aber die *Old Water Colour Society* in London lehnte Cotman als Mitglied ab. Enttäuscht kehrte er 1806 zurück nach Norwich und wurde Zeichenlehrer in der Provinz – »genau das, was ich am meisten fürchtete«. Indes hatte er einen Mäzen: Dawson Turner, Quäker, Bankier, Botaniker (Spezialgebiet: Seetang) und Altertumsforscher in Yarmouth. Dort ließ sich Cotman 1812 nieder, gab der Frau seines Gönners und ihren sechs Töchtern Zeichenunterricht und begann seine »Herkulesarbeit«: topografische Radierungen, in der Hoffnung auf ein größeres Publikum. Cotman, ein virtuoser Architekturzeichner, schuf in zehn Jahren rund 400 Radierungen von Burgen, Kirchen und Städten in Norfolk[2] und in der Normandie, die er dreimal bereiste. In dieser Zeit gab er die Ölmalerei fast völlig auf. Aber auch seine Hoffnung, ein englischer Piranesi zu werden, schlug fehl.

1823 zog Cotman zurück nach Norwich, in ein Backsteinhaus bei der Kathedrale, St. Martin's-at-Palace-Plain No. 7. Dort lebte er mit seiner Frau, fünf Kindern und seinen Hunden Tizian und Rubens, in wachsender Armut und Depression. »The sun has set for ever on my career and all is darkness before me«, schrieb er am 3. August 1826 an Dawson Turner. »My pupils diminish to such a degree that it is impossible for me to live in any, save a *Workhouse* or a *Prison*.« Sein ganzes Streben war London, raus aus der Provinz: »London, with all its fog and smoke, is the only air for an artist to breathe in.« Vergebens bewarb er sich

1 Cotmans Grab ist auf dem Friedhof von St. John's Wood Chapel im Londoner Stadtteil Marylebone.

2 Cotman veröffentlichte mehrere Bände mit Kupferstichen, unter anderem *Architectural Antiquities of Norfolk* (1818), *Sepulchral Brasses in Norfolk and Suffolk* (1819).

um die Stelle eines Zeichenlehrers an der *School of Military Engineering* in Chatham. »Meine Lebenserwartungen sind so vollständig zunichte gemacht, daß ich unter der wiederholten und anhaltenden Erschöpfung von Körper und Geist zusammenbreche.«

Noch einmal gab es einen Aufschub. 1834 berief man ihn endlich als Zeichenlehrer ans King's College nach London. Einer seiner Schüler war bald bekannter als er selbst: Dante Gabriel Rossetti. Der beschrieb Cotman als »an alert, forceful-looking man, of modest stature, with a fine well-moulded face, which testified to an impulsive nature, somewhat worn and worried«. Für Cotman kam die Anerkennung zu spät: »Mein Alter hat mich vielleicht vor der Zeit eingeholt, ohne daß ich erreicht hätte, was ich zu tun hoffte – aber das ist nur das Los von Millionen.« Im kalten, stürmischen Herbst 1841 genoß er noch einmal »the wilderness of Norfolk«, zeichnete den Devil's Tower, Aylsham Church, die Bäume von Blickling Park. Wenige Monate später war er tot.

Ein Leben in dunklen Aquatintatönen. Aber auf dem schwarzen Grund leuchten die Farben. Cotmans Motive sind begrenzt, so bescheiden wie seine Formate: ein Holzzaun, eine Bauernhütte, eine Flußlandschaft mit Kühen, Boote am Strand, eine Klosterruine und immer wieder Bäume, Bäume am Greta River und am River Yare: »Oh! rare and beautiful Norfolk.« Er mache, sagte Cotman gelegentlich, »close copies of that fickle Dame«. Aber er kopierte ja nicht einfach »jene launische Dame«, die Natur. Er malte weit weniger, als er sah, und zugleich viel mehr: jenseits der flüchtigen Erscheinungen ihre Struktur und jenseits bloßer Strukturen die wechselnde, unverwechselbare Atmosphäre.

John Sell Cotman: Boot am Strand, 1808

»Leave out, but add nothing«, riet Cotman seinem Sohn Miles, der ihm assistierte. Alles Zufällige weglassen und nichts hinzufügen: Mit wenigen Bleistiftstrichen skizzierte er die Umrisse, dann trug er breitflächig, in dünnen Schichten die Aquarellfarben auf, jene unendlich subtile Skala von Grün, Braun, Grau und Blau. Cotmans Stil ist einfach, klar, von luzider Leichtigkeit. Seine monochromen Aquarelle, meisterhaft abgestuft in grauer oder brauner Tusche, entwickeln Methoden Thomas Girtins weiter, den er schon früh im Londoner Künstlerbund »The Brothers« kennengelernt hatte. Untrüglich Cotmans Gespür für die Nuancen des Lichts, für Räume und Zwischenräume, für die Balance von Form und Farbe. Ein vollendetes Beispiel dieser Aquarellkunst an der Grenze zur Abstraktion ist »Kett's Castle« (um 1809/10) im Burgmuseum von Norwich: Strukturen einer Abendstimmung auf Mousehold Heath. Bei aller Detailgenauigkeit sind die Orte, die er darstellt, immer auch Topografien eines Gefühls, gänzlich reale und doch halb traumhafte Szenen. Cotman malt Bilder, in denen das Auge spazieren und die Seele ausruhen kann. Turner liebte dynamische Bewegung, elementare Kontraste. Cotman suchte den Ausgleich der Gegensätze, die große Harmonie.

Seine Silhouettentechnik, dunkle gegen helle und helle gegen dunkle Formen zu stellen, schafft Farbfelder, die erst der Symbolismus wieder aufgreift. Mit seinem flächigen, geometrisierenden Stil weist er weit voraus auf Cézanne und die Kubisten. Das ist Cotmans Modernität. Zugleich ist dies auch der Grund für seine fehlende Popularität bei seinen Zeitgenossen. Ihnen waren Cotmans Kompositionen nicht naturalistisch genug, zu karg, zu abstrakt, seine Farben zu kühl und zu matt. Darum fanden Meisterwerke wie das *Drop Gate* oder *Mousehold Heath*, beide heute im Besitz des Britischen Museums, zu seinen Lebzeiten keinen Käufer. Wundert es da, daß Cotman an seiner Arbeit zweifelte? »My poor Red, Blues & Yellows... nonsense & stuff.« Er mischte seine Wasserfarben mit Tinte und farbiger Kreide, seine Pigmente mit Mehl oder Leim, um einen pastosen, expressiven Ausdruck zu erzielen, über die Lokalfarbe hinaus. Vergebens versuchte er in seinem Spätwerk, durch grelle Farbeffekte Turners Wirkungen zu erreichen, populär zu werden durch historische Figurenstücke oder spektakuläre Motive. Am stärksten bleiben Cotmans Bilder aus den Jahren 1805 bis 1812: Höhepunkte der europäischen, nicht nur der britischen Aquarellmalerei. Entsprechend die Preise: Ein Aquarell wie *Mousehold Heath* (1810), auf einer Auktion 1862 bei £ 5.15 zurückgezogen, kostet inzwischen rund 90 000 Mark.

In seiner Geburtsstadt Norwich wird Englands größter Aquarellist auch heute noch nicht angemessen präsentiert. Von den über 400 Cotman-Originalen ist nur knapp ein Zehntel ständig ausgestellt: ein verstecktes Erbe.[1] Wenn man für William Turners Nachlaß ein eigenes Museum in London eingerichtet hat, warum tut man dies nicht auch für Cotman in Norwich? Sollte die Stadt für ihren Sohn nicht soviel übrig haben wie Familie Colman für ihren Senf (ein *Mustard Museum* in Bridewell Alley)?

So singulär Cotman ist, das einsame Genie in der Provinz war er nicht. Er gehörte zu einer Gruppe einheimischer Künstler und Amateure, die sich 1803 zur *Norwich Society of Artists*

1 Wegen ihrer Lichtempfindlichkeit werden die ausgestellten Aquarelle in regelmäßigen Abständen gewechselt.

Hannah Guerney (1786–1850): John Crome

John Crome: Die Eiche von Poringland, um 1818

zusammenschlossen. Solche Vereinigungen gab es auch an anderen Orten, aber nur in Norwich entwickelte sich daraus eine regionale Malerschule von nationaler Bedeutung. Eine einleuchtende Erklärung dafür gibt es kaum. Gewiß, Norwich hatte Ende des 18. Jahrhunderts viele Clubs und Societies, ein politisch und kulturell anregendes, offenes Klima, einige wichtige Mäzene und ein Publikum, dessen allgemeine Aufgeschlossenheit für die schönen Künste vielen Malern ein Auskommen ermöglichte. Aber all das hatten auch andere Städte in der Provinz, etwa Bath, Bristol oder Liverpool. Wie also kam es, daß Norwich als erste Stadt außerhalb Londons regelmäßig Kunstausstellungen veranstaltete? Wie kam es ausgerechnet hier zu diesem Triumph des Regionalismus?

»I arrived here a week ago and find it a place where the arts are very much cultivated«, schrieb der Miniaturenmaler Andrew Robertson 1812 in einem Brief aus Norwich: »The studies of landscape about the town are infinitely beautiful and inexhaustible. The buildings, cottages, etc. are charming, and have invited people to the general practise of drawing, or rather painting in watercolours from nature ...« Die Schule von Norwich hat zwei Väter: Cotman und Crome, die beiden überragenden Maler der Stadt. Ohne ihren Einfluß hätte sich kaum eine solche Fülle von Talenten so überaus fruchtbar entfalten können, Künstler wie Amateure.

Rund drei Jahrzehnte lang trafen sie sich zu Diskussionen, Ausstellungen und Ausflügen mit Skizzenblock und Pinsel. Die unmittelbare Umgebung ihrer Heimatstadt inspirierte sie. Wie Constable (der sie ignorierte) fühlten sie sich der holländischen Landschaftsmalerei des

17. Jahrhunderts verbunden, nicht der eher sentimentalen viktorianischen Kunst. Die Weite der ostenglischen Küste, die Norfolk Broads mit ihren Flüssen, Kanälen und Windmühlen, der niederländische Charakter der Landschaft scheint in der Tat ihren »niederländischen Genius für Landschaftsmalerei« (Pevsner) zu erklären. Holländische Schiffe tauchen immer wieder auf den Bildern der Norwich School auf, nicht nur auf Cotmans Gemälde *Dutch Boats off Yarmouth* im Castle Museum. Die traditionellen Handelsbeziehungen zwischen East Anglia und den Niederlanden brachten auch Werke holländischer Künstler in einheimische Sammlungen.[1] Cotman studierte sie bei seinem Mäzen Dawson Turner in Yarmouth, John Crome kopierte sie bei seinem (und Gainsboroughs) Patron Thomas Harvey in *Catton Hall*. Der Webermeister Harvey, mit der Tochter eines Rotterdamer Kaufmanns verheiratet, umgab sich auf seinem Landsitz bei Norwich vor allem mit Holländern des 17. Jahrhunderts: Hobbema, Ruisdael, Teniers, Rembrandt – eine Offenbarung für John Crome, den jungen Maler in der Provinz.

Crome lernte sein Handwerk bei einem Kutschen- und Schildermaler in Norwich. Die Pub Signs, die er für »The Lame Dog« und andere Kneipen seiner Heimatstadt malte, sind leider nicht erhalten. Sein Vater war ein Webergeselle und Gastwirt von zweifelhaftem Ruf, er selber galt als notorischer Trinker, gesellig, geschäftstüchtig, gerade das Gegenteil von Cotman, der unter seiner Konkurrenz litt. Als einen »kleinen dicken Mann mit dunklem Teint und lebhaften Augen« beschrieb ihn Georg Borrow, der bei Crome zeichnen lernte. »Er malte nicht Bilder aus aller Welt, sondern englische Bilder... Wunderschöne ländliche Szenerien mit Bäumen, die kleine Vögel wohl verlocken könnten, sich darauf niederzulassen.« Etwa auf der *Poringland Oak* (1818, Tate Gallery), deren bizarr verzweigte Äste durchflutet sind vom klaren Licht East Anglias. Als Zeichenlehrer, für einen Provinzkünstler der lukrativste Job, hatte Crome soviel Erfolg in Norwich und bei den *landed families* der Umgebung, daß sechs seiner elf Kinder ebenfalls Maler wurden.

Crome war einer der ersten, der seine Schüler im Freien nach der Natur arbeiten ließ. Beim Unterricht am Ufer der Yare rief der Autodidakt ihnen gelegentlich zu: »This is our Academy!« Gainsboroughs Technik, die Ölfarbe dünn wie Wasserfarbe aufzutragen, machte Crome sich ebenso zunutze wie den Naturalismus der holländischen Landschaftsmalerei. Ihren Einfluß zeigen Bilder wie *Moonrise at the Yare* in der Tate Gallery oder *Yarmouth Jetty* im Museum von Norwich: eine Sinfonie in Grau, Braun und Beige, in der Mitte ein einziger, leuchtend roter Punkt, die Weste eines Fischers. Auch Crome war ein Meister der Monochromie: die Kirche von Whitlingham in den grauen Wasserfarbenhügeln, der silbergrau perlende Weidenzweig über den Wellen der Yare, auf eine kleine Mahagonitafel gemalt – unscheinbare Motive, glückliche Augenblicke. In seinen schönsten Bildern[2]

1 Einige davon gehören heute zu der kleinen Galerie holländischer Malerei im Castle Museum von Norwich: Avercamp, Pieter Breughel d.J., Jan van Goyen, Hobbema, Isaac van Ostade, Rubens und Wouwermans. Eine Kostbarkeit des Hauses: das sogenannte *Ashwellthorpe-Triptychon* (siehe S. 45).

2 Einige sind durch exzessiven Gebrauch von Bitumen in einem beklagenswerten Zustand. Es gibt viele Kopien, Fälschungen und falsche Zuschreibungen.

erreicht Crome eine fast Corotsche Leichtigkeit. Seine Radierungen wirken wie weiche Bleistiftzeichnungen, skizzenhaft, von schimmernder Tonalität. Nur vierunddreißig dieser *softground etchings* sind erhalten. Auch Cotman benutzte diese Technik der Weichgrundätzung, die Whistler virtuos vollendete.

John Crome blieb zeitlebens ein Künstler der Provinz. Sein Ruhm begann erst lange nach seinem Tod, als sieben seiner Bilder auf der Londoner Weltausstellung von 1862 gezeigt wurden. Monet, Pissarro, auch Van Gogh bewunderten ihn. Er bewunderte am Ende nur einen, ihm galt sein angeblich letztes Wort: »Oh Hobbema, my dear Hobbema, how I have loved you!« Borrow überliefert ein anderes Wort vom Sterbebett, Cromes Rat an seinen Ältesten: »John, mein Junge, male, aber denke dabei an den Ruhm, und sollte dein Motiv nur ein Schweinestall sein: verleihe ihm Würde!« In der Kirche von St. George in Norwich, wo er getauft wurde, ist Crome auch begraben. Im Castle Museum hat er einen eigenen Saal mit rund zwanzig Bildern. Nach seinem Tod 1821 übernahm sein ältester Sohn John Berney Crome die väterliche Zeichenschule. Auch als Präsident der Norwich Society setzte er den Einfluß des Vaters fort. Sein Erbe bezeugt John Berneys *Great Gale at Yarmouth on Ash Wednesday* (1836) im Castle Museum.

Auch die Cotman-Nachfolge begann im engsten Familienkreis: Miles Edmund, Cotmans ältester Sohn, stellte schon mit dreizehn bei der Norwich Society aus, in Stil und Sujets dem Vater zeitweise zum Verwechseln ähnlich. Er und sein Bruder John Joseph Cotman, der

John Crome: Mondaufgang am Yare, um 1811/16

Alfred Stannard: Am River Yare, 1846

originellere von beiden, führten den Zeichenunterricht ihres Vaters fort. Nicht nur die Malersöhne von *Cotty* und *Old Crome* sorgten für die Kontinuität der Schule von Norwich und für Verwirrung bei den Experten. Auch die Stannards waren eine Künstlerdynastie, drei Generationen lang in Norwich tätig. Joseph Stannard, der bedeutendste von ihnen, malte nach einer Hollandreise sein Meisterwerk: *Thorpe Water Frolic* (1824–25), ein Volksfest auf der Yare vor den Toren der Stadt, ein Nachmittag voll Leben, Licht, Atmosphäre.[1]

Nun hatten die Stannards, Cotmans und Cromes nicht nur malende Frauen, Töchter und Söhne; auch verschwägert und verschwistert waren einige Mitglieder der Norwich School, ähnlich den Präraffaeliten oder den Worpsweder Malerfreunden. Robert Ladbrooke heiratete die Schwester von Cromes Frau, John Thirtle Mrs. Cotmans Schwester. Thirtle, Sohn eines Schuhmachers, lebte als Miniaturist, Vergolder und Zeichenlehrer in Norwich. Auf

1 Meisterhaft auch Joseph Stannards Gemälde *Boats on the Yare, Bramerton, Norfolk* (1828) im Fitzwilliam Museum in Cambridge.

seinen Aquarellen im Burgmuseum spiegeln sich immer wieder Bäume, Boote, Häuser und Wolken im Wasser von Yare und Wensum, sublime Reflexe seiner Kunst und Heimatliebe. Wie Thirtle stammt auch Robert Dixon aus Norwich, war Zeichenlehrer und Bühnenbildmaler am dortigen Theater, auch er ein Aquarellist von Rang, Spezialist für pittoreske Dorf- und Straßenszenen. In einer Serie delikater Weichgrundätzungen (*Norfolk Scenery*, 1810–11) gelingen Dixon Radierungen vom Cromescher Qualität. Die Norwich School war ja nicht nur eine hohe Schule des Aquarells. Die Kupferstiche, schreibt Andrew W. Moore, »bleiben der am meisten unterschätzte Aspekt der stillen Revolution jener Künstler aus Norwich«.

Man sollte sich Zeit lassen auch für die zweite Generation dieser Malerschule, deren Bilder im Burgmuseum in dichten Reihen übereinander hängen. Cromes Schüler James Stark gehört dazu, als Sohn eines schottischen Färbers in Norwich geboren; George Vincent, der in großen Panoramen die Flußauen bei Trowse und die Fischauktionen am Strand von Yarmouth malte; Henry Bright, dessen dramatische Chiaroscuro-Landschaften schon die neue, spektakuläre Sehweise der Viktorianer ankündigen. Bright hatte über hundert Schüler aus ganz England; der begabteste war der früh verstorbene John Middleton, ein Aquarellist stiller Fluß- und Waldlandschaften. Die Vitalität der Norwich School bezeugen nicht zuletzt die Amateure: Thomas Churchyard, Rechtsanwalt aus Woodbridge; Robert Leman, Versicherungsangestellter der Norwich Union, der auf Cotmans Spuren reiste und malte; sein Freund Thomas Lound, aquarellierender Bierbrauer und Cotman-Schüler. Auch zwei Pfarrer stellten bei der Norwich Society aus: der Reverend James Bulwer, Freund und Mäzen Cotmans, mit dem er zusammen durch Norfolk reiste und Kirchen zeichnete; und der Pfarrer E. T. Daniell, der als Kupferstecher bekannt wurde, weitgereist in Europa und im Fernen Osten. So stark war damals nicht nur in Norwich der Drang der Amateure zur Kunst, daß der Maler Thomas Uwins einem Kollegen 1830 besorgt schrieb: »If gentlemen all take to painting for themselves, what is to become of us poor professional brushmen?«

Die Künstler und Amateure der Norwich School beeinflußten sich gegenseitig, sie hatten gemeinsame Interessen, oft dieselben Motive, aber keinen einheitlichen Stil. Ihre Bilder feiern die Schönheit der Countryside, aber sie zeigen auch realistisch den Alltag der Bauern und Fischer von Norfolk. Hier ist die vielgeschmähte Heimatkunst noch nicht zur Sentimentalität und zum Klischee verkommen, sondern auf der Höhe ihrer Möglichkeiten: unterwegs, um mit Präzision und Liebe ein differenziertes Bild der Heimat zu entwerfen. Nach den Jahren des Kriegs mit Napoleon, nach Revolutions- und Invasionsgefahren signalisieren diese Bilder die Rückkehr friedlicher Zeiten, den Rückzug auf die konservativen Werte einer ländlichen Gesellschaft. Es sind Bilder einer sozialen, nationalen Harmonie. Nicht zuletzt darum sind sie wohl heute in England wieder so populär, nachdem sie lange als bloße Nachahmungen holländischer Landschaftsmalerei mißverstanden wurden. Lange war die Norwich School aber auch die unbekannteste aller Malerschulen der englischen Provinz, in ihrer Isolation zugleich die konzentrierteste, eigenwüchsigste. Auch wenn einige ihrer Mitglieder gelegentlich in der Londoner Royal Academy ausstellten, so verkauften die meisten ihre Bilder doch nur an Einheimische in und um Norwich. 1833 fand die letzte,

John Thirtle (1777–1839): Selbstbildnis

Frederick Sandys: Reverend James Bulwer, 1863

27. Ausstellung der Norwich Society statt. Damit endete nach drei Jahrzehnten nicht die Malerschule selbst, aber ihre vitalste Phase.[1]

Wie in Constable's Country, so ließen sich auch viele Motive der Norwich School auf einer Kunstwanderkarte lokalisieren: Markt und Kirchen, Devil's Tower und Bishop Bridge, Norwichs mittelalterliche Kulissen am River Wensum, oder *Mousehold Heath*, damals noch offene Heide auf den Hügeln über der Stadt, mit ihrer inzwischen abgerissenen Windmühle ein Lieblingsmotiv von Cotman, Crome & Co. Und weiter zum Rundturm von *Whitlingham Church*, nach *Postwick Grove* an die Ufer der Yare und in Cotmans Geburtsort *Thorpe*, einst »das Richmond von Norfolk« genannt, nach *Trowse Hythe*, wo Yare und Wensum zusammenfließen, nach *Reedham Ferry* (Abb. 32), wo immer noch eine Kettenfähre den Fluß überquert wie auf den Bildern von Joseph Stannard, hinaus in die Broads, zur einsamen Ruine von *St. Benet's Abbey* (Farbt. 8). Gibt es schönere Wegweiser als solche

1 Aus der 1845 gegründeten *Norwich School of Design* ging ein Präraffaelit der zweiten Linie hervor, der Norwicher Färberssohn Frederick Sandys. Einige seiner Bilder und fast lebensgroßen Porträtzeichnungen sind im Castle Museum zu sehen, ebenso ein monumentaler Bildteppich von Edward Burne-Jones, *The Star of Bethlehem*, entworfen 1890 für Exeter College, Oxford. Der Gobelin im Bergfried von Norwich Castle ist eine Replik, gewoben 1906 von Morris & Co in Merton Abbey für Carrow Abbey in Norwich. – Zwei bekannte zeitgenössische Maler stammen aus Norwich: Colin Self und Michael Andrews.

Bilder? Reizvollere Anlässe zum Orts- und Zeitvergleich? Wo auf Thirtles Norwich-Aquarell von 1812 in einer Werft am Cow's Tower Boote repariert werden, finden wir nun ein Flußcafé mit Bootsverleih. Und die Ruine von *Carrow Abbey,* eines der frühen Meisterwerke von John Crome, liegt heute auf dem Grundstück von Colman's Senffabrik.

Immer noch sieht man sie vor denselben Motiven sitzen, zeichnend, aquarellierend, mit anderen Augen und demselben Vergnügen. Schon früh wurden die pittoresken Motive der Schule von Norwich zu touristischen Sehenswürdigkeiten, ihre topografisch-architektonischen Bestandsaufnahmen zu willkommenen Illustrationen der Reiseführer. Allein 76 Aquarelle von Cotman, in Kupferstiche umgesetzt, illustrierten die *Excursions through Norfolk,* einen zweibändigen Londoner Baedeker von 1818/19. »Oh! rare and beautiful Norfolk.«

Die Broads: Nationalpark im Wartestand

Marschwiesen, Felder, in der Ferne ein paar Windmühlen. Hin und wieder gleitet still ein weißes Segel durch die Wiesen, als pflüge eine Haifischflosse durch den grünen Ozean. Grau und unbeweglich wie ägyptische Statuen stehen Fischreiher am Ufer. Libellen schwirren über dem Wasser, lautlos, mit blitzenden Flügeln. Ein paar Bläßhühner verschwinden schwatzend im Schilf. In der Luft der Geruch von abgebrannten Stoppelfeldern.

Augenblicke in den Broads, Erinnerungen an einen Spätsommertag auf dem River Bure. Sich treiben lassen, flußabwärts, vorbei an *Horning,* wo es in der Saison von Booten wimmelt wie im Hafen von Shanghai, den Flußwindungen folgen, abzweigen in schmale Durchstiche, die sich im Schilf zu verlieren scheinen, in einer fremden, wispernden Welt, bis die Sackgasse sich plötzlich wieder öffnet zum See, von Erlen und Weiden umgeben, *Malthouse Broad:* hier nicht anzulegen, wäre eine Sünde, denn am Ufer steht ein Pub und auf dem Hügel eine Kirche mit einer goldenen Krone als Wetterfahne, und wer eben noch Rohrdommeln beobachtete, bewundert jetzt die Apostel von *Ranworth,* die schönsten gotischen Chorschranken von Norfolk, und natürlich den Blick vom Turm: da liegen ringsum die Broads wie riesige Badewannen mit lauter Spielzeugbooten, schon sind wir wieder an Bord, auf dem River Bure, flußabwärts, traumaufwärts in dieser zeitlosen, amphibischen, labyrinthischen Welt aus Seen und Flüssen, vorbei an den Anglern von *St. Benet's,* der einzigen Abtei, in deren Ruinen eine Windmühle steht, die ihre Flügel verloren hat im Kampf gegen den ewigen Wind, vorbei an dümpelnden Booten, wo sie an Deck sitzen und Tee trinken oder einfach nur mit den Beinen baumeln, auf der »Proud Lady«, der »Cheshire Cat«, auf »Silver Gem« und »Free 'n'easy«, Namen aus dem großen britischen Bootsferientraum, den Norfolk Broads.

Broadland, nordöstlich von Norwich: ein Gebiet von rund 570 Quadratkilometern, reichlich bewässert vom River Bure und seinen Nebenflüssen Thurne und Ant und von der

Yare: eine faszinierende Landschaft, einzigartig in ihrer Entstehung, exemplarisch auch in ihren Problemen (Farbt. 7). Dies ist Englands größtes Feuchtgebiet aus Marsch und Wasser, Zufluchtsort vieler bedrohter Vogel- und Pflanzenarten. Zugleich ist dies eines der beliebtesten englischen Feriengebiete, Standort der größten Mietsbootflotte aller europäischen Kanalsysteme. Hier können Nelsons Enkel nach Herzenslust navigieren. Aber auch die einheimischen Bauern wollen von den Broads profitieren. Da hat *Aeshna isoceles,* die rare Norfolk-Libelle, einen schweren Stand.

Naturschutz und Freizeitindustrie, Landschaftserhaltung und landwirtschaftliche Nutzung: In diesen klassischen Interessenkonflikt schaltete sich sogar das Parlament in London ein. Die Broads wurden zum nationalen Fall. Was heute vor dem Eingriff der Menschen geschützt werden muß, ist indes erst durch ihren Eingriff entstanden. Die Broads sind weithin eine künstliche, keine natürliche Landschaft. Anders als der Lake District ist die ostenglische Seenplatte kein Ergebnis der Erdgeschichte allein, sondern ein sozusagen naturalisiertes Produkt der Sozialgeschichte des frühen Mittelalters. Torfstecher, nicht Eiszeitgletscher schufen die Broads.

Die Geschichte der britischen *splendid isolation* begann bekanntlich ziemlich feucht und spät. Noch bis etwa 6000 v. Chr. war England mit dem europäischen Festland verbunden. Zur Insel wurde es erst, als der Meeresspiegel stieg. Auch der größte Teil des östlichen Norfolk wurde damals überflutet: eine flache, ausgedehnte Meeresbucht, auf deren älteren Torfschichten sich nun Schlamm und Sand ablagerten. Allmählich verlandete die Bucht, in den Sümpfen bildete sich neuer Torf; Marschland entstand. In dieser weithin baumlosen Ebene war Torf ein naheliegendes Brennmaterial. Römische Söldner, sächsische Siedler, normannische Eroberer: sie alle deckten hier ihren Heizbedarf. Torfabstich in großem Stil organisierten erst die Mönche im Mittelalter. Die Benediktiner von *St. Benet's* verstanden es, sich die Abbaurechte zu sichern, dazu Hand- und Spanndienste der Bauern (Farbt. 8). Die Abtei in den Broads wurde reich durch das braune Gold. Eine Stadt wie das nahe *Norwich* brauchte Brennstoff in Fülle; allein das bischöfliche Kloster verheizte 200000 Torfballen in einem einzigen Jahr. Innerhalb von zwei Jahrhunderten wurden rund neun Millionen Kubikfuß Torf in den Broads gestochen. Entsprechend ausgedehnt waren die Torfgruben, manche bis zu viereinhalb Meter tief. Als im 14. Jahrhundert der Meeresspiegel stieg und die Regenfälle zunahmen, liefen die Torfgruben voll Wasser; die meisten waren um 1400 aufgegeben. So entstanden die *broad waters*, die Broads – Relikte einer mittelalterlichen Energiekrise.

Auf Flurkarten des frühen 19. Jahrhunderts sind die ursprünglich geometrischen Umrisse der überfluteten Torfgruben vielfach noch sichtbar. Vom Ursprung der Broads zeugen heute nur noch Ortsnamen wie *Barton Turf* oder jene schmalen Streifen, die man zwischen einzelnen Torfabstichen stehenließ, als nützliche Dämme und Grenzmarkierungen. Erst Ende der fünfziger Jahre unseres Jahrhunderts haben englische Landschaftshistoriker in detektivischer Kleinarbeit die tatsächliche Entstehung der Broads herausgefunden. Bis dahin galten sie als Werk der wetterwendischen Natur, als Reste einer flachen Meeresbucht, die sich in römischer Zeit zum Marschland entwickelte, ähnlich der Pevensey Marsh in Sussex.

P. H. Emerson: Bei der Reeternte, 1887

Wie so oft in Ostengland, hatte das Wasser sich also wieder sein Teil zurückgeholt vom Land. Die Broads wurden zum Revier der Aalfischer und Riedschneider, der Korbflechter und Wildentenjäger. Ried brauchte man zum Dachdecken und als Wandfüllung; Wildenten gehörten zur Grundnahrung der Bauern und zu den Delikatessen der Londoner Märkte. Noch König George VI. besuchte alljährlich von Sandringham aus zum *wildfowling,* zur Wildentenjagd *Ranworth* und *Malthouse Broad,* als Gast des Gutsherrn Colonel Cator, der die beiden Seen aus seinem Privatbesitz 1949 dem *Norfolk Naturalists Trust* übertrug.

Früh begann die Entwässerung der Marschen. Erfolg hatte man damit erst im 18. und 19. Jahrhundert. Wie in den Fens, so pumpten auch überall in den Broads Windmühlen das Wasser aus der Marsch in die höher gelegenen eingedeichten Flüsse. Diese Windpumpen waren anfangs meist einfache Holzkonstruktionen[1]; die späteren, größeren sind aus Back-

1 Zu den wenigen erhaltenen Windpumpen aus Holz gehört *Boardman's Mill* am River Ant (westlich von Ludham) und *Herringfleet Mill* am Waveney, eine holzverschalte holländische Windmühle, um 1830 (bei Somerleyton).

stein. Zwei der schönsten stehen am Ufer der Thurne: leuchtend weiß mit weißen Flügeln die *Thurne Dyke Windpump* (Farbt. 7), schräg gegenüber die andere, aus rotem Backstein – ein Ensemble wie aus einem holländischen Landschaftsgemälde des 17. Jahrhunderts. Viele dieser Windpumpen und Kornmühlen hat der *Norfolk Windmills Trust* (siehe S. 515) restauriert, mit privater Initiative und staatlichen Subventionen.

In den Broads steht auch Englands größte Windmühle, 25 Meter hoch, ein Dinosaurier aus Backstein: *Sutton Mill.* Tom Worts, ein wohlhabender Bauer und Unternehmer, hat sie 1789 erbaut. Chris Nunn, ein arbeitsloser Mechaniker, erwarb die aufgelassene Mühle 1976. Seit Jahren repariert er sein Riesenspielzeug auf eigene Faust, ein Enthusiast reinster Art (»Sonst hätte ich ein Viadukt restauriert«). Bis hinauf ins neunte Stockwerk erklärt mir Chris die komplett erhaltene Mühlenmechanik. Sutton Mill war in der Lage, zwanzig Tonnen Mehl pro Tag zu mahlen. Wie ein Schiffsrumpf geformt, stemmt sich die drehbare Haube aus Zedernholz gegen den Wind, mit mächtigen Flügeln aus kanadischer Fichte. Hunderte solcher Windmühlenflügel drehten sich einst in den Broads. Ich stelle mir vor, wie das klapperte und knarrte, pumpte und summte und sich drehte und drehte, als schwärmten riesige Mücken über der Marsch. Nun stehen nur noch wenige dieser Windmühlen am Wasser, verfallen oder restauriert, zu pittoresken Motiven erstarrt, Ausflugsziele, Monumente der Melancholie.

Wie die Windmühlen, so gehörten auch die *wherries* zum archaischen Bild der Broads: Schuten mit schwarzen Segeln, die Kohle, Holz, Dünger, Ried, Fisch und Malz beförderten, das wichtigste Verkehrsmittel zwischen Norwich und der Küste, bis die Eisenbahn kam. Um in den extrem flachen, schmalen Gewässern der Broads hart am Wind zu manövrieren, hat der *Norfolk Wherry* seine charakteristische Form entwickelt. Er ist rund fünfzehn Meter lang, hat einen flachen Kiel und einen einzigen, etwa zwölf Meter hohen Mast mit Gaffelsegel, der sich mittels eines Gegengewichts leicht vor einer Brückendurchfahrt umlegen läßt. Von der einst großen Flotte dieser Plattbodenschiffe sind nur vier übriggeblieben[1] – und die Modelle im Pub »The Wherry« in Norwich.

Den Alltag der ostenglischen Marschbauern hat keiner besser dokumentiert als ein viktorianischer Gentleman: Peter Henry Emerson, der Fotograf der Broads. Auf seinen Bildern sehen wir, wie in knietiefem Wasser das Ried geschnitten und gebündelt wird; wie sich der Wildentenjäger liegend im *gun-punt* anpirscht, einem flachen Ruderboot mit Schrotflinte im Bug; wie Fischer ihre Aalreusen einholen und zwei Kinder heimkehren auf ihren einsamen Hof in der Marsch. Sogar Wilddiebe standen dem Mann mit der Plattenkamera Modell. *Life and Landscape on the Norfolk Broads* (1886) ist eines von Emersons sieben Fotobüchern über diese damals noch abgelegene, fremdartige Welt zwischen Land und Wasser. Auf den Zuckerplantagen seines Vaters in Kuba geboren, in Cambridge zum Mediziner promoviert, erwarb Emerson 1884 ein Cottage in Southwold. Von dort aus erkundete er die Broads, lebte wochenlang auf dem Hausboot eines Malerfreundes, gab seine Arztpraxis auf, um nur noch

1 Hinweis für Unterwasser-Archäologen: Im Ranworth Broad (und in einigen anderen Seen) wurden während des Zweiten Weltkriegs etliche Gaffelsegler versenkt, um die Landung deutscher Wasserflugzeuge zu verhindern.

P. H. Emerson: Heimkehr von der Marsch, 1887

zu fotografieren, gab auch das wieder auf, unzufrieden mit den Grenzen des Mediums, und widmete sich in den letzten vierzig Jahren seines Lebens wesentlicheren Dingen: dem Schreiben von Kriminalromanen, der Ahnenforschung sowie der Verbesserung der Billardregeln.

P. H. Emerson zählt zu den Pionieren der dokumentarischen Fotografie in England. In seinem Hauptwerk *Naturalistic Photography* (1889) plädierte er für eine der natürlichen Wahrnehmung entsprechende Fotografie, gegen die Piktorialisten. »Einfachheit und Gefühl sind die Grundlagen aller echten Kunst«, notierte er unter seine Aufnahme eines Reetdachhauses. Er schätzte den Naturalisten Millet, und wie jener die Bauern von Barbizon malte, so fotografierte Emerson die *Broadmen*. Er verband die Genauigkeit des Naturwissenschaftlers[1] mit der Neugier des Reporters, malerische Komposition mit technischer Brillanz. »Bezeichne dich nicht als Kunstfotografen«, schrieb er selbstbewußt, »call yourself a photographer and wait for artists to call you brother.« In den weichen, impressionistischen Tonabstufungen seiner Platindrucke[2] gewinnt die harte Arbeitswelt der Broads eine poetische Aura, nicht frei von Zügen viktorianischer Idylle. Emersons Bestandsaufnahme einer

1 Emersons *Birds, Beasts and Fishes of the Norfolk Broadland* (1895) ist eines der ersten gänzlich mit Fotos illustrierten naturkundlichen Bücher.

2 Originalaufnahmen Emersons verwahrt die Stadtbibliothek von Norwich.

Landschaft und ihrer Lebensformen ist zugleich ein Abgesang. Als der Fotograf die scheinbar noch unberührte Welt der Marschbauern zeigt, hat die Eisenbahn schon *Wroxham* erreicht, den künftigen Sitz des »Norfolk Broads Yacht Club«. Segeln ist das neue Freizeitvergnügen der Viktorianer, Broadland ein ideales Revier. Nun befördern die *wherries* neben nützlichen Gütern auch Touristen. Und was tun sie da im Schilf, auf Emersons Foto von 1886? Sie pflücken Seerosen.

Mit so unbekümmertem Naturgenuß ist es heute vorbei. Umweltschützer versuchen auch hier zu retten, was noch zu retten ist. Von den 52 Seen der Broads sind 30 fast gänzlich ruiniert, »nur vier haben noch annähernd so etwas wie ihren früheren Pflanzenreichtum«. Zu diesem Ergebnis kommt Timothy O'Riordan, Professor der University of East Anglia, in einem offiziellen Gutachten der Countryside Commission. Woher dieser »dramatische Niedergang der natürlichen Schönheit und wissenschaftlichen Bedeutung der Broads« in den letzten fünfzig Jahren? Sind die Broads »eine biologische Zeitbombe«? Wer ist schuld daran? Die Armada der Motorboote? Profitgier der Bauern? *Blakes*, der Feriengroßunternehmer? Oder *Myocastor coypus*, die Biberratte?

Wenn ein so hochdifferenziertes Ökosystem wie dieses umkippt, hat das mehrere Ursachen. Durch Abwässer und Kunstdünger gelangen seit Jahren immer mehr Nitrate und Phosphate in die Broads.[1] Das Wasser wird übersättigt, übermäßiges Algenwachstum gefördert. Tote Algenpartikel, im Schlamm abgelagert, werden durch Bootsschrauben immer wieder aufgewirbelt. Das Wasser wird seifig und trüb, das Wachstum der Pflanzen erheblich gestört. Tote Algen bilden im Schlick indes auch einen idealen Nährgrund für Bakterien. Die Folgen: Mal verenden die Fische[2], mal die Wasservögel zu Tausenden. Auch für den rapiden Rückgang der Schilfgürtel gelten Nitrate und Phosphate als Hauptursache. In den vergangenen fünfzig Jahren haben die Broads mehr als die Hälfte ihres Riedgrases verloren – unersetzlicher Lebensraum für Teichrohrsänger, Rohrweihen, Schnepfen, Frösche, Insekten. Von den Rohrdommeln sind nur noch zehn Paare übriggeblieben. Dagegen gab es bis vor kurzem zu viele Koipus, 1929 aus Argentinien eingeführte Biberratten. Statt sich zu Nutriapelzen verarbeiten zu lassen, entwichen einige aus ihren Zuchtfarmen, vermehrten sich rasant und trieben Raubbau im Ried.[3]

Wo das Schilf stirbt, bröckeln die Ufer. Natürliche Schutzgürtel werden durch eiserne Spundwände ersetzt. Mehr als die Koipus nagen Motorboot und Ferienwelle an den Broads. Wie die Wildenten im Herbst, so fallen hier im Frühjahr die Freizeitkapitäne ein. In Jollen, Glasfiberjachten und Plastikkabinenkreuzern schippern sie umher, mit immer komfortableren Kombüsen, mit Heizung, Kühlschrank, Dusche, Fäkalientank. »Boating on the Broads« macht Spaß; aber dieser Spaß macht den Broads schwer zu schaffen. Rund 12000

1 Die Gewässer des (dünge-)reichen Ackerlandes East Anglia haben den höchsten Nitratgehalt in ganz Großbritannien.

2 In den Flüssen der Broads gibt es Hechte, Barsche, Brassen, Plötze, Forellen, Karpfen u. a. Der Otter ist infolge der Wasserverschmutzung fast ausgestorben.

3 Rund 200000 Koipus zählte man in den sechziger Jahren, bis sie nach einer aufwendigen Kampagne Ende der achtziger Jahre fast ausgerottet waren.

Boote verkehren hier, zehnmal mehr Motor- als Segelboote. In der Hochsaison ist der River Bure bei Horning die M1 der Broads. Gleichwohl sorgt sich David Court, Geschäftsführer von *Blakes Holidays*, daß die Naturschützer überhandnehmen und den Bootsleuten das Vergnügen (und das Geschäft) verderben könnten. *Blakes* in *Wroxham*, 1908 von einem Londoner Buchhalter gegründet, ist die älteste Bootsagentur der Broads, eine der erfolgreichsten der Branche, mit festen und schwimmenden Ferienwohnungen expandierend von Norfolk bis Florida. Daß die Ufererosion an einigen Stellen »ernst« sei, bestreitet David Court nicht. »Aber die Boote werden für viele Schäden verantwortlich gemacht, die sie nicht verursachen.« Gibt es nicht Geschwindigkeitsbeschränkungen? Gewiß, aber Verkehrssünder kontrolliert hier keiner. Sind nicht etliche Broads für Boote gesperrt? Zum Glück, aber um so voller ist es auf den anderen.

Das Geschäft mit der Natur floriert nur, solange die Natur floriert. Wenn *Blakes* sich an Maßnahmen zur Erhaltung der Broads beteiligt, so dient das auch eigenen Interessen. Anders die Bauern der Marsch. Der Ertrag ihres Bodens interessiert sie naturgemäß mehr als die Qualität der Gewässer. Entwässerung war lange die Parole, jedermann verstand das. Bis man Ausmaß und Folgen dieser Entwicklung erkannte: Allein nach dem Krieg wurde etwa ein Viertel der gesamten Marschwiesen der Broads in Ackerland umgepflügt, die charakteristische Tier- und Pflanzenwelt weiter dezimiert. »Die Zerstörung der Broads durch Drainage und die Umwandlung von Viehweiden in Prärie-Weizenfelder schreitet in erschreckendem Umfang fort«, konstatiert der Landschaftshistoriker Richard Muir 1984. Da kommt es zu einem exemplarischen Fall, zum Kampf um die Halvergate-Marsch.

Halvergate ist ein Dorf im großen, feuchten Dreieck zwischen den Mündungsarmen von Bure und Yare. Fettes Weideland, Deiche, Gräben, Reste alter Windmühlen. Noch im 19. Jahrhundert trieben schottische Hochlandbauern ihr mageres Vieh nach Norwich, wo sie es zum Mästen an die Bauern der *Halvergate Marshes* verkauften. Die wollten ihr Land endlich besser nutzen und Getreide anbauen. Nun gedeihen hier aber auch Brachvögel, Schnepfen und Fischreiher, Sumpforchideen und allein vierzehn verschiedene Grasarten. Einmal umgepflügt, wäre es für immer verloren. Ein Sturm der Entrüstung bricht los. Naturschutzverbände, Bürgerinitiativen, der *Council for the Protection of Rural England*, alle protestieren. Auch die Lobby der Bauern macht mobil. Mitglieder der *Friends of the Earth* ketten sich an die ersten Bulldozer, die zum Umpflügen der Marsch anrücken. Keiner will nachgeben, keiner kann gewinnen. Halvergate, schreibt die *Times*, sei »das Flandern im großen Krieg zwischen den Interessen der Landwirtschaft und den Zielen des Naturschutzes«. Schließlich ein vorläufiger Kompromiß: 111 Bauern von Halvergate lassen ihr Marschland brachliegen; dafür bekommen sie eine staatliche Entschädigung von jährlich rund einer Million Mark. Bizarre Subventionen, aber keine Lösung.

Der Fall Halvergate zeigt, wie wirkungslos die bisherigen Umweltschutzgesetze sind.[1] Warum erklärt man eine so einzigartige Landschaft wie die Broads nicht zum Nationalpark?

1 Die *Wildlife and Countryside Act* (1981) sieht keine staatliche Planungskontrolle für die Verwendung von Farmland vor, wohl aber Entschädigungsleistungen freiwilliger Art und in unrealistischer Höhe.

Solche Versuche gab es; sie scheiterten an widerstreitenden Interessen und konkurrierenden Ämtern. Zwei Grafschafts- und sechs Bezirksräte, das ostenglische Wasserschutzamt (*Anglian Water Authority*), der Verband der Binnenschiffahrt, die Hafenbehörde von Great Yarmouth: sie alle arbeiten in der *Broads Authority* zusammen, so gut es geht. Diese wahrhaft amphibische Aufsichtsbehörde erhielt 1989 durch ein eigenes Gesetz beträchtlich erweiterte Vollmachten. Können die Broads damit leben, als Nationalpark im Wartestand?

Wie erfolgreich, wenngleich aufwendig, die Reinigung und Revitalisierung verschmutzter Gewässer sein kann, habe ich am *Cockshoot Broad* gesehen. Dieser kleine See südlich von Horning war in den letzten Jahrzehnten immer mehr verschlammt, die Wasserqualität immer schlechter geworden. Zunächst wurde der See vom River Bure abgedämmt, dann der verseuchte Schlick abgepumpt. Die Wasserpflanzen vermehrten sich wieder, und auch die Wasserfliegen, von denen man die Vertilgung der Algen erwartet, kehrten zurück. Heute ist der Cockshoot Broad wieder eine Oase, über einen Bohlenweg erreichbar, für Ausflugsboote gesperrt. Nach und nach hofft man so, bis zur Mitte des 21. Jahrhunderts die gesamten Broads zu revitalisieren, eines der ehrgeizigsten Projekte zur Restaurierung der englischen Landschaft.

Betreut wird der Cockshoot Broad vom *Norfolk Naturalists Trust* (siehe Anhang), der hier mit Informationszentren, Naturlehrpfaden und Vogelbeobachtungshütten bewundernswerte Arbeit leistet: Erhaltung durch Aufklärung. Als Naturschutzgebiete verwaltet der Trust auch Teile von *Martham Broad* und *Hickling Broad* am dreifach gegabelten Oberlauf des River Thurne. Dort gibt es noch Rohrdommeln und Rohrweihen, öfter zu hören als zu sehen, und als dritten charakteristischen Vogel der Broads die Bartmeise. Gelegentlich läßt sich ein Fischadler auf der Durchreise am Hickling Broad blicken. Als besondere Attraktion dieses nur etwa 90 Zentimeter tiefen, größten Sees der Broads gilt *Papilio machaon*, der Schwalbenschwanz. Die Raupen dieses raren Edelfalters finden dort noch den Wilden Eppich, den sie zur Ernährung brauchen. Sollten Sie indes einen Mann in der Uniform der napoleonischen Kriege in schnellem Schlittschuhlauf übers Wasser eilen sehen, als sei der See zugefroren, dann sehen Sie Gespenster, genauer: den »skating soldier«, das Gespenst von Hickling Broad. Ein junger Soldat, heißt es, mit seinem Regiment in der Nähe des Sees stationiert, verliebte sich in ein Bauernmädchen am anderen Ufer. Wann immer er frei hatte, besuchte er sie. In jenem Winter fuhr er oft auf Schlittschuhen übers Eis zu seiner Geliebten – bis er eines Nachts, als die Temperatur leicht anstieg, in der Mitte des Sees einbrach und ertrank.

Grau und starr steht ein Fischreiher am Ufer. Mit schwarzen Lanzen sticht das Schilf in die Dämmerung. Bei der Windmühle, am Kai von *Horsey Mere*, vertäut ein Segler sein Boot und macht sich auf den Weg ins Dorf. Ein paar Häuser, eine Kirche, ein Pub und ein Briefkasten: das ist *Horsey*. Die kleine Kirche ist aus Flintstein gebaut und mit Reet gedeckt. An der Wand eine Namensliste aller Pfarrer seit 1315, daneben Fotos von Schleiereulen, die im Rundturm nisten. Ist das Haus Gottes nicht auch ein Haus der Vögel, zumal in den Broads? Im Chorfenster sehe ich statt einer Heiligenfigur das Porträt einer viktorianischen Malerin, an der Staffelei stehend, in einem langen, roten, hochgeschlossenen Kleid: Catherine Ursula

Rising, von der Kunstgeschichte vergessen, aufgehoben in der kleinen Ewigkeit einer Dorfkirche.

Nach der Stille von Horsey Mere, nur eine gute Meile vom Meer entfernt, wieder flußaufwärts ins Gewühl von *Potter Heigham*: Werften, Wellblechschuppen, Läden für Bootszubehör und Proviant, alles überragt vom marineblauen »Tower Shop«. Für viele Broads-Skipper ist hier End- oder Ausgangspunkt der Reise. Seit dem Mittelalter sorgt eine niedrige Steinbrücke dafür, daß nur kleinere Boote das Nadelöhr passieren können.

Im Oktober kommen die Kormorane. Sie überwintern am Nordrand des *Ranworth Broad*. Zu Hunderten sammeln sich die schwarzen Klippenbrüter gegen Abend in den Bäumen am Ufer. Hier, zwischen Ranworth und Malthouse Broad, hat die Queen 1976 ein schwimmendes Museum eröffnet, das *Broadland Conservation Centre* des Norfolk Naturalists Trust. Auf dem fast einen halben Kilometer langen Bohlenweg durch den Sumpf lernt man buchstäblich Schritt für Schritt, wie Vegetation sich entwickelt, vom offenen Wasser bis zum festen Land. Einen Naturlehrpfad eigener Art, zur Ehre Gottes und zur Freude der Gemeinde, gibt es seit Jahrhunderten in der Kirche von *Ranworth*: gelbe Schwertlilien, Butterblumen und andere Pflanzen der Marsch, gemalt auf das Fächergewölbe eines Baldachins, der mit filigranem Maßwerk die gotischen Chorschranken von St. Helen krönt. Dies sind die schönsten, am vollständigsten erhaltenen Chorschranken in Norfolk. In voller Breite trennen sie das Schiff vom Chor und bilden zwei Nischen für die Seitenaltäre. Auf den Holzpaneelen des Mittelteils ganzfigurige Darstellungen der zwölf Apostel, flankiert von dem Erzengel Michael und von St. Georg, dem englischen Nationalheiligen. Auch Thomas Becket, Erzbischof von Canterbury, Queen Etheldreda von Ely und St. Felix, der erste Bischof von East Anglia, gehören zu dieser Galerie der Märtyrer und Heiligen. Welche Anmut der Bewegung, Eleganz der Kleidung, Spiritualität des Ausdrucks. Höfische und himmlische Welt, Realismus und Glaubensinbrunst des Mittelalters sind hier in wunderbarer Einheit verbunden, in leuchtend roten, grünen, goldenen Farben. Stilisierte Blumen bilden den Hintergrund der Figuren, Blumen aus dem irdischen Paradies der Broads. Die Chorschranken von Ranworth sind wahrscheinlich eine Gemeinschaftsarbeit einheimischer Schnitzer und flämischer oder deutscher Maler. Daß dieses Meisterwerk englischer Kirchenkunst aus dem frühen 15. Jahrhundert so gut erhalten ist, verdanken wir nicht nur den Restauratoren. Puritanische Eiferer haben hier nur wenige Gesichter zerkratzt, statt dessen die verhaßten papistischen Symbole mit brauner Farbe attackiert – und so bestens konserviert.[1]

Als ich St. Helen besuchte, kurz nach dem Erntedankfest, standen Weizengarben vor den Chorschranken und Schilfbündel rund um die Kanzel, neben dem vorreformatorischen

1 Allein in Norfolk gibt es wenigstens 86 farbig gefaßte Chorschranken, mehr oder weniger fragmentarisch erhalten. Zwei der schönsten »painted screens« finden sich in Kirchen der Broads: in *Barton Turf* (Mitte 15. Jh.; Farbt. 21, 22) und in *Ludham* (1493); dort hängt im Chorbogen eine auf Holz gemalte Kreuzigung, wohl aus der Zeit der katholischen Königin Maria Tudor (1553–58), als Ersatz für die kurz zuvor von den Reformatoren zerstörte Kreuzigungsgruppe auf dem »rood screen«.

Ranworth Church,
Jonas und der Wal,
Sarum Antiphonale, um 1400

Chorpult aus Eiche lag ein riesiger Kürbis. Diese Dorfkirche hat noch einen zweiten Schatz, den ich eher in einem Museum erwartet hätte: eine illuminierte Handschrift aus der Zeit um 1400. Prämonstratensermönche von *Langley Abbey* am River Yare schufen dieses Antiphonale, das ihre täglichen Gebete und Gesänge enthält, geschmückt mit neunzehn brillanten Miniaturmalereien. Gleich daneben ein bitteres Zeugnis unserer Zeit: ein Feldaltar aus dem Ersten Weltkrieg, dazu ein Fotoalbum mit Porträts der Gefallenen – rund fünfzig Männer allein aus dieser kleinen Gemeinde. Ich stieg die Wendeltreppe hinauf in den Turm. Eine wahrhaft königliche Aussicht: das Panorama der Broads und eine goldene Krone als Wetterfahne, mit den Initialen ER (Elizabeth Regina) und dem Datum des Krönungsjahrs, 1953. Da trifft es sich, daß der jetzige Pfarrer von Ranworth *Chaplain to The Queen* ist, einer der Hofgeistlichen der Königin.

Abseits der Dörfer und Straßen liegt eine bizarre Doppelruine in der Marsch, eine Windmühle im Torhaus einer Abtei: *St. Benet's Abbey* (Farbt. 8). Benediktiner gründeten am Nordufer der Bure ein Kloster, Wikinger verwüsteten es um 870, Englands dänischer König Canute baute es 1020 wieder auf. Es wurde eine der reichsten Abteien East Anglias. Ende des 13. Jahrhunderts besaßen die Mönche von St. Benet's Ländereien in 76 Gemeinden Norfolks; ihnen unterstanden zahlreiche Pfarrkirchen und beträchtliche Teile der mittelalterlichen Torfindustrie. Fette Beute für die Reformatoren, sollte man meinen. Henry VIII. zog indes einen Tauschhandel vor: Er machte den letzten Abt 1536 zum Bischof von Norwich; der übertrug dem König die Ländereien der Kathedrale und behielt die der Abtei. So wurde St. Benet's als einziges aller englischen Klöster nicht aufgelöst. Und bis heute ist der Bischof von Norwich Abt von St. Benet's, Englands einziger Abtbischof im Oberhaus. Alljährlich am ersten Sonntag im August kommt er von Norwich, das letzte Stück im Boot, und zelebriert einen Open-Air-Gottesdienst neben der Klosterruine. Ein Abt ohne Mönche: Der letzte verließ das Kloster schon 1545. St. Benet's verfiel, wohlfeiler Steinbruch für die Bauern der Umgebung.

John Sell Cotman: St. Benet's Abbey, Norfolk, 1831

Als der Wind durchs Torhaus pfiff, lag es nahe, eine Windmühle hineinzubauen, zum Entwässern der Marsch. Das war im späten 18. Jahrhundert. Nun rückten auch die Künstler aus Norwich an, Cotman & Co.[1] Ein Motiv wie aus dem Lehrbuch der Romantik: die einsame Ruine am Fluß, gotisches Klostergemäuer, aus dem eine Windmühle ihre Flügel gen Himmel reckt – was für ein Symbol für die Vergeblichkeit irdischen Strebens, was für ein Ausflugsziel für viktorianische Picknickpilger. Dann, 1863, blies ein Sturm der pittoresken Gebetsmühle die Haube samt Flügel vom Rumpf. So liegt St. Benet's nun da, ruiniert, unverwüstlich, noch nicht kommerzialisiert zur Wiederaufbereitungsanlage romantischer Gefühle.

Heute gehört das einstige Abteigelände einer Versicherungsgesellschaft, der Norwich Union, mit einem Bauern als Pächter. In den Fischteichen der Mönche wächst nun Schilf, und Kühe weiden auf den Fundamenten der Kirche. Hier also liegt Shakespeares Falstaff begraben: Sir John Fastolf von Caister Castle (siehe S. 419f.), einer der großen Wohltäter der Abtei. Am Ufer sah ich Flintsteine im Wasser blinken. In der Ferne glitt ein rotes Segel durch die Marsch. So ging ich weiter den Fluß entlang unter Cotmans Wasserfarbenhimmel.

1 Allein von J. S. Cotman gibt es vier Variationen von *St. Benet's Abbey:* als Radierung, Ölgemälde und zweimal als Aquarell (1813 und 1831).

Kippers aus Yarmouth: Ein Geruch zieht um die Welt

»Es schaut ziemlich schwammig und feucht herüber, dachte ich, als meine Augen die weite eintönige Öde am anderen Ufer des Flusses musterten, und ich mußte mich unwillkürlich fragen, ob denn die Welt wirklich rund wäre, wie es in meinem Erdkundebuch stand, wenn ein Teil davon so flach sein konnte. Aber ich dachte, daß Yarmouth an einem der Pole liegen könnte, wodurch sich die Sache erklären ließe.«

So war das, als der kleine David Copperfield zum erstenmal nach *Great Yarmouth* kam, und verständlicherweise meinte er zu Peggotty, »daß ein Hügel oder so nicht schaden könnte, und auch, daß es etwas freundlicher wäre, wenn das Land ein klein wenig mehr vom Meer getrennt und Stadt und Fluten nicht so sehr durcheinandergewürfelt wären wie Brot und Wasser«. Im übrigen fühlte sich Master Davy auf Hams Hausboot in Great Yarmouth so wohl, wie es mir trotz Dickens-Lektüre nicht gelungen ist. Wie denn auch – in einem vom Massentourismus verhunzten Seebad mit einer Arbeitslosigkeit von 16 Prozent. »Try your handa at winning a panda«: drei Kilometer abgeschmackte Promenadenunterhaltung, von den Piers bis *Joyland*. Badevergnügen? Der Strand von Great Yarmouth entspricht, offiziel-

J. M. W. Turner: Great Yarmouth, Norfolk, 1829

BY
AUCTION
LOTTERY
30,000
HERRINGS
YARMOUTH

len Untersuchungen zufolge, nicht den Gesundheitsstandards der EG. Ich weiß nicht, ob Mrs. Peggotty heute noch »stolz wäre, ein *Yarmouther Bückling* zu sein«.

Im Zweiten Weltkrieg wurde Great Yarmouth stark zerstört, fast noch stärker durch den Wiederaufbau. Manches blieb verschont, einiges wurde restauriert, allzuviel aber planlos und phantasielos erneuert. St. Nicholas zum Beispiel: die Pfarrkirche des 12./13. Jahrhunderts, dem Schutzpatron der Fischer geweiht, 1942 ausgebrannt, 1960 wiederaufgebaut – als neugotische Imitation, ohne Mut zu heutiger Formensprache: eine vertane Chance. Dabei ist durchaus noch zu erkennen, wie eigenwüchsig diese Stadt einmal war.

Yarmouth entwickelte sich auf einer langen, schmalen Sand- und Kiesbank zwischen dem Meer und der Mündung der Yare, die mehr als vier Kilometer parallel zur Küste fließt, bevor sie in die See mündet. Diese Lage der Stadt prägte auch ihren Grundriß: drei lange Hauptstraßen in Nordsüdrichtung, gekreuzt von zahlreichen Gassen in westöstlicher Richtung, nur bis zu 1,80 Meter breit. *The Rows* hießen diese Gassen des Mittelalters; über 200 gab es hier noch bis zum Zweiten Weltkrieg. Was für ein Gewimmel, welche Gerüche, was für Hogarth-Szenen und Dickens-Typen in den *Rows* von Yarmouth! In diesem Gängeviertel hinter dem South Quay lebten früher Seeleute, Handwerker und Kaufleute. Zwei restaurierte Kaufmannshäuser des 17. Jahrhunderts sind in Row 111 und 117 zu besichtigen. In den stattlichen Bürgerhäusern am South Quay, von Defoe als schönster Kai Englands gepriesen, wohnten die reicheren Kaufherren: Benjamin Cooper zum Beispiel in No.4 South Quay (1596) und in No.20, erbaut um 1720, John Andrews, »the greatest herring merchant in Europe«.

Dies ist die Stadt der Heringe. Drei Löwen mit Heringsschwänzen springen durchs Wappen von Great Yarmouth. Heringe haben Yarmouth groß gemacht, jahrhundertelang roch ganz Yarmouth nach geräucherten Heringen. Jener unverwechselbare, zutiefst englische Frühstücksgeruch, der unsere kontinentalen Nasen so empfindlich herausfordert, von Great Yarmouth aus verbreitete sich der Geruch der *Kippers* über die Britischen Inseln, über Malta und Gibraltar nach Rhodesien, Indien, Neuseeland, in die fernsten Frühstückswinkel des Empire, in die gesamte englisch riechende Welt. Es war ein gewisser John Woodger aus Great Yarmouth, der aus unschuldigen Heringen Kippers machte, indem er sie vor dem Räuchern ausnahm und mit Salz und Gewürzen traktierte, während sein Kollege Mr. Bishop es bekanntlich beim bloßen Räuchern beließ, dies aber so vollendet tat, daß man ihn als Erfinder des Bücklings rühmt. Diese beiden Genies der Heringsverarbeitung waren die einzigen Genies, die Great Yarmouth hervorbrachte.

Jahrhundertelang tauchten im Herbst die großen Heringsschwärme vor der Küste von Norfolk auf, und von überallher trafen sich die Heringsfischer, die Heringshändler im Hafen von Yarmouth zum alljährlichen Fischmarkt, der *Free Herring Fair*. Sie kamen aus Rye, Dover und den anderen *Cinque Ports*, aus Skandinavien und dem Baltikum, ganz Nordeuropa kaufte im Mittelalter gepökelten Hering in Yarmouth. Man exportierte ihn

◁ *John Sell Cotman: Fischfrau in Yarmouth, um 1812*

auch nach Italien, Spanien und Portugal, berichtet Defoe, und er nennt die Zahl der 1697 in Yarmouth registrierten Schiffe: 1123, mehr sogar als in London. Heringsfang und Heringshandel dominierten lange Zeit die Holländer[1], bis Charles I. und seine Nachfolger die Konkurrenten aus den englischen Hoheitsgewässern verbannten. Aber nach 1815 gehörten holländische Handels- und Fischerboote wieder zum Hafenalltag von Great Yarmouth: farbenprächtige Szenen, gemalt von J. S. Cotman und anderen Künstlern der *Norwich School.*[2] Über 900 Millionen Heringe wurden 1913 allein in Yarmouth angelandet. Kein Wunder, daß die Nordsee überfischt, der Heringssegen vergangen ist. Great Yarmouth, immer noch Handelshafen, ist heute Versorgungsbasis für die Erdgasfelder vor der Küste von Norfolk. Einer der letzten alten Fischdampfer, die »Lydia Eva«, liegt seit 1973 am South Quay als schwimmendes Museum der Heringsfischerei.

Nicht umsonst rühmte Daniel Defoe die Sicherheit des Hafens von Yarmouth, nicht nur die Wirtschaft. In frischer Erinnerung war die Katastrophe von *Winterton Ness*, nördlich der Stadt, wo 1692 in einer einzigen Sturmnacht mehr als 200 Schiffe und über 1000 Mann zugrunde gingen. *Devil's Throat* nannten die Seeleute diese Küste, Teufelsschlund. Wer überlebte, fand Aufnahme im *Shipwrecked Sailors' Home* von 1861, heute Schiffahrtsmuseum von East Anglia. Dort lernen wir auch Captain George W. Manby kennen: er erfand 1807 den »Lebensrettungsapparat«, eine vom Strand abgefeuerte Rettungsleine für Schiffbrüchige. Kapitän Manby, Mäzen der einheimischen Marinemaler, Mitschüler und Bewunderer Nelsons, galt als rastloser Erfinder. Zu seinen exzentrischeren Plänen gehörte die Ermordung Napoleons.

Westlich von Great Yarmouth, wo Waveney und Yare zusammenströmen und sich zu einem breiten, seeartigen Mündungstrichter erweitern, als wollten sie noch eine Weile an Land bleiben und nicht ins Meer fließen, am Westende von *Breydon Water* liegen die Ruinen der Römerfestung *Gariannonum*. Geschichte im Naturzustand der Verlassenheit, Piranesi in der englischen Marsch. *Burgh Castle*: Von der Dorfkirche mit ihrem normannischen Rundturm gehe ich durch die Rübenfelder, hell glänzen die Römermauern in der Sonne, Feuerstein mit roten Ziegelbändern, in der Ferne drehen sich die Flügel einer Windmühle. Ein paar Kinder und Hunde spielen zwischen den Wällen des Römerlagers, am Fuß des Hügels gleiten die weißen *Holiday Cruisers* vorüber. Jenseits des Flusses, unabsehbar grün und flach, verliert sich die Halvergate-Marsch im Dunst.

Als die Römer hier im 3. Jahrhundert ihre Festung bauten, lag die Marsch noch unter Wasser und Burgh Castle an einer breiten Meeresbucht, ein Flottenstützpunkt der *Comes Litoris Saxonici*, zum Schutz gegen sächsische Invasoren und plündernde Wikinger. Die Mauern, alternierend aus Flint und Ziegel, durch runde Bastionen an den Ecken und in der

1 1571 lebten in Yarmouth 104 holländische Familien; die meisten waren Fischer aus Seeland.

2 Z. B. George Vincent: *The Dutch Fair on Yarmouth Sands* (Norwich Castle Museum). – J. S. Cotman lebte von 1812 bis 1823 in Great Yarmouth, No. 83 Southtown Road. Zu seinen Yarmouth-Motiven gehören u. a. *Dutch Boats off Yarmouth*, um 1823, *Yarmouth Fisherwoman*, um 1812 (British Museum) und eines seiner brillantesten See-Aquarelle, *Storm on Yarmouth Beach*, 1831 (Norwich Castle Museum).

Joseph Stannard: Boote auf dem Breydon, 1825

Mitte verstärkt, umschlossen eine quadratische Fläche von 2,4 Hektar. An einigen Stellen sind die Wälle immer noch bis zu 4,75 Meter hoch und über drei Meter breit. Um 408 n. Chr. räumten die Römer Gariannonum. In der verlassenen Festung gründete der Wanderprediger St. Fursey, einer der irischen *peregrini*, im frühen 7. Jahrhundert ein Missionskloster. Im Mittelalter wurden die Römermauern als Steinbruch benutzt, Baumaterial für die Kirchen der Umgebung.

Nördlich der Yare-Mündung, im heutigen *Caister-on-Sea*, hatten die Römer schon um 125 n. Chr. eine Handelsniederlassung gegründet, weit größer als Burgh Castle. Von dieser bis ins späte 4. Jahrhundert besiedelten, umwallten Römerstadt wurden erst wenige Fundamente freigelegt, kärgliche Reste, umgeben von Bungalows und *Holiday Camps*. Weiter westlich in den Feldern liegt die Burg Sir John Fastolfs, legendäres Vorbild für Shakespeares Falstaff, den prahlerischen, feigen, witzigen, liebenswerten Fettwanst. Der historische Ritter Fastolf war, soviel ist sicher, eine der farbigsten Figuren im Hundertjährigen Krieg: Führer der englischen Bogenschützen in Agincourt, Statthalter des Königs in der Normandie, ein alter Haudegen, der vom Frankreichfeldzug so reich zurückkehrte, daß er sich *Caister Castle* bauen ließ (1432–35): eine Backsteinburg, ursprünglich von einem Wassergraben umgeben, heute Domizil einer Oldtimersammlung.

Nach Sir Johns Tod 1459 kam Caister Castle in den Besitz einer Familie, mit deren Namen eine berühmte englische Briefsammlung des späten Mittelalters verbunden ist, die *Paston*

Letters. Es sind Briefe über den Alltag in East Anglia zur Zeit der Rosenkriege, eine Familienkorrespondenz über mehrere Generationen, gerade in ihrer privaten, persönlichen Dimension überaus aufschlußreich für die gesellschaftlichen, wirtschaftlichen und politischen Bedingungen der damaligen Zeit. Von 1425 bis ins frühe 16. Jahrhundert reichen diese Briefe, nüchterne, besorgte, zornige, zärtliche Briefe, zum Valentinstag, über die Verwaltung der Güter, über Schikanen mächtiger Nachbarn, über das Wetter, die Ernte, das Essen. Nicht das Schicksal der Nation, die Sorgen einer Familie bewegen uns beim Lesen dieser Briefe, ihre Hoffnungen, Ängste, Ambitionen in einer unsicheren Zeit. Am 28. Februar 1449 warnt Margaret Paston ihren »Right worshipful husband« John: »I pray you beware what ye eaten or drink with any other fellowship, for the people is full untrusty.« Und Agnes Paston rät ihrem Sohn: »In little business lieth much rest.«

Die *Paston Letters*, ein bedeutendes Zeugnis der frühen englischen Schriftsprache, stammen aus der Zeit kurz vor und nach der Einführung des Buchdrucks in England durch William Caxton (1475). Erhalten sind mehr als tausend dieser Briefe, größtenteils im Besitz der British Library. *Paston* heißt das Dorf an der Nordostküste Norfolks, woher die Pastons stammen. Zu ihrer schönsten Hinterlassenschaft zählt die Gutsscheune, die Sir William Paston 1581 errichten ließ, fast 19 Meter hoch und 49 Meter lang, länger als jede andere Scheune in Norfolk. Das monumentale Flintsteingebäude mit seinem offenen, strohgedeckten Dachstuhl soll als Zentrum für Kunsthandwerker genutzt werden. Nebenan in der Dorfkirche die Eleganz der *landed family*, das Alabastergrabmal für Katherine Paston (Abb. 85): Da liegt sie in jakobeanischer Tracht, mit Halskrause, besticktem Mieder, Puffärmeln und Perlenketten, eine lebensgroße Grabskulptur von Nicholas Stone (1629), dem Hofbildhauer der Stuarts[1]; das Epitaph schrieb John Donne. Mit großem Zeremoniell wurde auch John Paston 1466 in der Kirche seines Dorfes beigesetzt. Kurz zuvor hatte er seine Frau noch um einen bestimmten Stoff für ein Wams gebeten, zwei Ellen »fine worsted, which is almost like silk«. Flämische Einwanderer trugen dazu bei, daß dieses Kammgarn im Mittelalter in ganz England ein Begriff wurde: *worsted*, benannt nach dem Weberdorf *Worstead* im Nordosten Norfolks.

Bis zum Bürgerkrieg waren die Pastons eine der einflußreichsten Familien in East Anglia. Vor allem in Norfolk sind ihre Spuren noch zu finden: Sir Edwards jakobeanischer Landsitz *Barningham Hall* (1612) südwestlich von Cromer; Sir Williams Alabastergrab in der Pfarrkirche von *North Walsham*, wo er eine Lateinschule stiftete. Als die Pastons ihre Briefe schrieben, entfalteten einige Kunsthandwerker in den Dorfkirchen der Umgebung ihr Können. In St. Peter and St. Paul in *Knapton* tragen rund 160 Engel, Erzengel und Propheten, farbig gefaßte Holzskulpturen von 1503, die Stichbalkendecke aus irischer Eiche. Das Taufbecken von St. Botolph in *Trunch* krönt ein doppelstöckiger Baldachin[2] mit sechs reich

1 Weitere Grabskulpturen von Nicholas Stone in Norfolk: in den Kirchen von Holkham, Oxnead, Emneth, Tittleshall.

2 In ganz England sind nur noch vier andere Taufbaldachine erhalten: St. Mary, Luton (1370), St. Peter Mancroft, Norwich (1450), Lower Ufford Church, Suffolk (um 1450) und Durham Cathedral (1680).

ornamentierten Pfosten und Fächergewölben en miniature, ein Meisterwerk spätgotischer Holzschnitzkunst (um 1500). Aus derselben Zeit auch die Chorschranken, in den Originalfarben Gold, Rot und Grün bemalt, die Gesichter der Apostel fast alle ausgekratzt von den Bilderstürmern der Reformation.

Krebse und Rosen: An Cromers Strand, in Reptons Park

Lange dachte ich, *Cromer* existiere nur des Reimes wegen, ein Ort aus Edward Lears Limerick-Welt: »There was an old person of Cromer / Who stood on one leg to read Homer; / When he found he grew stiff, / He jumped over the cliff / Which concluded that person of Cromer.« Ein klassischer Abgang, bedenkt man die gebotene Kürze eines Limericks und die fatale Erosion der Klippen, die Cromer seit Lears Zeiten zusetzt. Zu seinen Ferienkunden am Strand sagt der Liegestuhlvermieter: »When you come back next year, there'll be less« – *less cliff,* wieder ein paar Klippenzentimeter weniger, von den Kaninchen untergraben, weggespült von den Winterstürmen.

»Going to the edge«, sagte man früher in East Anglia, wenn man an die Küste von Norfolk reiste. Über den Rand der Klippen gefallen sind hier seit Jahrhunderten Häuser, Kirchen, ganze Dörfer. Der meilenweite, gloriose Sandstrand bei *Trimingham* südöstlich von Cromer ist ein Ergebnis ständiger Erosion. Dort habe ich einmal in einem Haus auf den Klippen übernachtet, und mir war, als schlüge die Brandung schon an die Tür. »In einigen Jahrzehnten«, meinte mein Wirt, ein pensionierter Kapitän, »wird das Meer auch unser Haus schlukken«. Im benachbarten *Sidestrand* hat man die bedrohte Kirche 1880 landeinwärts wieder aufgebaut. Längst versunken das Küstendorf *Eccles;* von seiner Kirche blieben nur ein paar Flintsteinbrocken am Strand. So laßt uns denn nach Cromer fahren, solange es Cromer noch gibt.

Ein paar georgianische Fischerkaten rund um die Kirche, viktorianische Backsteinhäuser und Hotels, ein zu kurz geratener Pier (Farbt. 3, Abb. 43). Von Brightons Eleganz ist dieser Ort so weit entfernt wie vom Rummel Blackpools. Laut sind hier nur die Möwen. Cromer hat den verschlissenen Charme eines edwardianischen Bademantels. Seit dem Krieg gab es nie genug Geld, um durch Neubauten größeren Schaden anzurichten.

»Perry was a week at Cromer once, and he holds it to be the best of all the sea-bathing places«, heißt es in Jane Austens Roman *Emma* (1816). Perry, ein Pionier der englischen Sommerfrische, Verächter lauer Palmenstrände, ein Mann wie geschaffen für Cromer. Weniger abgehärtete Naturen fanden die Nordküste Norfolks allzu rauh und viel zu entlegen. So ließ Cromers Aufschwung zum Seebad auf sich warten, bis 1877 die ersten Urlauber mit der Eisenbahn aus London kamen. Wenig später beschrieb der *Daily Telegraph,* wie man an diesem »pretty little watering place« den Tag verbringt: »to go on the sands during the morning, to walk on one cliff for a mile in the afternoon and to crowd upon the little pier at night.« Kaum zu glauben, Cromer wurde *fashionable:* Lord Tennyson erschien, die Herzogin von Marlborough, Prinzessin Adolfa von Schaumburg-Lippe. Queen Victorias schneidiger Enkel aus Deutschland, sogar *the Kaiser* kreuzte auf in seiner weißen Yacht »Hohenzollern«. Man logierte im »Hotel de Paris« an der Promenade: Lord Suffields einstige Sommerresidenz, zum viktorianischen Grand Hotel erweitert, bizarre Außenstelle der mondänen Welt. Fröstelnd trafen sich die Edwardianer zu ihren letzten *beach-parties* in Cromer und in den Villen von Overstrand. Seitdem herrscht Ebbe im »Hotel de Paris«, *middle class* und Ketchup. Unverändert gut nur der Seeblick.

»Still raining?« – »Yes, still raining.« – »Good for my garden.« An solchen Tagen füllt sich der *Life Boat Tea Shop,* es füllen sich Pfarrkirche, Heimatmuseum und Seenotrettungsmuseum. Die Kirche ist innen »etwas mager« (Pevsner), der Kirchturm der höchste in Norfolk, legendär das »Number One Lifeboat«. Zu Cromers Attraktionen zählt auch der Pier (1901), vor allem das Pavilion Theatre am Ende des Piers (Farbt. 3). Hier gibt es noch das populäre *Seaside Special,* ein Echo aus den großen Tagen der *End-of-the-Pier Show.* Hier finden sie noch ein dankbares Publikum, die Birmingham Brothers Gordon & Bunny Jay und die anderen Könige des Klamauks. Mit dem Ende der Varietébühnen und durch das Fernsehen starben die meisten Pier-Shows, die zur englischen Seaside gehörten wie die *dirty pictures* am Ansichtskartenstand.

Defoes Urteil über Cromer gilt im übrigen noch heute: »I know nothing it is famous for except good lobsters.« Hummer, Krebse, Krabben, *Cromer crabs* gelten als die besten in England. Die Krabbenbänke liegen etwa drei Meilen weit draußen, gefischt wird von April bis September, zwei Mann und 200 Krabbenkästen in einem Boot. Blaue, rote, schwere Holzboote, mit Traktoren auf den Kiesstrand gezogen. Früher fischten fünfzig Krabbenboote vor Cromer, heute nur noch fünfzehn. Sieben von ihnen gehören der Familie Davies und ihrem Boss Henry, genannt *Shrimp.* In seiner Jugend, erinnert sich *Shrimp,* »hatten die Frauen mehr an, wenn sie baden gingen, als wenn sie zur Kirche gingen«. Damals betrieb sein Großvater die von Pferden gezogenen Badewagen. Aus einer dieser *bathing machines* begab sich 1887 Österreichs Kaiserin Elisabeth in die Wellen von Cromer.

Zu solcher Prominenz brachte es das benachbarte *Sheringham* nie; auch seine Krabbenfischer blieben im Schatten der *Cromer crabs.* Aber von Sheringham aus kann man mit der alten Dampflok der *North Norfolk Railway* in die Landschaft fahren, drei Meilen weit bis *Weybourne Heath,* nächstens sogar bis *Holt.* Die historische Strecke, von Eisenbahnfans restauriert, hat den poetischen Namen »Poppy Line«, Klatschmohn-Expreß. Rauch, Dampf und roter Mohn, ferne Zeiten, als die Bauern noch keine Herbizide spritzten auf Norfolks Feldern.

In den Hügeln südwestlich von Sheringham liegt die Residenz eines Gentlemans der Regency-Zeit, ein Haus aus grauem Backstein vor einer Kulisse aus Bäumen, Rhododendren, Azaleen: *Sheringham Hall* (1812–17). Haus und Park hat Humphry Repton entworfen[1], einer der großen Landschaftsgärtner in der Nachfolge Capability Browns. In seinen theoretischen Schriften findet sich erstmals der Begriff *landscape gardening.* Repton gestaltete rund zweihundert Garten- und Parkanlagen. Sheringham Hall nannte er sein »favourite

1 Das Haus zusammen mit seinem Sohn John Adey Repton.

John Thirtle: Cromer, um 1830

and darling child in Norfolk«. Es sei, schrieb er, »für den Landschaftsgärtner absolut unerläßlich, über ein angemessenes Fachwissen in der Architektur zu verfügen«. Zwar wurde Repton kein bedeutender Baumeister, aber mit Sheringham Hall gelang ihm exemplarisch, was er immer suchte: die Harmonie von Architektur und Landschaft.

Entgegen der pittoresken Mode seiner Zeit umgab Humphry Repton seine Häuser mit Blumenrabatten, Spalieren, Terrassen und Küchengärten; erst dann ließ er der Natur, malerisch komponiert, im Park ihren freien Lauf. »Angemessenheit und Annehmlichkeit sind nicht weniger als malerische Wirkung eine Sache des guten Geschmacks«, schrieb er 1794. In aquarellierten, übereinanderklappbaren Entwürfen erläuterte Repton seinen Klienten das »Vorher« und »Nachher«, seine Vorschläge zur Umgestaltung ihrer Landsitze. »The first object of improvement ought to be *Convenience;* and *Beauty* should adopt itself to *that*«, heißt es in einem seiner Skizzenbücher, *Red Books* genannt wegen ihrer Einbände aus rotem Saffianleder. Im *Red Book* für Sheringham Hall, 1812, appellierte Repton auch an das soziale Gewissen seines Auftraggebers: Abbot Upcher, der junge Landlord, möge die Armen im Park Holz sammeln lassen und mit ihnen Hasenjagden am Strand veranstalten, um die Klassen einander näherzubringen »in a happy medium between Licentious Equality and

Oppressive Tyranny«. 1986 hat der National Trust Sheringham Hall erworben und einen der Salons als Repton-Raum eingerichtet.

In Bury St. Edmunds wuchs er auf, in Norwich ging er bei einem Textilkaufmann in die Lehre, auf dem Land in Norfolk und Essex[1] verbrachte er die meiste Zeit seines Lebens. East Anglias sanfte Hügel, die weichen Konturen der Eichen- und Eschenhecken, diese Landschaft prägte auch die Landschaftsgärten Humphry Reptons. Sein erster Auftrag, 1788: der Park von Catton Hall, Haus des Bürgermeisters von Norwich. Sein wichtigster Mäzen: der Duke of Portland. Ihm vor allem verdankte Repton seine Beziehung zur *landed class.* Zu seinen Klienten zählte der 1. Marquess of Cornwallis[2], General im Amerikanischen Unabhängigkeitskrieg, Premierminister William Pitt und Dutzende von Abgeordneten.

Humphry Repton hatte sechzehn Kinder; nur sieben überlebten das Kindesalter. Er starb 1818. Auf dem Friedhof von *Aylsham,* einem Marktstädtchen zwischen Cromer und Norwich, ist Repton begraben, unter den Rosen an der Südmauer von St. Michael. Sein Leib solle »der Rose Form und Farbe geben«, schrieb er in seinem Epitaph[3], Credo des Landschaftsgärtners, der seinen Tod als Beitrag zur Humusbildung verstand, als Verwandlung im Zeichen der Rose. Ein romantischer, pragmatischer, englischer Abgang.

Hundert Jahre nach Humphry Repton kam die Gärtnerin Gertrude Jekyll an die Küste von Norfolk. In *Overstrand,* einem Vorort von Cromer, legte sie einen ihrer intimen Parterregärten an. Der Architekt Edwin Lutyens entwarf dazu Arkadengang und Alkoven. Beider Auftraggeber war Lord Battersea, *chief whip* in Gladstones Kabinett, mit einer Rothschild-Tochter verheiratet. Ihre Villa »The Pleasaunce« ließen sie 1897/98 von Lutyens umbauen. Eine kostbar intarsierte maurische Tür, Kaminkacheln des Arts & Crafts-Töpfers William De Morgan: was von der Inneneinrichtung übrigblieb, zeugt von Lord Batterseas Reise- und Sammellust. Sein kapriziöses edwardianisches Sommerhaus wird heute als *Christian Endeavour Holiday Home* genutzt, nicht zum Segen der Architektur. Noch zwei andere Gebäude entwarf Lutyens damals in Overstrand: eine Methodistenkirche mit einem romanisierenden Stufenportal aus Backstein, seine einzige Nonkonformisten-Chapel (1898), und *Overstrand Hall* (1899–1901), ein Pasticcio aus Backstein, Flint und Fachwerk, elisabethanischen und römischen Motiven. Holzgetäfelte Räume, Delfter Kacheln: an Material wurde sowenig gespart wie an Personal. Fünf Gärtner und drei Butler waren ständig zur Stelle, falls der Besitzer in seinem Sommerhaus Urlaub machen wollte. Und das tat Lord Hillingdon, Banker in London, etwa vierzehn Tage im Jahr.

1 In *Sustead Old Hall* bei Aylsham (Norfolk) und in *Hare Street* bei Romford (Essex).

2 Culford Hall, Suffolk.

3 »Not like Egyptian Tyrants consecrate, / Unmixed with others shall my dust remain; / But mold'ring, blending, melting into Earth, / Mine shall give form and colour to the Rose, / And while its vivid blossoms cheer Mankind, / Its perfumed odours shall ascend to Heaven.«

Räume mit Aussicht: Häuser der *landed class*

»My woods are my joy and pride«, pflegte Wyndham zu sagen, der letzte Squire von *Felbrigg Hall*, zwei Meilen westlich von Cromer. Bevor Robert Wyndham Ketton-Cremer 1969 starb und seine Güter dem National Trust vermachte, pflanzte er rund 200000 Bäume. Und weil Wyndham nicht nur ein leidenschaftlicher Gärtner war, sondern auch ein Patriot, ließ er am Ende des Zweiten Weltkriegs im *Victory Wood* zwei große Reitwege in V-Form anlegen, zur Erinnerung an den *Victory Day.* So neumodische Dinge wie elektrisches Licht installierte er erst 1954 in seinem Haus; eine Zentralheizung hielt er bis kurz vor seinem Tod für Luxus.

Von den Fenstern der Bibliothek, wo er seine Biografien und Historien schrieb, hatte Wyndham den Park vor Augen und zwischen alten Eichen und Kastanien den Kirchturm von St. Margaret. Vollkommen einsam liegt die Kirche im Park (Farbt. 26). Das Dorf, das sie im Mittelalter umgab, wurde irgendwann verlassen – wann und warum, weiß keiner genau – und in einiger Entfernung wieder aufgebaut. In dieser kleinen Flintkirche haben die Lords und Ladies von Felbrigg Hall ihre Grabmonumente: gravierte Messingplatten, eine Porträtbüste von Joseph Nollekens, Putti und Marmorgirlanden aus der Werkstatt von Grinling Gibbons. Auf einem der Brasse, fast lebensgroß, Sir Simon Felbrigg neben seiner Frau Margaret: Fest blicken sie dem Besucher und der Ewigkeit ins Auge, mit gefalteten Händen, unter gotischen Kielbogenbaldachinen. Ritter Simon trägt Helm und Rüstung, seinen Hosenbandorden und die königliche Standarte, denn er war Standartenträger Richards II.

Die Güter der Felbriggs erwarb Mitte des 15. Jahrhunderts ein ehrgeiziger Kaufmann aus Wymondham. Die Windhams, wie sie sich nach ihrem Herkunftsort nannten, machten mit Heiratsglück und Tatkraft Karriere. Einer stieg auf zum Admiral, einer zum Minister, ein anderer auf den Mont Blanc. Und einer, William Frederick, genannt *Mad* Windham, machte nur Unsinn: ein viktorianischer Eisenbahnnarr, der immerzu Lok fahren wollte, in Schaffneruniform Tickets verkaufte, die Güter ruinierte und zuletzt sein Geld als Busfahrer zwischen Norwich und Cromer verdiente. Kurzum: eine prächtige Familie.

GLORIA DEO IN EXCELSIS, schallt es in kapitalen Balustradenbuchstaben von der Fassade des Hauses über die Felder, ein ebenso frommes wie exzentrisches Motiv, zum höheren Ruhme auch des Bauherrn von Felbrigg Hall. Thomas Windham hatte sich diesen Südflügel errichten lassen (1620–24), aus Ziegel, Flint und Haustein, mit der charakteristischen jakobeanischen Rasterfassade: drei rechteckige Erker- und Portalvorsprünge, Steinsprossenfenster, drei mal drei hohe Ziegelschornsteine. Nur fünfzig Jahre später – der Gegensatz könnte kaum größer sein – baute der Kavaliersarchitekt William Samwell einen Westflügel aus rotem Backstein an (1674–87): eine glatte Front mit hohen Fenstern und Walmdach, im klassischen Charles-II.-Stil. Um 1750 schließlich fügte der populäre Landhausarchitekt James Paine noch einen (später gotisierten) Ostflügel für das Personal hinzu, mit Mittelrisalit und Uhrentürmchen. Etwa aus der gleichen Zeit stammt auch das achteckige Taubenhaus im Küchengarten, kuppelbekröntes Quartier für 2000 Tauben, willkommen als Delikatessen der Tafel und zur Düngung des Gartens.

Felbrigg Hall, Südfassade, Radierung von J. Hawksworth nach einer Zeichnung von John Sell Cotman, um 1820

Durch die Great Hall gelangt der Besucher von Felbrigg in die Salons des Westflügels. Decke und Wände des Speisesaals hat James Paine um 1750 mit Stukkaturen im Rokokostil dekoriert: Jagdtrophäen über den Türen, Girlandenrahmen für die Familienporträts von Kneller und Lely. Nebenan im Drawing Room, dem ursprünglichen Speisezimmer, die jakobeanische Stuckdecke[1] von 1687: üppige Obst- und Blumenfelder mit Fasanen, Rebhühnern und Wildenten, ein gedeckter Tisch der Augenlust. In diesem und dem angrenzenden Raum hängen die Gemälde, die der junge William Windham II. während seiner Bildungsreise auf dem Kontinent zwischen 1738 und 1742 gesammelt hatte: Seestücke Willem van de Veldes, Gouachen Giovanni Battista Busiris, holländische Landschaften und klassische Ansichten der Campagna, das vor allem. Wie diese Bilder gerahmt und gehängt sind, nahezu unverändert seit zweihundert Jahren, ist das Kabinett von Felbrigg ein rares, authentisches Zeugnis für den englischen *Grand Tour*-Geschmack im frühen 18. Jahrhundert. Ähnlich geschlossen erhalten ist nur noch John Parkers Red Velvet Room in Saltram House und, ungleich hochkarätiger, Paul Methuens Kabinett in Corsham Court.

Vier Jahre lang streifte der Erbe von Felbrigg Hall durch Europa. Der Gentleman auf Bildungsreise sammelte Erfahrungen mit dem Höheren: mit der Antike, der Liebe und den

1 Wohl von dem Stukkateur Edward Goudge, dem auch die im selben Jahr entstandenen Stuckdecken im benachbarten Melton Constable Hall zugeschrieben werden.

Alpen. So stieg der junge Windham auch in die Gletscher rund um Chamonix und auf den Mont Blanc, eine Pioniertat, bevor Englands Kronprinzen hier ihren Hals riskierten. Windhams Freund und Tutor auf seiner Kavalierstour war Benjamin Stillingfleet, Sohn des Bischofs von Worcester, vielseitig gebildet und angenehm exzentrisch. Statt à la mode in schwarzen Seidenstrümpfen im Londoner Salon der Lady Montagu zu erscheinen, trug Mr. Stillingfleet auch dort stets seine blauen Wollgarnstrümpfe – weshalb man literarische Frauenzimmer seither *bluestockings* nennt, Blaustrümpfe. Nach seiner Rückkehr führte William Windham das Leben eines gebildeten Landlords, besuchte die Londoner Clubs und Theater, bewirtete seine Künstlerfreunde auf Felbrigg Hall, auch David Garrick und Dr. Johnson. Bücher aus dessen Sammlung zählen zu den Raritäten der Bibliothek von Felbrigg, die Windhams Freund James Paine 1752 im Stil des *Gothic Revival* einrichtete. Einer seiner Nachfolger, Thomas Wyndham Cremer, hinterließ als Zeugnis einer lebenslangen Leidenschaft über fünfzig Kästen mit ausgestopften Vögeln, meist von ihm selbst geschossen: der Ornithologe als Vogelkiller. Viele dieser Vögel hat Thomas Gunn aus Norwich ausgestopft, der berühmteste viktorianische Tierpräparator.

Ich weiß noch, wie ich zum erstenmal *Blickling Hall* sah (Farbt. 14). Ich fuhr durch die Gersten- und Rübenfelder nordwestlich von Aylsham; plötzlich, unvermittelt neben der Landstraße, am Ende eines weiten Rasens ein Schloß. Warm leuchtete der rote Backstein in

Blickling Hall, Südfassade, von J. C. Buckler, 1820

Daniel Mytens: Sir Henry Hobart (gest. 1625)

der Nachmittagssonne. Monumentale Eibenhecken säumen den Weg, über fünf Meter hohe grüne Mauern, fast vierhundert Jahre alt, gepflanzt, noch bevor das jetzige Haus gebaut wurde. Diese Hecken setzen sich fort in den ehemaligen Ställen und Dienerquartieren, die auf beiden Seiten den Vorplatz flankieren, Backsteinflügel mit geschweiften Giebeln[1], die wie Wellen zum Eingang rollen. So sah ich zum erstenmal Blickling Hall.

Zwei quadratische Ecktürme, zwei Erker, in der Mitte das Portal: eine vollkommen symmetrische Fassade, gemessen, gleichwohl lebendig durch die Kontraste. Elisabethanisch rechtwinklig die Fenster und Erker, barock geschwungen die holländischen Giebel; strenge Ecktürme mit luftigen Kielbogenhelmen. Über dem Portal, die Galerie der Kamine überragend, ein dreistöckiger Uhrenturm aus Holz mit offener Laterne. Hinter dieser Eingangsfront erstreckt sich ein Haus mit zwei Innenhöfen, sehr viel größer, als die schlanke Südfassade erwarten läßt. Der Architekt? In den barocken Ornamenten über dem Portal hat er seine Initialen hinterlassen: RL, Robert Lyming, Zimmermann und Steinmetz. Zur selben Zeit, als er Blickling Hall baute (1619–25), war er vermutlich auch im benachbarten Felbrigg Hall tätig. Deutlicher noch die Ähnlichkeit mit Lymings Giebelfront von Hatfield House (um 1611), vom dominierenden Uhrenturm bis in die perforierten Balkonbrüstungen. Blickling Hall ist eines der letzten großen jakobeanischen Landschlösser Englands, mit seinem doppelten Innenhof schon *old-fashioned,* überholt vom neuen, palladianischen Stil. Das Porträt des Bauherrn, gemalt von Daniel Mytens, dem späteren Hofmaler Charles I.,

1 Diese *Dutch gables* von 1624 gelten als die frühesten ihrer Art in England.

Blickling Hall, »Auditus«, Allegorie des Gehörsinns, Detail der Stuckdecke der Long Gallery, 1620

hängt über dem Kamin im Prunkgemach: Sir Henry Hobart in der pelzbesetzten Robe seines Amtes als Lord Oberrichter des Königs James I.

Repräsentativer noch als damals könnte Sir Henry heute aus der Eingangshalle von Blickling hinauf in seine Staatsgemächer schreiten, denn das ursprüngliche Treppenhaus wurde 1767 im jakobeanischen Stil erneuert und zu einem doppelarmigen Aufgang erweitert. Eichengeländer mit reichverzierten Arkaden, auf jedem Treppenpfosten Holzstatuetten: ein Höfling, ein Musketier, antike Helden – welche Grandeur! William Ivory[1] aus Norwich schuf diese Treppe, ebenso die beiden lebensgroßen Rokoko-Relieffiguren in den Nischen des Treppenhauses, Elizabeth I. und ihre Mutter, Anne Boleyn; letztere mit der Inschrift »Hic Nata«. Daß die unglückliche Königin hier geboren wurde, ist eine Legende; indes gehörten die Güter von Blickling bis zu Anne Boleyns Hinrichtung ihrer Familie. Die Boleyns waren Kleinbauern aus Norfolk. Ihr Aufstieg begann mit Annes Urgroßvater Geoffrey Boleyn, einem Protegé des mächtigen Sir John Fastolf (siehe S. 419), der seit 1431 die Güter von Blickling besaß und seinem Gefolgsmann verkaufte. Später wurde Hever Castle in Kent Hauptsitz der Boleyns. In Blickling Church sind einige Brasse der Familie erhalten. Anne Boleyns Herz aber soll in der Dorfkirche von *Salle* begraben sein[2], einer strahlenden Perpendicular-Kirche in den einsamen Feldern südwestlich von Blickling, auch ohne diese sinistre Verbindung einen Abstecher wert.

1 Auch sein Vater Thomas und sein Vetter John Ivory arbeiteten am Umbau des Hauses, vor allem des Nord- und Westflügels, mit (1765–85).

2 Noch zwei andere Kirchen reklamieren Anne Boleyns Herz: All Saints, East Horndon (Essex) und St. Andrew & Patrick, Elveden Park (Norfolk).

Rund 43 Meter lang ist die Long Gallery im Ostflügel von Blickling Hall, einer der letzten Räume dieser Art, End- und Höhepunkt einer großen Tradition. Eine Galerie zum Promenieren und zum Schauen: hinaus auf das Gartenparterre, in den Park, vor allem aber auf die Decke des Raumes, den geschmückten Himmel über uns. Diese jakobeanische Stuckdecke sucht ihresgleichen: ein dicht verwobenes, wogendes Muster von Rippen, Arabesken, Abhänglingen, vegetativen und geometrischen Ornamenten, dazwischen 31 Felder mit heraldischen Motiven und emblematischen Figuren, Allegorien der fünf Sinne, der Tugenden, der Gelehrsamkeit. Ein gewisser Edward Stanyan, wahrscheinlich aus London, hat diese Stuckdecke 1620 entworfen, das Prunkstück von Blickling Hall. Ursprünglich als Gemäldegalerie genutzt, wurde die Long Gallery im 18. Jahrhundert zur Bibliothek: über 12000 in Kalbsleder gebundene Bücher, darunter viele Rarissima und Inkunabeln aus der Zeit vor 1500.

Die Lange Galerie der Ornamente und der Bücher führt in einen kaum weniger prächtigen Raum der Bilder, in den Saal Peters des Großen, benannt nach dem Gobelin mit dem Porträt des Zaren hoch zu Roß als Sieger in der Schlacht von Poltawa gegen die Schweden. Diesen Wandteppich, 1764 in St. Petersburg gewoben, schenkte Katharina die Große dem 2. Earl of Buckinghamshire, dem Gesandten Georges II. am Zarenhof. Nach seiner Rückkehr ließ der Graf für sein kostbares Souvenir diesen Raum in Blickling Hall neu gestalten, bestellte als Pendant zum Zaren-Gobelin bei dem Maler John Wootton ein monumentales Reiterporträt seines Königs, und zwanzig Jahre später konnte er sich endlich auch selber an der Wand bewundern, in ganzer Größe und mit Hermelinumhang, daneben seine schöne junge Frau Caroline, beide porträtiert von Gainsborough: fürwahr, ein königliches Kabinett der Eitelkeit. In pink- und silberfarbener Seide, mit Blumenhut und Decolleté hat sich auch die Schwester des Hausherrn verewigen lassen: Henrietta Howard, Countess of Suffolk, Freundin von Swift, Pope, Horace Walpole, vermutlich die Mätresse Georges II., jedenfalls eine der brillantesten Frauen ihrer Zeit.

Zwanglos verbinden sich so in Blickling Hall Hofklatsch und Innenarchitektur, Kunst- und Familiengeschichte. In einem Schloß wie diesem können Spezialisten, zum Beispiel, die Ornamentik jakobeanischer Stuckdecken studieren, europäische Intarsienmöbel oder Webkunst des 17. und 18. Jahrhunderts: Axminster-Teppiche, Brüsseler Bildteppiche mit Teniers-Motiven, monumentale Mortlake-Gobelins. Nicht umsonst hat der National Trust in Blickling Hall sein Restaurierungszentrum für Textilien (und sein Hauptquartier für East Anglia). Abgesehen von Gainsborough, Reynolds, Benjamin West und Canaletto[1] fiel mir eine Serie großer Sepiazeichnungen von Christoph Heinrich Kniep auf, Goethes Reisegefährte in Italien. Charakteristisch für den Kunstgeschmack jener Zeit ist Blicklings *Print*

Thomas Gainsborough: John Hobard, 2. Earl of Buckinghamshire (1723–93) ▷

1 Der Blickling-Canaletto, *View of Chelsea from the Thames* (um 1746–48), ist nur die linke Hälfte eines Gemäldes, dessen rechte Hälfte heute in einer Privatsammlung auf Kuba hängt.

John Earl of
Buckingham
Lord Lt of Irela
from Jany 1777
to Decr 1780

Room: Piranesis Rom-Veduten, Radierungen nach Motiven von Raffael, Claude Lorrain, Richard Wilson und anderen über- und nebeneinander direkt auf die Wand geklebt, eine Mode des 18. Jahrhunderts.

Räume mit Aussicht. Immer wieder der Blick in den Garten, auf die Bilder der Landschaft. Im ausgetrockneten Schloßgraben blühen, windgeschützt, alte Rosen und Kamelien. Hinter dem Ostflügel mit seinen fünf holländischen Giebeln erwarten uns Kräuterdüfte, immergrüne Geometrie, ein viktorianischer Parterregarten[1] mit Terrassen, Balustraden und *topiary*-Büschen der dreißiger Jahre. Jenseits des Gartens die ›Wildnis‹, ein Arboretum des frühen 17. Jahrhunderts, sternförmig von Alleen durchzogen. Glockenblumen wachsen unter den alten Bäumen, ein dorischer Tempel sorgt für klassische Empfindungen und Regenschutz. Von hier aus sehen wir Blickling Hall in seiner ganzen Glorie, als Teil einer über Jahrhunderte gewachsenen, kunstvoll gestalteten Natur. Wir gehen am See entlang, durch den Park, der Humphry Reptons Spuren trägt[2], und wenn wir lange genug nach Nordwesten wandern, kommen wir zur Pyramide von Blickling. Dies ist das letzte Denkmal des Earl of Buckinghamshire, stilvoll wie alles, was er hinterließ. Unter der Kuppel des runden Innenraums stehen drei Marmorsarkophage, für den Grafen und seine beiden Frauen. Ein Abschied im ägyptischen Stil, 1794.

Auch der letzte Besitzer von Blickling Hall war Diplomat in königlichen Diensten. Bevor der 11. Marquess of Lothian 1940 als britischer Botschafter in Washington starb, vermachte er seinen Familiensitz dem National Trust. Lord Lothian war der erste, der zur Rettung historischer Häuser für die Nation 1937 die nötigen Gesetze im Parlament einbrachte. Damals sah es so aus, als seien die großen englischen Landsitze wegen der hohen Erbschaftssteuern dem Untergang geweiht. Tatsächlich gab es um 1900 allein in Norfolk noch über zweihundert große Familiengüter. Heute sind rund hundert übriggeblieben. Etwa hundertzehn *stately homes* wurden verkauft oder aufgelöst, fünfzig davon abgerissen. Indes sind die bedeutendsten Landschlösser Norfolks – Holkham, Houghton, Raynham Hall – immer noch im Besitz derselben Familien, die sie erbauten (Abb. 3, 8). Auch in vielen Häusern mittlerer Größe leben bis heute die alten Familien Norfolks: die Bacons, Buxtons und Birkbecks, die Fountaines, Barclays und Guerneys. Zu ihnen gehören auch die Walpoles von *Mannington Hall.* Ihre Güter grenzen an die von Blickling. Ihr Haus ist ungleich kleiner, älter und vor allem: *private.*

Landstraßen ohne Verkehr, Wege ohne Wegweiser. Tiefes Norfolk. Mannington Hall liegt in einer leichten Senke, von Äckern umgeben. Irgendwo trompetet ein Fasan. Eine Zugbrücke führt über den Burggraben, zwischen den Seerosen spiegeln sich Himmel und Haus. Zinnenkranz, Tudorfenster, ein Flintsteinhaus aus dem 15. Jahrhundert, Mittelalter mit Swimmingpool. Am Eingang zeigt mir der Hausherr Graffiti eines exzentrischen Vor-

1 Der Springbrunnen stammt von *Oxnead Hall,* dem 1731 abgerissenen Familiensitz der Pastons, ebenso die Statue des Herkules in der Orangerie und die Diana im Informationsraum, Skulpturen von Inigo Jones' Meistersteinmetz Nicholas Stone (um 1640).

2 Auch die Orangerie südöstlich des Hauses wird Humphry Repton zugeschrieben (um 1785).

fahren: »A tiger is worth than a snake, a demon than a tiger, a woman than a demon, and nothing worse than a woman« – Bekenntnisse eines misogynen Viktorianers, des 4. Earl of Orford. »Als ich Mannington Hall 1969 übernahm, war es reichlich heruntergekommen«, sagt Lord Walpole. »Wir haben ziemlich viel abgerissen, bis auf den mittelalterlichen Kern, in dem wir jetzt sitzen.« Überflüssiges drastisch reduzieren, die Substanz sorgsam restaurieren: Nach dieser Maxime hat Lord Walpole das historische Erbe als Familiensitz erhalten. Der National Trust, bei allem Respekt, mache solche Häuser »unvermeidlich zu Fossilien«.

Seine Familie stammt aus den Walpole-Dörfern im Fen. Einer wurde Englands erster Premierminister: Sir Robert Walpole (siehe S. 474 ff.). Dessen jüngerer Bruder Horatio, ein erfolgreicher Botschafter, erwarb Mannington Hall, »mehr der Ländereien als des Hauses wegen«. Zwei Meilen entfernt ließ er sich 1727–41 einen neuen Landsitz bauen, das georgianische *Walterton Hall*[1]. »Dort wurde ich 1938 geboren«, sagt Robert Horace Walpole, genannt Robin. Seine Ausbildung: »classical – Eton and King's«. In Cambridge studierte er Naturwissenschaften und Agronomie, schon im Blick auf die Verwaltung der Familiengüter: »rund 480 Hektar Land, etwas weniger als vor fünfhundert Jahren.« Lord Walpole hat elf Angestellte, auf den Feldern und im Büro; 1963 waren es noch vierzig. »Man muß irgendwie überleben und ins nächste Jahrhundert kommen. Das schafft man nur, wenn man versucht, das Beste zu erhalten und das Überflüssige loszuwerden.«

Die Landschaft zu erhalten und zugleich landwirtschaftlich zu nutzen: keine leichte Aufgabe, zumal Lord Walpole meint: »Wir sollten der Öffentlichkeit viel mehr Zugang zu unseren Gütern und der Countryside geben als in der Vergangenheit.« Aber wer will schon nach Mannington Hall? »Horace Walpole kam nie hierher«, bedauert sein Nachfahre, »er hinterließ nicht einmal eine Bemerkung über das Haus, wirklich ein Jammer.« Dabei schrieb der Lord von Strawberry Hill über alle möglichen fremden Landsitze, die er besuchte: »Jedes *guide-book* von jedem Haus hierzulande hat einen Kommentar von Horace zu zitieren, das gehört einfach dazu.« Wer heute seine Güter dem Publikum öffnet, der braucht eine Attraktion, Oldtimer im Schloßhof oder einen Park voll Tiger. Die Walpoles sammeln Rosen.

Der *Heritage Rose Garden* von Mannington Hall, Anfang der achtziger Jahre begonnen, ist auch für Kenner eine Sensation: ein neuer Garten mit alten Rosen, mit über tausend verschiedenen Sorten. Die Walpoles haben den ehemaligen Küchengarten hinter den Stallungen in eine Folge historischer Gärten umgewandelt. Da geht man, wie durch die verschiedenen Räume eines Hauses, durch die Epochen der Rosenzucht: durch die Gärten des Mittelalters, der Tudorzeit, der Georgianer und Viktorianer, jeder Garten mit seinem charakteristischen Design und mit den Rosen dieser Periode. Da blüht, cremeweißes Mittelalter, die *Rosa pimpinellifolia,* zartrosa die *Maiden's Blush* der Plantagenets, die *Rosa Alba maxima* der Jakobiter; da duftet die dunkelrote *Portland*-Rose der Georgianer, die malvenfarbene *Belle de Crecy* der Viktorianer, die weiße *Schneezwerg*-Rose der Edwardianer und

1 Entworfen von Thomas Ripley, Architekt der Admiralität in London. Landschaftspark von Charles Bridgeman. Bis heute Familiensitz der Walpoles (privat).

die rote *Lilli Marleen* von 1959. O *Rosa rugosa alba,* ihr königlichen Tudor-Rosen, ihr blutigen Rosen von Lancaster und York, o *Burnet Double White,* ihr tausend Rosen von Mannington Hall!

Ob Poppy und Lambton noch leben? Die beiden Lurcher waren schon alt und grau, aber noch überaus wachsam, als ich an ihren Körben vorüber *Heydon Hall* betrat (Abb. 12). Knurrten sie nicht: *strictly private?* Nur an zwei Tagen im Sommer hat das Publikum Zutritt, nur zum Park, nicht zum Haus. Hier lebt Captain Bulwer Long mit seiner Frau Sarah und ihren drei Kindern, in einem elisabethanischen Herrenhaus, das sich ein Revisor des Königlichen Schatzamtes 1581–84 bauen ließ. Ein prominenter Verwandter, der viktorianische Bestsellerautor Edward Bulwer-Lytton *(Die letzten Tage von Pompeji),* verbrachte einen Teil seiner Kindheit auf Heydon Hall. Ein Haus mit Aura und Geschichte, »a very pleasant burden«, sagt, halb stolz, halb stöhnend, der heutige Besitzer. William Bulwer Long, geboren 1937, besuchte die renommierte Militärakademie von Sandhurst und wurde Kavallerieoffizier, bevor er 1968 das Erbe von Heydon Hall übernahm.

»Alle meine Familienberater sagten immer nur: ›Reiß es ab! Verkauf es! Es ist zu groß, mach eine Schule daraus!‹ Das Haus war buchstäblich am Ende: Holzwurm und Schwamm.« Warum er hier dennoch einzog, wider alle ökonomische Verkunft? »It's my family home«, sagt Captain Bulwer Long, »meine Familie lebte rund 600 Jahre in dieser Gegend.« Nun mußte die Familie erst einmal in die Stallgebäude ziehen, während sie Heydon Hall restaurierten. »Immer wenn uns das Geld ausging, schickten wir die Handwerker nach Hause.« Zehn Jahre später hatten sie es geschafft: die elisabethanische Hall gerettet, die viktorianischen Anbauten abgerissen, das Haus auf ein Viertel der früheren Größe reduziert und bewohnbar gemacht (»unfortunately no butler«). Die Bulwer Longs leben von der Landwirtschaft: Gemüseanbau, Zuckerrüben, Getreide, etwas Vieh und Pferdezucht. Die Erträge reichen, um die laufenden Hauskosten zu decken. »Wenn ich eine ähnlich große Farm hätte und in einem Bungalow lebte, könnte ich wahrscheinlich zwei Monate im Jahr Skiurlaub machen oder einen Mercedes 500 fahren.«

Am Rand des Gutsparks liegt das Dorf *Heydon:* rund dreißig Häuser, kein einziger Neubau in diesem Jahrhundert, Kirche, Postamt, Dorfanger, ein idyllisches *estate village.* »Natürlich gehört das Dorf noch meiner Familie«, sagt Captain Bulwer Long. Was ihm die vierzig Einwohner an Miete zahlen, dient der Erhaltung und Modernisierung der Häuser. »Große Landsitze scheinen völlig anachronistisch, aber für Dörfer wie dieses sind sie immer noch ein Angelpunkt. Auch wenn der Squire als solcher unzeitgemäß ist, so schadet man der Dorfgesellschaft wahrscheinlich mehr durch die Abberufung von Pfarrer und Schulmeister. Sie waren die führenden Köpfe in der Gemeinde. Wo immer die verschiedenen Regierungen und die *Church of England* Dorfschulen und Pfarrhäuser schlossen, nahmen sie den Dörfern ihr Herz.« In diesem Vakuum bedeuten *country houses* immer noch einen gewissen Zusammenhalt. Der Herr von Heydon Hall ist Vorsitzender des Gemeinderats, seine Frau arbeitet im *Women's Institute,* und wenn irgend etwas im Dorf zu tun ist, vom Mähen des *village green* bis zur alljährlichen *village fête,* haben sie es meist zu organisieren. »Wenn ich nicht für das Feuer am 5. November sorge, gibt es kein Feuer am *Guy Fawkes Day.*«

Melton Constable Hall, Detail der Kamineinfassung im Red Drawing Room, 18. Jh., Marmor

Gutsherren wie Captain Bulwer Long sind in ihrem Dorf respektiert, sogar beliebt, sie bilden das konservative Rückgrat einer konservativen, ländlichen Gesellschaft. Die Bindung an Boden und Familie, über Jahrhunderte gewachsen wie die Eichen auf ihren Feldern, stützt immer noch ihre soziale Stellung und prägt zunehmend auch ihre ökologische Verantwortung. »Vielleicht habe ich mehr Ackerland in Wiesen zurückverwandelt, als ich sollte. Aber ich will den Charakter der Parklandschaft erhalten«, sagt William Bulwer Long. Rücksichtslose Großbauern, die Heckenkiller sind ihm ein Greuel: »Für *greedy farming* gibt es keine Entschuldigung.« In der *Country Landowners Association,* der Lobby der Großgrundbesitzer, kennt man seine Maximen, und viele teilen sie: »Wenn wir unser Land behalten und nicht verstaatlicht haben wollen, dann müssen wir es auf eine Weise erhalten, die von allen akzeptiert wird.«

Eine lange, breite Eichenallee führt von Süden her nach Heydon Hall. »All diese Bäume hat einer meiner Vorfahren 1801 gefällt, um auf eigene Kosten ein eigenes Regiment zu mobilisieren gegen die drohende Napoleonische Invasion. Zum Glück hat er wieder neue Eichen gepflanzt.« William Bulwer Long kann auch im nächsten Jahr keine Ferien machen: die Nordfassade ist zu restaurieren. Und dann, wer weiß, wo es dann wieder bröckelt. Wir gehen hinaus, Poppy und Lambton blinzeln in die Oktobersonne. Da liegt Heydon Hall, der Park, die Landschaft vieler Generationen: »Dafür lohnt jede Mühe und Arbeit, das lohnt sich zu erhalten.«

Wohin es ohne solchen Einsatz kommen kann, sah ich wenig später, weitab in den Feldern Nord-Norfolks. Ein verlassener, verwilderter Park, ein Terrassengarten mit bröckelnden Balustraden und zerbrochenen Amphoren, geplünderte Figurensockel, Gartenstatuen und Springbrunnen in jämmerlichem Verfall, nur noch übertroffen vom Zustand des Hauses selber: eine edel proportionierte, elend verkommene Fassade, ausgeweidete Räume, die Holztäfelung herausgebrochen, die Stofftapeten in Fetzen, und mittendrin, auf rätselhafte Weise verschont, ein paar Mahagonitüren, Stuckdecken, marmorne Kamineinfassungen, letzte Zeugen vergangener Pracht. Wie konnte es soweit kommen mit *Melton Constable Hall* (Abb. 20)?

Dies ist nicht irgendein Landsitz, sondern »eines der vollkommensten Beispiele des sogenannten Christopher-Wren-Hauses« (Pevsner). Ein rechteckiges Gebäude aus rotem Backstein, Fenster und Portale mit Haustein gefaßt, zwei Stockwerke hoch, neun Joche lang und sieben breit, Mittelrisalit mit Giebel: Noch immer strahlt diese Fassade Symmetrie und Würde aus, ein Haus im Stil des barocken Klassizismus Roger Pratts, errichtet 1664–70 für Sir Jacob Astley. Von den Originalinterieurs des 17. Jahrhunderts blieben einige brillante Stuckdecken erhalten, demselben Stukkateur Edward Goudge zugeschrieben wie die Dekken von Felbrigg und Hintlesham Hall.

Seit 1236 waren die Güter von Melton Constable im Besitz der Familie Astley, über 700 Jahre lang. Der letzte, 21. Lord Hastings zog es vor, im viktorianischen Anbau zu leben, offenbar nicht nur aus Gründen der Bequemlichkeit. Als James Lees-Milne im Mai 1942 Melton Constable Hall für den National Trust inspizierte, notierte er, die Ignoranz des Hausherrn sei »alarmierend«. Statt des National Trust erwarb der Duke of Westminster die Güter; 1959 verkaufte er sie wieder – an Geoffrey Harrold, einen einheimischen Bauern, den nur die zugehörigen Ländereien interessierten. Das Haus ließ er leerstehen und verrotten. Nur einmal entfaltete es noch seinen historischen Glanz, als Schauplatz von Joseph Loseys Film *The Go-Between* (*Der Mittler*, 1971).

Melton Constable Hall wurde zum Alptraum der Denkmalschützer. Jahrelang sahen sie ohnmächtig zu, von *SAVE Britain's Heritage* bis zum Herzog von Grafton, dem *Duke of Preservation*. »Das hätte nie passieren dürfen«, sagte mir der Duke, »das ist der schlimmste Fall dieser Art in East Anglia.« Der schlimmste, nicht der einzige: So wie der Gentleman von Melton Constable besitzen etliche wohlhabende Bauern viel Land mit alten Häusern, die sie verfallen lassen, wenn sie die lästigen Steinklötze schon nicht beseitigen dürfen. Da allein in Nord-Norfolk rund 10000 Gebäude unter Denkmalschutz stehen, sind die Behörden überfordert. Erst als es fast zu spät war, kam es zum Zwangsverkauf von Melton Constable Hall. Ein unbekannter Unternehmer aus Norwich erwarb das Anwesen 1986 für 800000 Mark; auf das Fünffache schätzt man die Restaurierungskosten. Die Stallgebäude sollen zu Wohnungen werden, das Haus selbst Kunst- oder Konferenzzentrum. Aber Melton Constable Hall ist ja mehr als ein Haus: Der Park gehört dazu, von Capability Brown 1764–69 entworfen, eine ehemalige Menagerie im *Gothic-Revival*-Stil des späten 18. Jahrhunderts, eine kleine Kirche, Tempel und Park-Follies – ein Gesamtkunstwerk. Wie schön, wenn es gerettet würde.

Blakeney Point: Unter *twitchers* und Säbelschnäblern

»Wir sind ein Inselvolk«, sagt Ann, meine Norfolker Wirtin. »Am Wochenende streben alle wie die Lemminge ans Meer. Drei Stunden Autofahrt, dann sitzen sie da, den Wagen zur See geparkt, und starren aufs Wasser, lesen Zeitung und schlafen ein, weil sie müde sind von der langen Fahrt. Und dann fahren sie wieder zurück in die Stadt.« Darum sind auch die dichtbesiedeltsten Gegenden der britischen Küste zwischen den Parkplätzen meist menschenleer.

Englands einsamste Küste liegt im Norden von Norfolk. Keine Klippen, keine weißen Strände, nur Sand- und Kiesbänke und endlose Marsch, mit unzähligen Buchten, Prielen, Kanälen, labyrinthisch, amphibisch. Wild und rauh ist diese Küste, von eigenartiger Schönheit, fremd und kalt wie ein Feuerstein. Dies ist Englands arktische Küste. Manchmal stürmt es tagelang ohne Unterbrechung, so stark, daß das solide Wirtshausschild des »White Horse« in Blakeney horizontal hängt. Wer hier segeln lernt, muß Trafalgar nicht fürchten. Von dieser Küste stammt Nelson, *the Norfolk Hero*.

Zwischen Weybourne und Holme verläuft die Küstenstraße eine Meile vom Meer entfernt. Sie trennt die Marschwiesen von den Hügeln des Hinterlandes, den Klippen einer früheren Küste. Entlang der Straße die Marschdörfer mit ihren Flinthäusern und Flintkirchen: Cley-next-the-Sea, Blakeney, Stiffkey, Wells-next-the-Sea. In den alten Cottages der Fischer und Bauern leben nun Rentner, Pendler und Sommergäste. Die Einheimischen ziehen meist in billigere Gemeindewohnungen oder weg in die Städte, wo es mehr Arbeit gibt. In einigen Teilen Norfolks liegt die Arbeitslosigkeit mit rund 14 Prozent weit über dem Landesdurchschnitt.

Häuser mit geschweiften Giebeln, flämische Ziegelsteine und Dachpfannen, eine Windmühle am Rand des Rieds: *Cley-next-the-Sea* wirkt wie ein holländisches Hafenstädtchen. In den Wiesen neben der Windmühle lag im Mittelalter der nun längst versandete Hafen von Cley. Von dort wurde Nord-Norfolks Wolle exportiert, aus dem Nachbarort *Salthouse* das Salz, das man an der Küste gewann. Vom einstigen Wohlstand Cleys zeugt die Perpendicular-Kirche auf einer Anhöhe außerhalb des Dorfes, mit dem Blick über das Glaven-Tal auf die Hügelkirche von Wiveton. Weinlaub und Anker, geflügelte Stundengläser und gekrönte Totenschädel schmücken die alten Grabsteine. Lakonischer Grabvers eines Leichenbeschauers: »He lived and died / by suicide.«

Von Cley führt ein Weg hinaus in die Marsch, an grasenden Kühen vorüber ans Meer. Hoch hat die Flut ihre Geröllbänke aufgeschüttet. Wie auf der Tribüne von Epsom stehen sie da an manchen Tagen, dichtgedrängt, Ferngläser im Anschlag, vor sich Stative mit modernsten Teleskopen, neben sich die Thermosflasche. Stundenlang stehen sie so und starren gebannt aufs Meer. Eine Regatta? Ein Flottenmanöver? Ein Schiffsuntergang? »Avocets«, sagt einer, ohne sein Glas abzusetzen: Säbelschnäbler. *Twitchers* nennt man diese Vogel-Freaks, die sich von gemeinen Ornithologen durch ihren sportlichen Ehrgeiz unterscheiden (Abb. 28). *Twitchers* wollen so viele seltene Vögel wie möglich sehen. Ein eigener Telefonservice, die *Bird Line,* hält sie in ständiger Alarmbereitschaft, und kaum wird irgendwo ein rarer Vogel gesichtet, stellen sich auch die *twitchers* ein, oft von weither, manchmal zu Hunderten an einer einzigen Stelle. Die Marschen und Buchten zwischen Cley und Holme gehören zu ihren bevorzugten Revieren.

Kormorane und Vogelflug. Wind aus Nordost. *Flinty light,* funkelndes Licht von Norfolk, klares, silbriges Küstenlicht. Ich gehe am Flutsaum entlang nach Westen. Bei jedem Schritt, bei jeder Welle das Knirschen und Rieseln der Steine, ein elegisches Geräusch, als liefe man durch eine riesige Sanduhr. Melancholie, deine Küste heißt Norfolk. Fünf Kilometer schiebt sich *Blakeney Point* hinaus ins Meer, eine Landzunge aus Geröll und Dünen und tausend Vogelstimmen, nördlichster Punkt der Norfolk-Küste, East Anglias Land's End. Im Frühsommer nisten hier Seeschwalben und andere Küstenbrüter, im Herbst fallen die Schwärme der Zugvögel ein, im Winter Brandenten und Sumpfvögel in großer Zahl.

Blakeney Point gehört dem *National Trust,* der über 2600 Hektar dieser Küste besitzt. Der *Norfolk Naturalists Trust* verwaltet die Marschen von Cley und Holme. Der *Nature Conservancy Council* wiederum kümmert sich um Englands größtes Küstennaturschutzgebiet, die Marschen und Dünen zwischen Stiffkey und Burnham Overy, Eigentum der Cokes von Holkham Hall. Als *Area of Outstanding Natural Beauty* steht die gesamte Küste von Nord-Norfolk unter der Aufsicht der *Countryside Commission,* mit zwölf besonders ausgewiesenen Naturschutzgebieten. Als sei das alles noch nicht genug, hat man dem kostbaren Feuchtstreifen den Ehrentitel *Heritage Coast* verliehen. Dies ist die Küste der *green wellie people,* der Gummistiefel- und Windjackenzunft, der Seeasternfreunde und Rohrdommelhüter. Abends sitzen sie dann mit sturmroten Backen vor ihrem Norfolk Bitter, im Pub »The Harnser«[1] in Cley oder im »Moorings« in Wells.

Die schönsten Yachten der Küste sieht man am Kai von *Blakeney.* Der einstige Fischer- und Handelshafen lebt heute von wohlhabenden Rentnern und Seglern. Die Speicherhäuser der Ship Street: Ferienwohnungen, Geschäfte. Mehr als ein Drittel der Häuser sind Zweitwohnsitze. Auf einer Anhöhe über der Marsch liegt St. Nicholas, dem Schutzpatron der Fischer geweiht, mit frühgotischem Chorgewölbe, Lanzettfenstern und Engeln im Sparrenwerk. Vom Ostturm flackerte einst das Leuchtfeuer für die Küstenschiffer.

Wells-next-the-Sea. Aber wo ist die See? Weit draußen, bei Ebbe drei Kilometer entfernt. Am Kai ein paar Frachtschiffe, aus einem Silo wird Viehfutter verladen. Wells ist der einzige Handelshafen der Marsch, den die Freizeitkapitäne noch nicht gänzlich übernommen haben. Auch als Ferienort wirkt Wells mit seinen *Souvenirs* und *Amusements* proletarischer als Blakeney. In der »Local Shellfish Bar«, einem Campingwagen am Kai, gibt es frische Krabben, Muscheln und den neuesten Klatsch. Eine Irin, höre ich da, Marion Cartwright, hat in Wells eine kleine Konfitürenfabrik eröffnet, und jeden Dienstag liefert sie zwölf Eimer feinster Erdbeermarmelade ins Londoner »Ritz«.

Weitab im Hinterland der Küste, zwischen Rüben- und Getreidefeldern liegt Norfolks ungewöhnlichstes Museum, eine riesige Halle voll von alten Traktoren, Dampfmaschinen und Jahrmarktsorgeln. Ein Bauer aus *Thursford,* George Cushing, hat diese Oldtimer der

1 Harnser: Norfolk-Dialekt für heron (Fischreiher)

Landwirtschaft und des ländlichen Vergnügens gesammelt. Er begann damit kurz nach dem Krieg, als man überall die veralteten Agrarmaschinen verschrottete: »1946 kostete eine Tonne Traktor ein Pfund Sterling.« Was keiner mehr haben wollte, die rostenden, ratternden, fauchenden Dinosaurier der Feldarbeit, George Cushing sammelte und restaurierte sie: die »Fearless« und »Victory«, den 20-Tonnen-Giganten »Edward VII«, den König der Dampftraktoren von 1905, rotlackiert, mit einem Baldachin auf gedrehten Messingsäulchen.

Mitte der fünfziger Jahre hatten die Bauern von Thursford erneut Grund, sich zu wundern: »Kirmesorgeln in Georges Scheune!« Nun fing Mr. Cushing auch noch an, alte Jahrmarktsorgeln und Karussells zu sammeln. Dabei war das durchaus naheliegend: Dieselben Dampfmaschinen wie in der Landwirtschaft betrieben auch die Mechanik der Jahrmärkte. »In meiner Jugend war die einzige Musik sonntags die Kirchenorgel und einmal im Jahr die Kirmesorgel.« Als George Cushing geboren wurde, 1904, lebte man in Norfolks Dörfern einsam wie in den Highlands. »Man reiste nur so weit, wie man an einem Tag zu

John Sell Cotman: Little Snoring Church, Südportal, 1812

Fuß gehen konnte. Viele, die 20 Kilometer entfernt von der Küste wohnten, haben ihr Leben lang nie das Meer gesehen.« Was für eine Sensation, wenn die Schausteller ins Dorf kamen, damals, mit ihren bunten Karussells und Straßenorgeln, den Monstern und Mysterien der mechanischen Bewegung. Viele im Dorf, die nur Gaslicht hatten, sahen auf solchen Jahrmärkten zum erstenmal elektrisches Licht. Und wie jauchzten sie in der Berg- und Talbahn mit den acht goldenen venezianischen Gondeln, die um eine Gavioli-Orgel kreisen, Prunkstück in George Cushings Sammlung. Angetrieben wird dieses Karussell von einer jener Dampfmaschinen, mit denen der Ingenieur Frederick Savage aus King's Lynn die Jahrmärkte des 19. Jahrhunderts revolutionierte. Jeden Nachmittag um drei läßt George Cushing seine Orgeln spielen: die Art-Deco-Tanzorgel aus Antwerpen; die belgische Hooghuys, mit Schlagzeug und Glockenspiel; die opulente Marenghi-Orgel aus Paris von 1911, mit goldenen Drachen, pastellsüßen Mädchen und Blumen, reinstes Kirmesrokoko. Wie das flackert und klappert und klingt, am bizarrsten die Wurlitzer-Orgel von 1931, mit 1339 Pfeifen zu allen Geräuschen fähig: zu Pferdegetrappel und Feueralarm, Donner, Brandung und Lokomotivenpfeifen. Dieses Virtuosenwerk mechanischer Musik hat George Cushing beim Abbruch eines Kinopalasts in Leeds gerettet. Nun gehört es zum Traum eines Bauern in der Scheune von Thursford, wo das Schöne und das Nützliche sich exemplarisch verbinden in Gestalt von Traktoren und Kirmesorgeln.

Tiefes, ländliches Norfolk. Ich komme durch Dörfer, die *Little Snoring* heißen und *Great Snoring*, verschlafene Dörfer, die nach Klein- und Groß-Schnarchen klingen. Doch etymologisch täte man da den Einheimischen Unrecht: In Snoring siedelten einst Snears Leute. Angelsächsischen Ursprungs ist auch der runde Campanile von Little Snoring, der idyllischen Feldkirche außerhalb des heutigen Dorfes. Zwischen den Grabsteinen sitzen zwei alte Damen und malen; mit ihren Strohhüten sehen sie aus wie Figuren von Beatrix Potter. Abends treffe ich sie wieder in der Old Rectory von Great Snoring, ein Haus der ländlichen Lebenskunst: nur *ein* Menü, das aber vollkommen. So gestärkt, macht sich der Pilger auf den Weg nach *Little Walsingham.* Nächst Beckets Schrein in Canterbury war dieser entlegene Flecken im Mittelalter Englands bedeutendster Wallfahrtsort.

Es begann mit einer Vision. Um das Jahr 1061 erschien die Muttergottes der Lady Richeldis de Faverches in Walsingham. Sie solle ihr ein Haus bauen, trug Maria der frommen Witwe auf, nach dem Modell der *Santa Casa* von Nazareth. Es war die Zeit der Kreuzfahrer, und für die in England gebliebenen Gläubigen wurde der Marienschrein von Walsingham zum Symbol des wiedergewonnenen Heiligen Landes. Auch hier in Norfolk, wie später im italienischen Loreto, spürten die Pilger nun die Aura von Nazareth, dem Ort der Kindheit Jesu. Die Archäologen haben das legendäre Haus lokalisiert und vermessen. Es war aus Holz, wie die einzige annähernd erhaltene angelsächsische Stabkirche in Greensted, ein kleiner Raum von 3,91 mal 7,16 Meter, später umschlossen von einer normannischen Steinkapelle an der Nordseite der Klosterkirche. Als Erasmus von Rotterdam 1511 den Schrein von Walsingham besuchte, hatte sich die bescheidene Holzkapelle längst in eine Wunderkammer eigener Art verwandelt, »über und über glänzend und schimmernd von Juwelen, Gold und Silber«.

John Sell Cotman: Walsingham Abbey Gate, 1812

Reliquienkult und Kommerzialisierung des Ortes kritisierte Erasmus, aufgeklärter Humanist, in seiner satirischen *Peregrinatio religionis ergo* (1526) und spottete über so »authentische« Reliquien wie die »Jungfrauenmilch«. Damals war die Augustinerabtei am River Stiffkey eines der reichsten Klöster des Landes. Alle englischen Könige seit Richard I. hatten die Wallfahrt nach Walsingham gemacht, Edward I. mehr als zwölfmal, und noch Henry VIII. war zum Schrein gepilgert, die letzte Meile sogar barfuß. Das alles hatte mit der Reformation ein Ende. Die Klosterschätze wurden kassiert, Schrein und heilige Quelle zerstört, die Mönche pensioniert. Walsinghams Marienstatue aber ließ Thomas Cromwell 1538 als »Teufelswerkzeug« in Chelsea öffentlich verbrennen.

»Weepe, weepe O Walsingham, / Whose dayes are nightes, / Blessings turned to blasphemies, / Holy deeds to dispites«, heißt es in einem Klagelied des 16. Jahrhunderts auf das zerstörte Heiligtum, »In the wracks of Walsingham«. Von der Klosterkirche der Augustiner blieb nur die Ostwand übrig, ein hoher gotischer Fensterbogen, Ruinenpathos in einem herrlichen Park gleich hinter der High Street. Dort steht auch noch das Torhaus des 15. Jahrhunderts, der alte Zugang zur Abtei. Tudorhäuser, georgianische Fassaden, Fachwerk, Flint und Backstein, das mischt sich hier in schöner Selbstverständlichkeit. Am Common Place, gegenüber dem achteckigen Pumpenhäuschen des 16. Jahrhunderts, saß man früher zu Gericht in der Shirehall, dem heutigen Heimatmuseum. Auch die frommen Menschen von Walsingham brauchten einen Knast, das *Bridewell* von 1787, nach Plänen des Gefängnisreformers John Howard angelegt: acht geräumige Zellen, mit Hospital, Kapelle und vier Tretmühlen zum Kornmahlen, damals ein Beispiel fortschrittlichen Strafvollzugs.

Little Walsingham hat heute 525 Einwohner und rund 500000 Besucher pro Jahr. *Pilgrim Accomodation,* Devotionalienläden überall. *England's Nazareth,* kein Zweifel, ist wieder ein florierender Wallfahrtsort, »von kaum etwas anderem am Leben gehalten als von der Zahl seiner Besucher«, wie schon Erasmus notierte. Die Renaissance der Marienverehrung von Walsingham hat ihre Wurzeln im *Catholic Revival* von 1833, dem sogenannten *Oxford Movement.* Theologen und Laien protestierten damals gegen die staatliche Oberaufsicht über die Kirche; man wollte anknüpfen an alte Riten vor der Reformation, vor der Spaltung der Konfession. Es dauerte noch fast ein ganzes Jahrhundert, bis die Wallfahrt nach Norfolk wieder in größerem Stil stattfand. Doch nun verehrten Katholiken und Anglikaner Unsere Liebe Frau von Walsingham vor getrennten Altären.

1931–38 errichteten die Anglikaner am Ortsrand ihre neue Pilgerkirche aus Backstein, Flint und Phantasielosigkeit. »Weepe, weepe O Walsingham«: Wer das noble Fragment der Klosterruine noch vor Augen hat, versteht Pevsners Urteil, der Neubau gleiche einer »minderen Vorstadtkirche«. Im Innern herrscht gnädige Dämmerung; fünfzehn Kapellen, eine für jedes Geheimnis des Rosenkranzes, umgeben das rekonstruierte »Heilige Haus« mit der Replik der Madonnenstatue. Dank sei den Hütern des Schreins für den schönen Garten. Er gibt Gelegenheit, auch darüber zu meditieren, daß die Höhepunkte des Glaubens heute selten Höhepunkte der Kirchenkunst sind.

Wunderbar aber ist der Weg durch die Felder nach Süden, die *Holy Mile* zwischen Walsingham und der Slipper Chapel. Diese spätgotische Kapelle (um 1325–50) ist der heili-

Great Walsingham, normannischer Taufstein: Die vier Jahreszeiten, Feldarbeit

gen Katharina von Alexandrien geweiht, Schutzpatronin der Pilger, die hier der Überlieferung zufolge ihre Schuhe abstreiften, um die letzte Meile zum Heiligtum barfuß zurückzulegen. Nach der Reformation wurde die Slipper Chapel als Schmiede, Kuhstall und Scheune benutzt, 1897 durch die Initiative einer Frau restauriert und 1934 zum römisch-katholischen »National Shrine of Our Lady« erklärt. Ein stolzer Titel; allein die Gläubigen standen allzu oft im Regen. So bauten auch die Katholiken neben der alten eine neue Pilgerkapelle, ein Gotteshaus nach Art der einheimischen Scheunen: aus Flint, mit tief heruntergezogenem Pfannendach und programmatischem Namen, »Chapel of Reconciliation«.

Spät kam die Versöhnung nach Walsingham. Als erster Erzbischof von Canterbury seit der Reformation besuchte *The Most Reverend* Robert Runcie im Mai 1980 den Marienschrein in Norfolk, als erstes Mitglied des Königshauses seit Henry VIII. erschien im selben Jahr die Herzogin von Kent. Indes stellten sich auch fromme Hitzköpfe ein. Als die katholischen Pilger im Mai 1988, bei ihrer alljährlichen nationalen Wallfahrt, zum Schrein der Muttergottes zogen, schwenkten christliche Fundamentalisten am Straßenrand schwarze Bibeln gegen die »Mariolatry«, den Madonnenkult. »Crown Him«, nämlich Christus, sangen die Protestanten, »Ave Maria« die Katholischen. »Wine bibbers! Priests of Baal!« rief man ihnen auf dem Weg zur Messe nach, »Weinsäufer! Götzendiener!« Die zunehmende Popularität der Wallfahrt provoziert immer heftigere Proteste. Dabei treffen sich Anglikaner und Katholiken, nach anfänglicher Rivalität der Schreine, heute längst auch zu ökumenisch gemischten Pilgerfahrten nach Walsingham. Malteserritter, Maristen und Methodisten, die »Söhne der Göttlichen Vorsehung«, die »Little Sisters of Jesus«, sie alle haben ihre Filialen im englischen Nazareth. Als 1964 die Bahnlinie stillgelegt wurde, zog die russisch-orthodoxe Bruderschaft des Heiligen Seraphim von Sarov in Walsingham Station ein. Der hat nun als einziger britischer Bahnhof einen goldenen Zwiebelturm.

Es liegt ein Schloß im Tal des River Stiffkey, das Manor House von *East Barsham* (Farbt. 15). Dort logierte König Henry VIII. auf seinem Weg nach Walsingham. Wie ein Märchenschloß liegt es da, wenn man den Hügel hinunterkommt: Warm leuchten zwischen Bäumen und Sträuchern die roten Ziegel, Türme, Türmchen und Kamine, Kamine wie Pfefferstreuer, jeder anders dekoriert, mit Lilien, Rauten, Sechsecken, auch Zinnen und Strebepfeiler mit Ornamentbändern aus Backstein virtuos geschmückt. Ein Landsitz der frühen Tudorzeit (um 1520–30), mit einem zweistöckigen Torhaus als triumphalem Statussymbol.[1] Die Calthorpes, L'Estranges, Astleys, Norfolks große Familien lebten im Schloß von East Barsham. In den dreißiger Jahren gab ein Herzog aus dem Hause Habsburg hier riesige Parties, bis er mit Riesenschulden verschwand. Eine Zeitlang gehörte das Tudor-Juwel der Popgruppe »Bee Gees«, heute einem Londoner Geschäftsmann: *strictly private*.

Holkham Hall: Der Ackermann und die Kunst

Triumphbogen und Obelisk, eine lange Eichenallee. Rotwild und Schafe in einem weiten Park. Eine pastorale Ouvertüre, jeder Ton, jeder Blick genau bemessen in der Dramaturgie des Landschaftsparks. Plötzlich, hinter einer Bodenwelle, taucht *Holkham Hall* vor uns auf, das Landschloß der Grafen von Leicester (Abb. 8). Als sei Geschichte hier zum Stillstand gekommen, erstarrt in einem schönen Augenblick der Einheit von Natur und Kunst, zeitlos, unzeitgemäß. Dies sind die Augenblicke, die wir suchen, die Dornröschenschlösser der britischen Geschichte.

Bevor Capability Brown 1762 diesen Park entwarf, war ringsum nichts als salzige Marsch, eine windgepeitschte, baumlose Küste. Welche Kühnheit, hier ein Haus zu bauen, und was für ein Haus: ein palladianischer Palast in der Einöde der Marsch, *splendid isolation* im äußersten Norden East Anglias. Und dann, sein Schloß ist fast fertig, hält Sir Thomas Coke Ausschau nach einem Nachbarn: »It is a melancholy thing to stand alone in one's own

1 Zu den besten Beispielen der Backsteinarchitektur des frühen 16. Jahrhunderts in Norfolk zählt auch das benachbarte Tudor-Herrenhaus *Thorpland Hall* (3 km nordöstlich von Fakenham).

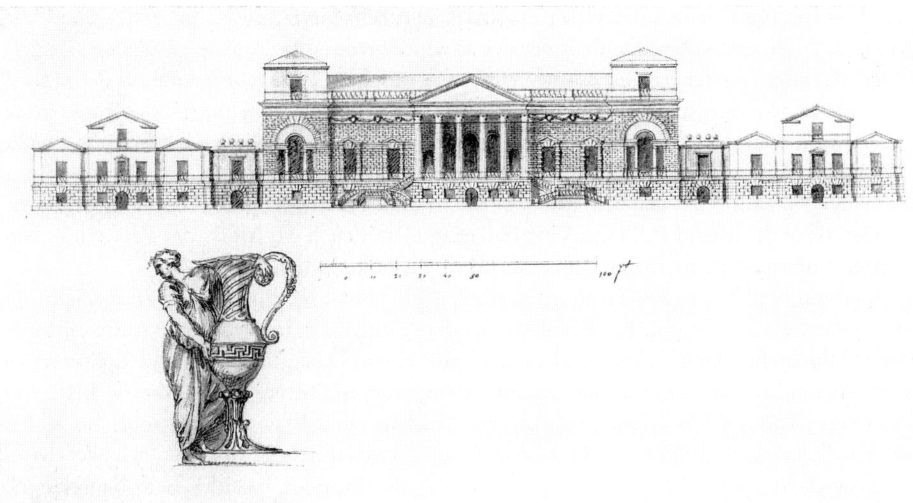

Holkham Hall, Südfront, Aufriß von William Kent, um 1735

country. I look around, not a house to be seen but my own. I am Giant of Giant Castle, and have ate up all my neighbours – my nearest neighbour is the King of Denmark.«

Thomas Coke hatte in jungen Jahren ein beträchtliches Vermögen geerbt. Mit fünfzehn ging er auf die obligate *Grand Tour* durch Europa, begleitet von seinem Tutor, einem Cambridge-Professor. Von dieser Bildungsreise kehrte er nach fünf Jahren zurück, im Gepäck eine der kostbarsten privaten Antikensammlungen des Landes. Bei seinen Kunstkäufen ließ sich der junge Lord auch von einem Kutschenmaler aus Yorkshire beraten, der damals gerade in Italien die schönen Künste studierte, William Kent. Auch dessen Mäzen lernte er kennen, den Exzentriker und Connaisseur Lord Burlington. Das Ergebnis dieser Freundschaft ist Holkham Hall: ein Stück Italien in East Anglia, englisch eigentlich nur durch seine Lage.

Ein Architekt aus Norwich, Matthew Brettingham, hat Holkham Hall 1734–59 gebaut, nach Entwürfen William Kents und des Auftraggebers selbst. Auch Lord Cokes Freunde, der Herzog von Bedford und Graf Egremont, bauten sich damals neue Häuser, Woburn und Petworth, nicht ohne wechselseitige Anregungen. Es waren die Jahre des Umbruchs vom Barock Wrens und Hawksmoors zu einem reineren, klassischen Stil. Palladio war die Parole, Lord Burlington der Protagonist, der führende Architekt Colen Campbell; er entwarf Holkhams Nachbarschloß Houghton (Abb. 3).

Heute wird der Besucher von der falschen Seite ans Haus geführt, von Norden; als Schauseite aber war die Südfassade konzipiert, die Gartenfront. Ein Hauptblock mit vier quadratischen Ecktürmen (wie in Inigo Jones' Wilton House), flankiert von dreigiebligen Seitenflügeln: schön gestaffelt in ihren Volumina und Proportionen liegt Holkham Hall da, über hundert Meter lang auf grünem Tableau. Die lukenartigen Fenster im Erdgeschoß, die großen Mauerflächen über den Fenstern neben dem Portikus, die kühlen, graugelben Ziegelsteine: das alles gibt der Fassade ein strenges, puritanisches Gepräge. Architektur der praktischen Vernunft, »so funktional wie eine preußische Reitschule« (Nigel Nicolson). Gute Architektur, das hieß für Lord Coke nicht zuletzt: *commodiousness*, Bequemlichkeit. Leicht zugänglich sollte alles sein: Salons, Galerien und Staatsgemächer im Hauptblock rund um die beiden Innenhöfe; in den Seitenflügeln Küche und Kapelle, Familien- und Gästezimmer. Für den Grundriß stand Palladios Villa Mocenago Pate; auch das Motiv der Venezianischen Fenster stammt von ihm, in England eingeführt von Inigo Jones.

Holkham Hall hat zwei Gesichter: hinter der schlichten, schmucklosen Fassade Säle von verschwenderischer Pracht. Ein Kontrast, der dem Zeitgeist entsprach und etwas wohl auch dem Nationalcharakter. Askese und Luxus unter einem Dach, Puritaner und Epikureer in einer Person. Wo in England gäbe es ein triumphaleres Entree als die Marble Hall von Holkham (Abb. 7)? Ein Treppenaufgang mit Empore und Säulenumgang; ionische Säulen aus elfenbein- und pinkfarbenem Alabaster aus Derbyshire; darüber die reichverzierte, kassettierte Kuppeldecke. Diese Eingangshalle[1], halb römische Basilika, halb Badetempel, führt in die Beletage. Räume, die den Glanz der Epoche repräsentieren und die Lebensart ihrer Bewohner. Im Salon, dem Hauptempfangssaal, Gemälde von Gainsborough und Rubens (*Die Flucht nach Ägypten*, 1614), über dem Kamin mythologische Bilder des italienischen Spätbarock, dazu Prunkmöbel von William Kent; seine Seitentische haben Straußenbeine (das Wappentier der Cokes) und Mosaikplatten aus Hadrians Villa in Tivoli. An den Wänden noch die Originalbespannung: karmesin- und weinroter Samt aus Genua. Prächtig vergoldete Stuckdecken und Halbkuppeln, teils nach Entwürfen von Inigo Jones. Monumentale Gobelins aus Brüssel und Mortlake (17. Jahrhundert). So kostbar die Materialien, so üppig der Dekor, alles bleibt doch im klassizistischen Maß. Die Proportionen der Räume spiegeln auch geistige Proportionen, das Gleichgewicht von Reichtum und Geschmack.

Jeder dieser Salons hat seine Besonderheit. Im Brown State Bedroom eine der Raritäten von Holkham: die einzige erhaltene zeitgenössische Kopie von Michelangelos Karton für das Wandbild im Saal des großen Rats von Florenz. Im Landscape Room eine erlesene Sammlung mythologischer Landschaften von Claude Lorrain, dem Lieblingsmaler Lord Cokes, dazu Bilder von Nicolas und Gaspard Poussin – und der Blick hinaus durch das hohe Venezianische Fenster mit seinen Säulen und Pilastern, eleganter Rahmen für ein Parkstillleben. Diese Einheit von Landschaft, Architektur, Kunst und Handwerk gibt Häusern wie Holkham Hall ihre unvergleichliche Atmosphäre.

Claude Lorrain, Van Dyck, Hondecoeter[2]: Unter den Gemälden im Drawing Room verdient ein Porträt besondere Beachtung, nicht so sehr aus künstlerischen Gründen. Es

1 In der Marble Hall auch Arbeiten englischer Bildhauer des Klassizismus, u. a. Porträtbüsten und Reliefs von Sir Francis Chantrey und seine Grabstele für zwei Waldschnepfen, die er bei seinem Besuch 1829 mit einem Schuß erlegte.

2 Die repräsentativen, oft emblematischen Geflügelstücke von Melchior d'Hondecoeter waren in englischen Landhäusern des 18. Jahrhunderts sehr beliebt.

zeigt einen Mann mit elisabethanischem Spitzbart, Halskrause und Hermelinumhang: Sir Edward Coke in der roten Robe des Lord Chief Justice. Er kam aus einer alten Norfolker Familie, stieg auf zum Generalstaatsanwalt und Lord-Oberrichter, war Hauptankläger von Walter Raleigh und Guy Fawkes, ein treuer Diener seines Königs und zugleich dessen schärfster Opponent, wenn es um jene demokratischen Grundrechte ging, die heute selbstverständlich sind, die Unabhängigkeit des Parlaments und der Gerichte: »The liberties, franchises, privileges and jurisdictions of Parliament, are the undoubted birthright and inheritance of the subjects of England.« Für solche Unbotmäßigkeit sperrte James I. ihn in den Tower. Noch mit siebenundsiebzig, jetzt gegen Charles I., gehörte der unbestechliche Lord zu den Initiatoren der *Bill of Rights* (1628), ein wichtiger Schritt im Kampf zwischen Krone und Parlament. So begründete Sir Edward den Ruhm und das Vermögen der Familie Coke.

Die Herren von Holkham hatten viele Räume. Die kärglichsten waren für ihre Diener bestimmt (die *footmen* schliefen zu viert in einem Bett), die schönsten für ihre Statuen. Die lange Galerie im Westflügel konzipierte Lord Coke eigens für die griechischen und römischen Skulpturen seiner Sammlung. Gebildet, *gentleman* war ja nur, wer etwas von Pferden, Cricket und der Antike verstand. Damals schwärmten sie aus, die britischen Marmorjäger, nach Rom und Athen, lauter kleine Lord Elgins, und füllten ihre kalten Häuser mit den Trophäen südlicher Bildung. Damals, Mitte des 18. Jahrhunderts, entstanden Englands große private Antikensammlungen: in Petworth House und Castle Howard, in Arundel Castle und Houghton Hall. Zu den Glanzstücken der Sammlung Lord Cokes, nach seinem Tod fast unverändert in ihrer Originalaufstellung bis heute erhalten, zählen die ganzfigurigen Statuen der Diana und des Marsyas (2. Jahrhundert n. Chr.).

Solche Sammlungen prägten den Geschmack der Zeitgenossen, zumal es damals noch keine öffentlichen Museen gab. Holkham Hall besuchte man schon zu Lebzeiten Lord Cokes, vor allem seiner Antiken wegen. Einmal in der Woche durfte jedermann das Haus besichtigen, »every decently dressed person«, nicht nur Standesgenossen. Man wurde mit Keks und Sherry bewirtet, der Andrang war groß. Sogar der König wollte kommen. Das war zur Zeit des Amerikanischen Unabhängigkeitskriegs, und der damalige Lord Coke gehörte zu den erbitterten Gegnern der königlichen Kolonialpolitik. Als George III. ihm nun ein Billett sandte, er wolle Holkham Hall gerne nächsten Dienstag besichtigen, gab der Hausherr den lapidaren Bescheid: »Sorry, we are closed on tuesday.«

Der Mann, der seinem König diese klassische Abfuhr erteilte, Thomas William Coke, ließ sich 1782 von Gainsborough porträtieren: nicht im höfischen Kostüm eines *Knight of the Bath* oder als Ritter der Grafschaft wie seine Vorfahren, sondern im einfachen Bauernrock, von seinen Hunden umgeben, beim Säubern des Jagdgewehrs in einer offenen Waldlandschaft stehend – scheinbar nur das Bild eines Landedelmanns und passionierten Jägers. Tatsächlich ist dieses brillante Spätwerk Gainsboroughs in Holkham ein historisches Rollenporträt, höchst repräsentativ in seiner antirepräsentativen Haltung: ein politischer Auftritt in pastoralem Gewand. Denn in eben diesem Norfolker Bauernrock, den er als *Knight of the Shire* auch bei Hofe tragen durfte, trat der Abgeordnete Coke im Februar 1782 vor

George III. und überreichte ihm im Auftrag des Parlaments eine Resolution, mit nur einer Stimme Mehrheit beschlossen: Der König möge den Krieg in den amerikanischen Kolonien beenden und die Vereinigten Staaten offiziell anerkennen. So geschah es wenig später. Der Norfolker Bauernrock aber, mit dem der junge Whig-Oppositionelle den König und seine Partei, die Tories, brüskiert hatte, wurde von Gainsborough malerisch geadelt und zum Modevorbild der Dandies im Regency: *Country Look* à la Coke. Aber nicht deshalb wurde »Coke of Norfolk« zum Begriff.

Mit zweiundzwanzig erbte er die Güter von Holkham. Er hatte Eton absolviert und, statt zu studieren, sich auf dem Kontinent umgesehen. Nun, nach der *Grand Tour*, begann die Ochsentour der Landwirtschaft: »Auf jeden Grashalm, der da wuchs, kamen zwei Kaninchen, die sich um ihn zankten.« Dieses magere Land zu verbessern interessierte den jungen Lord mehr als die Kunstschätze seines Schlosses. Er pflanzte Bäume und Hecken, um die Bodenerosion zu stoppen. Er engagierte Fachleute aus Holland zur Drainage der Felder. Er veranlaßte seine Pächter, ihre leichten Böden mit Mergel zu düngen. Er überzeugte sie vom Fruchtwechsel: Weizen-, Kartoffel- und Rübenanbau statt saurer Wiesen. Statt antiker Statuen wie sein Großonkel importierte er italienische Zuchtschweine. Er führte neue Landmaschinen ein, baute eine große Scheune (1790–92) und seinen Pächtern bessere Häuser – auch sie sollten profitieren, nicht nur der Pachtherr. So steigerte Lord Coke den Ertrag seiner Güter in vierzig Jahren um das Zehnfache, für damalige Verhältnisse ein spektakulärer Erfolg. Ungewöhnlich war auch etwas anderes: *His Lordship* farmte selbst. Ein *gentleman* tat das eigentlich nicht, das überließ er bisher den Bauern. Auch das änderte Lord Coke mit seinem Beispiel, ein Prestigegewinn für die Landwirtschaft.

Alljährlich, wenn die Bauern sich zur Schafschur trafen, demonstrierte »Coke of Norfolk« den Nachbarn seine neuesten Methoden und Produkte – Vorläufer der *Royal Norfolk Show* und anderer Landwirtschaftsausstellungen. Zu den *Holkham Sheep Shearings* kamen bald auch Agrarexperten aus Frankreich, Schweden, Polen, Rußland, Amerika, Hunderte von Teilnehmern, die er im Schloß und in den Dörfern der Umgebung einquartierte. Mit achtundsechzig heiratete Lord Coke die achtzehnjährige Anne Keppel, wurde Vater und erntete Hochrufe im Parlament. Als Queen Victoria 1837 den Thron bestieg, erhob sie den dreiundachtzigjährigen Squire zum Earl of Leicester, der erste Peer ihrer Regentschaft. Als er fünf Jahre später starb, errichteten ihm seine Pächter eine Gedenksäule von Nelson-Format, fast vierzig Meter hoch, auf dem Sockel die vier Elemente seiner Agrarreform: ein Ochse aus Devon, ein Schaf der Southdowns, ein Pflug, eine Sämaschine. Seitdem wuchs die Legende von »Coke of Norfolk«. Die eigentlichen Pioniere der Agrarrevolution in England aber waren andere: Jethro Tull, der ein Jahrhundert vor ihm die Drillmaschine einführte; der Viehzüchter Robert Bakewell aus Leicestershire, dessen Rat er suchte; und »Turnip Townshend«, der Herr der Rüben von Raynham Hall (siehe S. 483ff.). Was sie begonnen hatten, führte »Coke of Norfolk« auf breiter Basis zum Erfolg.

Und heute? Noch immer ist Holkham Hall im Besitz derselben Familie. Immer noch hängt der Gainsborough im Salon, und der älteste Sohn heißt Edward. Edward Viscount Coke, ein kräftiger, sportlicher Mann, empfängt mich im Gutsbüro. Zu seinen Füßen

Shrimp, der Spaniel, an den Wänden Porträts von Rindern und Schafen, das Musterzuchtvieh seiner Ahnen. Lord Coke, 1936 in Südafrika geboren, lernte auf den Gütern der Queen in Sandringham, wie man solche Ländereien verwaltet. Die Queen wiederum hat einen Privatstrand an der Küste der Cokes. Genau zweihundert Jahre nach »Coke of Norfolk«, 1976, trat Sir Edward das Erbe von Holkham an. Aber sein Erbe war geschrumpft: von 16800 Hektar (1941) auf 10000 Hektar. Erbschaftssteuern hatten die Ländereien, seit drei Jahrhunderten fast ungeschmälert im Besitz der Familie, innerhalb von 35 Jahren um mehr als ein Drittel dezimiert. Auch Sir Edward hatte hohe *death duties* zu zahlen, auch er mußte verkaufen. Statt Grund und Boden verkaufte er Raffael und Leonardo. »One had to do it, you see. Land ist etwas, was immer da ist, keiner kann es einem wegnehmen. Das Land finanziert das Haus.«

So kam es, daß Christie's im Frühjahr 1986 Raffaels *Schöne Gärtnerin* versteigerte, den Entwurf des berühmten Gemäldes im Louvre. Der erste Lord Leicester hatte diese Zeichnung auf seiner Kavalierstour 1713 in Rom erworben, der erste Raffael in einer britischen Sammlung. Fast drei Jahrhunderte hing er in Holkham Hall; für über drei Millionen Mark ersteigerte ihn die Nationalgalerie in Washington. Spektakulärer noch der Verkauf des *Codex Leicester.* Es war das letzte noch in Privatbesitz befindliche Skizzenbuch Leonardo da Vincis: Notizen in Spiegelschrift mit rund 360 Zeichnungen über den Bau von Kanälen und Schleusen, über das sekundäre Mondlicht und die Konstruktion von U-Booten – eine Erfindung, deren Mißbrauch Leonardo fürchtete, denn er kannte »den bösen Charakter des Menschen«. Eines der großen Werke der Kunstgeschichte, um 1508 entstanden, 1717 von Lord Coke erworben, 1980 von Christie's in knapp einer Minute versteigert, für 10,2 Millionen Mark. Leonardos *Codex Leicester* heißt nun *Codex Hammer,* denn er gehört dem amerikanischen Ölmagnaten und Sammler Armand Hammer.

»Statt des Leonardo hätte ich auch 1000 Hektar Land verkaufen können, das war der damalige Gegenwert«, erklärt Viscount Coke. »But I like the land, I walk over it, I see it, I enjoy it, I farm it. Der Leonardo lag weggeschlossen in einem Safe, keiner sah ihn.« Wie sympathisch, dieses Bekenntnis eines Norfolker Landmanns, im Nebenberuf Kurator eines Familienmuseums von nationaler Bedeutung. Wie problematisch, von seinesgleichen zu erwarten, sie könnten das kulturelle Erbe der Nation bewahren, wenn ihnen das eigene Erbe zerfällt. »Mein Vorgänger starb vor zehn Jahren, bis heute zahlen wir an den Erbschaftssteuern. Ich sehe darin keine Ungerechtigkeit. Aber wenn die Nation Güter wie Holkham erhalten will, sollte sie uns etwas mehr dabei helfen, zum Beispiel mit Steuererleichterungen. Ist der Staat erst einmal für solche Landschlösser allein verantwortlich, kommt ihn das sehr viel teurer zu stehen als mit einem Privatbesitzer.« Schlimmstenfalls, meint Lord Coke, müsse er eben wieder etwas verkaufen: eher ein Kunstwerk als eine Krume Acker.

Die reinen Betriebskosten von Holkham Hall betragen alljährlich etwa eineinhalb Millionen Mark. Nur einen Bruchteil decken die Eintrittsgelder der rund 40000 Besucher. »An jedem Tag der Woche außer sonntags, das ganze Jahr hindurch, sind ein oder zwei Handwerker im Haus unterwegs und reparieren irgend etwas.« Bei größeren Restaurierungsarbeiten gibt es staatliche Subventionen vom *Historic Buildings Council* (maximal 40 Prozent der

Kosten). »Running a place like Holkham is a question of philosophy«, sagt Lord Coke: »Entweder du findest es zu gewaltig und hast Angst, irgend etwas zu machen, oder man betrachtet es als große Herausforderung und große Chance – so sehe ich es.« Denkt er nicht manchmal daran, die ganze Chose dem National Trust zu überantworten? »Das wäre eine Bankrotterklärung. Holkham ist lebensfähig.«

Zu den Gütern der Cokes gehören 267 Häuser. Sir Edward, genannt Eddy, beschäftigt 84 Angestellte: Land- und Forstarbeiter, Wildhüter, Gärtner, Maurer, Klempner, Zimmerleute. Jeder seiner 30 Pächter betreibt eine 200-Hektar-Farm. Er selbst bestellt 2000 Hektar, vor allem Weizen, Gerste, Zuckerrüben; dazu Schaf- und Viehzucht. »Wo 1968 zwanzig Mann auf einem Gutshof arbeiteten, brauchen wir heute nur noch fünf – we just get bigger machines.« Größere Maschinen, größere Felder – und immer weniger Hecken? »Meine Pächter dürfen ohne meine Erlaubnis keine Hecke roden, ich kümmere mich sehr um den Schutz der Landschaft. Mit vierhundert Jahren Geschichte im Rücken überlegt man sich sorgfältig, was man tut. Bauern ohne emotionale oder historische Bindungen an ihr Land wollen nur immer größere Felder, höhere Erträge, die reißen die Hecken einfach raus.«

Der Herr auf Holkham Hall: Reitet er jetzt über die Felder? Studiert seine alten Meister? Segelt in der Karibik? »Ich sitze die meiste Zeit im Büro«, sagt der Landlord. Von morgens acht bis abends sechs. Seine Vorfahren im 19. Jahrhundert hatten vierzig Diener allein im Haus; Sir Edward muß dankbar sein, wenn seine Köchin da ist und die drei Putzfrauen kommen. Wenn sie Gäste haben, mieten sie einen Butler. Lord Coke ist Bezirksrat, Vorsitzender oder Vize zahlreicher Verbände: der *Country Landowners Association,* der *Historic Houses Association,* des Trusts zur Erhaltung der Küste. Sein ungewöhnlichstes Amt: Postmeister Ihrer Majestät. Seit der 1. Earl of Leicester Generalpostmeister war, erbte jeder seiner Nachfahren das Amt des Sub-Postmaster, zugleich das Privileg, ein eigenes Postamt im Schloß zu unterhalten. Es liegt auf dem Weg zur alten Küche, das einzige private Postamt der Britischen Inseln. »Familien wie unsere waren immer aktiv im öffentlichen Dienst.« Politische Ambitionen? »Nein, noch nicht.« Später natürlich ins House of Lords. Vorerst sammelt er Spenden, »um die Konservativen an der Macht zu halten«. Lord Coke: ein Tory? Kein Whig wie seine streitbaren Ahnen? »I'm a Conservative«, sagt er ; Sozialismus bedeute, der Staat kontrolliere alles, und davon halte er nichts.

Sir Edward hat drei Kinder. Der Älteste, Edward, studiert Kunstgeschichte in Manchester. Nicht in Oxbridge? »No, he... ehm... he wasn't bright enough.« Leistung zählt in Thatcherland, nicht alter Adel. Auch Lady Coke hat die Ärmel hochgekrempelt. Mit zwanzig Mitarbeitern produziert sie in der ehemaligen Ziegelei des Schlosses höchst populäre Töpferware. Dafür wirbt sogar ein offizielles Ortsschild: *Holkham Pottery.* »Wenn ich einmal abtrete, möchte ich diesen Platz besser hinterlassen, als ich ihn übernahm.« Lord Coke blickt hinaus in den Park. Golfspieler, Picknick am See, ein paar Angler. Am Waldrand haben Jugendliche aus London ein Zeltlager aufgeschlagen, gratis. »I like it, I enjoy giving a public pleasure.«

Salzmarsch und Lavendel: Wo Nelson segeln lernte

Lord Nelson, »der bekannte Schläger-zur-See« (Arno Schmidt), stammt aus einem gottverlassenen Nest in den Rübenfeldern von Norfolk. *Burnham Thorpe* liegt abseits der Küstenstraße, in den flach gewellten Hügeln südwestlich von Holkham Hall. Ein paar Häuser aus Flint, der Geruch von Jauche und Meer. Vom Turm der Dorfkirche weht auch an friedlichen Sommertagen die Flagge der Kriegsmarine. *All Saints* ist die einzige Kirche im Königreich, die diese Fahne aus Nelsons Zeiten und zu Nelsons Ehren hissen darf. Aus Eichenplanken der »Victory«, seinem Flaggschiff in der Schlacht von Trafalgar, sind Lesepult und Kruzifix gezimmert. Patriotische Frauen der Gemeinde haben die Gebetskissen mit dem Bild der »Victory« bestickt; die echte Reliquie ist im Hafen von Portsmouth zu besichtigen.

Nelsons Vorfahren waren Landpfarrer, nicht etwa Seeleute. Horatio kam als sechstes von elf Kindern im Pfarrhaus von Burnham Thorpe zur Welt. Da sein Geburtshaus schon zu Lebzeiten abgerissen wurde, treffen sich die Nelson-Fans früher oder später im »Lord Nelson«, der einzigen Kneipe des Dorfes, gleich neben dem Kramladen »Trafalgar Stores«. Nun gibt es über zweihundert Nelson-Pubs in England; manche heißen lapidar »The Hero« oder »The Norfolk Hero«. Das Wirtshaus von Burnham Thorpe aber sucht seinesgleichen. »Das ist meine Wohnung«, erklärt Les Winter, der Wirt, als ich in dem kleinen Schankraum vergebens die Theke suche (Abb. 48). »Solche Pubs gab es früher in jedem Dorf, und jeder braute sein eigenes Bier.« Ich setze mich auf eine der Bänke mit den hohen Rückenlehnen. »Sie sitzen auf demselben Holz wie Nelson«, sagt der Landlord. Mit Marinebildern, Schlachtszenen und Porträts seines Helden hat Les Winter seine Kneipe ausgestattet, als sei's eine Filiale des National Maritime Museum in Greenwich.[1] Auch Nelsons letztes Gebet vor der Schlacht von Trafalgar hängt an der Wand des Pubs. Nur der pensionierte Pfarrer von Burnham Thorpe gibt dem selbsternannten Nelson-Experten gelegentlich Kontra. Ihr Lieblingsstreit: Wo wurde Nelson geboren? »Im Pfarrhaus«, glaubt Reverend Cecil Isaacson. »In der Shooting Lodge«, behauptet Les Winter. In der ehemaligen Scheune am River Burn soll Catherine Nelson entbunden haben, als sie auf dem Weg ins Pfarrhaus von den Wehen überrascht wurde. Von dieser Theorie hält der prominente Zoologe Lord Zuckerman, heutiger Bewohner der Shooting Lodge, begreiflicherweise überhaupt nichts: Lord Zuckerman will seine Ruhe.

Nelson besuchte die Lateinschule von North Walsham und die Domschule von Norwich. Kaum dreizehn Jahre alt, geht er zur Handelsmarine: ein schwächlicher Knabe, der unter Seekrankheit leidet. *Poor Horatio,* wundert sich sein Onkel Maurice, Kapitän der »Raisonable«, warum will der arme Kerl ausgerechnet zur See? »Aber laßt ihn nur kommen«, schreibt er an Nelsons Eltern, »vielleicht reißt ihm schon beim ersten Gefecht eine Kanonenkugel den Kopf ab, und schon hat er ausgesorgt.« *Poor Horatio* indes ist entschlossen, ein Held zu werden. Jahrelang kreuzt er zwischen England und Westindien, heiratet unterwegs, nicht

1 Nelson-Memorabilia auch in den Museen von Norwich, King's Lynn und Monmouth (Wales). Ein eigenes kleines Nelson-Museum gibt es in der Kadettenschule der Royal Navy in *Shotley Gate* (Suffolk).

ohne die klassische Warnung an die Seemannsbraut, »that salt water and absence always wash away love«. Noch einmal kehrt er nach Burnham Thorpe zurück, ein Kapitän ohne Schiff. Fünf frustrierende Jahre lang bestellt Nelson seinen Acker, besucht seine Verwandten, die Schwester Susannah in Wells, die vornehmen Walpoles[1] in Wolterton Hall, macht sich Gedanken über das elende Leben der Landarbeiter und will doch nur eins: zur See, zum Ruhm.

Endlich, 1793: Krieg mit Frankreich. Nelson wird Kapitän der »Agamemnon«. Im Pub von Burnham Thorpe, der damals noch »The Plough« heißt, feiert Horatio Abschied von Familie und Freunden. In sein Heimatdorf kehrt er nun nicht mehr zurück; aber auch in den großen Häfen vergißt er nicht seine Herkunft. Vom Mittelmeer schreibt Nelson an seine Frau nach England: »Die ›Agamemnon‹ ist in ganz Europa so wohlbekannt wie Mr. Harwoods Boote in Overy.«

Overy Staithe war der Hafen für Burnham Market und die anderen Burnhams. Damals gingen hier noch große Schiffe vor Anker. Heute ist der Hafen versandet, ein Feriendorf für Segler. Im Pub »The Hero« gibt es frischen Krabbensalat; an der Wand der obligate Trafalgar-Stich. Malerisch liegen die Yachten im Schlick der Mäander-Mündung. Vom Kai führt ein Damm weit hinaus in die Marsch, am Wasser entlang bis ans offene Meer. Gun Hill heißt die letzte Düne. An dieser Küste, in den tückischen Prielen, zwischen Sand- und Kiesbänken, lernte Nelson navigieren. Hier gewann er jene Sicherheit, auch in flachen Gewässern zu manövrieren und Napoleons Flotte 1798 in der Bucht von Abukir von der Landseite her anzugreifen. Für diesen Sieg ernannte ihn der König zum Baron Nelson of the Nile and of Burnham Thorpe. Blutige Schlachten, bittere Siege: Bei der Belagerung von Calvi verliert er sein rechtes Auge, seinen rechten Arm in Santa Cruz. So wird Nelson zum Krüppel und zum Helden der Nation: »Saviour of the silver-coated isle/Shaker of the Baltic and the Nile« (Tennyson).

In Les Winters Kneipen-Museum in Burnham Thorpe fehlen natürlich auch nicht die Bilder der schönen Emma Hamilton. Von der Tochter eines Schmieds aufgestiegen zur *fille de joie* in Vauxhall Gardens, vom Malermodell zum Star der Salons, zur Frau des Gesandten Lord Hamilton, zur Mätresse Nelsons: was für eine Frau! Goethe schwärmte von ihr in Neapel (»Ein schönes Weib, das Meisterstück des großen Künstlers«), Tischbein malte sie als Niobe, Romney als Circe, Kassandra, Iphigenie: was wäre Nelson ohne sie? Vergebens bat er »King and Country« in seinem Testament um Unterstützung für seine Mätresse. Alkohol und Armut überschatteten Lady Hamiltons letzte Jahre. Aber Nelsons »Beloved Emma« blieb populär bis heute: Harrods schmückte ein ganzes Schaufenster zum Erscheinen ihrer jüngsten Biografie, und die schwarze Katze des Malers Edward Bawden heißt Emma Nelson.

◁ *Lord Nelson, Wachsfigur von Catherine Andras, 1805*

1 Nelsons Mutter Catherine war eine Großnichte Sir Robert Walpoles, des ersten britischen Premierministers.

Einer seiner Flottenkapitäne schenkte ihm 1798 einen Sarg, gezimmert aus dem Holz des Hauptmastes des französischen Schlachtschiffs »L'Orient«, das Nelson vor Akubir versenkt hatte. Ein makabres Souvenir, das er seitdem in seiner Kajüte ständig mit sich führte. In diesem Sarg trug man den Sieger von Trafalgar 1805 an Land. Nelson wollte in seinem Heimatdorf begraben werden, hatte er testamentarisch verfügt, »unless the King decrees otherwise«. König George III. entschied anders: *the Norfolk Hero* kam in die Krypta von St. Paul's, sein Holzsarg in einen Marmorsarkophag, der ursprünglich für Kardinal Wolsey bestimmt war. Auf einer Säule aus Granit, 170 Fuß über dem Trafalgar Square, bestreitet Admiral Nelson nun sein letztes Gefecht gegen die Tauben, Touristen und Abgase der City.

Nelson sicherte Englands Herrschaft über die Weltmeere, und Burnham Thorpe bekam eine Nelson Hall. Dort, vor der vergoldeten Büste ihres Helden, treffen sich am *Trafalgar Day,* am 21. Oktober, die Mitglieder der Nelson Society aus aller Welt. Ihr Präsident: Peter John Horatio, 9. Earl of Nelson, direkter Nachfahre des Admirals, Kriminalbeamter im Ruhestand. Nach dem Trafalgar-Gedenkgottesdienst brechen die Mitglieder der Society, meist pensionierte Marineoffiziere, zum Picknick in die Umgebung auf: nach *Burnham Market,* wo Nelsons Tochter Horatia heiratete; nach *Wells-next-the-Sea,* wo Nelsons Frau Fanny eine Zeitlang lebte; am liebsten aber nach *Overy Staithe,* wo auch der Herzog und die Herzogin von Kent ihre Segeljacht haben. Die feineren Mitglieder der Nelson Society indes treffen sich im exklusiven *Royal West Norfolk,* dem Golfclub in der Marsch von *Brancaster.* Lord Astor schlägt hier seine weißen Bälle in die Einsamkeit. Weit hat sich das Meer zurückgezogen von *Branodunum,* dem Küstenfort der Römer. Heute hütet der National Trust große Teile der Marsch und die vorgelagerte Insel mit ihrer langen Wanderdüne, *Scolt Head Island.*

Brancaster Marsh, Titchwell Marsh: endlose Flächen zwischen Himmel und Meer, endlose Sonnenuntergänge, Niemandsland im Wechsel der Gezeiten, leeres Küstenvorland, voll von Seeastern, Seelavendel, Seevögeln, tausendstimmige Einsamkeit. Wenn ich das schönste Stück Marsch in England nennen sollte, so wären es die Salzmarschen der Brancaster Bay.

Bei *Holme-next-the-Sea* trifft der *Norfolk Coast Path* den prähistorischen *Peddars Way,* der so pfeilgerade durch die Felder West-Norfolks nach Süden läuft, als hätten ihn die Römer selbst angelegt und nicht bloß ihrem Straßennetz angepaßt. Dreifach geschichtet aus rotem und weißem Kalk und rostbraunem Sandstein, wie eine Trikolore der Vorzeit leuchten die Klippen von *Hunstanton,* dem viktorianischen Badeort an der Wash-Küste. Unvergleichlich aber der Farbenrausch von *Heacham,* wenn im Sommer die Lavendelfelder blühen. Hundert Acres Wohlgerüche: *Lavendula angustifolia, Norfolk Lavender,* Landschaft aus Parfüm. In einer alten Wassermühle wird das bernsteinfarbene Lavendelöl destilliert, königliche Essenz jener Millionen Kräuterkissen, Seifenstücke und Badetinkturen, deren Düfte in aller Welt, mal betörend, mal penetrant, als Inbegriff englischer Wohlgerüche gelten.

Sandringham: Wo die Queen Silvester feiert

Auf dem Parkplatz Busse aus dem ganzen Königreich. Auf dem Rasen Picknick-People wie beim Epsom Derby. Vor dem Eingang lange Schlangen, als ginge es zur Nofretete-Ausstellung: Sandringham im Sommer, das Landschloß der Queen, südlich der Lavendelfelder von Heacham (Abb. 22). Nichts besichtigt die englische *middle class* lieber als die Herrenhäuser ihres Adels, am liebsten die Schlösser Ihrer Majestät: von Osborne auf der Isle of Wight bis hinauf zum schottischen Balmoral. Nach Sandringham pilgern in der Saison täglich rund 2000 Royalisten und andere Touristen.

»Please wipe your feet«, mahnt ein Schild am Eingang. Ich schüttle meinen bürgerlichen Staub von den Schuhen. Gleich das erste Ausstellungsstück, eine viktorianische Waage mit ledergepolstertem Sitz, vermittelt die tröstliche Einsicht: Königliche Hoheiten hatten zweifellos größere Gewichtsprobleme als ihre Untertanen, denn sie aßen üppiger und öfter. Auf Mahagonitischen und in Glasvitrinen das Porzellan, das sie noch heute benutzen: Meißen, Kopenhagen, Royal Worcester. Brüsseler Gobelins aus dem 17. Jahrhundert, Stuckdecken, große Spiegel, edwardianische Eleganz: Wenn die Queen jetzt einträte, in Schottenrock und Rollkragenpullover, wie die Ansichtskarten am königlichen Kiosk sie zeigen, oder einfach mit Kopftuch – die Illusion von Sandringham wäre irgendwie gestört. Aber die Queen kommt erst zu Silvester, zur Fasanenjagd im Januar.

Ursprünglich hatte das Schloß 365 Räume. Etwas viel, fand die Königin, ließ einen Flügel abreißen und öffnete ihren Landsitz erstmals 1977 dem Publikum. Das war volkstümlich und machte sich auch sonst bezahlt. Heute hat Sandringham nur noch 274 Räume; fünf sind zu besichtigen. Es sind die, die auch die Königsfamilie benutzt. Die restlichen Räume stehen Gästen und Personal zur Verfügung. Sandringham beschäftigt 120 Angestellte. Wer meint, das sei feudal, den erinnert Gutsverwalter R. S. French an bessere, an Edwards Zeiten: »Damals hatten wir allein fünfzig Gärtner, jetzt haben wir nur noch zwölf.« Edward VII., genannt Bertie, war der erste königliche Hausherr von Sandringham. Queen Victoria hatte ihrem ältesten Sohn 1862 zur Volljährigkeit das ostenglische Gut geschenkt, in der vergeblichen Hoffnung, ihn vom Londoner Lotterleben abzubringen. Wenig später, frisch verheiratet mit Prinzessin Alexandra, hielt der Prinz von Wales hier Einzug. Bald war ihm das alte, georgianische Herrenhaus zu klein. Ein obskurer Londoner Architekt, A. J. Humbert, baute dem Thronfolger 1870 eine größere, neo-elisabethanische Residenz, mit vielen Giebeln und Kaminen. Jedes viktorianische Bahnhofshotel hat mehr Charme als dieses Konglomerat. Leider lehnte Queen Elizabeth II. in den sechziger Jahren den Vorschlag ihres Prinzgemahls ab, das alte Haus abzureißen und ein neues im Stil der heutigen Zeit zu bauen. Statt dessen engagierte man Sir Hugh Casson, Präsident der Royal Academy, zur behutsamen Modernisierung des Interieurs.[1]

1 Den Park gestaltete der Doyen der englischen Landschaftsarchitekten, Sir Geoffrey Jellicoe.

König Edward VII. in Sandringham, 1902

Um mehr *privacy* zu haben, ließ Edward VII. die Straße einen Kilometer vom Haus wegverlegen. In Sandringham empfing er Kaiser Wilhelm und Zar Nikolaus, hier gab Bertie glanzvolle Bälle und Jagdgesellschaften. Seine Gewehre (und die seiner Nachfolger) füllen mehrere Schränke. Was die jagdfreudige Königsfamilie im Laufe der Zeit in Norfolk und auf ihren Tourneen durchs Empire so alles zusammmengeschossen hat – Antilopen, Tiger, Nashörner, Elefanten – diese *Big Game Trophies* hängen dichtgedrängt in vier Sälen des ehemaligen Kutschen- und Feuerwehrhauses. In diesem königlichen Kuriositätenkabinett sind, neben einer Sammlung von Krönungssouvenirs, auch die diversen Raubtierfelle gelandet, die der Queen auf Commonwealth-Reisen verehrt wurden; ebenso die Hochzeitsgeschenke aus Nigeria, ein paar Elefantenzähne. Abgeschnittene Pferdeschwänze, Hufe und Gebisse berühmter Vollblüter dokumentieren eine andere Leidenschaft des Königshauses. Shirley Heights heißt der prominenteste Zuchthengst der Queen im Gestüt Sandringham. Vor dem Stall erinnert die Bronzestatue Persimmons an den legendären Epsom-Sieger, der seinem Besitzer Edward VII. genau 34 706 Pfund an Preisgeldern einbrachte, nach damaliger Währung rund eine Million Mark. Etwas bescheidener dagegen das Zubrot, das sich der Prinzgemahl und Poloreiter Philip in Sandringham mit seinem *Carriage driving centre* verdient. Hier kann man, unter Anleitung seines Trainers, für 55 Mark pro Stunde Kutschieren lernen.

Die jagende, reitende, motorisierte Königsfamilie: im Oldtimer-Museum von Sandringham sehen wir, neben Queen Victorias Rollstuhl, den Daimler Tonneau Zweizylinder ihres Sohnes Edward aus dem Jahre 1900 – das erste von einem Mitglied des britischen Königshauses erworbene Auto (»still in good running order«). Wir sehen den holzgetäfelten Daimler Shooting Brake Georges VI. von 1937 und Queen Marys schwarzgrünen Sechszylinder, mit dem sie in London einkaufen fuhr (»the Shopping Daimler«).

Beständig vergrößerten die Windsors ihr Terrain, inzwischen auf rund 8000 Hektar. Die Königskinder erhielten eigene Häuser in der Umgebung von Sandringham. Seiner Lieblingstocher, Prinzessin Maud, schenkte Edward VII. zur Hochzeit *Appleton Hall* (1863). Dort wurde ihr einziges Kind geboren, der norwegische König Olaf V. Als Edwards Sohn, der Duke of York (George V.), 1893 die deutsche Prinzessin Mary von Teck heiratete, erhielt er als väterliche Mitgift *York Cottage*, das frühere Gästehaus und heutige Gutsbüro von Sandringham. Auch dort kam ein König zur Welt: George VI. Der benachbarte Landsitz *Anmer Hall* gehört einem Vetter Queen Elizabeths, dem Duke of Kent. Nebenan in *Park House* schließlich wurde Lady Diana geboren. Ihr Vater, Lord Spencer, war damals Rittmeister der Queen. Die Spencers hatten den einzigen beheizten Swimmingpool weit und breit; da haben sie sich kennengelernt, Prinz Charles und Lady Di. So klein ist am Ende die königliche Welt.

»Dear Old Sandringham, the place I love better than anywhere else in the world«, schwärmte George V. Ungehemmt frönte er hier seiner Jagdlust. Es machte ihm nichts aus, an einem einzigen Tag tausend Rebhühner und Fasane abzuknallen. Kritiker sagten, der König habe nie etwas anderes getan, als wehrlose Vögel zu töten und Briefmarken in seine Alben zu kleben. Seine erste Rundfunkansprache an die Nation hielt George V. Weihnachten 1932 von Sandringham aus. Fünfundzwanzig Jahre später übertrug die BBC aus demselben Anlaß die erste Fernsehansprache Queen Elizabeths – wiederum aus Sandringham. Ein bizarres Kapitel Hof- und Mediengeschichte ereignete sich dort beim Tod Georges V. Der König, ein starker Raucher, lag mit einer qualvollen Erkrankung der Atemwege auf dem Sterbebett. Im Nebenzimmer wartete die Familie. Der einundsiebzigjährige Monarch ver-

Queen Elizabeth II. mit ihrer Schwiegertochter, der Herzogin von York, beim Ausritt in den Wäldern von Sandringham, 1987

König George V. bei seiner Rundfunkansprache Weihnachten 1934 in Sandringham

diene, »in Würde und Ruhe« zu sterben, befand sein Leibarzt, Lord Dawson: »Ich beschloß daher, das Ende zu bestimmen.« Dawson ließ die *Times* anrufen: Man möge mit dem Andruck warten. Dann, um das Leiden des Königs zu verkürzen, injizierte er Morphium und Kokain. Kurz vor Mitternacht war George V. tot – rechtzeitig für die Schlagzeile der *Times* am nächsten Morgen, dem 20. Januar 1936. Denn der medienbewußte Arzt hatte, seinem Tagebuch zufolge, den Zeitpunkt so berechnet, »daß der Tod seine erste Bekanntgabe in den Morgenzeitungen erhalte, statt in dem weniger angemessenen Feld der Abendjournale«. Nachträglich bedankte und entschuldigte sich die *Times* fünfzig Jahre später in einem Leitartikel: »Sogar damals war es etwas ungewöhnlich, einen Hinweis auf den Tod des Königs von dem Mann zu bekommen, der ihn gerade tötete.« *Deadline,* Redaktionsschluß, sterbt schneller, Majestät! Über den Leibarzt Georges V. kursierte der populäre Vers: »Lord Dawson of Penn / Has killed many men. / That is why we sing / 'God Save the King'.«

Unter der Sonnenuhr von Sandringham (»My time is in thy hand«) liegen die Lieblingshunde Queen Alexandras begraben: »Facie and Punchie my darling faithful little companions in joy and sorrow.« In der Dorfkirche glitzert es wie in einem edwardianischen Ballsaal. Der Altar aus massivem Silber, 1911 von einem Amerikaner gestiftet, vergoldete Engel überall. Pracht muß sein, wenn Majestäten beten. Die rotgepolsterte Bank vorne rechts im Chor ist der Queen und ihrer Familie vorbehalten. Zur allerhöchsten Erbauung hat der viktorianische Bildhauer Sir Alfred Gilbert, Schöpfer der Eros-Statue von Piccadilly, einen züchtigen St. Georg aus Elfenbein und Aluminium beigetragen (1892). Sieben Dörfer gehören zu den Gütern von Sandringham, Getreide- und Zuckerrübenfelder, Obstplantagen, Forstwirtschaft und die Jagdhunde- und Labradorzucht der Queen. Sehr populär sind die *Pick your own*-Äpfel Ihrer Majestät. Im Park die Eichen, die jede Generation hier pflanzte, und die prunkvollen Norwich Gates, das gußeiserne Hochzeitsgeschenk der Stadt Norwich an Edward VII. (von Thomas Jekyll, um 1860). Die neuesten Gitter sieht man nicht: elektronische Alarmkabel unter dem Rasen rund um das Schloß. Am Ende stehen die Besucher noch einmal Schlange und tragen beglückt Töpfe mit Begonien, Gloxinien und anderen Blumen aus den königlichen Gärten nach Hause in ihre Vorgärten.

Viele britische Passionen treffen sich in Sandringham: die Garten- und Parkleidenschaft, das Vergnügen an Rennpferden, Oldtimern und jener raren Spezies, der *Royalty.* Sandringham, das ist der Königstraum des kleinen Mannes, der hier in demokratischer Selbstverständlichkeit und Selbstvergessenheit das Märchen der Monarchie erlebt, für fünf Mark Eintritt und zu bestimmten Öffnungszeiten.

Durch den Wald nach *Wolferton.* Zwischen den Bäumen quillt die Rhododendronblüte in königlicher Fülle hervor. Fenrir, der mythische Wolf der Wikinger, bewacht das Ortsschild. Vor den Häusern Laternen mit goldenen Kronen: die einstigen Bahnhofslaternen von Wolferton Station. »Through these doors passed all the Kings & Queens of Europe«, lese ich am Eingang, »all others, please use the next door!« Ein leerer Bahnsteig mit weißem Holzdach, ein paar vergessene Lederkoffer. Auf einem Handkarren aufgerollt der rote Teppich »from the Royal Train«. Hier hielt einst der königliche Salonwagen von London nach Sandringham: Endstation Wolferton. Hier kamen sie an, Prinzen, Könige und Premierminister, zum Rapport, zum Jagdvergnügen, zum Hofball auf dem Lande. Hier nahmen sie Abschied voneinander, die geliebten und die ungeliebten Gäste. »Thank God, he's gone«, sagte Edward VII., als seine Neffe aus Deutschland, Kaiser Wilhelm II., wieder abfuhr: »Gottlob, er ist weg.« Der kleine viktorianische Dorfbahnhof sah alles: Staatsbesuche, Hochzeits- und Trauerzüge. Auch wer in Sandringham starb, George V. und George VI., absolvierte seine letzte Reise mit der Great Eastern Railway von Wolferton nach Windsor in die Familiengruft.

Am 23. März 1863, nachmittags um 4 Uhr 20, hielt hier der erste Royal Train: der Prinz und die Prinzessin von Wales, Edward und Alexandra, zurück von ihren Flitterwochen auf der Isle of Wight. Als letzte benutzte Queen Elizabeth Wolferton Station 1965. Ein Jahr später kam die Stunde des Eisenbahnangestellten Eric Walker. Er sollte alles inventarisieren, bevor British Rail die Strecke stillegen und den Bahnhof abreißen wollte. Als Eric Walker die königlichen Warteräume sah, völlig unverändert seit den Tagen Queen Victorias, stand sein Entschluß fest: Wolferton Station zu kaufen und zu retten. Der Bahnhof wurde seine Wohnung, seine Lebensaufgabe. Auch das alte Stellmacherhaus gehört ihm inzwischen. Mr. Walker ließ sich vorzeitig pensionieren, um nur noch zu restaurieren und alles zu sammeln, was an Railway & Royalty erinnert. »Ich bin kein Monarchist. Wenn es um Karl Marx ginge, würde ich genauso handeln. Hier ist ein Gebäude von höchstem Interesse, klein genug für kleine Leute wie uns, um damit fertig zu werden. Hier können wir etwas für unser historisches Erbe tun.« Als Queen Elizabeth 1977 erstmals Sandringham zur Besichtigung freigab, eröffnete Mr. Walker Wolferton Station als Museum: »Warum sollte ich es nicht genauso machen wie die Queen, um die Unterhaltskosten für mein Haus zu bestreiten?«

Wo Bahnhofsfenster aus opakem Buntglas dem neugierigen Volk den Blick verwehrten, kann nun jedermann die Royal Retiring Rooms betreten. König und Königin hatten getrennte Warteräume. Queen Alexandra nahm ihren Tee in Polstersesseln aus blauem Brokatsatin, ihrer Lieblingsfarbe. Nebenan am Kamin genoß King Edward die Vorzüge eines Paravents, der auch den Rücken wärmte. Dezent in der Ecke das Pissoir Seiner Majestät, ein Porzellanbecken, mit Nationalflaggen geschmückt wie zum Staatsempfang, »the closet of the century«. Mit Ironie und Liebe hat Eric Walker alles beschriftet: Queen Victorias Reisebett, Fahrpläne, Fahrkarten (auch die Hoheiten lösten ein Ticket), die zahllosen Souvenirs aus den großen Tagen der Eisenbahn. Wenn der letzte Besucher Wolferton Station verlassen hat, macht Familie Walker Feierabend in Queen Alexandras Warteraum. Kam die Nachbarin von Sandringham mal herüber? »Nein, mit der Queen haben wir Krach.«

Nur wenige Meilen weiter südlich lebte vor mehr als sechshundert Jahren eine andere englische Königin, Isabella, genannt »Wölfin von Frankreich«. Sie war die Tochter eines französischen Königs und Witwe Edwards II., mitschuldig an dessen bestialischer Ermordung 1327. Ihr Sohn Edward III. entmachtete die ehrgeizige Mutter, ließ ihren Liebhaber, Roger Mortimer, hinrichten und verbannte Isabella »She-Wolf« vom Londoner Hof nach Norfolk, auf die Krondomäne von *Castle Rising* (Abb. 24). Selbst als Ruine wirkt der normannische Bergfried noch heute wie ein mittelalterlicher Hochsicherheitstrakt. Doch residierte die gefährliche Witwe dort noch 27 Jahre in königlichem Stil und völliger Bewegungsfreiheit, mit einer stattlichen Pension ihres Sohnes: keine Staatsgefangene, eine Queen Mother, nur keine zum Vorzeigen.

Mächtige Erdwälle und Gräben, ein innerer und zwei äußere Burghöfe umgeben den Donjon von Castle Rising. Dies ist einer der größten, besterhaltenen normannischen Bergfriede in England, wie der von Norwich und der Londoner Tower ein Wohnturm (*hall-keep*), nicht nur ein Wehrturm (*tower-keep*): 15 Meter hoch, 24 mal 21 Meter breit. Ein fast quadratischer Klotz, aber keineswegs plump. Die Längsseiten sind mit flachen, pilasterartigen Strebepfeilern gegliedert, die Westmauer mit drei großen Blendbögen. Der östliche Vorbau wirkt eher wie die Ouvertüre zu einem Palast als zu einer Wehrburg: eingestellte Säulen, Ornamentleisten, Medaillons und Blendarkaden. Doch täuscht der Dekor. Durch diesen Vorbau führte der einzige Weg in die Burg. Wer sie erobern wollte, mußte sich die lange Treppenflucht hinauf nach oben durchkämpfen, durch einen weiteren Torweg zum Eingang im ersten Stock. Ein brillantes Beispiel der Ästhetik mittelalterlicher Militärarchitektur.

Welche Grandeur, als Queen Isabella vom Vestibül durch das prächtige (inzwischen verbaute) normannische Säulenportal schritt, in den großen doppelstöckigen Rittersaal von Castle Rising. Uns bewahrt ein Gitter vor dem freien Fall ins Kellergeschoß. Auch den Kemenaten fehlt die Decke, überhaupt alles, was den Aufenthalt einmal erträglich, wahrscheinlich sogar angenehm machte. Dieser Donjon bot ungewöhnlich viel Platz. An Details

Castle Rising, Luftbild der normannischen Burg mit Ringwall

wie den Korbkapitellen der Burgkapelle ist die Qualität der Interieurs noch abzulesen. Die Mauern sind fast drei Meter dick, aus Bruchstein und ursprünglich mit Barnackstein verkleidet. Zu Isabellas Zeiten war der ovale Burghof noch nicht so grün und aufgeräumt. Ein großer Palas stand da, das Haus des Burgvogts, Wirtschafts- und Gesindeflügel. Das Gewimmel ist durchaus vorstellbar, etwa so wie an einem Wochenende in der Hochsaison, wenn die Ritter der *White Society* zur alljährlichen Eroberung der Burg aufmarschieren.

Als ich Castle Rising besuche, hat die Schlacht schon begonnen. Am heftig umkämpften Torhaus erheben sich die ersten Gefallenen wieder, um noch einmal unter Beifall den Ritter-

John Sell Cotman: Castle Rising Castle, 1818

tod zu sterben. Im Burghof klirren Schwerter, Hellebarden, Kettenhemden, ringsum auf den Erdwällen sitzen die Schlachtenbummler. Ab und zu kullert ein Kleinkind den Hang hinunter. Am Ende gibt es nur Sieger, ein paar Schrammen und Picknick im Pulverdampf. Die Helden des Sonntagnachmittags sind Mitglieder der *White Society*, eines Vereins zur Pflege mittelalterlichen Rittertums, junge Engländer, die versehentlich im 20. statt im 15. Jahrhundert geboren wurden. Die Plantagenets der Computerzeit haben ihre Ritterrüstung im Kofferraum, authentische, meist selbstgeschneiderte Kostüme. *Historical re-enactment societies* haben Konjunktur in England, der großen historischen Freilichtbühne. Römer-Fans sammeln sich in der *Ermine Street Guard*, Kavaliere und Rundköpfe im *Sealed Knot*[1], mit 5000 Mitgliedern der größte dieser Vereine, spezialisiert auf die Schlachten des Bürgerkriegs. Auch für die Rosenkriege, die Napoleonischen Kriege und die beiden Weltkriege gibt es mobile historische Einsatztruppen. Künftige Kriege sollte man nur noch auf dieser Basis führen.

Der Mann, der Castle Rising baute, hieß William de Albini II. Seine Vorfahren aus St. Martin d'Aubigny in der Normandie hatten mit William the Conqueror England erobert; er eroberte eine englische Königin: Alice of Louvain, die Witwe Henrys I. Durch diese Heirat gelang William de Albini der Aufstieg an die Spitze der anglo-normannischen Aristokratie;

1 Die geheime *Society of the Sealed Knot* trug entscheidend dazu bei, Charles II. wieder auf den Thron zu bringen.

er kam in den Besitz der Güter von Rising, der Burg von Arundel und des Grafentitels. Dieser 1. Earl of Sussex begann kurz nach seiner Heirat im Jahre 1138 mit dem Bau von Castle Rising. Zwei Jahrhunderte blieb die Burg im Besitz der mächtigen Albini, dann fiel sie zurück an die Krone.

Nach dem Tod Queen Isabellas verlieh Edward III. die Güter 1358 an den Schwarzen Prinzen, Edward, Duke of Cornwall, und legte fest, Castle Rising sei für immer Teil des Herzogtums Cornwall, unveräußerlicher Besitz des Thronfolgers oder des Königs. Daran hielt sich ein Mann wie Henry VIII. natürlich nicht; er überschrieb die Domäne 1544 seinem Onkel Thomas Howard, dem Duke of Norfolk. Englische Juristen haben nachgewiesen, daß der jetzige Herzog von Cornwall, Kronprinz Charles, historisch begründete Rechtsansprüche auf Castle Rising hätte, er brauchte nur gegen den heutigen Besitzer zu prozessieren. Das ist nach wie vor die Familie Howard. Chef des Hauses: der 17. Duke of Norfolk, *Earl Marshal* und *Chief Butler of England.* Mit ihm sollte er sich anlegen? Als königlicher Zeremonienmeister hat der Duke die Krönung von Prinz Charles zu organisieren, falls es denn je dazu kommt.

In Framlingham Castle (siehe S. 247ff.) haben wir die Howards kennengelernt: Ritter, Höflinge und Hochverräter, Stützen des Papsttums und der Poesie. Sie hatten anderweitig Burgen genug und ließen Castle Rising verfallen (und heute von *English Heritage* verwalten). Doch taten sie auch Gutes im Dorf. Henry Howard, Lordsiegelbewahrer und Mitglied des Kronrats, gründete 1614 das *Hospital of the Holy and Undivided Trinity,* ein Armen-

John Sell Cotman:
Castle Rising Church, Westfront, 1813

haus für eine Oberin und elf bedürftige Frauen. »They must be of honest life and conversation, religious, grave and discreet«, verfügte der Stifter in seiner Satzung, »able to read, if such a one may be had, single, 56 at least, no common beggar, harlot, scold, drunkard, haunter of taverns, inns or alehouses.« Also möglichst keine Analphabetinnen, Bettlerinnen, Huren, Säuferinnen und zänkischen Weiber. Daß die Ladies von Trinity Hospital diese hohen Anforderungen noch heute erfüllen, versichern mir Doris, Gladys und Dorothy, *singles* über siebzig, drei der gegenwärtig acht Bewohnerinnen des Hauses.

Die *sisters* von Castle Rising sind eine Sehenswürdigkeit (Farbt. 34). Wenn sie sonntags über die Straße gehen, zum Gottesdienst in die normannische Dorfkirche mit den vielgerühmten Blendbögen, dann tragen sie ihre jakobeanischen Umhänge aus scharlachroter Serge mit dem Wappen der Howards, wie vor fast 400 Jahren. Ihren hohen, schwarzen Spitzhut, den *steeple hat*, setzen sie nur noch am *Founder's Day* Ende Februar auf, zu Ehren des Stifters. Dessen Nachfahre, Greville Howard, lebt noch heute im Dorf. Für ihre Einzimmerwohnung im historischen Altersheim, mit Küche, Bad und TV, zahlen die Stiftsfrauen eine Monatsmiete von 80 Pfund. Die Idylle ist unbezahlbar. Vier Backsteinflügel um einen Innenhof, hohe Schornsteine, ein kleines Torhaus, und immer Abwechslung: Journalisten kommen, Touristen, die Queen, alle lieben die Ladies von Trinity Hospital.

God save King's Lynn: Königswege einer Kaufmannsstadt

Als Nastassja Kinski und Al Pacino 1985 ihre Abenteuer im Amerikanischen Unabhängigkeitskrieg spielten, baute man für »Revolution« nicht im Studio die Kulissen des 18. Jahrhunderts nach, man fand sie in King's Lynn. Georgianische Bürgerhäuser, Handelskontore mit holländischen Giebeln, Speicherhäuser am Kai, Märkte, Kirchen, Zoll- und Zunfthäuser des Mittelalters – das alles steht hier noch so geschlossen nebeneinander, als sei die Zeit vorbeigegangen an King's Lynn. Ein Ort am Rande Norfolks, tief in der Provinz, abseits der Reiserouten: Vielleicht blieb die alte Hafen- und Handelsstadt nur deshalb so unberührt und unbekannt. Lübeck, Delft und Brügge sind jedem ein Begriff. Es wird Zeit, auch ihr englisches Pendant zu rühmen: King's Lynn, die Stadt an der Great Ouse.

Lynn heißt See. Von der See kam alles: der Fisch, das Salz in der Marsch, früher Wohlstand, verheerende Fluten. Vor den Kaufleuten kamen die Mönche. Im Jahre 1101 gründete der Bischof von Norwich ein Benediktinerkloster am Ufer der Ouse. *Lenne Episcopi*, Bishop's Lynn hieß der Ort, bis Henry VIII. die Klöster auflöste und die Stadt sich King's Lynn nannte. Dem König blieb Lynn auch im Bürgerkrieg treu, einer der wenigen Orte in East Anglia, die nicht zu Cromwells Fahnen eilten. Mit barocken Fassadenfiguren huldigten sie dem ersten und dem zweiten Charles, 1683 am Custom House, 1685 am Bank House. Heute ist die Stadt der Royalisten eine Domäne der Tories. Aber King's Lynn erzählt nicht die Geschichte der Könige, sondern die Geschichte des Wassers und der Händler.

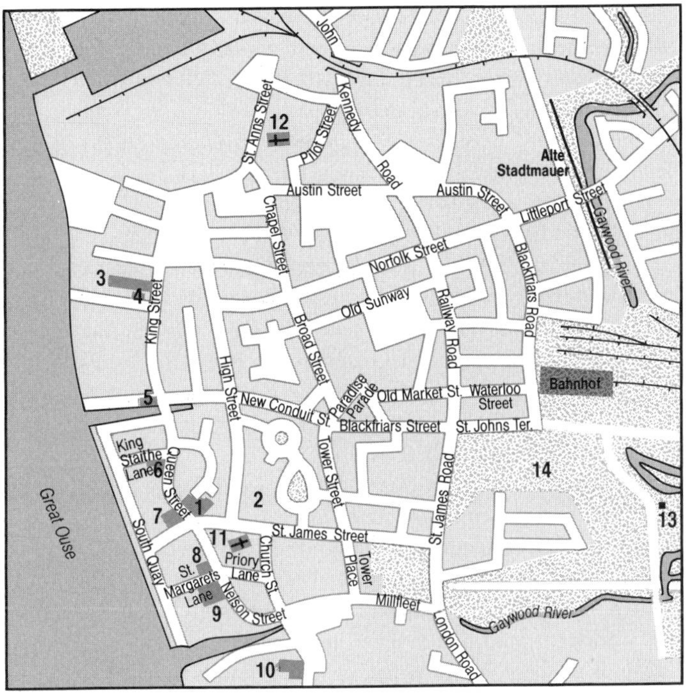

King's Lynn, Stadtplan

1 *Guildhall of the Holy Trinity and Town Hall*
2 *Saturday Market Place*
3 *Guildhall of St. George (King's Lynn Arts Centre)*
4 *Social History Museum*
5 *Custom House*
6 *Clifton House*
7 *Thoresby College*
8 *Hanseatic Warehouse*
9 *Hampton Court*
10 *Greenland Fishery House*
11 *St. Margaret's Church*
12 *St. Nicholas Chapel*
13 *Red Mountain Chapel*
14 *St. James' Park*

Friars Fleet, Millfleet, Purfleet, Fisher Fleet: nur noch Rudimente und Straßennamen erinnern an die vier Nebenarme der Ouse, zwischen denen die Stadt entstand, die sie wie Grachten regulierte und nutzte und schließlich fast ganz überbaute. Schon Mitte des 12. Jahrhunderts wurde die erste Siedlung zu klein. Zwischen Purfleet und Fisher Fleet kam das *Newe Londe* hinzu, mit eigenem Markt und eigener Kirche. Saturday Market und Tuesday Market, St. Margaret und St. Nicholas sind die beiden Pole der mittelalterlichen Kaufmannsstadt, fest verbunden durch das patriotische Straßentrio von King-, Queen- und Nelson Street, die lange Häuserreihe parallel zur Ouse, leicht gekrümmt wie das Ufer des Flusses.

Als Handelshafen konkurrierte King's Lynn im Mittelalter mit Städten wie Bristol oder Brügge. Auf der Ouse und ihren Nebenflüssen kamen Waren aus vielen Grafschaften zum Export nach Lynn: Getreide aus der Marsch und dem Fen, Wolle und Tuch aus den östlichen Midlands, Blei aus den Gruben von Derbyshire, Salz aus den Salinen von Norfolk und Lincolnshire. Was die Kaufleute von Lynn importierten, waren begehrte Luxusartikel: Wein aus der Gascogne, Pelze aus Sibirien, flämische und italienische Gewänder. Daneben in großen Mengen Kohle, aus Skandinavien Holz und Heringe, Stockfisch aus Island. Holz und Getreide sind immer noch die wichtigsten Umschlaggüter, die baltischen Länder nach wie vor die Haupthandelspartner; der britische Skoda-Import aus der CSFR läuft über den

Hafen von King's Lynn. Konservenfabriken, *canning & freezing* von Obst und Gemüse bilden heute die Hauptindustrie. Nicht zu vergessen die Firma des alten Frederick Savage, der Englands erstes Dampfkarussell baute. Seitdem avancierte seine Heimatstadt zum Marktführer im *fun-fair*-Maschinenbau.

Eindrucksvoll bezeugt das *Hanseatic Warehouse* (1428) in St. Margaret's Lane Lynns Bedeutung im Mittelalter. Der langgestreckte Backsteinbau mit seinem vorkragenden Fachwerkgeschoß war seit 1475 eine der vier Handelsniederlassungen der Hanse in Großbritannien. Zuletzt hatten die Bürgermeister von Lübeck, Hamburg und Bremen hier ihr gemeinsames Kontor, bis 1750 Edward Everard aus Lynn den hanseatischen Stapelplatz für 800 Pfund erwarb. Everard und Thoresby, Bagge, Browne und Hogge, so hießen die großen Kaufmannsdynastien der Stadt. Jede hatte ihren eigenen Kai und eine eigene Crew von zehn bis fünfzehn Seeleuten. Seit Generationen lebten sie hier, erst in der High Street und am Tuesday Market, später am Fluß, bis sie, die Oligarchen von Lynn, im 18. Jahrhundert in die Aristokratie einheirateten und als *landed gentry*, fernab der lärmenden und stinkenden Kais, ihre Tage auf einem Landsitz beschlossen.

King Street und Queen Street sind die Königswege der Kaufleute und ihrer Architektur. Das Gebiet zwischen Straße und Fluß war aufgeteilt in eine Serie schmaler, langer Grundstücke. An der Straße hatten die Kaufherren ihre Läden, darüber oder dahinter ihre Wohnungen. Von dort aus konnten sie alles überblicken, eine Vielzahl von Gebäuden, die sich auf den 60 bis 90 Meter langen Höfen bis hinunter zum Kai erstreckten: Kontor, Warenlager, Werkstatt, Stall und Garten, manchmal auch Bäckerei und Brauerei. An keinem Ort Englands ist diese Verbindung von Wohn- und Handelshäusern so geschlossen erhalten wie in King's Lynn, ein faszinierendes Stück Sozial- und Architekturgeschichte. »The finest old streets anywhere in England«, urteilt James Lees-Milne, eine der ehemaligen Koryphäen des National Trust. Hier ist eine Kaufmannsstadt ohne Krämergeist, im 19. Jahrhundert schon nicht mehr reich genug, um ihre Altstadt abzureißen und neu zu bauen, und heute stark genug zumindest gegen den ärgsten Vandalismus der Sanierer.

King Street, Queen Street. Zwischen dem Schlick der Ouse und dem Schrei der Möwen stehen noch die Häuser wie zu Hogarths Zeiten. Georgianische Fassaden, dahinter Tudorgebälk, Bilanzen, Geschichten vom Aufstieg und Niedergang der Buddenbrooks von Lynn. War es Neugier, war es das barocke Portal mit seinen Korkenziehersäulen: Auf einmal stehe ich in einem dieser Durchhäuser, im kühlen Flur von *Clifton House*, gehe über den Hof, durch ein weiteres, klassizistisches Portal mit einer weißen Büste im Giebel, über ausgetretene Sandsteinplatten in einen zweiten Hof, der hinunterführt zum Fluß. Die ganze Zeit hat Mr. Foster mich im Auge, vom ersten Stock seines Turms, ein elisabethanischer Wachturm, wie er stolz erklärt, aber bevor er noch mehr erklärt, soll ich erst mal (»feed the box first«) 50 p zur Erhaltung seines Hauses beisteuern (Farbt. 39). Das ist nicht zuviel, betrachtet man das Ausmaß dieses Hauses: eine Feuerstelle des 12. und Fußbodenfliesen des 13. Jahrhunderts, Keller und Kreuzrippengewölbe aus dem 14., Kornspeicher und Backsteinturm aus dem 16. Jahrhundert. »Ich bin 25 Prozent der Sehenswürdigkeiten von Lynn, und sonntags, wenn die andern schließen, 100 Prozent«, sagt Mr. Foster und setzt seinen Bowler auf. Der

King's Lynn, die Börse, 1683, Radierung des Architekten Henry Bell

pensionierte Geschäftsmann aus London, ehemaliger Staubsaugervertreter (»I can sell anything«), Roland Foster hat vor Jahren dieses brüchige Kaufmannshaus in der Queen Street erworben, eigentlich als Ruhesitz und Geldanlage, nun geht das Geld ihm aus, von Ruhe keine Spur, er restauriert und investiert, gräbt die Geschichte des Hauses aus, bis es ihn selbst begräbt, ein Amateurarchäologe, einer dieser herrlich Verrückten, ohne deren Enthusiasmus Clifton House, King's Lynn, England nicht so wäre, wie wir es lieben.

Was Mr. Foster als exzentrischer Einzelgänger verfolgt, betreibt der *King's Lynn Preservation Trust* systematisch. Vor allem diesem 1958 gegründeten Denkmalschutzverein ist die Erhaltung wesentlicher Teile der Altstadt zu danken. »We safe them by buying«, erläutert Miss Bullock das Prinzip des Vereins: »Wir kaufen vom Verfall oder Abbruch bedrohte Häuser, restaurieren sie und verkaufen sie wieder an neue Nutzer.« Exemplarisch die Sanierung von *Hampton Court* in Nelson Street: ein Vierflügelbau um einen Innenhof, der Südflügel aus dem 14. Jahrhundert, eines der frühen vollständig erhaltenen Kaufmannshäuser von Lynn, daneben ein Backsteinspeicherhaus mit ursprünglich zum Kai hin offenen Arkaden, funktionale, formschöne Industriearchitektur. Heute ist Hampton Court ein ideales Wohnquartier. Ebenso *Thoresby College* in Queen Street, der Town Hall gegenüber: hinter der georgianischen Straßenfront ein viel älteres, weitläufiges Gebäude, um 1500 von dem Kaufmann und Bürgermeister Thomas Thoresby gestiftet als Kollegium für die dreizehn Priester der Trinity Guild und für seine eigenen beiden Hauskaplane, auch dies eine Vierflügelanlage, klassische College-Architektur. Seit der Restaurierung durch den Trust werden zwei Flügel als Altersheim genutzt, einer als Jugendherberge, die Great Hall mit dem offenen Dachstuhl für Veranstaltungen aller Art; schließlich haben hier auch die Denkmalschützer selbst ihr Büro.

Miss Bullock zeigt mir noch ein anderes Beispiel der erfolgreichen Arbeit des Vereins, der sich sogar der Schirmherrschaft der *Queen Mum* erfreut. Wir betreten King Street No 32, von außen viktorianisch, und finden uns wieder in einem normannischen Haus des späten 12. Jahrhunderts mit Rundbogenfenstern, das früheste erhaltene Kaufmannshaus von Lynn, freigelegt durch die Restaurierung des Trust. Heute arbeitet hier ein Anwaltsbüro. Dies war eines der *one-up one-down*-Cottages: unten ein Laden, oben ein Wohnraum, charakteristisch für die Kleinhändler der King Street gegenüber den repräsentativen Kaufherrenhäusern auf der besseren Seite der Straße.

Auch in Lynn ist die anonyme Architektur der kleinen Leute fast gänzlich verschwunden. Sie war immer unspektakulär, wie ihre Arbeit, wie ihr Alltag, keines Blicks, keines Aufhebens wert. Nur in Pilot Street, am Nordrand der mittelalterlichen Stadt, konnte der Preservation Trust sechs Häuser von Fischern und Handwerkern restaurieren – 1841 standen hier noch 91 solcher Cottages, mit 444 Bewohnern. Sanierung und Straßenbau haben das alte Fischerviertel von Lynn Ende der fünfziger Jahre brutal zerstört. »Nicht alles konnten wir retten«, bedauert Miss Bullock. »Auch George Vancouvers[1] Geburtshaus wurde abgeris-

1 Einer der tüchtigen Seefahrer aus Lynn, Offizier unter James Cook, kartografierte erstmals die Küste nördlich von San Francisco. Nach ihm wurde Vancouver Island in British Columbia benannt.

sen.« Sie selber, pensionierte Lehrerin, Gründungsmitglied des Preservation Trust, für ihre Verdienste mit dem *Order of the British Empire* ausgezeichnet, die fast achtzigjährige Diana Bullock lebt im *Greenland Fishery House*, erbaut 1605 für den Kaufherrn und Bürgermeister John Atkin. Backstein und Fachwerk, reichverzierte Knaggen, Erker, allegorische Wandmalereien. Und abends, wenn es still wird im Haus, die Stimmen der Grönlandfahrer, deren Kneipe dies war, damals, als sie von Lynn ins Eismeer segelten zum Walfischfang.

Heute gibt es noch ein paar Dutzend Küstenfischer hier. Ihre bunten Holzkutter liegen im Fisher Fleet in den Docks, »Daphne« und »Andy«, »Jenny Rose« und »Harmony«. »We don't get a fortune, you can make a living«, es reicht zum Leben, nicht zum Reichwerden. Im Wash, der großen Bucht, finden sie keine Fische mehr: Dow Chemicals darf seine Abwässer ins Meer lassen, bei abfließender Tide – und bei Flut kommt alles wieder zurück.

Dank einer heiligen englischen Allianz von Trägheit und Traditionsbewußtsein blieb King's Lynn von den Übeln der Stadtsanierung weitgehend verschont, auch touristisch noch erfreulich wenig herausgeputzt. Wohl gibt es alljährlich, seit 1951, ein exquisites Sommerfestival mit Konzerten, Theateraufführungen und einem *Composer in Residence.* Yehudi Menuhin trat hier auf, Janet Baker, Colin Davis und mancher noch unbekannte Star von morgen. Auch Ausstellungen gehören dazu, lange Zeit organisiert von dem Londoner Kunsthändler Sir Geoffrey Agnew. Das alles findet statt im *King's Lynn Arts Centre,* dem auch außerhalb des Festivals höchst aktiven Kulturzentrum. Die Adresse könnte zünftiger nicht sein: *Guildhall of St. George,* King Street. Dieser Saalbau mit offenem Dachstuhl war das Zunfthaus der Georgsgilde, kurz nach 1400 errichtet, mit seinen gewölbten Lagerräumen und der langen Reihe der Warenhäuser hinunter zum Kai eines der wenigen vollständig erhaltenen Grundstücke einer mittelalterlichen Kaufmannsgilde. Nach der Auflösung der Zünfte unter Edward VI. im Jahre 1547 diente die Guildhall of St. George als Gericht, Kornbörse, Waffen- und Pulvermagazin – und früh schon als Theater. Auch Shakespeares Truppe gastierte hier, vielleicht sogar mit ihm selbst.

Gilden, später Zünfte, waren die Handels- und Handwerkskammern des Mittelalters, berufsständische, genossenschaftliche Vereinigungen und mehr als das: politische und religiöse Zentren der Städte, mit sozialen Aufgaben, wirtschaftlicher Macht und dem frühen Willen zur Mitbestimmung. Wichtig genug für König Richard II., sie 1389 statistisch zu erfassen: Die Grafschaft mit den meisten Zünften (164) hieß Norfolk, die Stadt mit den meisten Zünften (51) Lynn. Ihre reichste Gilde baute sich 1421 ein Haus am Saturday Market, Blickfang bis heute: die *Guildhall of the Holy Trinity.* Eine Schachbrettfassade aus Flint und Stein, im schwarzweißen Domino auch ihr elisabethanischer Anbau, und mit epidemischer Lust springt das Muster auch auf das Nachbarhaus über, die viktorianische *Town Hall* von 1895 (Abb. 34). Was für ein munteres Ensemble städtischer Repräsentanz in karierten Anzügen.

Im hohen Saal der Guildhall kann man Hochzeit feiern, im Rathauskeller die Regalia bewundern. Schönstes Stück im Kronschatz von Lynn: der *King John's Cup,* der legendäre Pokal des Königs Johann Ohneland. Lange hielt man ihn für einen Teil seines Kronschatzes, der am 13. Oktober 1215 in der Nene-Mündung westlich von Lynn versank, als der Kutscher des Königs versuchte, bei Ebbe die tückischen Treibsände zu überqueren. Indes entstand King John's Cup erst über hundert Jahre nach seinem Tod, um 1340. Ein Pokal ohne König, ein königliches Werk der frühen profanen Goldschmiedekunst des Mittelalters: farbig emaillierte Szenen, in Gold gefaßt, Falkner, Ritter und Damen, höfische Eleganz, höfische Jagd, höfische Liebe, ein Becher des trunkenen Glücks. Brillant auch der Pokal von Martin Dumling, Hofjuwelier Kaiser Rudolfs II. in Prag, später in Nürnberg (um 1600). Barocke Amtsstäbe, glänzende Amtsketten, Chartas und Chroniken, all das gehört zur Schatzkammer des bürgerlich-royalistischen Selbstbewußtseins der Kaufmannsstadt. Noch heute wird zweimal im Jahr das Zeremonienschwert, Zeichen der *Justice of Sword,* vor dem Bürgermeister von Lynn hergetragen, mit erhobener Klinge, in feierlicher Prozession hinüber zur *Priory Church of St. Margaret with St. Mary Magdalene and all the Virgin Saints.*

Schief wie betrunkene Seeleute stehen die Säulen von Sankt Margareten. Auf festem Grund war die Kirche nicht gebaut, die Bischof Herbert de Losinga 1101 am Ufer der Ouse errichtete. Aber irgendwie hat sie alles überstanden, Überschwemmungen, Bilderstürme, sogar den Orkan von 1741, als der Südwestturm seinen Helm verlor. Hoch über den Säulenpalisaden des Turms zeigt der Drache der heiligen Margaret die Gezeiten an: LYNN HIGH TIDE, statt Ziffern zwölf Buchstaben, jeder zwei Stunden vom nächsten entfernt. Oben die barocke Monduhr (17. Jahrhundert), unten am Portal die lapidaren Hochwassermarken: 11. März 1883, 31. Januar 1953, und noch darüber die vorläufig letzte, 11. Januar 1978. Wenn der blanke Hans in die Kirche kommt, ist Lynn in Not. Diese Kirche haben viele Hände geprägt, normannische, gotische, viktorianische, geschickte und weniger geschickte. Die Kanzel: eine Offenbarung frühgeorgianischer Handwerkskunst. Das Podium im Chor: eine ästhetische Bruchlandung in Form eines *RAF*-Bombers. Ein Narr in Christo hat diesen Altarpodest in den sechziger Jahren mauern lassen. Der Herr vergibt ihm, die Gemeinde muß damit leben. Wieviel dezenter hat der Schnitzer der gotischen Chorschranke seine Liliputaner im Maßwerk versteckt (14. Jahrhundert), und im Chorgestühl stemmen ein paar Köpfe die Eichensitze wie Atlas die Weltkugel: Miserikordien zur Bequemlichkeit der Mönche (Abb. 94).

Manche besuchen St. Margaret nur ihrer Brasse wegen. Zwei monumentale, drei Meter lange Messinggrabplatten aus der Mitte des 14. Jahrhunderts, von flämischen oder deutschen Künstlern graviert, brillante Beispiele dieses in England so überaus beliebten Genres. Der eine zeigt den 1349 verstorbenen Adam de Walsokne mit seiner Frau, dazu allegorische Szenen aus dem ländlichen Alltag: ein Mann unterwegs zur Kornmühle, Arbeiter im Weinberg. Der andere, der *Peacock Brass,* führt uns lebensgroß den Toten und sein schönstes Fest vor Augen: Robert Braunche, umgeben von Letitia und Margaret, seiner ersten und zweiten Frau. Sie tragen lange Gewänder mit bestickten Bordüren und gotische Schnabelschuhe. Mit gefalteten Händen stehen sie nebeneinander, en face mit uns und ihrem Gott, zu ihren Häupten Engel unter himmlischen Baldachinen, zu ihren Füßen kein irdisches Jammertal, nein, eine üppige Tafel mit gerösteten Fasanen, Musikanten und zwölf Gästen: das berühmte »Pfauenfest«, das der verstorbene Edelmann 1349 seinem König Edward III. in Lynn ausrichtete. Fürstliches Bankett und letztes Abendmahl – das Leben ein Fest zum

Tode. Auch der Wirt ist hier nur Gast, verläßt sein Haus und hofft auf einen Platz am Tisch des Herrn. Ein Totenbild aus der Fülle des Lebens und des Glaubens. Bilderzauber, noch sechs Jahrhunderte später, ungläubige Sehnsucht. Kalt ist die Messingplatte, die ich berühre. Draußen vor der Kirche, Robert Braunche, im Schatten der Kastanien picknicken wir zwischen den Gräbern.

Ich gehe den Fluß entlang, vorbei an den Lagerhäusern der King Staithe Lane, zum *Custom House* am Purfleet Quay. Das einstige Zollamt wurde 1683 als Börse der Kaufleute erbaut, mit ursprünglich offenen Arkaden, Pilastern, Walmdach und fast quadratischem Grundriß, vergleichbar holländischen Gebäuden derselben Zeit, etwa der Alten Waage von Amsterdam. Ein einheimischer Architekt hat diesen noblen Zweckbau entworfen, Henry Bell, Kaufmannssohn und Bürgermeister von Lynn.[1] Er sorgte auch für die immer noch erste Adresse am Platz, das Duke's Head Hotel (1685). Leicht glamourös pflegt die Fassade, ganz in Pink mit goldenen Lettern, den Barbara-Cartland-Appeal. Gegenüber die viktorianische Getreidebörse, »jolly and vulgar« (Pevsner), Häuser verschiedenster Art und Höhe, ein Platz mit lauter linken Seiten, wo sich Markt- und Stadtfrauen treffen, Fen-Bauern, Wash-Fischer, pakistanische Händler: das ist der Charme des *Tuesday Market.*

Jenseits des Platzes, am anderen Ende der mittelalterlichen Stadt, liegt *St. Nicholas Chapel,* die Tochterkirche von St. Margaret. Trotz ihrer Größe hat sie nur den Status einer Kapelle, nicht den einer Pfarrkirche. Im einstigen Fischerviertel gelegen, 1146 dem Heiligen der Schiffer geweiht, war St. Nicholas immer die Kirche des Volkes, St. Margaret die der Bourgeoisie, der Kaufleute. Heute ist sie bei jedermann beliebt als Konzertsaal des Festivals. Engel breiten ihre Flügel aus Holz über den hohen, hellen Raum. An den Wänden der 1429 vollendeten Kirche haben auch Bürgermeister ihren letzten Auftritt, umgeben von ihrer Familie in barocker Fülle.[2] Von einem Pfeiler greift eine ausgestreckte Hand ins Leere: kein surrealer Einfall, sondern ein *swordrest* von 1757, ein Halter für das Zeremonienschwert des Bürgermeisters. Doch ist auch diese Kirche von der endgültigen Schließung bedroht.

The Walks heißt ein schöner Weg durch den St. James' Park. Was dort auf den ehemaligen Wällen der Stadt von weitem wie ein Wasserturm wirkt, ist eine gotische Kapelle, *Red Mount Chapel* (1485): ein Oktogon aus rotem Ziegelstein, mit Strebepfeilern an den acht Ecken und einem zurückgesetzten, kreuzförmigen Dach. Zwei Treppen führen zwischen äußerer und innerer Mauer in die obere Etage, den eigentlichen, von einem Fächergewölbe bekrönten Andachtsraum. »Our Lady of the Mount«, heute ein beliebter Penner-Treff, war die Wallfahrtskirche der Pilger auf ihrem Weg nach Walsingham (siehe S. 440ff.).

Spätestens hier melden sich zwei Frauen zu Wort, die beiden außerordentlichsten Frauen von Lynn: eine Pilgerin des Mittelalters und eine *grande dame des lettres.* Die eine, Margery Kempe, konnte weder lesen noch schreiben und hinterließ uns als erste Engländerin um 1435

1 Zugeschrieben wird ihm der Entwurf der Pfarrkirche All Saints in *North Runcton* (1703–13).

2 Von Robert Adam entworfen: eine klassizistische Graburne aus Marmor mit Reliefs (um 1757), für Sir Benjamin Keene, Sonderbotschafter Georges II. in Spanien.

ihre Autobiografie. Die andere, Fanny Burney, wurde in Tausenden von Briefen zur Chronistin der georgianischen Gesellschaft. Fannys Vater war Organist in Lynn[1]; 1754 bestellte er bei Snetzler in London die Orgel von St. Margaret. Auch nach dem Umzug der Familie kam Fanny Burney oft in den Ferien nach Lynn. Hier begann ihre lebenslange Gewohnheit, Tagebuch zu führen. Sie saß am Fluß und schrieb, bis »the annoying oaths of the watermen«, die Flüche der Hafenarbeiter, ihr zu lästig wurden. Mit fünfundzwanzig schrieb sie einen Bestseller, den Roman *Evelina*, mit vierzig heiratete sie einen französischen Emigranten. Sie war Ankleiderin der Königin Charlotte, Liebling Dr. Johnsons und Reynolds', Star der Londoner Salons. Klassisch Fanny Burneys Beschreibung ihrer Krebsoperation: Ihr Arzt, Baron Larrey, Chirurg der Napoleonischen Armee, berühmt dafür, daß er bis zu 200 Gliedmaßen an einem Tag amputieren konnte (der Skalpell-Held von Borodino), entfernte 1811 nicht nur ihren Tumor, sondern gleich die ganze Brust, ohne Betäubung. Während dieser zwanzigminütigen Operation war sie, bis auf eine kurze Ohnmacht, bei vollem Bewußtsein: »Ah, Messieurs, que je vous plains – wie ich Sie bedaure, meine Herren!« Fanny Burney starb mit siebenundachtzig.

Nicht ihr Geburtsort King's Lynn, sondern London, Paris und Bath sind die gesellschaftlichen und geistigen Bezugspunkte von Fanny Burney. Margery Kempe wurzelt viel tiefer in ihrer Heimatstadt. Sie war die Tochter des Bürgermeisters von Lynn, mit einem Kaufmann verheiratet, hatte angeblich 14 Kinder und seltsame Visionen. Sie sah, als der Priester die Hostie hob, das Sakrament wie eine Taube flattern. Der Länge nach warf sie sich auf die Fliesen von St. Margaret, betete, weinte, hemmungslos, und ihre Tränen strömten wie die Große Ouse. Sie war eine religiöse Exhibitionistin, deren Ekstasen die Kaufmannsstadt erregten. Beim großen Brand von Lynn, 1421, betete sie so inbrünstig, daß der rettende Schneesturm ihr zugeschrieben wurde. Eine Mystikerin, sagten die einen, Schwindlerin die anderen. Sie selber fühlte sich, in aller Demut, zur Heiligen berufen. Das konnte schiefgehen in einer Zeit, da Frauen wie sie leicht als Hexen brannten. Es war die Zeit der Lollarden, die dem Evangelium mehr als dem Papst glaubten und auf dem Scheiterhaufen der Inquisition endeten. Auch Margery Kempe wurde als Ketzerin angegriffen und mehrfach verhaftet. Daß sie jedesmal davonkam, betrachtete sie als weiteres Zeichen der Erwählung.

Anders als Juliana von Norwich, deren Rat sie suchte, zog sich Margery nicht meditierend in eine Klause zurück nach Art der Reklusen. Ihr Zeitgenosse war auch Chaucer, und wie sein *Wife of Bath* pilgerte sie los; nicht etwa nur nach Canterbury. Im Winter 1413 brach sie auf ins Heilige Land, von Lynn über Holland und Venedig, zurück über Assisi und Rom. Immer wieder schwärmte Margery aus, nach Santiago de Compostela, an die Orte der wahren Wunder. Und immer wieder kehrte sie zurück zu ihrem John, der Haus und Kinder hütete – Pilgerreisen als frühe Form der Emanzipation. Um 1433, schon sechzigjährig, trat sie ihre letzte Wallfahrt an: über Danzig nach Aachen, zurück zu Fuß von Dover nach London. Alle Mühen und Gefahren des Reisens ertrug sie bravourös, die geborene Touri-

1 Ob Fanny Burney 1752 in St. Augustine's House in Chapel Street oder in 84 High Street geboren wurde, ist ungeklärt; getauft wurde sie jedenfalls in St. Nicholas. Ihr Porträt hängt in der Town Hall (Card Room).

stin. Zurück in Lynn, bis zuletzt Analphabetin, diktierte sie ihre Lebensgeschichte: ein einzigartiger Bericht über die Abenteuer einer Frau im Mittelalter, über Alltag und Spiritualität, realistisch, phantastisch, Traktat und Reportage, die erste Autobiografie in der englischen Volkssprache, nicht in Latein. *The Book of Margery Kempe,* auszugsweise 1501 in London erschienen, dann vergessen und verschollen, wurde erst 1934 wiederentdeckt; das Manuskript befindet sich heute in der British Library. Eine Mystikerin? Eine Hochstaplerin? Sie war arrogant, demütig, eloquent, launisch, attraktiv, »eine aufrichtige Frau mit einer hohen Meinung über sich selbst«, schreibt ihre Biografin Louise Collis: »Sie war ein Opfer des religiösen Wahns.« Ihre Exaltationen waren Teil jener größeren Unruhe, die damals in Europa aufbrach und die Laien erfaßte. Statt Dogmen persönliche Offenbarungen, gegen die Verweltlichung der Kirche eine neue Frömmigkeit: das wollte auch Margery Kempe. Ihr Leben ist ein Beispiel dafür, wie man auf wundersame Weise durch die Welt, vielleicht sogar zu Gott kommt.

Margery Kempes Grab habe ich in King's Lynn vergebens gesucht. Ihr Ende, um 1440, ist so unbekannt wie das Jahr ihrer Geburt. In ihrem Heimatort erinnert nichts mehr an die exzentrische Frau von Lynn.

Houghton und Raynham Hall: Premierminister Walpole und der Herr der Rüben

Giftig kläfft Lena mich an. Lena, der Dachshund, hütet den Schoß der Marquise von Cholmondeley. Unter diesen Umständen wäre es höchst leichtsinnig, die *grande dame* von *Houghton Hall* mit einem Handkuß zu begrüßen. Sybil Lady Cholmondeley (sprich: Schamlei) empfängt mich im Coffee Room. Neben ihr ein Strauß von lila Malven, an der Wand das Porträt einer edwardianischen Beauty in Lebensgröße: Sybil Sassoon, 1913, im Jahr ihrer Hochzeit mit dem Earl of Rocksavage. Mehr als siebzig Jahre später, längst verwitwet, sitzt sie mir nun gegenüber, die Marquise mit ihrem Jugendbild. Noch einmal gelingt es der alten Dame, lebendiger zu erscheinen als ihr schöner Schatten.

Gemalt hat sie ein Amerikaner in Paris, John Singer Sargent, prominent vor allem als Porträtist der Prominenten. In drei Jahrzehnten malte »der van Dyck unserer Zeit« (Rodin) mehr als sechshundert Porträts, dann hatte er die Nase voll: »no more mugs«, keine Fratzen mehr. Eine der wenigen Ausnahmen ist das Bildnis der Sybil Sassoon, das Sargent der schönen, reichen Kaufmannstochter und Rothschild-Enkelin zur Hochzeit schenkte. 1922, drei Jahre vor seinem Tod in Chelsea, malte er sie noch einmal, mit Dekolleté und großem Faltenwurf. Nun hütet die Witwe ihre Sargents inmitten der Schätze von Houghton Hall, und Lena hütet knurrend ihren Schoß.

»Ich sammle nicht, ich habe eine Sammlung«, erklärt die Marquise mit dem Selbstverständnis der *landed class.* Die Cholmondeleys gehören zu den wenigen normannischen Familien, die das Land seit dem 12. Jahrhundert in ununterbrochener Erbfolge besitzen. Ihr

John Singer Sargent:
The Countess of Rocksavage, 1919

Stammhaus ist Cholmondeley Hall in Cheshire. Durch Heirat verbanden sie sich Ende des 18. Jahrhunderts mit den Walpoles von Houghton, wenig später mit den Herzögen von Ancaster. So fiel ihnen das Schloß in Norfolk zu und das Amt des Großkämmerers bei Hofe. Der graumelierte Herr in der goldbestickten roten Uniform, der alljährlich bei der feierlichen Parlamentseröffnung der Queen voranschritt: das war Hugh, Lady Cholmondeleys ältester Sohn, schönster Zierfisch der Monarchie, *Lord Great Chamberlain of England.* Sie selbst ist zweiundneunzig und C. B. E., *Commander of the British Empire.* Das hindert sie nicht, gelegentlich an der Kasse ihre Hauses Eintrittskarten zu verkaufen. Interviewen läßt sie sich ungern, fotografieren schon gar nicht. Knurrend blickt Lena zur Tür. Das Zeichen zum Aufbruch.

Lady Cholmondeleys Verwalter, seit fünfzig Jahren in ihren Diensten, seit zehn Jahren pensioniert und immer noch in ihren Diensten, Mr. Baldwin führt mich in den Park. »Das ist unsere Grenze mit Sandringham«, sagt er, mit einer weitläufigen Handbewegung nach Westen: Rasen, Weiden, Wald, eine grüne Unendlichkeit bis zum Horizont. Gelegentlich kommt die Queen zum Tee herüber, *quite informal.* Vor dem Haus paradieren die Pfauen und wippen mit ihren Krönchen. Honigfarben leuchtet der Aislaby-Sandstein aus Yorkshire, mit dem die Ziegelmauern rundum verkleidet sind, ein ebenso edler wie wetterfester Stein. Dies ist eines der großen Landschlösser Ostenglands, imposant und machtvoll wie der Mann, für den es bestimmt war: Sir Robert Walpole, erster britischer Premierminister.

Ein rechteckiger Block mit massiven Ecktürmen, flankiert von zwei niedrigeren Flügeln, durch Kolonnaden mit dem Hauptgebäude verbunden; Rustikageschoß, hohes Piano nobile: Venezianische Fenster, Säulenportikus und strenge Symmetrie: So präsentiert sich Houghton Hall als italienischer Palast, wie englische Palladio-Nachfolger ihn sich vorstellten, ein ähnlicher Paradebau wie zur gleichen Zeit das benachbarte Holkham Hall (Abb. 3). Der Originalentwurf, 1721, stammt von Colen Campbell, dem »Vitruvius Britannicus«. Die Vollendung, 1735, erlebte er nicht mehr. Schon vor seinem Tod hatte Thomas Ripley die Bauleitung übernommen, Nachfolger von Grinling Gibbons im Amt des Königlichen Hofzimmermanns. Statt der von Campbell vorgesehenen hohen Attika mit Giebeln setzte Ripley auf die vier Ecktürme Kuppeln mit Laternen, barocker Abschluß einer palladianischen Bauidee.

Das zahlende Publikum, seit 1976 willkommen, betritt Houghton Hall durch den Dienstboteneingang auf der Rückseite des Hauses. Das muß uns nicht kränken, denn diese Gartenfront mit Freitreppe und Säulenportikus ist weit repräsentativer als die Hauptfassade. Wie funktional das Haus angelegt war, empfanden schon die Zeitgenossen. Das Erdgeschoß, bemerkte John Lord Hervey, sei »hunters, hospitality, noise, dirt and business« vorbehalten, die Beletage mit den Staatsgemächern »taste, expense, state and parade«. Abgesehen vom Einbau eines Aufzugs für Behinderte blieb alles unverändert seit den Tagen Robert Walpoles. Für die Interieurs seiner Residenz engagierte der Premierminister 1727 William Kent, den führenden Innenarchitekten seiner Zeit. Wie knapp ein Jahrhundert zuvor Inigo

Houghton Hall, Westfront, Entwurf von Colen Campbell, um 1723/24

Jones für Lord Burlington und seinen Kreis, so wurde nun Inigos originellster Adept, William Kent, zur Leitfigur des palladianischen Geschmacks in England.

Das goldverzierte Schnitzwerk der Mahagonitüren, die ornamentalen Wand- und Dekkenmalereien, die von Gold und Schnörkeln schweren Möbel mit ihren verblichenen Samtbezügen: das alles stammt von William Kent. Seine Möbel sind korpulent und elegant wie die, die sie benutzten, pompös, manchmal steif, erstickt im Dekor der Girlanden, Putti und Bacchanten-Masken. Ein höfischer, zeremonieller Stil, der seinen Höhepunkt im Himmelbett erreicht, mit einer gigantischen Muschel am Kopfende, Kents Lieblingsornament. Da konnte Robert Walpole sich umschmeichelt fühlen von grünen Samtbehängen, und von der Decke leuchtete ihm gleich vierfach der goldene Stern seines Hosenbandordens.

Die Pracht von Houghton Hall beginnt im Treppenhaus mit dem großen Crescendo des Mahagonigeländers und den Grisaille-Wandmalereien Kents, Szenen aus dem Mythos von Meleager und Atalanta; sie kulminiert in der Stone Hall und im benachbarten Salon. Die Stone Hall im Piano nobile ist ein vollkommener Kubus von 40×40×40 Fuß, nach den Maßen des Saals in Inigo Jones' Queen's House in Greenwich, aber weit üppiger im Dekor: giebelbekrönte Türen, ein Deckenfries mit Putten und Girlanden von dem venezianischen Stukkateur Artari, von Rysbrack[1] ein klassizistischer Kamin mit Karyatiden, einem Relief und der Büste Sir Roberts, vor dem Kamin ein Aubusson-Teppich aus der Zeit Ludwigs XV. Ein prächtiges Säulenportal führt in den Salon: Wände und Polstermöbel bespannt mit burgunderrotem Utrechter Samt, monumentale Familienporträts von Reynolds, vorgoldete Mahagonisessel und Sofas von Kent, zwischen den Fenstern seine charakteristischen Konsoltische mit barock geschnörkelten Voluten und hohen Wandspiegeln, die den Glanz des Saales noch verdoppeln (Abb. 6).

Für eine Kostbarkeit englischer Webkunst entwarf Kent einen eigenen Raum, für die einzige Serie von Mortlake-Gobelins mit lebensgroßen Porträts der Stuart-Könige: James I. und seine Gemahlin Anna von Dänemark, Charles I. und Queen Henrietta Maria (beide nach Van Dyck) und Christian IV. von Dänemark, Schwager James' I. Zwischen den ganzfigurigen Herrscherporträts die Brustbildnisse ihrer Kinder in den Medaillons der Bordüren: ein charmanter Kontrast, eine brillante Galerie der Stuarts, gewoben 1670 von Francis Poyntz, mit Pflanzenfarben, frisch wie am ersten Tag. In diesem Tapestry Dressing Room stehen auch, etwas fremd, zwei viktorianische Kabinettstücke: neugotische Thronsitze von A. W. Pugin aus dem House of Lords, dem 5. Marquess of Cholmondeley als Großkämmerer zugesprochen. Alljährlich zur Parlamentseröffnung werden sie ausgeliehen, damit Prinzgemahl Philip und Kronprinz Charles der Zeremonie angemessen beisitzen können.

Was Generationen in Houghton Hall zusammentrugen, wie könnten wir das in einem einzigen Rundgang erschöpfen. Da gibt es köstliche Details in Fülle, etwa die vergoldeten

1 Michael Rysbrack, in England naturalisierter flämischer Bildhauer, schuf für Houghton Hall zwei weitere antikisierende Kaminreliefs, im Speisesaal und im Marble Parlour, beste Beispiele seiner Kunst, sowie die Liegefiguren der Britannia und des Neptun über dem Mittelfenster der Eingangsfront.

Houghton Hall, Mortlake-Gobelins im Tapestry Dressing Room

Frucht- und Laubgehänge über dem Kamin des Common Parlour, dem virtuosen Grinling Gibbons zugeschriebene Holzschnitzereien. Oder so vollendete Ensembles wie die Chinoiserien im Cabinet Room: handgemalte chinesische Tapeten, Rokokospiegel, Chippendale-Schränke, schwarzgoldene Lackmöbel, alles im Stil der Chinamode um 1800. Sie waren reich, sehr reich, die Walpoles und die Cholmondeleys, und sie hatten Geschmack; das dokumentierten sie nicht zuletzt in der Wahl ihrer Porträtisten: Reynolds, Hoppner, Rosalba Carriera, John Singer Sargent – eine auch malerisch hochkarätige Ahnengalerie. Mein Favorit indes ist eine Ente, *Die Weiße Ente* im White Drawing Room, gemalt im Jahre 1753. Ein Stilleben in Grau und Weiß, wie wohltuend im Wettstreit der Roben und der Farben. Da wirft sich kein Repräsentant in Positur, da hängt nur eine tote Ente. Aufgehängt an einem Bein vor einer Kalksteinmauer, den Kopf auf einem Damasttuch, daneben eine Porzellanschale, randvoll von Sahnecreme, in einem silbernen Leuchter eine weiße Kerze. Das ist alles. Ein leises Bild, vom Ende des Lebens, am Ende der Farben; zugleich ein Triumph der reinen Malerei. Ein Küchenstilleben der feineren Art, zelebriert von Jean-Baptiste Oudry, Hofmaler Ludwigs XV. und Direktor der Gobelinmanufaktur in Beauvais.

Auf dem Küchentisch steht eine Kerze zu Ehren der unbekannten Ente, geopfert auf dem Altar der Gaumenfreuden. Mit sublimem Pathos ist das angerichtet, ein sehr französisches Vanitasbild, mit cartesianischer Disziplin gemalt, eine kühle Chiffre, kein anekdotisches Schwelgen wie auf holländischen Stillebentafeln. Ein Memento Mori als Apotheose des kulinarischen Prinzips: Die Ente ist tot, es lebe der Braten – ich genieße, also bin ich.

So gesehen, verstanden die Herren von Houghton durchaus die Botschaft der Weißen Ente von Oudry. Der Geist der Nouvelle Cuisine blieb ihnen gleichwohl fremd wie ein kontinentales Frühstück. *Very sophisticated indeed;* allein sie aßen lieber deftig, auf den Sittenbildern von Hogarth wie in den Salons von Houghton. »They lived up to the chin in beef, venison, geese, turkeys, etc, and generally over the chin in claret, strong beer und punch«, berichtet Lord Hervey, der Erbe von Ickworth, über Robert Walpole und seine Gäste. Zweimal im Jahr lud der Premierminister Londoner Freunde und benachbarte Gutsherren zu seinen berühmten *congresses* nach Houghton ein: politische Hausparties in großem Stil, Sauf- und Freßgelage mit Jagd und Klatsch (und ohne Frauen). Einer der Gäste, der spätere österreichische Kaiser Franz I., schlief 1731 seinen Rausch im Himmelbett der Embroidered Bedchamber aus, zwischen englischen Stickereien und Brüsseler Gobelins.

Die kostbarsten Bilder von Houghton Hall hängen heute in der Eremitage in Leningrad. Was Robert Walpole sammelte, was sein Sohn Horace Walpole katalogisierte[1], das zerstreute Sir Roberts Enkel George in alle Winde. George, der 3. Earl of Orford, war ein Exzentriker, der die Güter so herunterwirtschaftete, daß er 1779 die berühmte Kunstsammlung verkaufen mußte. Den Löwenanteil sicherte sich Katharina die Große, die damals überall in Europa Gemälde für den Winterpalast und ihre Landschlösser aufkaufen ließ: dreizehn Rubens, zwölf Van Dyck, vier Teniers, Werke von Guido Reni, Salvator Rosa, Murillo, Rembrandts *Opfer Abrahams* – der Grundstock der Eremitage. Bitter enttäuscht kommentierte Horace Walpole den Auszug der Alten Meister aus seinem Elternhaus: »It is stripping the temple of his glory and of his affection ...« Insgesamt erwarb Katharina, groß auch als Sammlerin, 79 italienische, 75 deutsche und flämische, 22 französische, sieben spanische sowie fünf englische Gemälde und Zeichnungen, en bloc für 35000 Pfund. Zum Dank schenkte die Zarin dem unseligen Earl ihr Porträt, ein *chimney-piece,* wie man im Englischen so schön sagt, ein Kaminschmuck im Salon.

Vom Ausverkauf der Sammlung Walpole[2] blieben die Familienporträts verschont. So ist Sir Robert in der Stone Hall mehrfach gegenwärtig: in Öl, als Marmorbüste und als Stuckrelief hoch oben an der Decke, in einem der eichenlaubbekränzten Medaillons. Die Stone Hall war Walpoles Lapidarium, der Hauptsaal seiner Antikensammlung. Hier umgab sich der große Staatsmann mit den *Worthies* der Antike, vor allem mit den Büsten römischer Kaiser. An ihrem Vorbild maß er seinen Anspruch. Dies war ein Spiegelkabinett auch des eigenen Ruhms, Walpoles Walhalla. Sein Porträt auf der Staffelei neben dem Kamin hat mit

1 *Aedes Walpolianae,* 1747

2 Der Rückkauf eines Bildes gelang 1974: Knellers Porträt des spanischen Dichters Juan Carreras, Hofkaplan Katharinas von Braganza, hängt seitdem wieder nahe seinem ursprünglichen Platz im Common Parlour.

John Wootton: Robert Walpole, 1. Earl of Orford

römisch-englischem Realitätssinn mehr zu tun als mit antiken Schönheitsidealen. Nicht als Connaisseur der *Grand Tour* tritt er uns da entgegen, sondern als Falstaff im Freien. Die Lust an leiblichen Genüssen ist ihm eher anzusehen als der erlesene Kunstgeschmack von Houghton Hall. Ein Herr der Felder in Feldherrenpose, mit Dreispitz, Peitsche und goldbrokatgesäumtem Rock, seine Jagdmeute hechelnd und wedelnd bei Fuß: So hat ihn John Wootton porträtiert, in der grünen Uniform des *Master of the King's Staghounds* und des *Warden of the Royal Park*. Sir Robert als Rentner der Krone, das Bild eines Mannes am Ende seiner Karriere. Dieser behäbige Squire aus Norfolk war noch bis vor kurzem der mächtigste Politiker des Landes, *the Great Man,* wie seine Zeitgenossen ihn nannten, »der englische Koloß«.

Einem Dorf im Fen entlehnten sie ihren Namen, Walpole. Seit dem 12. Jahrhundert lebten sie in der Gegend von Houghton: ostenglische Landjunker, die ihre Güter bestellten und beharrlich vergrößerten. Einige brachten es zu einem Platz im Parlament. Den großen Sprung aber schafft erst Robert Walpole. Als Vertreter der Whigs kommt er 1721 an die Spitze der Regierung und wird Premierminister Georges I. und Georges II. Walpole, zunächst Lordschatzkanzler, trägt als erster den Titel *Prime Minister,* und er bleibt es länger als jeder andere, bis 1742, doppelt so lang wie (bisher) Margaret Thatcher. Er ist ein geschickter Diplomat, scheut weder Korruption noch Kabalen, ein Höfling und ein Beherrscher des Hofes, der bei seinen Schachzügen den König und die Königin so virtuos einsetzt wie seine Springer und Läufer im Parlament und daheim seine Bauern. *Norfolk trickster*

Thomas Lawrence:
Horace Walpole, 4. Earl of Orford, 1725

nennen ihn seine Gegner: Gauner aus Norfolk, Parvenü aus der Provinz (auch er), der seinen Aufstieg mit einem Landschloß krönt, finanziert durch erfolgreiche Börsenspekulationen. Er ist unpopulär wie alle, die wirklich Macht haben und sie gebrauchen, durchaus auch zu eigenem Vorteil. Indes trägt Walpole dazu bei, die alte Kluft zwischen Krone und Parlament zu überbrücken und eine neue Ära der Harmonie zwischen Exekutive und Legislative einzuleiten. Tatsächlich, schreibt der Oxforder Historiker Paul Langford, »veränderte Walpole sachte die Grundlagen der Hannoveraner Herrschaft. Die Politik des Zwangs wich der des Konsensus.« Statt Krieg zu führen, fördert er den Handel und sorgt für Stabilität im Inneren, Voraussetzungen für Britanniens Wohlstand und den Aufstieg zur Weltmacht.

Die *Pax Walpoliana* endet mit dem Sieg der Kriegspartei und Walpoles Sturz, 1742. Sir Robert zieht sich mit seiner Geliebten Mary Skerett und seinem jüngsten Sohn Horace auf seine Güter zurück, genießt die Freuden der Jagd und der Countryside. John Wootton malt das Bild, das Walpole von sich überliefern will. Da steht der alte Parlamentsfuchs in der Rolle des biederen Patrons, der Frieden und Wohlstand in barocker Fülle verkörpert, steht da wie eine Eiche in Uniform: Hier bin ich Squire von Houghton Hall, in London war ich nur Premierminister. Ist dieses Rollenporträt der letzte Trick des *Norfolk trickster*? Ein Mann im Einklang mit der Natur, vor allem mit seiner eigenen, nicht mehr im Machtkampf zwischen Krone und Parlament; die pastorale Attitüde eines Landlords, der seinen Pächtern rüde das Dach über dem Kopf abriß, weil ihre Hütten seinem Park im Wege standen. Ebenso souverän schuf er ihnen 1729 Ersatz, das Modelldorf *New Houghton;* das steht nun Spalier entlang der Straße zum Schloß. Die fünfzig Einwohner zahlen wie eh und je ihre Miete an den Marquis von Cholmondeley.

Und Horace Walpole, heute weit berühmter als der einst so mächtige Vater? Auch sein Bild sehen wir in Houghton Hall: die weichen, wachen Züge eines Jünglings in blumenbestickter Seide, der Kopf eines Denkers und Träumers, ein Kind des Rationalismus mit der Seele der Romantik. Sichtlich bezaubert vom Zauber ihres Modells, hat die venezianische Malerin Rosalba Carriera den jungen Horace Walpole porträtiert, in den zarten, schwebenden Tönen des Pastells, dessen Meisterin sie war. Als Kind von schwächlicher Gesundheit, ganz das Gegenteil seines kraftstrotzenden Vaters, der übermächtigen Figur seiner Jugend, auch er politisch hochbegabt, aber unfähig und unwillig zur Macht, so ging Horace Walpole, neben einer brillanten Karriere im Staatsdienst, den anderen, geheimen, aufrührerischen Weg: in die exzentrische Welt von Strawberry Hill, in die neugotischen Paläste und Abgründe der Phantasie.

Während seiner Studienzeit in Cambridge und später verbrachte Horace Walpole immer wieder lange, oft quälende Sommerwochen im Landschloß seines Vaters. Von außen fand er es »picturesque«, »but bad and inconvenient within«. Wie ein Szenario von Fellini schildert er im August 1743 einem Freund die Atmosphäre von Houghton Hall: »Stell' Dir nur vor, daß ich hier jeden Tag Menschen sehe, die Gebirge von Roastbeef sind und die so aussehen, als wären sie daraus nur im gröbsten Umriß zu menschlicher Gestalt ausgehauen wie der Riesenfelsen in Pratolino! Ich schaudere, wenn ich sie ihre Messer schleifen sehe, um mit ihnen zu schneiden, und kann sie für nichts anderes ansehen als Wilde, die einander auffres-

Raynham Hall, 1819, Kupferstich von F. R. Hay, nach einer Zeichnung von J. P. Neale

Godfrey Kneller (Studio): Charles Townshend, 2. Viscount, um 1695

sen.« Die Symbiose von Kannibalismus und Kultur, die Gefräßigkeit der Sammler und Jäger, nein, Houghton Hall war nicht für Horace Walpole gebaut, er baute sich seine eigenen, ungleich bizarreren Schlösser: *The Castle of Otranto,* die Burg seines Schauerromans von 1765, und Strawberry Hill, sein höchst reales Traumhaus in Twickenham. Houghton Hall, das war die klassizistische, bürgerliche, alte Welt, der goldene Käfig der Realpolitik, kein Ort für Robert Walpoles Sohn. Wohin sein Abschied vom Elternhaus führte, diesen Aufbruch in die Romantik und »die Ästhetik der schönen Unregelmäßigkeit« hat Norbert Miller in seiner Studie über *Strawberry Hill* exemplarisch beschrieben.

Horace Walpole starb 1797, unverheiratet, letzter Earl of Orford. Wo er nicht leben mochte, liegt er nun begraben, zusammen mit seinem Vater: in der kleinen Kirche im Park[1] von Houghton Hall. Ich gehe hinüber in die ehemalige Orangerie. Marschmusik tönt mir entgegen. Hier toben noch immer die Schlachten von Waterloo und Balaklawa, im zierlichen Format der Zinnfiguren Lord Cholmondeleys, des jetzigen Besitzers. Eine der größten Sammlungen in Europa, rund 22000 Zinnfiguren: »Jede einzelne hat der Marquis selbst aufgestellt«, versichert Mr. Baldwin, der Verwalter. Nebenan gibt es Tee. Erst Hauskapelle, dann Turnhalle, jetzt Tea-room: So ändern sich, auch darin, die Herrenhäuser. Manche

1 Die Kirche, allein übriggeblieben vom alten Dorf Houghton, diente dem Gartenarchitekten Charles Bridgeman als pittoresker Parkdekor mit praktischer Nutzung, ebenso wie das *Water House,* um 1733 vom 9. Earl of Pembroke entworfen: ein Pavillon mit einem Tank für mehr als 90000 Liter Wasser für Haus und Ställe, im ersten Stock ein Gartentempel.

freilich sind immer noch gänzlich privat und prächtig wie am ersten Tag. Zum Beispiel *Raynham Hall* südöstlich von Houghton.

Im dunklen Eichentreppenhaus von Raynham, heißt es, geht der Geist von Dorothy Walpole um[1], Sir Roberts Schwester, zweite Frau des 2. Viscount Townshend, »a lady of undisciplined morals«, wie ein Chronist des Hauses anmerkt. Houghton, Holkham und Raynham waren die drei großen Landschlösser des 18. Jahrhunderts in Norfolk, ihre Besitzer die führenden Familien der Grafschaft. Den Walpoles, Cokes und Townshends gehörte die gesamte nordöstliche Ebene des Landes. Sir Robert und Horace Walpole, Coke of Holkham und »Turnip« Townshend waren Protagonisten der Politik, Kunst und Landwirtschaft, Erbdomänen der englischen Aristokratie. Sie repräsentieren einen Teil der Geschichte ihrer Epoche, abzulesen an ihren Häusern. Das am wenigsten bekannte ist Raynham Hall, *strictly private* bis heute.

Splendid isolation in einem Park von Capability Brown. Unvergeßlich der Moment in der Mitte des Hauses, wenn durch die geöffneten Türen auf beiden Seiten die Landschaft erscheint – die grandiose, grüne Sichtachse einer Lebensform, die Abgeschiedenheit und Offenheit so verschwenderisch wie selbstverständlich verbindet. Ein Haus der klassischen

1 Captain Provand, einem Fotografen, gelang es 1936, die sog. *Brown Lady of Raynham Hall* zu fotografieren: eine weiße Silhouette auf der Treppe, eine der wenigen Gespensteraufnahmen, die selbst Experten nicht als Fälschung entlarven konnten.

Symmetrie, Backstein, mit Sandstein gefaßt, leicht vorspringende Flügel, holländische Giebel. Raynham Hall strahlt Wärme und Wohnlichkeit aus, nicht nur Repräsentation. Königlich bewirtete Sir Horatio Townshend hier im September 1671 Charles II. Die Ausgaben sind im Familienarchiv genau verbucht: 17 Schweine, 10 Kälber, 40 Gänse, 25 Truthähne, 351 Pfund Butter, 1400 Eier, 1600 Walnüsse, 9 Ochsen, 22 Schafe, 6 Faß Ale, 14 Faß Bier, etc. Nicht jeder konnte sich leisten, den König zu empfangen; mancher ging dabei bankrott.

Begonnen wurde Raynham Hall 1622, in der Blütezeit der englischen Renaissance, entworfen wahrscheinlich vom Bauherrn selbst, von Sir Roger Townshend. Der makellose palladianische Stil der Ostfassade mit den Venezianischen Fenstern legt nahe, daß Inigo Jones am Entwurf beteiligt war. Ein Jahrhundert später jedenfalls finden Inigos Ideen in William Kents Interieurs ihr barockes Echo, auch in Raynham Hall. Dort gelangen ihm zwischen 1720 und 1730 einige seiner schönsten Räume: die weiße Eingangshalle, eineinhalb Stockwerke hoch, strahlend in Marmor und Stuck; der Speisesaal mit seiner dreifachen Bogenstellung; der Belisarius Room[1] mit Kamin- und Deckendekor und vergoldeten Lampenständern, Karyatiden für vier Kerzen – »Kentissime« (Pevsner). Grandeur und, auch das, Grazie dieser Arbeiten William Kents stehen gleichrangig neben seinen Entwürfen für Chatsworth und Kensington Palace.

Die Townshends hatten als Richter in den Zeiten der Tudors reüssiert. Charles Townshend: als Finanzminister der Regierung Pitt ein Desaster, als Porträtmodell für Reynolds erträglich. Sein Bruder George: erster englischer Vizekönig in Dublin, abberufen wegen maßloser Unbeliebtheit. Eine glücklichere Hand hatte Charles, 2. Viscount Townshend: Seine Schwester wurde Sir Robert Walpoles Frau und er sein Außenminister. Zehn Jahre regierten die beiden Schwager aus Norfolk das Land; dann, 1730, drängte Walpole den Schwächeren aus dem Amt. Fortan bestellte Lord Townshend das Feld der nationalen Ehre mit Rüben. Dafür erntete er den Spitznamen »Turnip« Townshend und den Ruf, in England den Rübenanbau eingeführt zu haben. Das ist natürlich Unsinn.

Steckrüben wurden schon im 16. Jahrhundert angepflanzt, Holländer hatten sie eingeführt, Jethro Tull hatte ihre Anbaumethoden verbessert. Nach seinem Vorbild propagierte »Turnip« Townshend den Nutzen der Rüben: zur Reinigung des Bodens, als Viehfutter im Winter, als wesentliches Element des Vierfruchtwechsels. *Norfolk Four Course Rotation* wurde zum Begriff und verbreitete sich von hier aus über ganz England. Der wechselnde Anbau von Weizen, Steckrüben, Gerste und Klee sorgte dafür, daß die Böden unterschiedlich ausgelaugt wurden und sich durch bestimmte Nährstoffe regenerierten – ein entscheidender Fortschritt gegenüber der jahrhundertealten römischen Dreifelderwirtschaft (*open-field-system*), wo man die Felder jedes dritte Jahr brachliegen ließ. Das von Lord Townshend geförderte System des Fruchtwechsels war ein weiterer Schritt auf jenem Weg, der sehr viel langwieriger war, als der flotte Name Agrarrevolution suggeriert. Bessere Böden brachten mehr Futterpflanzen, mehr Futter brachte mehr Vieh, mehr Vieh mehr Dünger für die

1 So genannt nach einem Gemälde von Salvator Rosa, das früher hier hing: ein Geschenk des preußischen Königs Friedrich Wilhelm I. an den 2. Viscount, »Turnip« Townshend.

Getreidefelder. Nun hatte das Vieh auch im Winter genug zu fressen; bisher mußte man es in der Regel gegen Ende des Herbstes schlachten und einpökeln. »Turnip« Townshend und Coke of Norfolk, sein Nachbar in Holkham, brachten ihre bis dahin rückständige Grafschaft an die Spitze der englischen Landwirtschaft. Dank ihrer Reformen ließen sich Getreideanbau und Viehzucht erheblich steigern – angesichts der rapiden Zunahme der Bevölkerung ein Segen für das ganze Land.

Wenn der Herr der Rüben von Raynham Hall einen Rühmnamen verdient, dann wohl eher »Marling« Townshend. Die Einführung der Mergeldüngung, *marling,* war seine eigentliche Neuerung. Erst dadurch wurde das weite, wilde Grasland der Schafe zwischen Raynham und Holkham zum fruchtbarsten Ackerbaugebiet Ostenglands. Heute baut der 7. Marquess of Townshend auf seinen Gütern vorwiegend Raps und Gerste an; Rüben sind *out.* Der Ruhm von Raynham hat einen neuen Namen: *Sky Arabian Stud.* Anfang der sechziger Jahre begann die Marquise, Araber zu züchten, »just for pleasure«. Inzwischen ist ihr Gestüt ein Begriff. In den alten Reitställen[1] stehen die Stars mit den himmlischen Namen: Sky Crusader, Sky Wings, Sky Solitaire, Song of the Sky, Nirvana Sky. Auf der Koppel weiden die *mares and foals,* als sei's ein Bild von Stubbs.

Maria Stuart in Oxburgh Hall: Stickereien im goldenen Käfig

»Come! Come! Come! ye admirers of Beauties . . !« Kommt her, ihr Bewunderer des Schönen, schrieb der Maler John Sell Cotman im August 1804 an seinen Mäzen Dawson Turner und dessen Familie, laßt die »Modetorheiten« in Yarmouth, Bälle und Kartenspiel, kommt nach *Castle Acre!* Es war die bis heute spürbare, unvergleich dichte mittelalterliche Atmosphäre dieses Ortes östlich von King's Lynn, die Cotman so schwärmen ließ, nicht nur die normannische Klosterruine, die er später allein in fünf Radierungen festhielt. Der frühen Begeisterung des Künstlers folgte 1971 das amtliche Siegel: Castle Acre wurde als erstes Dorf in Norfolk unter Denkmalschutz gestellt.

Schon prähistorische Siedler nutzten die strategisch günstige Lage des Hügels in den Flußauen. Wo der keltische *Peddars Way,* dann die Römerstraße den River Nar überquerte, errichtete William de Warenne, Schwiegersohn des Conquerors, kurz nach der normannischen Eroberung die Burg, die dem Ort seinen Namen gab. Castle Acre war eine Bastide, eine befestigte Siedlung für Kolonisten, ganz von den Erdwällen des äußeren Burgbezirks umgeben. Es war eine der größten *motte and bailey*-Burgen in England: ein Ringwall mit Flintmauer und Wehrgang, ein tiefer Halsgraben, in der Mitte der steile Burgberg, wieder mit einer Ringmauer, im Zentrum der massive rechteckige Belfried. Von all dem blieben

1 Auch die *stables* von Houghton Hall, vier imposante Backsteinflügel mit Innenhof, haben noch das Originalinterieur des 18. Jahrhunderts.

gewaltige Erdwälle übrig und ein Torbogen aus dem 13. Jahrhundert. Castle Rising hat die imponierendere Burg, Castle Acre die berühmtere Klosterruine.

Castle Acre Priory liegt außerhalb des Dorfes, in den Wiesen am River Nar. Es war ein Cluniazenserkloster, gegründet um 1090, und unterstand fast drei Jahrhunderte dem Mutterhaus in Cluny. Mit ihren fünf Apsiden, nur noch an den Grundmauern abzulesen, folgte die englische Klosterkirche auch im Grundriß ihrem Vorbild in Burgund (Cluny II). Einzig die Westfassade hat überdauert, auch ohne ihre beiden Türme ein triumphaler Torso spätnormannischer Architektur (Abb. 81). Die dreiteilige Wandgliederung entspricht den Haupt- und Seitenschiffen der Kirche. In mehreren Reihen gestaffelt, umspielen Blendarkaden das große Rundbogenportal, eine scheinbar unendliche Folge sich überschneidender Bögen, Lieblingsmotiv anglo-normannischer Steinmetze. Ihr virtuoses Handwerk bezeugen die Würfelkapitelle, die Dämonen am Gesims, vor allem aber das Stufenportal mit seinem reich profilierten Gewände. Welches Gefühl für Proportion und Rhythmus der Fassade war hier am Werk, welche Harmonie von Ruhe und Bewegung. Abends, wenn die letzten Besucher gehen, ist die Ruhe der Ruinen vollkommen. Zwischen den bizarren Flint-Gerippen drehte Roger Corman einige der gespenstischsten Szenen seines Edgar-Allan-Poe-Films *The Tomb of Ligeia*.

Nur 25 bis 30 Mönche lebten im Mittelalter in diesem Kloster, weit weniger, als die ausgedehnten Ruinen vermuten lassen. Am besten erhalten ist das Haus des Abts, der im frühen 16. Jahrhundert im Westflügel residierte. Er hatte ein eigenes Bad mit eingebautem Waschbecken, ein erheblich höherer Hygienekomfort als die Laien seiner Zeit. Norfolks bedeutendstes Cluniazenserkloster lag an der Pilgerstraße nach Walsingham; als Konkurrenzattraktion offerierte man eine Armreliquie des heiligen Philip. Nach der Reformation verfiel Castle Acre Priory und wurde, wie die Burgruine, zum Steinbruch für die Häuser der Umgebung.

Dies ist ein Dorf fast ganz aus Flint, von der Pfarrkirche des 15. bis zum Altersheim des 20. Jahrhunderts. Erst in den letzten Jahren werden neben den traditionellen Flint-Cottages auch Klinkerhäuser gebaut; immerhin noch keine Bungalows. Seit Castle Acre unter Denkmalschutz steht, wurde der Ort zu einem gesuchten Wohnsitz für Pendler von King's Lynn oder Swaffham. Wie meist in solchen Fällen, stiegen die Hauspreise so drastisch, daß junge Einheimische sich kein eigenes Cottage im Dorf mehr leisten können und in Mietwohnungen an den Ortsrand ziehen.

In den Feldern nordöstlich von Castle Acre liegt eine erstaunliche Gruppe von vier angelsächsischen Dorfkirchen aus dem späten 10. und 11. Jahrhundert: *Newton, Great Dunham* und die beiden Rundturm-Kirchen von *East Lexham* und *West Lexham*.[1] Der Raffinesse spätnormannischer Klosterarchitektur, dem Reichtum der Ornamente von Castle Acre haben sie nichts entgegenzustellen als wenige, einfache Formen. Wuchtig steht der Zentralturm von Great Dunham zwischen dem schmalen, einschiffigen Kirchenraum und dem winzigen Chor (im 15. Jahrhundert erneuert). Der axiale Grundriß ist charakteri-

1 Weiter westlich in *North Elmham* liegen die Ruinen einer angelsächsischen Kathedrale (siehe Anhang, S. 543).

John Sell Cotman: Castle Acre Priory, Westfront, 1813

stisch für angelsächsiche Kirchen, ebenso der Westeingang mit seinem dreieckigen Türsturz, die Zwillingsfenster im Turm mit eingestellter Säule, darüber die beiden runden Schallöcher. Es gab ursprünglich nur wenige, kleine Fenster; die Rundbögen sind vielfach mit römischen Ziegeln dekoriert, die Mauern aus unbehauenem Flint, an den Ecken durch *long-and-short-work* (Steinfachwerk) gefestigt. Charakteristisch auch die Blendarkaden in Great Dunham Church und das Pyramidendach des Zentralturms von Newton. Es sind Bauernkirchen von wunderbarer Schlichtheit, karg und kräftig.

Auf dem handgeschnitzten Ortsschild von *Swaffham,* südlich von Castle Acre, begrüßt uns ein Mann in mittelalterlicher Tracht, John Chapman, genannt *the Peddlar,* der Händler. John hatte einen Traum: Er solle nach London wandern, auf der London Bridge träfe er jemanden, der ihm Glück bringen würde. John nahm seinen Hund und ging. Tatsächlich sprach ihn ein Fremder auf der London Bridge an. Als der von seinem Traum hörte, lachte er ihn aus: »Wollte ich an Träume glauben, wäre ich ein Narr wie du. Neulich träumte ich, in Swaffham lebe ein Mann namens Chapman, und in seinem Garten, unter einem Baum vergraben, liege ein Schatz.« John eilte zurück nach Hause, grub und fand einen Krug voll Gold.

Die schöne Geschichte hat einen wahren Kern. In Swaffham lebte tatsächlich ein Mann, der Hans Chapman hieß, ein erfolgreicher Händler und Wohltäter der Gemeinde. Er stiftete

Geld zum Bau von St. Peter & Paul (1454–90). Auf einer der Gestühlswangen im Chor haben Herr und Hund ihr populäres Denkmal. Swaffhams Pfarrkirche hat hohe gotische Arkaden und eine doppelte Stichbalkendecke aus Kastanienholz. An den reichverzierten Balken, im Scheitel der Decke, überall Engel mit ausgebreiteten Flügeln, ganze Heerscharen in Holz. Die Wirkung des Raums wird durch die Harmonie seiner Proportionen gesteigert: Das Hauptschiff ist 51 Fuß hoch, ebenso breit und genau doppelt so lang.

Eine Lindenallee führt über den Kirchhof zum Marktplatz. Bei der Säulenrotunde von 1783 trifft man sich wie eh und je, unter der Kuppelfigur der Ceres, der Göttin der Fruchtbarkeit (Abb. 55). Im Regency traf sich Norfolks Landadel in Swaffham zu Konzerten, Bällen und Soireen. Einige georgianische Häuser erinnern noch an diese Zeit, als man die kleine Stadt zum »Montpellier von England« deklarierte. Aus Swaffham stammt der Mann, der das Grab des Tut-ench-Amun entdeckte, der Archäologe Howard Carter.

Wen britisches Dorfleben der Eisenzeit interessiert, findet südwestlich von Swaffham den prähistorischen Abenteuerspielplatz von *Cockley Cley*. In diesem Ort am *Icknield Way*[1] haben die Archäologen eine Siedlung der Iceni aus der Zeit um 60 n. Chr. rekonstruiert, Holzhütten mit Wassergraben, Zugbrücke, Palisaden und Naturlehrpfad. Drei Meilen und 1400 Jahre weiter lebte man auf dem Lande immer noch gern im Schutz von Wassergräben, im übrigen aber durchaus feudal. Zum Beispiel in *Oxburgh Hall*.

Ich kam an Viehweiden und Kornfeldern vorüber; hin und wieder kleine Wälder, selten ein Haus. Sehr abgelegen ist dieser Teil Norfolks, zwischen Brecklands und Fen. Ich spürte, wie einsam es hier vor Jahrhunderten war. Als ich endlich die Türme von Oxburgh Hall sah, das warme Rot der Tudorziegel, das Torhaus, das aus dem Wassergraben aufragt wie ein Fels aus der See: da fühlte ich mich erleichtert, und als ich im Innenhof stand, vollends in Sicherheit, willkommen wie ein Gast der Familie. Daß diese Türme und Mauern eher einladend als abschreckend wirken, gehört zum Charme von Oxburgh Hall (Abb. 10).

Hier scheint das Mittelalter noch einmal alle Elemente seiner Militärarchitektur zu demonstrieren: Torhaus, Burggraben und Zinnenkranz. Doch unter den Händen der Tudor-Baumeister wendet sich alles zum Ornament, zu Zitaten des Burgenstils. Die Mauern aus häuslichem Ziegel, nicht aus massivem Stein; zwei große Fenster, wo das Torhaus am verletzbarsten ist; und der Wassergraben so flach, eher zur Zierde als zur Verteidigung. Indes gab es noch bis kurz nach 1700 eine Zugbrücke, die man bei Gefahr hochziehen konnte. Zwar war der Hundertjährige Krieg längst zu Ende, aber immer noch zogen Banden ehemaliger Söldner plündernd durchs Land. In politisch und wirtschaftlich unsicheren Zeiten, 1482, drei Jahre vor dem Ende der Rosenkriege, begann Sir Edmund Bedingfield mit dem Bau seines Herrenhauses: noch befestigt, aber schon auf dem Weg zur Landsitzeleganz kommender Generationen. Sir Edmund war Marschall von Calais, das Torhaus von Oxburgh das Triumphtor seiner Nobilität. Wie eine Tiara krönt der Zinnenkranz die beiden

1 Der *Icknield Way* der Jungsteinzeit, wahrscheinlich schon im 6. oder 5. Jahrtausend v. Chr. benutzt, verlief von Salisbury Plain im Süden bis zum Wash im Nordosten. Es war die Route der prähistorischen Siedler, später der Viehtreiber.

achteckigen Türme, die den Zentralturm flankieren. Sieben Stockwerke hoch sind diese Türme, von Blendbögen aus Backstein wie mit Spitze überzogen, und alle Spatzen pfeifen es von den Zinnen: Dies ist das schönste Torhaus der frühen Tudorzeit.[1] Es diente vor allem der Repräsentation, der Verteidigung nur noch am Rande. Die Wendeltreppe im Nordwestturm ist eine geniale Backsteinspirale, ein Meisterwerk der Maurer aus Norfolk um 1485. Ihre hohe Kunst demonstrieren sie auch in den Turmräumen mit Rippengewölben aus Ziegel. Die tudoresken Backsteinornamente der Schornsteine stammen indes aus dem frühen 19. Jahrhundert. Glorios der Blick vom Turm, an klaren Tagen übers Fen bis zu den Türmen von Ely Cathedral. Zu unseren Füßen, an der Ostseite des Hauses, ein französisches Gartenparterre von 1845, mit Eibenkugeln und barock geschwungenen Blumenbeeten. Den südlichen der vier Flügel von Oxburgh Hall, den Tudor-Saal gegenüber dem Torhaus hatte ein Bedingfield um 1775 abgerissen. Seine Nachfahren schlossen die Lücke um 1835 wieder, nicht historisch genau, aber mit Sinn für pittoreske Wirkung. Der mächtige Südostturm ist ein Teil dieser viktorianischen Restaurierung. Hochviktorianisch auch die meisten Interieurs. Viel schweres Schnitzwerk, dunkle Eichenvertikos, buntglasierte Kacheln, üppig ornamentierte Tapeten. Geschichte riecht in solchen Häusern immer nach Bohnerwachs und Rosenblättern.

Im April 1487 machte Henry VII. auf der Wallfahrt nach Walsingham Station in Oxburgh Hall. Mit seiner Gemahlin Elizabeth of York residierte er im eben vollendeten Torhaus. Im King's und Queen's Room, sparsam möbliert, spüren wir noch die Atmosphäre des Tudor-Hauses. Und wir sehen, was der berühmteste, unglücklichste Gast des Hauses hinterließ: die Stickereien der Maria Stuart. Queen Elizabeth I. hat ihre Rivalin ja nicht in den Tower gesperrt, »nur dringlich, mit unwiderstehlicher Dringlichkeit hat sie ihre schottische Schwester gebeten, schöne englische Landsitze dauernd zu bewohnen« (Stefan Zweig). Einer dieser goldenen Käfige war Oxburgh Hall.

Dort lebte die schottische Königin um 1570, am Anfang ihrer endlosen Gefangenschaft, umgeben von Zofen, Vertrauten, Spionen, einem ganzen Scheinhofstaat von Dienern und Bewachern. Ihre treuesten Freunde waren nun Spaniels und Wachtelhunde. In der Einöde von Norfolk, am Rand der Fens und der Verzweiflung, in den leeren Stunden und Tagen und Wochen in Oxburgh Hall saß Maria Stuart immer wieder am Stickrahmen, eine Frau in Schwarz. Sie stickte ihr königliches Monogramm, Rebus und Anagramme, Vogel- und Pflanzenmotive, sie stickte »Virescit Vulnere Virtus«[2], eine ihrer Lieblingsmaximen: »Tugend wächst durch Wunden.« Indes war das *petit point* ihrer Resignation nur die Tarnung ihrer anderen, eigentlichen Tätigkeit, der Konspiration. So fein, wie sie stickte, spann Maria Stuart bis zuletzt auch die Fäden zu ihrer Befreiung. Mit ihr stickte, neben ihr intrigierte Elizabeth, Countess of Shrewsbury, genannt Bess of Hardwick, die Frau ihres obersten Bewachers. *The Marian Needlework,* über hundert Stickereien auf verblichenem

1 Vergleichbare Tudor-Torhäuser aus Backstein: die von Queens' College (1488) und St. John's (1511) in Cambridge; Layer Marney Tower in Essex (1520; Farbt. 19); die Deanery in Hadleigh, Suffolk (1495; Abb. 18).

2 Überliefert bei dem Enzyklopädisten Gellius in den *Noctes Atticae* 18, 11, 4.

grünem Samt, Maria Stuarts Handarbeiten gehören heute zum touristischen Reliquienkult des Hauses.

Es war eine tückische Gunst Elizabeths I., ihre katholische Rivalin auf dem Landsitz der Bedingfields zu internieren. Oxburgh Hall gehörte zu den katholischen Hochburgen des Königreichs.[1] Die Bedingfields waren auch nach der Reformation dem *Old Faith* treu geblieben, loyal zum Papst, aber auch zur Krone. Hätte die protestantische Elizabeth sonst 1578 Oxburgh Hall besucht? Als zwei Jahre später die ersten Jesuiten ins Land kamen, stellte sie die Beherbergung katholischer Priester gesetzlich unter Strafe. Damals legten die Bedingfields neben dem King's Room ein *priest's hole* an, ein wohlgetarntes Priesterversteck, wie es die großen Rekusantenhäuser alle hatten.[2]

Nicht nur Juden und Nonkonformisten bekamen die Grenzen englischer Liberalität zu spüren. Der *Five Mile Act* von 1593 beschränkte die Bewegungsfreiheit von Katholiken auf einen Umkreis von fünf Meilen von ihrem Wohnort. Katholiken hatten wesentlich höhere Steuern zu zahlen, Schulen und Universitäten waren ihnen verwehrt, ebenso jedes öffentliche Amt, selbst der Eintritt in Armee und Marine. Viele katholische Familien paßten sich äußerlich an, viele verarmten. Auch die Bedingfields verloren an Macht und Prominenz. Erst der *Catholic Emancipation Act* von 1829 beendete offiziell die Diskriminierung der Katholiken in England. Zehn Jahre später bekam Oxburgh Hall eine katholische Kapelle im neugotischen Stil.

Fast fünfhundert Jahre lang war dies der Familiensitz der Bedingfields. Der heutige Erbe wohnt nur noch zur freien Miete im Schloß der Väter: Seit 1952 gehört Oxburgh Hall dem National Trust. In ihrer Grabkapelle, dem einzig erhaltenen Teil der Pfarrkirche, haben sich die Gründer des Hauses ihr letztes Denkmal gesetzt, eine Besonderheit auch dies: zwei Terrakottagrabmäler, überaus reich ornamentiert mit Pilastern und Bögen, entstanden um 1525, als Terrakotta *fashionable* wurde durch die ersten Künstler, die im Stil der italienischen Frührenaissance in England arbeiteten.[3]

Thomas Paine aus den Brecklands: Vom Glanz der Freiheit und der Feuersteine

An einem Sonntag im November 1979 schlug Arthur Brooks' Metalldetektor heftig aus. In Gallows Hill, einem Fabrikgelände am nördlichen Stadtrand von *Thetford,* war der Amateurarchäologe auf einen der größten römischen Schätze gestoßen, die in diesem Jahrhundert

1 Andere traditionell katholische Landsitze Englands: Arundel Castle (Sussex), Carlton Towers (Yorkshire), Coughton Court (Warwickshire), Harvington Hall (Worcestershire).

2 Der ingeniöseste Konstrukteur solcher *priest's holes,* Nicholas Owen, wurde in einem seiner Verstecke ausgehungert, 1606 im Tower zu Tode gefoltert und 1970 heiliggesprochen.

3 Aus der gleichen Zeit, vielleicht von denselben Künstlern stammen die Terrakottagrabmäler in *Wymondham* (Norfolk) und in *Layer Marney* (Essex).

in England gefunden wurden: Broschen, Armreife und Ringe aus Gold, viele mit Edelsteinen besetzt, eine goldene Schnalle mit Satyr-Relief, Gemmen, reichverzierte Silberlöffel, mehr als achtzig Objekte, Ende des 4. Jahrhunderts entstanden und in den Wirren des römischen Rückzugs aus Britannien wahrscheinlich von einem Juwelier vergraben, zusammen mit einem Tempelschatz. Der *Thetford Treasure* ist heute im Britischen Museum. Am Fundort entdeckten die Archäologen Reste von drei großen Rundhäusern der Eisenzeit, vermutlich ein Teil des Palastes von Boudicca, der rebellischen Königin der Iceni (siehe S. 72).

Wo River Thet und Little Ouse zusammenfließen, bewachte schon früh eine Burg den Übergang des Icknield Way. Wer Thetford hatte, hatte den Schlüssel nach Norfolk. Unter den Dänenkönigen Swein und Knut war Thetford Hauptstadt von East Anglia, unter den Normannen Bischofssitz, bis 1095. Dann übernahm Norwich die führende Rolle in der Kirchen- und Machtpolitik der Provinz. In seiner Blütezeit im 14. Jahrhundert hatte der Ort zwanzig Pfarrkirchen und vier Klöster. Das bedeutendste war St. Mary's Abbey, eine Gründung der Cluniazenser (um 1103). Die Ruinen am nördlichen Stadtrand zeigen noch den charakteristischen Grundriß der Abteikirche von Cluny. Der Auflösung der Klöster nach der Reformation folgte der Niedergang Thetfords, dessen Tuchindustrie mit Norwich und Ost-Suffolk nicht konkurrieren konnte. Aus dieser Provinzstadt kam der Weltbürger Thomas Paine, Autor der *Rights of Man,* Propagandist der amerikanischen Unabhängigkeit, Aktivist der Französischen Revolution, mit Danton und George Washington befreundet, vom englischen Establishment gehaßt, vereinsamt gestorben in New York und noch als Toter in seinem Geburtsland unerwünscht.

Thomas Paine, 1737 in Thetford geboren, war der Sohn eines Quäkers und Korsettmachers. Mit dreizehn verließ er die Schule, um im Miederwarengeschäft der Eltern mitzuarbeiten, ein Autodidakt, der lieber Zeitungen als Bücher las und lieber in Kneipen als in Bibliotheken ging. Paine wurde Prediger, Hilfslehrer, Steuereintreiber, Tabakwarenhändler, bevor er, von verschiedenen Berufen und zwei Ehen enttäuscht, 1774 nach Amerika auswanderte. Auf dem Höhepunkt des Konflikts zwischen England und seinen amerikanischen Kolonien, im Januar 1776 erschien in Philadelphia anonym das Pamphlet *Common Sense,* Paines Plädoyer für die Unabhängigkeit Amerikas: »Eine eigene Regierung ist unser Naturrecht.« Die Stimme des *Gesunden Menschenverstandes* war der Ruf nach einer demokratischen Verfassung, nach den bürgerlichen Grundrechten, wie sie erstmals, von Paine mitformuliert, in der amerikanischen *Bill of Rights* 1776 verkündet wurden. Welche Hoffnung, welche Euphorie: »Amerika hat es in der Hand, die Welt neu zu beginnen.« *Liberty* erhob ihre Fackel, und Paine schürte die Flamme; erst in Amerika, dann in Frankreich und England. Der Mann aus Thetford hatte seinen Beruf gefunden: Revolutionär.

Nach dem Sieg der Republikaner im Amerikanischen Unabhängigkeitskrieg agitierte Tom Paine in Paris auf der Seite der Girondisten. »Beteiligung an zwei Revolutionen bedeutet, dem Leben etwas Sinn zu geben.« Wieder in England, veröffentlichte er 1791 *The Rights of Man,* das Buch eines radikalen Demokraten, der als einzigen Souverän das Volk und seine gewählten Vertreter proklamierte. Der zweite Teil der *Menschenrechte,* als Sixpence-Ausgabe erschienen, war schon zwei Jahre später in 200000 Exemplaren verbreitet, unter den Arbeitern der Zinnminen von Cornwall ebenso wie unter den Messerschmieden von Sheffield. In seiner Heimat wegen Hochverrats angeklagt, floh Paine nach Paris. Dort machte man ihn zum Ehrenbürger und Abgeordneten der Nationalversammlung. Den Sturz der Monarchie bejubelte er, nicht aber das Todesurteil gegen den König. Nun ergriffen ihn Robespierres Jakobiner als Hochverräter. Im Gefängnis schrieb Paine *The Age of Reason,* im Angesicht der Guillotine ein Plädoyer für das *Zeitalter der Vernunft:* gegen einen König von Gottes Gnaden, gegen die Staatskirche, gegen jede institutionalisierte Religion. Damit verdarb er sich auch die letzten Sympathien in der alten und der neuen Welt der Puritaner. Noch Präsident Roosevelt nannte Paine »diesen schmutzigen, kleinen Atheisten«. Nach seiner Freilassung kehrte er 1802 nach Amerika zurück, ein Nonkonformist, der die Freiheit ungeteilt wollte, auch für die Sklaven. Politisch isoliert, von seinen Freunden verlassen, starb *Citizen* Paine 1809 in einer elenden New Yorker Pension. Als sein Bewunderer William Cobbett zehn Jahre später seine Gebeine nach England überführte, verhinderte die Polizei die Beisetzung. Paines Grab ist unbekannt.

»Soviel sich vorhersehen läßt, kann vielleicht in der Folge Europa eine einzige große Republik bilden und der Mensch in dieser vollkommen frei sein.« Sätze aus den *Rights of Man,* auch zwei Jahrhunderte später noch nicht gänzlich eingelöst. In seiner Paine-Biografie von 1988 beschreibt der Oxforder Philosoph Sir Alfred Ayer nicht zuletzt die Aktualität dieses politischen Denkens: repräsentative Demokratie zu üben, Selbstbestimmung zu lernen, statt sich charismatischen Führern oder anonymen Technokraten auszuliefern. In Thetford steht das Denkmal des Republikaners Paine, dem King's House[1] gegenüber. In der White Hart Street preist das Thomas Paine Hotel sein angebliches Geburtszimmer als *Honeymoon Suite* an, mit einem scheußlich vergoldeten Himmelbett.

Thetford, einst »Queen of the East« genannt, ist heute eine expandierende Kleinstadt, wirtschaftlicher Mittelpunkt einer eigenartigen, öden Region, der *Brecklands.* Meilenweit erstrecken sich im Südwesten Norfolks die gleichförmigen Nadelholzplantagen des Thetford Forest. Was wir sehen, ist indes nicht mehr die Landschaft, die ihr Name ursprünglich meint. Die Brecklands wurden nach ihren *brecks* benannt: Felder, im Ödland angelegt und später wieder verwildert. Für die frühen Siedler der Steinzeit waren die kargen Böden aus Sand und Geröll zumindest leicht zu bearbeiten, frei von den Sümpfen und dichten Wäldern, die weite Teile des Landes bedeckten. Als sie dann mit Eisenpflügen die schwereren, fruchtbareren Böden East Anglias kultivierten, wurden die Felder der Brecklands Weideland. Schon in prähistorischer Zeit grasten dort die Schafe. Seit dem 13. Jahrhundert züchtete man auch Kaninchen[2], geschätzte Fleisch- und Fell-Lieferanten der mittelalterlichen Ökonomie. Die Flurbezeichnung *Warren* erinnert noch an diese einst riesigen Kaninchengehege. Vikto-

1 In King Street, benannt nach James I., der zwischen 1608 und 1618 mehrfach in Thetford hofhielt.

2 Der Wilddiebe wegen hatten die Wildhüter befestigte Häuser; das besterhaltene, *Thetford Warren Lodge* (um 1400), bewachte das Kaninchengehege des Priors von Thetford, damals auf freiem Feld, heute mitten im Wald.

rianische Landlords schließlich machten die Brecklands zu Domänen ihrer Fasanenjagd. Doch der Schaf-Boom des Mittelalters hatte schlimme Folgen.

Die Überweidung führte zur Erosion des Bodens, Sandstürme verheerten das Land. »The great East Anglian Desert« nannte man die Brecklands nun, die große Wüste von East Anglia. Als John Evelyn sie 1677 durchquert, beschreibt er solche Sandstürme in seinem Tagebuch, riesige Wanderdünen, »rouling from place to place and like the Sands in the Desert of Lybia, quite overwhelming some gentlemen's whole estates.« Typisch die Antwort des Breckland-Bauern auf die Frage, ob sein Land in Norfolk oder Suffolk liege: »Das hängt von der Windrichtung ab.« Der Sand, nicht nur die Pest entvölkerte die Dörfer der Brecklands, die im frühen Mittelalter weit dichter besiedelt waren als heute.

Um die sandigen Böden zu festigen und die Stürme zu brechen, pflanzte man jene zähesten aller Kiefern, die schon der Duke of Cumberland auf seinem unrühmlichen Feldzug nach Culloden bewunderte und in England *fashionable* machte: *Scots pine,* Schottische Kiefern. In langen Reihen gestaffelt, prägen ihre dunklen, dramatisch aufgewühlten Silhouetten den Horizont der Brecklands, zugleich Schutzgürtel und Ornament der Landschaft. Mit der Aufforstung in großem Stil begann die *Forestry Commission* 1922: kommerziell ein Erfolg, im übrigen ein Desaster. Anfangs pflanzte man noch Mischwald, später nur noch Nadelholzplantagen: schottische Kiefern, korsische Kiefern, Douglasfichten, anspruchslose, schnell wachsende Nutzhölzer, endlose Monokulturen. Heute ist der *Thetford Forest* fast 90 Quadratmeilen groß, Englands größtes Forstgebiet. Wo früher Heide war, wird nun Holz produziert, mehr als 150000 Tonnen pro Jahr. Eine Landschaft verlor ihr Gesicht, ihren ökologischen Reichtum. Unter den Bäumen der *Forestry Commission* liegen die Brecklands wie in einem riesigen Fichtensarg begraben.

England produziert nur zehn Prozent seines Holzbedarfs selbst, und nur zehn Prozent des britischen Bodens sind bewaldet. Deshalb und um die in der EG unerwünschten Agrarüberschüsse zu verringern, wird die nationale Aufforstungspolitik auch in den Brecklands verstärkt fortgesetzt. Unter diesen Umständen muß man dort die Militärs fast als Retter begrüßen. Was nicht aufgeforstet wird, bleibt zumindest als Truppenübungsgelände erhalten: *Battle Area* mit verlassenen, zerschossenen Häusern, westlich von East Wretham. In solchen *no-go*-Zonen gibt es keine Touristen, keinen Abfall, keine zertrampelten Pflanzen. Kein Zweifel, die Militärs sind die größten Naturschützer des Landes.[1] Nun kann man seltenen Tieren und Pflanzen auch Reservate schaffen ohne Waffen. Das tut der *Norfolk Naturalists Trust* nördlich von Thetford, in *East Wretham Heath.* Ein leicht gewelltes Heideland mit kleinen, flachen Seen, den charakteristischen *meres,* mit Birken, Eschen, Schwarz- und Weißdornsträuchern, mit Ginster, Farn und hohen Gräsern, wo noch Weihen, Triele und Würger nisten: So sahen die Brecklands aus, bevor sie aufgeforstet wurden. »Eine herrliche Landschaft voll von bedrohten Pflanzenarten und Tieren, voll von Erhal-

1 Im britischen Verteidigungsministerium gibt es eine eigene Abteilung *(Defence Lands 3),* die sich um Wildwuchsgebiete und bedrohte Tierarten kümmert – ein geniales Manöver zur Natur- und Imagepflege.

tungs- und Erholungsmöglichkeiten ist durch Sonderinteressen systematisch zerstört worden.« Zu diesem bitteren Resümee kommt der Landschaftshistoriker Richard Muir.

Die *Brecks* waren der am frühesten besiedelte Teil von East Anglia, nicht nur seiner leichten Böden wegen. Nordwestlich von Thetford, tief in den Kiefernwäldern liegt eine große Lichtung, mit grasüberwachsenen Hügeln und Mulden übersät, wie ein Feld von Bombentrichtern und Gräbern. *Grimes Graves* nennt man diesen seltsamen Ort, »Gräber des alten Grimme«. Doch mit Wotan oder Totenkult hat das Ganze nichts zu tun. Erst 1870 grub ein viktorianischer Domherr, Canon Greenwell, eine der Mulden aus und wies die wahre Natur der Gegend nach. Grimes Graves war ein prähistorisches Industriegebiet, ein Revier von über 360 Feuersteingruben. Eine ist zu besichtigen.

Ein Mitarbeiter des Umweltministeriums gibt mir einen Schutzhelm, der Rest ist wie im Neolithikum, vor fast 5000 Jahren. Eine Leiter steil hinunter, etwa zehn Meter, dann steht man auf dem Grund des Schachts. Sternförmig gehen von hier enge Stollen aus, die in breiten, niedrigen Kammern enden. Dort wurde der Feuerstein abgebaut. Der Flint lag eingebettet in Kalkschichten, die sich relativ leicht entfernen ließen. Die Spitzhacken der prähistorischen Grubenarbeiter waren Hirschgeweihe, ihre Schaufeln Schulterblätter von Ochsen. Sie hatten kleine Grubenlampen aus Kalk mit Tierfett als Brennstoff. Um einen Schacht von 12 Meter Tiefe auszuheben, benötigten 20 Männer 80 bis 100 Tage, hat man errechnet, weitere 42 Tage für vier Stollen, aus denen 36 Tonnen Flint gefördert wurden. Dabei fielen rund 800 Tonnen Abraum an, mit dem man alte Gruben verfüllte. So wie hier in Grimes Graves, mit Leitern, Seilen und primitiven Werkzeugen, wurden in den Flintminen der Steinzeit die ersten grubentechnischen Kenntnisse gesammelt für die Bergwerke der Bronze- und Eisenzeit.

Grimes Graves war eine Exportfabrik. Auf dem 37 Hektar großen Gelände wurde Feuerstein nicht nur gefördert, sondern auch verarbeitet. Aus dem bergfrischen Flint schlug man Äxte, Meißel, Messerklingen, Pfeil- und Speerspitzen, lebenswichtige Waffen und Werkzeuge für die Steinzeitsiedler.[1] Flint ist äußerst hart, aber leicht zu spalten. Stundenlang wurden die Steinsplitter mit nassem Sand geschmirgelt und poliert, bis sie messerscharf waren und wie schwarze Seide glänzten. Der Flint von Grimes Graves hatte höchste Qualität; der beste, der *floorstone,* lag in den unteren, 10 bis 14 Meter tiefen Flözen. Frisch gebrochener Feuerstein ist meist schwarz, der auf den Feldern eher bräunlich, oft von einer dicken Kreidehaut umgeben.[2] Faszinierend seine amorphen Formen und weichen Kurven, Henry-Moore-Skulpturen *en miniature.* Flint ist ein Silikatgestein, wahrscheinlich aus den Knochen toter Meerestiere entstanden, abgelagert am Meeresgrund, eingebettet in der oberen Kalkformation der Kreidezeit vor 65 bis 100 Millionen Jahren. Von den Downs in Dorset bis zur Nordküste von Norfolk zieht sich ein Flintgürtel durchs Land, mehrere

1 Wenigstens 450000, vielleicht sogar 550000 Jahre alte Messer und Schabwerkzeuge aus Flint fanden britische Archäologen 1988 in *High Lodge,* zwischen Thetford und Mildenhall: eine sensationelle Neudatierung einer schon bekannten prähistorischen Siedlung, vielleicht von Proto-Neandertal-Jägern bewohnt.

2 Daher die Redewendung *to skin a flint* = geizig sein.

Kilometer breit, in einer Tiefe von 2 bis 14 Metern. Überall entlang dieser Flöze gab es Feuersteinbrüche für den örtlichen Bedarf, aber nur an wenigen Stellen erreichten sie so industrielle Ausmaße wie in Grimes Graves. Radiokarbontesten zufolge lag dort die Hauptabbauperiode zwischen 2100 und 1800 vor Christus. Doch East Anglias Steinzeitindustrie überlebte bis ins 20. Jahrhundert. Ihr Zentrum hieß *Brandon,* nur wenige Meilen entfernt auf dem Suffolker Ufer der Little Ouse.[1]

Eine Kleinstadt aus Flint. Mauern, Häuser, Kirchen, Kneipen, alles aus Flint. Grauer, graublauer, blauschwarzer, schwarzgrauer, schwarzer Flint. Im Jahre 1804 schloß die Britische Armee mit den Flint-Handwerkern von Brandon einen Vertrag über die Lieferung von 356 000 Feuersteinen pro Monat, zur Ausrüstung ihrer Steinschloßgewehre im Kampf gegen Napoleon. Auf dem Höhepunkt von Wellingtons Halbinselkrieg stieg die Produktion auf monatlich rund eineinviertel Millionen Feuersteine. »Die Schlacht von Waterloo wurde eher in den Flint-Werkstätten von Brandon gewonnen als auf den Sportplätzen von Eton«, bemerkt John Seymour mit Recht. Damals arbeiteten rund zweihundert *flint-knappers* in dieser prähistorischen Abteilung der britischen Rüstungsindustrie. Um 1837 waren es nur noch etwa siebzig: Die Flinte hatte ausgedient, die neuen Perkussionsgewehre brauchten keine Feuersteine. Im Krimkrieg kam noch einmal ein Auftrag von der türkischen Armee, auch in Afrika schoß man noch eine Weile mit Steinschloßgewehren, dann blieben nur ein paar historische Waffennarren in Amerika und der zivile Baubedarf.

Als es mit Brandons Feuersteinindustrie in den dreißiger Jahren zu Ende ging, fanden die Snares, Carters und Fields Arbeit in der neuen Forstwirtschaft der Brecklands. Heute sieht man nur noch auf dem Kneipenschild des »Flint Knappers Arms« die Kunst der Steinschläger: das *quartering, flaking* und *knapping,* das Vierteilen der großen Brocken, das Abspalten langer, flacher Späne und das Zurechtschlagen der kleinen Feuersteine. Ein geschickter *knapper* produzierte etwa 300 Feuersteine in der Stunde. Es war eine ungesunde Arbeit. In schlecht belüfteten Werkstätten drang der feine Flintstaub den Steinschlägern beständig in die Lunge. Der Tod kam früh in Brandon und hieß *knappers' rot,* Silikose.

Wie lauter kleine polierte Schädel stecken die Feuersteine in den Mauern der Häuser. Flintmauern haben tausend Augen. Wenn es regnet, funkeln sie wie schwarzer Kristall. Mehr als andere englische Grafschaften gilt Norfolk als *flinty county,* Feuersteinland. Flint ist ein Stein von kalter, harter Schönheit, wie Norfolks Küste. Auch Suffolk und in bescheidenerem Maß Essex haben Anteil am Flintüberfluß East Anglias. Dieser Reichtum kam aus dem Mangel an anderem brauchbarem einheimischen Baumaterial. Flint war überall in der Nähe; er lag am Strand, auf den Feldern und dicht unter der Erde. Man konnte ihn unbehauen benutzen, in gespaltener oder geschnittener Form, allein oder im Wechsel mit anderen Steinen. Wie James Lees-Milne so schön über die Feuersteine der Norfolker Cottages sagt: »They give a cream to the strawberry brick walls«, Klinker mit Sahne.

1 Abgebaut wurde der Flint seit 1720 vor allem in *Lingheath,* 3 km südöstlich von Brandon.

Bis ins späte 19. Jahrhundert, mit einer letzten Blüte[1] in viktorianischer Zeit, war Flint (neben Backstein) das verbreitetste Baumaterial für Norfolks Häuser. Entlang der Nordküste, von Cromer bis Blakeney, hat das Wasser die Feuersteine rund geschliffen, aus *beach pebbles* haben sie da ihre Häuser gebaut, manchmal mit Ziegelbändern ornamentiert, am schönsten in geschlossenen Ensembles wie Upper Sheringham oder in der Hauptstraße von Blakeney: Pfeffer-und-Salz-Dörfer. East Anglias Flintarchitektur gehört zur Landschaft und ihrer Geschichte wie der Flint zum Boden. Aus Flint und flachen Ziegeln bauten die Römer die Wälle von Burgh Castle, aus Flint bauten die Angelsachsen ihre runden Türme, die normannischen Ritter ihre Burgen, die Mönche ihre Klöster, die Landlords ihre Herrenhäuser, die Bauern ihre Cottages und Scheunen. Aus Flint bauten Norwichs Bürger im Mittelalter ihre Stadtmauern, ihre vielen Kirchen und das Zunfthaus, den Stolz der Stadt – »buildings of flint so exquisitely headed and squared«, wie der Besucher John Evelyn 1671 staunend notierte. *Knapped flint,* rechteckig behauener Feuerstein taucht selten vor dem 14. Jahrhundert auf und blieb immer eine Spezialität von Norfolk und Suffolk. Flint war das Material für jedermann und für alle Arten von Gebäuden. Nur im Raffinement der Bearbeitung gab es auch eine Hierarchie in Flint. Den dekorativen Höhepunkt seines Daseins erreicht der Feuerstein im *flushwork.*

Flushwork nennt man ein Mauerwerkornament, das aus dem Wechsel von Stein und gespaltenem Flint entsteht, in Form von Rauten, Initialen, Kreuzen, Sternen, Kronen oder ganzen Maßwerk-Paneelen. *Flushwork* ist das Make-up der Fassade, die Kür der Steinmetzen, das Capriccio der Feuersteine. Es entsprach dem Geschmack der Tudorzeit, ihrer Vorliebe für alles, was üppig und kostbar war. Als frühestes datierbares *flushwork* gilt das Ethelbert Gate in der Domfreiheit von Norwich (1316; Abb. 64). Ein besonders schönes und frühes Beispiel ist das Torhaus des einstigen Augustinerklosters von Butley bei Orford (1320–25). In Suffolk finden wir auch ein ganzes Alphabet an der Kirchenmauer, die Flint- und Kalkstein-Intarsien von *Stratford St. Mary* (um 1500). Im späten Perpendicular, am Torhaus von *St. Osyth's Priory* in Essex (Farbt. 20), feiert das *flushwork* seinen virtuosen Abgang.[2] Das Schachbrettmuster, das wir dort im Zinnenkranz sehen, war eine populäre Sonderform des Flintornaments. Manchmal riß die Lust am Spiel mit dem Feuerstein die Baumeister zu ganzen Schachbrett-Fassaden hin; am schönsten die der Guildhall von *King's Lynn* (Abb. 34).

1 Eher eine Stilblüte: die vorgefertigten Bauplatten aus Flint, mit denen in den 1970er Jahren Hausfassaden verkleidet wurden, z. B. in *Thorpe Hamlet,* Norwich.

2 Andere hervorragende *flushwork*-Beispiele in East Anglia: Turm und Südportal von St. Edmund in Southwold (um 1430); St. Michael Coslany (15. Jahrhundert) und die Guildhall in Norwich (1407–12); Chapel of St. Nicholas in Gipping, Suffolk (um 1483); der Westturm von St. Mary in Redenhall, Norfolk (beg. 1460).

George Borrow: »Liebste, es war ein schöner Spaziergang«

Wer nach *Wymondham* kommt, südwestlich von Norwich, sieht schon von weitem zwei Kirchtürme in den Flußauen am Rand der kleinen Stadt. Wie zwei feindliche Brüder stehen sich die beiden Türme gegenüber, und tatsächlich zeugen sie nicht gerade vom Ruhme Gottes. Wymondham Abbey wurde 1107 als Tochterhaus von St. Albans gegründet, ein Kloster der *Black Monks,* wie man die Benediktiner ihrer schwarzen Kutte wegen nannte, Englands aristokratischster und reichster Orden im Mittelalter. Nun gab es zwischen den Mönchen und den Bürgern von Wymondham ständig Streit. Sogar der Papst, Innozenz IV., wurde 1249 als Schlichter bemüht. Das machte die Sache nicht besser. Es kam zur Teilung der Kirche, zum Bau einer Mauer quer durchs Gotteshaus, wo jetzt der Lettner ist, schließlich zum Bau der beiden Türme. Denn jede Partei wollte ihre eigenen Glocken läuten: die Gemeinde vom Westturm, die Mönche vom Oktogon über der Vierung. Ziemlich laut muß es damals gewesen sein in der kleinen Stadt am River Tiffey.

Nach der Reformation wurde das gesamte Ostende abgerissen, ebenso Kreuzgang, Kapitelsaal und Klostergebäude. Von der Abteikirche, um 1130 vollendet und einst doppelt so lang wie heute, blieb nur das Hauptschiff mit seinen normannischen Arkaden und Emporen übrig, gekrönt von einer ungewöhnlich hohen gotischen Stichbalkendecke mit Engelfiguren und Blumenbossen. Am Westturm wurde William Kett, einer der Führer des Bauernaufstandes von 1549, aufgehängt und zu Tode gehungert, wie sein Bruder Robert am Turm von Norwich Castle. Wymondham hat rund 10000 Einwohner und auf dem Marktplatz ein pittoreskes Market Cross von 1618, ein achteckiges Fachwerkhaus auf Holzsäulen (Abb. 54).

»I love to think on thee, pretty, quiet D-, thou pattern of an English market town, with thy clean but narrow streets branching out from thy modest market place, with thine old-fashioned houses, with here and there a roof of venerable thatch.« Mit diesem Lob der Kleinstadt beginnt George Borrow seinen autobiografischen Roman *Lavengro,* ein Stück viktorianische Subkultur von 1851. Das »hübsche, stille D-« ist *East Dereham.* Dort, genauer im Nachbardorf Dumpling Green, wurde George Borrow 1803 geboren: Dichter, Kesselflicker, Bibelverkäufer und Sprachgenie, ein Tramp wie seine Freunde, die Zigeuner, die ihn *Lavengro* nannten, »Meister des Worts«. Sein erstes Buch war eine Übersetzung des deutschen Faust-Romans, sein letztes Werk ein Wörterbuch der Zigeunersprache. George Borrows Bücher, aus »anekdotischen Portiönchen« komponiert, »gut & nützlich zu lesen« (Arno Schmidt), schildern erstmals ohne Ressentiments und ohne Romantik den Alltag der Zigeuner.

Borrow interessierte sich für Sprachen mehr als für Literatur und für Menschen mehr als für Bücher. Selber ein halber Zigeuner, sagte er manchmal nach dem Frühstück zu seiner Frau: »Liebste, ich glaube, ich mache einen Spaziergang.« Oft kehrte er erst Monate später wieder nach Hause zurück, aus Cornwall, Schottland oder Irland: »Liebste, es war ein schöner Spaziergang.« Nach dem Tod seiner Frau lebte er allein in ihrem Cottage am Oulton

NORFOLK: GEORGE BORROW

Broad[1] bei Lowestoft. Auch im Alter wanderte er noch, in einem spanischen Mantel, mit breitkrempigem Hut, und beim Wandern sang er.

Im selben Jahr 1803, als George Borrow in »pretty, quiet D-« geboren wurde, starb wenige Meilen weiter östlich der Pfarrer von *Weston Longville.* James Woodforde war ein Landpfarrer, wie es Tausende gab in der Church of England, und Weston Longville ein Ort ohne Eigenschaften. Fast dreißig Jahre lebte er dort, und daß wir heute noch von ihm und seinem Dorf Notiz nehmen, ist einzig seinem Tagebuch zu verdanken. *The Diary of a Country Parson,* erst 1924 erstmals veröffentlicht, beschreibt in minuziösen Aufzeichnungen den Alltag eines Landpfarrers in einem entlegenen Dorf Norfolks im 18. Jahrhundert, exemplarisch für die meisten seiner Zeitgenossen. Es ist ein Leben im Gleichmaß des Ernte- und Kirchenjahres, mit Taufen, Krankenbesuchen und Beerdigungen. Am 4. Juni 1776 läßt der Pfarrer sich einen Zahn ziehen, »shockingly bad indeed«, und am 22. November kalbt seine Kuh. Parson Woodforde notierte die kleinen und die großen Ereignisse von Weston Longville: als im Winter 1785 der Frost so heftig war, daß »sogar die Nachttöpfe unterm Bett einfroren«, oder als im Wirtshaus »White Hart« Hannah Snell auftrat, »eine berühmte Frau in Männerkleidern«. Die Nachricht vom Sturm auf die Bastille erreicht Weston Longville erst zehn Tage später; doch noch vor der »very great Rebellion in France« notiert der Pfarrer den Kauf eines besonders großen Krebses. Denn gut essen ging ihm über alles.

»We had for dinner a Calf's head, boiled Fowl and Tongue, a Saddle of Mutton rosted on the Side Table, and a fine Swan rosted with Currant Jelly Sauce for the first Course. The Second Course a couple of Wild Fowl, Larks, Blamange, Tarts etc. etc. and a good Desert of Fruit after amongst which was a Damson Cheese.« Endlose Speisefolgen, endloses Vergnügen. »Soviel gelacht und warmen Stachelbeerkuchen gegessen, daß ich den Schluckauf bekam und Magenschmerzen, die andauerten, bis ich ins Bett ging.« Am 3. Dezember 1782 sitzt Parson Woodforde in seinem Wohnzimmer mit ein paar Bauern zu Tisch: »6 Flaschen Wein getrunken, 5 Flaschen Rum, dazu Mengen von starkem Bier und Ale.« Auch seine Hausschweine profitieren vom selbstgebrauten Bier: »My two large Piggs... got so amazingly drunk by it, that they were not able to stand... I never saw Piggs so drunk in my life.« Erst anderntags sind seine Sauen wieder halbwegs nüchtern: »In the afternoon my 2 Piggs were tolerably sober.« Der Pfarrer empfand wie fast jedermann damals Schmuggeln als normal: »Andrews the smuggler brought me this night about 11 o'clock a bagg of Hyson Tea 6 pound weight.« Auch reichlich Gin und Cognac, die er bei Gefahr im Garten vergräbt, bezieht Hochwürden von *Moonshine Buck,* bei Tage ordentlicher Dorfschmied.

◁ *George Borrow, 1848, die einzige bekannte Fotografie des Schriftstellers*

1 Haus und Gartenpavillon, in dem er viele seiner Bücher schrieb, sind inzwischen abgerissen. In Oulton Broad erinnert der Pub »George Borrow« an den Dichter, in Norwich das Haus seiner Eltern, Borrow's Court in Willow Lane. Sein Grab ist auf dem Londoner Brompton Cemetery.

Parson Woodforde lebte als Junggeselle mit seiner Nichte Nancy im Pfarrhaus der 360-Seelen-Gemeinde. Er hatte zwei Diener, zwei Dienstmädchen und einen Laufburschen. Die wirklich *comfortable classes* verfügten über eine weit größere Dienerschaft. Damals gab es noch Sklavenhandel und für 160 Verbrechen die Todesstrafe. Die Pocken waren weit verbreitet, ein öffentliches Gesundheits- oder Erziehungswesen kannte man so wenig wie die Eisenbahn. Auf seinem Pferd erreicht der Pfarrer in zwei Stunden Norwich, mit der Kutsche in eineinhalb Tagen London. Doch warum reisen, wenn es in Weston Longville genug Abwechslung gibt? »Die ganze Nacht aufgewesen und Karten gespielt bis 6 in der Frühe.« Auch Angeln geht Hochwürden gern und zur Hasenjagd mit seinen drei Greyhounds Hector, Duchess und Reach'em: »Ran 3 hares and killed 2 of them – the hare that got off shewed the best sport.« Hasenjagd und Entenbraten, Whist und Gin. Parson Woodforde, ein Genießer in Christo, vergißt über die Freuden des Landlebens nie die harte Realität: »Bitterkalter Tag wieder mit stürmischem Wind«, notiert er am 6. Januar 1789, »habe Ben durch die Gemeinde geschickt mit etwas Geld für die Armen bei diesem strengen Wetter, hauptsächlich für die, die zu dieser Zeit nicht arbeiten können.« Weihnachten gibt er den Armen einen Shilling und ein Essen im Pfarrhaus, »Beef rosted and plenty of plumb-Pudding«. Und alljährlich am Valentinstag schenkt er den Kindern im Dorf einen Penny.

Von der literarischen Kraft und Weltläufigkeit eines Pepys oder Evelyn, der großen englischen Diaristen, ist dieses Tagebuch eines Landpfarrers so weit entfernt wie London von Weston Longville. Doch seine Detailfülle, sein Humor, seine gänzlich unaffektierte Darstellung machen Parson Woodfordes Tagebuch zu einem persönlichen und sozialen Dokument. Neben dem bizarren Laurence Sterne und dem Realisten George Crabbe, neben dem Naturforscher Gilbert White in Selborne, dem Exzentriker R. S. Hawker in Cornwall und dem Waliser Patrioten R. S. Thomas, neben den vielen literarischen Pfarrern der Church of England klingt unverwechselbar die Stimme von James Woodforde aus Norfolk.[1] In der schlichten Dorfkirche von Weston Longville hängt sein Porträt, vom Neffen Bill gemalt, das naive Bild eines naiven Menschen. Im Pub »The Parson Woodforde«, schräg gegenüber der Kirche, habe ich ein Bier auf den fröhlichen Pfarrer getrunken. Er starb am Neujahrstag 1803. Seine letzten Worte im Tagebuch: »Dinner today, Rost Beef & c.«

1 Seit 1968 gibt es eine *Parson Woodforde Society*.

Zeittafel

43 n. Chr.	Die Römer erobern Britannien
61	Aufstand der Königin Boudicca
410	Rückzug der Römer aus Britannien; Sachseneinfälle
um 450	Einwanderung der Angelsachsen
um 610	Mission des hl. Felix in East Anglia
um 625	Tod König Raedwalds von East Anglia; Schiffsbegräbnis von Sutton Hoo
870–76	Dänische Wikinger erobern East Anglia, Mercia und Northumbria (Danelaw); Mord an St. Edmund
991	Schlacht von Maldon; Rückzug der Wikinger
1016	Knut der Große von Dänemark wird König von England
1066	Die Normannen erobern England
1086	*Domesday Book:* Grafschaftskataster für die königliche Verwaltung
1190	Judenverfolgungen und Massaker in Bury St. Edmunds, Lynn, Norwich u. a.
1215	*Magna Charta:* Die Barone erzwingen von König John feudale Rechte und Privilegien
1334	Ansiedlung flämischer Weber in England, besonders in East Anglia
1337–1453	Hundertjähriger Krieg gegen Frankreich
1348	Erstes Auftreten der Pest in England, in deren Verlauf etwa ein Drittel der Bevölkerung stirbt
1381	Bauernaufstand unter Führung Wat Taylors
1455–85	Rosenkriege: Thronfolgestreit zwischen den Häusern York (weiße Rose) und Lancaster (rote Rose), der sich zum Bürgerkrieg ausweitet
1476	William Caxton errichtet in London die erste Druckerei Englands
1485	Schlacht von Bosworth Field: Tod Richards III., Krönung Henrys VII.
1513	Schlacht von Flodden: Sieg der Engländer über die Schotten
1534	*Act of Supremacy:* Das Suprematsgesetz macht den König zum Oberhaupt der Kirche von England
1536–39	Auflösung der Klöster, Einziehung des Klosterbesitzes durch die Krone
1549	Kett's Rebellion, Norfolk: Letzter großer Bauernaufstand in England
1577–80	Erste englische Weltumseglung unter Francis Drake
1588	Sieg über die spanische Armada
1605	*Gunpowder Plot:* Pulververschwörung des Guy Fawkes, letzter größerer katholischer Attentatsversuch
1608	Beginn der protestantischen Besiedlung Ulsters
1642–49	Bürgerkrieg zwischen Royalisten und Parlamentariern
1649	Charles I. wird enthauptet; unter Oliver Cromwell wird England Republik
1652–54	1. Anglo-Holländischer Krieg
1660	Restauration Charles' II.
1665–67	2. Anglo-Holländischer Krieg
1672–74	3. Anglo-Holländischer Krieg

1685	Aufhebung des Toleranzedikts von Nantes, viele Hugenotten fliehen nach England
1688	*Glorious Revolution:* Unblutiger Staatsstreich; Thronbesteigung Williams III. von Oranien und seiner Frau Mary
1689	*Bill of Rights:* Konstitutionelle Beschränkung der Monarchie
1701–13	Spanischer Erbfolgekrieg
1707	Union von England und Schottland
1720–42	Sir Robert Walpole erster britischer Premierminister
1756–63	Siebenjähriger Krieg; Großbritanniens Aufstieg zur führenden Weltmacht
1769	Patentierung der Dampfmaschine von James Watt
1776	Amerikanische Unabhängigkeitserklärung
1767	James Hargreaves konstruiert eine Wagenspinnmaschine *(Spinning Jenny)*
1785	Edmund Cartwright erfindet den mechanischen Webstuhl
1789	Französische Revolution
1800	Zusammenschluß Großbritanniens und Irlands zum Vereinigten Königreich
1805	Schlacht von Trafalgar: Nelson besiegt die französisch-spanische Flotte
1807	Abschaffung des Sklavenhandels im britischen Empire (erst 1833 Aufhebung der Sklaverei)
1815	Schlacht von Waterloo: Niederlage Napoleons
1824	Eröffnung der National Gallery in London
1825	Erste Eisenbahnlinie eröffnet; Zulassung der Gewerkschaften (Streikrecht von 1875 an)
1829	*Catholic Emancipation Act:* Aufhebung der meisten Diskriminierungen der Katholiken in England (Wahlrecht u. a.)
1832	*Reform Bill:* Wahlrechtsreform (wahlberechtigt sind 4 % der Bevölkerung, noch nicht die Arbeiter)
1834	Fox Talbots erste Fotografie
1838	Beginn der Chartisten-Bewegung (für Arbeiterschutz, allgemeines, gleiches und geheimes Wahlrecht u. a.)
1848	Marx und Engels veröffentlichen in London das *Manifest der Kommunistischen Partei*
1854–56	Krimkrieg
1875	Depression in der Landwirtschaft
1880	Allgemeine Schulpflicht
1895	Gründung des National Trust
1899–1902	Burenkrieg
1900	Die Arbeiterbewegung gründet eine eigene Partei (ab 1906 Labour Party)
1914–18	Erster Weltkrieg
1918	Einführung des Frauenwahlrechts
1924	Erste Labour-Regierung
1939–45	Zweiter Weltkrieg
1940	*Battle of Britain:* Luftschlacht um England
1946 ff.	Verstaatlichung des Bergbaus, der Stahlwerke und anderer Schlüsselindustrien
1968	Beginn der *troubles*, der Unruhen in Nordirland
1969	Abschaffung der Todesstrafe
1973	Beitritt zur Europäischen Gemeinschaft
1979	Margaret Thatcher Premierministerin der Konservativen Regierung (Wiederwahl 1983 und 1987)
1982	Krieg mit Argentinien um die Falkland-Inseln
1987	*The Hurricane:* Dem Orkan vom 16. Oktober fallen rund 15 Millionen Bäume in England zum Opfer

Thronfolge in England

Angelsächsische und dänische Könige

802–839	Egbert
839–855	Ethelwulf
855–860	Ethelbald
860–865	Ethelbert
865–871	Ethelred I.
871–899	Alfred the Great
899–924	Edward the Elder
924–939	Athelstan
939–946	Edmund
946–955	Eadred
955–959	Eadwig
959–975	Edgar
975–978	Edward the Martyr
979–1016	Ethelred II. the Unready
1016	Edmund II. Ironside
1016–1035	Cnut
1035–1040	Harold I.
1040–1042	Harthacnut
1042–1066	Edward the Confessor
1066	Harold II.

Normannische Könige

1066–1087	William I. the Conqueror
1087–1100	William II.
1100–1135	Henry I.
1135–1154	Stephen

Haus Anjou-Plantagenet

1154–1189	Henry II.
1189–1199	Richard I. the Lion-Heart
1199–1216	John Lackland
1216–1272	Henry III.
1272–1307	Edward I.
1307–1327	Edward II.
1327–1377	Edward III.
1377–1399	Richard II.

Haus Lancaster

1399–1413	Henry IV.
1413–1422	Henry V.
1422–1461	Henry VI.

Haus York

1461–1483	Edward IV.
1483	Edward V.
1483–1485	Richard III.

Haus Tudor

1485–1509	Henry VII.
1509–1547	Henry VIII.
1547–1553	Edward VI.
1553–1558	Mary I.
1558–1603	Elizabeth I.

Haus Stuart

1603–1625	James I.
1625–1649	Charles I.
1649–1653	Republik (Commonwealth)
1653–1658	Oliver Cromwell Lord Protector
1658/59	Protektorat Richard Cromwells
1660–1685	Charles II.
1685–1688	James II.
1689–1702	William III. und Mary II.
1702–1714	Anne

Haus Hannover

1714–1727	George I.
1727–1760	George II.
1760–1820	George III.
1820–1830	George IV.
1830–1837	William IV.

Haus Windsor-Mountbatten

1837–1901	Victoria
1901–1910	Edward VII.
1910–1936	George V.
1936	Edward VIII.
1936–1952	George VI.
seit 1952	Elizabeth II.

PRAKTISCHE REISEHINWEISE

Hamlet: Warum haben sie ihn nach England geschickt?
Erster Totengräber: Weil er wieder vernünftig werden soll, und wenn er es nicht wird, fällt es nicht weiter auf.
Hamlet: Warum nicht?
Erster Totengräber: Weil dort alle verrückt sind.
(Shakespeare: *Hamlet, 15. Szene)*

Ostengland von A bis Z

Angeln An Küsten und Flüssen reichlich Gelegenheit. Über Anglerhotels, Fangsaison und Angellizenzen informiert BTA (siehe Auskünfte), über alle britischen Fischgründe das jährlich neu aufgelegte Handbuch *Where to Fish* (Harmsworth Publishing). Beste Zeit für Hechte in den Norfolk Broads: Oktober. Fischereikarten vermitteln die örtlichen Fremdenverkehrsbüros.

Ärzte und Apotheken In dringenden Fällen: Notruf 999. Die staatliche Gesundheitsversorgung (National Health Service) übernimmt notwendige ärztliche Behandlung von Reisenden kostenlos. Eventuell anfallende Arzthonorare werden, bei Vorlage der Belege, von den deutschen Krankenkassen zurückerstattet. Apotheken wie auf dem Kontinent gibt es in England nicht. Aber in fast jeder Drogerie *(Chemist)* erhält man Medikamente, auch die auf Rezept ausgestellten *prescriptions*.

Anreise Bis zur Eröffnung des *Chunnels*, des Eurotunnels unter dem Ärmelkanal (voraussichtlich 1993), bleibt die klassische Anreise mit der *Fähre*, am bequemsten Hamburg-Harwich (jeden 2. Tag): Übernachtung auf der »MS Hamburg«, einem schwimmenden Hotel mit Disco, Spielzimmer für Kinder und Erwachsene (Roulette); Fahrplan und Preise: Scandinavian Seaways, Jessenstr. 4, 2000 Hamburg 50, ✆ 040/ 3890371. Für Nichtautofahrer: An der Pier in Harwich Bahnanschluß nach London und Norwich. Weitere Fähren direkt nach East Anglia: Zeebrügge-Felixstowe (zweimal tgl.), P & O European Ferries, Graf-Adolf-Str. 41, 4000 Düsseldorf 1, ✆ 0211/ 383351. Scheveningen – Great Yarmouth (zweimal tgl., außer So), Norfolk Line, Great Yarmouth, ✆ 0493/856133. – Hoek van Holland – Harwich (zweimal tgl.), Sealink, ✆ Harwich 0255/507022. – Über die zahlreichen weiteren Fährverbindungen zwischen dem europäischen Kontinent und Großbritannien informiert die jährlich aktualisierte Broschüre *Autofähren nach Großbritannien und Irland*, kostenlos erhältlich bei der Britischen Zentrale für Fremdenverkehr (siehe Auskünfte). – *Flug-*

George Cruikshank: Fährboot nach Ostende bei einem Sturm, 1824

verbindungen: Direktflüge nach Norwich von Frankfurt und Amsterdam oder via London: Air UK, ✆ Norwich 0603/44288 oder 44244. Direktflüge Amsterdam-Ipswich: Suckling Airways, ✆ Ipswich 0473/79091 oder ✆ Amsterdam 020/179811.

Antiquitäten In den meisten Dörfern und Kleinstädten gibt es Antiques. Besonders reiche Auswahl z. B. in Long Melford, Lavenham, Coggeshall, Woodbridge, Norwich. Der alljährliche *Guide to the Antique Shops of Britain* wird herausgegeben vom Antique Collectors' Club, 5 Church St, Woodbridge, Suffolk, ✆ 03943/5501.

Auskünfte Für die Bundesrepublik: Britische Zentrale für Fremdenverkehr, Taunusstr. 52–60, 6000 Frankfurt 1, ✆ 069/2380711 – Für Österreich: Wiedener Hauptstr. 5/8, A 1040 Wien, ✆ 0222/650366 – Für die Schweiz: Limmatquai 78, CH 8001 Zürich, ✆ 01/4742 77. – British Tourist Authority, 64 St. James' Street, London SW1, ✆ 071/4999325. – East Anglia Tourist Board, Toppesfield Hall, Hadleigh, Suffolk IP7 5DN, ✆ 0473/822922. – Informationen und Reservierungen: The British Travel Centre, 4–12 Lower Regent St, London W1, ✆ 071/7303400.

Autofahren Statistisch gesehen fährt man auf Englands Straßen am sichersten. Die Zahl der Verkehrsopfer ist im Vergleich zu anderen EG-Ländern und pro Kopf der Bevölkerung in Großbritannien am niedrigsten: 92,6 Todesfälle pro eine Million Einwohner in GB, in der Bundesrepublik 130,3. – Zur Praxis: Links fahren, rechts überholen. Fußgänger: Erst nach rechts, dann nach links blicken. Bei Kreisverkehr hat Vorfahrt, wer sich schon im Kreis befindet. Anschnallpflicht auf den Vordersitzen. Bei Unfällen Notruf 999 (Polizei, Rettungsdienst und Feuerwehr). *Geschwindigkeitsbegrenzung:* innerhalb geschlossener Ortschaften 30 Meilen (48 km/h), auf Landstraßen 60 Meilen (95 km/h), auf Autobahnen 70 Meilen (115 km/h). *Benzin:* Die Qualitätsstufen sind durch Sterne gekennzeichnet, je nach Oktanzahl 2 bis 4 stars: Normal = Regular (90–93 Oktan), Economy (94–96), Bleifrei = Unleaded (95), Super = Premium (97–101). 1 gallon = 4,5 Liter. *Reifendruck:* 1 atü = 14 psi (pounds per square inch), 2 atü = 28,5 psi usw. *Pannenhilfe:* Automobile Association (AA), Fanum House, 5 New Coventry St, London WC2, ✆ 01/9547373; Royal Automobile Club (RAC), 83 Pall Mall, London SW1, ✆ 071/9304343.

Behinderte Ihren Bedürfnissen wird in Großbritannien meist in vorbildlicher Weise Rechnung getragen. Behinderte sind, auch im Urlaub, Teil der Gesellschaft, nicht ihre Außenseiter. In manchen historischen Häusern, z. B. in Blickling Hall, gibt es eigene Fahrstühle für Behinderte. Nützliche Hinweise und Adressen vermittelt eine eigene Broschüre des English Tourist Board *(Disabled Visitors Guide)* und der Holiday Care Service, 2 Old Bank Chambers, Station Rd, Horley, Surrey.

Besichtigungen Zur Besichtigung der Kirchen und Kathedralen empfiehlt sich ein Fernglas, der Engeldecken und Bossen wegen. Für die profaneren Vergnügen des Sightseeing genügt *The Great British Heritage Pass,* eine preisgünstige Pauschal-Eintrittskarte für mehr als 600 dem National Trust und English Heritage unterstellten Schlösser, Burgen, Herrenhäuser und Gärten in GB. Dieser kreditkartengroße Ausweis ist 15 Tage oder einen Monat gültig, erhältlich über das British Travel Centre, 12 Lower Regent St, London, oder bei GB-Touristik & Partner, Brüder-Grimm-Str. 50, 6000 Frankfurt, ✆ 069/295184. Viele Sehenswürdigkeiten, besonders Herrenhäuser, haben im Winter verkürzte Öffnungszeiten.

Bootsferien Nichts schöner, als die Norfolk Broads vom Wasser aus zu erkunden. Nur sollte man die ökologischen Folgen dieses Vergnügens nicht vergessen (siehe S. 404ff.). Bootsferiensaison: April bis Anfang Oktober. Ferienwohn- und Ausflugsboote vermittelt »Blakes«, die älteste Mietbootagentur der Broads, gegr. 1908, eine Kooperative von rund 50 Werften und Gesellschaftern mit einer Flotte von rund 700 Motor- und Segelbooten: Blakes Holidays, Wroxham, Norwich NR12 8DH, ✆ 06053/2141–5.

Brass-Rubbing Das Durchreiben alter Messinggrabplatten in Kirchen mit Ölkreide auf Spezialpapier bedarf meist der Erlaubnis des jeweiligen Pfarrers und einer geringen Gebühr. East Anglia ist besonders reich an monumentalen Brassen; ihr Höhepunkt war Mitte des 15. Jh. überschritten. Das Messingblech, eine Kupferzinklegierung, wurde im Mittelalter z. T. aus Flandern importiert. Allein in Norfolk sind 215 Brasse von Rang erhalten, ebenso viele in

Suffolk, in Essex 237. Über Geschichte, Ikonografie und Technik informiert Henry Trivicks Buch *The Craft and Design of Monumental Brasses* (1969). Einen guten Überblick bietet auch der Katalog *Brass Rubbings* des Londoner Victoria & Albert Museums. Mitgliedschaft: The Monumental Brass Society (gegr. 1887), c/o Society of Antiquaries, Burlington House, Piccadilly, London W1.

Busse In den entlegeneren ländlichen Regionen fehlt es oft an öffentlichen Verkehrsmitteln. Dennoch gibt es ein weitläufiges Netz von Überland-Bussen. Sämtliche Routen, Fahrpläne und Preise enthält der *Express Coach Guide* der National Bus Company, 1 Vernon Rd, Edgebaston, Birmingham B16 9SJ. Die National-Express-Busse sind wesentlich billiger als die Eisenbahn. Reisende aus dem Ausland können mit der »BritExpress Card« 30 Tage lang für £ 8.50 auf allen Strecken mit etwa 30% Ermäßigung reisen (erhältlich über Reisebüros).

Council for the Protection of Rural England (CPRE) Parteipolitisch unabhängige Organisation, gegr. 1926, bemüht um den Schutz der ländlichen Gebiete Englands. Der CPRE hat nur 32000 Mitglieder, versteht sich aber auf wirksame Kampagnen. So trug er bei zur Schaffung von Grüngürteln und Nationalparks und zu Kontrollmaßnahmen gegen die Zersiedlung. Gegenwärtige Kampagnen: gegen weitere Atomkraftwerke und gegen die Aufforstung der *fells* im Lake District. Präsident des CPRE seit 1985: der Filmproduzent David Puttnam. Der CPRE hat in jeder Grafschaft Filialen, eine der aktivsten in East Anglia, die Suffolk Preservation Society in Lavenham (siehe dort). Zentrale: 25 Buckingham Palace Rd, London SW1W OPP.

Countryside Commission (CC) 1968 gegründete staatliche Einrichtung, genannt »the nation's landscape watchdog«, verantwortlich »for the well-being of countryside, landscape and amenity and for helping people to understand and enjoy it«. Projekte wie Country Parks, Fernwanderwege oder Aufforstungen führt die CC nicht selber durch, sondern fördert sie in Zuammenarbeit mit Kommunalbehörden, National Trust u. a. In jeder Grafschaft stehen den Bauern eigene Ratgeber zur Verfügung, sog. »countryside advisers«, um eine Balance zwischen Landschaftsschutz und Landwirtschaft zu erreichen. Die CC kümmert sich besonders um *Areas of Outstanding Natural Beauty* (AONB). Es gibt mehr als 40 solcher Landschaftsschutzgebiete in England und Wales, in East Anglia z. B. das Dedham Vale, die Sandlings in Suffolk, die Küste von Suffolk und Nord-Norfolk. Hauptsitz der CC: John Dower House, Crescent Place, Cheltenham, Gloucestershire, ✆ 0242/521381. Regionalbüro für East Anglia: Terrington House, 13–15 Hills Rd, Cambridge CB2 1NL, ✆ 0223/354462.

Denkmalschutz Wahrscheinlich gibt es in keinem Land mehr Institutionen und Vereine, die sich um die Erhaltung ihres historischen Erbes kümmern, als in England. Pionier dieser Bewegung ist William Morris und die 1877 von ihm gegründete, heute noch bestehende *Society for the Protection of Ancient Buildings,* 37 Spital Square, London E1 6DY, ✆ 071/3771644. Vornehmlich um

Gebäude aus der Zeit 1714–1837 kümmert sich die 1937 gegründete *Georgian Group,* 37 Spital Square, London E1 6DY, ✆ 071/3771722; zuständig für die Periode 1837–1918: *The Victorian Society,* 1 Priory Gardens, Bedford Park, London W4, ✆ 071/9941019. Zuständig für prähistorische Kulturdenkmäler: *The Prehistoric Society,* 36 Museum St, London WC1B 3PP, ✆ 071/5804086. Um aufgelassene Pfarrkirchen von historischer Bedeutung kümmern sich vor allem zwei Organisationen: der 1969 gegründete *Redundant Churches Fund,* St. Andrew-by-the-Wardrobe, Queen Victoria St, London EC4V 5DE, ✆ 071/2487461, und der *Historic Churches Preservation Trust,* Fulham Palace, London SW6 6EA. Die aktivste Rolle neben den beiden führenden Großorganisationen *English Heritage* (siehe dort) und *National Trust* (siehe dort) spielt *SAVE Britain's Heritage,* 68 Battersea High St, London SW11 3HX, ✆ 071/2283336. SAVE, im Europäischen Denkmalschutzjahr 1975 von einer Gruppe britischer Journalisten, Historiker, Architekten und Stadtplaner gegründet, hat seitdem in großen öffentlichen Kampagnen zahlreiche bedeutende Herrenhäuser vor dem Abriß gerettet, ebenso historische Cottages, Kirchen, Kinos, Bahnhöfe, Warenhäuser etc. Standardwerk des SAVE-Präsidenten Marcus Binney: *The Country House: to be or not to be.* Die privaten Herrenhausbesitzer haben ihre eigene Lobby: *Historic Houses Asociation,* 2 Chester St, London SW1X 7BB. Ziel des 1965 gegründeten *Landmark Trust,* Shottesbrooke, Maidenhead, Berkshire, ✆ 0628/825925: von Abriß oder Verfall bedrohte historische Gebäude zu erwerben, zu restaurieren und als Ferienwohnungen zu vermieten.

Diplomatische Vertretungen Botschaft der Bundesrepublik Deutschland, 23 Belgrave Square, London SW1, ✆ 071/2355033. Königliche Britische Botschaft, Friedrich-Ebert-Allee 77, 5300 Bonn 1, ✆ 0228/234061. Österreichische Botschaft, 18 Belgrave Mews West, London SW1, ✆ 01/2343731. Schweizer Botschaft, Montagu Place, London W1, ✆ 071/7230701.

Eastern Arts Association Eine der 12 regionalen Kunstbehörden in England, 1972 gegründet, weitgehend finanziert vom *Arts Council,* der für die Förderung der Künste und Künstler auf nationaler Ebene zuständig ist. Mit einem Jahresetat von rund 10 Millionen Mark für 6 Grafschaften ist Eastern Arts »überaus ärmlich« ausgestattet: »eine vernachlässigte Region« (Direktor Jeremy Newton). Um so bemerkenswerter, was die rund 30 Mitarbeiter von Eastern Arts initiieren und fördern: Ausstellungen, Konzerte, Theater, Film, Fotografie, Tanz, Literatur, Kunsthandwerk, Jugend- und Gemeindeprojekte. Eine eigene Monatszeitschrift, *ArtEast,* informiert über die kulturellen Aktivitäten der Region. Büro der Organisation: Cherry Hinton Hall, Cambridge CB1 4DW, ✆ 0223/215355.

Einreisebestimmungen Personalausweis oder Reisepaß; bei mehr als sechsmonatigem Aufenthalt ist eine Aufenthaltsgenehmigung erforderlich. Kinder unter 16 Jahren müssen im Elternpaß eingetragen sein oder einen eigenen Kinderausweis besitzen. Die Mitnahme von Hunden, Katzen u. a. Tieren ist streng untersagt, Übertretungen werden hart geahndet. Die Quarantänezeit beträgt 6 Monate bei Vierbeinern, 35 Tage bei Vögeln.

Eisenbahn Zwei der szenisch schönsten Linien: von Ipswich durchs ländliche Suffolk nach Lowestoft und Norwich (116 km); von Norwich durch die Marsch nach Great Yarmouth (30 km), unterwegs Großbritanniens einziger noch mit Gaslicht beleuchteter Bahnhof, Berney Arms. – Empfehlenswert für Nichtautofahrer der *BritRail Pass,* Netzkarte für 1–4 Wochen unbegrenztes Fahren; Kinder von 5–15 Jahren halber Preis, verbilligte Jugendfahrkarten von 16–25 Jahren, verbilligte 1. Klasse-Seniorenkarten ab 60; der BritRail Pass ist vor Fahrtantritt im Heimatland zu kaufen, über jedes Reisebüro oder über British Rail, Neue Mainzer Str. 22, 6000 Frankfurt, ✆ 069/232381. Weitere Informationen: Deutsche Bundesbahn, 10 Old Bond St, London W1, ✆ 071/499057–9. – British Rail, Eastern Region, 112 Prince of Wales Rd, Norwich, ✆ 0603/622255.

English Heritage (EH) Seit 1984 geläufige Bezeichnung für die *Historic Buildings and Monuments Commission for England.* Diese von der Regierung gegründete und mitfinanzierte, aber unabhängig von ihr arbeitende Denkmalschutzorganisation besitzt und verwaltet über 400 historische Stätten und Gebäude in GB, unter anderem Stonehenge, Hadrian's Wall, Dover Castle, Audley End. EH stellt Gebäude und Gärten unter Denkmalschutz und kümmert sich um die Erhaltung von prähistorischen Denkmälern bis zu Telefonhäuschen der 1920er, um Burgen, Klosterruinen, Industriedenkmäler und ganze Stadtprojekte. Von seinem Jahresetat von rund 65 Millionen Pfund verteilt EH Zuschüsse an den National Trust, historische Kirchen und bedeutende Privatgüter. Regionalbüro für East Anglia: English Heritage, Block D, Government Buildings, Brooklands Avenue, Cambridge CB2 2DZ, ✆ 0223/358911 App. 2285. Londoner Zentrale: Fortress House, 23 Savile Row, London W1X 2HE, ✆ 071/7346010. – In den letzten Jahren wurde *English Heritage* über die Institution hinaus zum Begriff. Die zunehmend populäre, praktikable, nicht immer unproblematische Verbindung zwischen Denkmalschutz und Tourismus analysiert Robert Hewison in seinem Buch *The Heritage Industry* (London 1987), ein Pamphlet gegen die totale Vermarktung der Vergangenheit: *heritage* als Feind von *history.*

Fahrrad Das flach gewellte Küstenland ist ideal für einen Fahrradurlaub. Eigene Fahrradferien veranstalten Anglia Cycling Holidays, Manor Farm, Wissett, Suffolk, ✆ Halesworth 2173, oder: Four Seasons Cycling Holidays, Castle Hedingham, Essex, ✆ Hedingham 61370. Informationen, auch über Fahrradverleih: Cyclists' Touring Club (CTC), Cotterell House, 68 Meadow, Godalming, Surrey GU7 3HS, ✆ 04868/7217, und: Tandem Club, 25 Hendred Way, Abingdon, Oxfordshire, ✆ 0235/5161.

Feiertage Gesetzliche Feiertage sind: Neujahr (New Year's Day), Karfreitag (Good Friday), Ostermontag (Easter Monday), erster Montag im Mai (Labour Day), letzter Montag im August (Bank Holiday), 1. und 2. Weihnachtstag (Christmas Day und Boxing Day); außerdem jährlich variierende, allgemeine Feiertage (Bank Holidays).

Friends of the Earth (FOE) Neben *Greenpeace* aktivste international operierende britische Umweltbewegung, gegründet 1971. Treibende Kraft hinter Englands *Green Party.* Etwa 250 Ortsgruppen in GB, Filialen in 25 Ländern; rund 25000 Mitglieder. Einfache Botschaft: Nur wenn wir die Erde schützen, können wir uns selbst schützen. Hunderte von Mitarbeitern der FOE sind in Gemeindeprojekten und im Rahmen des *Inner City Partnership*-Programms tätig. In East Anglia organisierten die FOE Kampagnen gegen die Zerstörung von Naturreservaten, gegen das Atomkraftwerk Sizewell B, gegen die Versenkung von Atommüll in der Nordsee, gegen Pestizide in der Landwirtschaft, für die Erhaltung von Hecken und Feuchtgebieten. In über 80 *Countryside Action Groups* kämpfen die FOE seit Jahren für eine neue, wirksamere *Natural Heritage Bill,* um das schwache *Wildlife and Countryside Act* von 1981 zu ersetzen. Es gibt acht Ortsgruppen der FOE in East Anglia; die neben Norwich aktivste ist die von Cambridge (The Bath House, Gwydir St, Cambridge CB1 2LW, ✆ 0223/312800 oder 351227). Zentrale: Friends of the Earth Trust Ltd., 26–28 Underwood St, London N1 7JQ, ✆ 071/4901555.

Gärten Der Gartenliebhaber kommt im »Land der Gärtner« reichlich auf seine Kosten, auch in East Anglia (siehe Stichwort im Sachregister). Etwa 2300 Privatgärten in England sind wenigstens an einem Tag im Jahr zu besichtigen, mehr als 600 davon werden vorgestellt in dem Buch *Garden Open Today,* hrsg. von Martyn und Alison Rix, London 1987. Alljährliche Broschüre mit Adressen und Öffnungszeiten: *Gardens of England and Wales,* hrsg. von *The National Gardens Scheme,* 57 Lower Belgrave St, London SW1W OLR (£ 1.50). Die Geschichte der traditionellen und exzentrischen englischen Gärten hat Penelope Hobhouse geschrieben: *The Private Gardens of England,* London 1986. Liebhaber alter englischer Rosen finden eine Auswahl von rund 1100 Arten bei Peter Beales Roses, London Rd, Attleborough, Norfolk NR17 1AY, ✆ 0953/454707.

Geld und Devisen 1 Pfund Sterling (£) = 100 Pence (p) = ca. 2,80 DM (Stand Sommer 1990). Britische und ausländische Zahlungsmittel dürfen in beliebiger Höhe ein- und ausgeführt werden. Kreditkarten sind weit verbreitet. Euroschecks werden fast überall, bei Banken immer akzeptiert (max. £ 100 oder 400,– DM). Banköffnungszeiten: Mo–Fr 9.30–12.30, 1.30–3.30.

Geschäftszeiten Mo–Fr 9–5.30, Sa 9–4. Early Closing Day: vorzeitiger Ladenschluß (9–1), unterschiedlich von Ort zu Ort.

Hobbyferien Wer in Ostengland nicht nur das klassische Ferienprogramm Besichtigen, Baden und Wandern absolvieren will, findet eine Fülle anderer Möglichkeiten, vom Restaurieren einer alten Kirche bis zum Malkurs auf Constables Spuren. Um Tier- und Pflanzenleben, Geologie und Ökologie des Landes intensiver kennenzulernen, sind die Kurse des *Field Studies Council* besonders zu empfehlen: Flatford Mill Field Centre, East Bergholt, Essex CO7 6UL, ✆ 0206/298283 und 298271. – *Painting Holidays,* Mal- und Zeichenkurse in kleinem Kreis (mit Unterkunft) veranstaltet z. B. Audrey Pilkington in ihrem Atelier: Clock House, Bruisyard, Saxmundham, Suffolk IP17 2EA, ✆ 072878/512. – Teilnehmer von *Working Holidays* sind meist einfach, aber preiswert untergebracht und sollten mindestens 16 Jahre alt sein. Hier einige Adressen: National Trust Acorn Camps, PO Box 12, Westbury, Wiltshire BA13 4NA, ✆ 0373/826302. British Trust Conservation Volunteers (BTCV), 36 St. Mary's St, Wallingford, Oxfordshire OX10 OEU, ✆ 0491/39766. Cathedral Camps, Manor House, High Birtswith, Harrogate, North Yorkshire HG3 2LG, ✆ 0423/770385. Unter dem Motto »Turn rainy days into brainy days« florieren auch Englands *Sommerschulen*, nicht nur die Sprachschulen (siehe dort). Programme und Adressen vermitteln: Independent Schools Information Service, 56 Buckingham Gate, London SW1, ✆ 071/6308795. Central Bureau for Educational Visits and Exchanges, Seymour Mews House, Seymour Mews, London W1H 9PE, ✆ 071/4865411.

Jagd Trotz wachsender Proteste immer noch populär, vor allem als gesellschaftliches Ereignis. *Royal shoot* in Sandringham (N), *high-class shoot* in Snettisham (N), bei Lord Coke in Holkham Hall (N) und in Thornham (S) bei Lord & Lady Henniker. Die Güter des Earl of Iveagh in Elveden (S) gehörten einst zu den größten *shooting estates* in GB. In Shadwell Park bei Newmarket lädt Scheich Mohammed Ben Rashid al Maktoum zur Jagd. Eine weitere renommierte Fasanenjagd unterhält das Luxushotel Six Mile Bottom (siehe S. 552); zu den *royal guns* dort zählen Prinz Charles, Prinz Bernhard der Niederlande, der Duke of Edinburgh u. a. In der Toilette von Merton Hall in Norfolk ist das Jagdglück des 6. Baron Walsingham verzeichnet: 1070 Rebhühner in 14 Stunden und 18 Minuten, ein edwardianischer Rekord. Die Saison für Fasane, Rebhühner und Wildenten dauert von Mitte August bis Ende Januar. Die Jagdzeiten sind von Revier zu Revier unterschiedlich. Informationen: Angel- und Jagdreisen Kloth KG, Reinbeker Weg 55, 2000 Hamburg 80, ✆ 040/7203124.

Fuchsjagd, Wetterfahne bei Harwich

Jugendherbergen Mitgliedern des Internationalen Jugendherbergsverbandes stehen rund 300 Jugendherbergen zur Verfügung, manche in historischen Gebäuden. Für Nichtmitglieder gibt es die International Guest Card (£ 6.50). Adressen und Informationen: Youth Hostels Association (YHA), 8 St. Stephen's Hill, St. Albans, Herts AL1 2DY, ✆ 0727/55215.

Klima und Reisezeit »You can't have nice people *and* nice weather«, sagte mir ein Kellner in Cromer an einem (ausnahmsweise) verregneten Junimorgen. Die Küste von East Anglia hat mehr Sonne und weniger Niederschlag als die meisten anderen Ge-

James Gillray: Windiges Wetter, 1808

genden Englands. In den Norfolk Broads z. B. fällt, zumindest statistisch, weniger Regen als in Frankfurt oder Mailand. Die Nordsee mildert die Nordostwinde, wärmt sie im Winter und kühlt sie im Sommer. Den gleichwohl oft rauhen Küstenwind kann man mit etwas Understatement auch als *bracing*, erfrischend, bezeichnen. Im übrigen hat Fontanes Adelheid, die Schwester des alten Stechlin, natürlich schamlos übertrieben: »Und wenn es dann neblig ist, dann kriegen sie das, was sie den Spleen nennen, und fallen zu Hunderten ins Wasser, und keiner weiß, wo sie geblieben sind.« Beste Reisezeit: Mai und Juni, September und Oktober. Der Herbst in Ostengland ist oft ein »Indischer Sommer«. Dennoch Pullover und Regenschutz griffbereit halten. Ein sehr englisches Gedicht »In Praise of Rain« schrieb Vita Sackville-West, es beginnt mit den Versen:

Now be you thankful, who in England dwell,
That to the starving trees and thirsty grass
Even at summer's height come cloudy fleets
Moist from the wastes of the Atlantic swell,
To spill their rain, and pass,
While fields renew their sweets.

Kunsthandwerk Es gibt eine Fülle von »craft workshops« in East Anglia: Töpfer, Weber, Kunsttischler, Holzschnitzer, Gold- und Silberschmiede u. a. Adressen vermittelt die *Suffolk Craft Society*, Fairfield House South, Saxmundham, Suffolk IP17 1AX, ✆ 0728/2060, und die *West Norfolk Guild of Professional Craftsmen*, King Street, King's Lynn, Norfolk PE30 1HA. Workshops und Ferienkurse veranstaltet z. B. das Kunsthandwerkszentrum Alby Crafts in Norfolk (siehe S. 536). Den besten Überblick haben die Spezialisten der *Eastern Arts Association* (siehe S. 509). Die *Rural Development Commission* veröffentlicht ein detailliertes Adressenverzeichnis: *Craft Workshops in the Countryside*.

Landkarten Gute Autokarten von Bartholomews & Sons Ltd. Zum Wandern empfehlen sich die detaillierten Meßtischblätter von Ordnance Survey, Southampton, im Maßstab 1:25000.

Maße und Gewichte
1 inch (in) = 2,54 cm
1 foot (ft) = 12 inches = 30,48 cm
1 yard (yd) = 3 feet = 91,4 cm
1 mile (mi) = 1,61 km
1 acre (ac) = 4047 qm

1 pint (pt) = 0,57 l
1 quart (qt) = 2 pints = 1,14 l
1 gallon (gal) = 4 quarts = 4,5 l
1 ounce (oz) = 28,35 g
1 pound (lb) = 16 ounces = 453,6 g

Märkte Im ländlichen Ostengland gibt es viele Wochenmärkte. Jeder hat seine Spezialität und eine eigene Atmosphäre, wenn auch nicht jeder seine Tradition bis ins 11. Jh. zurückverfolgen kann wie der Markt von Norwich, mit über 200 Ständen der größte und älteste Straßenmarkt in England. Fragen Sie an Ort und Stelle nach den nächsten Märkten.

National Trust (NT) Drei englische Philanthropen, eine Sozialreformerin, ein Pfarrer und ein Rechtsanwalt, gründeten 1895 den *National Trust for Places of Historic Interest or Natural Beauty* mit dem Ziel, »zum Wohl der Nation die dauernde Erhaltung von Land und Gebäuden zu fördern, die sich durch besondere Schönheit oder historisches Interesse auszeichnen«. Diese folgenreichste, frühe Bürgerinitiative Englands ist eine nationale, aber keineswegs staatliche, sondern private Einrichtung, finanziert aus Mitgliedsbeiträgen, Eintrittsgeldern, Stiftungen und einer Kette florierender Souvenirläden und Teestuben. Nächst Krone und Staat ist der NT drittgrößter Grundbesitzer in Großbritannien. Er besitzt, verwaltet und restauriert Schlösser, Burgen und Landsitze, Bauernhäuser, Gärten und Wälder, Schlachtfelder und Vogelschutzgebiete, historische Pubs, Taubenschläge, Industriedenkmäler, Scheunen, Wassermühlen, Apfelpressen, ganze Dörfer und Inseln. Mit rund 1,9 Millionen Mitgliedern, 8 Millionen Besuchern allein in seinen historischen Häusern und einem Jahresumsatz von mehr als 260 Millionen Mark ist der NT Englands einflußreichste Umwelt- und Denkmalschutzorganisation. Was der NT erwirbt, beeinflußt nicht unerheblich den Geschmack und die Werturteile der Nation.

Auch diese bewundernswürdigste, beneidenswerteste aller englischen Institutionen hat indes ihre Kritiker: Der National Trust, von Spöttern »National Dust« genannt, pflege einseitig die Traditionen der Aristokratie und die pastorale Vergangenheit, eine »fossilisation of taste« (*Observer*). Der Labour-Abgeordnete David Clark, Mitglied des NT-Verwaltungsrats, warf dem NT vor, er sei zu »elitär«, zu sehr den Werten der wohlhabenden Mittelklasse im Süden des Landes verpflichtet, »obsessed with buying grand houses at the expense of protecting the countryside«. War die Rettung bedrohter historischer Herrenhäuser bis in die siebziger Jahre ein Schwerpunkt des NT, so kümmert er sich seit Mitte der achtziger Jahre verstärkt um Natur- und Landschaftsschutz. Der »grünen« Politik des NT verdanken wir die Erhaltung einiger der schönsten britischen Landschaften. Der NT besitzt inzwischen etwa ein Sechstel der englischen Küste, mehr als 500 Meilen, Ergebnis seiner 1964 begonnenen Küstenschutzkampagne »Enterprise Neptune«.

Die Geschichte des NT hat John Gaze geschrieben, *Figures in a Landscape* (1988). Für einen Jahresbeitrag von £ 19 kann man Mitglied des NT werden und alle Häuser, Gärten und sonstigen Einrichtungen des Trust kostenlos besichtigen. Hauptbüro: The National Trust, 42–44 Queen Anne's Gate, London SW1, ✆ 071/2229251. Regionalbüro für East Anglia: Blickling Hall, Norfolk NR11 6NF, ✆ 0263/733471.

Nature Conservancy Council (NCC) Zentrale Naturschutzbehörde in GB, gegr. 1973, finanziert vom Umweltministerium. Der NCC verwaltet Englands 272 *National Nature Reserves* (NNR) mit insgesamt 176000 Hektar, besitzt selber aber nur etwa 80 dieser nationalen Naturschutzgebiete. Er ist u. a. auch zuständig für mehr als 5000 *Sites of Special Scientific Interest (SSSI)*, unseren Naturdenkmälern vergleichbare Schutzzonen. Grundbesitzer werden für evtl. wirtschaftliche Verluste durch Naturschutzmaßnahmen entschädigt (»conservation by compensation«), selbst von Umweltschützern gelegentlich als zu teuer kritisiert. Eines der 15 Regionalbüros des NCC ist in Norwich, 60 Bracondale. Zentrale: Northminster House, Peterborough PE1 1UA, ✆ 0733/40345.

Norfolk Naturalists Trust (NNT) Englands älteste private Naturschutzorganisation auf Grafschaftsebene, gegr. 1926. Schirmherrin: The Queen. Der NNT besitzt oder verwaltet mehr als 40 Naturschutzgebiete in Norfolk, darunter 5 von nationaler Bedeutung. Informationszentren in Ranworth in den Broads und in Cley-next-the-Sea. Hauptgeschäftsstelle: 72 Cathedral Close, Norwich NR1 4DF, ✆ 0603/625540.

Norfolk Windmills Trust 1963 gegründeter Verein zur Erhaltung und Restaurierung historischer Kornmühlen und Windpumpen, unterstützt vom Norfolk County Council. Die Mitglieder erneuern Maschinerie, Kappen und Segel, übernehmen Wartungs- und Öffentlichkeitsarbeit. Exemplarisches Programm zur Rettung von 34 Entwässerungsmühlen der Broads. Informationen: Norfolk Windmills Trust, The Technical Adviser, County Planning Dept., County Hall, Martineau Lane, Norwich NR1 2DH, ✆ 0603/611122.

Notrufe Für Polizei, Feuerwehr, Krankenwagen und andere Hilfsdienste: ✆ 999.

Post Öffnungszeiten: Mo–Fr 9–5.30, Sa 9–12.30. Kleinere Postämter auf dem Land schließen mittags meist von 1 bis 3. Postgebühren: Postkarte oder Brief unter 20 g 18p für EG-Mitglieder, Eilpost (*Swift Air*) £ 1.50 Aufpreis, Einschreiben (*Registered Mail*) £ 1.20 Aufpreis.

Reiten Für »holidays on horseback« bietet auch dieser Teil Englands gute Möglichkeiten: Reitunterricht auf dem Bauernhof, »Pony Trekking« von erprobten Reitschulen aus. Informationen: The British Horse Society, National Equestrian Centre, Stoneleigh, Kenilworth, Warwickshire, ✆ 0203/52241.

Royal Society for the Protection of Birds (RSPB) Britischer Vogelschutzbund, mit über 200000 Mitgliedern die größte private Tierschutzorganisation in Europa, gegr. 1889 in Manchester, um die Inflation tropischer Vogelfedern an Damenhüten zu stoppen. Heute besitzt oder verwaltet die RSPB 114 Vogelschutzgebiete mit rund 50000 Hektar in GB. Ihr Ziel: ornithologisch wichtige Biotope und eine Vielfalt charakteristischer Vögel zu erhalten. Regionalbüro für East Anglia: Aldwych House, Bethel St, Norwich NR2 1NR, ✆ 0603/615920.

Speisen und Getränke »Die Kipper darf ich mir auf keinen Fall entgehen lassen, so köstlich, so bekömmlich und vor allem so proteinreich«, schwärmt Davey in Nancy Mitfords Roman *Englische Liebschaften*. Auch wer diese urbritische Passion für geräucherte Heringe am frühen Morgen nicht teilt, wird ein *English Breakfast* mit cereals, bacon & eggs, Toast mit Orangenmarmelade und Tee zu schätzen wissen. Der notorisch schlechte Ruf der britischen Küche hat sich in den letzten Jahren merklich verbessert. In Dörfern und Kleinstädten East Anglias gibt es eine Reihe von Gourmetrestaurants, für die sich längere Umwege lohnen (Adressen S. 548ff.). Frische Zutaten aus dem eigenen Garten oder vom nächsten Markt und internationale Raffinesse zeichnen die besten dieser Restaurants aus. Beschrieben und bewertet werden sie, ebenso informativ wie amüsant, im alljährlich aktualisierten *Good Food Guide*, seit seiner Erstausgabe 1951 eine Institution unter den Gourmets der Insel (The Consumers Association, 14 Buckingham St, London WC2N 6DS). Eine Fülle von *Pubs* in den Dörfern East Anglias macht das Reisen zu einem zusätzlichen Vergnügen, zumal nach Aufhebung der restriktiven Schankzeiten (Mo-Sa durchgehend von morgens 11 bis 11 Uhr abends). Mehr und mehr Pubs bieten zum Lunch eine Auswahl von Speisen an, nicht nur das traditionelle, ländlich-deftige *Ploughman's Lunch:* frisches Brot, Butter, Bauernkäse, Mixed Pickles und Salat. Besser als sein Ruf: das britische Nationalgericht *Fish & Chips*. Gerade an East Anglias Küste, wo es frischen Fisch in Fülle gibt, sollte man diese vielgeschmähte »proletarische« Küche probieren. Zwei der besten *fish and chippies* finden sich in Aldeburgh und Dunwich (siehe dort). Küstenspezialitäten: *Cromer crabs*, Krebs in der Schale, nicht nur in Cromer, und die Austern von Colchester und Brancaster. Der beste *Cider* der Gegend kommt aus Aspall in Suffolk, das beste einheimische Bier brauen *Adnams* in Southwold und *Greene King* in Bury St. Edmunds. Wer neben Bier und Apfelwein einmal *englischen Wein* probieren will, sollte es in East Anglia

Wirtshausschild der Butley Orford Oysterage, Suffolk

Kneipenschild der Mischief Tavern, Fye Bridge, Norwich

wagen, der Region mit dem geringsten Niederschlag und der meisten Sonne in England. Weshalb schon die Normannen, nach den Römern, den Weinbau in England wieder einführten. Zum Besichtigen und Probieren laden verschiedene Weingüter ein, in Suffolk z. B.: Bruisyard Wines Ltd, Church Road, Bruisyard bei Framlingham, April-Nov. tgl. 10.30–5. Brandeston Priory Vineyards, Brandeston, nördl. Woodbridge, Mai-Okt. Mo-Fr 10.30–5. »England is a wine lover's paradise, offering unparalleled choice«, schreibt Simon Loftus, einer der besten Weinkenner East Anglias. Indes meint der Landlord der »Crown« in Southwold damit vor allem kontinentale Weine.

Sport Segler, Golfer, Reiter, Cricket-Fans, sie alle und viele mehr kommen in Ostengland auf ihre Kosten. Hier nur einige Hinweise und Kontaktadressen. – *Golf:* Von den mehr als 1800 britischen Golfplätzen liegen etliche (zum Verdruß der Naturschützer) in der schönsten Küstenlandschaft East Anglias, z. B. in Caister-on-Sea, Cromer, Hunstanton, Sheringham, Thorpeness, Aldeburgh. Exklusivster Club und Society-Treff: Royal West Norfolk Golf Club

Cricket-Mode: Wirtshauszeichen der Three Willows in Birchanger, Essex

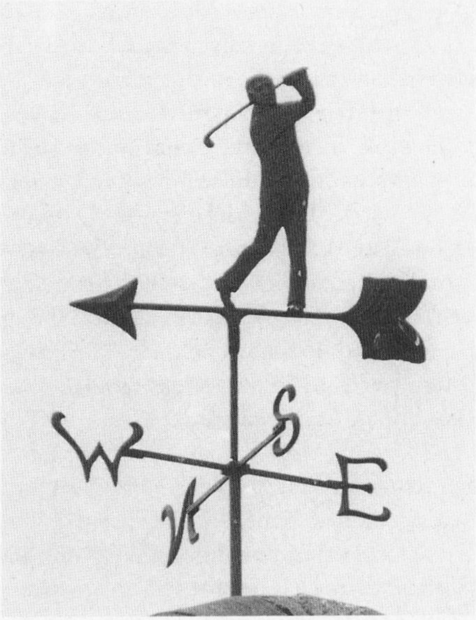

Golfer-Wetterfahne in Dereham

in der Marsch von Brancaster. Platzgebühr pro Tag: £ 10–18. Telefonische oder schriftliche Voranmeldung empfehlenswert. Golfreisen veranstalten u. a. »Birdie Golfreisen«, Karlstr. 34, 2000 Hamburg 76, ✆ 040/2279007. – *Segeln:* East Anglias Küste mit ihren fördeartigen Flußmündungen ist ein ebenso reizvolles wie gefährliches Segelrevier (Sandbänke, Strömungen, Tide). Zu den Yachtzentren zählen Burnham-on-Crouch, Maldon und West-Mersea in Essex; Woodbridge, Aldeburgh und Lowestoft in Suffolk; Great Yarmouth, Cromer, Cley-next-the-Sea, Blakeney und King's Lynn in Norfolk. Weitere Informationen: East Anglian School of Sailing, PO Box 64, Ipswich IP2 8NN. – *Quoits:* Dies vor allem in Wales populäre Pendant zum provencalischen Boule wird noch in einigen Dörfern Suffolks gespielt, z. B. in Butley. – *Cricket:*

Dieser den »Continentals« zutiefst rätselhaften, englischsten aller englischen Sportarten kann man auf vielen Dorfangern am Wochenende zwanglos zusehen, am besten in Essex, dem »Cricket County«, wo gleich neben dem Cricket-Rasen der Cricket-Pub wartet, z. B. The Cricketers in Danbury (6 km östl. Chelmsford), The Cricketers Arms in Rickling (8 km südl. Saffron Walden). Im Pub The Cricketers am Mill Green in Ingatestone findet sich eine originelle Sammlung von Cricket-Memorabilia. – *Angeln, Jagen, Reiten:* siehe dort.

Sprachkurse Nichts besser, als Englisch in England zu lernen. Über Sprachkurse, Kosten und Termine informieren die alljährlich aktualisierte BTA-Broschüre *Learning English,* der Katalog des Berufsverbands der englischen Sprachschulen, ARELS-FELCO, 125 High Holborn, London WC1V 6QD, ✆ 071/242 31 36 sowie der Fachverband Deutscher Sprachreiseveranstalter, Hauptstr. 26, 8751 Stockstadt/Main, ✆ 06027/2790. Unterkünfte für Sprachkurse vermittelt das British University Accomodation Consortium (BUAC), Box No. 161, University Park, Nottingham N67 2RD, ✆ 0602/50 45 71.

Strom Wechselstrom mit 240 V/50 H. Elektrogeräte mit 220 V Spannung können verwendet werden. Adapter am besten vor Reiseantritt besorgen, da europäische Normstecker nicht in englische Dreipol-Steckdosen passen. Allerdings stellen sich mehr und mehr britische Hotels auch auf diese kontinentalen Bedürfnisse ein.

Telefonieren Vorwahlnummer von der BRD, Österreich und der Schweiz nach GB: 0044, gefolgt von der Vorwahlnummer des englischen Orts ohne die erste Null. Von GB in die BRD: 01049, nach Österreich: 01043, in die Schweiz: 01041, jeweils gefolgt von der Ortsvorwahl ohne die erste Null. London-Vorwahl im britischen Netz: 071 für die Innenstadt und 081 für die Außenbezirke. Verbilligte Tarife werktags 20 bis 8 Uhr morgens, Fr 20 Uhr bis Mo 8 Uhr morgens. Auskunft (*enquiries*): Inland 192, Ausland 153, oder, gebührenfrei (*operator*) 100. Für öffentliche Fernsprecher benötigt man 10-p- oder 50-p-Münzen. Jedes öffentliche Telefon hat eine eigene Nummer, Sie können sich zurückrufen lassen: »Reverse Calls«, für die der Empfänger zahlt, vermittelt der operator (100). – *Notruf* für Polizei (*police*), Feuerwehr (*fire brigade*), Krankenwagen (*ambulance*): 999

Uhrzeit Zwischen der Mitteleuropäischen Zeit (MEZ) und der Greenwich Mean Time besteht 1 Stunde Unterschied, d. h. Sie müssen Ihre Uhr 1 Stunde zurückstellen. Dies gilt auch in der Zeit vom 4. Sonntag im März bis zum 4. Sonntag im Oktober, wenn die Sommerzeit beginnt und endet.

Umweltschutz Nicht nur die *Green Party*, auch die Regierung bemüht sich seit Ende der achtziger Jahre verstärkt darum, Englands Ruf als »dirty man of Europe« loszuwerden. Besonders in ländlichen Regionen wie East Anglia kümmern sich viele meist private, aber auch staatliche Organisationen um die Erhaltung der Umwelt. Im einzelnen siehe *Council for the Protection of Rural England, Countryside Commission, Friends of the Earth, National Trust, Nature Conservancy Council, Norfolk Naturalists*

Trust, Royal Society for the Protection of Birds.

Unterkunft Zwischen Schloßhotel und Zeltplatz gibt es viele Möglichkeiten. Immer noch am familiärsten, preiswertesten und praktisch beim improvisierten Umherreisen: *Bed & Breakfast* (B&B), die unübertreffliche Gelegenheit, etwas vom »private life« der Engländer kennenzulernen. Mehr als 700 B&B-Quartiere der besseren Art, £ 9 bis £ 20 pro Kopf, verzeichnet der 1988 erstmals erschienene *Good Bed and Breakfast Guide* (Consumers' Association, PO Box 44, Hertford SG14 1SH). *Hotels:* Zimmer zeigen lassen, nicht immer mit dem ersten besten zufrieden sein, es ist oft nur das drittbeste. Die am informativsten kommentierte Auswahl von Hotels bietet der alljährlich aktualisierte *Egon Ronay's Cellnet Guide Hotels & Restaurants,* zu beziehen über BTA. Neben *Guest Houses,* Pensionen ohne Bar und Restaurant, empfiehlt sich in Ostengland besonders *Farmhouse Accomodation:* Adressen für Ferien auf dem Bauernhof über BTA. Weitverbreitet und preisgünstig, zumal für Familien: *Self-catering,* Ferienwohnung mit Selbstverpflegung. Als größte britische Cottage-Agentur dieser Art gilt English Country Cottages, Claypit Lane, Fakenham, Norfolk NR21 8AS, ✆ 0328/4041. Breite Auswahl auch bei Blakes Country & Seaside Holidays, Wroxham, Norwich NR12 8DH, ✆ 06053/2917. Interessante Quartiere in restaurierten historischen Häusern vermittelt der National Trust (Holiday Cottages, PO Box 101, Melksham, Wiltshire SN12 8EA, ✆ 0225/705676). Ungewöhnliche historische Ferienhäuser, vom Martello Tower in Aldeburgh bis zum viktorianischen Wasserturm in Norfolk, vermietet auch der *Landmark Trust* (Shottesbrooke, Maidenhead, Berkshire, ✆ 062882/5925). Wer die wahre Einkehr sucht, letzte Oasen der Ruhe, z.B. Eremitagen, Klöster, Meditationszentren, findet eine Auswahl in George Targets originellem Guide *Out of This World* (Bishopgate Press Ltd). *Zelt- und Caravanplätze* finden sich in den *Where to Stay*-Broschüren von BTA. In den britischen Ferienmonaten Juli–August ist rechtzeitige Buchung ratsam. – Preiswerte Alternative zu den Hotels, günstig vor allem für Gruppenreisende und Konferenzteilnehmer: die Uni als Ferienquartier, Urlaub im *Studentenwohnheim* während der Trimesterferien, also Mitte März bis Mitte April und von etwa Mitte Juni bis Anfang Oktober. Auskünfte: British Universities Accomodation Consortium, PO Box 161, University Park, Nottingham NG7 2RD, ✆ 0602/504571. Oder: Higher Education Accomodation Consortium (HEAC), 36 Collegiate Crescent, Sheffield S10 2BP, ✆ 0742/665274. *Jugendherbergen:* siehe dort.

Wandern Auf die Frage, warum er nicht die Eisenbahn benutze, antwortete der Schriftsteller George Borrow aus Norfolk: »I am fond of the beauties of nature; now it is impossible to see much of the beauties of nature unless you walk.« Auch East Anglia kann man nicht durch die Windschutzscheibe erleben. 1986 eröffnete Prinz Charles einen königlichen Fernwanderweg, den *Norfolk Coast Path* von Holme entlang der Küste nach Cromer (rd. 60 km). Unternehmungslustige können von Cromer aus auf dem *Weavers Way* nach Great Yarmouth weiterwandern (rd. 90 km). Einer der ältesten Wege in England, der prähistorische

Wetterfahnen-Wanderer in Otley, Suffolk

Peddars Way, durchquert ganz Norfolk von Chelmsford über Ixworth bis zur Küste in Hunstanton (rd. 140 km). Die Römer adaptierten ihn, z. T. auch die Straßenbauer unserer Tage. Ein besonders schönes Stück des Peddars Way, grüner Pfad durch die Felder: westlich von Great Massingham; ebenso zwischen den Dörfern Anmer und Fring. Wanderkarten und Übernachtungsmöglichkeiten: Peddars Way Association, 150 Ames St, Norwich, Norfolk. – Auf Constables Spuren führt der *Painters Way* durchs Stour-Tal, von Manningtree nach Sudbury (38 km). Weitere Informationen gibt die Dachorganisation der rund 400 britischen Wandervereine, die *Ramblers' Association,* 1–5 Wandsworth Rd, London SW8 2LJ, ✆ 01/5826878. Detaillierte Beschreibung von über 240 Wanderungen in *Walker's Britain,* Pan Books, London 1982.

Wetter Siehe Klima

Zeitungen Von den überregionalen Blättern abgesehen, verfügt East Anglia über drei eigenständige Regionalzeitungen: In Norwich erscheinen die *Eastern Daily Press* (gegr. 1870, Auflage 91000) und *Eastern Evening News* (gegr. 1882, Auflage 52000), in Ipswich die *East Anglian Daily Times* (gegr. 1874, Auflage 49000). Auch der Ferienbesucher, der sich über Viehmärkte, Kirchenkonzerte oder Antiquitäten-Auktionen seiner Umgebung informieren will, tut gut daran, nicht nur den *Independent* zu lesen.

Veranstaltungen und Bräuche

E = Essex, N = Norfolk, S = Suffolk

Januar

Norwich Annual Antiques Fair, Blackfriars Hall, Norwich (N): alljährliche Antiquitätenmesse

April

Wingfield Art & Music, Wingfield (S): ländliches Festival mit Konzerten, Ausstellungen, Dichterlesungen (bis Sept.)

Mai

1000 Guineas und 2000 Guineas Stakes, Newmarket (S): Frühjahrs-Galopprennen, zwei der fünf englischen *classics*

Bury St. Edmunds Festival (S): Festival klassischer und moderner Musik

English Civil War Battle, Audley End House, Saffron Walden (E): historische Kostüm-Schlacht des Bürgerkriegs

Chelmsford Cathedral Festival (E): Festival klassischer und moderner Musik, gegr. 1984

Juni

Barge Match: traditionelle Regatta der alten Lastsegler auf dem Blackwater bei Maldon (E)

Suffolk Show, Suffolk Showground, Ipswich (S): Landwirtschaftsausstellung der Grafschaft

Aldeburgh Festival of Music and the Arts (S): gegr. 1948 von Benjamin Britten u. a.; Konzerte, Opern, Ausstellungen, Dichterlesungen, Wanderungen, Kammermusik in Landhäusern und Kirchen der Umgebung

Morris Ring Meeting, Town Street, Thaxted (E): Straßenfest mit volkstümlichen Tänzen

Royal Norfolk Show, Dereham Road, New Costessey, Norwich (N): größte Landwirtschaftsausstellung in East Anglia

Dunmow Flitch Ceremony, Talberds Ley, Great Dunmow (E): traditionelle Schinkenspeck-Verleihung an ein untadeliges Ehepaar

Trinity Fair, Southwold (S): Volksfest am 15. 6., vom Stadtausrufer proklamiert

Thaxted Festival (E): Festival klassischer und zeitgenössischer Musik, gegr. 1980

Juli

Pin Mill Sailing Club Barge Match (S): Regatta der alten Lastensegler in der Orwell-Mündung bei Pin Mill, Ipswich

King's Lynn Festival (N): klassische und zeitgenössische Musik, Theater, Ausstellungen u. a.

Southwold Summer Theatre (S), bis Mitte Sept.

Sandringham Flower Show, Sandringham House (N): Blumenfest im königlichen Landschloß

Summer Music, The Old School, Hadleigh (S): 1978 gegr. Festival klassischer Musik

Wangford Festival (S): 1966 gegr. Festival klassischer und moderner Musik in den Dorfkirchen von Wangford und Blythburgh

Bruisyard Driving & Dog Show (S): Ländliches Fest mit Sulky-Rennen, Hundeschau, Windhundrennen u. a.

August

Wroxham Week (N): Segelregatta in den Broads

British Crabbing Federation Open Championship, Walberswick (S): Meisterschaften im Krebsangeln

St. Benet's Open Air Service (N): traditioneller Gottesdienst des Bischofs von Norwich bei der Ruine von St. Benet's Abbey in den Broads (am 1. Sonntag des Monats)

September

Highflyer Sales, Tattersalls, Newmarket (S): Vollblüter-Auktion, benannt nach dem erfolgreichsten Zuchthengst des Firmengründers

Mozart Festival, Snape Maltings, Aldeburgh (S)

East Anglia Antiques Fair, Athenaeum, Bury St. Edmunds (S): alljährliche Antiquitätenmesse

Oktober

Norfolk and Norwich Festival, Norwich (N): 1824 gegr. Kunst- und Musikfestival, Konzerte auch in Kirchen und Landschlössern wie Blickling und Felbrigg Hall

Colchester Oyster Feast (E): Austernfest im Rathaus von Colchester

Cambridgeshire und Cesarewitsch, Newmarket (S): Galopprennen am Ende der *flat season*

Essex Festival, Colchester (E): 1981 gegr. Literatur- und Theaterfestival, mit Konzerten und Ausstellungen

Dezember

December Sales, Tattersalls, Newmarket (S): Europas bedeutendste Auktion von Vollblutpferden

Mr. Weller in Ipswich, Illustration von Phiz zum 24. Kapitel der »Pickwick Papers« von Charles Dickens

Ergänzende Ortshinweise und Öffnungszeiten

NT = National Trust, P = Privat
EH = English Heritage

Of sea or river, of a quay or street,
The best description must be incomplete.
(George Crabbe)

Essex

Audley End (westl. Saffron Walden, B1383, 25 km südl. Cambridge, A11): Jakobeanisches Landschloß, 1603–16, »one of the stateliest palaces in the Kingdom« (John Evelyn). Interieurs von Robert Adam, 1762 ff. Park von Capability Brown, 1762–97. In den ehemaligen Stallungen (um 1605–15) Museum der viktorianischen Landwirtschaft. Schmalspurbahn mit historischen Dampfloks en miniature. April–Sept tgl. außer Mo 1–5. EH. Im Gutsdorf Audley End ehemaliges Armenhaus, St. Mark's College (um 1600), heute Altersheim für Priester.

Beeleigh Abbey (2 km westl. Maldon): Ehem. Prämonstratenserkloster oberhalb des River Chelmer, gegr. um 1180. Erhalten: Kapitelhaus u. Keller des Dormitoriums (frühes 13. Jh.), einbezogen in ein Haus des 16. Jh. Landsitz des berühmten Londoner Buchhändlers William Foyle. P.

Belchamp Walter (7 km westl. Sudbury): Belchamp Hall, ✆ 0787/72744; Landsitz der Raymonds, Backsteinhaus im Queen-Anne-Stil, 1720; drei Räume zu besichtigen: Möbel, Porzellan, ein Gainsborough-Porträt. Familienatmosphäre, zumal wenn der Hausherr führt. Mai–Sept Di u. Do nachm., nur nach Voranmeldung. – Pfarrkirche des 14. Jh. mit mittelalterlichen Fresken (Abendmahl, Kreuzigung u. a.).

Bourne Mill: siehe Colchester

Braintree (westl. Colchester, A120): Heritage Centre, Market Square: Heimatmuseum mit Familiengeschichte der Seiden- und Textilfabrikanten-Dynastie Courtauld. Mo–Sa 10–5.
Werkstätten des Teak-Spezialisten Barlow-Tyrie, Hersteller der klassischen englischen Garten- und Parkmöbel, in Deutschland vertreten durch Garpa, Kiehnwiese 1, 2050 Escheburg, ✆ 04152/3025

Brightlingsea (südöstl. Colchester, B1027): Seglerzentrum am Ostufer der Colne-Mündung. Einziges Mitglied der sog. Cinque Ports nördlich der Themse. Pfarrkirche des 15. Jh., im Chor barockes Grabmal für einen erfolgreichen deutschen Geschäftsmann in London.

Bulmer (westl. Sudbury, A131/B1058): Vermutlich schon in römischer Zeit Ziegelbrennerei. Die Bulmer Brick & Tile Company produziert handgemachte Ziegel, vor allem zur Restaurierung historischer Backsteinbauten, z. B. für Hampton Court, Windsor Castle, Blickling Hall, Oxburgh Hall.

Castle Hedingham (6 km nordwestl. Halstead, A604/B1058): Normannischer Bergfried, Stammburg der Grafen von Oxford. Mai–Okt tgl. 10–5.
Colne Valley Railway, Yeldham Rd, ✆ 0787/61174: Sammlung alter Dampfloks (»with regular steamings«). Febr–Dez tgl. 10–5.

Chappel (nordwestl. Colchester, A604): East Anglian Railway Museum, ✆ 07875/2571: Viktorian. Eisenbahnstation mit Sammlung von Dampfloks u. a. *Railwayana;* 32bögiger Viadukt von 1849. Restaurierung *in progress* und *Steamdays.* Mo–Fr 10–4, Sa u. So 11–5.30.

Chelmsford: Chelmsford and Essex Museum, Oaklands Park, Moulsham St, ✆ 0245/353066: Stadt- u. Grafschaftsmuseum, so wenig animierend wie die Stadt selbst. Mo–Sa 10–5, So 2–5.
Shire Hall, High St: klassizistisches Verwaltungsgebäude von John Johnson, 1790–92, mit Giebelreliefs aus Coade-Stein.

Chickney (südwestl. Thaxted, B1051): St. Mary: Kleine aufgelassene angelsächsische Kirche; viel Atmosphäre. Taufbecken und Turm 14. Jh. Vom Redundant Churches Fund unterhalten.

Chingford (Nordost-London, A1069): Queen Elizabeth's Hunting Lodge: Königl. Jagdhaus des frühen 16. Jh., heute Epping Forest Museum.
Mi–So 2–6.

Coggeshall (westl. Colchester, A120): Paycocke's, West St: Fachwerkhaus des Mittelalters. April–Anfang Okt Di, Do, So 2–5.30. NT.
Grange Barn: Englands älteste erhaltene Scheune, um 1140. NT.

Colchester: Bourne Mill (2 km südl.): Wassermühle von 1591. Mitte April – Mitte Okt Sa u. So, Juli u. Sept auch Di 2–5.30. NT.
Castle Museum, ✆ 0206/712939: Normannische Burg mit archäologischer Sammlung, bes. Römerzeit. April–Sept Mo–Sa 10–5, So 2.30–5, Okt–März Mo–Fr 10–5, Sa 10–4.
Colchester Arts Centre, St. Mary-at-the-Walls, Church St, ✆ 0206/577301: Ausstellungen, Jazz, Rock, Folk, Workshops; Buchladen u. Café: Mo–Sa 11–5.
Hollytrees Museum, High St (neben der Burg), ✆ 0206/712940: Frühgeorgian. Haus von 1718 mit Kostüm- und Puppensammlung. Mo–Sa 10–1, 2–5.
Mercury Theatre, Balkerne Gate, ✆ 0206/573948: Stadttheater von 1972 mit Kunstgalerie und Restaurant.
The Minories Art Gallery, 74 High St, ✆ 0206/577067: Georgian. Stadthaus von 1776 mit Wechselausstellungen, Café und Workshops. John und Paul Nash-Archiv. Di–Sa 10.30–5, So 2–6.
Natural History Museum, All Saints Church, High St (gegenüber der Burg): Flora und Fauna von Essex. Mo–Sa 10–5.
Social History Museum, Holy Trinity Church, Trinity St, ✆ 0206/712942: Heimat- und Sozialmuseum in einer Kirche des 14. Jh. mit angelsächsischem Turm. Mo–Sa 10–5.
Tymperleys Clock Museum, Trinity St, ✆ 0206/712943: Kleines Uhrenmuseum im

Geburtshaus William Gilberds, Leibarzt Elizabeths I. April–Okt Di–Sa 10–1, 2–5. University of Essex: siehe dort.

Cressing Temple Barns (südöstl. Braintree, off B1018): Zwei Scheunen der Tempelritter aus dem 13. Jh.

Dedham (11 km nordöstl. Colchester, off A12): Castle House, ✆ 0206/322127: Ehem. Wohnung und Atelier des Malers Sir Alfred Munnings, große Sammlung seiner Bilder. Mai–Sept Mi u. So, Aug auch Do u. Sa, 2–5.
Dedham Centre, High St: Umgebaute Kirche mit Kunsthandwerk, Antiques, Snacks und Tee. Tgl. 10–5.
Duchy Barn, ✆ 0206/323447: Info-Zentrum des *Council for the Protection of Rural England* und Fremdenverkehrsbüro. April–Okt.
Shire Horse Centre, Barretts Farm, East Lane: Bauernhof mit Paradepferden (»Gentle Giants«), Ponies, Zwergziegen, Kutschen, Garten und Tee. April–Sept Mi u. So, Juli – Aug tgl.

Elmstead Market (6 km östl. Colchester, A133): Beth Chatto Gardens, vielgerühmte Anlage der Gärtnerin Beth Chatto. März–Okt Mo– Sa 9–5, Nov–Febr Mo–Fr 9–4.

Finchingfield (nordöstl. Thaxted, B1053/B1057): St. John the Baptist: Norman. Westportal im Turm, Chorgitter mit reichem gotischem Maßwerk.
Spains Hall: Elisabethanisches Backstein-Herrenhaus nördl. Finchingfield, um 1585, Sitz der Familie Ruggles-Brise. Sir Evelyn Ruggles-Brise gründete 1902 die erste Jugenderziehungsanstalt, benannt nach dem Ort Borstal in Kent. Garten Mai–Juli So 2–5. Hausführung (mit Butler) nach Voranmeldung, ✆ 0371/810266.

Foulness Island: Insel in der Themse-Mündung, zwei Dörfer, ein Pub, ein Laden. Ornithologisch bedeutendes Brutgebiet für Seevögel. Für Besucher gesperrt, da Waffentestgebiet des Verteidigungsministeriums, dem die Insel gehört. Hier testete der britische Offizier Henry Shrapnel 1805 das nach ihm benannte Schrapnell.

Gosfield Hall (nördl. Braintree, A1017): Tudor-Landsitz mit späteren Umbauten. Mai–Sept Mi u. Do 2–5.

Great Dunmow (westl. Braintree, A120): Kleinstadt, bekannt durch die alle zwei Jahre stattfindende Zeremonie der *Flitch Trials:* Jedes Ehepaar, das beweisen kann, ein Jahr und einen Tag ohne Streit gelebt zu haben, wird mit einem *flitch,* einem Stück Schinkenspeck, belohnt. Der Brauch soll 1120 vom Prior des Augustinerchorherrenstifts zur Propagierung der christlichen Ehe eingeführt worden sein, anderen Quellen zufolge im frühen 13. Jh. durch Baron Robert Fitzwalter. In *Piers Plowman* (14. Jh.) und in Chaucers *Canterbury Tales* wird der Brauch erwähnt; wiederbelebt wurde er durch Harrison Ainsworths Roman *The Flitch of Bacon* (1854).

Harlow (nördl. London, M11): Von Frederick Gibberd 1947 entworfene Stadt zur Entlastung von London (20 Jahre vor der klassischen *New Town* Milton Keynes in Buckinghamshire), ursprünglich für 60000 Einwohner gebaut, jetzt über 80000. In verschiedenen Siedlungen Skulpturen, u. a. von

Barbara Hepworth, Elisabeth Frink u. Henry Moore (*Family Group,* 1954/55). Umstrittene Erweiterungspläne, die zu einem riesigen Vorstadt-Amalgam im Grüngürtel von London führen könnten.
Mark Hall Cycle Museum & Gardens, Muskham Rd, off First Avenue, ✆ 0279/39680: Fahrradmuseum in umgebauten Stallungen des 19. Jh. Tgl. 10–5.

Harwich: Gegr. um 1200 von Roger Bigod, Earl of Norfolk. Der Kapitän der »Mayflower«, Christopher Jones, kam aus H. (21 King's Head St).
High & Low Lighthouses, 1818.
The Redoubt: Martello-Turm, 1808, heute Heimatmuseum. Ostern – Okt tgl. 9–5, So 10–12.

Hempstead (östl. Saffron Walden, B1054): St. Andrew, Perpendicular-Kirche mit Grabmal für William Harvey, Leibarzt von König James I. und Charles I. Entdecker des Blutkreislaufs (*Circuitis Sanguinis,* 1628). Exzellente Porträtbüste von dem Londoner Bildhauer Edward Marshall (nach 1657). Sarkophag aus einem einzigen Carrara-Marmorblock. Aus H. stammt Dick Turpin, berüchtigter Straßenräuber des 18. Jh. Sein Vater führte die Bell Inn.

Horham Hall (3 km südwestl. Thaxted, B1051): Landsitz des Schatzmeisters von König Henry VIII., Sir John Cutte; beg. 1502, Turm um 1580, eines der schönsten vorreformatorischen Backsteinhäuser in Essex. P.

Ingatestone Hall (zw. Chelmsford und Brentwood, off A12): Tudor-Landsitz, erbaut um 1540–65 für Sir William Petre, Minister Henrys VIII. und Edwards VI.; organisierte die Auflösung der Klöster nach der Reformation. Torhaus mit Uhrenturm und Motto »Sans Dieu Rien«. Bis heute im Besitz der Familie Petre. P.
The Cricketers, Mill Green (nordwestl. Ingatestone): Pub mit Sammlung von Cricket-Memorabilia.

Layer Marney Tower (10 km südwestl. Colchester, B1022): Tudor-Torhaus, um 1520. April–Sept Do u. So 2–6, Juli u. Aug auch Di 2–6.

Maldon (15 km östl. Chelmsford, A414): Plume Library, Market Hill, ✆ 55912: Privatbibliothek eines Gelehrten, gestiftet 1704, mit Inkunabeln des 17. u. 18. Jh. Di–Do 2–4, Sa 10–12.

Saffron Walden (südöstl. Cambridge, A130): The Fry Art Gallery, Bridge End Gardens, Castle St: Charmantes Kleinstadtmuseum, Maler der 30er–80er Jahre aus der Umgebung der Künstlerkolonie Great Bardfield. Ostern – Okt Sa u. So 2.30–5.30. Heimatmuseum neben der Burgruine, Museum St: Mo–Sa 11–4, So 2.30–5.

Southend-on-Sea: Prittlewell Priory Museum, Priory Park, ✆ 0702/342878: Ehem. Cluniazenserkloster, heute Heimat- und Naturkundemuseum. Di–Sa 10–1, 2–5.
Southchurch Hall: Fachwerk-Herrenhaus des 14. Jh., heute städtisches Museum. Di–Sa 10–1, 2–5.

St. Osyth's Priory (18 km südöstl. Colchester, B1027): Abteiruine und Herrenhaus, Gemälde von Stubbs u. a. Mai–Sept tgl. 10.30–12.30, 2.30–4.30, Park tgl. 10–5.

Stondon Massey (südwestl. Chelmsford): Der elisabethanische Komponist William Byrd, gen. der Palestrina Englands, lebte rund 30 Jahre in Stondon Place bis zu seinem Tod 1623.

Tilbury Fort (36 km östl. London): Fort des 17. Jh. am Nordufer der Themse. Mitte März–Mitte Okt tgl. 9.30–6.30, Mitte Okt–Mitte März Mo–Sa 9.30–4., So 2–4. EH.

University of Essex, Wivenhoe Park (3 km südöstl. Colchester): Gegründet 1962. Schwerpunkte: Elektronik und Informatik, Sozialwissenschaften, Komparatistik, Philosophie, Japanologie. Informationen: ✆ 0206/873333 oder 873666. Eigenes Universitätstheater und Ausstellungsprogramm, ✆ 0206/861946.
Das ehem. Herrenhaus Wivenhoe Park wird als Konferenzzentrum und Hotel genutzt, ✆ 0206/864609.

Waltham Abbey (nördl. London, M25/A112): Epping Forest District Museum, 39/41 Sun St, ✆ 0992/716882: Heimatmuseum in zwei Fachwerkhäusern des 16. und 18. Jh. Fr–Mo 2–5, Di 12–5.

Walthamstow (Nordost-London, südl. Epping Forest): William Morris Gallery, Lloyd Park, Forest Road (= A503), ✆ 081/5275544 Ext. 4390: Ehem. Elternhaus von Morris, Ausstellung seiner Arbeiten und der seiner Freunde aus der Arts & Crafts-Bewegung. Di–Sa 10–1, 2–5.
William Morris Society, Kelmscott House, 26 Upper Mall, Hammersmith, London W6.

Wickham Bishops (zw. Colchester und Chelmsford, B1022): Great Ruffins, Haus des Architekten und Designers Arthur M. Mackmurdo, 1904. Gegenüber ein weiteres von ihm entworfenes Haus, ebenso mit zentraler Laterne. Er selbst lebte in einem heute Mackmurdo's genannten Bungalow in Great Lodge Rd, Ecke Beacon Hill. Mackmurdo, einer der frühen englischen Jugendstildesigner und Bahnbrecher der Arts & Crafts-Bewegung, starb 1942 in W.B.

Widdington (6 km südl. Saffron Walden): Prior's Hall Barn: Scheune des frühen 14. Jh., 1379–1920 im Besitz des New College in Oxford, jetzt English Heritage. April–Sept Sa 9.30–6.30, So 2–6.30.

Wivenhoe Park: siehe University of Essex

Suffolk

Acton (nordöstl. Sudbury): In der Dorfkirche All Saints Messinggrabplatte für den Kreuzritter Sir Robert de Bures, einer der ältesten und schönsten Brasse in England, um 1320. Lebensgroße georgianische Grabskulptur für Robert Jennens (gest. 1725), Adjutant des Herzogs von Marlborough.

Aldeburgh (A1094, östl. A12): Moot Hall: Tudor-Rathaus, Heimatmuseum (Fischerei, Küstenschutz etc.). April–Mai nur So 2.30–5, Juni–Sept tgl. 10.30–12.30, 2.30–5.
St. Peter and St. Paul, Pfarrkirche des 16. Jh. mit 14. Jh.-Turm, achteckige jakobeanische Kanzel (1632), von der Crabbe predigte; Britten-Gedächtnisfenster von John Piper, 1980.

Aldeburgh Foundation, Box Office, High St. Suffolk IP15 5AX, ✆ 0728/453543 oder 452935: Programm und Kartenbestellungen für das A. Festival; dort auch Informationen über die *Britten-Pears School for Advanced Musical Studies.*
The Britten-Pears Library, The Red House, Golf Lane, ✆ 072885/2615: zugänglich nur zu Studienzwecken, nach Voranmeldung.

Aldringham Craft Market (nordwestl. Aldeburgh, B1122/B1353): Keramik u.a. Kunsthandwerk. Mo–Sa 10–5.30, So 10–12, 2–5.30.

Aspall Hall (nördl. Ipswich, B1077): Jakobeanisches Herrenhaus mit Queen-Anne-Fassade, frühes 18. Jh. Seit 1728 Produktion des *Aspall Cider.* Ausstellung der alten Granit- und Holzpressen etc. Mo–Sa 9–12.30, 1.30–3.30. ✆ 0728/860510.

Badley (nordwestl. Ipswich, südl. Stowmarket, off B1113): St. Mary, eine der schönen abseits gelegenen Dorfkirchen, größtenteils 13. Jh., unberührt von viktorianischen Restauratoren; verblichenes, silbergraues Eichengestühl.

Barham (nordwestl. Ipswich, off A140): Dorfkirche St. Mary mit Steinskulptur von Henry Moore, *Madonna und Kind,* 1948/49, ursprünglich als Kriegerdenkmal entworfen: »Ich habe versucht, völlige Gelassenheit und Ruhe spürbar zu machen...«

Boxford (zw. Sudbury und Hadleigh, A1071): Schönes Dorf aus der Zeit der mittelalterlichen Tuchindustrie. Entsprechend große Perpendicular-Kirche des 15. Jh., Nordportalvorbau mit Eichengewölbe (14. Jh.).
Laurimore Gallery, 29 Swan St: Kunst- und Kunsthandwerk, Galerie von Jon Laurimore, Schauspieler und ehem. Schwiegersohn des Malers Augustus John. Mi–Sa 10–6, So 2–6.

Bramfield (südöstl. Halesworth, A144): St. Andrew: normannischer Campanile-Rundturm, gotische Chorschranken mit Bemalung und delikat geschnitztem Maßwerk im Fächergewölbe (um 1500). Barockes Grabmal des jakobeanischen Hofbildhauers Nicholas Stone: Kniend in Ritterrüstung Arthur Coke, (gest. 1629), liegend seine Frau Elizabeth mit Baby im Arm; ihre Figur aus Alabaster ist die exquisitere Steinmetzarbeit (nur sie von N. Stone?).
Crinkle-crankle wall gegenüber der Kirche.

Brantham (südwestl. Ipswich, A137): Dorfkirche St. Michael mit Altarbild von John Constable, *Christ and the Children,* 1804.

Brent Eleigh Hall (südöstl. Lavenham, A1141): Von Edwin Lutyens 1933–34 im neogeorgianischen Stil umgebautes Landhaus, Gartenfront mit toskanischem Portikus. P.

Bury St. Edmunds: Gershom Parkington Collection of Clocks and Watches, 8 Angel Hill, ✆ 0284/60255: Uhrenmuseum in einem Queen-Anne-Haus, gestiftet von dem einheimischen Cellisten Frederic Gershom Parkington; Arbeiten berühmter englischer Uhrmacher des 17. Jh.; frühe deutsche Tisch-, Tabernakel- und Kruzifix-Uhren; Kuriosa & Rarissima: ein *Time-Stick,* die

Sonnenuhr am Hirtenstab eines Schäfers aus Tiverton; die sog. Atmos-Uhr, die man nie aufzuziehen braucht, sie bezieht ihre immerwährende Energie aus dem beständigen Wechsel der Temperatur. Mo–Sa 10–5, So 2–5.
Market Cross Art Gallery, Cornhill: Als Theater entworfen von Robert Adam, 1774. Wechselausstellungen. Di–Sa 10.30–4.30.
Moyse's Hall Museum, Cornhill, ✆ 0284/69834: Heimatmuseum; Funde aus der Römerzeit, aus dem angelsächsischen Dorf West Stow, der Schatz von Isleham, Kurioses und Abstruses. Mo–Sa 10–5, So 2–5.
Kathedrale: Evensong Do 5, So 3.30.
Theatre Royal, Westgate St: Regency-Theater, 1819, von W. Wilkins. NT. Box Office (Kartenvorbestellung 10–6): ✆ 0284/69505.
Wochenmarkt auf dem Cornhill und Buttermarket: Mi u. Sa. – Viehmarkt zwischen King's Rd und Risbygate St: Mi.

Cavendish (12 km nordwestl. Sudbury, A1092): Hauptquartier und Museum der Sue Ryder Foundation, ✆ 0787/280252. Tgl. 10–5.30.
Nether Hall: Fachwerkhaus des 16. Jh. mit eigenem Weingut (Cavendish Manor Mueller Thurgau). Weinprobe tgl. 11–4.

Hodder Brown Ltd: Delikatessenladen der ehemaligen *New York Times*-Korrespondentin Erica Brown.

Clare (12 km nordwestl. Sudbury, A1092): Schöne Kleinstadt am Stour. Perpendicular-Kirche, gegenüber ehem. Pfarrhaus von 1473, heute Heimatmuseum, gen. The Ancient House: Mai–Sept Mi–Sa 2.30–4.30, So 11–12.30, 2.30–4.30.

Cratfield (westl. Halesworth, zw. B1117 u. B1123): Gotische Dorfkirche St. Mary mit exemplarischem Sieben-Sakramente-Taufstein des 15. Jh.
The Somershey Theatre: 1985 gegr., »kleinstes professionelles Theater des Landes«, Kammerspielbühne in einer umgebauten Scheune, Mai–Aug. Programm und Karten ✆ 098683/617.

Crows Hall (bei Debenham, nördl. Ipswich, B1077): Landhaus des frühen 16. Jh., Backstein, von romantischem Wassergraben umgeben. P.

Debenham (nördl. Ipswich, B1077): Kleinstadt nahe der Deben-Quelle. Ehem. Rathaus, Fachwerk, um 1500. St. Mary: Kirchturm vornormannisch, Glocken von 1761.

Dunwich (nördl. Aldeburgh, östl. A12): Heimatmuseum, Geschichte der versunkenen Stadt. März–Mai u. Okt Sa u. So; Juni, Juli, Sept. Di, Do, Sa u. So; Aug. tgl. 2–4.30.

East Anglia Transport Museum, Carlton Colville (südwestl. Lowestoft, B1384): Verkehrsmuseum. Juni–Sept Sa u. So 2–4, Aug Mo–Fr 2–4.

East Bergholt (südwestl. Ipswich, A12/B1070): John Constables Geburtsort. Kirche St. Mary (1350–1550) mit freistehendem Glockenhaus von 1531, Wechselläuten der Handglockenläuter So 10.30–11, im Sommer auch abends 6–6.30.

Easton Farm Park (3 km nordwestl. Wickham Market, off A12/B1116): Viktorianischer Bauernhof mit frühen Landmaschinen und Geräten, Schmiede, Naturlehrpfad, Abenteuerspielplatz etc. Ostern–Okt tgl. 10.30–6.

Erwarton Hall (bei Shotley, südöstl. Ipswich, A138): Elisabethanisches Herrenhaus, 1575. P. Spektakuläres Gatehouse, um 1549, mit Giebeln und kaminartigen Türmchen, eher eine abstrakte Skulptur als ein Torhaus. Anne Boleyn verbrachte hier einen Teil ihrer Kindheit; ihr Herz soll in der Dorfkirche begraben sein.

Euston Hall (5 km südl. Thetford, A1088): »A place capable of all that is pleasant and delightful in Nature, and improved by Art to every extreme that Nature is able to produce« (Defoe, 1722). Landsitz des Duke of Grafton. Gemälde von Van Dyck, Stubbs, Lely, Reynolds, Hoppner u. a. Park von John Evelyn und William Kent, Gartentempel (1746), Kirche im Wren-Stil. Juni–Sept Do 2.30–5.30.

Felixstowe: Großbritanniens größter Containerhafen. Martello Tower, South Hill, 1810–12. Landguard Fort: 1540–45 zum Schutz des Hafens von Harwich errichtet, mehrfach erneuert, mit viktorianischem Interieur und Museum. Mai–Sept Mi u. So 2.30–5.

Flatford Mill (1 km südöstl. East Bergholt am Nordufer des Stour): Wassermühle von Constables Vater, NT. Nicht zu besichtigen. 1946 vom *Field Studies Council* als erstes von inzwischen neun Studienzentren eingerichtet. Kurse über Tier- und Pflanzenwelt der Umgebung, Ornithologie, Ökologie, Fotografie, Porträt- u. Landschaftsmalerei etc. Quartier nebenan in Willy Lott's Cottage. Programm und Anmeldung: Flatford Mill Field Centre, East Bergholt, Essex CO7 6UL, ✆ 0206/298283 u. 298271.
Bridge Cottage: NT-Info-Shop, Tee-Garten und Bootsverleih. Ostern–Okt Mi–So, Juli u. Aug tgl. 11–5.30.

Framlingham (30 km nordöstl. Ipswich, B1119/B1116): Normannische Burg der Earls of Norfolk. Mitte März–Mitte Okt Mo–Sa 9.30–6.30, So 2–6.30, Mitte Okt–Mitte März Mo–Sa 9.30–4, So 2–4. EH. Pfarrkirche mit den Renaissancegrabmälern der Howards.

Gifford's Hall (südl. Hadleigh, zw. B1070 u. B1068): Tudor-Landsitz des frühen 16. Jh., beg. um 1430. Backstein-Torhaus, Innenhof und Fachwerkflügel, Halle mit reich ornamentierter Stichbalkendecke. P.

Glemham Hall (Little Glemham, 27 km nordöstl. Ipswich, A12): Elisabethanischer Landsitz, roter Backstein, unvorteilhaft umgebaut 1712–22. Frühgeorgianisches Interieur. Außer einer Gainsborough-Pastorale keine herausragenden Bilder oder Möbel. Viel Bric-a-brac. Gut dokumentiert in den Gesindestuben unterm Dach der Alltag der Dienerschaft. Schöner Rosengarten. Seit 1923 im Besitz der Familie Cobbold. P.

Glevering Hall (nördl. Wickham Market, off A12): Landsitz des späten 18. Jh., erweitert 1834/35 von Decimus Burton, Orangerie mit Glaskuppel auf gußeisernen Palmen-Säulen, Park von Humphry Repton. P.

Hadleigh (westl. Ipswich, A1071): Kleinstadt mit schönen Häusern des 15.–18. Jh. Geburtsort des viktorianischen Bildhauers Thomas Woolner, Mitbegründer der Präraffaeliten.
Hauptquartier des East Anglia Tourist Board: Toppesfield Hall, ✆ 0473/822922

Halesworth (A144/B1123): Halesworth Gallery, Steeple End: Kunstgalerie in einem ehem. elisabethanischen Armenhaus neben der Pfarrkirche, Wechselausstellungen regionaler und internationaler Künstler. Mo–Sa 11–5, So 3–6.

Hawstead (6 km südl. Bury St. Edmunds, off A134): Dorfkirche All Saints mit Alabastergrabmal der 12jährigen Dorothy, Tochter von Sir Robert Drury, in dessen Auftrag John Donne 1611 seine Elegie *An Anatomie of the World* schrieb. Marmorgrabmal Sir Roberts von dem Londoner Hofbildhauer Nicholas Stone (nach 1615).

Helmingham Hall (zw. Ipswich u. Debenham, B1077): Tudor-Landsitz der Tollemaches. Zu besichtigen nur Park und elisabethanischer Garten. *Cream teas*. Mai–Sept So 2–6.

Hengrave Hall (5 km nordwestl. Bury St. Edmunds, A1101): Tudor-Landsitz, heute Zentrum ökumenischer Begegnung und religiöser Einkehr, mit Seminaren, Konzerten, musikalischer Sommerschule etc.: Hengrave Hall Centre, Bury St. Edmunds, Suffolk IP28 6LZ, ✆ 0284/701561. Im Park kleine Kirche mit frühnormannischem Rundturm und Grabmonumenten der Kytsons und Gages von Hengrave Hall.

Heveningham Hall (8 km südwestl. Halesworth, B1117): Georgianisches Landschloß des späten 18. Jh. Interieurs von James Wyatt. Park von Capability Brown. Orangerie von Wyatt, 1791. P.

Hollesley (18 km östl. Ipswich, A12/B1083): Jugendstrafanstalt *(borstal)* oberhalb der Ore-Mündung. Brendan Behan, 1939 in Zusammenhang mit IRA-Aktivitäten hier inhaftiert, schrieb darüber in *Borstal Boy* (1958).

Ickworth (Horringer, 5 km südwestl. Bury St. Edmunds, A143): Landschloß der Earls of Bristol. Gemälde, Möbel und Silber. Park, Cafeteria. April u. Okt. nur Sa u. So, Mai–Sept Di, Mi, Fr, Sa, So 1.30–5.30. NT.

Iken (westl. Aldeburgh): St. Botolph, um 1300, abgelegene Strohdach-Kirche am Südufer der Alde-Mündung.

Ipswich: Christchurch Mansion, Christchurch Park, ✆ 0473/53246: Herrenhaus von 1548, Museum seit 1896: häusliche Wohnkultur von der Tudorzeit bis 19. Jh., Möbel, Porzellan etc.; Gemälde von Gainsborough, Constable, Munnings, Steer u. a. Mo–Sa 10–5, So 2.30–4.30.
European Visual Arts Centre (EVAC): Kunst- und Ausstellungszentrum in den Docks (im Bau).
Ipswich Museum, High St, ✆ 0473/213761: Sammlungen zur Heimat- und Naturgeschichte, Völkerkunde, Geologie, Archäologie, Kopien der Schätze von Sutton Hoo und Mildenhall, Fossilien-Spezialsammlung. Mo–Sa 10–5.

St. Peter, St. Peter St: Normannischer Taufstein aus schwarzem Tournai-Marmor, einer von zehn in England, mit Löwenfries.
Unitarian Meeting House, Friars St: Nonkonformisten-Chapel von 1699. Juni–Aug Mi 12–3.

Ixworth (12 km nordöstl. Bury St. Edmunds, A143/A1088): Ixworth Abbey: Um 1170 als Augustinerkloster gegr.; nach der Reformation von Henry VIII. der Familie Coddington überlassen (im Tausch für das Gelände von Nonsuch Palace). Keller mit Kreuzrippengewölbe des 13. Jh. Das ehem. Dormitorium im Ostflügel fast vollständig erhalten. Georgianische Fassade, um 1800. Heute Landsitz eines Londoner Rechtsanwalts. Mai–Anfang Juni Mo–Fr 2–4.
Waterfowl Farm: Wasservögelgehege am River Black Bourn: über 120 Arten.

Kentwell Hall: siehe Long Melford

Lavenham (zw. Ipswich u. Bury St. Edmunds, A1141): The Guildhall, Market Place: ehem. Zunfthaus von ca. 1528, Ausstellung über den mittelalterlichen Tuchhandel, Kammerkonzerte. NT. April–Okt tgl. 11–1, 2–5.30.
The Priory, Water St: exemplarisch restauriertes Fachwerkhaus des Mittelalters. Bilder des ungarischen Malers Ervin Bossanyi. Kräutergarten. April–Okt 10.30–5.30.
Little Hall, Market Place: Fachwerkhaus des 14./15. Jh., im Kern ursprünglich Saalbau mit offenem Dachstuhl. Sitz der *Suffolk Preservation Society* (siehe S. 153 f.). April–Okt Sa u. So 2.30–6.

Laxfield (südwestl. Halesworth, B1117); Perpendicular-Kirche des 15. Jh. mit Sieben-Sakramente-Taufstein. Gegenüber Fachwerk-Gildehaus des frühen 16. Jh., heute Heimatmuseum. Hinter der Kirche reetgedeckter Dorfpub King's Head mit altem Interieur: statt einer Theke hochwandige Bänke rund um den Kamin.
Atelier des Spielzeugmachers Ron Fuller und seiner Frau, der Malerin Moss Fuller, die Siebdruckkurse veranstaltet. Willow Cottage, ✆ 09 86 83 / 31 7.
Jacob's Farm Museum of Childhood, St. Jacob's Hall (östl. Laxfield, B1117): Bauernhof mit Spielzeugsammlung von 1800–1960, Tieren und Garten. Ostern–Okt Di–Do 10–5, So ganzjährig 12–5.

Leiston (nördl. Aldeburgh, B1122): Summerhill School, Westward Ho! ✆ 93/ 83 05 40 u. 83 06 19: Landschulinternat, gegr. 1924 von A. S. Neill.
The Long Shop Museum, Main St, ✆ 07 28 / 83 21 89: Industriemuseum in einer Landwirtschaftsmaschinenfabrik des 19. Jh., mit alten Traktoren, Dampfwalzen, Dieselmaschinen etc. April–Sept tgl. 10–5.
St. Margaret: Viktorianische Kirche, 1853, ungewöhnliche Holzbalkenkonstruktion über der Vierung. April–Sept tgl. 10–4.

Little Haugh Hall (bei Norton, A1088, östl. Bury St. Edmunds): Landsitz des Rev. Cox Macro, Altertumsforscher, Hofkaplan Georges II. und Mäzen des flämischen Malers Peter Tillemans, der hier 1734 starb. Einige seiner Gemälde noch *in situ*. P.

Little Wenham Hall (bei Chapel St. Mary, südwestl. Ipswich, off A12): Kleiner befestigter Landsitz des späten 13. Jh., Verbindung von Turm und zweistöckigem Haus, eines der frühesten Backsteingebäude in nachrömischer Zeit, »one of the incunabula of English domestic architecture« (Pevsner). P.

Long Melford (21 km südl. Bury St. Edmunds, A134/A1092): Melford Hall: Elisabethanisches Landschloß und Garten. Beatrix Potter Room. NT. April–Sept Mi, Do, Sa, So 2–6.
Kentwell Hall: Elisabethanisches Wasserschloß, Park und Gärten. In beispielhafter Privatinitiative restauriert. Für Hochzeiten, Parties, Konferenzen und Werbeveranstaltungen zu mieten. Sammlung von Tudor-Kostümen. April–Juni Mi, Do 2–6, So 12–6, Juli–Sept tgl. 2–6. Tudor-Festival im Sommer: eigene Wochenend-Öffnungszeiten, ✆ 0787/310207.

Lower Ufford (nordöstl. Ipswich, A12/B1438): Dorfkirche mit spektakulärem gotischem Taufbecken-Baldachin aus Holz, reich verziert, mehr als fünf Meter hoch, um 1450. Figürliche und ornamentale Gestühlswangen des 15. Jh.

Lowestoft: Maritime Museum, Whapload Rd, Sparrow's Nest Park: Geschichte der einheimischen Fischindustrie und Seefahrt. Mai–Sept tgl. 10–5.
Marina Theatre: 1878 als Eiskunstlaufstadion gebaut, später Kino, seit 1988 Theater. Mischung aus edwardianischer Neoklassik und Art Deco.

Mildenhall (nordwestl. Bury St. Edmunds, A1101/A11): Museum, King St: Heimatgeschichte, Archäologie. Mi, Do, Sa, So 2.30–4.30, Fr 11–4.30.

Minsmere (nördl. Aldeburgh, östl. A12): Rund 630 Hektar großes Sumpf-, Wald- und Heidegebiet, wo die *Royal Society for the Protection of Birds* seit 1948 seltene Pflanzen und Vögel hütet. Größte Vielfalt von Brutvögeln (rund 200 Arten) in einem englischen Naturschutzgebiet.

Moulton (östl. Newmarket, B1085): Packpferdebrücke über den River Kennet, 15. Jh.

Nayland (südöstl. Sudbury, A134): Schönes Dorf am Stour, Fachwerkhäuser des 15. und 16. Jh. Perpendicular-Kirche mit Turmportal von 1525, bemalte Paneele von einem Lettner des 15. Jh., Altargemälde von Constable, 1810. In der ehem. Dorfschule hinter der Kirche Atelier des Webers Peter Collingwood, ✆ 262401.

Newmarket: Jockey Club, High Street, ✆ 0638/664151: Der *Clerk of the Course* gibt Auskunft in Renn- und Trainingsfragen.
The National Horseracing Museum, 99 High St, ✆ 0638/667333: Nationales Pferdesportmuseum, 1983 von der Queen eröffnet, mit Leihgaben aus der königl. Sammlung. April–Nov Di–Sa 10–5, So 2–5, im Aug auch Mo.
The National Stud, ✆ 0638/663464: Renommiertes Zuchtgestüt. Besichtigung nach Voranmeldung. Führungen April–Sept Mo–Fr 11.15 und 2.30.
Tattersalls, Terrace House, ✆ 0638/665931: Europas ältestes, größtes Auktionshaus für Vollblutpferde.

Orford (32 km nordöstl. Ipswich, B1084): Normannischer Bergfried Henrys II. Mitte März–Mitte Okt Mo–Sa 9.30–6.30, So

2–6.30, Mitte Okt – Mitte März Mo–Sa 9.30–4, So 2–4. EH.

Otley Hall (16 km nördl. Ipswich, B1077/B1079): Landhaus des 15. Jh., Fachwerk und Backstein, mit Wassergraben. Ehem. Familiensitz von Bartholomew Gosnold, der 1606 die erste Fahrt ostenglischer Siedler nach Amerika initiierte. East Anglian-American Heritage Museum geplant. P. Nur nach Voranmeldung.
✆ 047339/264.

Pakenham (9 km nordöstl. Bury St. Edmunds, A143): Watermill, Grimstone End: wassergetriebene Getreidemühle, georgianische Fassade, Tudor-Fundamente. Mai–Sept Mi, Sa, So 2.30–5.30.

Polstead (zw. Sudbury u. Hadleigh): St. Mary: Normannische Pfeiler mit Backsteinarkaden, die frühesten englischen Ziegelsteine seit der Römerzeit.
Schauplatz eines berüchtigten Scheunenmordes von 1827. Die Krimi-Autorin Ruth Rendell wohnt am Ortsrand in einem Bauernhaus des 16. Jh. (Nussteads).

Redgrave (nordöstl. Bury St. Edmunds, A143/B1113): St. Mary the Virgin: Decorated-Pfarrkirche mit einigen hervorragenden Grabskulpturen, u. a. von Nicholas Stone (1616).
Redgrave Hall: Landhaus des 18. Jh., 1960 abgerissen. Erhalten das achteckige Torhaus mit Kuppel, 1767, von Capability Brown.

Roos Hall (westl. Beccles, B1062): Kleines Herrenhaus von 1593, erbaut von Sir John Suckling, Staatssekretär James' I. April–Sept So 2–5.

Saxtead Green Post Mill (3 km westl. Framlingham, A1120): Traditionelle Suffolker Bockmühle, 1796. April–Sept Mo–Sa 10–6. EH.

Shrubland Hall (9 km nördl. Ipswich, A140): Herrenhaus von 1770ff. mit viktorianischem Terrassengarten von Sir Charles Barry, 1848. Heute Sanatorium: Shrubland Hall Health Clinic, Coddenham, Ipswich IP6 9QH, ✆ 0473/830404.

Sizewell (bei Leiston, östl. A12): Englands größtes Atomkraftwerk, 1961–66, daneben 2. Kernkraftwerk (im Bau), Informationszentrum tgl. 10–4.

Snape (9 km westl. Aldeburgh, A1094): Snape Maltings Riverside Centre: Konzerthaus des Aldeburgh Festivals, Tea Shop, Pub und River Bar, Kunst- und Kunsthandwerkergalerien, tgl. 10–6. Geplant: Mälzerei-Museum und Hotel.

Somerleyton Hall (8 km nordwestl. Lowestoft, off B1074): Frühviktorianischer Landsitz. Park mit Heckenlabyrinth und Miniatureisenbahn. April u. Mai Do u. So, Juni–Sept Di–Fr u. So 2–5.

Southwold: St. Edmund: Eine der schönsten Perpendicular-Kirchen Suffolks, um 1430–60; Südportal und Westseite des Turms mit *flushwork*-Schachbrettmuster; Stichbalkendecke mit Engel- und Heiligenfiguren, um 1500; in Haupt- und Seitenschiffen Chorschranken des frühen 16. Jh., gotische Maßwerkschnitzerei, farbig gefaßte Paneele mit Engeln, Propheten und 12 Aposteln; Kanzel, 15. Jh., auf einem einzigen schlanken Säulenfuß, Originalfarben

allzu grell restauriert 1930; gotisierender Taufstein-Baldachin von 1935; Jack-of-the Clock, um 1480, in authentischer Ritterrüstung der Rosenkriege; im Dach der Marienkapelle zwei Porträt-Bossen: Mary Tudor und ihr zweiter Ehemann, Charles Brandon, Duke of Suffolk, die eine Zeitlang im benachbarten Henham House lebten.
Museum, 1 Bartholomew Green: Heimatmuseum, in einem sog. Dutch Cottage des 17. Jh. Mai–Sept tgl. 2.30–4.30.

Stoke-by-Nayland (südwestl. Ipswich, A12/B1068): Ehem. Tuchhändler-Dorf oberhalb des Stour-Tals. Perpendicular-Kirche, Turm 1439–62, Brasse der Familie Howard, Vorfahren von zwei Frauen Henrys VIII. (Catherine Howard und Anne Boleyn). Mälzerei und Guild Hall, Fachwerk, 16. Jh., NT.

Stowmarket (20 km nordwestl. Ipswich, A45): Museum of East Anglian Life, ✆ 0449/612229: Freilichtmuseum, Alltagsleben vom 3. Jahrtausend v. Chr. bis 1910, Sammlung landwirtschaftl. Geräte, Karren, Dampfmaschinen, rekonstruierte Werkstätten, Wassermühle, Windpumpe, Schmiede etc. April–Okt Mo–Sa 11–5, So 12–5.

Sudbury (westl. Ipswich, A134): Gainsborough's House, 46 Gainsborough St, ✆ 0787/72958: Geburtshaus des Malers. Gemälde, Zeichnungen, Dokumente zu Leben und Werk, Wechselausstellungen zeitgenössischer Kunsthandwerker. Di–Sa 10–5, So 2–5.
The Quay, ✆ 0787/74745: 18. Jh.-Getreidespeicher und Lagerhaus am Stour, restauriert als Kunstzentrum mit Theater-, Film- und Musikprogramm, Bistro und Bar.
Wochenmarkt: Do u. Sa.

Suffolk Wildlife & Rare Breeds Park, Kessingland (A12 südl. Lowestoft): Zoo mit Miniatureisenbahn u. a. April–Okt tgl. 10–6.

Sutton Hoo (südöstl. Woodbridge, B1083): Angelsächsischer Friedhof, Fundort des berühmten Grabschiffs und seines Schatzes im Britischen Museum. Grabung *in progress*. Besuch nach Voranmeldung, ✆ 03943/7673. Führungen April–Okt Sa u. So 2.15 u. 3.15.

Tattingstone (8 km südl. Ipswich, A137): Drei als Kirchenruine »verkleidete« Cottages, ein *Folly*, gen. »Tattingstone Wonder«, erbaut 1790 als Blickfang für den Landsitz Mr. Whites, der meinte, die Leute wunderten sich so oft über nichts, daß er ihnen einen Anlaß zum Wundern geben wollte.
Dorfkirche St. Mary: Marmorgrabskulptur von John Flaxman, 1814.

Thorington Hall (2 km südöstl. Stoke-by-Nayland, B1068, westl. A12): »Einer der größten und schönsten Fachwerk-Bauernhöfe Suffolks« (National Trust), erbaut im 16. Jh., erweitert 1620–30. NT.

Walpole (südwestl. Halesworth, B1117): Congregational Chapel, 5 Salters Lane: ehem. Bauernhaus (um 1600), seit Mitte 17. Jh. Nonkonformisten-Kapelle. Originalgestühl und Emporen. Seit 1988 für Kammerkonzerte genutzt (»Summer Music at Walpole Old Chapel«), ✆ 0986 84/412.

Wenhaston (südöstl. Halesworth, zw. A12 u. B1123): Pfarrkirche St. Peter, Darstellung des Jüngsten Gerichts (*doom*), auf Holzplanken gemalt, um 1480, wahrscheinlich von einem Mönch aus Blythburgh: Christus als Richter auf dem Regenbogen, der hl. Michael wiegt die Seelen; der Höllenschlund als riesiges Fischmaul.

West Stow Anglo-Saxon Village (12 km nordwestl. Bury St. Edmunds, off A1101): Country Park mit rekonstruiertem angelsächsischem Dorf. April–Okt Di–Sa 2–5, So 11–1, 2–5.

Wingfield College (11 km südöstl. Diss, B1118): Stiftsschule von 1362, als Kunstzentrum restauriert, seit 1981 Schauplatz eines der schönsten, vitalsten ländlichen Festivals von East Anglia, mit Konzerten, Ausstellungen, Dichterlesungen u. a. Garten, *home-made teas*. April–Sept Sa u. So 2–6, ✆ 037984/505.

Woodbridge (nordöstl. Ipswich, A12): Marktstädtchen und Yachthafen am Deben.
Museum, Market Hill: Heimatgeschichte, Ausgrabungen von Sutton Hoo, April–Okt Do–Sa 11–4, So 2.30–4.30.
St. Mary: Perpendicular-Kirche, Westturm um 1450, Nordportalvorbau mit geometrischem und emblematischem *flushwork*-Ornament.
Seckford Hospital, Seckford St: generöses viktorianisches Armenhaus, 1838–40.
Shire Hall, Market Hill: 1575/spätes 17. Jh.
Tide Mill, 1793: Gezeitenmühle am Kai, Juli–Sept tgl. 11–1, 2.30–5, Juni u. Okt nur Sa u. So.

Woolpit (östl. Bury St. Edmunds, A45): Der Volksetymologie zufolge – Woolpit = wolf-pit, Wolfsgrube – der Ort, wo der letzte Wolf von Suffolk erlegt wurde. Große Ziegelei vom 17. Jh. bis zum 2. Weltkrieg, bekannt für helle, sehr haltbare Kalkziegel, weltweit exportiert, u. a. auch zum Bau des Weißen Hauses in Washington.
St. Mary: Perpendicular-Kirche, reich ornamentiertes Südportal, um 1430–55, Stichbalkendecke mit Engeln (überwiegend Repliken von 1875).

Norfolk

Alby Crafts (bei Erpingham, A140 Norwich–Cromer): Kunsthandwerkszentrum in einem 19. Jh.-Bauernhof. Werkstätten für Töpfer, Silberschmiede, Kunsttischler, Weber u. a. Kurse für Anfänger und Fortgeschrittene. ✆ 0263/761590. Geschäft und Teestube März–Dez tgl. außer Mo 10–5.

Attleborough (südwestl. Wymondham, A11): St. Mary: Kirche des 14. Jh. mit normannischem Zentralturm, vollständig erhaltene Chorschranken des späten15. Jh.
Peter Beales Roses: siehe Gärten, S. 511).

Beeston Hall (Beeston St. Lawrence, 17 km nordöstl. Norwich, A1151): Landsitz der Familie Preston, erbaut 1786 im *Gothic Revival*-Stil mit Flintfassade; georgianisches Interieur. Tee in der Orangerie. Pfarrkirche mit angelsächsischem Rundturm und Preston-Grabmonumenten. April–Mitte Sept Fr u. So, Aug auch Mi 2–5.30. Führung durch den Hausherrn, Voranmeldung ✆ 0692/630771.

Berney Arms Mill (westl. Great Yarmouth, off A47): Über 20 Meter hohe Entwässerungsmühle in der Marsch von Halvergate, 1870, höchste Marsch-Mühle in Norfolk. Mit kompletter Maschinerie und Ausstellung. April–Sept tgl. 10–6. EH.

Binham Priory (westl. Cromer, B1388): In den Feldern am Rand eines 200-Seelen-Dorfes Ruine eines Benediktinerklosters, gegründet 1091 von einem Neffen Wilhelms des Eroberers. Die frühgotische Westfront mit monumentalem Maßwerkfenster und Blendarkaden gilt als erstes Beispiel des Early English in ganz Britannien, noch vor Westminster Abbey. Das normannische Hauptschiff mit Empore und Triforium aus Barnackstein, beg. 1130, wurde nach der Reformation Pfarrkirche, Chor und Ostteile zerstört. Hervorragender Perpendicular-Taufstein mit Reliefs der 7 Sakramente. Schön geschnitzte Gestühlswangen des 16. Jh. Von den Klostergebäuden nur Fundamente erhalten.

Blickling Hall (3 km nordwestl. Aylsham, B1354): Jakobeanisches Landschloß, Garten und Park. Cafeteria im ehem. Dienerflügel. Hauptquartier des National Trust in East Anglia mit Restaurierungswerkstätten. April–Okt tgl. außer Mo u. Do 12–5. NT.

Bressingham Live Steam Museum and Gardens (4 km westl. Diss, A1066): Sammlung von Dampfloks, Schmalspurbahn durch einen Park mit mehr als 5000 alpinen u. a. Pflanzenarten. Mai–Sept So, Juni u. Juli Do u. So, Aug Mi, Do u. So 11–5.30.

Broadland Conservation Centre: siehe Ranworth

Burnham Deepdale (Nordküste, A149): Dorfkirche mit angelsächsischem Rundturm, normannische Taufe mit hervorragender allegorischer Darstellung der 12 Monate, der sog. *Labours of the Months:* Umgraben, Säen, Jäten etc. – ein früher Feld- und Gartenratgeber in Stein.
In der Pfarrkirche des Nachbardorfs *Burnham Norton* spätgotische Kanzel von 1450.

Burnham Market (Nordküste, B1155/B1355): Mittelpunkt der 7 Burnham-Dörfer im Mittelalter. Schöne georgianische Häuser. Westgate Hall, 1783 von Sir John Soane entworfen.
Im benachbarten *Burnham Overy* Windmühle (1814) und georgianisches Ensemble von Wassermühle (1737), Mälzerei und Cottages.

Caister-on-Sea (6 km nördl. Great Yarmouth): Caister Castle: Burg des frühen 15. Jh., Caister Hall mit georgianischer Fassade. Große Oldtimer-Sammlung. Mai–Okt tgl. außer Sa 10.30–5.

Caistor St. Edmund (5 km südöstl. Norwich, zw. A140 u. B1332): Auf den Viehweiden eines Bauernhofs Ruinen der Römerstadt *Venta Icenorum,* nach Königin Boadiceas Niederlage 61 n. Chr. errichtet, besiedelt bis ins 5. Jh. Die Stadtmauern, Ende des 2. Jh. aus Flint errichtet und mit Backstein verkleidet, waren 6 Meter hoch und umschlossen eine Fläche von 330 × 420 Metern. Vom Niedergang der Stadt nach dem Abzug der Römer profitierte eine neue Siedlung, wie ein alter Reim bezeugt: »Caister was a town when Norwich was none. / Norwich was built of Caister stone.«

Castle Acre (6 km nördl. Swaffham, A1065): Normannische Klosterruine, Ostern–Sept tgl. 10–6, Okt–Ostern tgl. 10–4. EH.
St. James: Perpendicular-Pfarrkirche. Farbig gefaßte gotische Chorschranken mit den 12 Aposteln. Kanzel mit Bildern der vier Kirchenväter, beide um 1400.

Castle Rising (8 km nordöstl. King's Lynn): Normannischer Bergfried, Ostern–Sept tgl. 10–6, Okt–Ostern tgl. 10–4. EH.
St. Lawrence: Pfarrkirche des 12. Jh., Westfront mit normannischen Blendbögen; normannischer Taufstein, Chor 13. Jh. Kreuzrippengewölbe.
Trinity Hospital: Armenhaus 1609–15, Stiftung der Howards, jakobeanisches Mobiliar. Di, Do, Sa 10–12, 2–6.

Cawston (nordwestl. Norwich, B1149/B1145): Perpendicular-Dorfkirche St. Agnes: grandiose Stichbalkendecke des 15. Jh. mit Maßwerk und Engelfiguren; gotische Chorschranken, 20 Holztafeln mit Apostel- und Heiligenfiguren; Plough Gallery.

Cockley Cley (5 km südwestl. Swaffham): Iceni Village & Museum: Rekonstruktion eines Dorfes der Eisenzeit. Heimatmuseum mit Agrargeräten, Kutschen u. a. Angelsächsische Flintkirche des 7. Jh. April–Okt tgl. 1.30–5.30, Mitte Juli–Mitte Sept tgl. 11.30–5.30.

Cromer: St. Peter and St. Paul, Perpendicular-Kirche, Ostfenster des Südschiffs von Morris & Co, um 1874.
The Cromer Museum, Tucker St: Heimatmuseum in einem ehem. Fischer-Cottage. Mo–Sa 10–5, So 2–5.

Denver (südl. King's Lynn, A10): The Old Denver Sluices, von John Rennie, erweitert mit Stahltoren 1923; neue Schleuse 1959. Beide entwässern fast 350000 Hektar Fenland.

Diss (südwestl. Norwich, A140/A143): Kleinstadt am Waveney, rund um einen 6-acre-See gebaut (Diss von angelsächsisch *dice* = stehendes Gewässer). Spätgotische Pfarrkirche St. Mary, Westturm um 1300. Unitarian Chapel, 1822 (Denmark St): schlichtes Regency. Viktorianische Corn Hall, 1854. Einige schöne Fachwerk-Pubs: Dolphin Inn, Saracen's Head, Greyhound Inn. Die Umgebung von Zersiedlung bedroht.

Ditchingham Hall (nördl. Bungay, B1332): Queen-Anne-House, um 1711. Park von Capability Brown. Besichtigung nach Voranmeldung ✆ 050844/250.

Earsham (2 km westl. Bungay, A143): Otter Trust: Wildgehege am Nordufer des Waveney, gegründet von Philip Wayre, der als erster in England seit dem Ende des 19. Jh. wieder Otter aus Europa und Asien in der Gefangenschaft züchtete. Die hier gezüchteten europäischen Otter werden in ostenglischen Flüssen ausgesetzt und angesiedelt. Es gibt schon wieder über 250 Otter-Brutplätze in East Anglia. April–Okt tgl. 10.30–6.

East Dereham (25 km westl. Norwich, A47): Bishop Bonner's Cottage: 16. Jh.-Haus mit *Pargeting,* Heimatmuseum. Mai–Sept 2.30–5, Sa 3–5.30.
In einem Haus am Marktplatz starb 1800 der Dichter William Cowper, »England's

sweetest and most pious bard« (G. Borrow). Grab und Gedächtnisfenster im Querschiff von St. Nicholas.

Elsing Hall (nordwestl. Norwich, zw. A47 u. A1067): Von einem romantischen Garten und Wassergraben umgebenes Herrenhaus aus Flint und Backstein, Halle mit offenem Dachstuhl und Empore, um 1460–70. Jahrhundertelang Familiensitz der Hastings (in der Dorfkirche einer der prächtigsten Brasse des englischen Mittelalters für Sir Hugh Hastings, 1347). Seit 1983 gehört Elsing Hall dem Farm-Manager, Banker und Kunstsammler David Cargill, Mitbegründer der *Eastern Arts Association* und Vorstandsmitglied des *Arts Council*, einer der engagiertesten Promoter und Mäzene des kulturellen Lebens in East Anglia (Abb. 11). Seine Frau Shirley legte einen der schönsten historischen Rosengärten Ostenglands an, zu besichtigen an einem bestimmten Tag im Juli. ✆ 036283/224.

Felbrigg Hall (3 km südwestl. Cromer, A148): Landsitz des 17. Jh., Garten und Park. April–Okt tgl. außer Di u. Fr 1.30–5.30, Park 11–6. NT.

Fritton Lake (9 km südwestl. Great Yarmouth, A143): Freizeitpark mit Garten, Wald, Wildentenreservat, Ponyreiten, Windsurfen, Minigolf, Café etc. April–Sept 10–6

Great Walsingham (9 km nördl. Fakenham, B1105): Kleiner als das benachbarte, berühmtere Little Walsingham (siehe dort). Spätgotische Pfarrkirche St. Peter mit vollständig erhaltenem Gestühl; normannischer Taufstein mit Reliefszenen der Feldarbeit: Hacken, Ährenbinden, Pflanzen und Stutzen von Bäumen.

Great Witchingham Hall (nordwestl. Norwich, A1067): Jakobeanischer Landsitz, erweitert und umgebaut im 19. Jh. Seit 1955 Puterzuchtzentrale des Millionärs Bernard T. Matthews, Europas größter Truthahn-Verwerter.

Great Yarmouth: Maritime Museum for East Anglia, Marine Parade, ✆ 0493/842267: Schiffahrtsmuseum (seit 1967) in viktorianischem Schiffbrüchigenheim von 1861. Juni–Sept tgl. 10–1, 2–8, Okt–Mai Mo–Fr 10–1, 2–5.30.
Norfolk Pillar, South Beach Parade/Fenner Rd: Nelson-Säule, 1817–19, von William Wilkins, 44 Meter hoch, 217 Stufen, Britannia-Figur auf der Spitze. Panoramablick. Juli u. Aug tgl. außer Sa 2–6.
St. George, St. George's Plain: Backsteinkirche im Queen-Anne-Stil, 1714–16, von John Price.
The Tolhouse, Tolhouse St: Flintgebäude mit Great Hall, um 1235, ehem. Gericht und Gefängnis (1261–1875), heute Museum für Stadtgeschichte, Brass Rubbing möglich. Mo–Fr 10–1, 2–5.30, Juni–Sept auch So.
»Lydia Eva«, South Quay: Fischdampfer von 1930, Museum der Heringsfischerei. Juni–Sept Mo–Fr u. So 10–1, 2–6.
Elizabethan House Museum, 4 South Quay: Kaufmannshaus von 1596, mit elisabethanischen Räumen, Möbel und Haushaltsgeräte seit der Tudorzeit. Mo–Fr 10–1, 2–5.30, Juni–Sept auch So.
The Old Merchant's House, Row 117 (Nähe South Quay): Zusammen mit No. 6–8 in

Row 111 exemplarisch restaurierte Altstadthäuser des 17. Jh. Sammlung von Schmiedeeisenkunst des 17.–19. Jh. April–Sept tgl. 10–6. EH.

Fishermen's Hospital, 1702, mit holländischen Giebeln und Dachpfannen.

The Butterfly Centre, Marine Parade: Treibhaus-Zoo mit Schmetterlingen aus aller Welt. März–Okt tgl. 10–6.

Winter Gardens, Marine Parade: Eisen-Glas-Konstruktion, entworfen von dem deutschen Ingenieur Max am Ende 1878–81, ursprünglich in Torquay, 1903 in Great Yarmouth wiederaufgebaut. Heute als »Schweizer Biergarten« genutzt.

Gressenhall (4 km nordwestl. East Dereham, B1146): Norfolk Rural Life Museum, Beech House, ✆ Dereham 860528: Faszinierendes Museum des Alltags und der Arbeit auf dem Lande im 18. und 19. Jh. Mai–Okt Di–Sa 10–5, So 2–5.30.

Grimes Graves (bei Weeting, 10 km nordwestl. Thetford, B1108): Mehr als 360 Flintgruben der Jungsteinzeit; eine ist zu besichtigen. April–Sept tgl. 10–6, Okt–März Di–So 10–4. EH.

Gunton Park (südl. Cromer, zwischen A140 u. A149): Klassizistischer Landsitz, nach 1742 von Matthew Brettingham entworfen, 1781 von Samuel Wyatt um eine Kolonnaden-Südfront erweitert, die 1882 ausbrannte. Als Residenz der Familie Suffield beliebter Treffpunkt der Jagdgesellschaft, bes. zur Zeit Edwards VII. Seit 1986 im Besitz des Architekten und Restaurators Kit Martin. Im Gutspark klassizistische Kirche von Robert Adam, 1769.

Hales (südöstl. Norwich, A146, südl. Loddon): Hervorragende normannische Dorfkirche mit Rundturm.

Hales Hall: Landsitz des späten 15. Jh., Backstein, erbaut von Sir James Hobart, Kronanwalt Henrys VII. Gegenüber dem Wohnflügel die längste und älteste in Norfolk noch erhaltene Scheune, roter Backstein, um 1478. Weberwerkstatt und Möbelschreinerei. Teestube. Juli u. Aug. Mi nachm., sonst Voranmeldung ✆ 050846/395.

Happisburgh (B1159, Nordostküste): Leuchtturm, 1791. St. Mary: 15. Jh.-Turm, achteckiger Perpendicular-Taufstein mit Löwen, wilden Männern und Engeln.

Heacham (20 km nördl. King's Lynn, A149): Norfolk Lavender Ltd., Caley Mill, ✆ 0485/70384: Größte Lavendelplantage in England, 1932 gegr. Erntezeit Juli/Aug. Besichtigung, Verkauf und *Cream teas*. Ende Mai – Mitte Sept tgl. 10.30–6.

Heydon Hall (nordwestl. Norwich, B1149): Elisabethanischer Landsitz von 1581–84. Gartenbesichtigung an bestimmten Tagen, Haus nur nach Voranmeldung.

Holkham Hall (westl. Cromer, A149): Palladianisches Landschloß des frühen 18. Jh. Interieurs von William Kent. Bedeutende Kunst- und Möbelsammlung. Bis heute Sitz der Familie Coke. Park von Capability Brown. Gutskirche St. Withburga, restauriert 1870, mit Barockgrabmälern von Nicholas Stone. Cafeteria. Mai–Sept So, Mo u. Do, Juli u. Aug auch Mi 1.30–5.

Holt (15 km südwestl. Cromer, A148) Gresham's School, ✆ 026371/327: Renommierte ländliche Public School, gegr. 1555 von Sir John Gresham, Bürgermeister von London. Rund 500 Schüler und Schülerinnen. Prominente Absolventen: Benjamin Britten, W.H. Auden. Seine Schulzeit in Holt beschreibt Auden (»typical little highbrow and difficult child«) in seinem Essay *The Old School*, 1934.

Hopton-on-Sea (A12, südl. Great Yarmouth): St. Margaret: Viktorianische Kirche, 1866; leuchtende Ostfenster von Burne-Jones und Morris & Co, um 1881 (Auferstehung, flankiert von musizierenden Engeln).

Horsham St. Faith (8 km nördl. Norwich, A140): Priory of St. Faith, 1105 als Benediktinerkloster gegründet. Bedeutender Zyklus von Fresken des 19. Jh.: Kreuzigung, die hl. Faith, Geschichte der Klostergründung. Seit 1990 Kloster belgischer Karmeliterinnen.

Horstead (nördl. Norwich, B1150/B1354): Im Südschiff der viktorianischen Pfarrkirche All Saints Morris-Fenster: *Mut* und *Demut,* zwei ganzfigurige Allegorien, entworfen von Burne-Jones, 1893.

Houghton Hall (15 km westl. Fakenham, nördl. A148): Landsitz des ersten englischen Premierministers, Sir Robert Walpole, entworfen von Colen Campbell, 1722–35, Interieurs von William Kent. Park, Zinnsoldatenslg. Ostern–Sept Do u. So 12–5.

Kilverstone Hall (nordöstl. Thetford, A11): Herrenhaus um 1620, modernisiert 1913ff. Der Besitzer, der 3. Lord Fisher, betreibt einen Zoo, spezialisiert auf mittel- und südamerikanische Tiere. Zu den Attraktionen des *Kilverstone Wildlife Park* zählen die argentinischen Falabella-Miniaturpferde. Tgl. 10–6.30.

King's Lynn: Custom House, King St: Zollhaus von 1683. Besichtigung nach Voranmeldung, ✆ 0553/761063.
Guildhall of the Holy Trinity (Town Hall), Saturday Market Place: Zunfthaus von 1421, heute Rathaus mit Tourist Information Office.
Regalia Rooms: April–Okt Mo–Sa
King's Lynn Centre for the Arts, Guildhall of St. George, 27 King St, ✆ 0553/773578: Mittelalterliches Zunfthaus, heute Theater-, Musik- und Ausstellungszentrum mit Workshops. Mo–Sa 10–5.
King's Lynn Festival of Music and the Arts: Theater-, Musik- und Kunstfestival im Juli. Programm und Karten über das Festival Box Office, King's Lynn Arts Centre (siehe oben).
King's Lynn Preservation Trust, Thoresby College, ✆ 0553/763871: Verein zur Stadterhaltung und Restaurierung historischer Gebäude.
Lynn Museum, Old Market St, ✆ 0553/775001: Stadt- und Heimatgeschichte, Mo–Sa 10–5.
Medieval Merchant's House, 9 King St: Kaufmannshaus des 14. Jh. mit späteren Umbauten. Juni u. Juli Fr u. Sa, Aug Di, Mi, Fr, So 11–1, 2.30–5.30. Ganzjährig Besichtigung nach Voranmeldung, ✆ 0553/772454.

Museum of Social History, 27 King St, ✆ 0553/775004: Kaufmannshaus des 16. Jh. mit Fassade u. a. Umbauten des frühen 18. Jh. Ausstellung zur Stadtgeschichte, Kunsthandwerk, Sammlung von Trinkgläsern des 18. und 19. Jh. Di–Sa 10–5.

Southgate: einziges erhaltenes Stadttor, 1520.

Toby Winteringham Furniture, Whitehouse Bawsey, ✆ 0553/841829: Absolvent des Royal College of Art in London, seit 1981 Werkstatt in King's Lynn. Verbindet traditionelles Handwerk und Shaker-Tradition mit *New Design*, naturbelassene Harthölzer mit farbigem Hard-Edge-Dekor.

Wedgwood Crystal Ltd, Oldmedow Rd, ✆ 0553/65111: Glasfabrik am südl. Stadtrand, Besichtigung der Glasbläserwerkstatt Mo–Fr 9.30–2.

Wochenmarkt: Di u. Sa.

Langley Park (zw. Norwich u. Beccles, östl. A146): Landsitz, entworfen von Matthew Brettingham, um 1740. Backsteinbau mit vier Ecktürmen. Hervorragende Rokoko-Stuckornamente, besonders in Salon und Bibliothek. Heute Schule.

Little Snoring (nordöstl. Fakenham, off A148): St. Andrew: Charmante Dorfkirche am Ortsrand, angelsächsischer Campanile-Rundturm, normannisches Südportal mit frühgotischen Kapitellen.

Little Walsingham (8 km nördl. Fakenham, B1105): Wallfahrtsstätte seit dem Mittelalter. Walsingham Abbey, High St: Klosterruine und Garten. Mai–Juli u. Sept Mi, Sa u. So 2–5, Aug Mo, Mi, Fr, Sa u. So 2–5.

Shirehall Museum, Common Place: Heimatmuseum, Wallfahrtsgeschichte. Ostern – Sept tgl. 11–1, 2–4.

The Friary, Fakenham Rd: Ruine des Franziskanerklosters, um 1348, P, gelegentlich zu besichtigen.

Pfarrkirche St. Mary, 14. Jh.: Gotischer Sieben-Sakramente-Taufstein, einer der schönsten seiner Art. Epstein-Statue in der Nordkapelle.

Anglikanisches Pilgerbüro, Common Place, ✆ 030872/255. – Röm.-katholisches Pilgerbüro, High St, ✆ 030872/217.

Mannington Hall (30 km nördl. Norwich, östl. B1149): Landsitz um 1460, erweitert Mitte des 19. Jh. Historischer Rosengarten. April–Okt 12–5, Juni–Aug Mi, Do, Fr 11–5. Tea room mit Gemälden von Absolventen der Norwich School of Art. Hausbesichtigung nur nach Voranmeldung: ✆ 026387/4175.

Middleton Tower (südöstl. King's Lynn, off A47): Backstein-Torhaus, Mitte 15. Jh., Westflügel 1876, mit Wassergraben. Von J. S. Cotman 1812 und 1817 radiert. P.

Narford Hall (nordwestl. Swaffham, off A47): Landsitz der Familie Fountaine, um 1700, mit viktorianischen Erweiterungen um 1860. In der Eingangshalle 10 mythologische Dekorationsmalereien des Venezianers Antonio Pellegrini, 1708–13. Sir Andrew Fountaine war ein bedeutender Kunstsammler des frühen 18. Jh., ebenso sein viktorianischer Nachfahre A. Fountaine IV. Der größte Teil der Sammlung wurde 1885 bei Christie's versteigert. Der heutige Besitzer, Andrew Fountaine, ist Gründungsmitglied der rechtsradikalen *National Front*.

New Buckenham (südwestl. Norwich, B1113): Von William de Albini II. Mitte des 12. Jh. als Burgflecken gegründet. Frühestes bekanntes Beispiel eines runden Donjon in England, um 1145. Zwischen Burgruine und Perpendicular-Pfarrkirche der Markt. Polygonale Markthalle des 17. Jh., Fachwerk auf Holzsäulen.

Norfolk Rural Life Museum: siehe Gressenhall

Norfolk Shire Horse Centre: siehe West Runton

North Elmham (nordwestl. Norwich, A1067/B1145): Ruine einer angelsächsischen Kathedrale des frühen 11. Jh.: T-Grundriß mit schmaler Apsis unmittelbar am Querhaus, viereckiger Westturm. Vom späten 7. Jh. bis Mitte des 8. Jh. und von ca. 955 bis ca. 1075 residierten hier die Bischöfe von Norfolk. Ende des 14. Jh. bezog Henry le Despenser, Bischof von Norwich, die Reste der angelsächsischen Kathedrale in sein Herrenhaus ein (Ruine).

North Walsham (A149, nördl. der Broads): Georgianische Kleinstadt. St. Nicholas: Decorated und Perpendicular, reich ornamentiertes Südportal (spätes 14. Jh.), bemalte Chorschranken, Alabastergrabmal für Sir William Paston, 1608. – Paston School: 1606 gegr., Neubau von 1765, prominenter Schüler: Nelson, 1768–71. – Marktkreuz, 1602.

Norwich: Bridewell Museum of Local Industries, Bridewell Alley, off Bedford St, ✆ 0603/667228: Kaufmannshaus des späten 14. Jh., seit 1925 Museum. Geschichte der Handwerks- und Industrieentwicklung der Stadt und des ländlichen Kunstgewerbes. Schuhsammlung von der Tudorzeit bis heute. Mo–Sa 10–5.
City Hall, St. Peters St, ✆ 0603/222233: Rathaus mit den mittelalterlichen Regalia der Stadt. Mo–Fr 10–12, 2.30–4.30.
Dragon Hall, 115–123 King St: Kaufmannshaus des 15. Jh., Halle mit Stichbalkendekke. Mo–Do 4–7.30, Fr–Sa 10–4, So 2–4.
Guildhall, Gaol Hill, ✆ 0603/666071: Ehem. Rathaus und Gefängnis. Fremdenverkehrsamt. Mo–Sa 9.30–5.30.
Maddermarket Theatre, St. Johns Alley: Bühne der 1911 gegr. Norwich Players, Amateurtheater unter Profi-Leitung. Replik einer elisabethanischen Bühne. Programm und Kartenbestellung: ✆ 0603/620917.
Norfolk and Norwich Festival of Music and the Arts: Ältestes Musikfestival East Anglias. Programm und Kartenbestellung: St. Andrew's Hall, ✆ 0603/614921.
Norwich Arts Centre, Reeves Yard, St. Benedict's St, ✆ 0603/660352: Kunstausstellungen, Jazz, Theater etc. Lunch und Café. Mo–Sa 10.30–23.30.
Norwich Castle Museum, ✆ 0603/222222 Ext. 71224: Normannischer Bergfried, bis Ende des 19. Jh. Gefängnis, seit 1894 Museum, überaus vielseitig und attraktiv: Abteilungen für Archäologie, Botanik, Geologie, Zoologie, Kunst, Kunsthandwerk und Stadtgeschichte. Spezialsammlungen: Lowestoft-Porzellan (um 1757–1802), britische Teekannen, europäische Senftöpfchen und Modellkatzen aus aller Welt. Zeitgenössisches englisches Kunsthandwerk. Ashwellthorpe Triptychon, um 1520: Altarbild des flämischen Meisters der Magda-

lenenlegende. Holländische Malerei des 17. Jh., Hobbema, Rubens u. a. Britische Malerei: Richard Wilson, Gainsborough, Burne-Jones, Sickert u. a. Glänzende Sammlung der Norwich School of Artists, bes. J. S. Cotman und John Crome (siehe S. 394ff.). Zeitgenössische Kunst: Alan Davie, Allen Jones, Michael Andrews u. a. Wechselausstellungen und Café. Mo–Sa 10–5, So 2–5.

Norwich Cathedral: Evensong tgl. außer Sa 5.15, So 3.30.

Norwich Craft & Design Centre, St. Mary's Plain, Duke St: Kunsthandwerk aller Art in der aufgelassenen Kirche St. Mary Coslany. Café. Di–Sa 10–6, So 10–5.

Norwich Playhouse Theatre, St. George's St: Repertoiretheater in einer restaurierten Mälzerei des 17. Jh., Eröffnung 1992.

Norwich Puppet Theatre, St. James, Whitefriars: Puppentheater in einer mittelalterlichen Kirche, gegr. 1980. Puppenausstellung. Programm und Kartenbestellung: ✆ 0603/629921 oder 615564.

Norwich School of Art, St. George St, ✆ 0603/610561: Kunsthochschule. Mo–Sa 10–5.

Royal Norfolk Regiment Museum, Britannia Barracks, Britannia Rd, Mousehold Heath, ✆ 0603/28455: Geschichte des Regiments seit 1685. Mo–Fr 9–12, 2–4.

Sainsbury Centre for Visual Arts, University of East Anglia, ✆ 0603/56160: 1978 eröffnetes Kunsthistorisches Studienzentrum mit bedeutender Sammlung primitiver und moderner Kunst, gestiftet von dem Sammlerehepaar Sir Robert und Lisa Sainsbury. Café und Restaurant. Di–So 12–5.

Sewell Barn Theatre, Constitution Hill: 1979 eröffnetes kleines Theater in einer Scheune des 19. Jh. Programm und Kartenbestellung: ✆ 0603/411721.

St. John's Roman Catholic Cathedral, Earlham Rd: Entworfen von George Gilbert Scott im Early English-Stil, 1894–1910, einer der wenigen historistischen Monumentalbauten in Norwich.

St. Peter Hungate Church Museum, Princes St: 15. Jh.-Kirche, seit 1936 Museum für Kirchenkunst. Frühe Bibeln, Stundenbücher, Silbergeräte, Glasmalereien, Kirchenmusikinstrumente u. a. Gelegenheit zum Brassrubbing. Mo–Sa 10–5.

St. Peter Mancroft, Market Place: Prächtigste Pfarrkirche der Stadt, 15. Jh. Evensong So 18.45.

Strangers' Hall Museum of Domestic Life, Charing Cross: Spätmittelalterliches Stadthaus, seit 1922 Museum des englischen Alltagslebens, 16.–19. Jh. Mo–Sa 10–5.

The Mustard Shop, 3 Bridewell Alley, ✆ 0603/627889: Englands einziges Senf-Museum und Senf-Spezialgeschäft. Mo–Sa 9–5.30 (außer Do).

Theatre Royal, Theatre St: Führendes englisches Provinztheater, gegr. 1758. Programm und Kartenbestellung: ✆ 0603/628205–7.

University of East Anglia, Earlham Rd, am westl. Stadtrand, ✆ 0603/56161: Gegr. 1962, Schwerpunkt Geistes-, Sozial- und Naturwissenschaften. Vorbildliches European Studies Programm. School of Fine Arts im Sainsbury Centre (siehe dort).

Wilkinson's, 49 Magdalene St: Tee-Spezialgeschäft, bestes Teesortiment in East Anglia. Mo–Fr 9–5.30, Sa 9–4.

Oxburgh Hall (11 km südwestl. Swaffham): Wasserschloß des späten 15. Jh. Französisches Gartenparterre. Tee in der viktorianischen Küche. April–Okt Sa u. So

1.30–5.30, Mai–Sept tgl. (außer Do u. Fr) 1.30–5.30. NT.

Rainthorpe Hall (bei Flordon, 13 km südl. Norwich, A140): Tudor-Landsitz des frühen 16. Jh. Häufig TV-Kulisse. Garten Mai–Sept So 2–5.30. Haus nur nach Voranmeldung.

Ranworth (nordöstl. Norwich, off B1140): Broadland Conservation Centre, ✆ South Walsham 479: Naturlehrpfad und Ausstellung über die Tier- und Pflanzenwelt der Norfolk Broads, Vogelbeobachtungshütte. April–Okt So–Do 10.30–5.30, Sa 2–5.30.

Raynham Hall (bei East Raynham, off A1065): Landsitz derer von Townshend, beg. 1622, Interieurs von William Kent, 1720–30. Besichtigung nur nach schriftlicher Voranmeldung: Raynham Hall, Fakenham, Norfolk NR21 7EP. Bedeutendes Arabergestüt der Marchioness Townshend.

Ryston Hall (bei Denver, südl. King's Lynn, A10): Landsitz des Kavaliersarchitekten Sir Roger Pratt, 1669–72 von ihm entworfen; um 1788 von Sir John Soane umgebaut. P.

Salle (nordwestl. Norwich, B1149/B1145): Perpendicular-Kirche abseits des Dorfes, um 1405–40. Zwei doppelstöckige Nordportale, im 1. Stock (ehem. Schulraum) Liernengewölbe mit Bossen. Gotischer Sieben-Sakramente-Taufstein mit Holzbaldachin an einem Hebebalken, Chorgestühl des 15. Jh. mit Miserikordien-Schnitzereien, viele Brasse.

Sandringham House (13 km nordöstl. King's Lynn, A 149): Landschloß der Queen. Motor- und Puppenmuseum, Park, Restaurant. April–Sept Mo–Do 11–5, So 12–5. Mitte Juli bis Anfang Aug geschlossen.

Saxlingham Nethergate (11 km südl. Norwich, off A140): Old Rectory, 1784. Pfarrhaus aus grauem Backstein, entworfen von Sir John Soane, bevor er als Architekt der Bank of England in London berühmt wurde. Eines der wenigen Landhäuser Soanes, das in seiner ursprünglichen Form erhalten ist. P.

Sculthorpe (westl. Fakenham, off A148): Dorfkirche All Saints: normannischer Taufstein mit Relief der Hl. Drei Könige; Ostfenster des Südschiffs Glasmalereien von Morris, 1859, entworfen von Burne-Jones: Allegorien von Glaube, Hoffnung und Liebe, Triumph der Femme fatale im Gewand der Religion.

Sennowe Hall (bei Guist, A1067/B1110, zw. Norwich u. Fakenham): Landsitz des Reiseunternehmers Thomas Cook, ein ursprünglich georgianisches Haus, umgebaut und erweitert 1908 von G. J. Skipper in üppigem edwardianischem Neobarock. P.

Shadwell Park (östl. Thetford, A1066): Neugotischer Landsitz, von S. S. Teulon 1857–60 in hochviktorianischem Stil erweitert. Ländereien und Jagdrechte gehören dem Scheich und Pferdezüchter Mohammed ben Rashid el-Maktoum. P.

Sheringham (6 km westl. Cromer): North Norfolk Railway: restaurierte Dampflok-

Eisenbahnlinie nach Weybourne, kleines Bahnhofsmuseum. Abfahrtszeiten ✆ 822045.
Sheringham Little Theatre: Englands letztes wöchentliches Repertoire-Theater.

Sheringham Hall (Upper Sheringham): Haus und Park von Humphry Repton, ursprünglich als Geschenk der Nation für Nelson bestimmt. NT. Park zu besichtigen, Haus nur nach Voranmeldung.

Shotesham Park (südl. Norwich, A140): Landhaus, entworfen um 1785 von Sir John Soane, Fassade mit ionischen Pilastern und Venezianischen Fenstern. P.

Snettisham (nordöstl. King's Lynn, A149, nördl. Sandringham): Park Farm, typischer Norfolker Bauernhof, Führungen über Felder und Weiden. Tgl. außer Mo u. Di 10–6.

St. Olave's Priory (8 km südwestl. Great Yarmouth, A143): Ruine eines Augustinerklosters des frühen 13. Jh. am Waveney, Krypta mit gotischem Kreuzrippengewölbe, ungewöhnlich frühe Verwendung von Backstein.

Stow Bardolph (südl. King's Lynn, A10): In der Hare Chapel in Holy Trinity Marmorgrabskulptur von Peter Scheemakers (um 1741) und Wachsgrabbüste für Sarah Hare, gestorben 1744: beängstigend lebensechte Wachsfigur eines jungen Mädchens in ihren Sonntagskleidern aus Leinen und Seide. Sarah starb mit 18 Jahren an einer Blutvergiftung nach einem Nadelstich – angeblich bei der Handarbeit an einem Sonntag, damals in puritanischen Familien ein Sakrileg.

Sutton Windmill (bei Stalham, nordwestl. Great Yarmouth, A149): Englands höchste Windmühle, 1789, mit kompletter Maschinerie und Broads-Heimatmuseum: Handwerks- und Haushaltsgeräte aus East Anglia. April–Mitte Mai tgl. 1.30–6, Mitte Mai–Sept tgl. 10–6.

Swannington Manor Gardens (15 km nordwestl. Norwich, off A1067): Kräuter- und Blumengärten, alte Figurenhecken, *home-made teas*. April–Sept Mi 11–6.

Terrington St. Clement (westl. King's Lynn, off A17): Perpendicular-Pfarrkirche, gen. »The Cathedral of the Marshland«, erbaut 1342 bis ca. 1400. Jakobeanischer Taufbaldachin, 16. Jh. Der mächtige Kirchturm Zuflucht der Einheimischen, als bei den Sturmfluten 1613 und 1670 die Dämme brachen.

Thetford: The Ancient House Museum, White Hart St, ✆ 0842/752599: Tudor-Fachwerkhaus, Heimatmuseum, Prähistorie und Geschichte der Stadt, der Brecklands und der Flintindustrie; spätangelsächsische Töpferei (Thetford Ware). Mo–Sa 10–5, So 2–5.

Thursford (8 km nordöstl. Fakenham, off A148): The Thursford Collection, ✆ 0328/878477: Spektakuläre Sammlung von Dampfmaschinen, alten Traktoren, Kirmes- und Theaterorgeln. Ostern–Okt tgl. 2–5, Juni–Aug 11–5. Jeden Di im Sommer 20 Uhr Live-Konzert auf der Wurlitzer-Orgel.

University of East Anglia: siehe Norwich

Walpole St. Peter (südwestl. King's Lynn, zw. A17 u. A47): Eine der schönsten gotischen Dorfkirchen der Fens, um 1350–1400. Südportal mit reich verzierten Bossen, um 1450. Originalgestühl des 15. Jh.

Walsoken (östl. Wisbech, südwestl. King's Lynn, A47): All Saints: Bedeutendste spätnormannische Dorfkirche von Norfolk, um 1150. Frühgotischer Westturm, Seitenschiffe 14. Jh. Arkaden mit Stützenwechsel, Obergaden 15. Jh. Sieben-Sakramente-Taufstein, 1544. Gotische Stichbalkendecke mit Engel- und Heiligenfiguren. Kirchhof mit Grabsteinen des 17. und 18. Jh.

Wells-next-the-Sea (Nordküste, A149/B1105): The Wells Centre, Staithe St, ✆ 0328/710130: Kulturzentrum in einer ehem. Mälzerei, Theater, Film, Konzerte, Ausstellungen.

West Runton (4 km westl. Cromer, A149): The Norfolk Shirehorse Centre, West Runton Stables, ✆ 339: Pferdezucht mit Vorführungen und Reitgelegenheit, bes. für Kinder. April–Okt tgl. außer Sa 10–5.

West Tofts (nördl. Thetford, A134/B1108): Einsame Kirche in den Brecklands, St. Mary: Kapelle und Chor von A. W. N. Pugin, um 1850, mit Decken- und Glasmalereien nach Entwürfen Pugins, der sich als Konvertit und Erneuerer der Gotik einen Namen machte.

West Walton (südwestl. King's Lynn, A47): St. Mary: Prächtige frühgotische Dorfkirche, um 1240. Campanileartiger Kirchturm. Rundpfeiler mit vorgeblendeten Säulen aus Purbeck-Marmor. 15. Jh.-Stichbalkendecke mit Engeln.

Wiggenhall St. Germans (südl. King's Lynn): Marschdorf an der Ouse, eines der vier Wiggenhalls. St. Germanus: Kirche hinterm Deich, 15. Jh.-Gestühlswangen voller Figuren und Geschichten (sieben Todsünden, Leben des hl. Germanus etc.).

Wiggenhall St. Mary (südl. King's Lynn): Aufgelassene Pfarrkirche St. Mary the Virgin, um 1400, fast vollständiges Beispiel des frühen Perpendicular. Geschnitzte Gestühlswangen und bemalte Chorschranken. Taufbecken mit jakobeanischem Holzbaldachin, 1625.
In W. lebt der Schriftsteller George MacBeth.

Wolferton Station Museum (nordöstl. King's Lynn, off A149): Ehem. königlicher Bahnhof von Sandringham. Warteräume Ihrer Majestäten, höchst originelles Eisenbahnmuseum. April–Sept tgl. außer Sa 11–1, 2–6, So 2–6.

Wolterton Hall (südwestl. Cromer, off A140, 25 km westl. Erpingham): Georgianischer Landsitz des 7. Lord Walpole. Zu besichtigen nur Park und Garten von Humphry Repton. *Home-made teas.* Juni–Aug Mi 2–5.

Worstead (5 km südöstl. North Walsham, off A149): Ehem. Weberdorf, im Mittelalter berühmt für seine Kammgarnherstellung, gen. *worsted.* Einige alte Webstühle in der Pfarrkirche St. Mary: 1379 beg., bemalte gotische Chorschranken.

Essen und Trinken

H = Hotel, R = Restaurant, B & B = Bed and Breakfast, GF = Good Food-Restaurant (tel. Tischreservierung ratsam)

»Now Sam«, said Mr. Pickwick, »the first thing to be done is to ...«
»... order dinner, Sir«, interposed Mr. Weller.
(Charles Dickens: *The Pickwick Papers, 16. Kap.*)

Essex

Brightlingsea (südöstl. Colchester, B1027): Jacobe's, High St, ✆ 02063 0/21 13: Fischspezialitäten. R.

Broxted (nordwestl. Great Dunmow, B1051): Whitehall, Church End, ✆ 0279/85 06 03: Herrenhaus des 15. Jh. Kleines Luxushotel mit Hubschrauber-Landeplatz. *Menu Surprise* mit 6 Gängen, etwas prätentiös. H + GF.

Burnham-on-Crouch (nordöstl. Southend, B1010): The Contented Sole, 80 High St, ✆ 0621/78 21 39: Bestes Restaurant der gesamten Essex-Küste. Exzellente Fischgerichte. GF.

Castle Hedingham (6 km nordwestl. Halstead, A604/B1058): The Old School House, St James St, ✆ 0787/6 13 70: Georgianisches Haus mit Garten, B & B der besseren Art.

Chappel (westl. Colchester, A604): Swan Inn, ✆ 0787 5/23 53: Pub am Fluß. R.

Chigwell (nordöstl. London, M11/A113): King's Head, High St: Gasthof des 17. Jh., in Dickens' Roman *Barnaby Rudge* als Maypole Inn zu literarischen Ehren gekommen, damals für seine Pigeon Pie berühmt, heute nur noch wegen Dickens. R.

Coggeshall (westl. Colchester, A120): Langan's, 4 Stoneham St, ✆ 0376/6 14 53: Filiale des verstorbenen Londoner Prominenten-Restaurateurs Peter Langan, Pendant zu »Langan's Brasserie«, Mayfairs *in*-Restaurant. GF.
White Hart, Market End, ✆ 0376/6 16 54: Ehem. Guildhall, Gasthof seit 1489. H + GF.

Colchester: Bistro Nine, 9 North Hill, ✆ 0206/57 64 66: R.
George Hotel, 116 High St, ✆ 0206/57 84 94: Alter Postkutschen-Gasthof im Stadtzentrum. H + R.
Tillies, Crouch St: Tea-shop mit *home-made cakes & scones.*
Colchester Oyster Fishery, North Farm, East Mersea, ✆ 0206/38 41 41: Fischereigenossenschaft, verantwortlich für die Delikatesse der Gegend, die Austern in der Colne-Mündung. Austernessen nach Voranmeldung.

Dedham (11 km nordöstl. Colchester, off A12): Dedham Hall, ✆ 0206/323027: Pension im *Constable Country*-Stil, mit Malkursen, Ateliers in einer umgebauten Scheune. H + R.
Dedham Vale Hotel, Stratford Rd, ✆ 0206/322273: Ruhige Lage, Speisesaal mit Gewächshaus-Schnickschnack und pseudoedwardianischem Dekor. H + R.
Maison Talbooth, ✆ 0206/322367: Kleines Luxushotel außerhalb des Dorfes mit Blick über das Stour-Tal. Zimmer mit Dichternamen, Shakespeare-Suite mit runder Badewanne. Separates Flußrestaurant Le Talbooth, 16. Jh.-Haus am Stour, ehem. Zollstation für Treidler, H + GF.
Marlborough Head, Mill Lane, ✆ 0206/323124: Weberhaus, um 1500, Gasthof seit 1704. H + R.

Epping (nördl. London, M11/M25): Post House Hotel, High Rd, ✆ 0378/73137: Günstig gelegenes Trusthouse Forte Hotel. H + R.

Felsted (südwestl. Braintree, A120/B1417): Rumbles Cottage Restaurant, Braintree Rd, ✆ 0371/820996: 16. Jh.-Haus. GF.

Great Yeldham (10 km nordwestl. Halstead, A604): White Hart, ✆ 0787/237250: Tudor-Fachwerkhaus am River Colne, klassischer englischer Country-Pub. GF.

Harwich: The Pier at Harwich, The Quay, ✆ 0255/503363: Erste oder letzte englische Mahlzeit an der ehem. Anlegestelle der Englandfähre. Fischspezialitäten. R.

Maldon (östl. Chelmsford, A414): The Blue Boar, Silver St. ✆ 0621/52681: Angenehmes Kleinstadt-Hotel. H + R.
Francine's, 1 A High St, ✆ 0621/56605: R.
Wheeler's, 13 High St, ✆ 0621/53647: Fish & Chip-Restaurant der besseren Art, sogar in den *Good Food Guide* aufgenommen (»the real thing«), Familienbetrieb seit 1895. R.

Rochford (nördl. Southend, B1013): Renoufs, 1 South St, ✆ 0702/544393: Eigene Fischräucherei; Spezialität: Ente. GF.

Roxwell (6 km westl. Chelmsford, off A1060): Farmhouse Feast, The Street, ✆ 024548/583: 16. Jh.-Bauernhaus. GF.

Saffron Walden (südöstl. Cambridge, A130): Eight Bells, 18 Bridge St: 16. Jh.-Pub. R.
Saffron Hotel, 10–18 High St, ✆ 0799/22676: Fachwerkhaus. H + R.
The Staircase, 21 High St, ✆ 0799/22226: R.

Thaxted (nördl. Great Dunmow, B184/B1051): Recorder's House, 17 Town St, ✆ 0371/830438: GF.

West Mersea (südl. Colchester, B1025): Mussett's Oysters, Coast Rd: Colchester-Austern. R.

Suffolk

Aldeburgh (A1094, östl. A12): Martello Tower, Slaughden: Küstenfort von 1815, vom Landmark Trust restauriert und als Ferienwohnung vermietet.

Uplands Hotel, Victoria Rd, ✆ 072885/2420: Georgianisches Haus mit Garten, H+R.
Regatta, 171 High St, ✆ 2011: R.
Wentworth Hotel, ✆ 072885/2312: Hotel am Meer. H + R.
Cross Keys Inn, Crabbe St: 16. Jh.-Pub.

Blythburgh (südwestl. Lowestoft, A12): White Hart: Dorfpub des 17. Jh., Biergarten mit Blick über die Marsch.
Capuccino's Red House Farm Market (3 km südl. Blythburgh, A12): *Cream Teas*, Lunch mit selbstgemachten Nudeln.

Bradfield Combust (8 km südöstl. Bury St. Edmunds, A134): Bradfield House, Sudbury Rd, ✆ Sicklesmere 028486/301: 17. Jh.-Fachwerkhaus, beste englische Küche. GF.

Brome (zw. Eye u. Diss. A140/B1077): Oaksmere Country House, ✆ 0379/870326: Kleines Landhaushotel. Garten mit Figurenhecken. H + R.

Bungay (westl. Lowestoft, A144/A143): Brownes, 20 Earsham St, ✆ 0986/2545: GF.

Bury St. Edmunds: The Angel, Angel Hill, ✆ 0284/3926: *Stately hotel* mit Wirtshaustradition bis 1452, das jetzige Gebäude von 1779. Dickens was here (siehe S. 286). Einziges Hotel in England, das alljährlich einen Literaturpreis verleiht; *bookish dinners* und Hauskonzerte. Mittwochs zum *afternoon tea* Harfenmusik des 16. bis 20. Jh. *live*. Historische *Memorial Dinner*, z. B. 1985 zum 500. Jahrestag der Schlacht von Bosworth: Beef, Yorkshire Pudding, Melonen in Malmsey-Wein (»in memory of the poor Duke of Clarence who drowned in that same brew«). H + GF.
Mortimer's, 31 Churchgate St, ✆ 0284/60623: Fischrestaurant, schottische Langusten, Krabben aus Cromer, Aal aus dem Fen. R.
The Nutshell, Abbeygate St: Englands kleinste Kneipe. Der Raum mißt 3 × 4,90 m, die Theke ist 1,20 m vom Eingang entfernt. Einheimisches Bier: Greene King.

Butley (B1084, östl. Woodbridge u. A12): The Oyster: einfache, unverfälschte Dorfkneipe.

Campsea Ashe (B1078, östl. A12): The Old Rectory, ✆ 0728/746524: 17. Jh.-Pfarrhaus, Familienpension. B & B + GF.

Cattawade (12 km südwestl. Ipswich, A137): Bucks, The Street, ✆ 0206/392571: GF.

Cavendish (südl. Bury St. Edmunds, A1092): Alfonso, ✆ 0787/280372: Italien. Restaurant. R.

Chelsworth (zw. Hadleigh u. Lavenham, A1141): The Peacock Inn, The Street, ✆ 0449/740758: Dorfpub des 14. Jh. H + R.

Dunwich (östl. A12, nördl. Aldeburgh): Flora Tea Rooms, ✆ 072873/433 u. 687: Strandcafé mit Seezunge, Scholle etc. frisch vom Fischer – bestes Fish & Chips der Ostküste.

East Bergholt (südwestl. Ipswich, A12/B1070): Fountain House, The Street, ✆ 0206/298232: Familienbetrieb. R.

Felixstowe: Andre's, 2 Manning Rd, ✆ 0394/270199: Französische Küche, Fischgerichte. R.

Framlingham (B1119, westl. A12): The Market Place Restaurant, 18 Market Hill, ✆ 0728/724275: R.

Fressingfield (zw. Halesworth u. Diss, B1116): Fox and Goose, neben der Kirche, ✆ 0376986/247: Ehem. Gildehaus von 1509. Dorfrestaurant mit familiärer Atmosphäre und hohem Anspruch: »honest cooking of classical dishes«. GF.

Glemsford (südl. Bury St. Edmunds, B1066/A1092: Barrett's, 31 Egremont St, ✆ 0787/281573: GF.

Hadleigh (westl. Ipswich, A1071): Weaver's, 25 High St, ✆ 0473/827247: Drei restaurierte Weber-Cottages. GF.

Higham (südwestl. Ipswich, A12/B1068): Old Vicarage, ✆ 020637/248: Familienpension in einem ehem. Pfarrhaus im Stour-Tal. B & B.

Hintlesham Hall (8 km westl. Ipswich, A1071): Frühgeorgianischer Landsitz mit Tudor-Kern, renommiertestes Landhaushotel East Anglias. ✆ 047387/268. H + GF.

Ipswich: Belstead Brook Hotel, Belstead Rd, ✆ 0473/684241: Landhaushotel 3 km südwestl. des Stadtzentrums. H + R.
Mortimer's, Wherry Quay, ✆ 0473/230225: Populäres Fischrestaurant in einem alten Lagerhaus der Docks. R.
The Marlborough, 73 Henley Rd, ✆ 0473/

Ortsschild von Fressingfield, Suffolk

57677: Viktorianisches Luxushotel gegenüber Christchurch Park. H + GF.
The Singing Chef, 200 St. Helen's St, ✆ 0473/255236: Französische Küche. Gelegentliche Chanson-Einlagen des frankophilen Küchenchefs Ken Toye. GF.

Ixworth (nordöstl. Bury St. Edmunds, A143/A1088): Theobalds, 68 High St, ✆ Pakenham 0359/31707: Französische Küche mit frischen englischen Zutaten. GF.

Lavenham (südl. Bury St. Edmunds, A1141): The Swan, High St. ✆ 0787/247477: Gasthof des späten 14. Jh., mit benachbarten Fachwerkhäusern zu einem Parade-Hotel verbunden. H + R.
The Great House, Market Place, ✆ 0787/247431: Restaurant mit kleiner Pension. Der Schriftsteller Stephen Spender lebte hier eine Zeitlang. H + R.

Long Melford (südl. Bury St. Edmunds, A134): The Bull, High St, ✆ 0787/78494:

Fachwerkhaus eines Tuchhändlers von ca. 1450, seit 1580 Bull Inn. Exemplarischer Landgasthof. H + R.
Countrymen, Hall St, ✆ 0787/79951: Anspruchsvoller Familienbetrieb. GF.
Chimneys Restaurant, Hall St, ✆ 0787/79806: R.

Nayland (10 km nördl. Colchester, A134): The Bear, Bear St, ✆ 0206/262204: Kleines Hotel, große Küche, alles *home made*. H + GF.
The Milestone, Mill St, ✆ 0206/262888: R.

Das Siegel, das Lord Byron für seine Halbschwester Augusta Leigh in Swynford Paddocks entwarf; heute Hotel-Emblem, Swynford Paddocks, Six Mile Bottom, Newmarket

Newmarket: Unterkunft während der Pferderenn-Wochenenden, Kontakte mit Trainern und Vollblutzüchtern vermittelt Newmarket Thoroughbred Tours, Allied House, Crown Walk, ✆ 0638/666033.

Orford (B1078, östl. A12): Butley-Orford Oysterage, Market Hill, ✆ 0394/450277: Fischrestaurant mit eigener Räucherei und eigener Austernzucht. GF.
The Old Warehouse, Quay St: *Cream Teas*, guter Kuchen mit Blick über Orford Ness.

Otley (11 km nördl. Ipswich, B1079): Otley House, ✆ 047339/253: Georgianisches Landgasthaus. H + R.

Pin Mill (bei Chelmondiston, nördl. Ipswich, A138): Butt and Oyster, ✆ 0473/84764: Populärer Pub am River Orwell. R.

Purton Green Farm (1 km nördl. Stansfield, südwestl. Bury St. Edmunds, off A143): Fachwerkbauernhaus inmitten der Felder, letzter Zeuge eines »lost village« des Mittelalters, um 1250 als Hallenhaus errichtet, mit Umbauten des 16. Jh.; vom Landmark Trust restauriert und als Ferienwohnung zu mieten.

Seckford Hall (bei Great Bealings, nordöstl. Ipswich, off A12): Elisabethanischer Landsitz, 1553–85. Luxushotel, ✆ 03943/5678. H + R.

Six Mile Bottom (8 km südl. Newmarket, A1304): Swynford Paddocks, ✆ 063870/234: Landhaus von Lord Byrons Stiefschwester Augusta Leigh, deren Romanze im Sommer 1813 die Londoner Society und heute den Hausprospekt beschäftigt. Luxushotel mit eigenem Gestüt und Fasanenjagd. Prominente Jagdgäste: der Duke of Edinburgh, Prinz Charles, Prinz Bernhard der Niederlande und andere *Royal guns*. H + R.

Southwold: The Crown, 90 High St, ✆ 0502/722275: 18. Jh.-Wirtshaus, gute Fischgerichte, exzellente Weine, ausgewählt vom Hausherrn Simon Loftus; natürlich

auch das am Ort gebraute Adnams Bitter. H + GF.
The Swan, Market Place, ✆ 0502/722186: Georgianisches Hotel mit Stil. H. + R.

St. James South Elmham (nordwestl. Halesworth): The Grange, ✆ St. Cross 246: Bauernhof mit B & B.

Stonham (bei Stowmarket, A140/A1120): Mr. Underhill's, ✆ 0449/711206: B & B + GF.

Sudbury: Mabey's Brasserie, 47 Gainsborough St., ✆ 0787/74298: Feinschmeckerrestaurant Robert Mabeys, Ex-Koch des Londoner Connaught etc. GF.
The Mill Hotel, Walnut Tree Lane, ✆ 0787/75544: Umgebaute Wassermühle in den Flußauen am Stour, weniger des Standards als der Lage wegen zu empfehlen. H + R.

Theberton (B 1122, östl. A12): Theberton Grange, ✆ 0728/830625: Kleines Landhaushotel, Familienbetrieb. H + R.

Walberswick (B1387, östl. A12): Mary's, Manor House, ✆ 0502/723243: Familiäres Dorfrestaurant, *afternoon teas* im Garten. R + B & B.
Potter's Wheel Restaurant, Village Green, ✆ 0502/724468: R.

Westleton (B1125, östl. A12): The Crown, ✆ 072873/273: Dorfgasthaus. H + R.

Woodbridge (nordöstl. Ipswich, A12): Royal Bengal, 6 Quay St, ✆ 03943/7983: Indische Küche. R.
The Wine Bar, 17 Thoroughfare, ✆ 03943/2557: Restaurant über einem Delikatessengeschäft. GF.

Norfolk

Aldborough (südwestl. Cromer, off A140): Old Red Lion, The Village Green, ✆ 0263/761451: Georgianisches Dorfrestaurant. R.

Appleton Water Tower (nordöstl. King's Lynn, südl. Sandringham): Viktorianischer Wasserturm aus Backstein, exzellentes technisches Denkmal, vom Landmark Trust (siehe S. 508f.) als Ferienwohnung vermietet.

Blakeney (westl. Cromer, A149): The Blakeney Hotel, The Quay, ✆ 0263/740797: Hotel am Hafen, ideale Lage, nicht nur für Segler. H + R.

Blickling (nördl. Norwich A140/B1354): The Buckinghamshire Arms, ✆ 0263/732133: Country Pub des 17. Jh. H + R.

Brockdish (südl. Norwich, A143): Sheriff House, ✆ Hoxne 037975/316: 17. Jh.-Fachwerkhaus. Spezialität: alte Brandys. GF.

Burnham Market (südl. A149, B1155/B1355): Fishes', Market Place, ✆ Fakenham 0328/738588: Fischrestaurant, Spezialität Brancaster-Austern. GF.

Cley-next-the-Sea (westl. Cromer, A149): Cley Mill, ✆ 0263/740209: Windmühle des frühen 18. Jh. als Ferienwohnung. B & B.

Cromer: Hotel de Paris, Jetty Cliff, ✆ 0263/513141: Viktorianisches Grand Hotel, Seaside-Treffpunkt der edwardianischen Society. Heute *middle class*-Hotel. H + R.

Crostwick (5 km nördl. Norwich, B 1150): The Old Rectory, North Walsham Rd, ✆ 0603/738513: Georgianisches Pfarrhaus des frühen 19. Jh., mit Garten. B & B.

Diss (südwestl. Norwich, A140/A143): Salisbury House, 84 Victoria Rd, ✆ 0379/4738: Kleines Hotel in einer ehem. Mühle, geführt von einem ehem. Michelin-Inspektor und einem ehem. Ballett-Tänzer. H + GF.

Great Snoring (5 km nordöstl. Fakenham): The Old Rectory, ✆ 032872/597: Herrenhaus des 16. Jh. mit Terrakottafries, später Pfarrhaus. Charmante Familienpension. Nur ein Menü, dies aber exzellent. H + GF.

Grimston (10 km nordöstl. King's Lynn, off A148): Congham Hall, Lynn Rd, ✆ Hillington 0485/600250: Georgianisches Landhaus mit großem Park und Kräutergarten, Luxushotel, eigener Hubschrauberlandeplatz. Der Küchenchef bezieht sein Wild vom Hoflieferanten der Queen in Sandringham. Dinner mit 8 Gängen, etwas *showy*. »The write stuff« für Harold Pinters Frau, die Schriftstellerin Lady Antonia Fraser: »an ideal writer's retreat.« H + GF.

Guist (nordwestl. Norwich, A1067/B1110): Tollbridge, Dereham Rd, ✆ 036284/359: Ehem. Zollhaus am River Wensum. Fischgerichte. GF.

Holt (westl. Cromer, A148): The Flask, 7–8 Chapel Yard, ✆ 026371/3968: Bistro. R.
Yetman's, 37 Norwich Rd, ✆ 0263/713320: Kleines ländliches Restaurant. R.

Horning (nordöstl. Norwich, A1151/A1062): Petersfield House Hotel: Kleines Landhotel in den Broads. H + R.

Itteringham (nordwestl. Aylsham, off B1354): Mill House: Vegetarier-Café und Pension am River Bure, am Nordrand der Güter von Blickling Hall. B & B.

King's Lynn: The Duke's Head, Tuesday Market Place, ✆ 0553/774996: Traditionsreiches Hotel von 1684, geschmacklos modernisierter Speisesaal. H + R.
Riverside Rooms, 27 King St, ✆ 0553/773134: Flußrestaurant am River Ouse, 15. Jh.-Speicherhaus, Teil des vom National Trust restaurierten King's Lynn Arts Centre. R.

Norwich: Adam & Eve, 17 Bishopgate: Flußschiffer-Kneipe am Wensum, Norwichs ältester Pub, gegr. 1249.
Adlard's, 79 Upper St. Giles, ✆ 0603/633522: Hochgepriesene anglo-französische Küche. David Adlard kochte zuvor u. a. im Londoner Connaught, seine Frau Mary führt Regie »with the kind of *brio* you would expect in a top-class New York or French restaurant« (*Good Food Guide*). GF.
Assembly House, Theatre St, ✆ 0603/26402: Georgianische Gesellschaftssäle, bestes und preiswertestes Cafeteria-Restaurant der Stadt. Mo–Sa Morning Coffee 10–11.45, Lunch 12–2, Tea 3–5, Supper 5–7.30.
Crypt Wine Bar, St. Andrews Hall, Bedford St: Café und Lunch in der Krypta der ehem. Dominikanerkirche.
Green's Seafood Restaurant, 82 Upper St Giles Street, ✆ 0603/623733: Frischer

Fisch mit *live*-Klavierbegleitung. GF.
Hotel Nelson, Prince of Wales Rd, ✆ 0603/628612: Neubau am River Wensum nahe dem Stadtzentrum. H + R.
Marco's, 17 Pottergate, ✆ 0603/624044: Italienische Küche. GF.
Maid's Head Hotel, Tombland, ✆ 0603/761111: Alter Postkutschen-Gasthof gegenüber der Kathedrale. H + R.
La Folie, 20 St. John's Maddermarket, ✆ 0603/622777: GF.
The Britons Arms, Elm Hill: Café und Lunch, tgl. 10–5.
The Cock, Old Lakenham: Flußpub am Yare, am Südrand der Stadt.
The Mousetrap, 2 St. Gregory's Alley, ✆ 0603/614083: Englische Käse-Spezialitäten.

Reedham (westl. Great Yarmouth, B1140): Blanche's Country Restaurant, 26 The Hills, ✆ 0493/701262: Landgasthaus am Rand der Broads. R + B & B.

Sculthorpe Mill Country Club (westl. Fakenham, off A148): Ehem. Müllerhaus am River Wensum, ✆ 0328/2675. B & B + R.

Shipdam (5 km südl. East Dereham, A1075): Shipdam Place, Church Close, ✆ 0362/820303: Regency-Haus, ehem. Rektorat. Exklusives kleines Landhotel, Fischspezialitäten. H + GF.

South Walsham (zw. Norwich u. Great Yarmouth, B1140): South Walsham Hall, ✆ 378: Ehem. Landsitz Lord Fairhavens am Rand der Norfolk Broads. Country Club. H + R.

Sprowston Hall (nordöstl. Norwich, A1151): Wroxham Rd, ✆ 0603/410871: Landhaushotel. H + R.

Thornage (südwestl. Cromer u. Holt, A148/B1110): The Black Boys, ✆ 0263/861218: Kleines Dorfrestaurant mit B & B + GF.

Tunstall (bei Halvergate, westl. Great Yarmouth, A47): Tunstall Camping Barn, Robert & Sally More, Manor Farm, Tunstall, Norwich NR13 3PS, ✆ 0493/700279: Restaurierte Scheune in den Broads am Rand der Halvergate Marshes. Übernachtungsmöglichkeit für etwa 20 Personen.

Wells-next-the-Sea (westl. Cromer, A149): The Moorings: Bei Einheimischen und Seglern beliebtes Lokal. R.

Weybourne (westl. Cromer, A149): Gasché's, The Street, ✆ 026370/220: Schweizer Restaurant, geführt von Edgar aus Bern, der in Cromer Ferien machte, eine Engländerin heiratete und seitdem Norfolk Duckling zu Schweizer Preisen zelebriert. GF.

Literaturhinweise

Ahrens, Claus (Hrsg.): *Sachsen und Angelsachsen,* Helms-Museum, Hamburg 1978

Aubrey, John: *Brief Lives,* Harmondsworth 1972

Beckett, R. B. (Hrsg.): *John Constable's Correspondence,* 6 Bde., London 1962–1968

Blythe, Ronald: *Akenfield. Portrait of an English Village,* Harmondsworth 1972

Blythe, Ronald, u. Edwin Smith (Fotos): *Divine Landscapes,* Harmondsworth 1986

Borrow, George: *Lavengro, der Zigeuner-Gentleman* (1851), hrsg. u. übers. von Fritz Güttinger, Zürich 1987

Burke's and Savills Guide to Country Houses, Volume III: East Anglia, London 1981

Clifton-Taylor, Alec: *The Cathedrals of England,* London 1967

Ders.: *The Pattern of English Building,* London 1987

Collis, Louise: *Leben und Pilgerfahrten der Margery Kempe. Erinnerungen einer exzentrischen Lady,* Berlin 1986

Constable, Frede: *John Constable. A biography,* Lavenham 1975

Davis, Norman (Hrsg.): *The Paston Letters,* Oxford 1983

Defoe, Daniel: *A Tour through the Whole Island of Great Britain* (1724–26), Harmondsworth 1971

Eagle, Dorothy, u. Hilary Carnell: *The Oxford Literary Guide to the British Isles,* Oxford 1977

Fincham, Paul: *The Suffolk we live in,* Woodbridge 1983

Gaye, Phoebe Fenwick: *Essex,* London 1949

Girouard, Mark: *Life in the English Country House. A Social and Architectural History,* London 1978, dt.: *Das feine Leben auf dem Lande,* Frankfurt 1989

Green, Barbara, u. Rachel M. R. Young: *Norwich the growth of a city,* Norwich 1981

Hadfield, John (Hrsg.): *The Shell Book of English Villages,* London 1980

Hayes, John: *Gainsborough,* London 1975

Hemingway, Andrew: *The Norwich School of Painters, 1803–1833,* Oxford 1979

Hewison, Robert: *The Heritage Industry,* London 1987

Hutton, Graham, u. Edwin Smith (Fotos): *English Parish Churches,* London 1976

Innes, Hammond, u. Neville Fox-Davies (Fotos): *Hammond Innes' East Anglia,* London 1986

Kirsch, Hans-Christian: *William Morris – ein Mann gegen die Zeit,* Köln 1983

Lamont-Brown, Raymond: *East Anglian Epitaphs,* Fakenham 1980

Lees-Milne, James: *Ancestral Voices,* London 1975

Ders.: *Prophesying Peace,* London 1977

Ders.: *Caves of Ice,* London 1981

Ders.: *Midway on the Waves,* London 1985

Moore, Andrew W.: *John Sell Cotman,* Norwich 1982

Ders.: *The Norwich School of Artists,* Norwich 1985

Ders.: *Norfolk & The Grand Tour,* Norwich 1985

Ders.: *Dutch and Flemish Painting in Norfolk,* London 1988

Morris, William: *Wie wir leben und wie wir leben könnten,* Köln 1983

Newby, Howard: *Country Life. A Social History of Rural England,* London 1987

Nicolson, Nigel: *Great Houses of Britain,* London 1965

Niedhart, Gottfried: *Geschichte Englands im 19. und 20. Jahrhundert,* München 1987
Onslow, Richard: *Headquarters. A History of Newmarket and Its Racing,* Cambridge 1983
Palmer, Alan, u. Veronica: *Royal England,* London 1983
Pevsner, Nikolaus: *The Buildings of England: Essex,* Harmondsworth 1954
Ders.: *Suffolk,* Harmondsworth 1961
Ders.: *North-East Norfolk and Norwich,* Harmondsworth 1962
Ders.: *North-West and South Norfolk,* Harmondsworth 1962
Rackham, Oliver: *The History of the Countryside,* London 1986
Ravensdale, Jack, u. Richard Muir: *East Anglian Landscapes: Past and Present,* London 1984
Rendell, Ruth, u. Paul Bowden (Fotos): *Ruth Rendell's Suffolk,* London 1989
Reynolds, Graham: *Constable's England,* The Metropolitan Museum of Art, New York 1983
Robinson, John Martin: *The Latest Country Houses,* London 1984
Rossiter, Stuart (Hrsg.): *The Blue Guide to England,* London 1972
Sandon, Eric: *Suffolk Houses. A Study of Domestic Architecture,* Woodbridge 1977
Scarfe, Norman: *Essex,* London 1968
Ders.: *The Suffolk Guide,* London 1988
Seymour, John: *East Anglia,* London 1970
Shoard, Marion: *This Land is Our Land. The struggle for Britain's countryside,* London 1987
Simpson, Roger: *Literary Walks in Norwich,* Norwich 1983
The Tate Gallery (Hrsg.): *Constable,* London 1976
Dies.: *Thomas Gainsborough,* London 1980
Dies.: *George Stubbs,* London 1984
Tennyson, Julian: *Suffolk Scene,* Glasgow 1939
Thompson, Edward P.: *The Making of the English Working Class,* London 1963, dt.: *Die Entstehung der englischen Arbeiterklasse,* Frankfurt 1987
Trevelyan, George Macaulay: *English Social History* (1942), Harmondsworth 1984
Turner, Peter, u. Richard Wood: *PH Emerson. Photographer of Norfolk,* London 1974
Wilson, Angus (Hrsg.): *East Anglia in Verse and Prose,* Harmondsworth 1984
Wolfenden, Stephen: *To the Town. Portraits of Southwold,* Kirstead 1988
Woodforde, James: *The Diary of a Country Parson 1758–1802,* Oxford 1978

Raum für Reisenotizen

Raum für Reisenotizen

Raum für Reisenotizen

Abbildungsverzeichnis und Fotonachweis

Alle Fotos, soweit nicht anders vermerkt: Peter Sager

Farbtafeln

Schwarzweiß-Abbildungen

Textabbildungen

CMN = Castle Museum, Norwich, Norfolk Museums Service

S. 103 William Morris , Bleistiftskizze von Dante Gabriel Rossetti, um 1856/57, Studie für König David, Llandaff Cathedral (Birmingham City Art Gallery)
S. 105 William Morris: Stoff- und Tapetenentwürfe (links: Gartentulpe, 1885; rechts: Weidenzweig, 1887)
S. 115 St. Lawrence, Blackmore, Längsschnitt durch den Glockenturm (Essex Record Office, Chelmsford)
S. 117 Nach Godfrey Kneller: John Locke, 1704, Öl auf Leinwand (National Portrait Gallery, London)
S. 122 Hedingham Castle, Südwest-Ansicht, Radierung von Samuel und Nathaniel Buck, 1738) (Foto: English Life Pub. Ltd., Derby)
S. 124 Edward de Vere 17. Earl of Oxford, 1575 (Lady Anne Bentinck, Nottinghamshire; Foto: English Life Pub. Ltd., Derby)
S. 125 Hedingham Castle, Great Hall, normannischer Bankettsaal (Essex Record Office, Chelmsford)
S. 127 Saffron Walden, Rasenlabyrinth, 16. Jh.
S. 146 Saffron Walden, pargeting, Stuck-Ornamente des 17. Jh. in Church Street
S. 147 Audley End, Henry Winstanleys »General Prospect of the Royal Palace of Auydlyene«, um 1676 (Essex Record Office, Chelmsford)
S. 153 Thomas Gainsborough: Studie zu einem Schaf, um 1757/59 (Kupferstichkabinett, Staatliche Museen Preußischer Kulturbesitz, Berlin; Foto: Jörg P. Anders)
S. 156 John Constable: Scene on a Navigable River (Flatford Mill), 1817, Öl auf Leinwand (The Tate Gallery, London)
S. 157 John Constable: The Hay Wain, 1821, Öl auf Leinwand (The National Gallery, London)
S. 159 John Constable: A Lock on the Stour, 1827, Zeichnung (Victoria & Albert Museum, London)
S. 163 John Constable: The Cornfield, 1826, Öl auf Leinwand (The National Gallery, London)
S. 165 John Constable: Stoke-by-Nayland. Mezzotinto-Radierung von David Lucas, 1830 (Fitzwilliam Museum, Cambridge)
S. 166 John Nash: The Cornfield, 1918, Öl auf Leinwand (The Tate Gallery, London/The Medici Society, London)
S. 172 Long Melford Church, Glasmalerei des 15. Jh.: Elizabeth Talbot, Duchess of Norfolk (links), Modell für John Tenniels Zeichnung der »bösen Herzogin« in »Alice in Wonderland« (Foto: Curtis & Lane, Sudbury)
S. 173 Michael Angelo Rooker (1743–1801): Melford Hall, Aquarell (The National Trust Photographic Library/John Bethell)
S. 174/75 Thomas Gainsborough: St. Mary's Church, Hadleigh, 1748, Öl auf Leinwand (Privatsammlung)
S. 179 Thomas Gainsborough: Landscape in Suffolk, um 1748, Öl auf Leinwand (Kunsthistorisches Museum, Wien)
S. 181 Thomas Gainsborough: Artist's Daughters, Chasing a Butterfly, um 1756 (unvollendet), Öl auf Leinwand (The National Gallery)
S. 182/83 Thomas Gainsborough: Mr. and Mrs. Andrews, um 1748/49, Öl auf Leinwand (The National Gallery, London)
S. 189 Mr. Pickwick im »Great White Horse« in Ipswich, Illustration von Phiz zum 22. Kapitel der »Pickwick Papers« von Charles Dickens
S. 190 Ipswich, Stadtplan
S. 191 Kardinal Thomas Wolsey, Porträt eines unbekannten Künstlers (National Portrait Gallery, London)
S. 226/27 Christchurch Mansion, Ipswich, jakobeanische Embleme in Hardwick House. Aus: History and Antiquities of Hawstead and Hardwick, 1813 (Suffolk Record Office, Ipswich)
S. 231 Angelsächsischer Prunkhelm aus dem Schiffsbegräbnis von Sutton Hoo, um 625 (The British Museum, London)
S. 244 Ron Fuller: Steam Dancing Man, 1980, Entwurfsskizze (Ron Fuller, Laxfield)
S. 252 Peter Pears, E. M. Forster, Benjamin Britten und der Fischer Billy Burrel, 1949 (v.l.n.r.) (The Hulton Picture Company, London; Foto: Kurt Hutton)

Hungate Church, Norwich, 1810, Bleistift und Aquarell (CMN)

S. 361 St. Peter Hungate, monumentale Messinggrabplatte des späten Mittelalters (Foto: C. S. Middleton, Norwich)

S. 365 Rembrandt: Reverend Johannes Elison, 1634, Öl auf Leinwand (Museum of Fine Arts, Boston)

S. 385 Norwich, Kathedrale, Fassade des nördlichen Querhauses, vor 1119

S. 386 Norwich, Kathedrale, Grundriß

S. 387 Norwich, Kathedrale, St. Luke's Chapel: Despenser Reredos, mittlere Tafel des Altargemäldes, um 1380–90, Tempera auf Holz (Foto: Jarrold & Sons Ltd., Norwich)

S. 388/89 Norwich, Kathedrale, Schlußsteine des Hauptschiffes (Foto: Jarrold & Sons Ltd., Norwich)

S. 391 John Sell Cotman: St. Ethelbert's Gate, 1817, Radierung (CMN)

S. 396 John Sell Cotman: Boat on the Beach, 1808, Aquarell (Victoria & Albert Museum, London)

S. 398 Hannah Guerney (1786–1850): John Crome, Bleistift und Tusche, weiß gehöht (CMN)

S. 398 John Crome (1768–1821): The Poringland Oak, um 1818/20, Öl auf Leinwand (The Tate Gallery, London)

S. 400 John Crome: Moonrise on the Yare, um 1811/16, Öl auf Leinwand (The Tate Gallery, London)

S. 401 Alfred Stannard (1806–1889): On the River Yare, 1846, Öl auf Leinwand (CMN)

S. 403 John Thirtle: Selbstbildnis, Bleistift und Aquarell (CMN)

S. 403 Frederick Sandys (1829–1904): Reverend James Bulwer, 1863, Öl auf Holz (National Gallery of Canada, Ottawa)

S. 406 P. H. Emerson: Ricking the Reed, 1887. Aus Emersons Buch »Life and Landscape on the Norfolk Broads«, 1887 (Foto: Norfolk Library and Informations Service, Norwich)

S. 408 P. H. Emerson: Coming Home from the Marshes, 1887. Aus Emersons Buch »Life and Landscape on the Norfolk Broads«, 1887 (Foto: Norfolk Library and Informations Service, Norwich)

S. 413 Ranworth Church, Jonas und der Wal, Sarum Antiphoner um 1400 (Foto: Jarrold & Sons Ltd., Norwich)

S. 414 John Sell Cotman: St. Benet's Abbey, Norfolk, 1831, Aquarell (CMN)

S. 415 J. M. W. Turner: Great Yarmouth, Norfolk, 1829, Kupferstich (The British Museum, London)

S. 416 John Sell Cotman: Yarmouth Fisherwoman, um 1812, Aquarell (The British Museum, London)

S. 419 Joseph Stannard (1797–1830): Boats on Breydon, 1825, Radierung (CMN)

S. 423 John Thirtle: Cromer, um 1830, Aquarell (The British Museum, London)

S. 426 Felbrigg Hall, Südfassade, Radierung von J. Hawksworth nach einer Zeichnung von John Sell Cotman, um 1820 (CMN)

S. 427 Blickling Hall, Südfassade, von J. C. Buckler, 1820 (The National Trust Photographic Library/Cain)

S. 428 Daniel Mytens: Sir Henry Hobart (gest. 1625), Öl auf Leinwand (The National Trust Photographic Library/Alan Griffee)

S. 429 Blickling Hall, »Auditus«, Allegorie des Gehörsinns, Detail der Stuckdecke der Long Gallery, 1620 (The National Trust Photographic Library/Jeremy Whitaker)

S. 431 Thomas Gainsborough: John Hobard, 2. Earl of Buckinghamshire (1723–93), Öl auf Leinwand (The National Trust Photographic Library/John Bethell)

S. 435 Melton Constable Hall, Detail der Kamineinfassung im Red Drawing Room, 18. Jh., Marmor

S. 439 John Sell Cotman: Little Snoring Church, Südportal, 1812, Radierung (CMN)

S. 441 John Sell Cotman: Walsingham Abbey Gate, 1812, Radierung (CMN)

S. 443 Great Walsingham, normannischer Taufstein: Die vier Jahreszeiten, Feldarbeit (Coach House, Saffron Walden; Foto: E. Smith)

Register

Seitenzahl halbfett: ausführliche Erwähnung
Kursive Ziffern: Abbildungen (Farbt. = Farbtafel, Abb. = Schwarzweißfoto, S. = Illustration im Text)

Personenverzeichnis

Lebensdaten: nur von Personen, die in Großbritannien geboren wurden oder dort starben

Ortsverzeichnis

E = Essex
GL = Greater London
N = Norfolk
S = Suffolk

Sachverzeichnis

Buch-, Zeitschriften- und Filmtitel sind kursiv gesetzt.

Süd-England

Von Kent bis Cornwall
Architektur und Landschaft, Literatur und Geschichte

367 Seiten mit 43 farbigen und 169 einfarbigen Abbildungen, 72 Zeichnungen, Karten und Plänen, 29 Seiten praktischen Reisehinweisen, Namen-, Orts- und Sachregister (DuMont Kunst-Reiseführer)

»Der Autor folgt nicht den gewohnten obligatorischen Sehenswürdigkeiten, sondern der Vielfalt des geistigen und gesellschaftlichen Klimas. Somit sind in diesem Buch Landschaft, Geschichte und Architekturdenkmäler wie auch Kunst, Literatur und Lebenssitten präsent. Tiefe, detaillierte Kenntnisse stehen dem Sinn für Humor nicht im Wege: brillante Gesellschaftsanalysen werden durch Klatschgeschichten delikat gewürzt, namhafte Persönlichkeiten und typische Figürchen finden hier genug Spielraum. Wer einen Englandbesuch plant, findet in diesem einfallsreich bebilderten Band viele Hinweise zu einem Reiseabenteuer; wer lieber zu Hause bleibt, wird durch ein erfrischendes Leseerlebnis belohnt.«

Neue Zürcher Zeitung

Schottland

Geschichte und Literatur, Architektur und Landschaft

448 Seiten mit 55 farbigen und 95 einfarbigen Abbildungen, 103 Zeichnungen und Plänen, 24 Seiten praktischen Reisehinweisen, Literaturhinweisen, Register (DuMont Kunst-Reiseführer)

»Das literarische Vergnügen, das dieses Schottlandbuch bereitet, wird nur übertroffen von dem brennenden Wunsch, seine Seiten zuzuschlagen und umgehend in die Region in Europas Norden aufzubrechen, die der Autor so anschaulich und brillant beschreibt... Wer in Zukunft Schottland sagt, wird dieses Buch nennen, diese Publikation von journalistischer Findigkeit und literarischem Gewicht.«
Frankfurter Allgemeine Zeitung

»Man kann diesen Reiseführer in einem Zug lesen und wird sowohl nach als auch vor Reisen seinen Gewinn aus der Lektüre ziehen.«
Tagesspiegel, Berlin

»Ein Buch, das nicht nur zum Reisen animiert, sondern ein attraktiver Lesestoff ist. Kurz: ein Reise-Schmöker.«
Bonner Behörden Spiegel

DuMont Kunst-Reiseführer

Ägypten und Sinai – Geschichte, Kunst und Kultur im Niltal
Vom Reich der Pharaonen bis zur Gegenwart

Albanien
Kunstreise durch das Land der Skipetaren

Algerien – Kunst, Kultur und Landschaft
Von den Stätten der Römer zu den Tuareg der zentralen Sahara

Belgien

Belgien – Spiegelbild Europas
Eine Einladung nach Brüssel, Gent, Brügge, Antwerpen, Lüttich und zu anderen Kunststätten

Die Ardennen
Eine alte Kulturlandschaft im Herzen Europas

Bhutan
Kunst und Kultur im Reich des Drachen

Brasilien
Völker und Kulturen zwischen Amazonas und Atlantik

Bulgarien
Kunstdenkmäler aus vier Jahrtausenden von den Thrakern bis zur Gegenwart

Volksrepublik China
Kunstreisen durch das Reich der Mitte

Dänemark
Land zwischen den Meeren. Kunst – Kultur – Geschichte

Deutsche Demokratische Republik
Geschichte und Kunst von der Romanik bis zur Gegenwart. Brandenburg, Mecklenburg, Sachsen-Anhalt, Sachsen, Thüringen

Bundesrepublik Deutschland

Das Allgäu
Städte, Klöster und Wallfahrtskirchen zwischen Bodensee und Lech

Das Bergische Land
Kultur, Geschichte, Landschaft zwischen Ruhr und Sieg

Bodensee und Oberschwaben
Zwischen Donau und Alpen: Wege und Wunder im ›Himmelreich des Barock‹

Bonn
Von der römischen Garnison zur Bundeshauptstadt. Kunst und Kultur zwischen Voreifel und Siebengebirge

Bremen, Bremerhaven und das nördliche Niedersachsen
Kultur, Geschichte und Landschaft zwischen Unterweser und Elbe

Düsseldorf
Eine moderne Landeshauptstadt mit 700jähriger Geschichte und Kultur

Die Eifel
Entdeckungsfahrten durch Landschaft, Geschichte, Kultur und Kunst – Von Aachen bis zur Mosel

Franken – Kunst, Geschichte und Landschaft
Entdeckungsfahrten in einem schönen Land – Würzburg, Rothenburg, Bamberg, Nürnberg und die Kunststätten der Umgebung

Freie und Hansestadt Hamburg
Geschichte, Kultur und Stadtbaukunst an Elbe und Alster

Hannover und das südliche Niedersachsen
Geschichte, Kunst und Landschaft zwischen Harz und Weser, Braunschweig und Göttingen

Hessen
Vom Edersee zur Bergstraße. Die Vielfalt von Kunst und Landschaft zwischen Kassel und Darmstadt

Hunsrück und Naheland
Entdeckungsfahrten zwischen Mosel, Nahe, Saar und Rhein

Köln
Zwei Jahrtausende Kunst, Geschichte und Kultur

Kölns romanische Kirchen
Architektur, Ausstattung, Geschichte

Die Mosel
Von der Mündung bei Koblenz bis zur Quelle in den Vogesen. Landschaft, Kultur, Geschichte

München
Von der welfischen Gründung Heinrichs des Löwen bis zur Gegenwart: Kunst, Kultur, Geschichte

Münster und das Münsterland
Geschichte und Kultur. Ein Reisebegleiter in das Herz Westfalens

Zwischen Neckar und Donau
Kunst, Kultur und Landschaft von Heidelberg bis Heilbronn, im Hohenloher Land, Ries, Altmühltal und an der oberen Donau

Der Niederrhein
Landschaft, Geschichte und Kultur am unteren Rhein

Oberbayern
Kultur, Geschichte, Landschaft zwischen Donau und Alpen, Lech und Salzach

Oberpfalz, Bayerischer Wald, Niederbayern
Regensburg und das nordöstliche Bayern. Kunst, Kultur und Landschaft

Osnabrück, Oldenburg und das westliche Niedersachsen
Kultur, Geschichte, Landschaft zwischen Weser und Ems

Ostfriesland mit Jever- und Wangerland
Über Moor, Geest und Marsch zum Wattenmeer und zu den Inseln Borkum, Juist, Norderney, Baltrum, Langeoog, Spiekeroog und Wangerooge

Die Pfalz
Die Weinstraße – Der Pfälzer Wald – Wasgau und Westrich. Wanderungen im ›Garten Deutschlands‹

Der Rhein von Mainz bis Köln
Eine Reise durch das Rheintal – Geschichte, Kunst und Landschaft

Das Ruhrgebiet
Kultur und Geschichte im ›Revier‹ zwischen Ruhr und Lippe

Sauerland
mit Siegerland und Wittgensteiner Land. Kultur und Landschaft im gebirgigen Süden Westfalens

Schleswig-Holstein
Zwischen Nordsee und Ostsee: Kultur – Geschichte – Landschaft

Der Schwarzwald und das Oberrheinland
Wege zur Kunst zwischen Karlsruhe und Waldshut: Ortenau, Breisgau, Kaiserstuhl und Markgräflerland

Sylt, Amrum, Föhr, Helgoland, Pellworm, Nordstrand und Halligen
Natur und Kultur auf Helgoland und den Nordfriesischen Inseln. Entdeckungsreisen durch eine Landschaft zwischen Meer und Festlandküste

Der Westerwald
Vom Siebengebirge zum Hessischen Hinterland. Kultur und Landschaft zwischen Rhein, Lahn und Sieg

Östliches Westfalen
Vom Hellweg zur Weser. Kunst und Kultur zwischen Soest und Paderborn, Minden und Warburg

Württemberg-Hohenzollern
Kunst und Kultur zwischen Schwarzwald, Donautal und Hohenloher Land: Stuttgart, Heilbronn, Schwäbisch Gmünd, Tübingen, Rottweil, Sigmaringen

---

Die Färöer
Inselwelt im Nordatlantik

Frankreich

Auvergne und Zentralmassiv
Entdeckungsreisen von Clermont-Ferrand über die Vulkane und Schluchten des Zentralmassivs zum Cevennen-Nationalpark

Die Bretagne
Im Land der Dolmen, Menhire und Calvaires

Burgund
Kunst, Geschichte, Landschaft. Burgen, Klöster und Kathedralen im Herzen Frankreichs: Das Land um Dijon, Auxerre, Nevers, Autun und Tournus

Côte d'Azur
Frankreichs Mittelmeerküste von Marseille bis Menton

Das Elsaß
Wegzeichen europäischer Kultur und Geschichte zwischen Oberrhein und Vogesen

Frankreich für Pferdefreunde
Kulturgeschichte des Pferdes von der Höhlenmalerei bis zur Gegenwart. Camargue, Pyrenäen-Vorland, Périgord, Burgund, Loiretal, Bretagne, Normandie, Lothringen

Frankreichs gotische Kathedralen
Eine Reise zu den Höhepunkten mittelalterlicher Architektur in Frankreich

Korsika
Natur und Kultur auf der ›Insel der Schönheit‹. Menhirstatuen, pisanische Kirchen und genuesische Zitadellen

Languedoc – Roussillon
Von der Rhône zu den Pyrenäen

Das Tal der Loire
Schlösser, Kirchen und Städte im ›Garten Frankreichs‹

Lothringen
Kunst, Geschichte, Landschaft

Die Normandie
Vom Seine-Tal zum Mont St. Michel

Paris und die Ile de France
Die Metropole und das Herzland Frankreichs. Von der antiken Lutetia bis zur Millionenstadt

Führer Musée d'Orsay, Paris

Périgord und Atlantikküste
Kunst und Natur im Lande der Dordogne und an der Côte d'Argent von Bordeaux bis Biarritz

Das Poitou
Westfrankreich zwischen Poitiers, La Rochelle und Angoulême – die Atlantikküste von der Loiremündung bis zur Gironde

Die Provence
Ein Begleiter zu den Kunststätten und Naturschönheiten im Sonnenland Frankreichs

Romanische Kunst in Frankreich
Ein Reisebegleiter zu allen bedeutenden romanischen Kirchen und Klöstern

Savoyen
Vom Genfer See zum Montblanc – Natur und Kunst in den französischen Alpen

Südwest-Frankreich
Vom Zentralmassiv zu den Pyrenäen – Kunst, Kultur und Geschichte

---

Griechenland

Athen
Geschichte, Kunst und Leben der ältesten europäischen Großstadt von der Antike bis zur Gegenwart

Die griechischen Inseln
Ein Reisebegleiter zu den Inseln des Lichts. Kultur und Geschichte

Korfu
Das antike Kerkyra im Ionischen Meer. Geschichte, Kultur, Landschaft

Kreta – Kunst aus fünf Jahrtausenden
Von den Anfängen Europas bis zur kreto-venezianischen Kunst

Rhodos
Eine der sonnenreichsten Inseln im Mittelmeer – ihre Geschichte, Kultur und Landschaft

Alte Kirchen und Klöster Griechenlands
Ein Begleiter zu den byzantinischen Stätten

Tempel und Stätten der Götter Griechenlands
Ein Reisebegleiter zu den antiken Kultzentren der Griechen

Großbritannien

Englische Kathedralen
Eine Reise zu den Höhepunkten englischer Architektur von 1066 bis heute

Die Kanalinseln und die Insel Wight
Kunst, Geschichte und Landschaft. Die britischen Inseln zwischen Normandie und Süd-England

London
Biographie einer Weltstadt

Die Orkney- und Shetland-Inseln
Landschaft und Kultur im Nordatlantik

Ostengland
Suffolk, Norfolk und Essex
Von Künstlern und Bauern, Kirchen und Palästen der Countryside

Schottland
Geschichte und Literatur. Architektur und Landschaft

Süd-England
Von Kent bis Cornwall. Architektur und Landschaft, Literatur und Geschichte

Wales
Literatur und Politik – Industrie und Landschaft

Guatemala
Honduras – Belize. Die versunkene Welt der Maja

Holland
Kunst, Kultur und Landschaft. Ein Reisebegleiter durch Städte und Provinzen der Niederlande

Indien
Von den Klöstern im Himalaya zu den Tempelstätten Südindiens

Ladakh und Zanskar
Lamaistische Klosterkultur im Land zwischen Indien und Tibet

Indonesien
Ein Reisebegleiter nach Java, Sumatra, Bali und Sulawesi (Celebes)

Bali
Tempel, Mythen und Volkskunst auf der tropischen Insel zwischen Indischem und Pazifischem Ozean

Irland – Kunst, Kultur und Landschaft
Entdeckungsfahrten zu den Kunststätten der ›Grünen Insel‹

Island
Vulkaninsel zwischen Europa und Amerika

Israel

Das Heilige Land
Historische und religiöse Stätten von Judentum, Christentum und Islam in dem zehntausend Jahre alten Kulturland zwischen Mittelmeer, Rotem Meer und Jordan

Italien

Die Abruzzen
Das Bergland im Herzen Italiens
Kunst, Kultur und Geschichte

Apulien
7000 Jahre Geschichte und Kunst im Land der Kathedralen, Kastelle und Trulli

Elba
Ferieninsel im Tyrrhenischen Meer. Macchienwildnis, Kulturstätten, Dörfer, Mineralienfundorte

Emilia-Romagna
Oberitalienische Kunststädte zwischen Po, Apennin und Adria

Das etruskische Italien
Entdeckungsfahrten zu den Kunststätten und Nekropolen der Etrusker

Florenz
Ein europäisches Zentrum der Kunst. Geschichte, Denkmäler, Sammlungen

Gardasee, Verona, Trentino
Der See und seine Stadt – Landschaft und Geschichte, Literatur und Kunst

Latium – Das Land um Rom
Klöster und Villen, Kirchen und Gräberstädte, mittelalterliche Orte und arkadische Landschaften

Lombardei und Oberitalienische Seen
Kunst und Landschaft zwischen Adda und Po

Die Marken
Die adriatische Kulturlandschaft zwischen Urbino, Loreto und Ascoli Piceno

Der Golf von Neapel
Das Traumziel der klassischen Italienreise
Geschichte, Kunst, Geographie

Piemont und Aosta-Tal
Begegnungen italienischer und französischer Kunst im Königreich der Savoyer. Kultur, Geschichte und Landschaft im Bogen der Westalpen

Die italienische Riviera
Ligurien – die Region und ihre Küste von San Remo über Genua bis La Spezia

Rom – Ein Reisebegleiter
Zweieinhalb Jahrtausende Kunst und Kultur der Ewigen Stadt

Rom in 1000 Bildern
Kunst und Kultur der ›Ewigen Stadt‹ in mehr als 1000 Bildern

Das antike Rom
Die Stadt der sieben Hügel: Plätze, Monumente und Kunstwerke. Geschichte und Leben im alten Rom

Sardinien
Geschichte, Kultur und Landschaft – Entdeckungsreisen auf einer der schönsten Inseln im Mittelmeer

Südtirol
Begegnungen nördlicher und südlicher Kulturtradition in der Landschaft zwischen Brenner und Salurner Klause

Toscana
Das Hügelland und die historischen Stadtzentren. Pisa · Lucca · Pistoia · Prato · Arezzo · Siena · San Gimignano · Volterra

Umbrien
Eine Landschaft im Herzen Italiens

Venedig
Die Stadt in der Lagune – Kirchen und Paläste, Gondeln und Karneval

Das Veneto
Verona, Vicenza, Padua
Städte und Villen, Kultur und Landschaft Venetiens

Die Villen im Veneto
Eine kunst- und kulturgeschichtliche Reise in das Land zwischen Alpenrand und Adriabogen

Japan – Tempel, Gärten und Paläste
Einführung in Geschichte und Kultur und Begleiter zu den Kunststätten Japans

Der Jemen
Nord- und Südjemen. Antikes und islamisches Südarabien – Geschichte, Kultur und Kunst zwischen Rotem Meer und Arabischer Wüste

Jordanien
Völker und Kulturen zwischen Jordan und Rotem Meer

Jugoslawien
Kunst, Geschichte und Landschaft zwischen Adria und Donau

Karibische Inseln
Westindien. Von Cuba bis Aruba

Kenya
Kunst, Kultur und Geschichte am Eingangstor zu Innerafrika

Luxemburg
Entdeckungsfahrten zu den Burgen, Schlössern, Kirchen und Städten des Großherzogtums

Malaysia und Singapur
Dschungelvölker, Moscheen, Hindutempel, chinesische Heiligtümer und moderne Stadtkulturen im Herzen Südostasiens

Malta und Gozo
Die goldenen Felseninseln – Urzeittempel und Malteserburgen

Marokko – Berberburgen und Königsstädte des Islam
Ein Reisebegleiter zur Kunst Marokkos

Mexiko
Ein Reisebegleiter zu den Götterburgen und Kolonialbauten Mexikos

Mexico auf neuen Wegen
Ein Reisebegleiter zu präkolumbischen Kultstätten und Kunstschätzen

---

Namibia und Botswana
Kultur und Landschaft im südlichen Afrika

Nepal – Königreich im Himalaya
Geschichte, Kunst und Kultur im Kathmandu-Tal

Österreich

Das Burgenland
Land der Störche und der Burgen: Kultur, Landschaft und Geschichte zwischen Ostalpen und Pußta

Kärnten und Steiermark
Vom Großglockner zum steirischen Weinland. Geschichte, Kultur und Landschaft ›Innerösterreichs‹

Salzburg, Salzkammergut, Oberösterreich
Kunst und Kultur auf einer Alpenreise vom Dachstein bis zum Böhmerwald

Tirol
Nordtirol und Osttirol. Kunstlandschaft und Urlaubsland an Inn und Isel

Vorarlberg und Liechtenstein
Landschaft, Geschichte und Kultur im ›Ländle‹ und im Fürstentum

Wien und Umgebung
Kunst, Kultur und Geschichte der Donaumetropole

Pakistan
Drei Hochkulturen am Indus. Harappa – Gandhara – Die Moguln

Papua-Neuguinea
Niugini – Steinzeit-Kulturen auf dem Weg ins 20. Jahrhundert

Polen
Geschichte, Kunst und Landschaft einer alten europäischen Kulturnation

---

Portugal
Vom Algarve zum Minho

Madeira
Kultur und Landschaft auf Portugals ›Blumeninsel‹ im Atlantik. Mit 20 Wanderungen und 6 Autotouren

---

Rumänien
Schwarzmeerküste – Donaudelta – Moldau – Walachei – Siebenbürgen: Kultur und Geschichte

---

Die Sahara
Mensch und Natur in der größten Wüste der Erde

Sahel Senegal, Mauretanien, Mali, Niger
Islamische und traditionelle schwarzafrikanische Kultur zwischen Atlantik und Tschadsee

---

Die Schweiz
Zwischen Basel und Bodensee · Französische Schweiz · Das Tessin · Graubünden · Vierwaldstätter See · Berner Land · Die großen Städte

Tessin
Kunst, Landschaft und Natur zwischen Gotthard und Campagna Adorna

Das Wallis
Der Südwesten der Schweiz: Kunst und Kultur im Schatten der Viertausender

Skandinavien – Dänemark, Norwegen, Schweden, Finnland
Kultur, Geschichte, Landschaft

Sowjetunion

Georgien und Armenien
Zwei christliche Kulturlandschaften im Süden der Sowjetunion

Moskau und Leningrad
Kunst, Kultur und Geschichte der beiden Metropolen, des ›Goldenen Ringes‹ und Nowgorods

Sowjetischer Orient
Kunst und Kultur, Geschichte und Gegenwart der Völker Mittelasiens

---

Spanien

Die Kanarischen Inseln
Inseln des ewigen Frühlings: Teneriffa, Gomera, Hierro, La Palma, Gran Canaria, Fuerteventura, Lanzarote

Katalonien und Andorra
Von den Pyrenäen zum Ebro. Costa Brava – Barcelona – Tarragona – Die Königsklöster

Mallorca – Menorca
Ein Begleiter zu den kulturellen Stätten und landschaftlichen Schönheiten der großen Balearen-Inseln

Nordwestspanien
Landschaft, Geschichte und Kunst auf dem Weg nach Santiago de Compostela

Spaniens Südosten – Die Levante
Die Mittelmeerküste von Amposta über Valencia und Alicante bis Cartagena

Südspanien für Pferdefreunde
Kulturgeschichte des Pferdes von den Höhlenmalereien bis zur Gegenwart. Geschichte der Stierfechterkunst

---

Sudan
Steinerne Gräber und lebendige Kulturen am Nil

Südamerika: Präkolumbische Hochkulturen
Ein Reisebegleiter zu den indianischen Kunststätten in Peru, Bolivien und Kolumbien

---

Südkorea
Kunst und Kultur im Land der ›Hohen Schönheit‹

Syrien
Hochkulturen zwischen Mittelmeer und Arabischer Wüste – 5000 Jahre Geschichte im Spannungsfeld von Orient und Okzident

---

Thailand und Burma
Tempelanlagen und Königsstädte zwischen Mekong und Indischem Ozean

---

Tschechoslowakei
Kunst, Kultur und Geschichte im Herzen Europas

Türkei

Istanbul
Bursa und Edirne · Byzanz – Konstantinopel – Stambul
Historische Hauptstadt zwischen Abend- und Morgenland

Ost-Türkei
Völker und Kulturen zwischen Taurus und Ararat

Ungarn
Kultur und Kunst im Land der Magyaren

USA – Der Südwesten
Indianerkulturen und Naturwunder zwischen Colorado und Rio Grande

---

Zypern
8000 Jahre Geschichte: Archäologische Schätze – Byzantinische Kirchen – Gotische Kathedralen

»Richtig reisen«

Ägypten
Algerische Sahara
Amsterdam
Arabische Halbinsel
Australien
Bahamas
Von Bangkok nach Bali
Belgien mit dem Rad
Berlin
Bornholm
»Richtig wandern«: Bretagne
Budapest
»Richtig wandern«: Burgund
China
Cuba
Dänemark (Juli '90)
Elsaß
Ferner Osten
Finnland
Florida
Frankreich für Feinschmecker
Friaul – Triest – Venetien
Graz und die Steiermark
Griechenland
Großbritannien
Guadeloupe · Martinique
Hawaii und Südsee
Holland
Hongkong
Mit Macau und Kanton
Ibiza/Formentera
Nord-Indien
Süd-Indien (Juli '90)
Indonesien
Irland
Istanbul
Italien
Jamaica
Kairo
Kalifornien
Kanada und Alaska
Ost-Kanada
West-Kanada und Alaska
Kreta
»Richtig wandern«: Kykladen
Lanzarote
London
Los Angeles
Madagaskar · Komoren
Malediven
»Richtig wandern«: Mallorca
Marokko
Mauritius
Mexiko
Moskau
München
Neapel – Küsten und Inseln
Nepal
Neu-England
Neuseeland
New Orleans
und die Südstaaten Louisiana, Mississippi, Alabama, Tennessee, Georgia
New York
»Richtig wandern«: Nord-England
Norwegen
Ostafrika
Paris
Peru und Bolivien
Philippinen
Portugal
Réunion
»Richtig wandern«: Rhodos
Rom
San Francisco
»Richtig wandern«: Schottland
Schweden
Die Schweiz und ihre Städte
Seychellen
Sinai und Rotes Meer
Sizilien
Spanien
»Richtig wandern«: Südtirol
Südwesten · USA
Teneriffa
Texas
Thailand
Toscana
»Richtig wandern«: Toscana und Latium
Türkei
Tunesien
Venedig
Wallis
Wien
Zentralamerika
Zypern